湖北省圖書館藏珍本古籍圖錄

湖北省圖書館 編

下

廣西師範大學出版社
·桂林·

目　録

下册目録

242 容齋隨筆十六卷續筆十六卷三筆十六卷四筆十六卷五筆十卷 …… 一

243 容齋五筆類鈔五十四卷 …… 三

244 緯略十二卷 …… 四

245 新刊三元精纂舉業通用標題句解淮南子摘奇二十八卷 …… 五

246 纍瓦四編十卷 …… 六

247 知言二卷 …… 七

248 雪亭夢語一卷 …… 八

249 橋西雜記不分卷 …… 一〇

250 世説新語三卷 …… 一一

251 世説新語六卷 …… 一三

252 唐語林二卷 …… 一五

253 初潭集三十卷 …… 一七

254 智品十三卷 …… 一八

255 新刊王太史彙選諸子類語四卷 …… 一九

256 日知録三十二卷 …… 二〇

257 冬夜語兒箋記（冬夜箋記、夜箋）一卷 …… 二二

258	自怡偶筆二卷道德經偶解一卷	二三
259	困學紀聞注二十卷	二四
260	［漢陽胡東谷先生筆記真迹］不分卷	二六
261	劇談録二卷	二七
262	澠水燕譚録十卷	二九
263	冷齋夜話十卷	三一
264	新編分類夷堅志甲集五卷乙集五卷丙集五卷丁集五卷戊集五卷己集六卷庚集五卷辛集五卷壬集五卷癸集五卷	三三
265	倪文正公手記不分卷	三四
266	御製數理精藴上編五卷下編四十卷表八卷	三六
267	天元直指不分卷	三七
268	［研山齋珍賞集覽］十卷	三九
269	書學會編四卷	四一
270	淳化秘閣法帖考正十卷附二卷	四三
271	學古堂墨迹考不分卷	四五
272	印史五卷	四六
273	古今印則四卷	四七
274	方元長印譜五卷	四八
275	棋經十三篇（玄玄棋經）	四九
276	投壺譜一卷	五〇
277	方氏墨譜六卷	五二
278	佛説無崖際總持法門經一卷	五四
279	紹興重雕大藏音三卷	五五
280	大般若波羅蜜多經六百卷	五六
281	大方廣佛華嚴經八十卷	五八
282	華嚴原人論解三卷	六〇

集　部

283　楚辭十七卷附錄一卷　…………………………………………………………　六三
284　陶靖節集詩一卷文一卷集聖賢群輔錄一卷參疑一卷雜附一卷　…………　六四
285　華陽陶隱居集二卷　………………………………………………………………　六六
286　徐孝穆全集六卷　…………………………………………………………………　六八
287　類箋唐王右丞詩集十卷年譜一卷　……………………………………………　七〇
288　分類補注李太白詩二十五卷唐翰林李太白年譜一卷　………………………　七一
289　李詩選五卷　………………………………………………………………………　七三
290　集千家注杜工部詩集二十卷文集二卷　………………………………………　七四
291　集千家注杜工部詩集二十卷文集二卷　………………………………………　七六
292　杜詩選六卷　………………………………………………………………………　七七
293　杜工部七言律詩不分卷　…………………………………………………………　七八
294　杜工部集二十卷年譜一卷諸家詩話一卷唱酬題咏附錄一卷　………………　七九
295　讀杜心解六卷首二卷　……………………………………………………………　八一
296　讀杜心解六卷首二卷　……………………………………………………………　八三
297　韋蘇州集十卷拾遺一卷　…………………………………………………………　八六
298　孟東野詩集十卷聯句一卷　………………………………………………………　八八
299　歐陽行周文集十卷　………………………………………………………………　八九
300　昌黎先生集四十集外集十卷遺文一卷朱子校昌黎先生集傳一卷　…………　九一
301　朱文公校昌黎先生文集四十卷外集十卷遺文一卷遺詩一卷傳一卷　………　九三
302　韓文公文抄十六卷　………………………………………………………………　九四
303　韓文四十卷外集十卷遺集一卷　…………………………………………………　九五
304　韓文一卷　…………………………………………………………………………　九七
305　林鹿原選昌黎先生詩集一卷　……………………………………………………　九八

306 柳文四十三卷別集二卷外集二卷附錄一卷 …… 一〇〇

307 柳文四十三卷別集二卷外集二卷附錄一卷 …… 一〇一

308 柳文七卷 …… 一〇四

309 柳集點勘四卷 …… 一〇五

310 李長吉歌詩四卷外詩集一卷 …… 一〇六

311 唐皮日休文藪十卷 …… 一〇七

312 孫可之文集十卷 …… 一〇八

313 徐騎省集三十卷補遺一卷札記一卷 …… 一〇九

314 徐騎省集三十卷補遺一卷札記一卷 …… 一一一

315 范文正公集二十卷別集四卷政府奏議二卷尺牘三卷遺文一卷年譜一卷年譜補遺一卷祭文一卷諸賢贊頌論疏一卷論頌一卷詩頌一卷朝廷優崇一卷言行拾遺事錄四卷鄱陽遺事錄一卷遺迹一卷褒賢祠記二卷 …… 一一三

316 歐陽文忠公集一百五十三卷年譜一卷附錄六卷 …… 一一五

317 歐陽文忠公全集一百三十五卷 …… 一一六

318 新刊歐陽文忠公集五十卷 …… 一一七

319 節孝先生文集三十卷語錄一卷事實一卷 …… 一一八

320 蘇老泉先生全集二十卷附錄二卷 …… 一一九

321 蘇老泉文集十三卷 …… 一二一

322 臨川先生文集一百卷目錄二卷 …… 一二二

323 東坡先生詩集注三十二卷東坡紀年錄一卷 …… 一二四

324 施注蘇詩四十二卷總目二卷蘇詩續補遺二卷王注正譌一卷東坡先生年譜一卷 …… 一二五

325 蘇文六卷 …… 一二七

326 蘇長公小品四卷 …… 一二八

327 詳注周美成詞片玉集十卷 …… 一二九

328 石門文字禪三十卷 …… 一三一

329 謝幼槃集斠記稿一卷 …… 一三二

330	孫尚書內簡尺牘編注十卷	一三四
331	羅鄂州小集五卷羅鄀州遺文一卷	一三五
332	象山先生全集三十六卷少湖徐先生學則辯一卷	一三六
333	翠微南征錄十一卷	一三七
334	西山先生真文忠公文集五十五卷目錄二卷	一三九
335	吾汶稿十卷	一四〇
336	揭文安公文集□□卷	一四二
337	楊鐵崖咏史古樂府一卷	一四三
338	吳淵穎先生集十二卷	一四四
339	師山先生文集八卷遺文五卷遺文附錄一卷濟美錄四卷	一四五
340	宋學士文集七十五卷	一四六
341	高太史大全集十八卷	一四七
342	畦樂先生詩集一卷附錄一卷	一四八
343	靜庵集一卷附錄二卷	一四九
344	張東海先生詩集四卷文集五卷	一五一
345	石田先生集十一卷	一五二
346	大崖李先生詩集十二卷文集八卷	一五三
347	石淙詩稿二十卷	一五四
348	王文成公全書三十八卷	一五五
349	陽明先生文錄五卷外集九卷別錄十四卷	一五七
350	空同先生集六十三卷	一五八
351	空同子集六十六卷目錄三卷附錄二卷	一六〇
352	燕泉何先生餘冬序錄六十五卷	一六二
353	太師張文忠公集十九卷	一六四
354	邊華泉集八卷	一六五
355	儼山文集一百卷目錄二卷外集四十卷續集十卷	一六七

356	洹詞十二卷	一六八
357	徐迪功集六卷重選徐迪功外集四卷談藝錄一卷	一六九
358	鳥鼠山人小集十六卷後集二卷可泉擬涯翁擬古樂府二卷擬漢樂府八卷	一七〇
359	夏桂洲先生文集十八卷年譜一卷	一七一
360	何氏集二十六卷	一七二
361	何大復先生集三十八卷附錄一卷	一七三
362	舒梓溪先生集十卷	一七五
363	梓溪文鈔內集八卷外集十卷	一七六
364	增定太白山人漫稿八卷太白山人傳一卷	一七七
365	棲溪稿八卷	一七八
366	夢澤集二十三卷	一七九
367	龍溪王先生全集二十二卷	一八二
368	燕詒錄十三卷	一八三
369	筆山崔先生文集十卷	一八四
370	天馬山房遺稿八卷	一八五
371	俟知堂集十三卷	一八七
372	許太常歸田稿十卷	一八八
373	重刊荊川先生文集十七卷外集三卷附錄一卷	一八九
374	震川先生集三十卷別集十卷	一九〇
375	劉唐巖先生文集八卷	一九二
376	趙浚谷文集十卷	一九三
377	遵巖先生文集二十五卷	一九五
378	滄溟先生集三十卷	一九六
379	自知堂集二十四卷	一九八
380	友慶堂存稿十四卷	一九九
381	二酉園文集十四卷詩集十二卷	二〇〇

382	弇州山人四部稿選十六卷	二〇一
383	志園集三卷	二〇三
384	朱文懿公文集十二卷	二〇五
385	張陽和先生不二齋文選七卷	二〇六
386	栖真館集三十一卷	二〇七
387	來恩堂草十六卷詩集三卷	二〇八
388	西征集十卷馮文所詩稿三卷黔中語錄一卷續語錄一卷黔中程式一卷	二〇九
389	青黎館詩集六卷	二一〇
390	梅公岑草不分卷	二一一
391	鄭侯升集四十卷	二一二
392	白蘇齋類集二十二卷	二一三
393	歇庵集十六卷	二一四
394	朱陵洞稿三十三卷中州武錄一卷	二一五
395	松圓浪淘集十八卷偈庵集二卷	二一六
396	袁中郎十集十六卷	二一七
397	靈山藏二十九卷	二一九
398	甲秀園集四十七卷	二二〇
399	梅中丞遺稿八卷	二二一
400	妙遠堂詩集十四卷	二二三
401	陳太史無夢園初集三十四卷	二二四
402	紫原文集十二卷	二二五
403	石居士詩刪二卷	二二六
404	張異度先生自廣齋集十六卷周吏部紀事一卷	二二八
405	牧齋初學集詩注二十卷	二二九
406	檗庵別錄八卷	二三二
407	孔自來詩文集不分卷	二三三

408	浮山文集前編十卷後編二卷浮山此藏軒別集二卷	二三四
409	變雅堂集不分卷	二三五
410	黃岡杜于皇先生全集不分卷	二三七
411	田間集十卷	二三九
412	敬業堂詩集五十卷	二四〇
413	敬業堂詩集五十卷	二四二
414	過江二集四卷	二四四
415	睫巢詩集十卷	二四五
416	海嶽集十卷	二四六
417	静香室詩六卷	二四八
418	包安吳手錄文不分卷	二五〇
419	道光二十四年甲辰科殿試策一卷	二五三
420	綉山悼亡詩草一卷	二五五
421	西林詩萃八卷後萃二卷	二五六
422	修來館編年詩稿不分卷雙館軒隨筆一卷	二五七
423	培園詩集十八卷末一卷	二五九
424	［賀篔公詩詞文初草］不分卷	二六〇
425	章太炎覆劉英烈士書一卷	二六二
426	蒼虬閣詩稿不分卷	二六五
427	潛園文集五卷附詩集一卷	二六七
428	漢魏六朝百三名家集（漢魏六朝一百三家集）一百十八卷	二六九
429	四家宮詞四卷	二七〇
430	元白長慶集一百四十一卷	二七二
431	四傑詩選二十四卷	二七三
432	六家文選六十卷	二七四
433	選詩七卷詩人世次爵里一卷	二七五

434 選學膠言二十卷補遺一卷	二七六
435 文苑英華一千卷	二七八
436 玉臺新詠定本十卷	二七九
437 古樂府十卷	二八一
438 詩紀一百五十六卷目錄三十卷	二八四
439 古詩歸十五卷	二八五
440 明詩兼不分卷近詩兼逸集不分卷近詩兼今集不分卷	二八七
441 黃鶴樓集三卷	二九〇
442 佩文齋咏物詩選四百八十六卷	二九二
443 御選唐宋詩醇四十七卷目錄二卷	二九三
444 御定歷代賦彙一百四十卷目錄二卷外集二十卷逸目二卷	二九五
445 西山先生真文忠公文章正宗二十四卷	二九六
446 詞致錄十六卷	二九七
447 新鐫焦太史彙選中原文獻通考經集六卷史集六卷子集七卷文集四卷通考一卷	二九八
448 秦漢文鈔六卷	三〇〇
449 新刻寓文粹編二卷	三〇一
450 批點唐音十五卷	三〇三
451 唐詩品彙九十卷拾遺十卷歷代名公叙論一卷詩人爵里詳節一卷	三〇四
452 唐詩會選十卷	三〇五
453 唐詩歸三十六卷	三〇六
454 全唐詩九百卷目錄十二卷	三〇八
455 御選唐詩三十二卷目錄三卷	三〇九
456 宋文鑑一百五十卷目錄三卷	三一〇
457 南宋四家律選五卷	三一一
458 皇明經濟文錄四十一卷	三一三
459 皇明文範六十八卷目錄二卷	三一四

460 今文選十四卷	三一五
461 恕銘朱先生彙選當代名公四六新函十二卷	三一七
462 明詩歸八卷	三一八
463 鍾譚詩選二卷	三一九
464 分類如面談初集十二卷自稿二卷二集十二卷自稿一卷補遺一卷	三二一
465 明詩百一鈔十二卷	三二二
466 明人遺稿一卷	三二三
467 雲山酬倡不分卷	三二五
468 國朝六家詩鈔八卷	三二七
469 吳都文粹十卷	三二九
470 明館課不分卷	三三一
471 休陽詩雋前編四卷後編八卷	三三四
472 九老詩存一卷附文存一卷補遺一卷花山題咏一卷	三三五
473 安成周氏家集八卷	三三七
474 馮氏五先生集五卷	三三八
475 吳江葉氏全集十八卷	三三九
476 劉子文心雕龍二卷注二卷	三四一
477 文則二卷	三四三
478 花間集四卷	三四四
479 姜白石詩詞合集九卷附錄一卷	三四五
480 類編草堂詩餘四卷	三四七
481 詞譜六卷	三四八
482 增定南九宮曲譜二十一卷附錄一卷	三四九
483 擊筑餘音一卷	三五〇

類叢部

484	藝文類聚一百卷	三五三
485	初學記三十卷	三五五
486	初學記三十卷	三五八
487	初學記三十卷	三六〇
488	錦綉萬花谷前集四十卷後集四十卷續集四十卷	三六一
489	群書考索前集六十六卷後集六十五卷續集五十六卷別集二十五卷	三六二
490	新編古今事文類聚前集六十卷後集五十卷續集二十八卷別集三十二卷	三六四
491	玉海二百卷辭學指南四卷詩考一卷詩地理考六卷漢藝文志考證十卷通鑒地理通釋十四卷周書王會補注一卷漢制考四卷踐阼篇集解一卷急就篇補注四卷小學紺珠十卷姓氏急就篇二卷六經天文篇二卷周易鄭康成注一卷通鑒答問五卷	三六六
492	群書集事淵海四十七卷	三六七
493	修辭指南二十卷	三六八
494	通俗編三十八卷	三六九
495	韵府群玉二十卷	三七一
496	二三場經濟考六卷	三七二
497	薛文清公集九種	三七三
498	武英殿聚珍版書	三七四
499	藝苑叢鈔一百六十三種	三七七
500	道希先生手稿十九種	三八〇

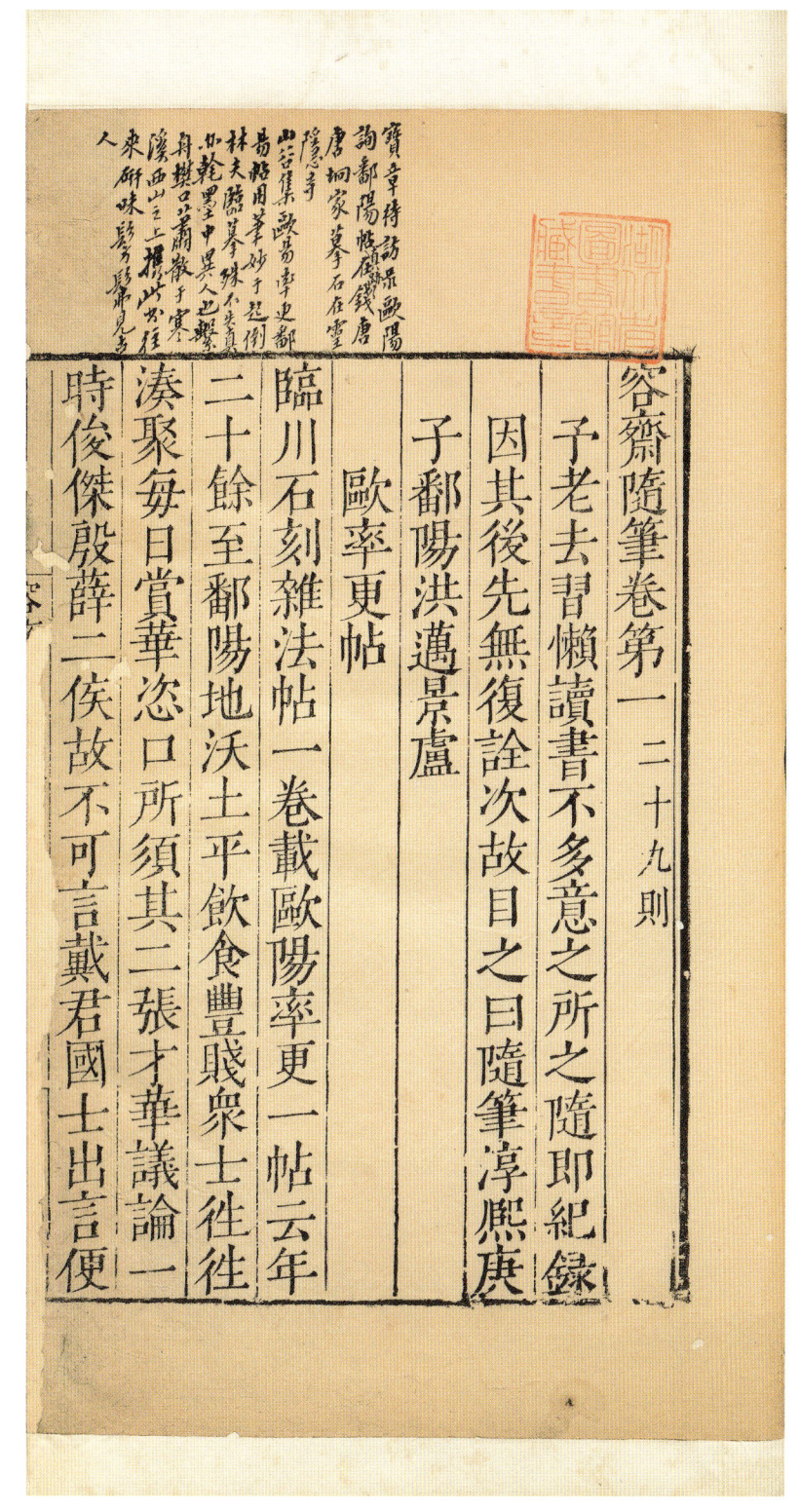

242-1 《容齋隨筆》卷一卷端

242 容齋隨筆十六卷續筆十六卷三筆十六卷四筆十六卷五筆十卷〔宋〕洪邁撰 明崇禎三年（1630）馬元調刻本 清王鳴盛跋 竹珊批校 徐恕批

金鑲玉裝。開本高30.6厘米，寬18.3厘米。框高19.5厘米，寬13.9厘米。半葉九行，行十八字，小字雙行同，黑口，左右雙邊。鈐"王鳴盛印""鳳喈""西莊居士"印。索書號：善001662。

湖北省珍貴古籍名錄編號：00310。

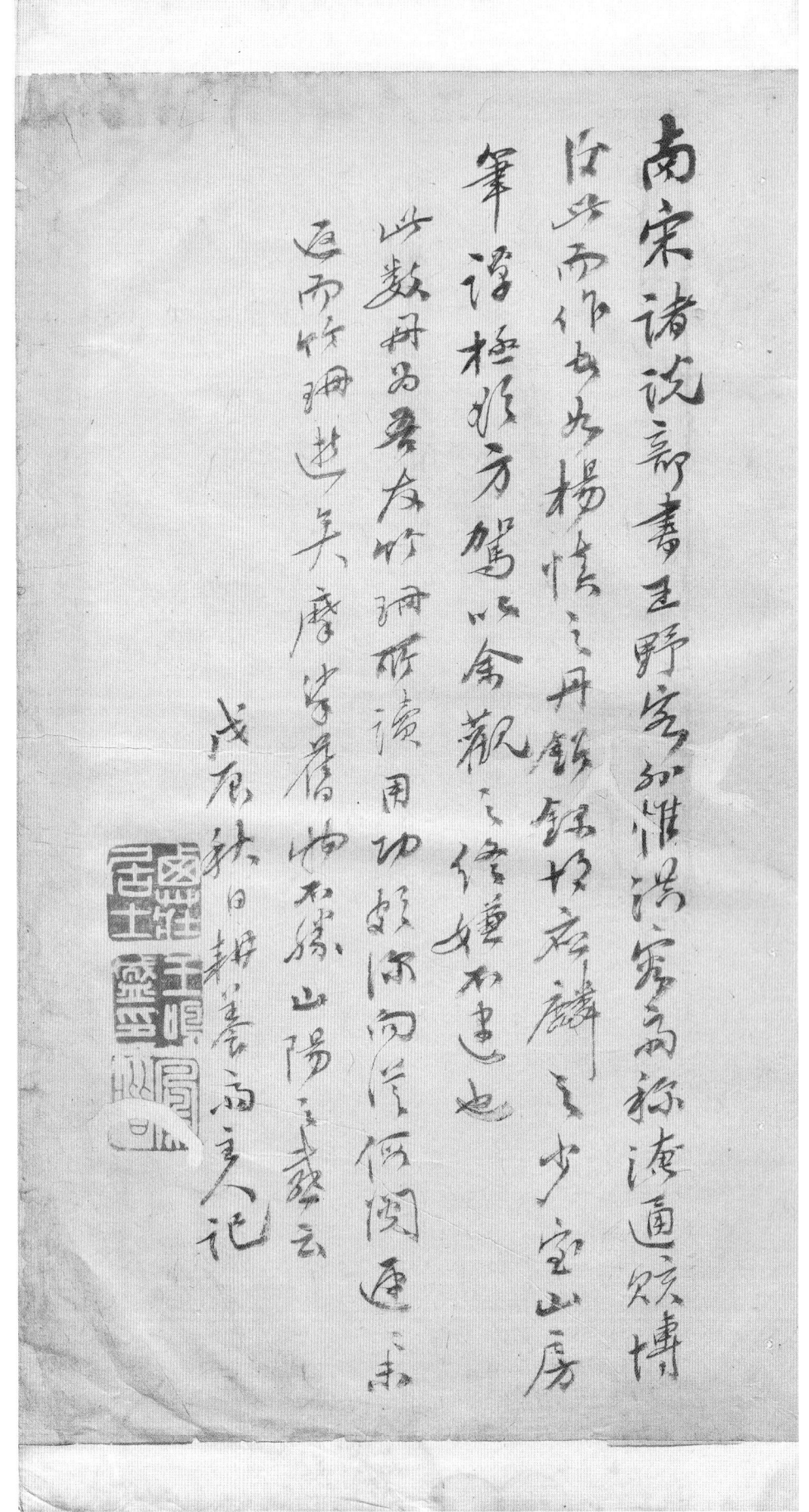

南宋諸說部書王野客叢談最為稱博
以此兩條為楊慎之丹鉛餘錄所譏
筆譚極詆方駕以余觀之修媛不遠
此數冊為君友竹珊所讀用功頗深何後
近而竹珊进矣廖生唐雨石餘山陽之末
戊辰秋日耕養雨盛云記

242-2 清王鳴盛跋

容齋五筆類鈔卷一

宋鄱陽洪景盧先生著

長沙後學黃本驥詮次
彭舒英校字

予老去習懶讀書不多意之所之隨即紀錄因其後先無復詮次故目之曰隨筆淳熙庚子《隨筆》成是書先已成十六卷淳熙十四年在禁林日入侍至尊壽皇聖帝清間之燕聖語忽云近見甚齋隨筆邁竦而對曰是臣所著容齋隨筆無足采者上曰煞有好議論邁起謝退而詢之乃婺女所刻賈人販鬻于書坊中貴人買以入遂塵乙覽書生邁可謂至榮因復裒臆說綴

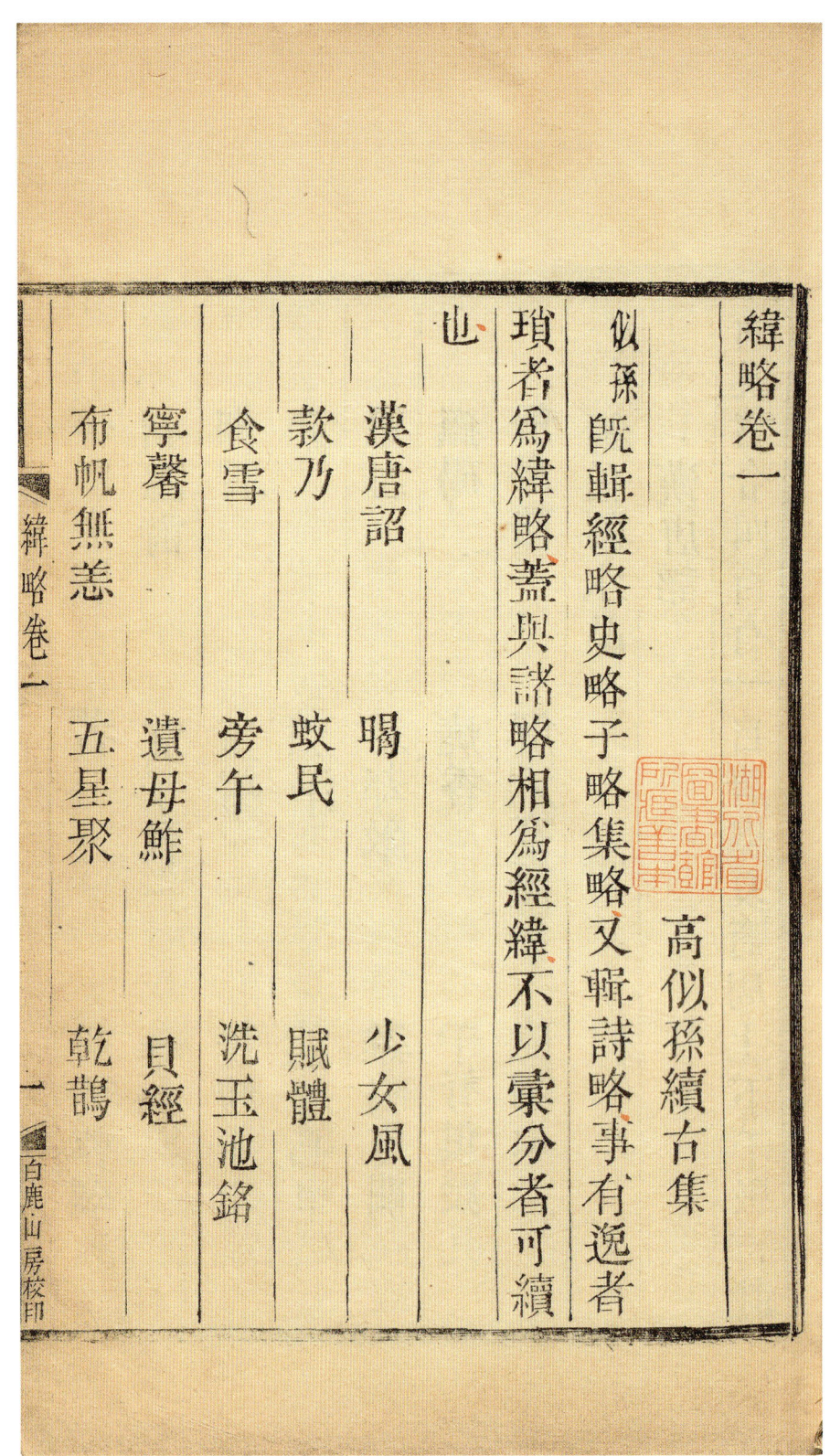

244 《緯略》卷一卷端

244 緯略十二卷 〔宋〕高似孫撰 清白鹿山房活字印本

開本高 25.8 厘米，寬 16.5 厘米。框高 19.0 厘米，寬 14.5 厘米。半葉十行，行二十字，小字雙行同，黑口，四周單邊。索書號：善 001851。

國家珍貴古籍名錄編號：04765。

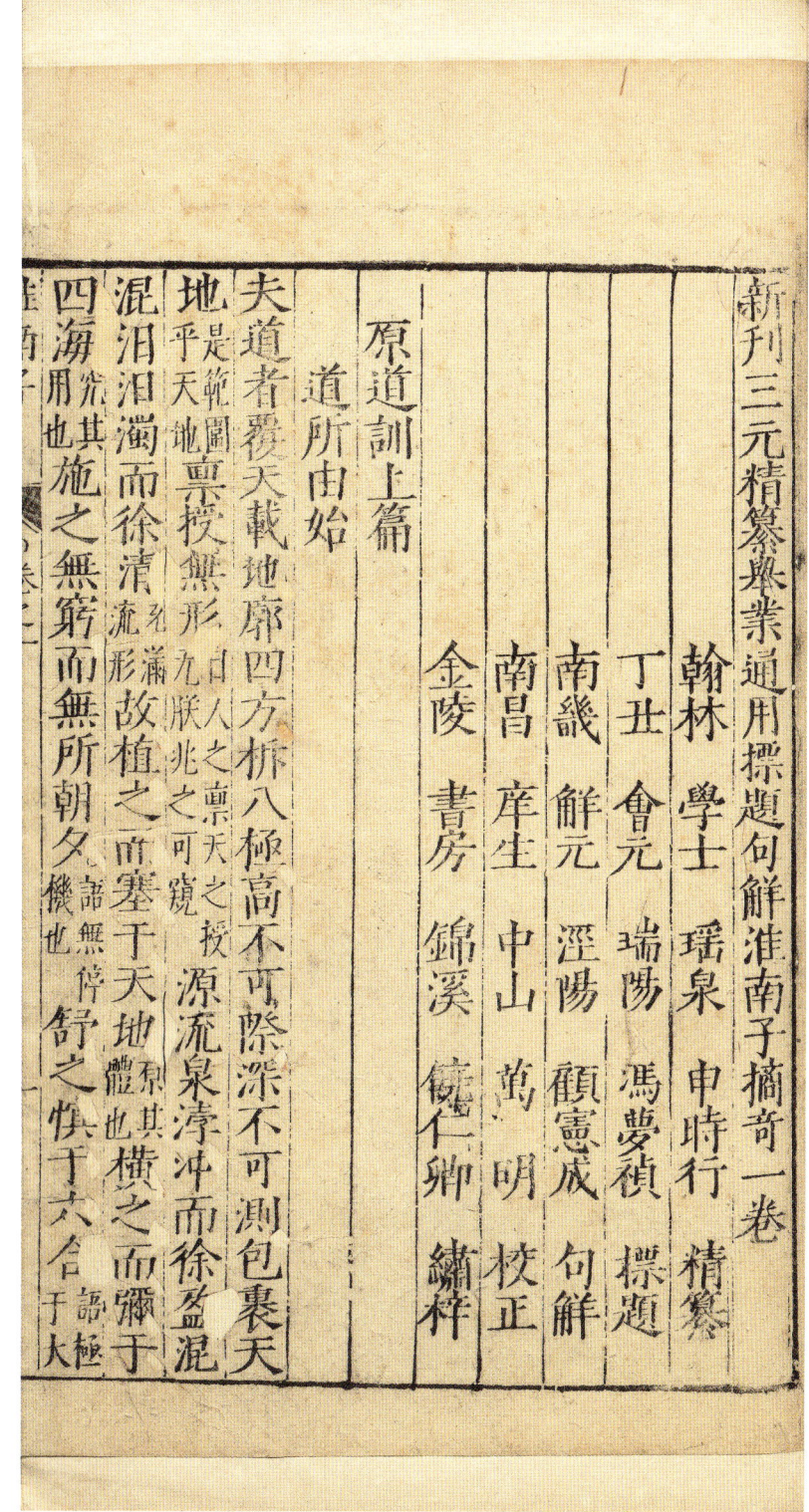

245 《新刊三元精纂舉業通用標題句解淮南子摘奇》卷一卷端

245 新刊三元精纂舉業通用標題句解淮南子摘奇二十八卷 〔明〕申時行纂 〔明〕馮夢禎標題 〔明〕顧憲成句解 〔明〕萬明校正 明萬曆五年（1577）金陵饒仁卿刻本

　　金鑲玉裝。開本高27.2厘米，寬16.8厘米。框高20.1厘米，寬14.2厘米。半葉十二行，行二十四字，白口，四周單邊。鈐"娛生軒藏書印"印。索書號：善001592。

　　湖北省珍貴古籍名錄編號：00109。

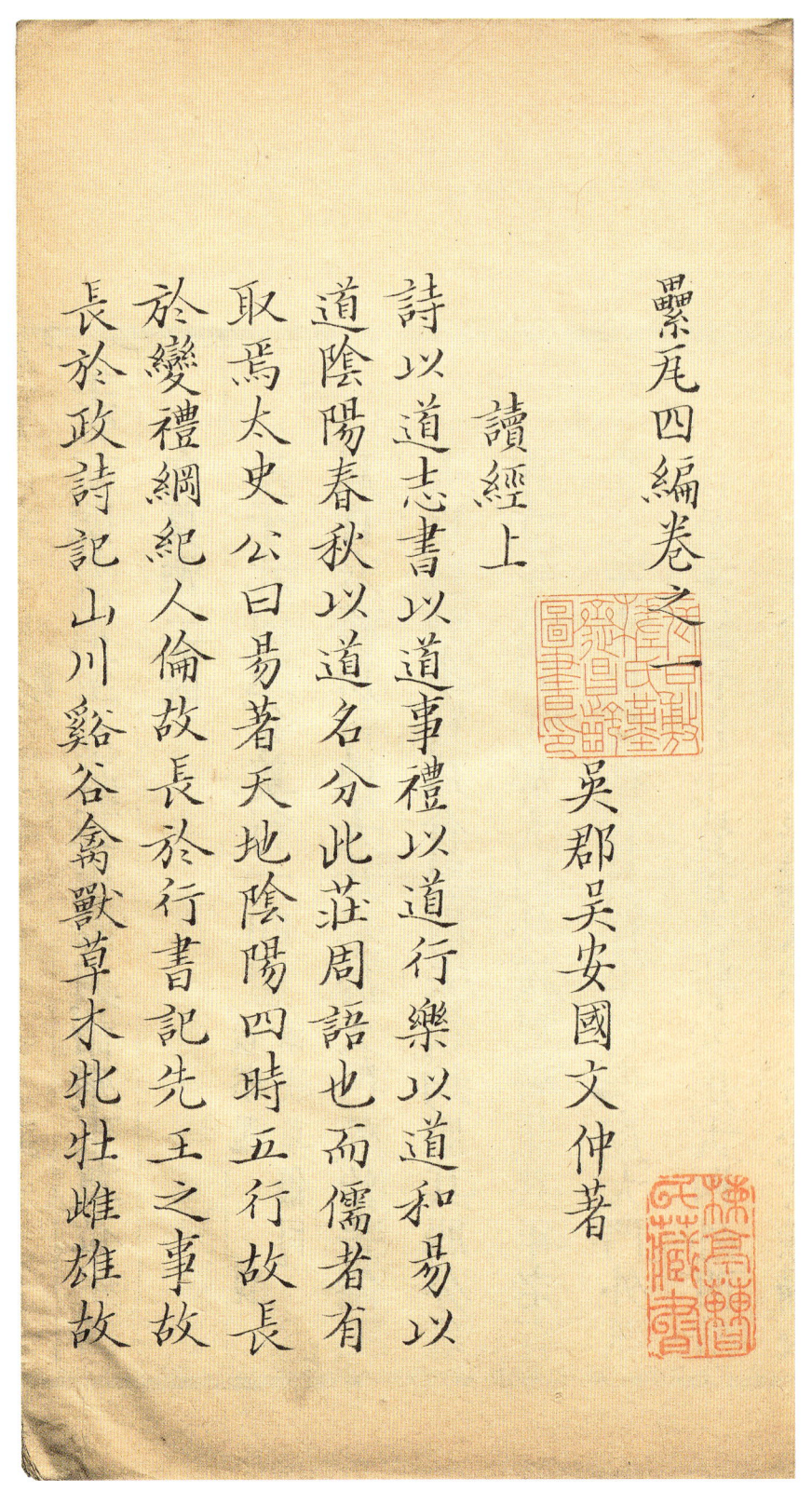

246 《纍瓦四編》卷一卷端

246 纍瓦四編十卷 〔明〕吳安國撰 清抄本

開本高 27.0 厘米，寬 17.3 厘米。無框欄，半葉八行，行十八字，小字雙行同。鈐"楝亭曹氏藏書""長白敷槎氏堇齋昌齡圖書印""泰峰所藏善本""黃岡劉氏紹炎過眼""黃岡劉氏校書堂藏書記"等印。索書號：善 001573。

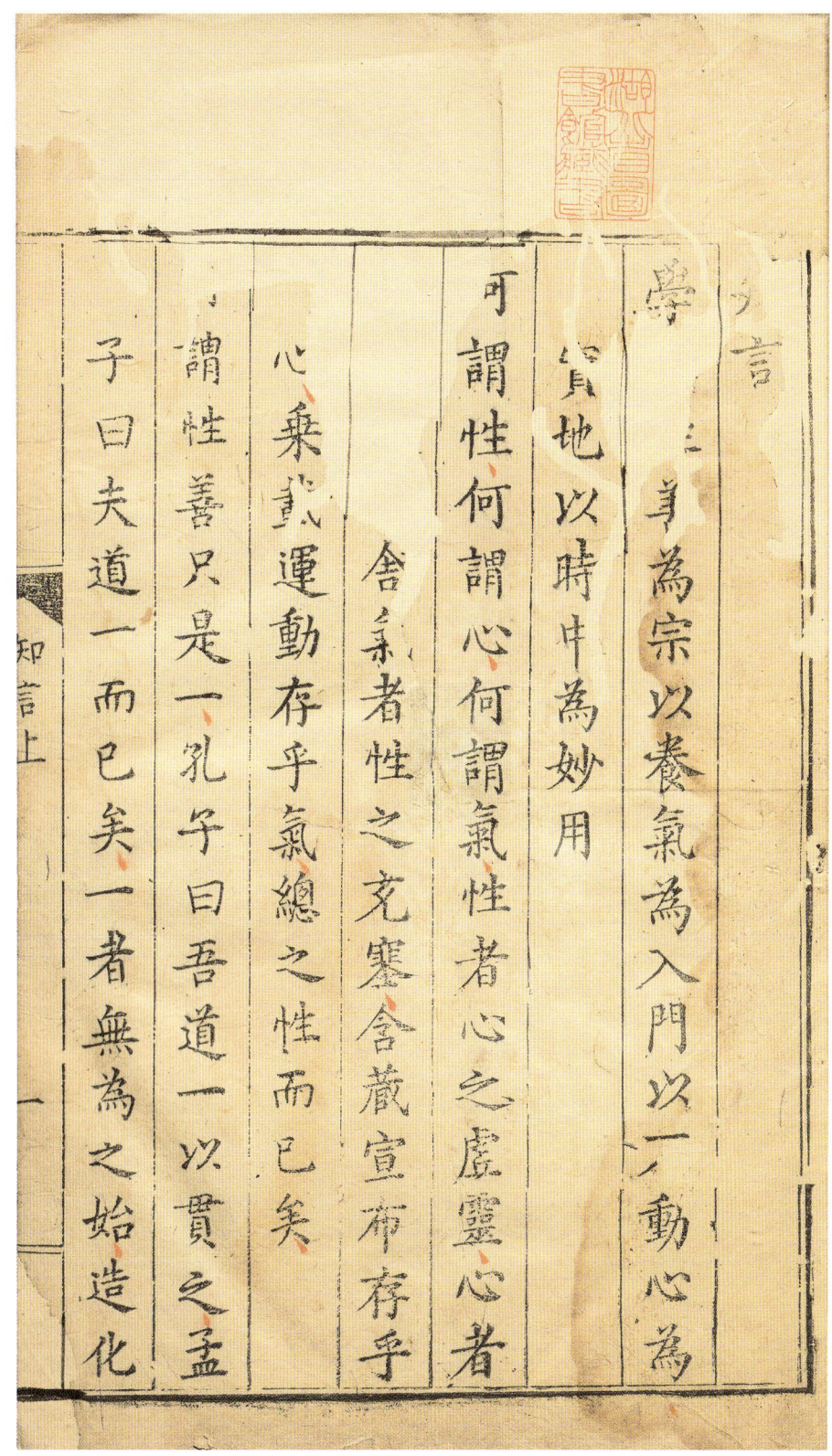

247　《知言》卷上卷端

247 知言二卷 〔明〕郝敬撰　明萬曆刻本　徐恕題識

開本高25.7厘米，寬16.2厘米。框高20.6厘米，寬14.5厘米。半葉八行，行十七字，白口，四周單邊間四周雙邊。索書號：善001622。

湖北省珍貴古籍名錄編號：00111。

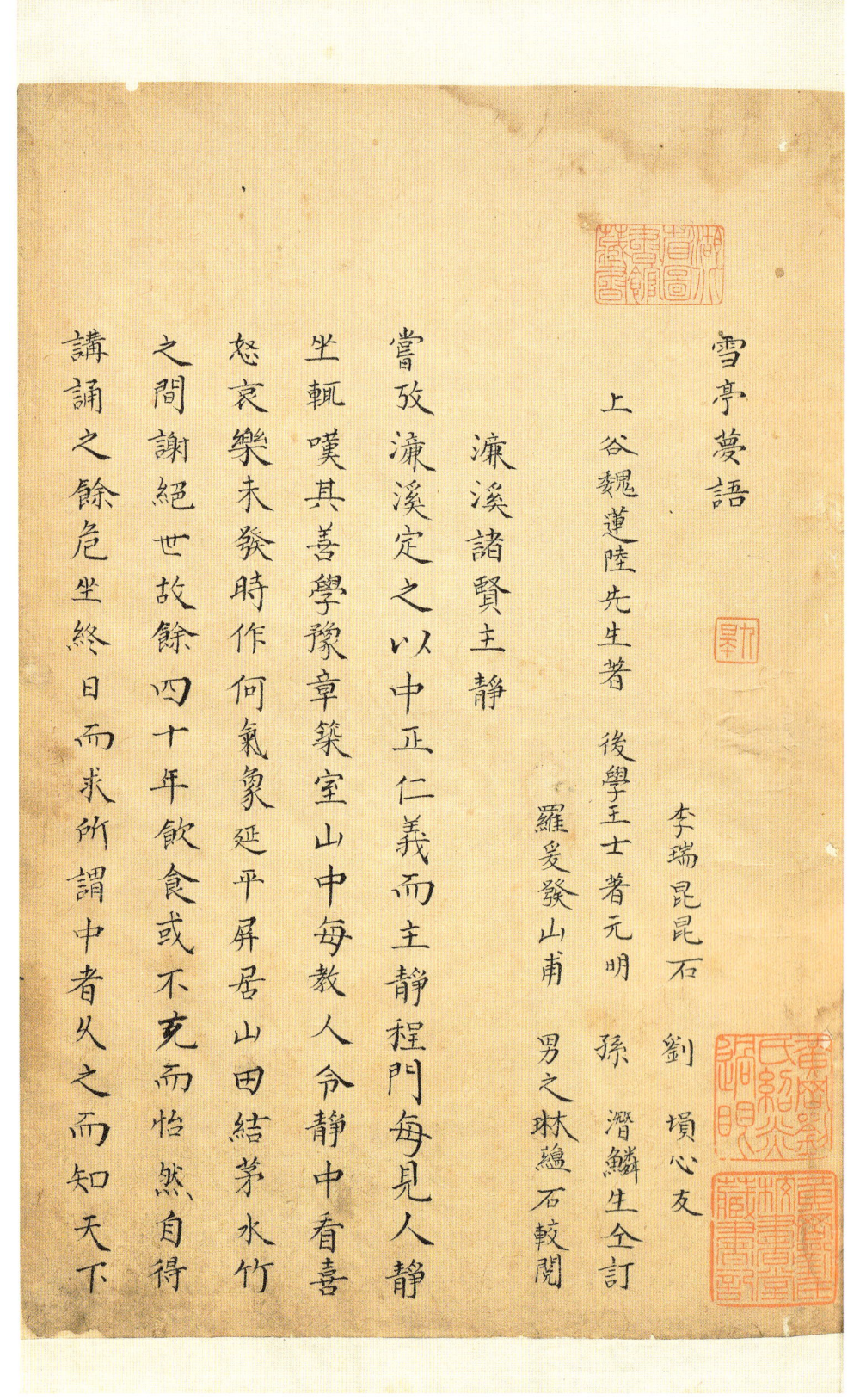

248-1 《雪亭夢語》卷端

248 雪亭夢語一卷 〔清〕魏一鼇撰 清乾隆三十四年（1769）魯九皋抄本 清魯九皋校並跋

金鑲玉裝。開本高27.1厘米，寬19.5厘米。無框欄，半葉九行，行二十字。鈐"九皋""丁敬之印""鈍丁""黃岡劉氏校書堂藏書記""黃岡劉氏紹炎過眼"印。索書號：善003861。

近於友人家獲觀蓮陸先生雪亭夢語稿
來讀之不忍釋手真足以啟迪後學震醒昏睡
矣而先生乃以夢話名編嗚呼豈真夢話耶蓋
見夫世榮悟却孫役志餉筆墨日奉徵逐以求
榮之身飄浮無不底止惜無人桴示迷津是以
日在夢中而不覺耳蕭郎先生曾編玩味之
彼夢之故不怪呂翁醒手譜為一瓢之借今
忠畢盡錄一冊以為枕中秘寶吁此乾隆己丑
二月花朝也
　　　　　　後學魯九皋誌

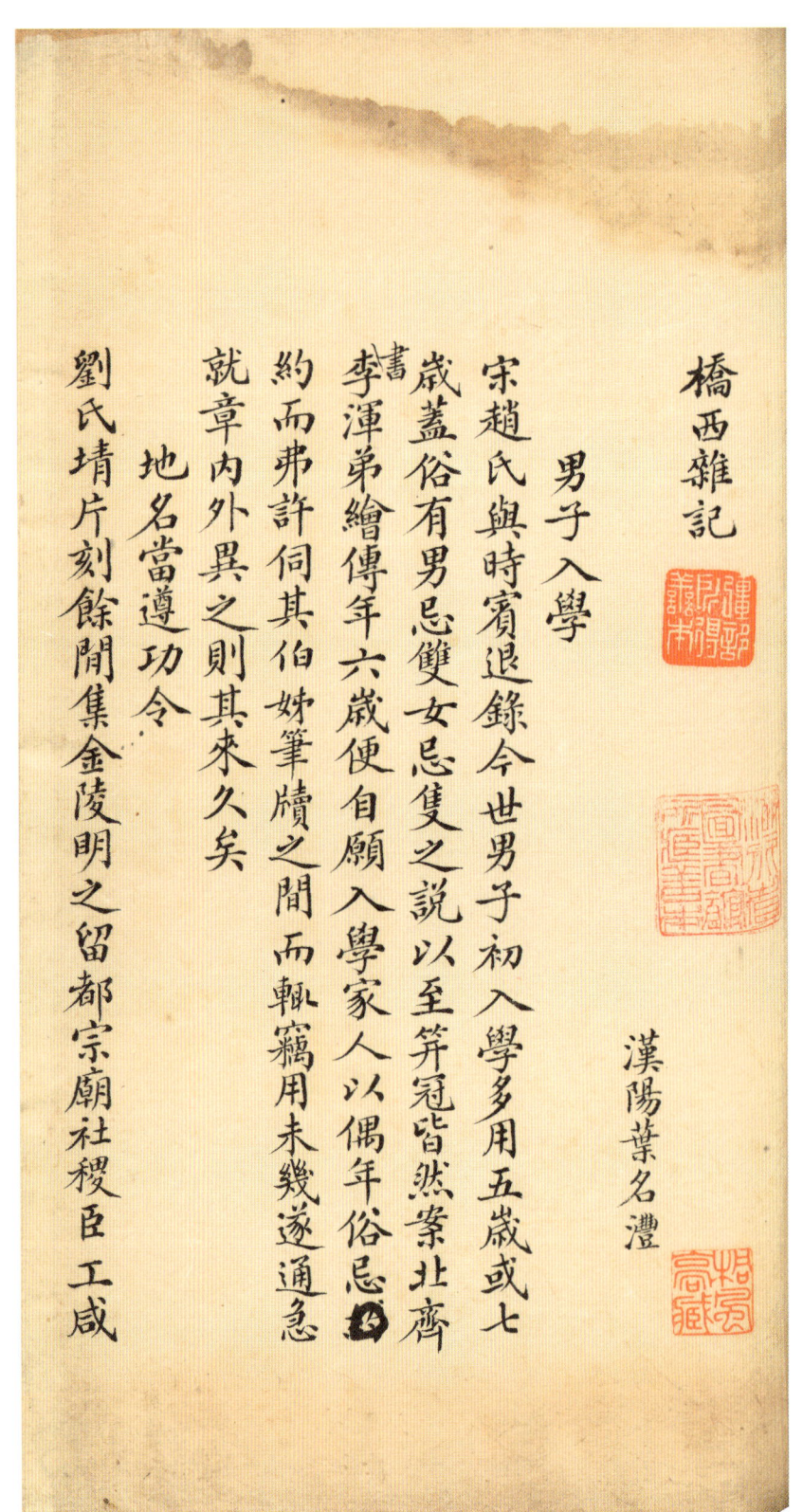

249 《橋西雜記》卷端

249 橋西雜記不分卷 〔清〕葉名澧撰 稿本 趙之謙批 歐陽蟾園校

開本高 26.0 厘米，寬 17.4 厘米。無框欄，半葉十行，行二十一字，小字雙行同。鈐"彊詖所得善本""桐風廎藏"等印。索書號：善 004557。

國家珍貴古籍名錄編號：12678。

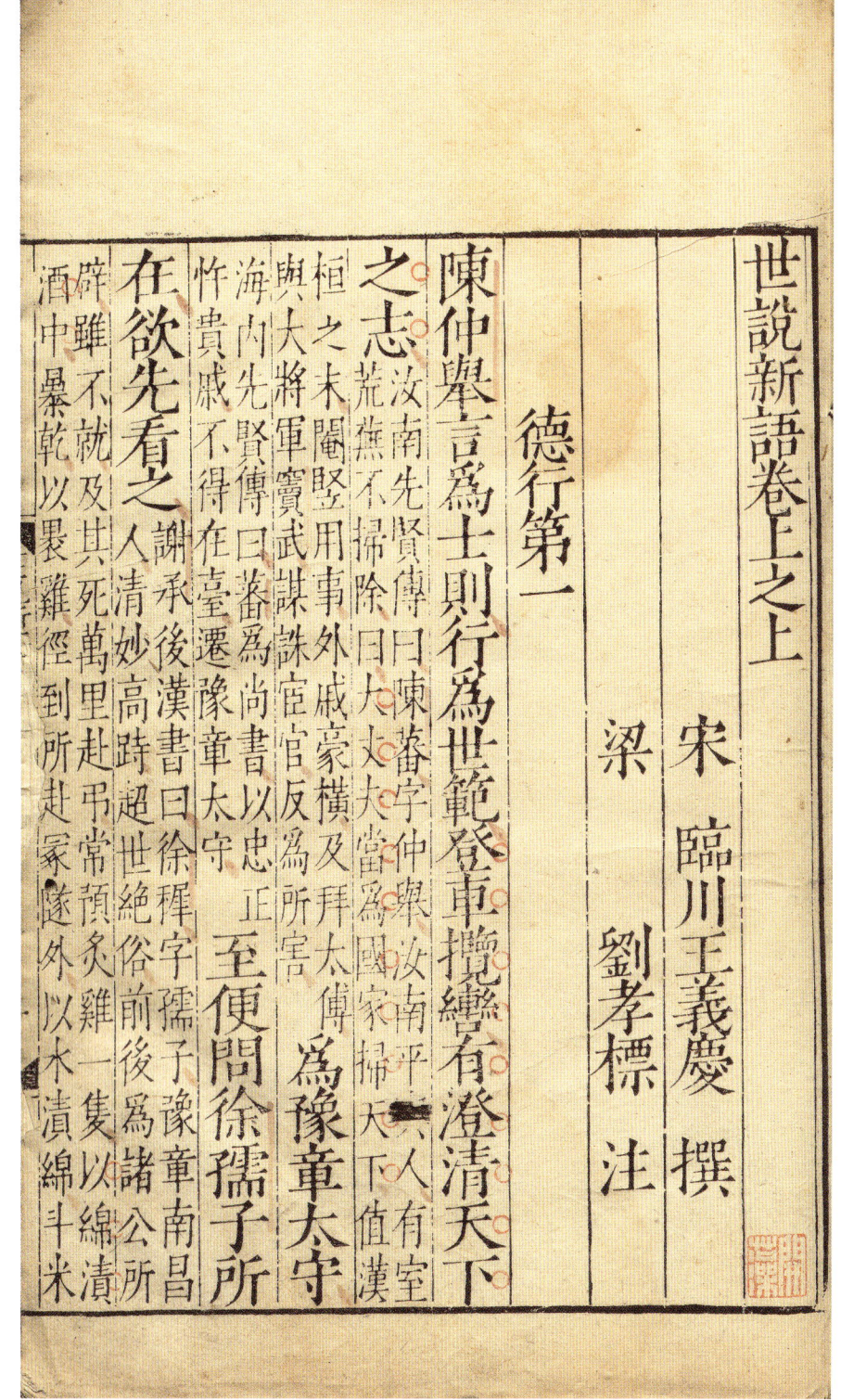

250-1 《世說新語》卷上卷端

250 世說新語三卷 〔南朝宋〕劉義慶撰 〔南朝梁〕劉孝標注 明嘉靖四十五年（1566）曹氏刻本 佚名批校圈點

開本高 25.5 厘米，寬 16.5 厘米。框高 19.4 厘米，寬 15.0 厘米。半葉十行，行二十字，小字雙行同，白口，左右雙邊。鈐"黃熹文印""開藻""開藻氏""飛青閣藏書印"等印。索書號：善 001666。

湖北省珍貴古籍名錄編號：00112。

蜀得其龍吳
得其虎魏得
其狗

立功立事過
之
五荀方五陳
八龍
二八皆玉

其龍吳得其虎魏得其狗誕在魏與夏侯玄齊名瑾
在吳吳朝服其弘量
相見反無私面而又有容
貌思度時人服其弘量
司馬文王問武陔陳玄伯何如其父司空咳曰通雅
博賜能以天下聲教為已任者不如也明練簡至立
功立事過之
正始中人士比論以五荀方五陳荀淑方陳寔荀靖
方陳諶名逸士傳曰靖字叔慈潁川人有儁才以孝著
爽亦有才學顯名當世或問汝南許章爽與靖就賢
章曰二人皆玉也慈明外朗叔慈內潤太尉辟不就
之年五十終時人惜荀爽方陳紀荀彧方陳群或字文
號玄行先生

251-1 《世說新語》卷一卷端

251 世說新語六卷 〔南朝宋〕劉義慶撰 〔南朝梁〕劉孝標注 〔宋〕劉辰翁 〔宋〕劉應登 〔明〕王世懋評 明凌瀛初刻四色套印本

開本高27.9厘米，寬18.2厘米。框高21.2厘米，寬14.6厘米。半葉八行，行十八字，小字雙行同，白口，四周單邊。索書號：善001665。

國家珍貴古籍名錄編號：08535。

非馬馬所以命形白所以命色
夫命色非命形故曰白馬非馬
謝不卽解阮語重相咨盡阮乃歎曰非但能
言人不可得正索解人亦不得

褚季野語孫安國云北人學問淵綜
廣博孫答曰南人學問清通簡要支道林聞之
曰聖賢固所忘言自中人以還北人看書如顯
處視月南人學問如牖中窺曰
則學廣則難周難周則識闇故如顯處視月
學寡則易覈易覈則智明故如牖中窺日也

世說卷二　文學

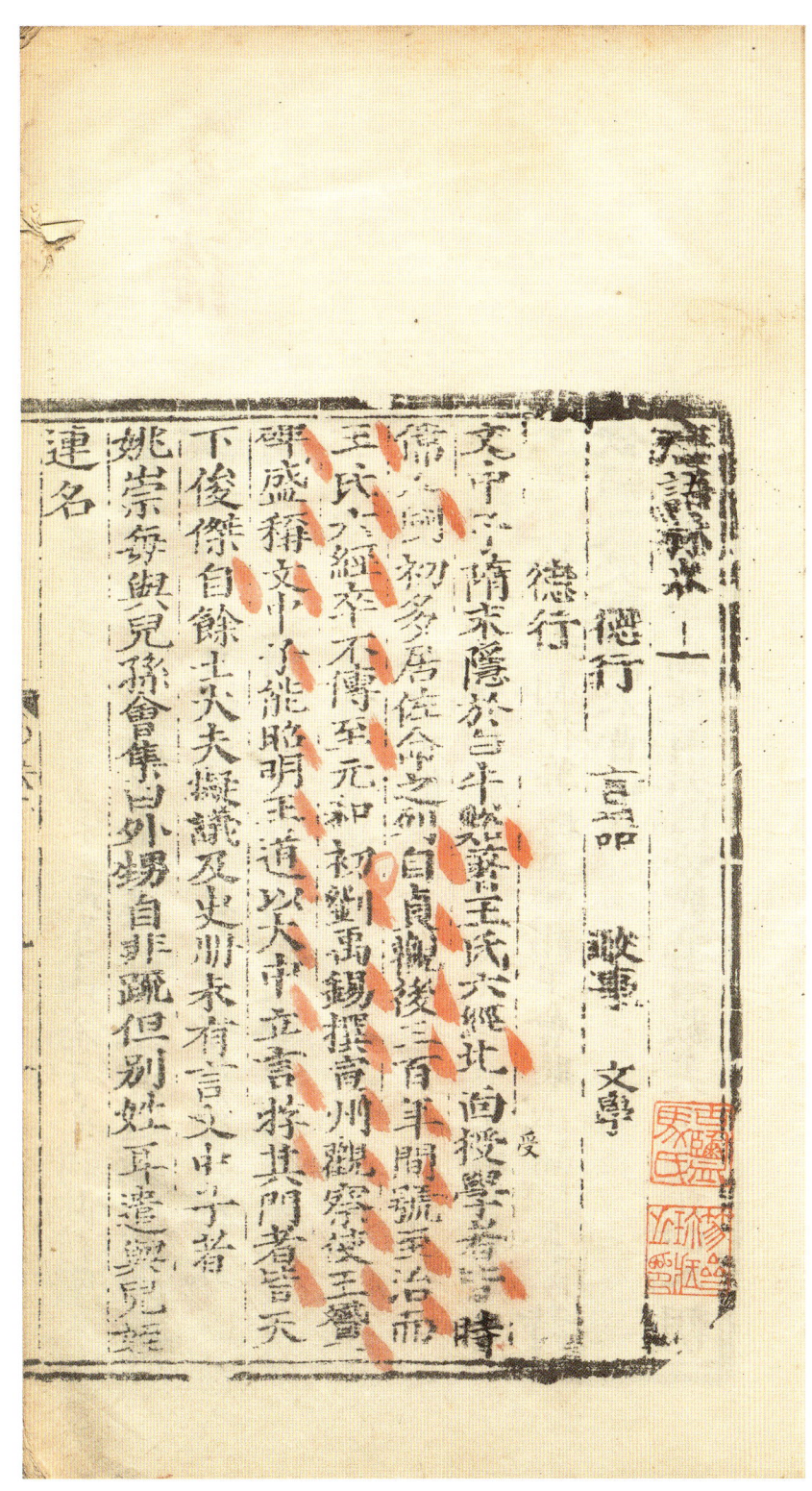

252-1 《唐語林》卷上卷端

252 唐語林二卷 〔宋〕王讜撰 明嘉靖二年（1523）齊之鸞刻本 清江藩題識

開本高 27.0 厘米，寬 17.2 厘米。框高 18.2 厘米，寬 13.2 厘米。半葉十行，行二十二字，白口，四周雙邊。鈐"鄭堂過目""古鹽馬氏""筠齋珍藏之印""黃岡劉氏紹炎過眼"等印。索書號：善001593。

湖北省珍貴古籍名錄編號：00115。

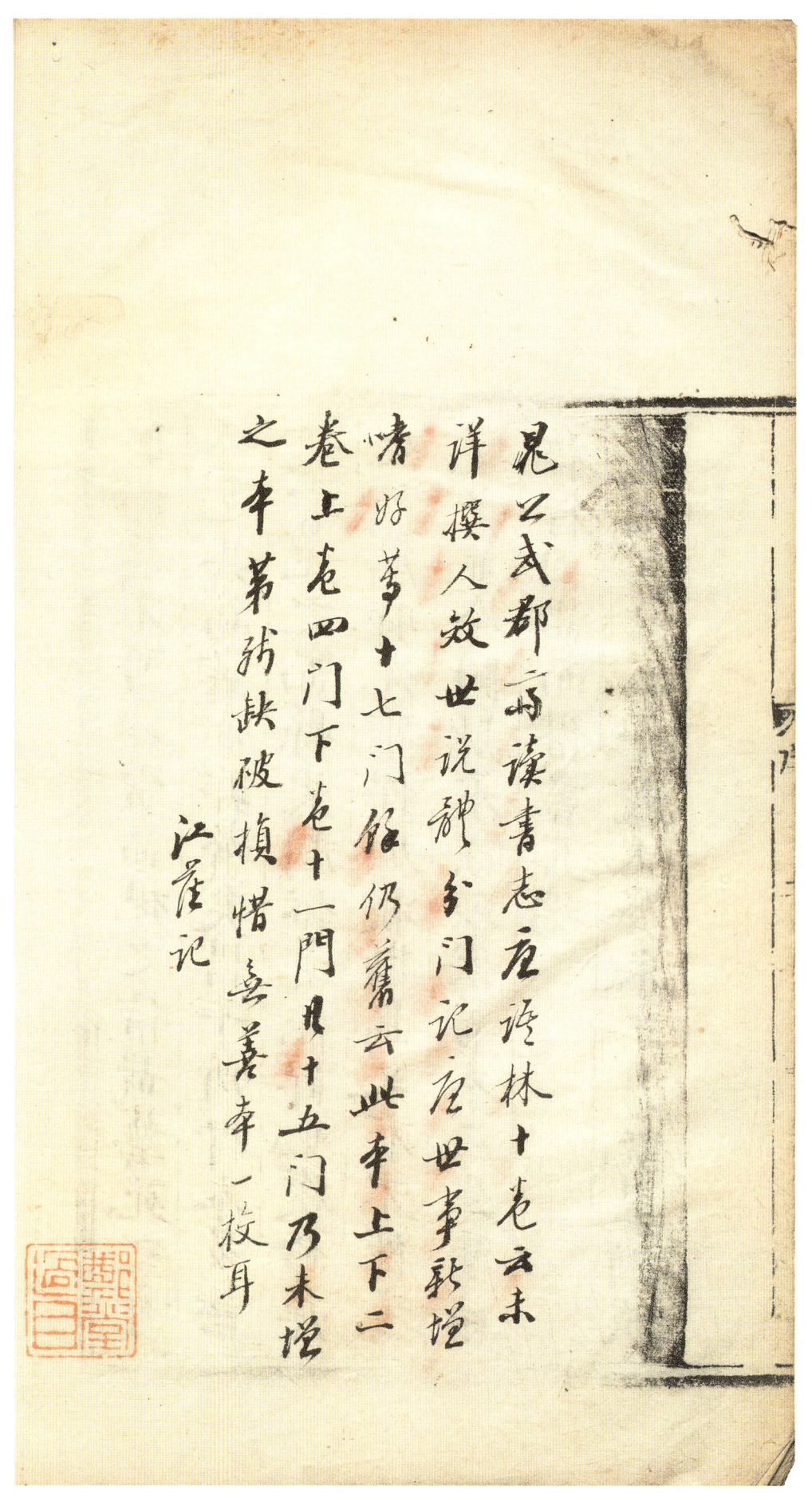

昆山武郡兩讀書志皆諸林十卷云未詳撰人效世說體分門記古今世事頗增嗜好等十七門餘仍舊云此本上下二卷上卷四門下卷十一門凡十五門乃未增之本第殘缺破損惜無善本一校耳

江瀍記

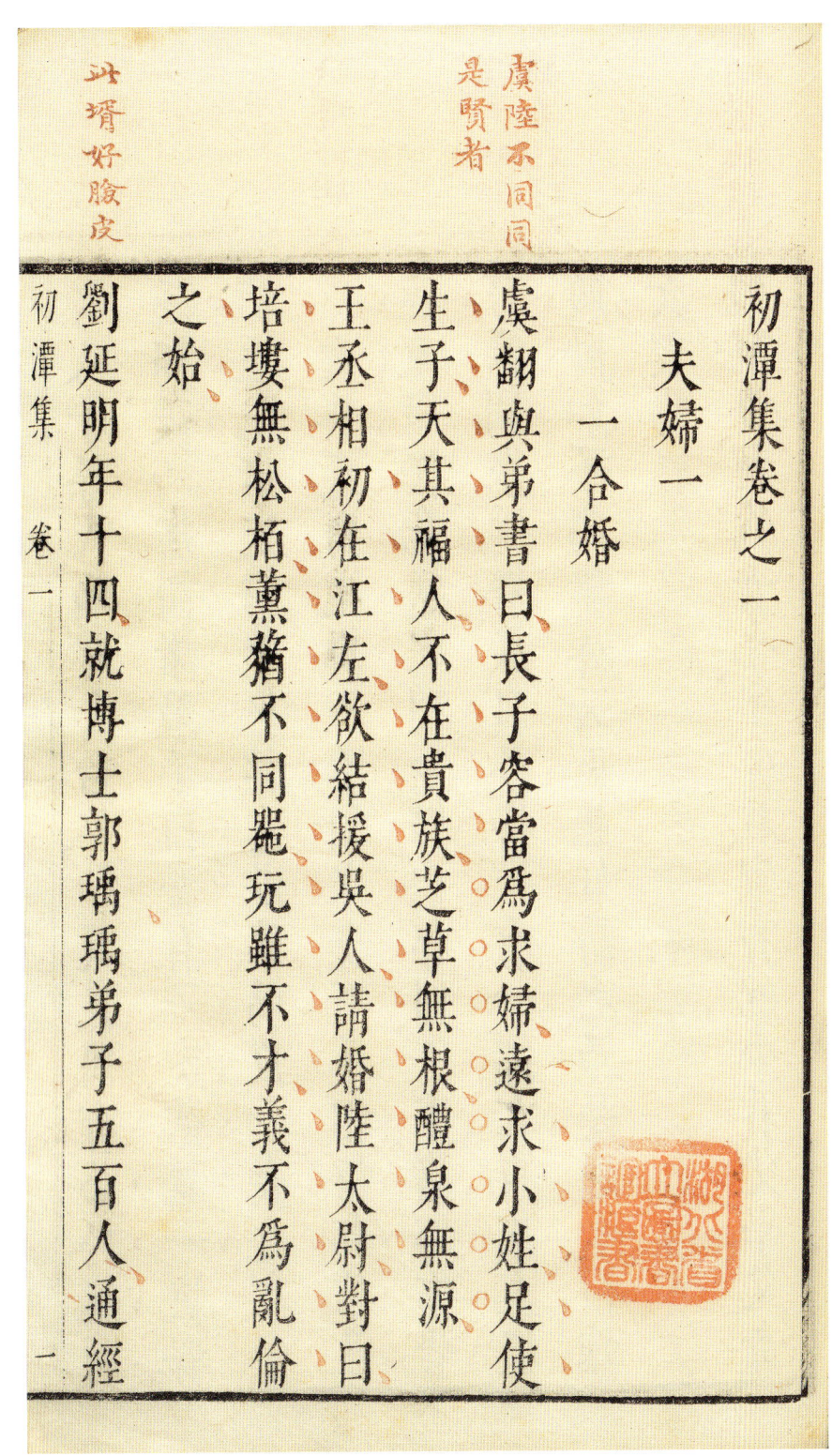

253 《初潭集》卷一卷端

253 初潭集三十卷 〔明〕李贄撰 〔明〕閔邁 〔明〕閔杲輯評 明萬曆十六年至崇禎十七年（1588—1644）閔邁、閔杲刻朱墨套印本

開本高25.9厘米，寬16.7厘米。框高20.5厘米，寬14.8厘米。半葉九行，行十九字，白口，四周單邊。鈐"衡陽常氏譚印閣藏書之圖記""曾在張春霆處"印。索書號：善001587。

湖北省珍貴古籍名錄編號：00116。

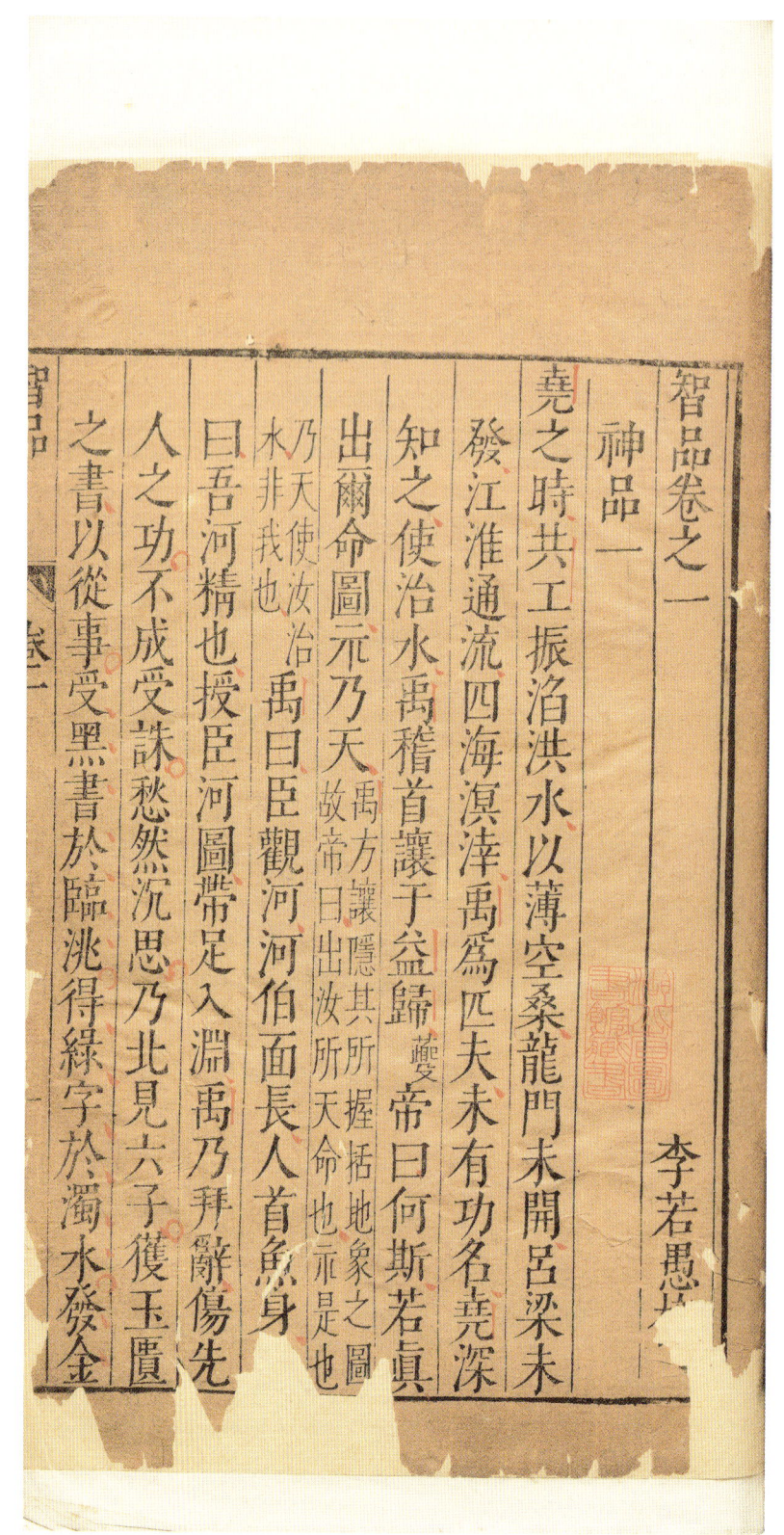

254 《智品》卷一卷端

254 智品十三卷 〔明〕樊玉衡品評 〔明〕于倫增編 明萬曆四十二年（1614）于斯行刻本

金鑲玉裝。開本高 30.8 厘米，寬 18.8 厘米。框高 21.2 厘米，寬 15.0 厘米。半葉十行，行二十字，白口，左右雙邊。索書號：善 001616。

湖北省珍貴古籍名錄編號：00313。

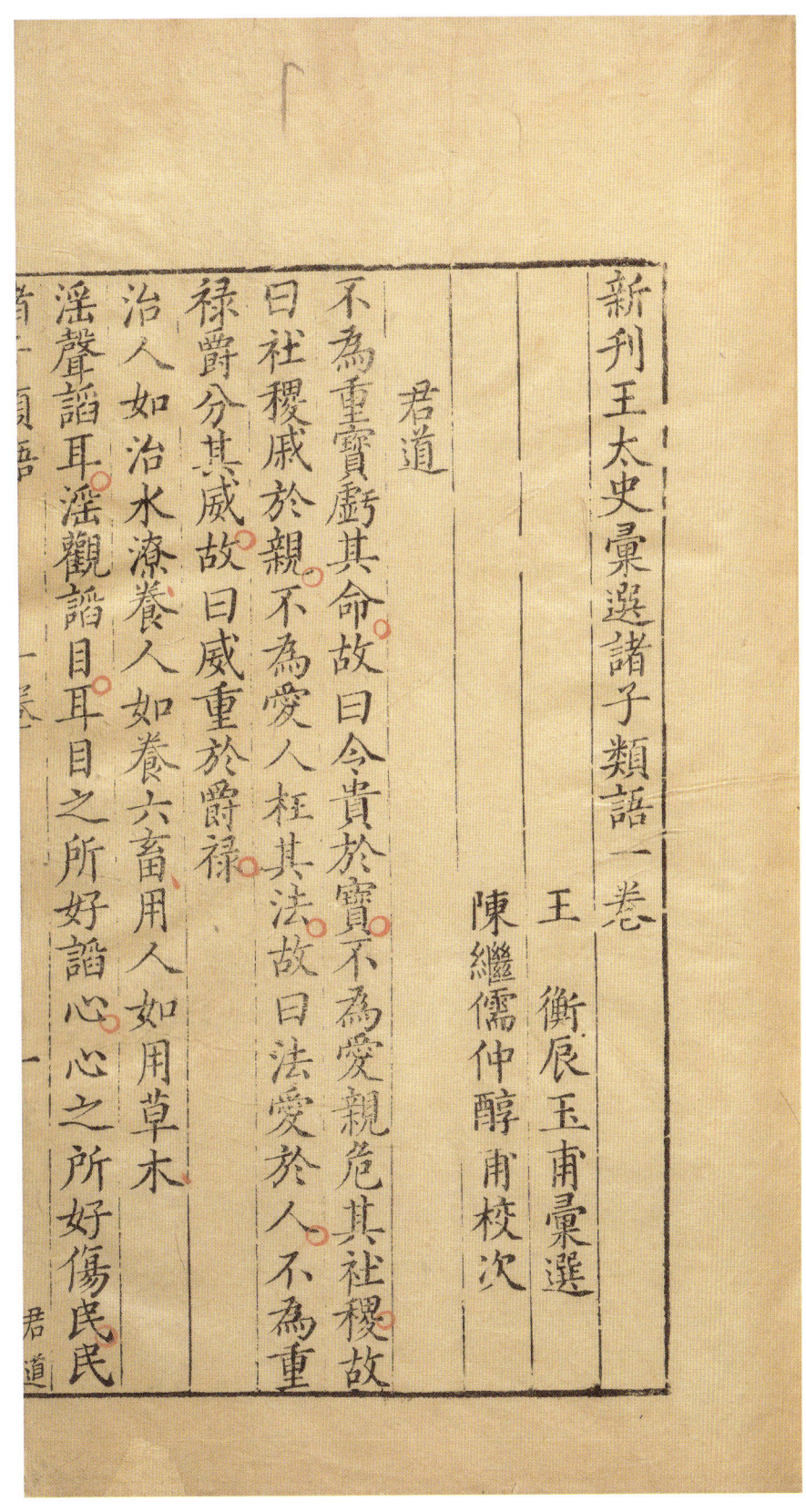

255 《新刊王太史彙選諸子類語》卷一卷端

255 新刊王太史彙選諸子類語四卷 〔明〕王衡輯 明刻本

開本高 28.0 厘米，寬 17.2 厘米。框高 21.4 厘米，寬 12.6 厘米。半葉九行，行二十二字，白口，四周單邊。索書號：善 001631。

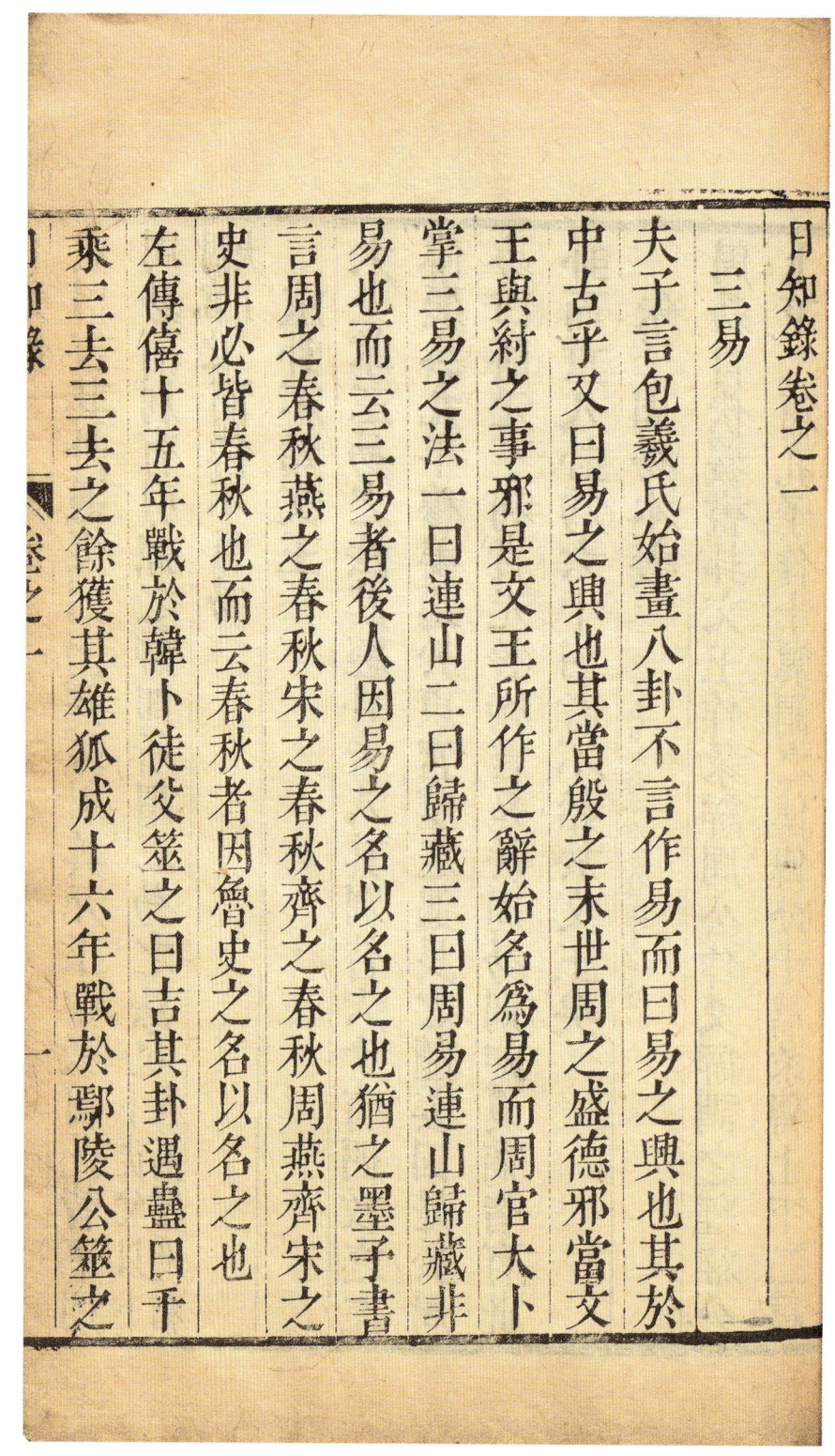

256-1 《日知錄》卷一卷端

256 日知錄三十二卷 〔清〕顧炎武撰 清刻本 佚名錄清李富孫校跋、錢泰吉跋、唐仁壽跋 黃德題識並錄楊魯生批校及楊守敬跋

開本高25.3厘米，寬16.0厘米。框高20.2厘米，寬15.0厘米。半葉十一行，行二十二字，小字雙行同，白口，左右雙邊。鈐"李氏藏書""金粟山房"印。索書號：善001644。

湖北省珍貴古籍名錄編號：00243。

此書卷端校注語無姓名據歙縣鄭君愈云是高城楊魯生先生所批先生嘉慶間進士作令山東周文忠天爵其弟子也余從鄭君得此書又得羣書疑辨亦有先生批語附記之

萬季野 鄭君忘其名

乙酉秋宜都楊守敬記 楊巴旦受 守敬

行可大兄以楊校本見詒因以校語過錄於此幸語首有朱圈者是也乙丑長夏清若謹識

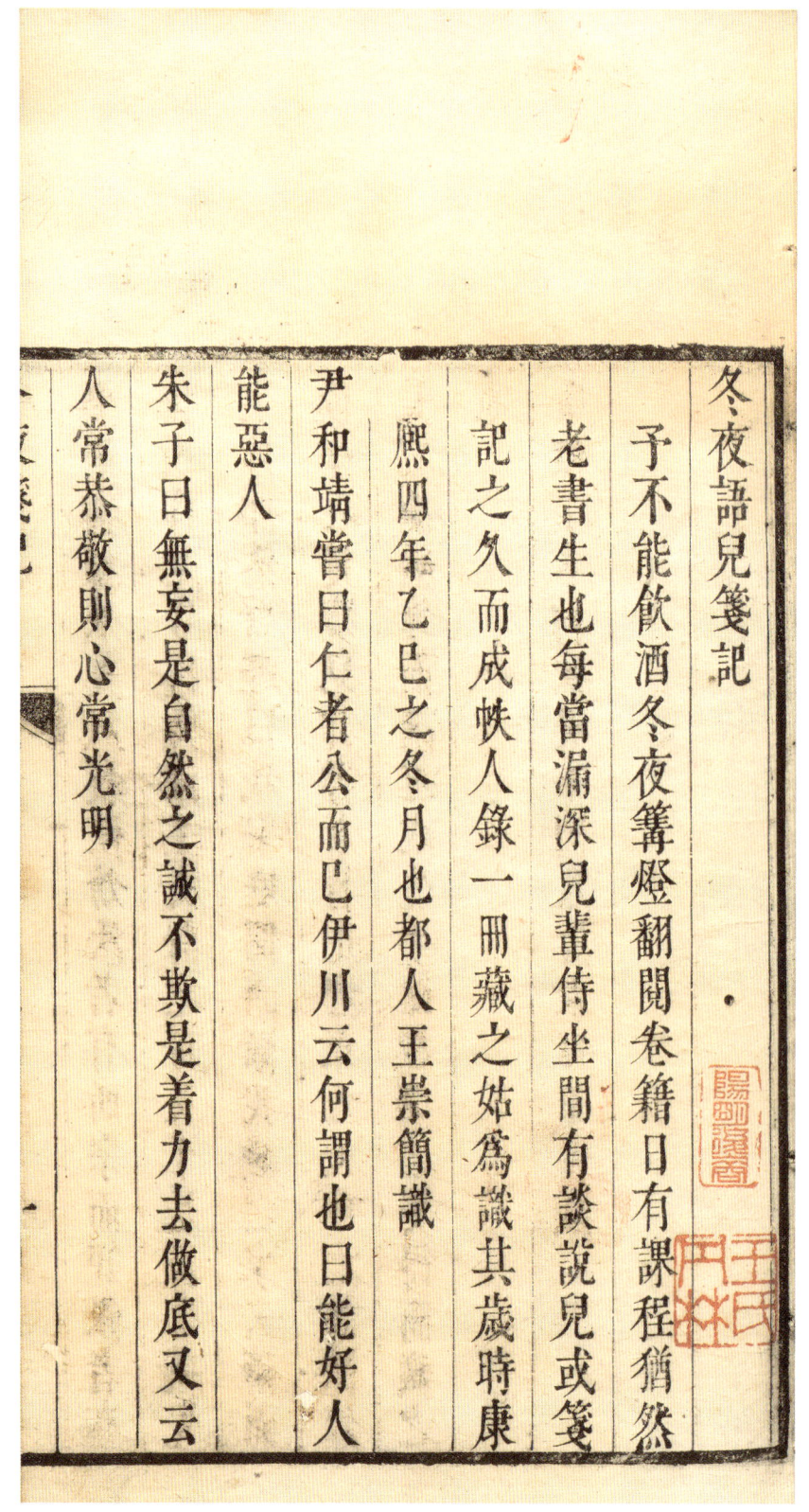

257 《冬夜語兒箋記》卷端

257 冬夜語兒箋記（冬夜箋記、夜箋）一卷 〔清〕王崇簡撰 清康熙刻本

開本高 26.5 厘米，寬 15 厘米。框高 19.0 厘米，寬 13.5 厘米。半葉九行，行二十字，白口，左右雙邊。鈐"王氏丹林""丹林私印""山陽王氏□精舍珍藏金石書畫印""文成後人""陽明後裔"印。索書號：善 001641。

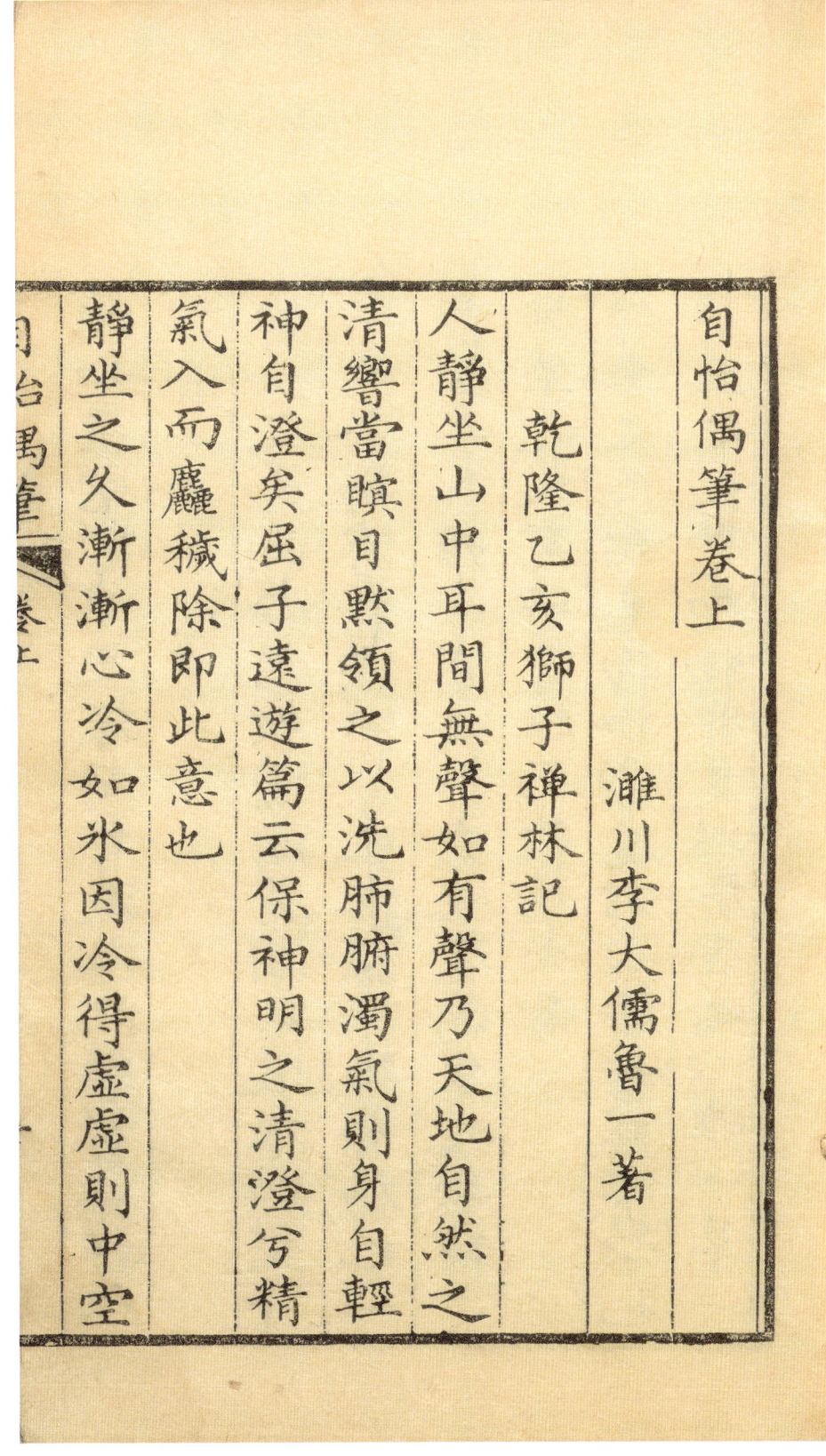

258 《自怡偶筆》卷上卷端

258 自怡偶筆二卷道德經偶解一卷 〔清〕李大儒撰 清乾隆刻本

開本高 22.6 厘米，寬 14.1 厘米。框高 16.5 厘米，寬 12.1 厘米。半葉八行，行十八字，小字雙行同，白口，左右雙邊。索書號：善 001603。

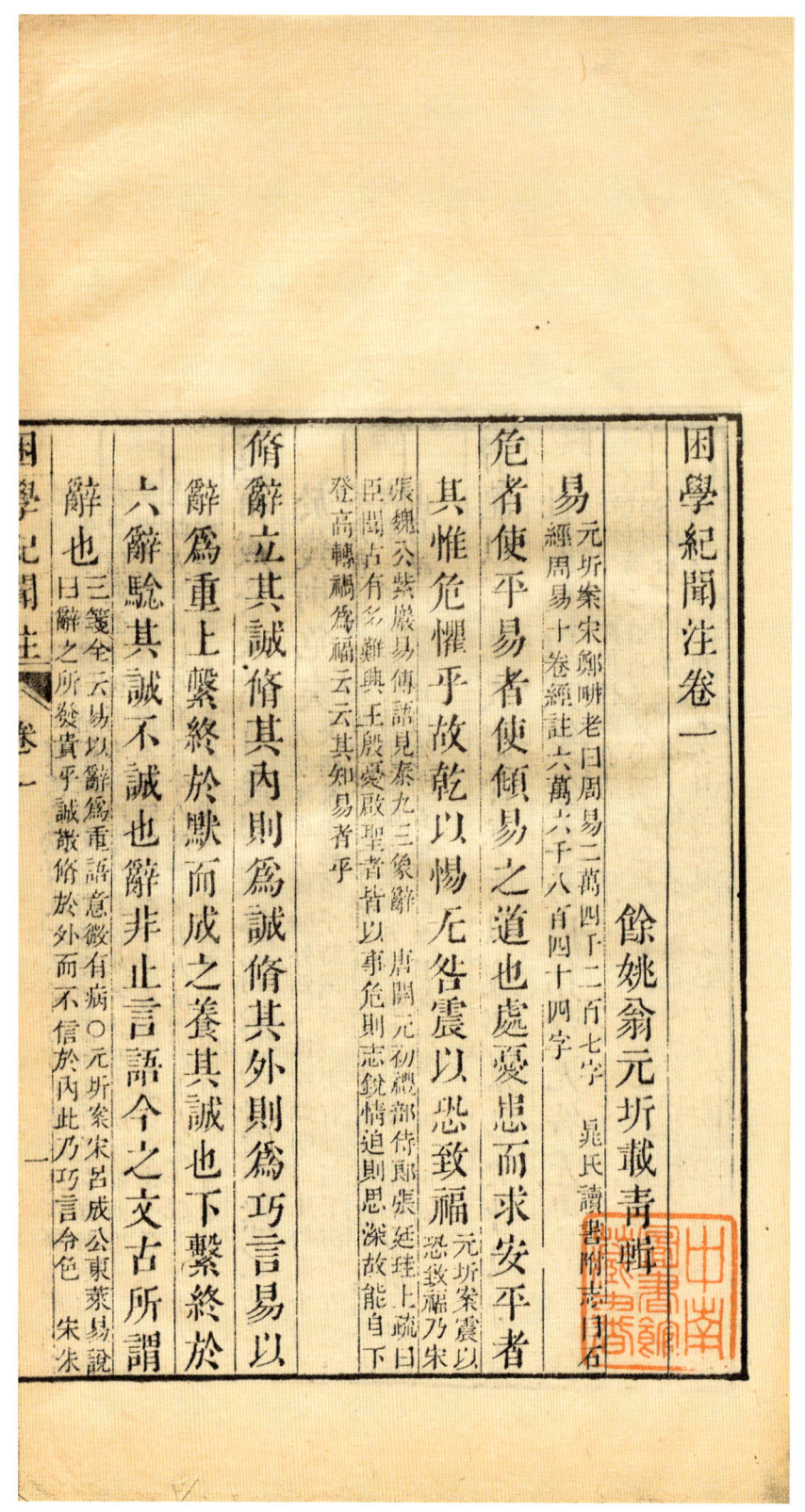

259-1 《困學紀聞注》卷一卷端

259 困學紀聞注二十卷 〔清〕翁元圻輯 清道光五年（1825）翁氏守福堂刻本 楊守敬批校

開本高 28.3 厘米，寬 17.8 厘米。框高 18.4 厘米，寬 14.2 厘米。半葉十一行，行二十字，小字雙行三十字，白口，左右雙邊。鈐"楊守敬印""飛青閣藏書印""宜都楊氏藏書記"印。索書號：善001837。

（上方朱筆批註）
集證按黃省曾漢興以五年尚書韓章直
曰呂氏春秋序謂其言天地萬物之始
興高堂生傳蓋伏生後曰漢
尚古者桂蒼蔡仲又敘其事之後曰漢
紀為月令何氏廢去與其容和其大樂道
言為樂記引易遯
歷書皆成武藏書以領九家之雲別向集
書衡於徒以不章蒻也不知不章固名興
爭也

（左側朱筆批註）
歷中醫書無帝告為蓋伏生記其殘章作元為
云外者改附大傳中閒伯詩說見疏證卷一第三條

（正文）
面王行西折而南東面而立師倘父西面道書之言曰敬勝怠者吉怠勝敬
者滅義勝欲者從欲勝義者凶凡事不強則枉弗敬則不正枉者滅廢敬者
萬世藏之約之行之可以為子孫常者此言之謂也
昔人謂趙清獻何不
曰孔光張禹何嘗不讀書乎

呂氏春秋序意曰嘗得學黃帝之所以誨顓頊矣爰
有大圜在上大矩在下汝能法之為民父母不章
十二紀成於秦八年歲在涒灘尚古之書猶存前
聖傳道之淵源猶可考也 元圻案大戴禮帝繫篇少典產高陽
　　　　　　　　　　　　　產黃帝黃帝產昌意昌意產高陽
書大傳生作　　　　　　　是為黃帝軒轅
　　　　呂覽序意篇曰維秦八年歲在涒灘高誘注八年秦始皇即
　　　　位之八年也歲在申名涒灘是時尚未有挾書之禁高誘注呂
　　　　序曰呂不韋者漢陽人也始皇帝尊為相國不韋乃集儒生使著其所聞為
　　　　十二紀八覽六論訓解各十餘萬言備天地萬物古今之事名為呂氏春秋
是謂帝顓頊
平平使民無傲殷傳有帝告篇引書曰施章乃服
明上下豈伏生亦見古文逸篇邪大傳之序有嘉

260 《漢陽胡東谷先生筆記真迹》卷端

260 [漢陽胡東谷先生筆記真迹] 不分卷 〔清〕胡兆春撰 稿本

開本高 21.7 厘米，寬 14.1 厘米。無框欄，半葉十至十二行，行字不等。鈐"徐恕""彊諺""一門深掩得閑權"等印。索書號：善 004383。

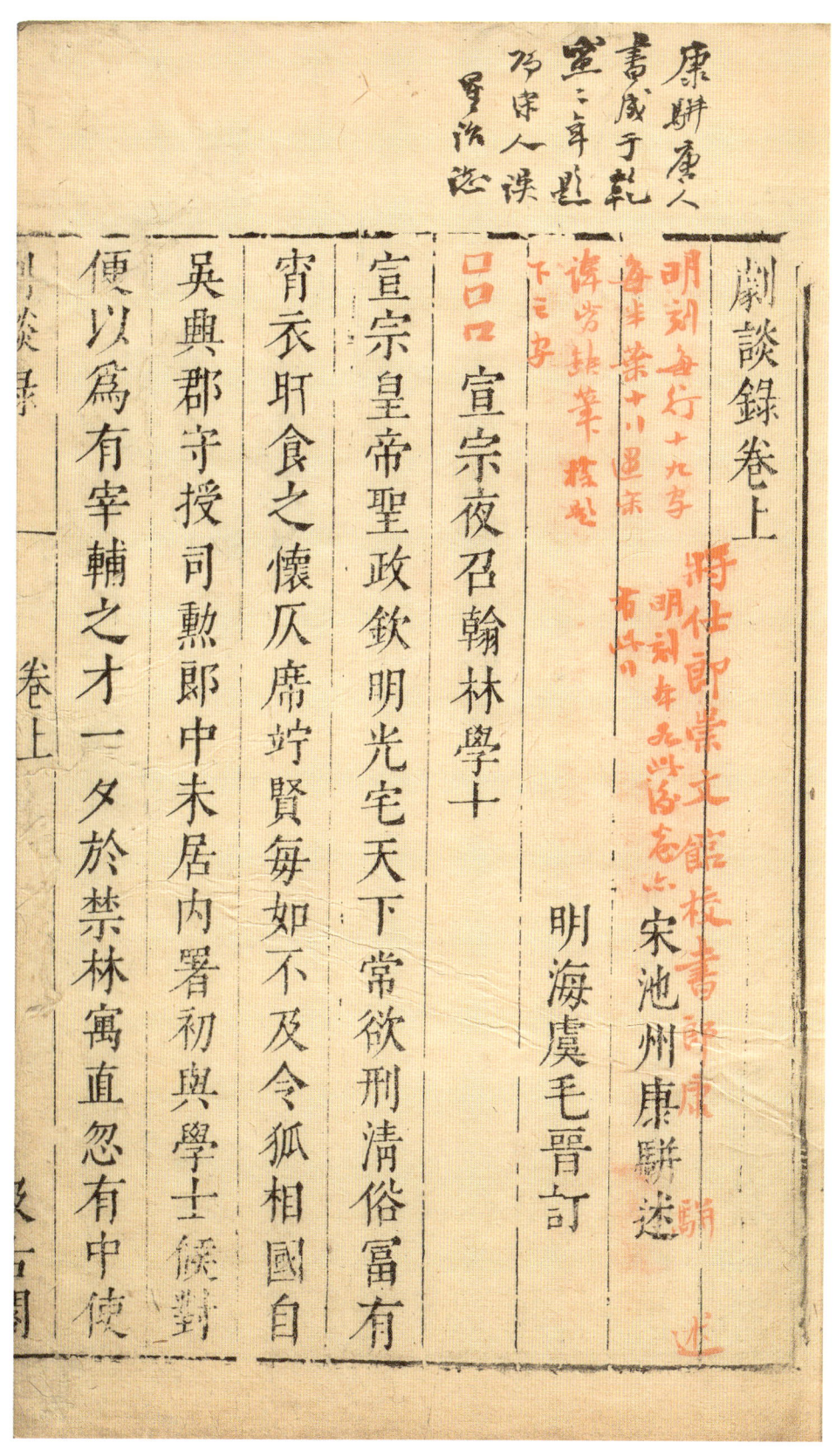

261-1 《劇談錄》卷上卷端

261 劇談錄二卷 〔唐〕康騈撰 明崇禎虞山毛氏汲古閣刻津逮秘書本 清周星詒題識

開本高 23.6 厘米，寬 15.5 厘米。框高 18.8 厘米，寬 13.5 厘米。半葉八行，行十九字，小字雙行同，白口，左右雙邊。鈐"曾在張春霆處"印。索書號：善 003212。

廣謫錄

廣謫仙怨詞
含元殿
曲江
真身
元相國謁李賀

劉談錄目錄終

丁卯夏初偶得一明翻宋刻本唐廣謫
仙怨詞康熙藏与此對勘矣
異可惜失刻此序一篇并署銜故等誤題為求人耳今為補之
庚戌善卒矣 李脫用尾孫識

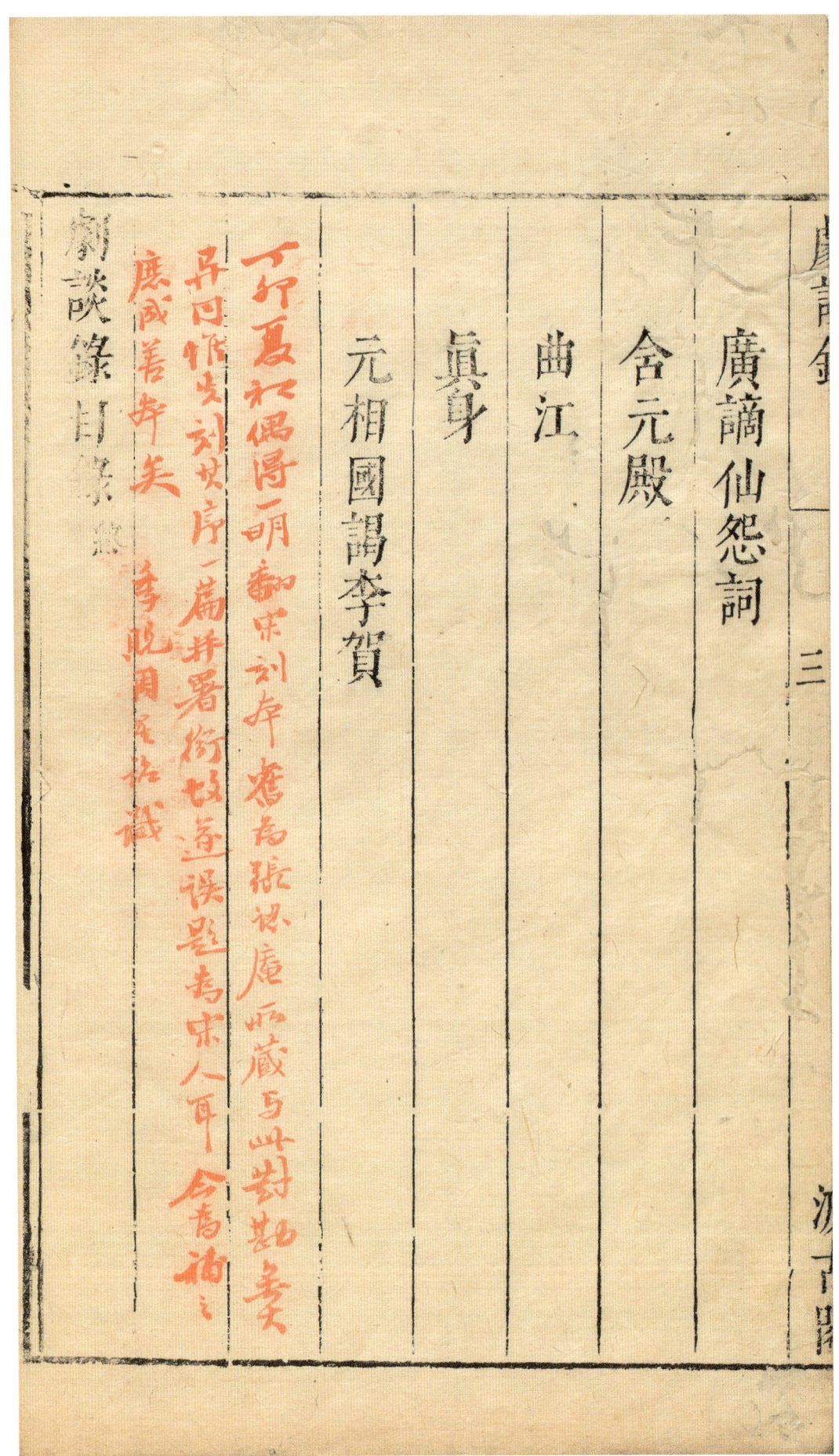

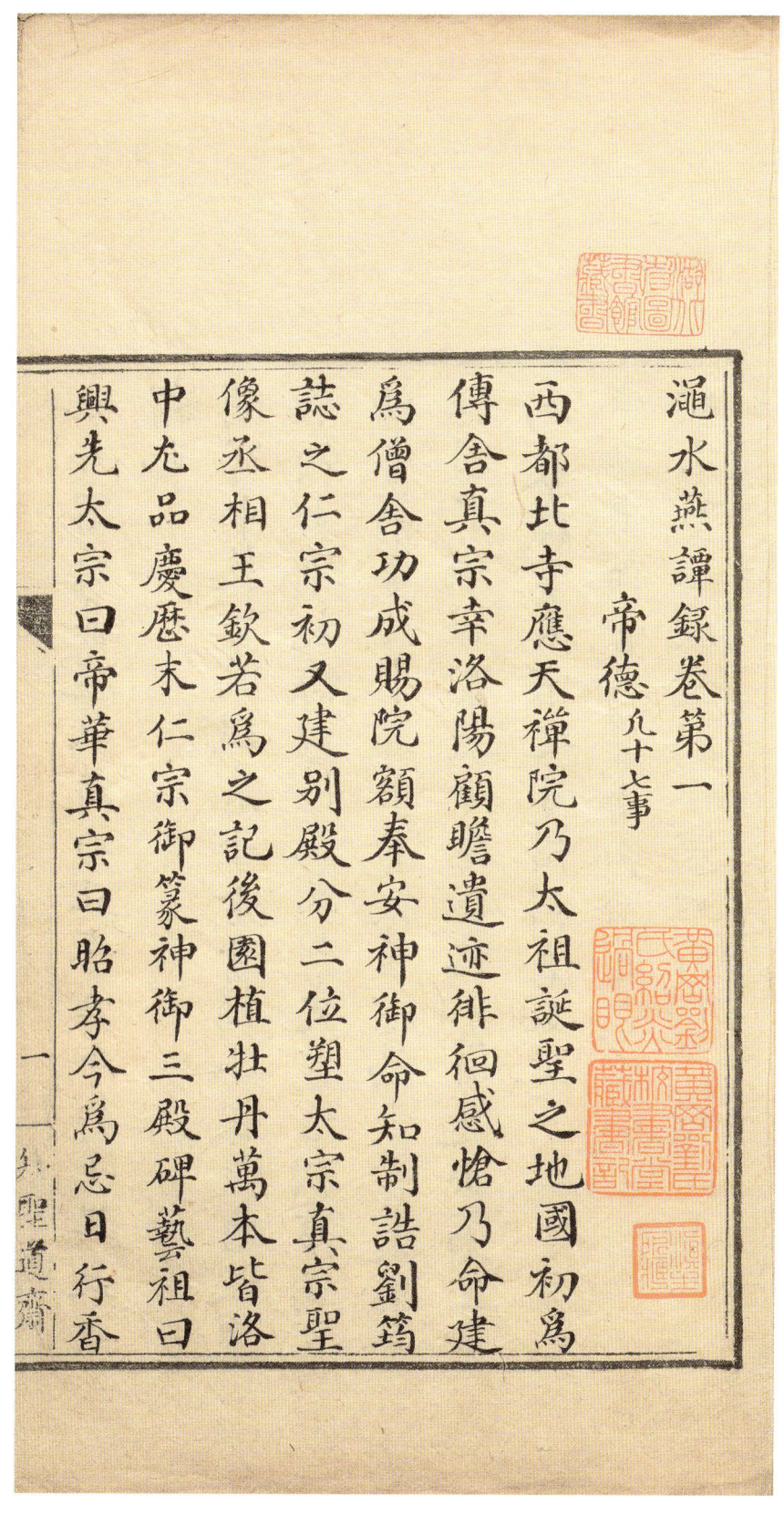

262-1　《澠水燕譚錄》卷一

262 澠水燕譚錄十卷　〔宋〕王闢之撰　清彭氏知聖道齋抄本　清彭元瑞校跋　清葉志詵跋　養翁跋

開本高 28.6 厘米，寬 17.3 厘米。框高 19.6 厘米，寬 14.4 厘米。半葉九行，行十八字，白口，四周雙邊。鈐"滇生所藏""黃岡劉氏校書堂藏書記""黃岡劉氏紹炎過眼"印。索書號：善 003889。

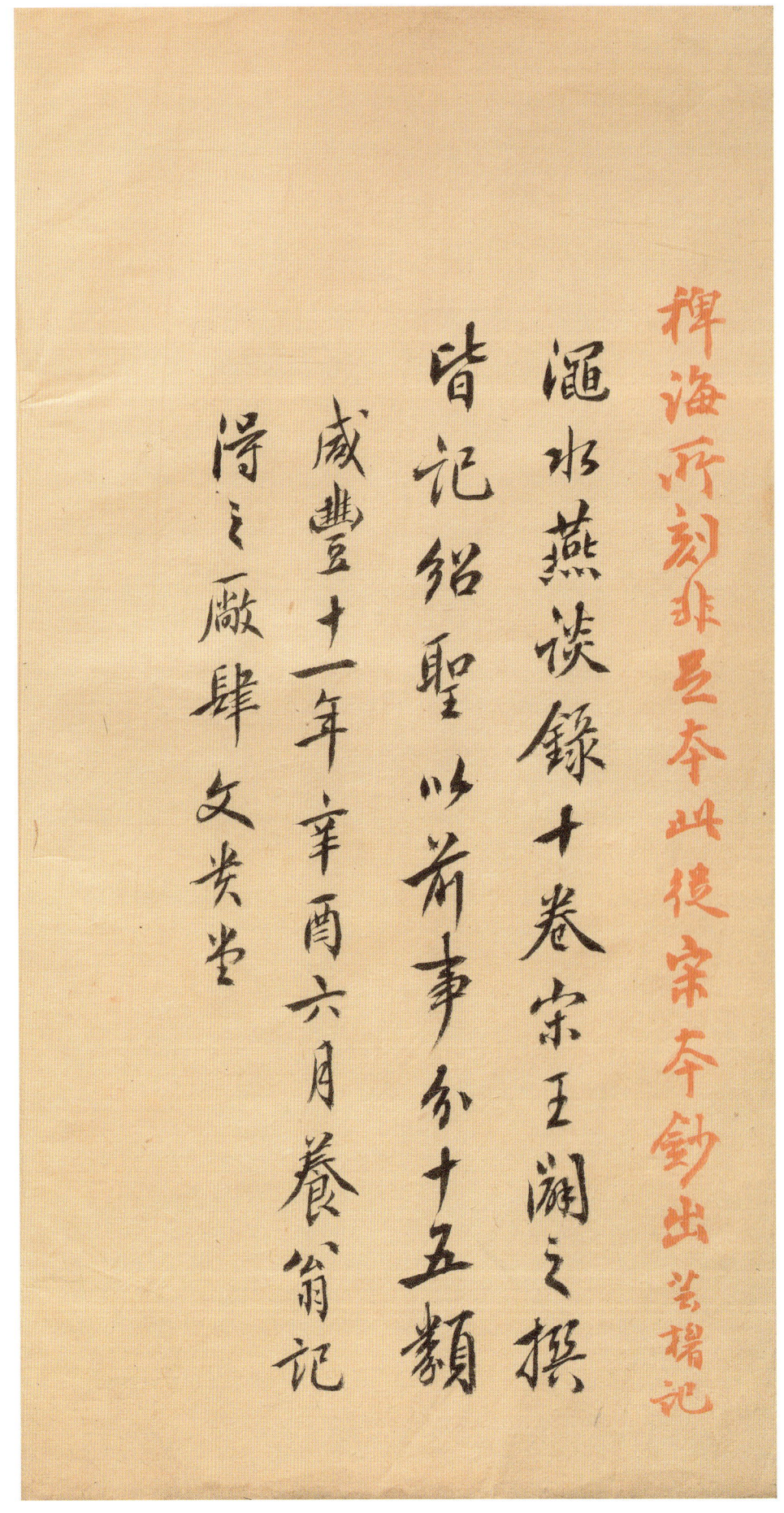

樨海所刻非是本此從宋本鈔出並槧記

澠水燕談錄十卷宋王闢之撰
皆記紹聖以前事分十五類
咸豐十一年辛酉六月養翁記
得之廠肆文萃堂

262-2 清彭元瑞跋、養翁跋

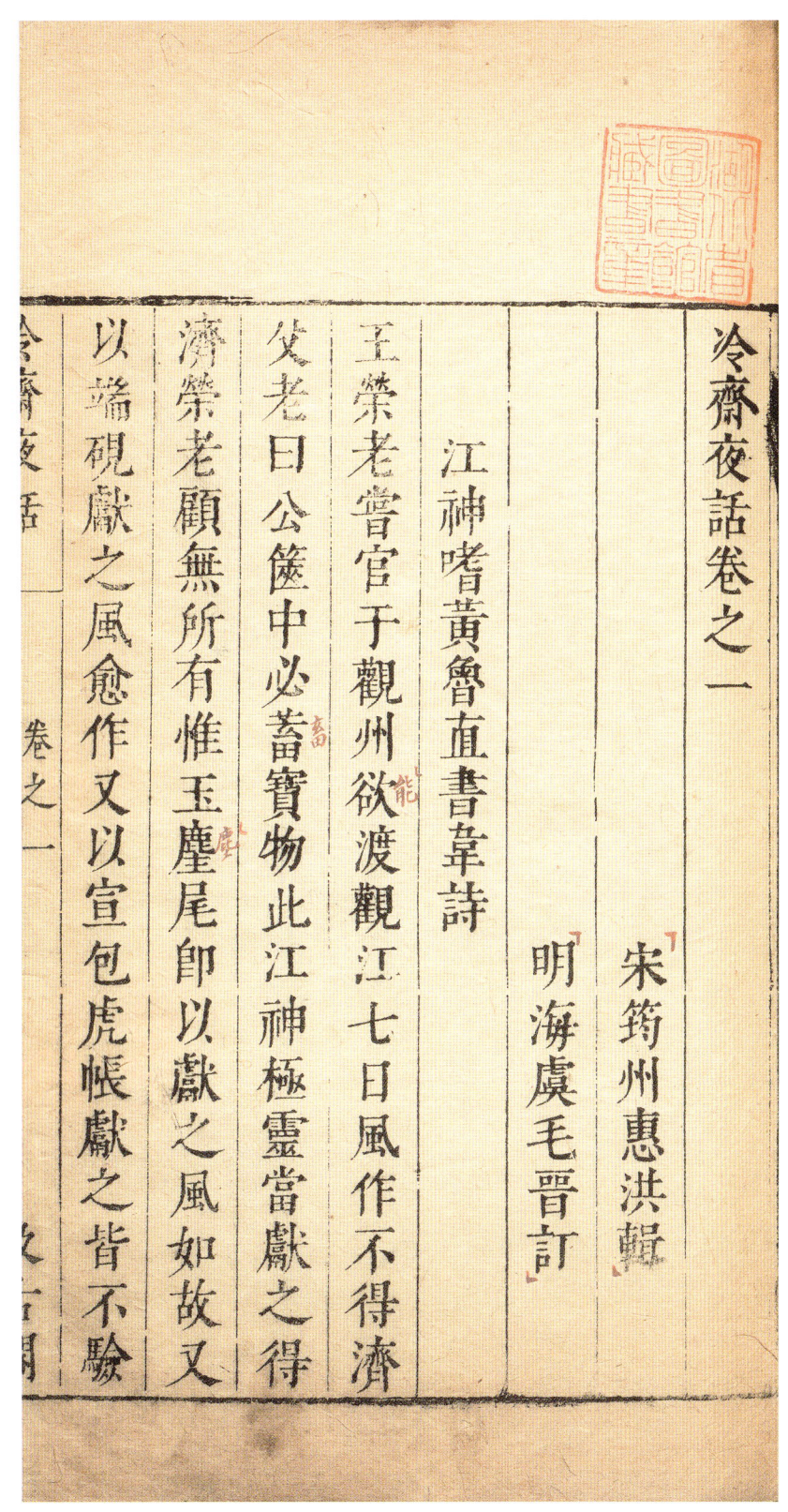

263-1 《冷齋夜話》卷一卷端

263 冷齋夜話十卷 〔宋〕釋惠洪撰 明崇禎虞山毛氏汲古閣刻津逮秘書本 徐恕校跋並錄清黃丕烈、繆荃孫跋

開本高25.7厘米，寬16.3厘米。框高18.9厘米，寬13.7厘米。半葉八行，行十九字，白口，左右雙邊。鈐"徐弢諗藏閱書""曾歸徐氏彊諗"印。索書號：善003342。

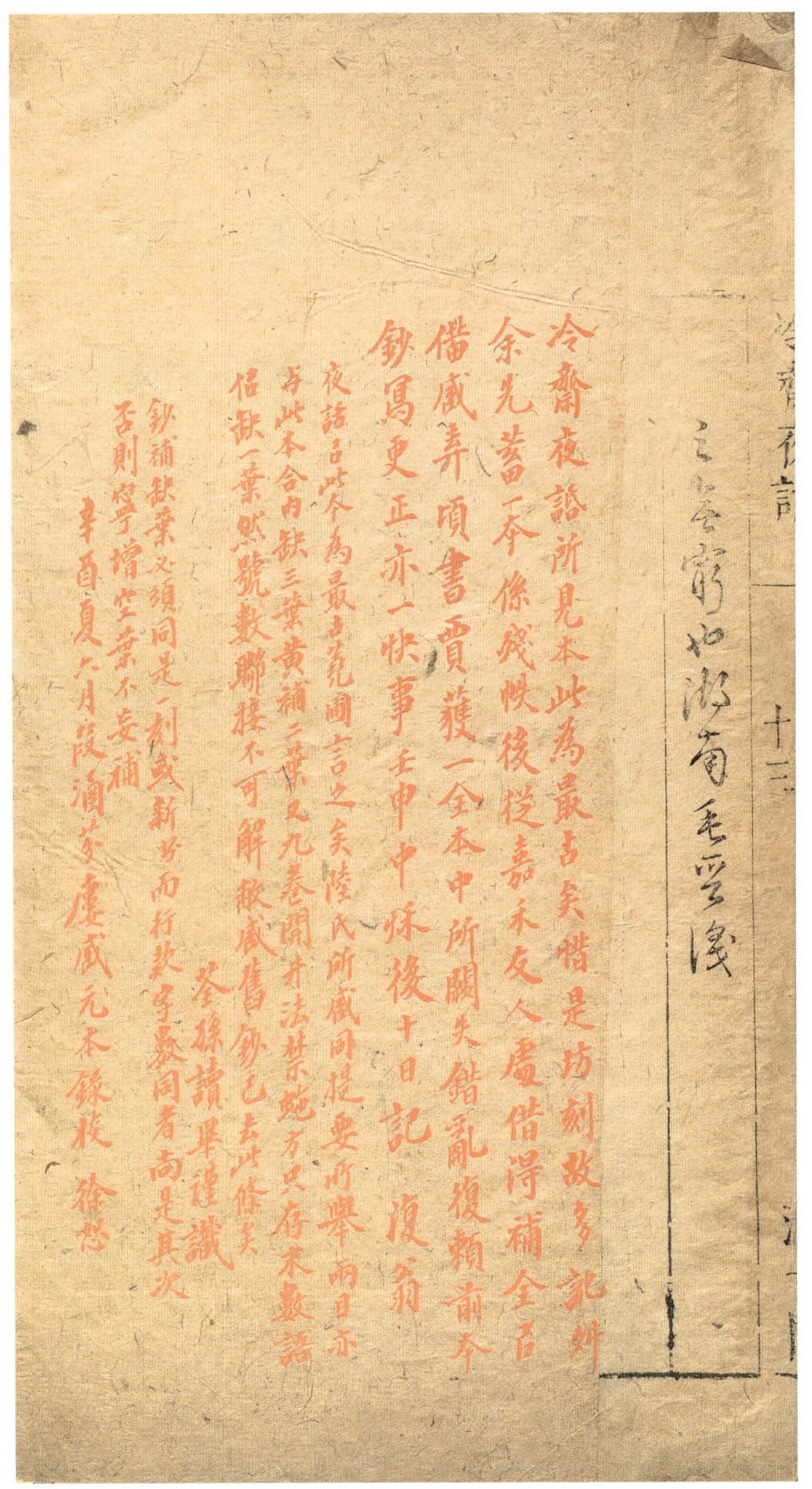

263-2 徐恕跋並錄清黃丕烈、繆荃孫跋

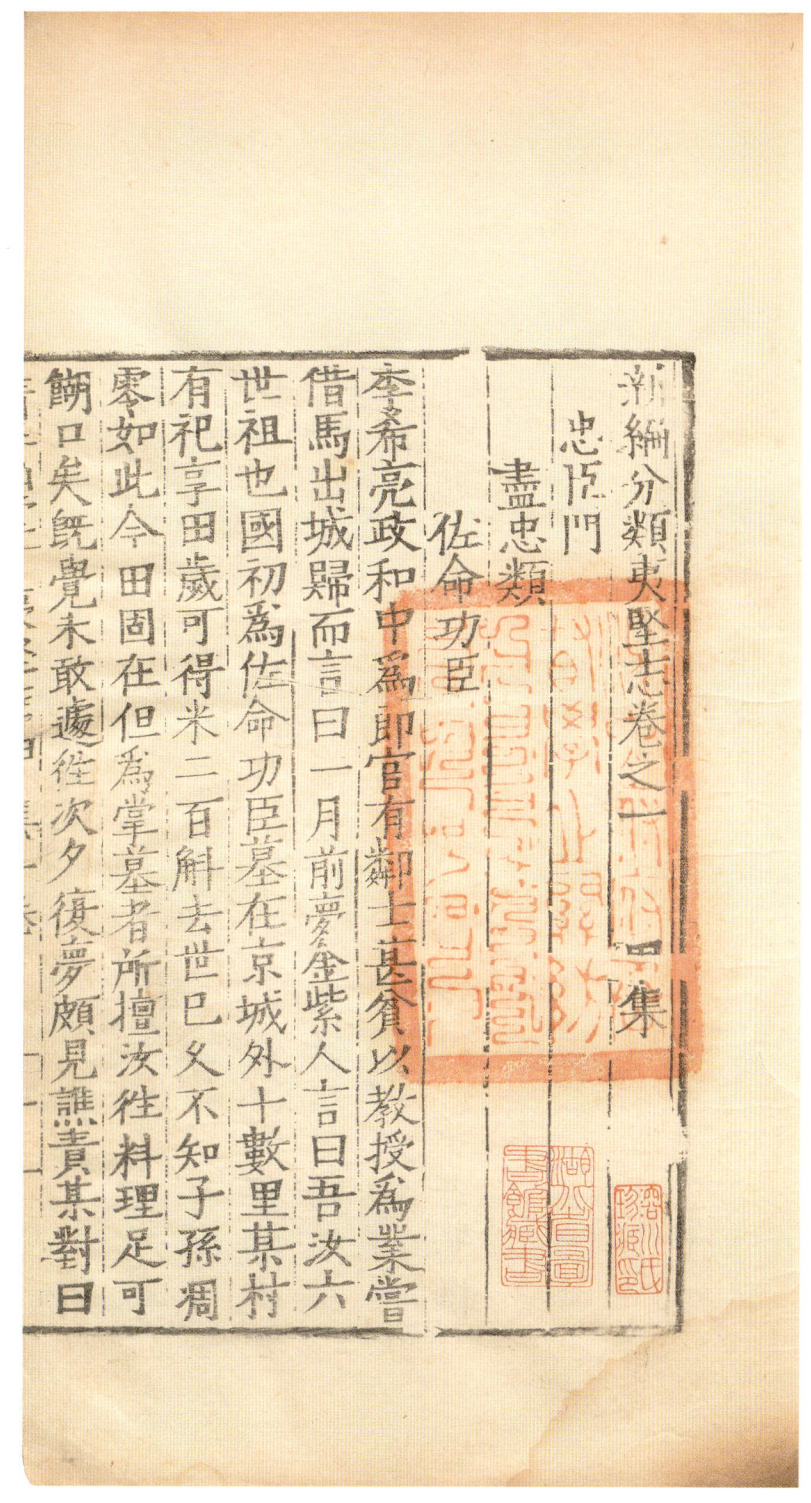

264 《新編分類夷堅志》甲集卷一卷端

264 新編分類夷堅志甲集五卷乙集五卷丙集五卷丁集五卷戊集五卷己集六卷庚集五卷辛集五卷壬集五卷癸集五卷 〔宋〕洪邁撰 〔宋〕葉祖榮輯 明嘉靖二十五年（1546）洪楩清平山堂刻本

開本高28.8厘米，寬17.8厘米。框高19.0厘米，寬13.3厘米。半葉十行，行二十字，白口，左右雙邊。鈐"溶川氏珍藏印""順天府府丞督學之關防""王家璧印""孝鳳謙益""林雪松風""種墨"等印，其中第二印爲滿漢合璧印。索書號：善001749。

國家珍貴古籍名録編號：12699。

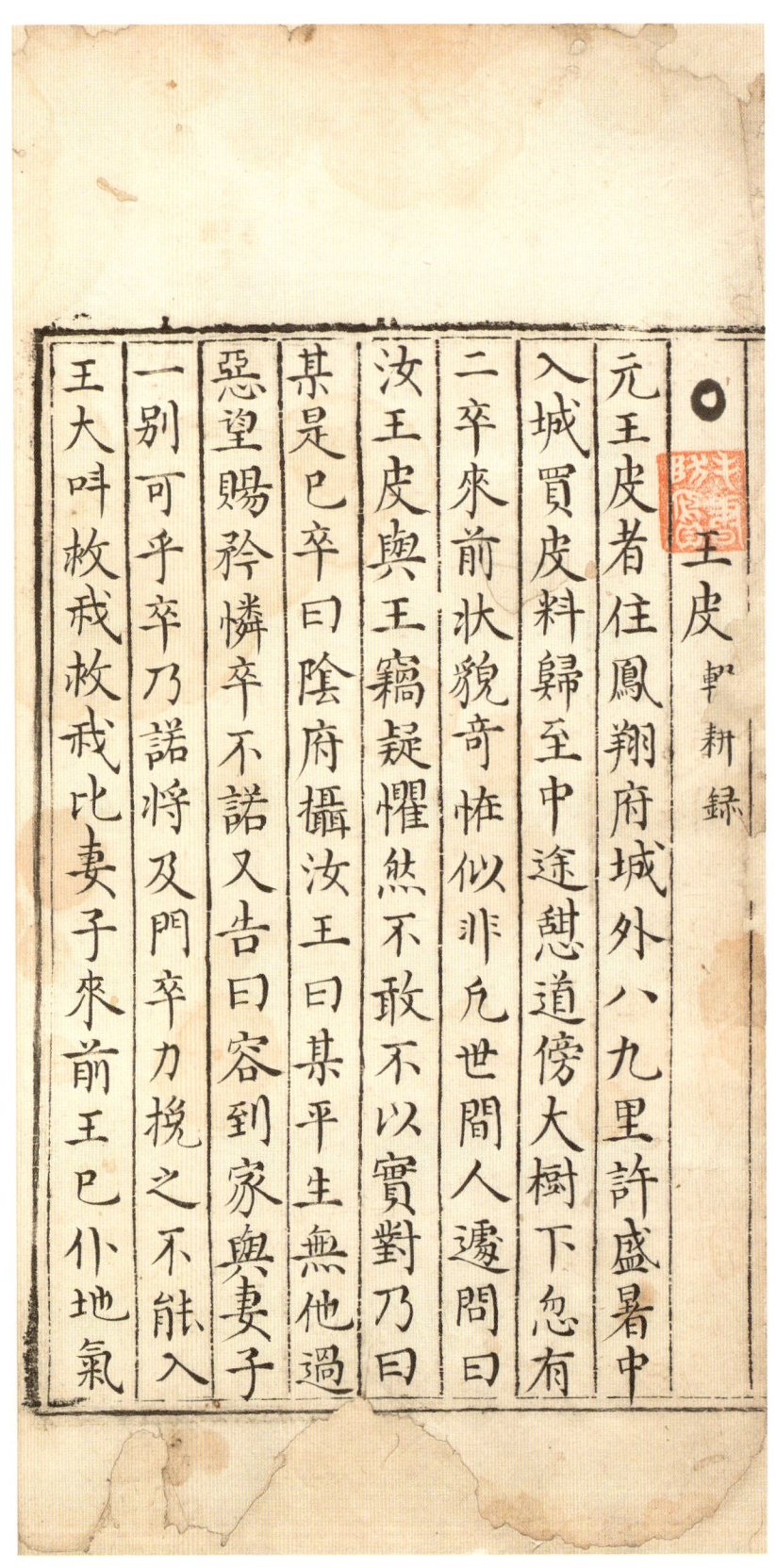

265-1 《倪文正公手記》卷端

265 倪文正公手記不分卷 〔明〕倪元璐撰 稿本

開本高 29.8 厘米，寬 19.1 厘米。框高 21.2 厘米，寬 14.7 厘米。半葉九行，行十七至二十三字，小字雙行同，白口，四周雙邊。索書號：善 003983。

漢竇后 宋劉后

漢章帝竇皇后無子明德太后為帝納扶風
宋楊二女為貴人小貴人無出大貴人生太
子慶梁人無出小貴人後生皇子肇竇皇后養
大貴人即光武壻梁竦弟梁竦二女亦為貴人
肇為子因陷二宋貴人二貴人皆自殺並廢
太子慶為清河王而以肇為太子竇皇后既
以肇為子欲人不之知也及肇立梁氏私相
賀竇皇后忌之復譖二梁貴人二梁貴人皆

漢竇皇帝鄧后

南史稱武皇后為皇考
名徽果武帝徽
竇武帝為雍州
刺史庄帝于宣昌
武后為男三齊帝
詔贈后父果為公
武帝廢裙迠梁
為皇后都酷嫉
及後化為配適堂
于高威見長形
帝體將不安赴鄴

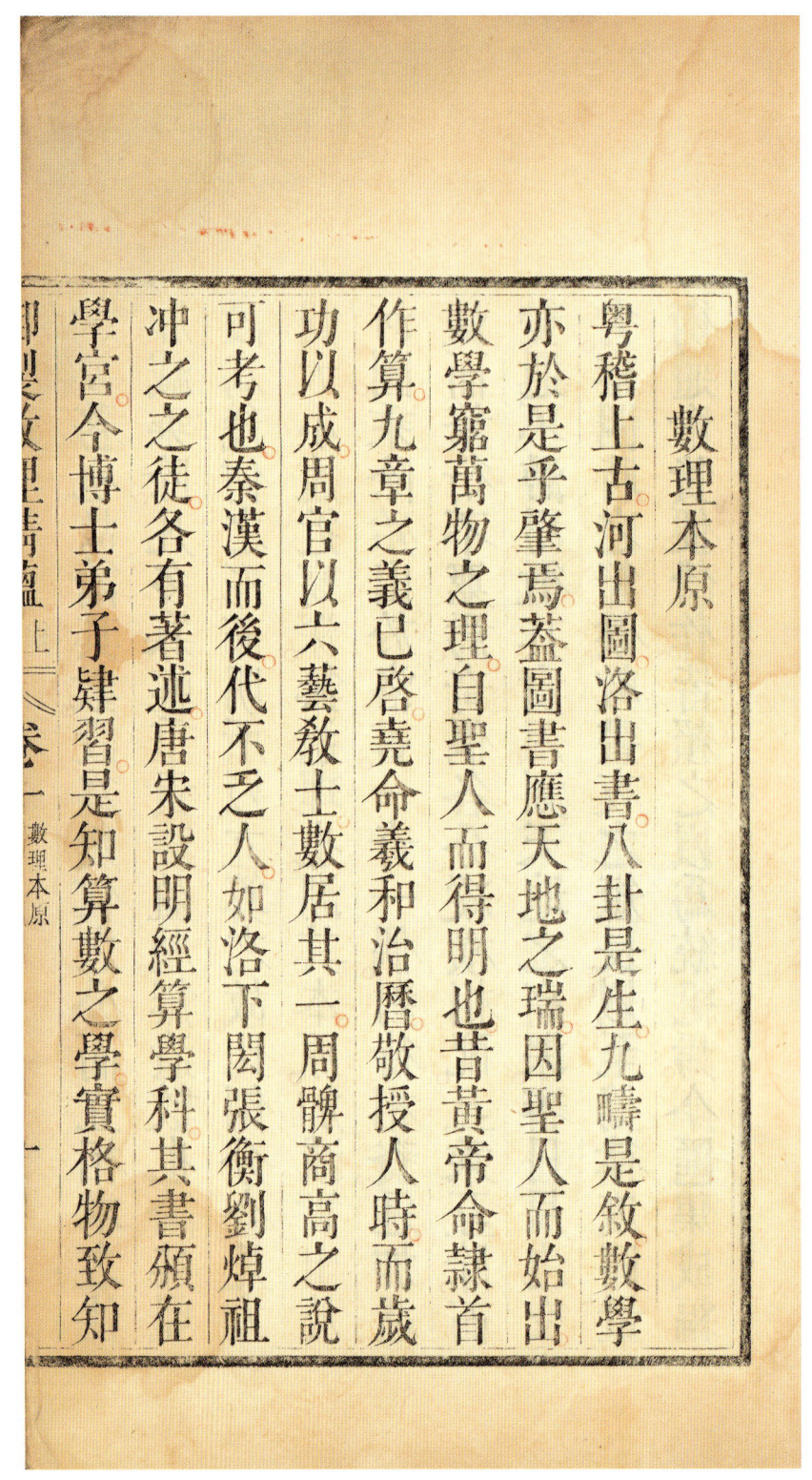

266 《御製數理精蘊》上編卷一卷端

266 御製數理精蘊上編五卷下編四十卷表八卷 〔清〕允祉 〔清〕允祿 〔清〕梅瑴成等撰 清康熙武英殿銅活字印本

開本高 26.3 厘米，寬 17.0 厘米。框高 21.4 厘米，寬 14.8 厘米。半葉九行，行二十字，白口，四周雙邊。索書號：善 001528。

國家珍貴古籍名錄編號：12650。湖北省珍貴古籍名錄編號：00240。

267-1 《天元直指》卷端

267 天元直指不分卷 明彩繪抄本 歐陽蟾園跋

開本高 27.3 厘米，寬 16.8 厘米。三節版，上欄占名，中欄彩繪，下欄說明文字。框高 22.1 厘米，寬 14.3 厘米。半葉十一行，行十至十二字，白口，四周雙邊。鈐"健庵""沔陽歐陽蟾園珍藏印""蟾""癸巳人"印。索書號：善 003862。

國家珍貴古籍名錄編號：04651。

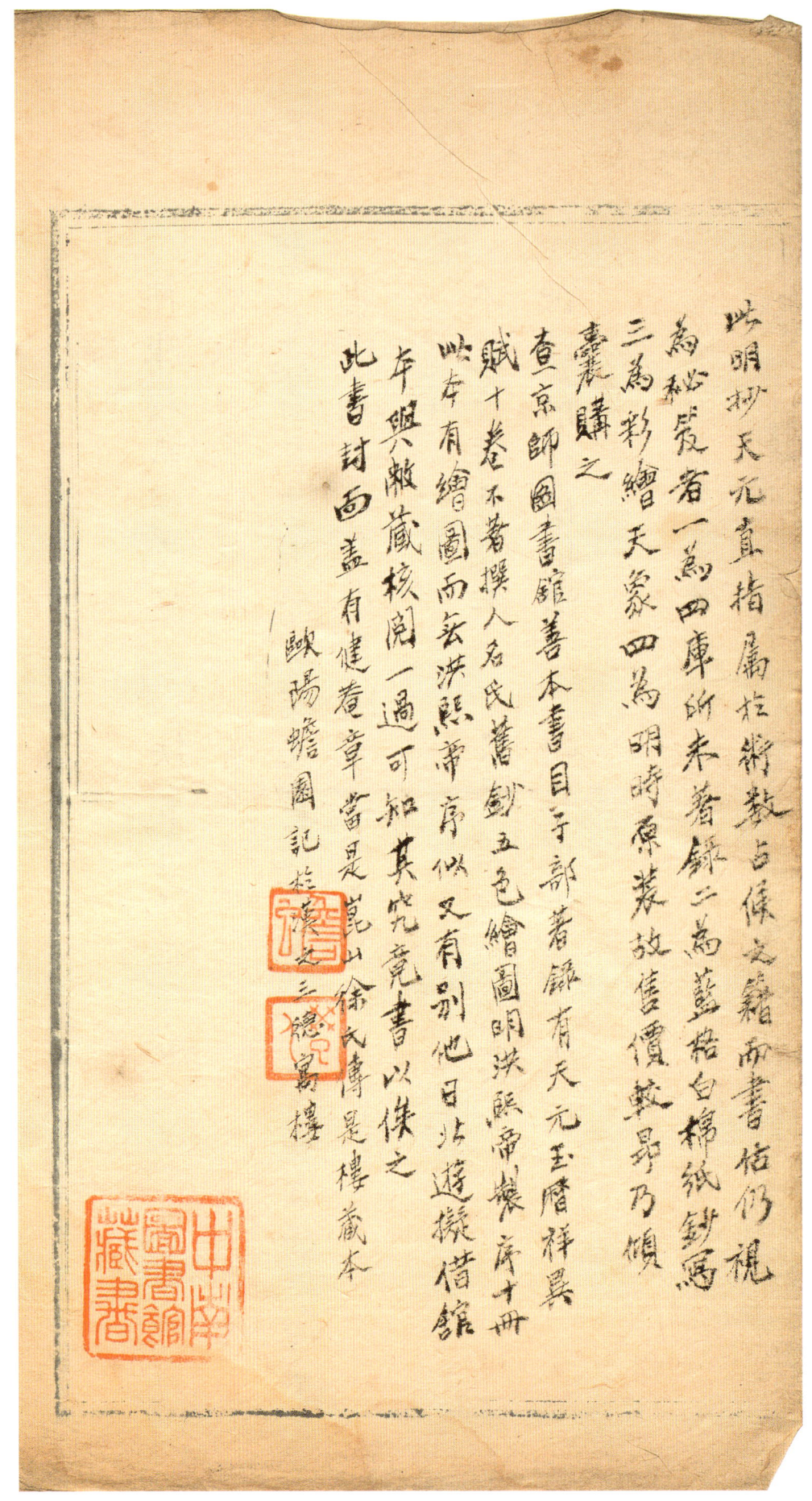

267-2 歐陽蟾園跋

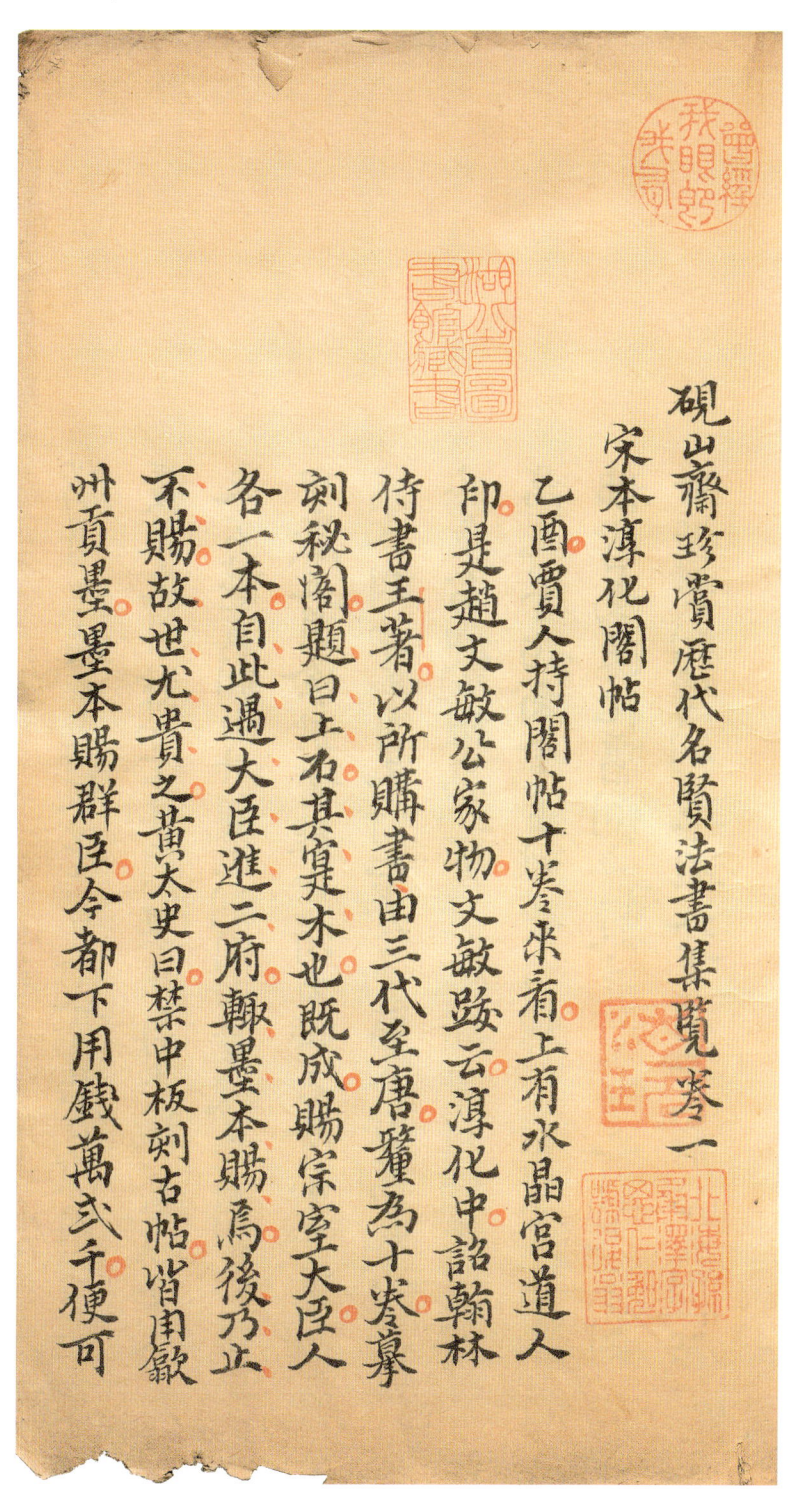

268-1 《研山齋珍賞歷代名賢法書集覽》卷一卷端

268 [研山齋珍賞集覽] 十卷 〔清〕孫承澤撰 稿本 佚名圈點批校

子目：研山齋珍賞歷代名賢法書集覽三卷 研山齋珍賞歷代名賢圖繪集覽二卷 歷代圖繪姓氏備考二卷（存一卷：下）歷代圖繪要論一卷 歷代圖繪要訣一卷 歷代圖繪定評一卷

開本高 23.7 厘米，寬 14.8 厘米。無框欄，半葉九行，行十七至二十一字。鈐"北海孫承澤字思仁晚號退翁""潔庵""文博""一希軒""坐中式榻松風樂琴書以消日"印。索書號：善 004338。

國家珍貴古籍名錄編號：12655。

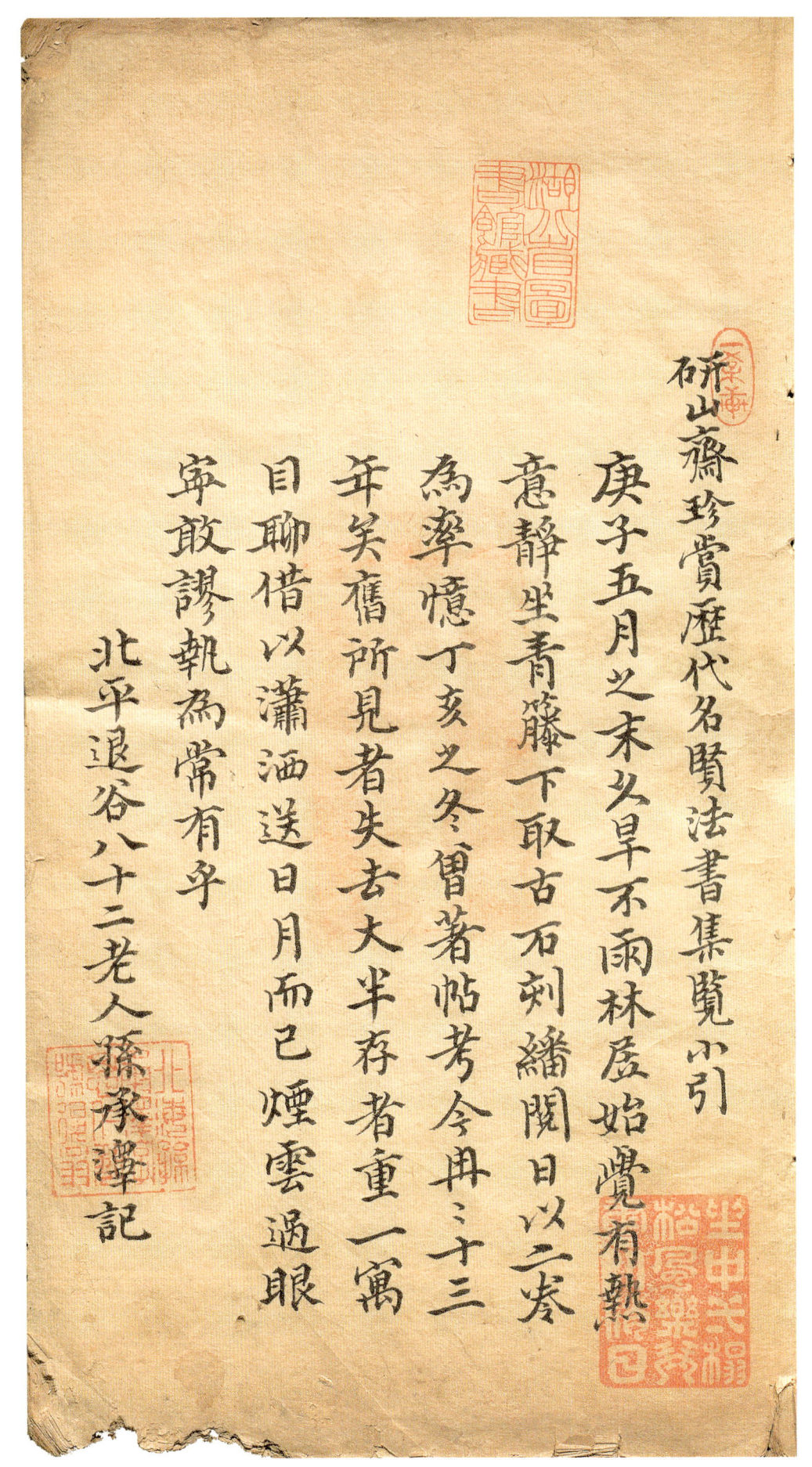

268-2 《研山齋珍賞歷代名賢法書集覽小引》

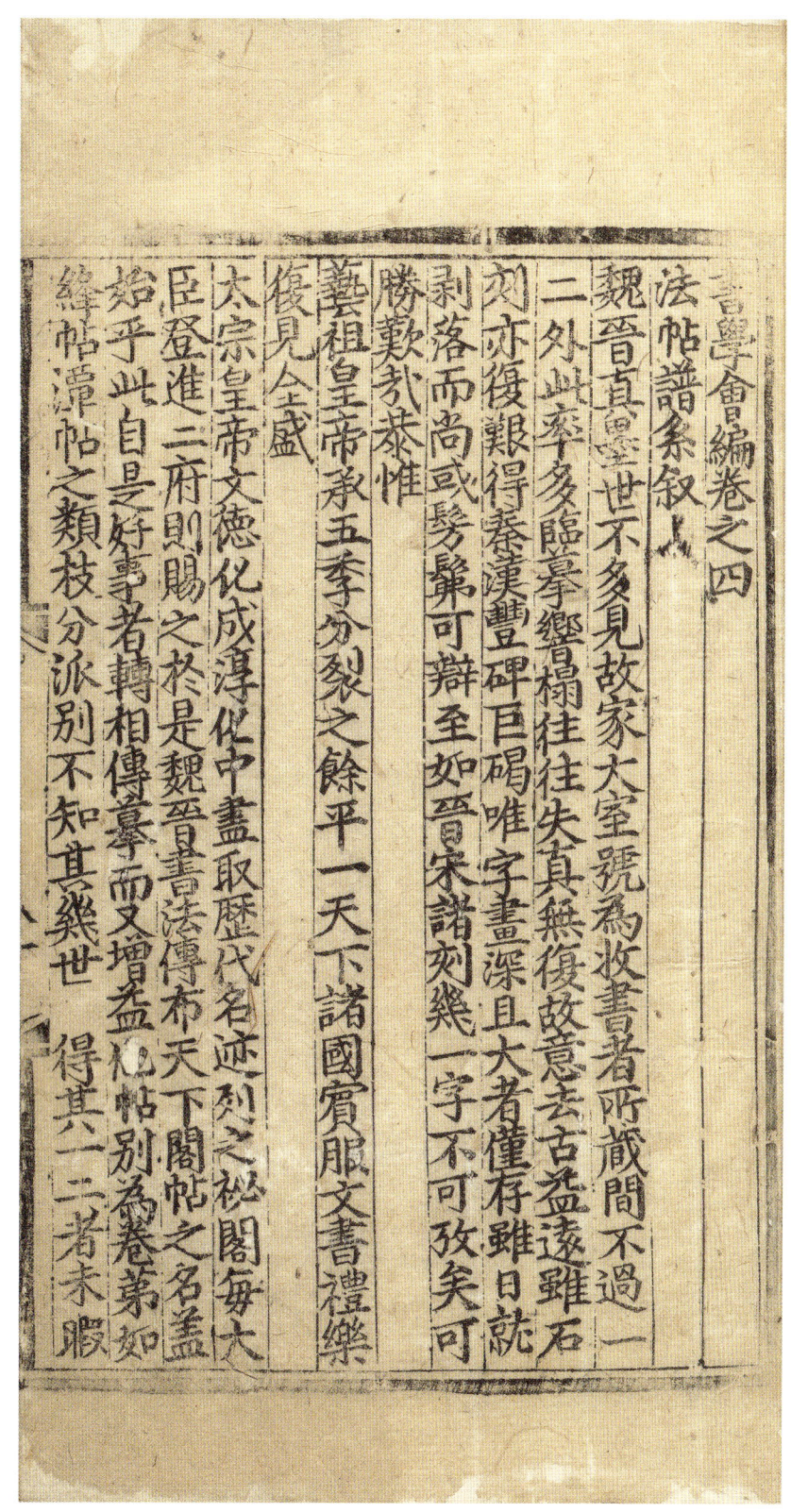

269-1 《書學會編》卷四卷端

269 書學會編四卷 〔明〕黃瑜撰 明天順六年(1462)肇慶府刻本 佚名圈點並批 存二卷(卷三至四)

開本高25.6厘米,寬15.3厘米。框高20.1厘米,寬13.4厘米。半葉十三行,行二十三字,小字雙行同,黑口,四周雙邊。索書號:善003286。

湖北省珍貴古籍名錄編號:00101。

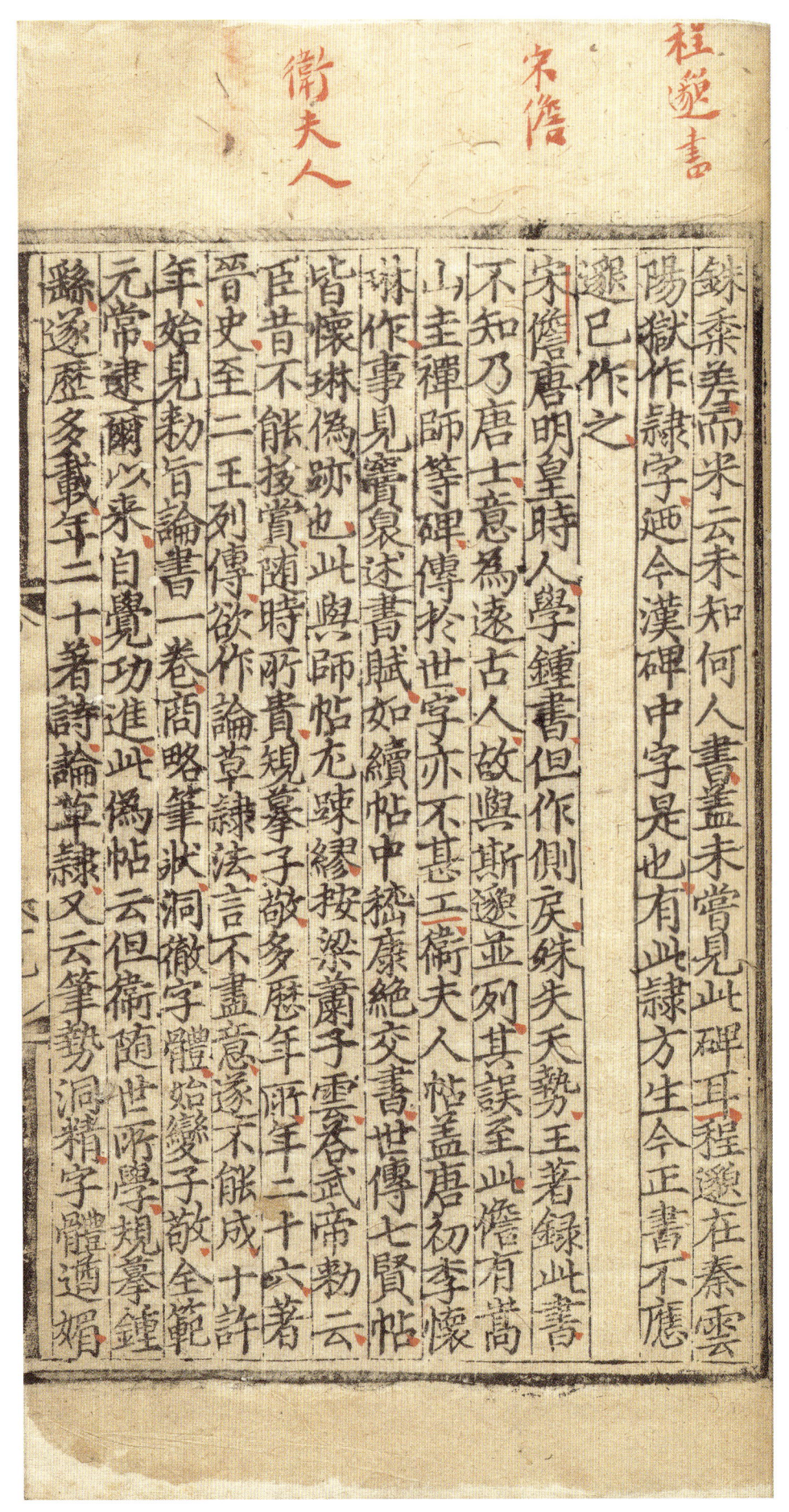

程邈書　宋儋　衛夫人

錄乘羹羔而米云未知何人畫盡未嘗見此碑耳程邈在秦雲陽獄作隸字延今漢碑中字是也有此隸方生今正書不應邈已作之

宋儋唐明皇時人學鍾書但作側戾殊失天勢王著錄此書不知乃唐士意為遠古人故與斯邈並列其誤至此儋有萬山主禪師等碑傳於世字亦不甚工衛夫人帖蓋唐初李懷琳作事見寶泉述書賦如續帖中嵇康絕交書世傳七賢帖皆懷琳偽跡也此與師帖尤疎繆按梁蘭子雲吾武帝勑云臣昔不能接賞規摹子敬多歷年所年二十六著晉史至二王列傳欲作論草隸法言不盡意遂不能成十許年始見勑旨論書一卷商略筆狀洞徹字體始變子敬全範元常逮爾以來自覺功進此偽帖云但衛隨世所學規摹鍾繇遂歷多載年二十著詩論草隸又云筆勢洞精字體遒媚

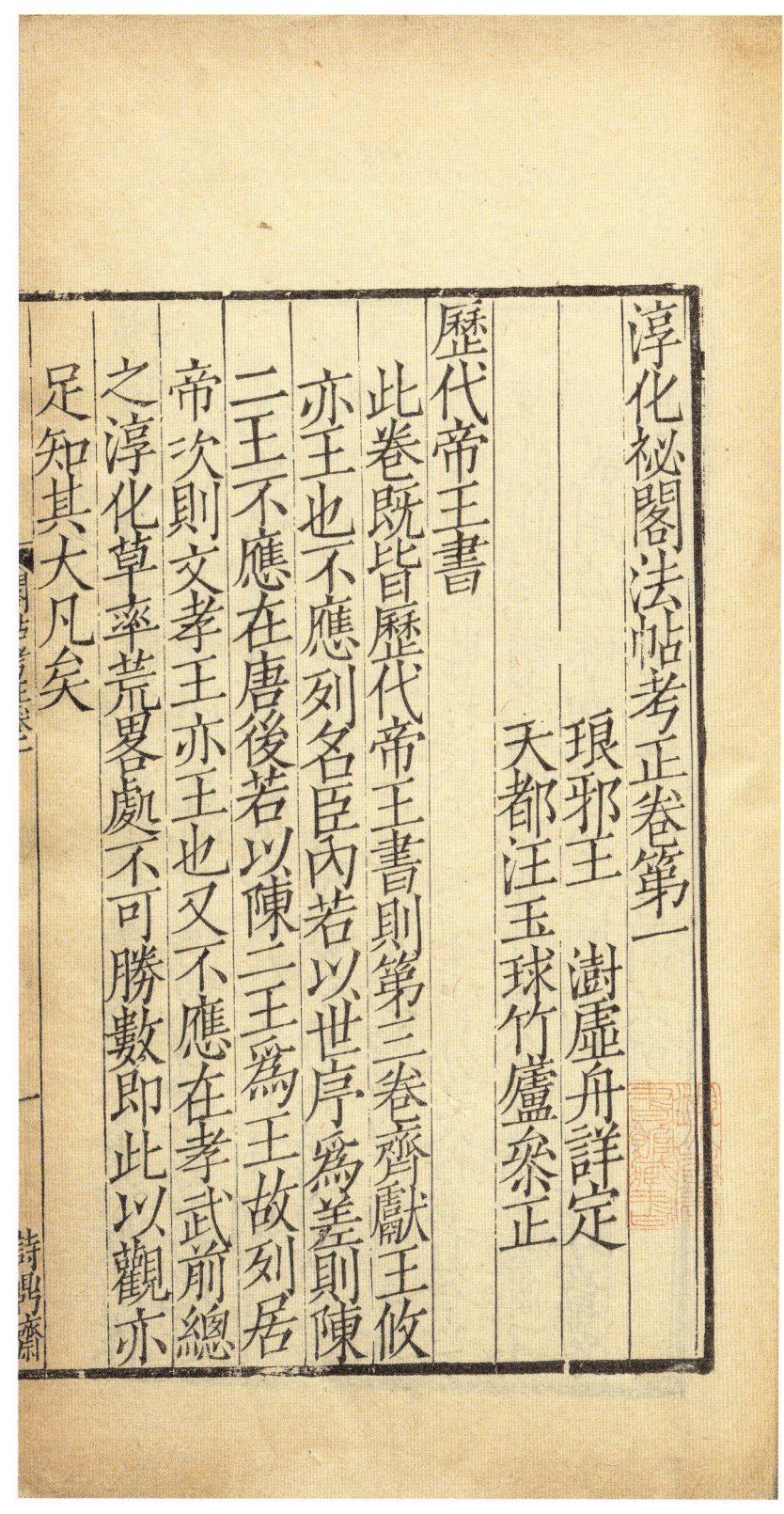

270-1 《淳化秘閣法帖考正》卷一卷端

270 淳化秘閣法帖考正十卷附二卷　〔清〕王澍詳定　〔清〕汪玉球參訂　清雍正詩鼎齋刻本　徐恕錄清翁方綱批校

　　開本高27.4厘米，寬17.0厘米。框高20.0厘米，寬12.8厘米。半葉十行，行十八字，白口，左右雙邊。鈐"周世續印""伯元氏"印。索書號：善004928。

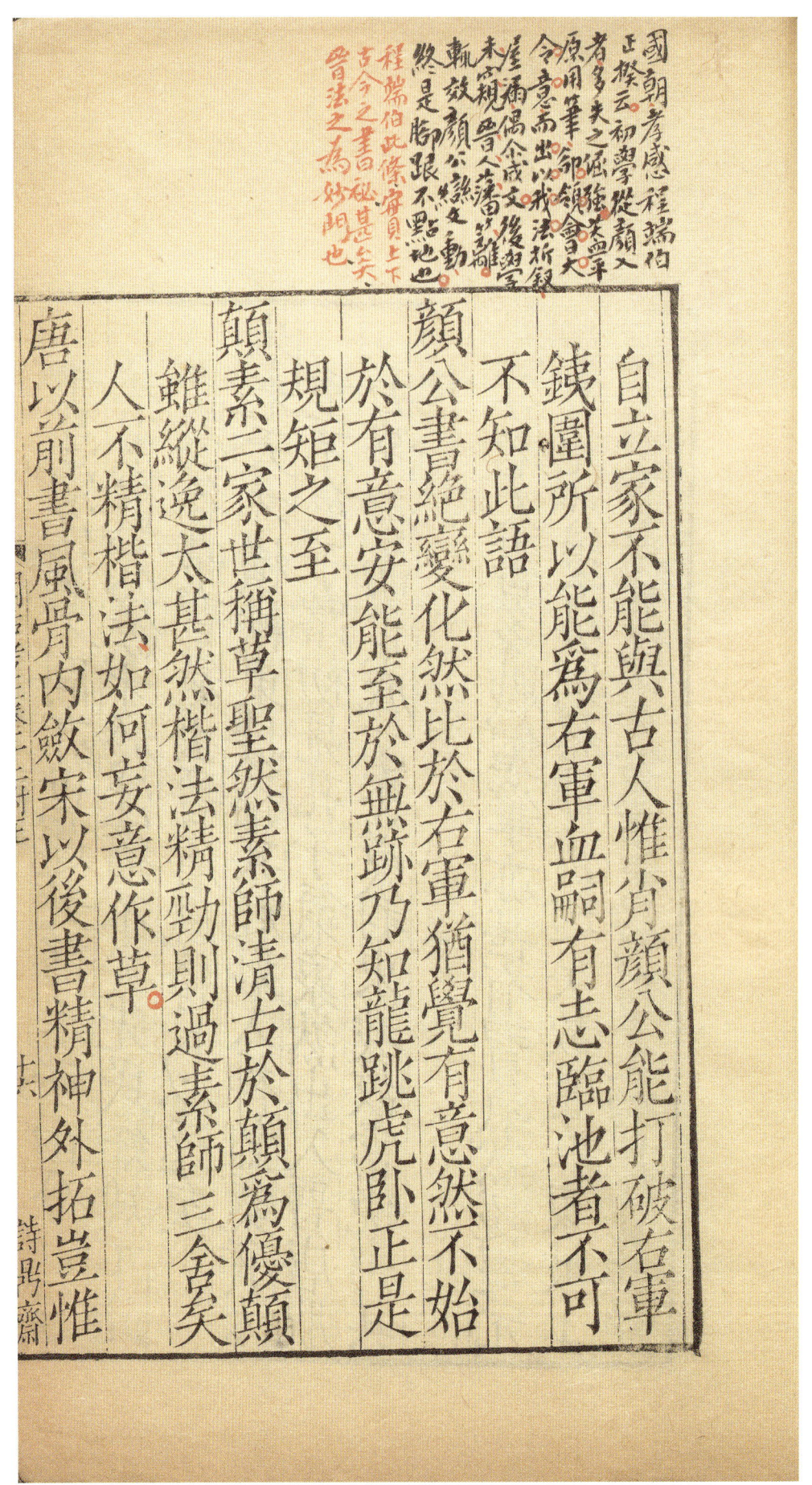

國朝孝感程端伯正揆云初學從顏入者多夫之偏蓋夫原用筆即論會之令意而出以戒折釵崖瀍偶余成文後習晉人益當離轍敬顏公然念動終是脚跟不點地也程端伯此條實貝上古今之書甚矣吾法之為妙間也

自立家不能與古人惟省顏公能打破右軍錢圍所以能為右軍血嗣有志臨池者不可不知此語
顏公書絕變化然比於右軍猶覺有意然不始於有意安能至於無跡乃知龍跳虎臥正是規矩之至
顏素二家世稱草聖然素師清古於顏為優顏雖縱逸太甚然楷法精勁則過素師三舍矣
人不精楷法如何妄意作草
唐以前書風骨內斂宋以後書精神外拓豈惟

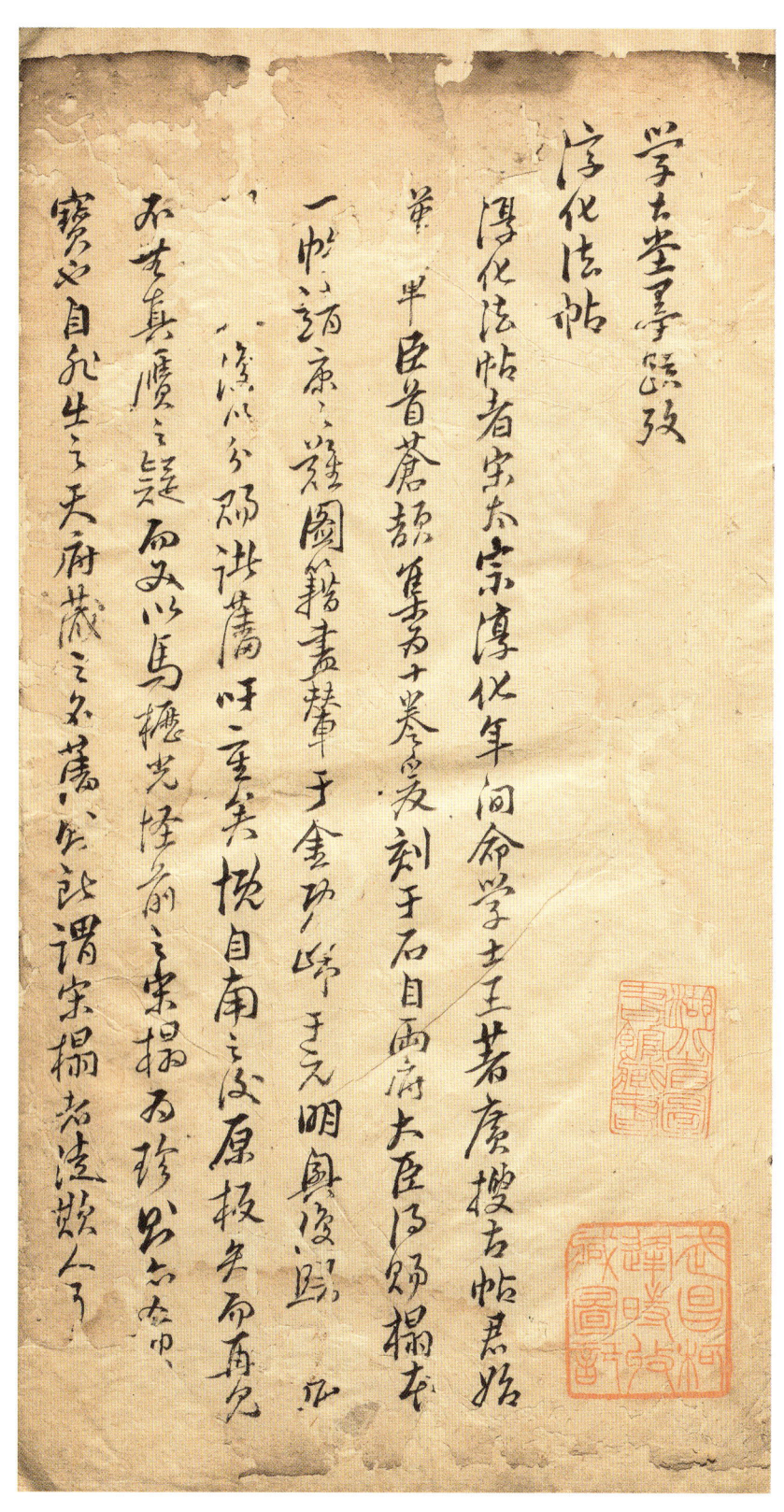

271 《學古堂墨迹考》卷端

271 學古堂墨迹考不分卷 〔清〕林侗撰 稿本

開本高25.8厘米，寬16.9厘米。無框欄，半葉七至十行，行字不等。鈐"林侗""武昌柯逢時收藏圖記"印。索書號：善004166。

國家珍貴古籍名錄編號：04351。

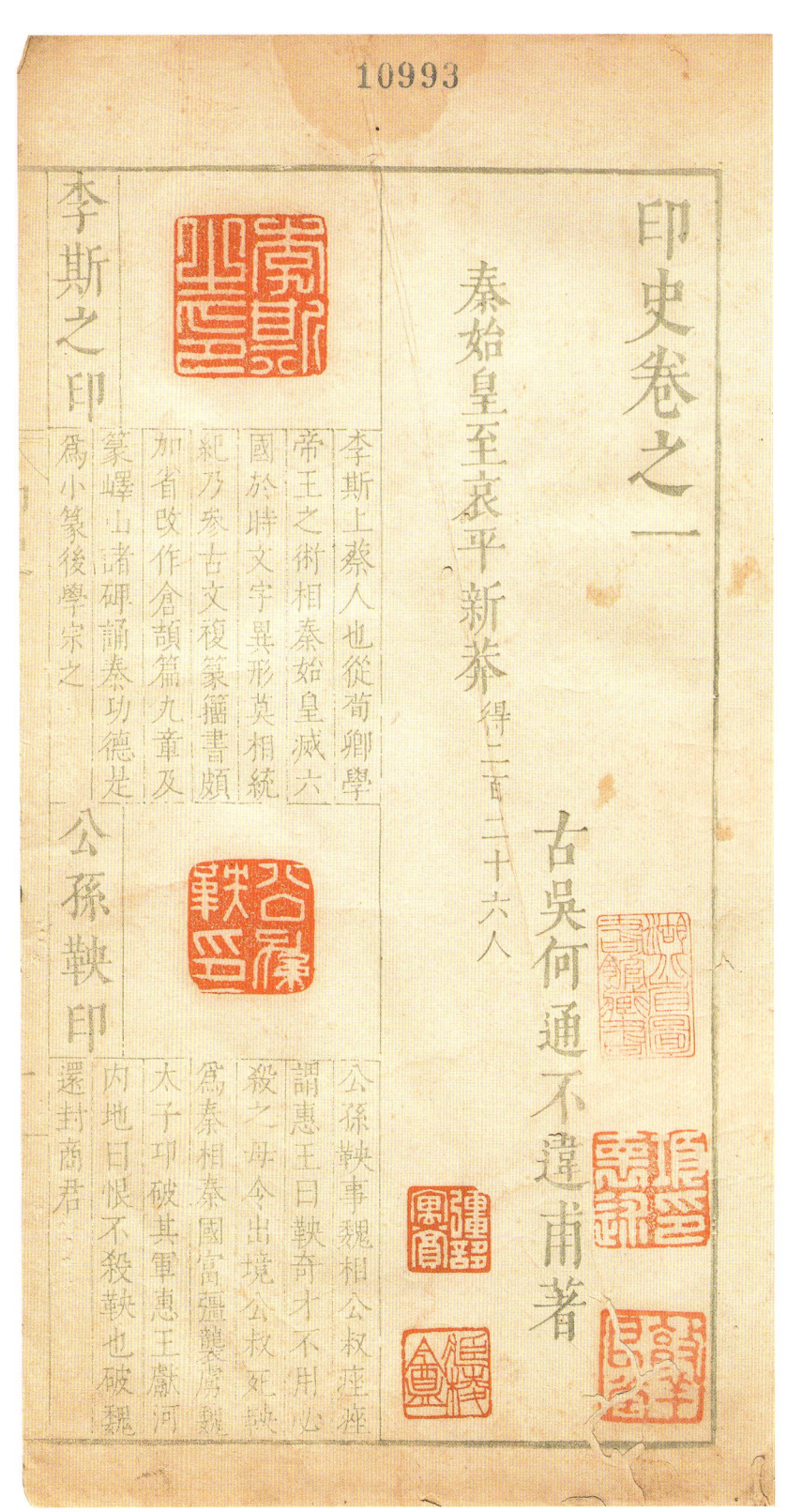

272 《印史》卷一卷端

272 印史五卷 〔明〕何通撰 明天啓刻鈐印本

開本高 27.6 厘米，寬 16.3 厘米。框高 23.9 厘米，寬 13.5 厘米。每葉四印，白口，四周單邊。鈐"敦羊艮堂""項懷述印""徐恕審定""藏棱盦""彊諺寓賞"印。索書號：善 001558。

國家珍貴古籍名錄編號：04693。

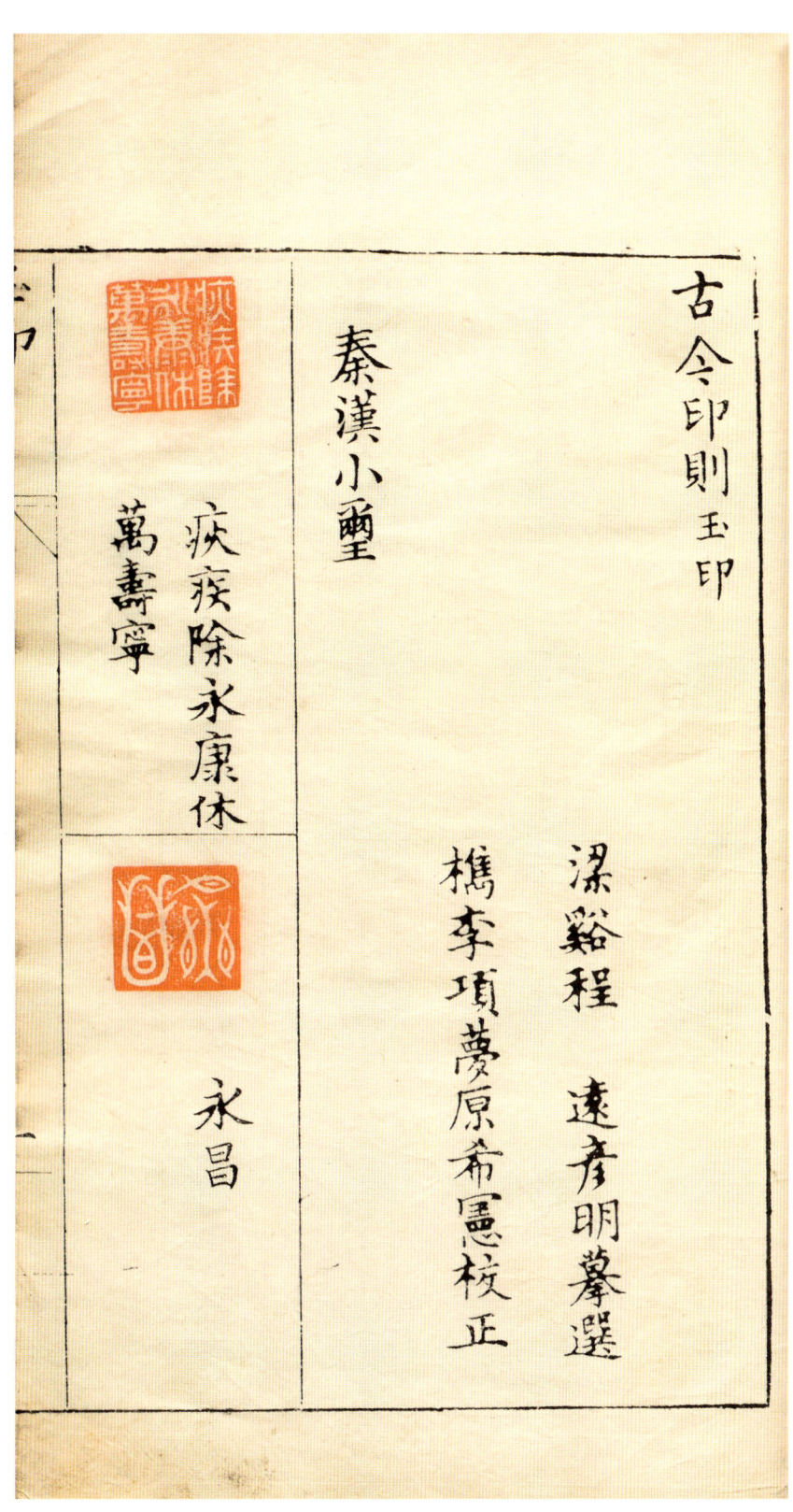

273　《古今印則》玉印卷端

273 古今印則四卷　〔明〕程遠摹選　明萬曆項氏宛委堂刻鈐印本　存三卷（玉印、官印、私印）

開本高 25.9 厘米，寬 15.6 厘米。框高 20.2 厘米，寬 13.1 厘米。每葉十二印，白口，四周單邊。索書號：善 003529。

湖北省珍貴古籍名錄編號：00105。

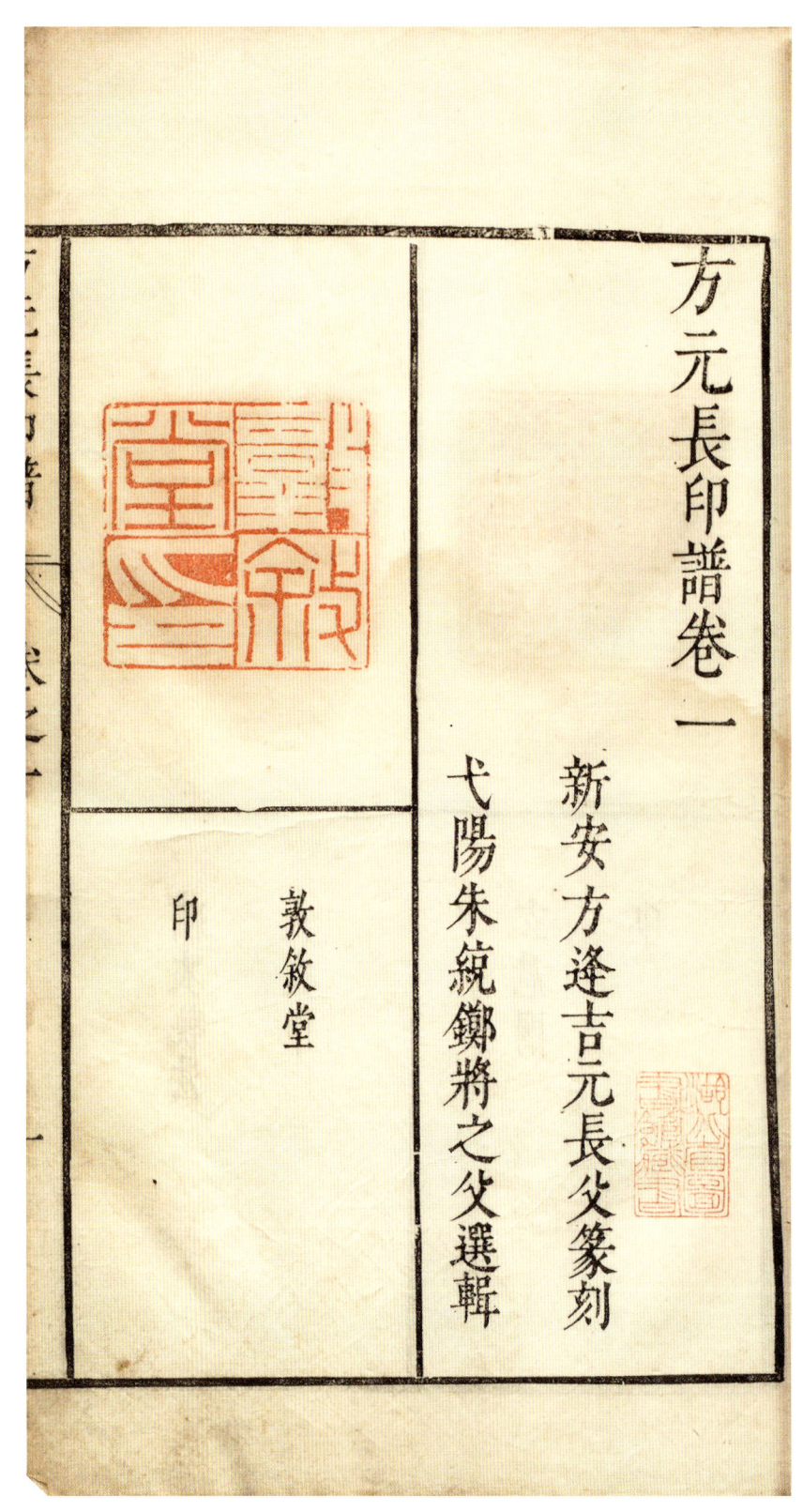

274 《方元長印譜》卷一卷端

274 方元長印譜五卷 〔明〕方逢吉篆刻 〔明〕朱統鏳輯 明萬曆四十八年（1620）鈐印本

開本高27.5厘米，寬17.1厘米。框高21.6厘米，寬14.3厘米。每葉四至八印，白口，四周單邊。鈐"衡平""雍克鈞印""一床書""徐恕"印。索書號：善001529。

國家珍貴古籍名錄編號：01845。

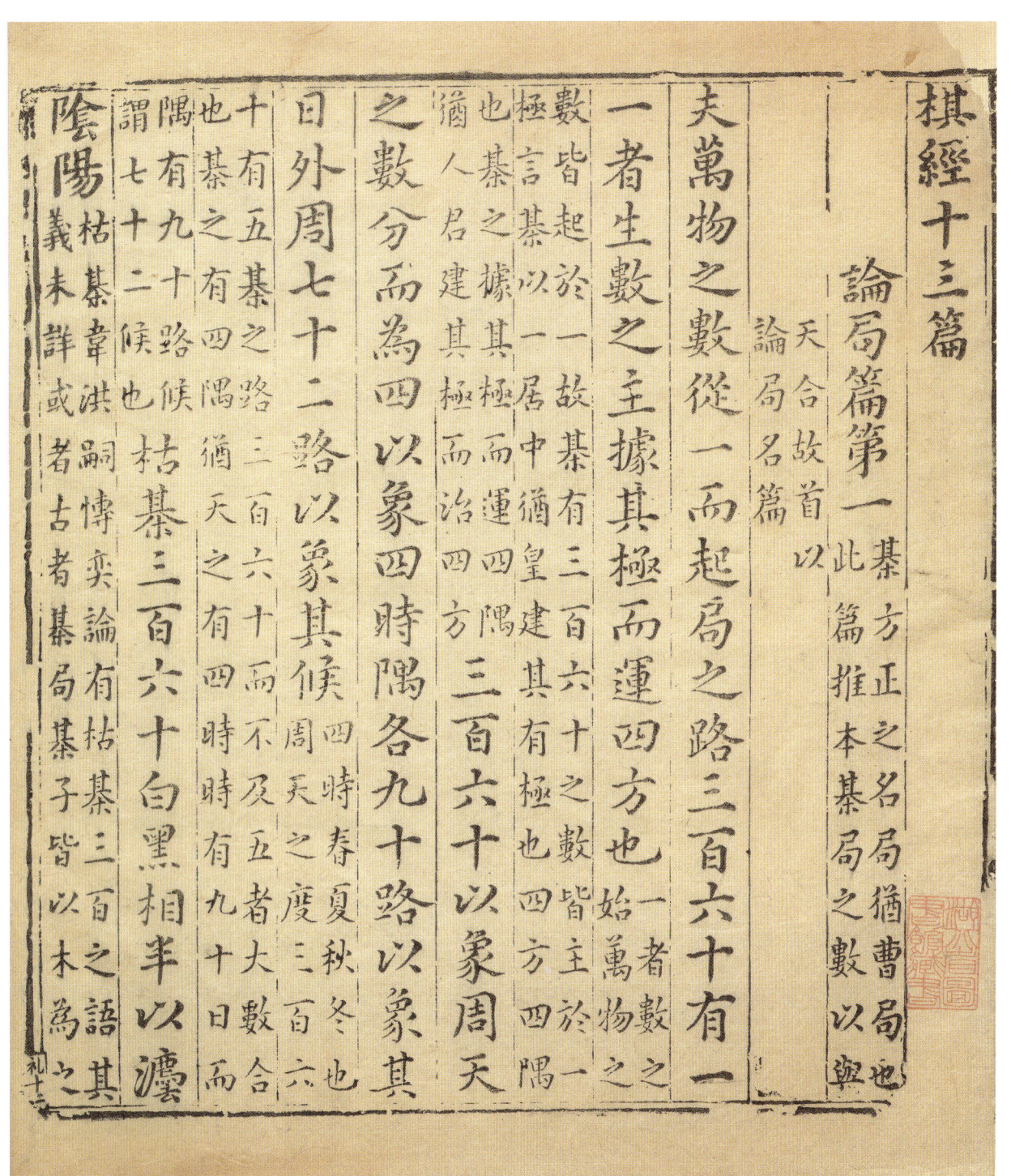

275　《棋經十三篇》卷一卷端

275 棋經十三篇（玄玄棋經）六卷　〔宋〕張擬撰　明萬曆刻本

開本高28.0厘米，寬27.5厘米。半葉單框，框高24.9厘米，寬23.9厘米。半葉十二行，行十八字，小字雙行同，白口，四周雙邊。鈐"未是齋鑑賞印"印。索書號：善001533。

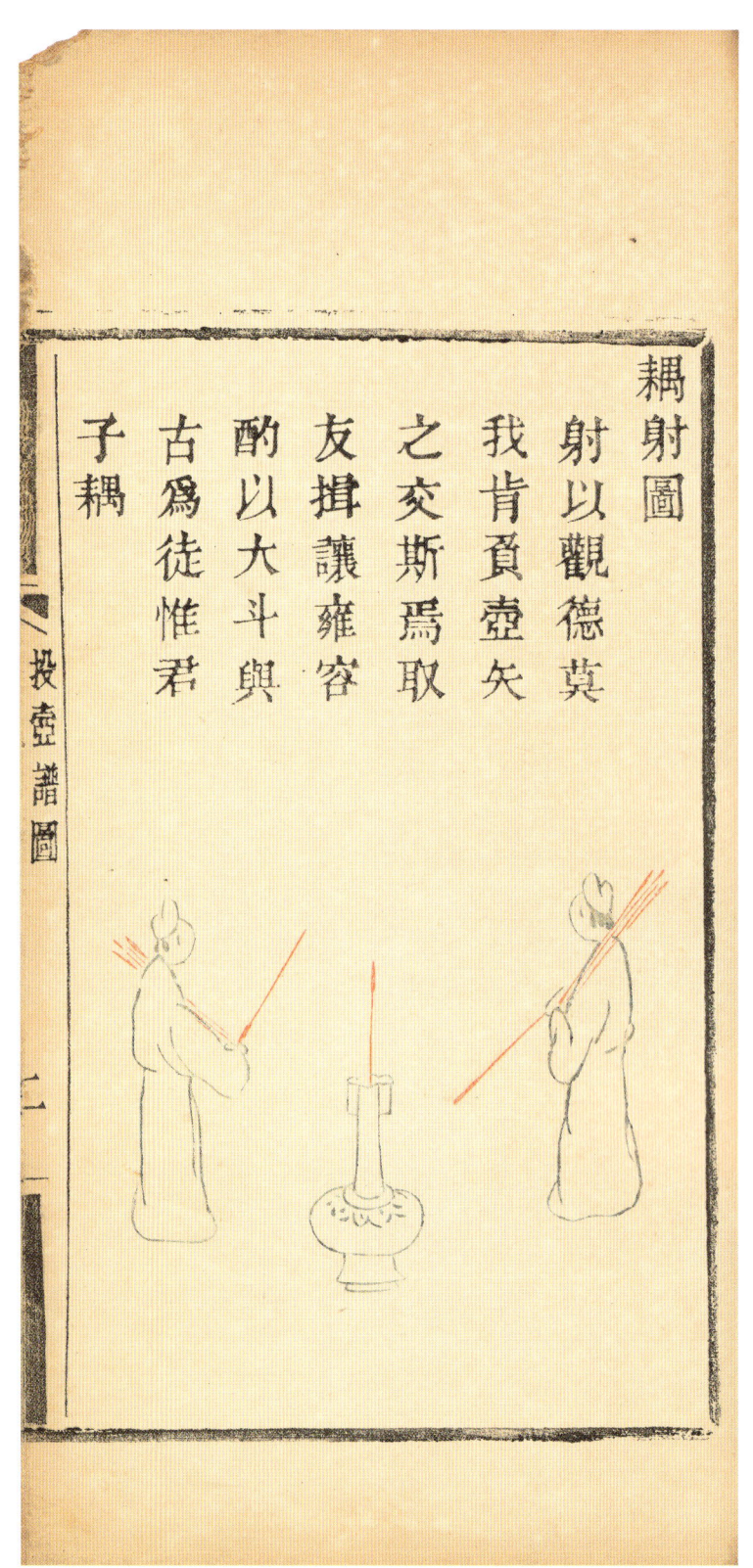

276-1 《耦射圖》

276 投壺譜一卷 〔清〕李瑤撰 清道光九年（1829）活字三色套印本

開本高26.6厘米，寬15.1厘米。框高19.1厘米，寬12.4厘米。半葉八行，行十八字，黑口，四周單邊。

索書號：子八/1723。

國家珍貴古籍名錄編號：12667。

獨學圖

游神養志，君子慎獨體正手柔義精於熟，其直如矢，毋適毋莫，吾十有五亦志於學。

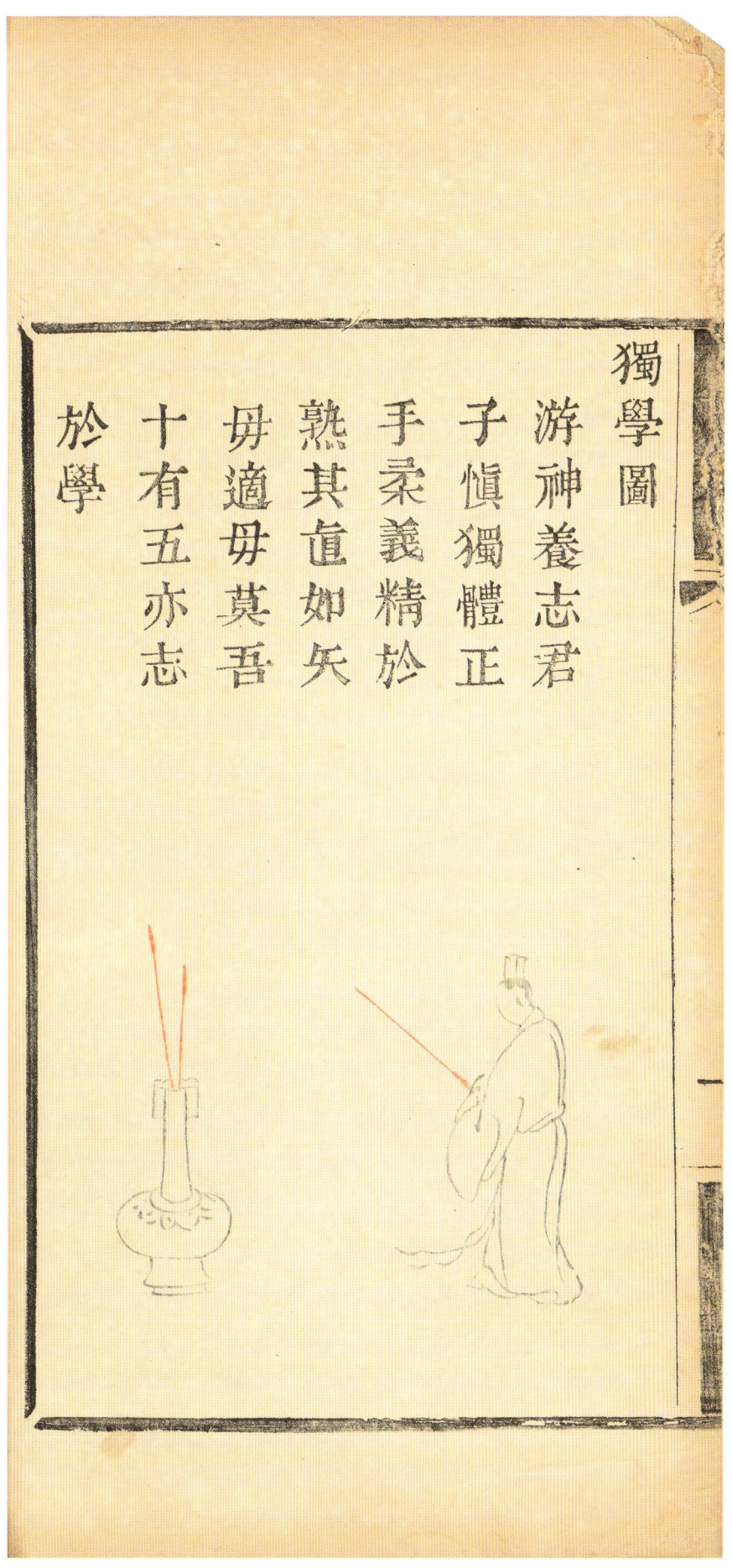

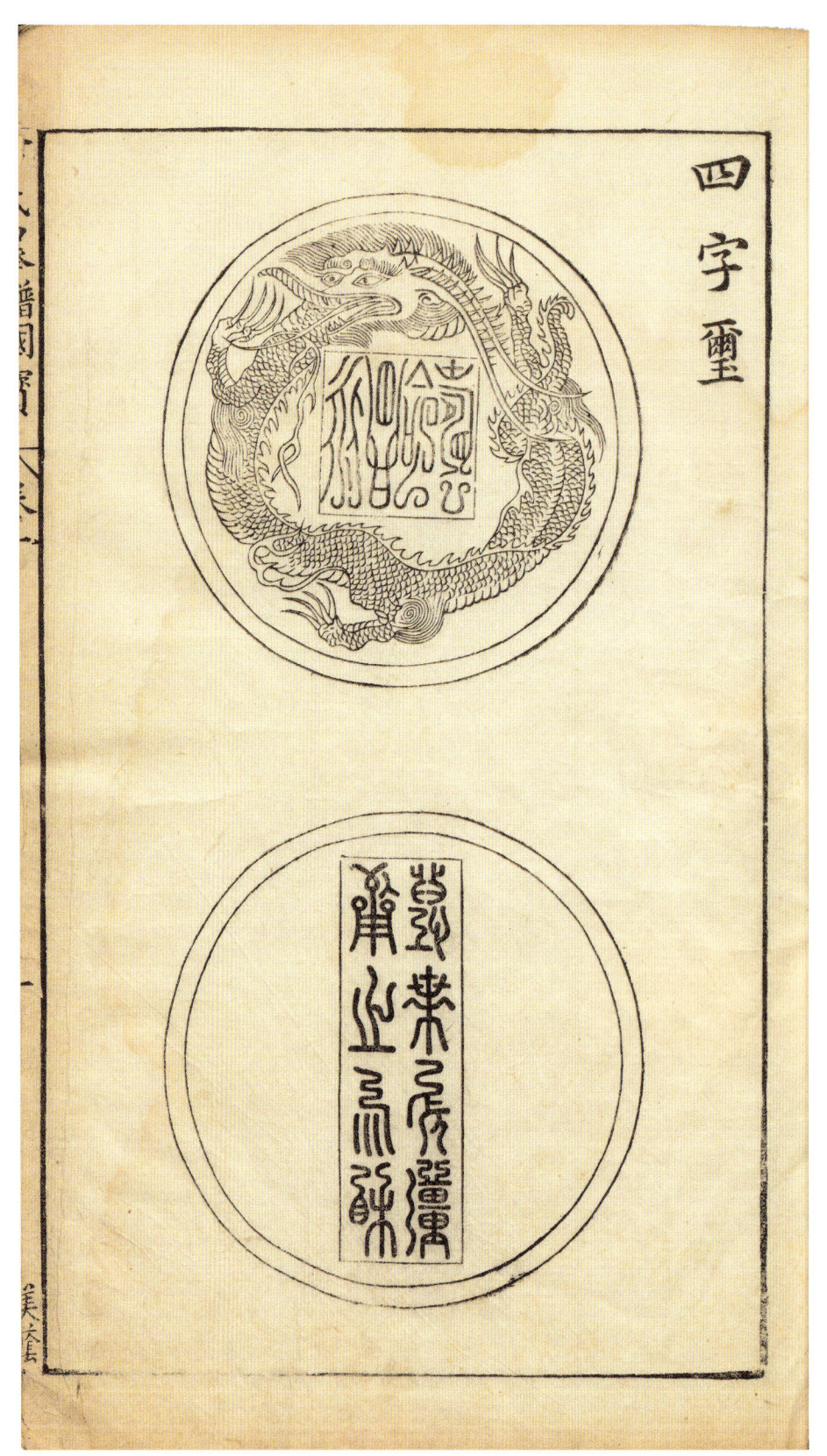

277-1 《方氏墨譜》卷一卷端

277 方氏墨譜六卷 〔明〕方于魯撰 明萬曆方氏美蔭堂刻本

開本高28.4厘米，寬18.1厘米。半葉單框，框高24.8厘米，寬15.4厘米。正文爲圖，白口，四周單邊。鈐"玉""瀚""黃岡劉氏紹炎過眼""黃岡劉氏校書堂藏書記"印。索書號：善001567。

墨書

汪道貫仲淹著

夫墨者黟而已矣堅其瀆也色澤其藻也次也芬芳其龕也刮摩其飾也又其次也投以蠙珠飾以藻績又次之次也是故察墨之道自黟始塋而眂

佛說無崖際總持法門經

乞伏秦沙門釋聖堅譯

如是我聞一時佛在舍衛國祇樹給孤獨園與大比丘眾千二百五十人俱菩薩萬二千盡一生補處應尊位者皆從十方世界來會悉得總持辯才無礙執意堅固所言真諦珍貴恭順不放逸法憨愧慈忍以為上服諸妙法通達無礙能為眾生而作朋友哀愍一切方便誘化能使眾生親近敬愛遍遊十方諸佛世界神足無礙能了一切眾生之根消伏諸欲壞裂魔網已度魔界捨諸欲習悉能總攝一切法性敬奉諸佛如應行法其所思

278 《佛說無崖際總持法門經》卷端

278 佛說無崖際總持法門經一卷 〔晉〕釋聖堅譯 元至元二十一年（1284）普寧寺刻本

經摺裝。開本高30.5厘米，寬11.3厘米。框高24.5厘米。半葉六行，行十七字，上下單邊。鈐"徐恕""貞勝書堂"印。索書號：善003579。

湖北省珍貴古籍名錄編號：00008。

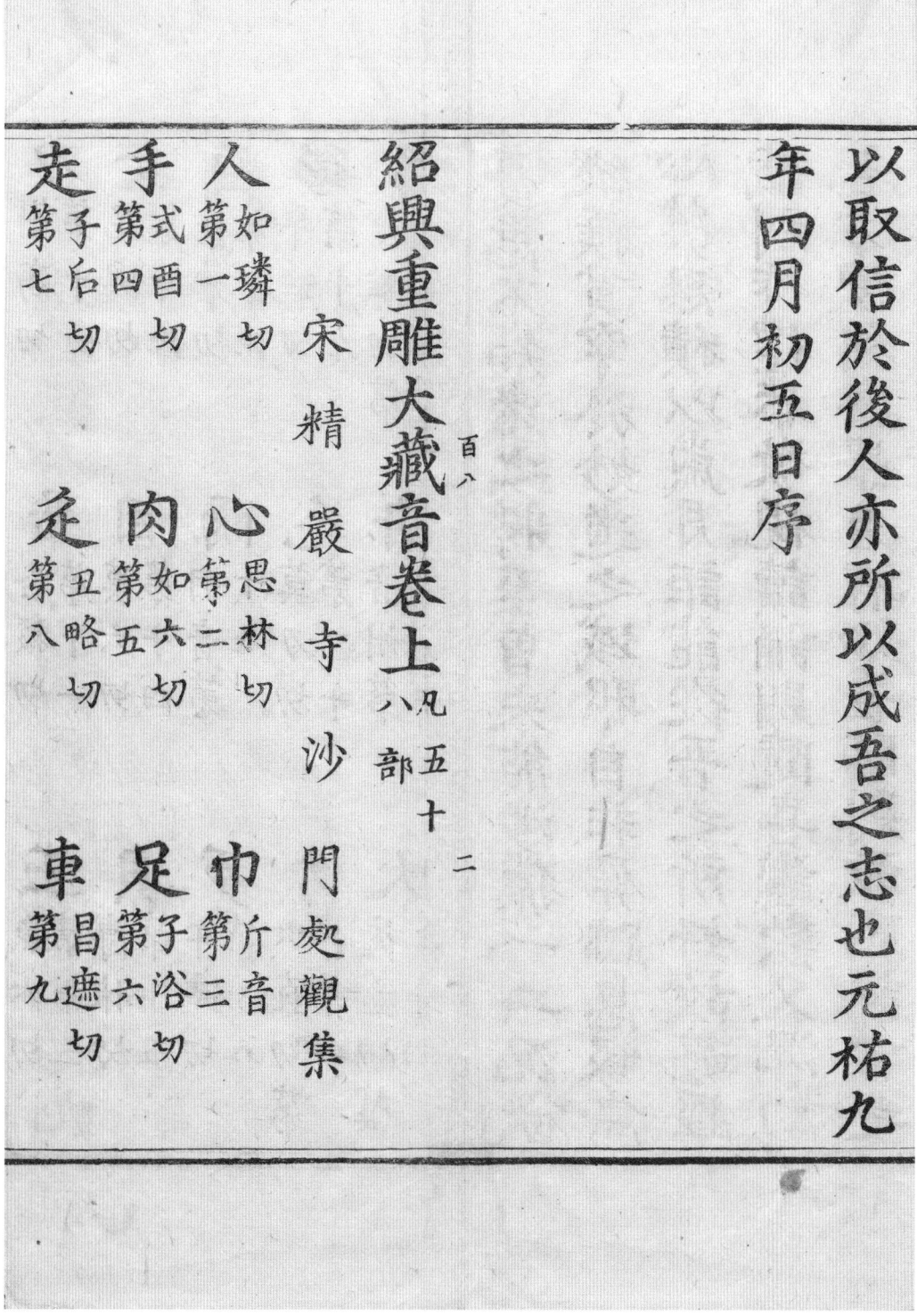

279 《紹興重雕大藏音》卷上卷端

279 紹興重雕大藏音三卷 〔宋〕釋處觀撰 明永樂八年至正統五年（1410—1440）刻永樂北藏本 存一卷（卷上）

經摺裝。開本高37.9厘米，寬12.7厘米。框高28.0厘米。半葉五行，行十七字，小字雙行同，上下雙邊。索書號：善003335。

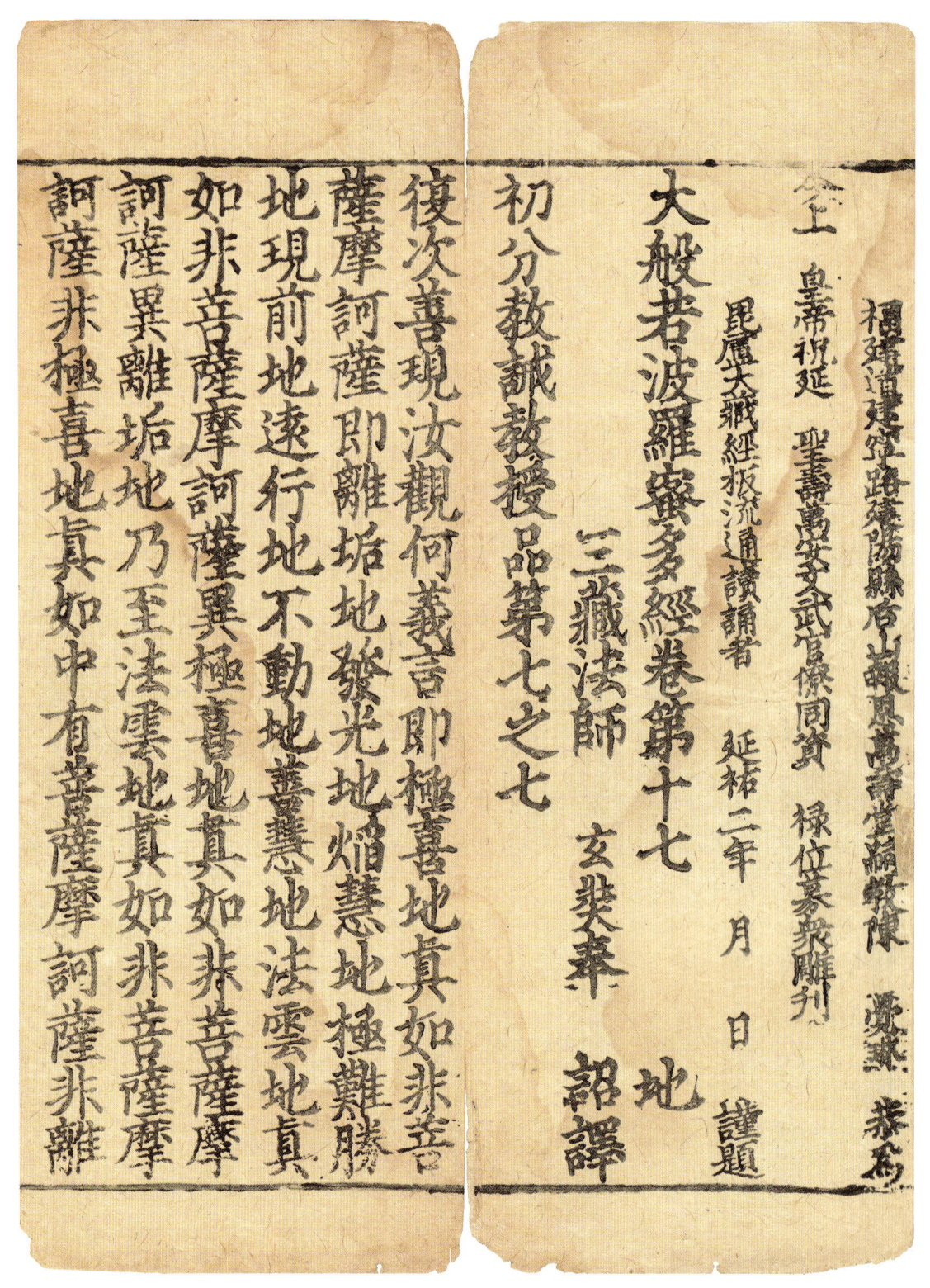

280-1 《大般若波羅蜜多經》卷十七卷端

280 大般若波羅蜜多經六百卷 〔唐〕釋玄奘譯 元延祐二年（1315）建陽后山報恩萬壽堂刻毗盧大藏經本 存一卷（卷十七）

經摺裝。開本高30.5厘米，寬11.2厘米。框高24.9厘米。半葉六行，行十七字，上下單邊。千字文編號"地"。索書號：善003333。

國家珍貴古籍名錄編號：02968。

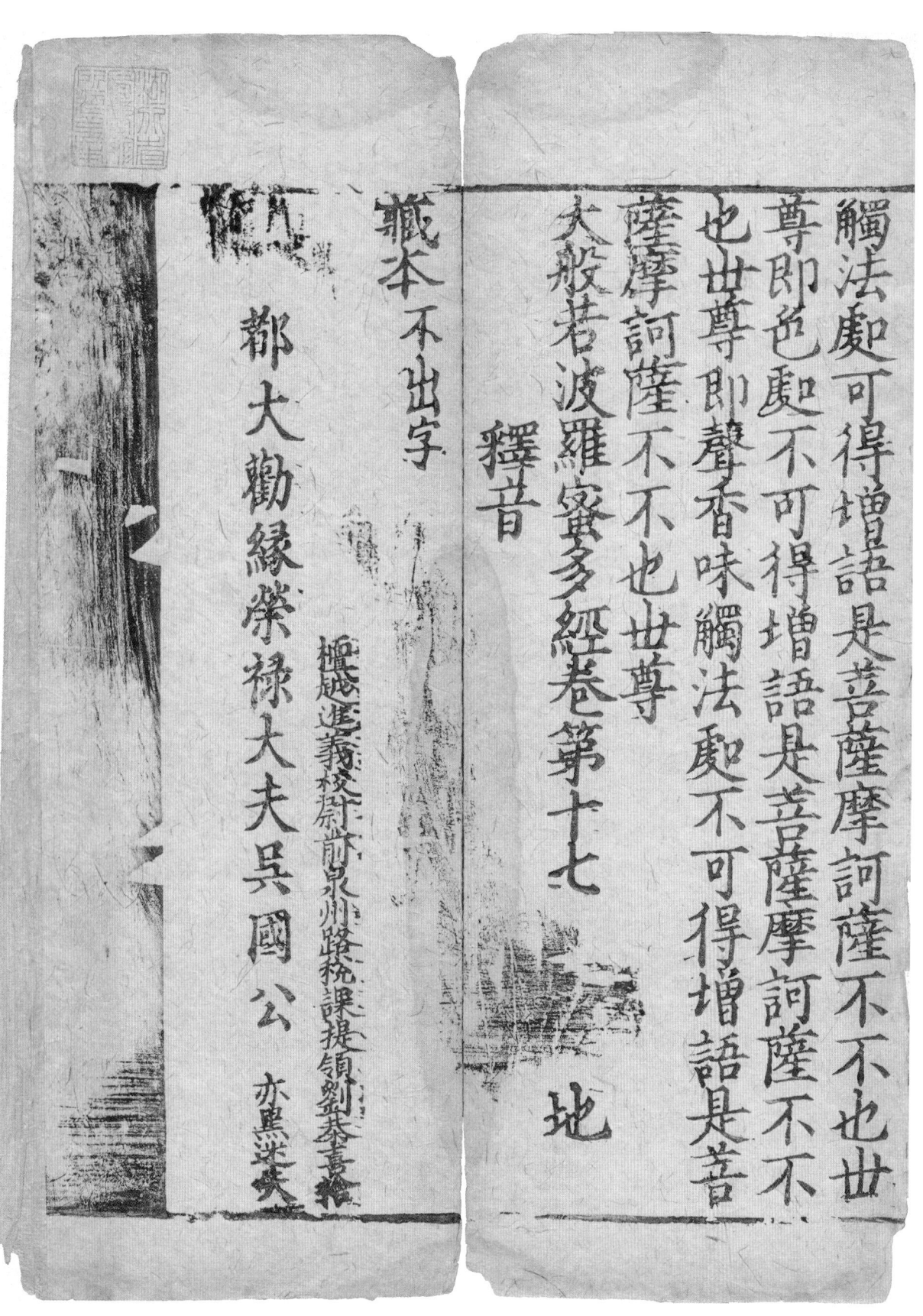

280-2 《大般若波羅蜜多經》卷十七卷尾

281 《大方廣佛華嚴經》卷二十二

281 大方廣佛華嚴經八十卷 〔唐〕釋實叉難陀譯 北宋寫金粟山廣惠禪院大藏經本 楊守敬題款 存一卷（卷二十二）

經摺裝。開本高27.6厘米，寬11.3厘米。朱絲欄，行十七字。首尾殘，存一百七十六摺，一千零五十六行。

國家珍貴古籍名錄編號：12381。

菩薩摩訶薩以眾寶車布施僧時起學一切施心智善了心淨功德心隨順捨心僧寶難遇心深信僧寶心攝持正教心住勝志樂得未曾有為大施會出生無量廣大功德深信佛教不可沮壞以諸善根如是迴向所謂願一切眾生普入佛法憶持不忘願一切眾生離凡愚法入賢聖處願一切眾生速入聖位能以佛法次第開誘願一切眾生舉世宗重

宣統元年十二月廿三日宜都楊守敬記

華嚴原人論解卷下

長安大開元寺講經論沙門 圓覺 述

三大乘法相教者以具修二利具證二空運載至於菩提涅槃究竟彼岸揀異前小故曰大乘廣說諸法名數之相名法相教說一切下叙所宗先摠標舉言一切者通五性故無始法尒者揀異外道八萬劫等八種識者一眼識二耳識三鼻識四舌識五身識六意識七末那識末那此云意恒審思量勝餘識故。八阿賴耶識阿賴耶此云藏具能藏所藏我愛執藏義故。於中第八下別明本末言是根本者此識執持三性名言種子與七能變所變為所依故從因至果相續不斷故別名曰心梵語質多集起為義集諸種子起現行故緣種子根身器界三類為境摠有三位一我愛

282 《華嚴原人論解》卷下卷端

282 華嚴原人論解三卷 〔宋〕釋圓覺撰 明永樂七年（1409）京都雞鳴禪寺刻本 存一卷（卷下）

經摺裝。開本高33.0厘米，寬10.8厘米。框高23.0厘米。半葉六行，行二十一字，小字雙行同，上下雙邊。索書號：善003577。

集部

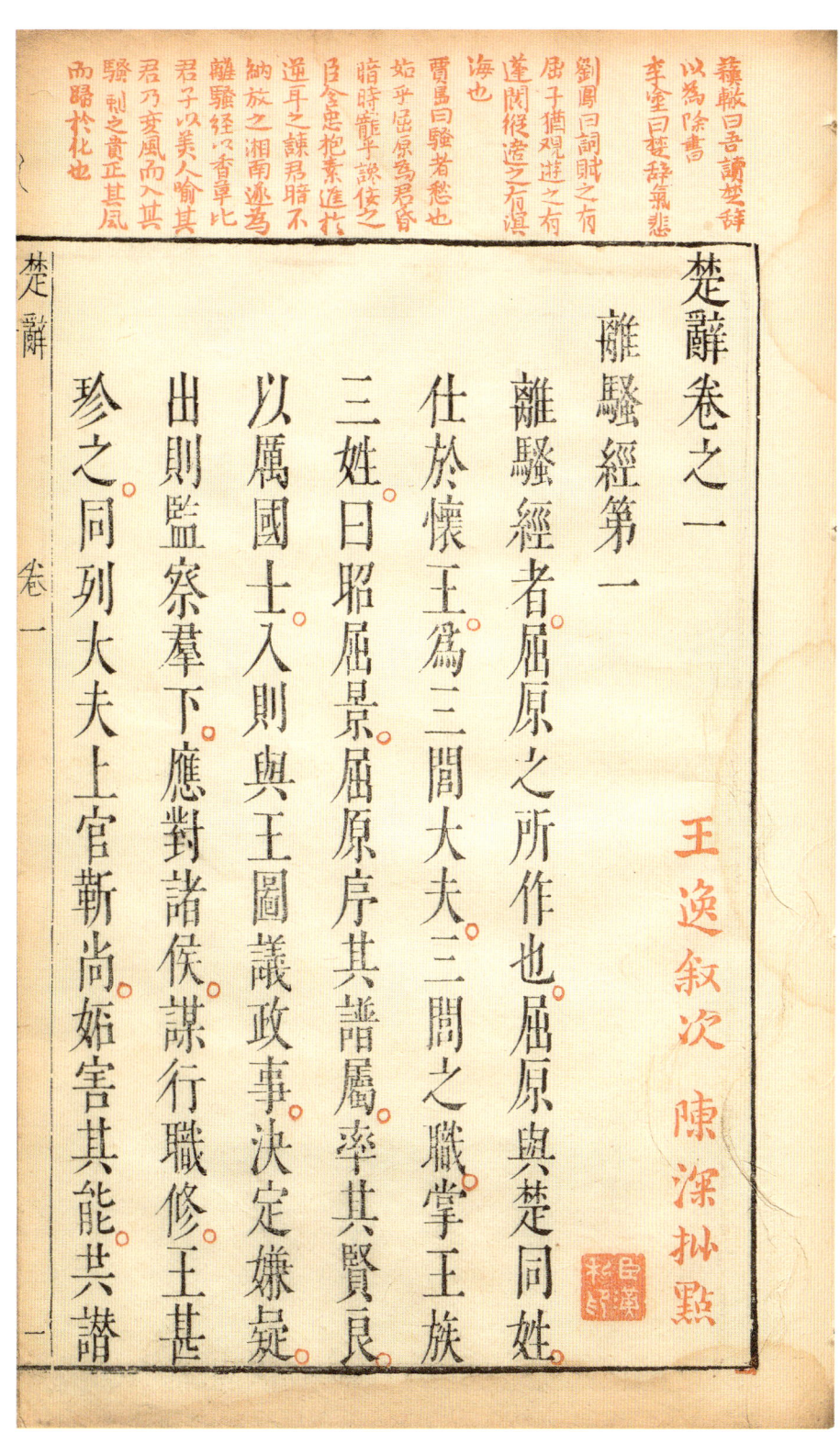

283　《楚辭》卷一卷端

283 楚辭十七卷 〔宋〕洪興祖 〔明〕劉鳳等注 〔明〕陳深批點 **附錄一卷** 明萬曆二十八年（1600）凌毓枏刻朱墨套印本

開本高27.1厘米，寬18.1厘米。框高21.8厘米，寬14.8厘米。半葉八行，行十八字，白口，四周單邊。鈐"金季子添萊氏""潢""臣潢讀過""臣潢私印"印。索書號：善003282。

國家珍貴古籍名錄編號：05054。

284-1 《閑情賦》

284 陶靖節集詩一卷文一卷集聖賢群輔錄一卷 〔晋〕陶潛撰 〔明〕毛晋重訂 **參疑一卷雜附一卷** 明天啓五年（1625）毛氏綠君亭刻屈陶合刻本 佚名圈點 缺一卷（詩一卷）

開本高25.3厘米，寬16.8厘米。半葉單框，框高20.3厘米，寬13.3厘米。半葉八行，行十八字，小字雙行同，白口，四周單邊。鈐"墀詔""以布衣老""石蓮閣收藏書"印。索書號：善003277。

湖北省珍貴古籍名錄編號：00318。

桃花源記

晉太元中，武陵人捕魚為業，緣溪行，忘路之遠近。忽逢桃花林，夾岸數百步，中無雜樹，芳草鮮美，落英繽紛。漁人甚異之，復前行，欲窮其林。林盡水源，便得一山，山有小口，髣髴若有光，便捨船，從口入。初極狹，纔通人。復行數十步，豁然開朗。土地平曠，屋舍儼然，有良田美池桑竹之屬。阡陌交通，雞犬相聞，其中往來種作，男女衣著

陶記

綠君亭

285-1 《華陽陶隱居集》卷上卷端

285 華陽陶隱居集二卷 〔南朝梁〕陶弘景撰 〔宋〕傅霄編集 〔宋〕陳楠校 清抄本 繆荃孫校並跋 陶洙跋並錄傅增湘校跋 佚名圈點批校

開本高30.9厘米,寬19.0厘米。無框欄,半葉十行,行二十字。鈐"荃孫手斠""荃孫""雲輪閣"印。索書號:善004404。

道之真以治身緒餘以為
國家土苴以治天下之要也僕于三教之 道固嘗
留心外非忠孝功業內非神炁靈靜未有以成之夫
仙道貴實不敢以文害意今粗敘于卷集之末姑示
同志兼恐尚有遺篇逸事蔵之於 賢德隱者願發
篋以示當續其傳焉紹興癸亥歲季春鶴會十八

癸丑十一月借葉林宗校本又校 小珊

285-2 繆荃孫跋

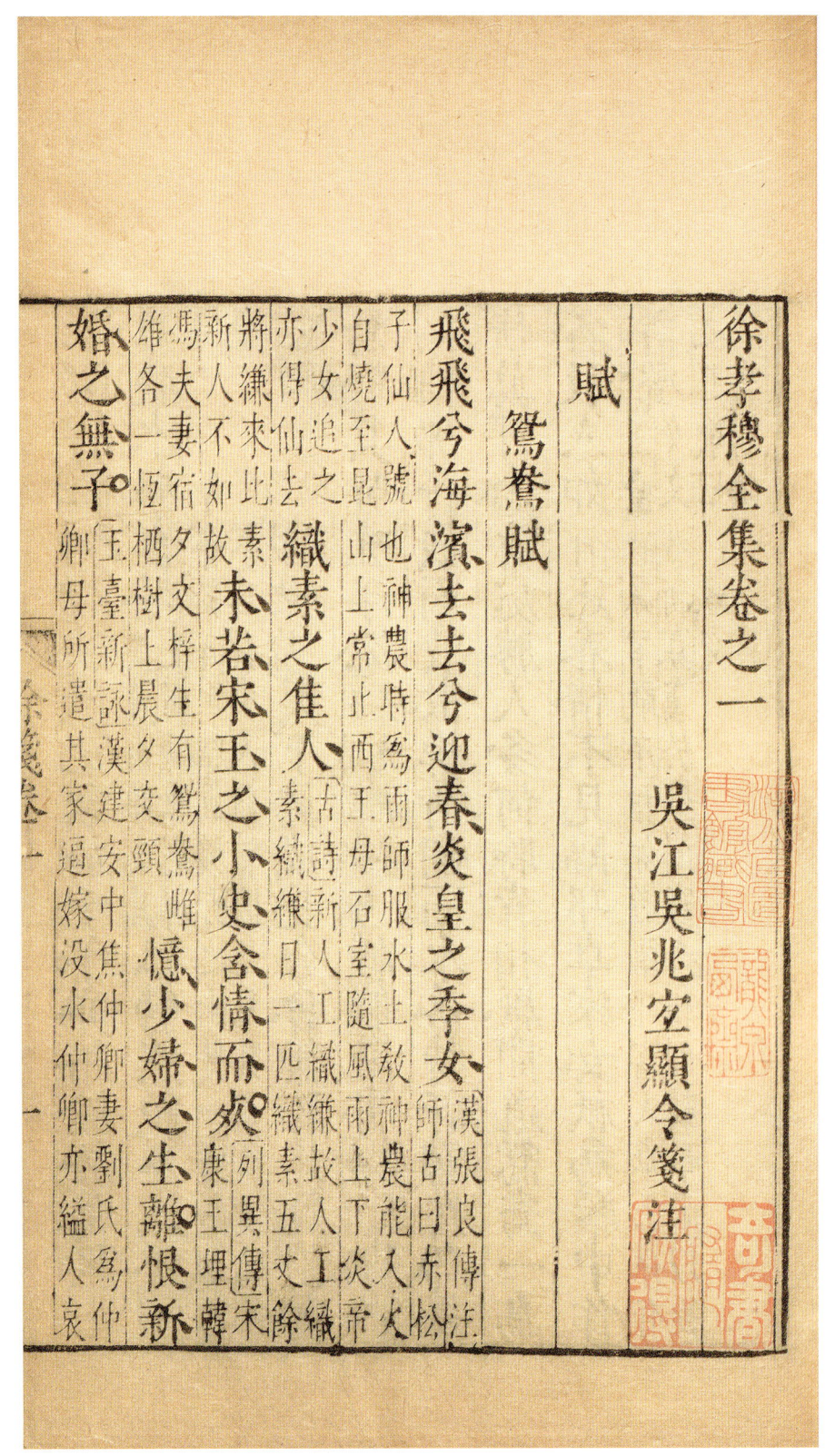

286-1 《徐孝穆全集》卷一卷端

286 徐孝穆全集六卷 〔南朝陳〕徐陵撰 〔清〕吳兆宜箋注 清刻寶翰樓印本 清彭元瑞批校

開本高25.8厘米，寬16.2厘米。框高19.0厘米，寬14.2厘米。半葉十二行，行二十字，小字雙行同，白口，左右雙邊。鈐"南昌彭氏""龍泉西齋""沈氏山樓藏書記""桐風廎藏"等印。索書號：善002662。

徐孝穆全集卷之四

隋經籍志玉臺新詠十卷徐陵撰起古詩古樂府盡梁代

吳江吳兆宜顯令箋注

序

玉臺新詠序 [晉]陸機塘上行發藻玉臺 [下注]王臺以喻婦人之貞

○玉臺新詠序 [海錄碎事]凌雲臺魏文帝凌雲概日由余之所未窺 黃初二年築 [又]燕昭王好神仙仙人甘需與王登握日之臺 [史記]泰本紀戎王使由余來聘穆公既示以宮室引之登三休之臺 顧愷之齊或穿認日儞齊或穿認日儞樵日一周書為山學海或層臺累構繁池運石為山學海或層臺累構

張衡之所曾賦 [張衡西京賦]開庭詭異萬戶千門

周王璧臺之上 [穆天子傳]盛姬之子也天子賜之上姒之臺是日重璧之臺

漢帝金屋之中 [漢武故事]帝為膠東王年數歲長公主問曰兒欲得婦否帝曰欲得指阿嬌好否帝曰若得阿嬌當作金屋貯之也

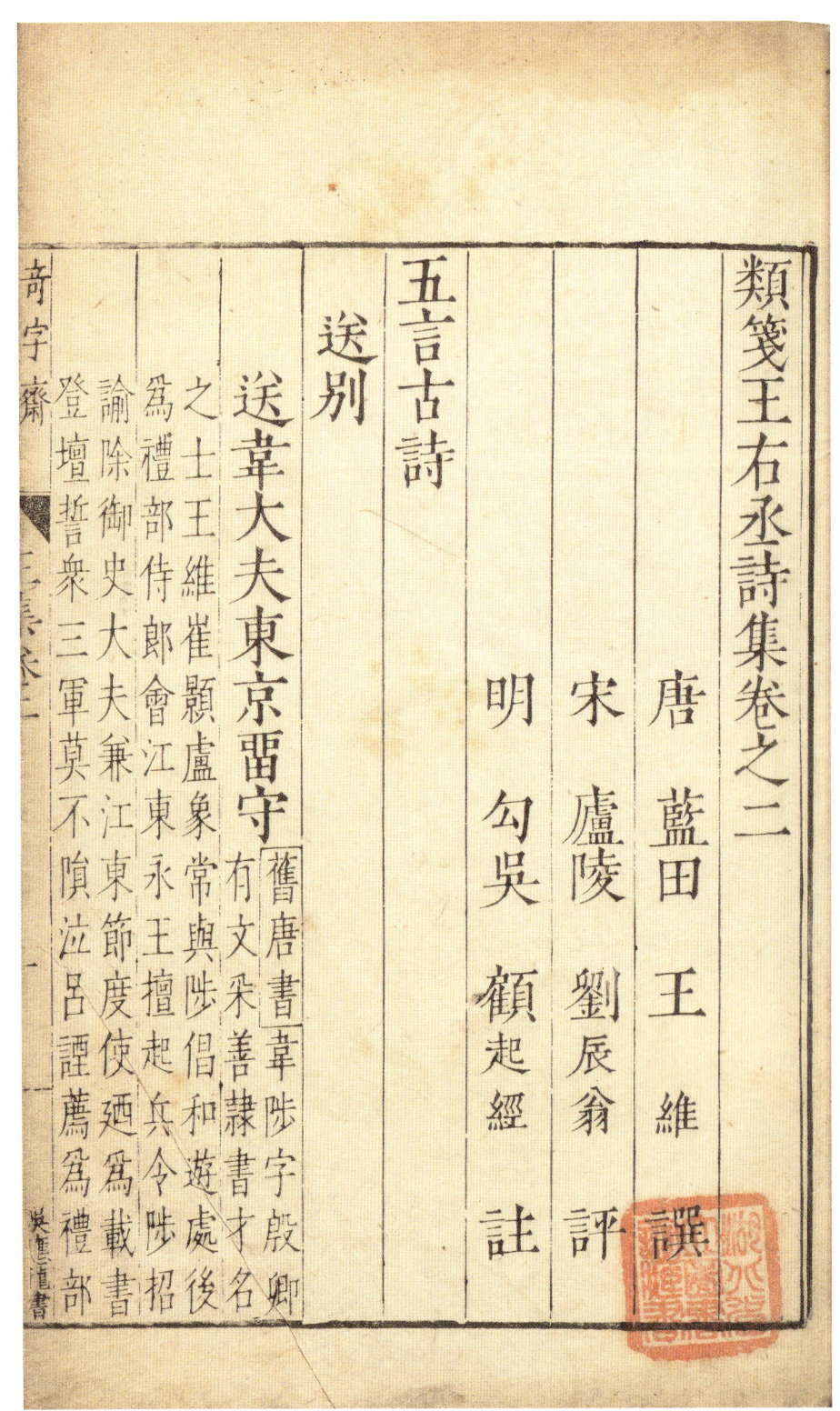

287　《類箋唐王右丞詩集》卷二卷端

287 類箋唐王右丞詩集十卷〔唐〕王維撰　〔宋〕劉辰翁評　〔明〕顧起經輯注　**年譜一卷**〔明〕顧起經撰　明嘉靖三十五年（1556）無錫顧氏奇字齋刻本（卷一至三有抄配）

　　開本高 25.9 厘米，寬 17.5 厘米。框高 20.2 厘米，寬 15.4 厘米。半葉九行，行十八字，小字雙行同，黑口，左右雙邊。鈐"春霆印信"等印。索書號：善 003193。

　　湖北省珍貴古籍名錄編號：00144。

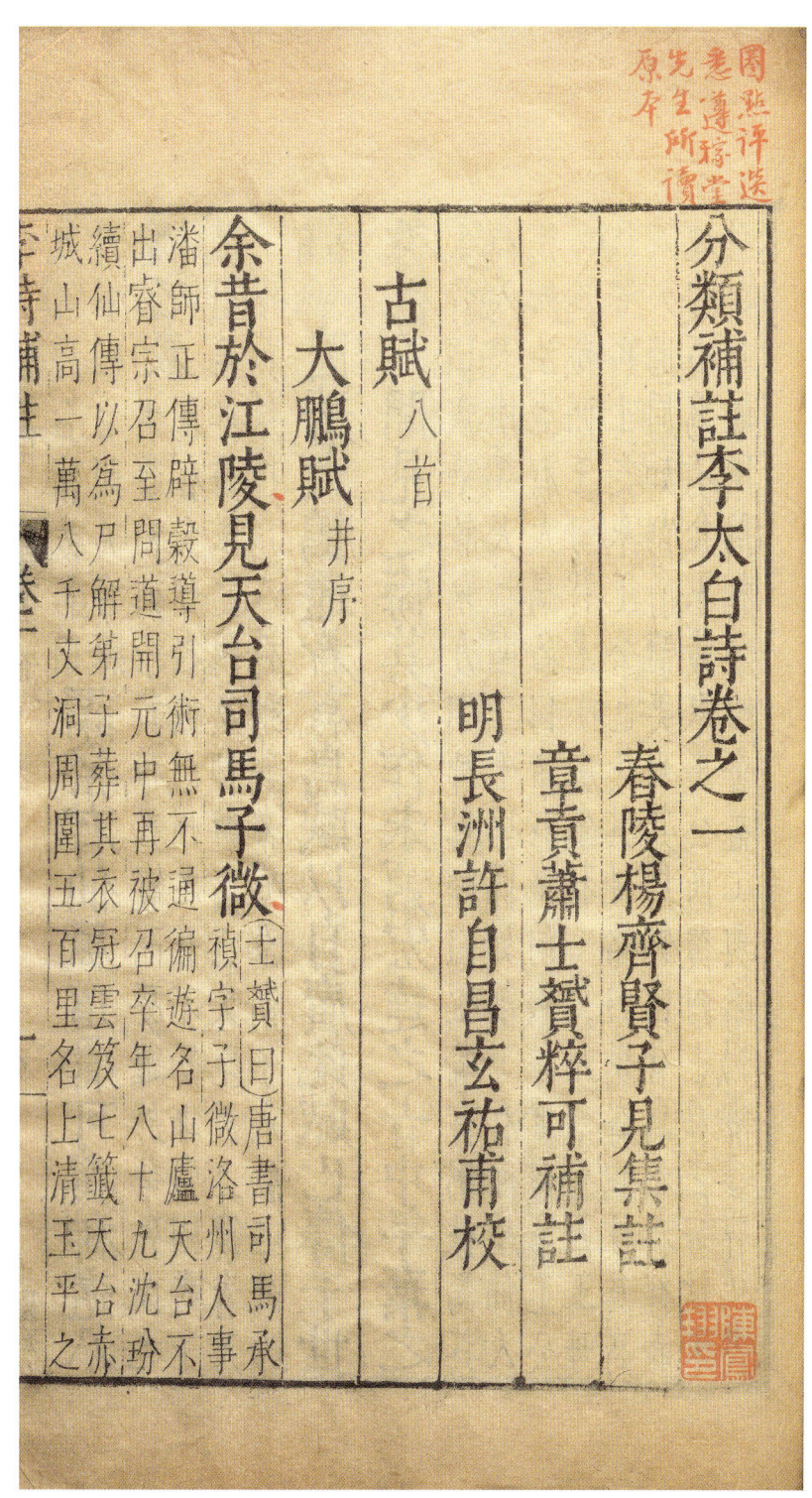

288-1 《分類補註李太白詩》卷一卷端

288 分類補註李太白詩二十五卷 〔唐〕李白撰 〔宋〕楊齊賢集注 〔元〕蕭士贇補注 **唐翰林李太白年譜一卷** 〔宋〕薛仲邕撰 明萬曆三十年（1602）許自昌刻本 佚名錄清潘耒評點 缺四卷（卷十八至二十一）

開本高 26.7 厘米，寬 16.7 厘米。框高 22.5 厘米，寬 14.7 厘米。半葉九行，行二十字，小字雙行同，白口，左右雙邊。鈐"陳鳳翔印"印。索書號：善 003657。

湖北省珍貴古籍名錄編號：00321。

于塗山辛壬癸甲啟呱呱而泣丁弗子惟荒度土功
注啟禹子也禹治水過門不入聞啟泣聲不暇子顧
以大治度水土之功前溝洫志禹湮洪水諸夏乂安
不至則大江淹詩但願桑麻成蠶月得紡績易通封驗日巽氣
風揚沙被髮之叟狂而癡清晨臨流欲奚為旁人
不惜妻止之公無渡河苦渡之〔二陰篇括如此妙〕
溺死流海湄〔齊賢曰論語暴虎馮〕河〔士贇曰事見題注〕有長鯨白齒若雪〔齊賢曰鯨魚見〕
山公乎公乎掛罥於其間箜篌所悲竟不還
二卷注雪賦雪山峙於西域海賦或屑没於鼅鼊之
允或掛罥於岑巖之峯注曰言被漂溺死非一所也
漢書塞南越禱祠太乙后土作坎坎應劭曰
使樂人侯調作坎節因以其姓號為坎
侯蘇林曰侯士贇曰此篇大意謂洪水
民昏墊天之作孽不可追也地平天成上下相安

李詩補注 卷三 七二

古籍批註（朱筆眉批）：
楊升菴曰蔡贊謨像曰丞相斯昧死言臣所將隸徒七十二萬人治驪山者已深極鑿之不入燒之不然即鑿之空空如下天狀即其旁行三百丈乃止

李詩選卷一

古風

古風五首

秦皇掃六合，虎視何雄哉。飛劍決浮雲，諸侯盡西來。明斷自天啟，大略駕群才。收兵鑄金人，函谷正東開。銘功會稽嶺，騁望瑯琊臺。刑徒七十萬，起土驪山隈。尚採不死藥，茫然使心哀。連弩射海魚，長鯨正崔嵬。額鼻象五嶽，揚波噴雲雷。

289 《李詩選》卷一卷端

289 李詩選五卷　〔唐〕李白撰　〔明〕張含輯　〔明〕楊慎批點　明刻朱墨套印本

開本高 26.6 厘米，寬 17.6 厘米。框高 20.2 厘米，寬 14.5 厘米。半葉八行，行十八字，白口，四周單邊。鈐"曾歸徐氏彊誃"印。索書號：善 003306。

國家珍貴古籍名錄編號：05204。

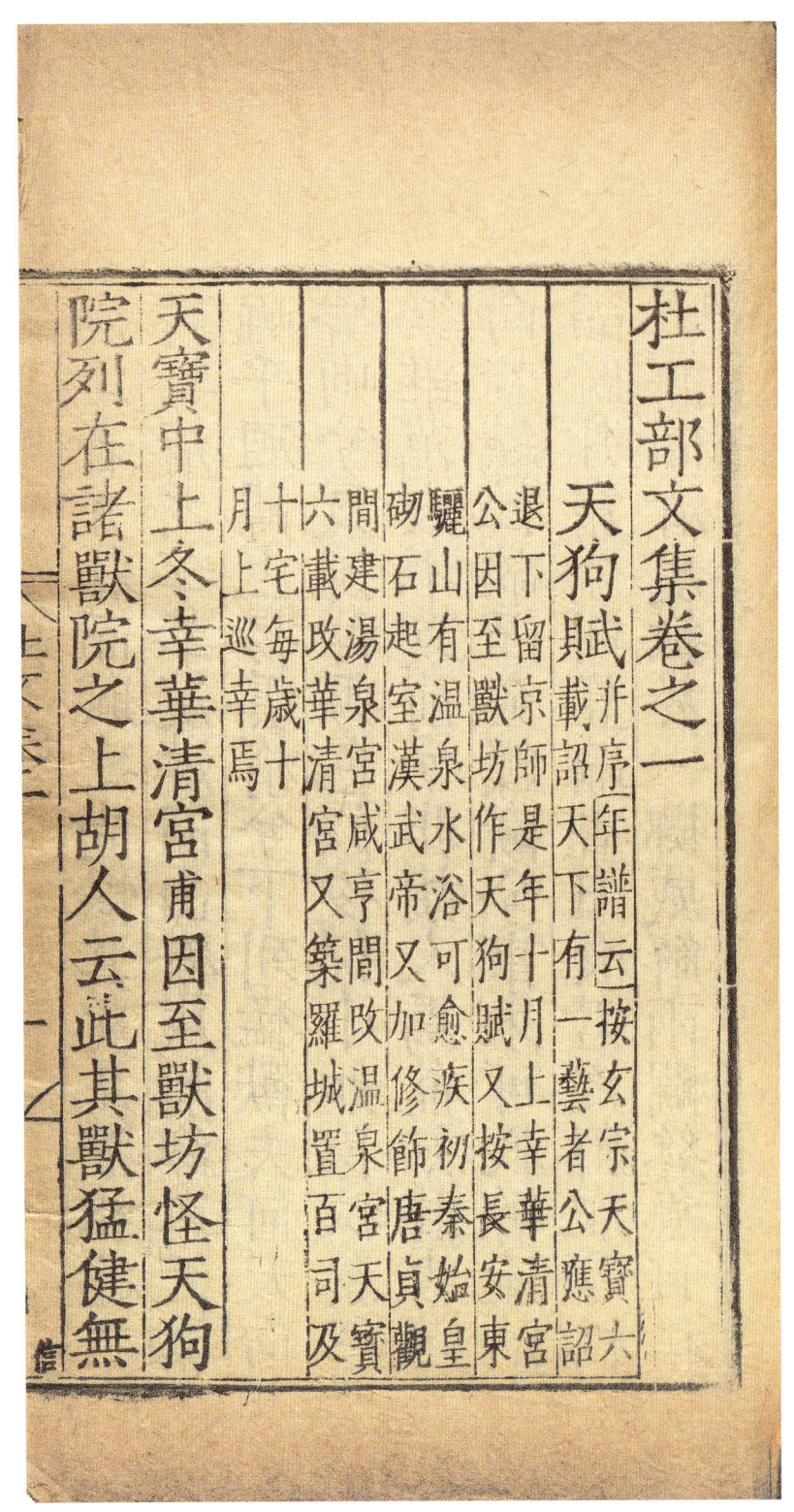

290-1 《集千家注杜工部文集》卷一卷端

290 集千家注杜工部詩集二十卷文集二卷 〔唐〕杜甫撰 〔宋〕黄鶴補注 明嘉靖十五年（1536）玉几山人刻本 佚名圈點並評 存十二卷（詩集卷十一至二十、文集二卷）

開本高28.9厘米，寬17.7厘米。框高21.7厘米，寬14.2厘米。半葉八行，行十七字，小字雙行同，白口，四周雙邊。鈐"愛日樓"等印。索書號：善003091。

湖北省珍貴古籍名錄編號：00147。

西不出受字
更妙

集千家註杜工部詩集卷之十一

春歸（趙曰）題云春歸言歸當春時也。（廣德二年成都作）

苔徑臨江竹茅簷覆地花別來頻甲子歸到忽春華倚杖看孤石傾壺就淺沙遠鷗浮水靜輕鷰受風斜（有態）世路雖多梗吾生亦有涯此身醒復醉乘興卽爲家

歸來

客裏有所適歸來知路難開門野鼠走散帙

290-2 佚名圈點並評

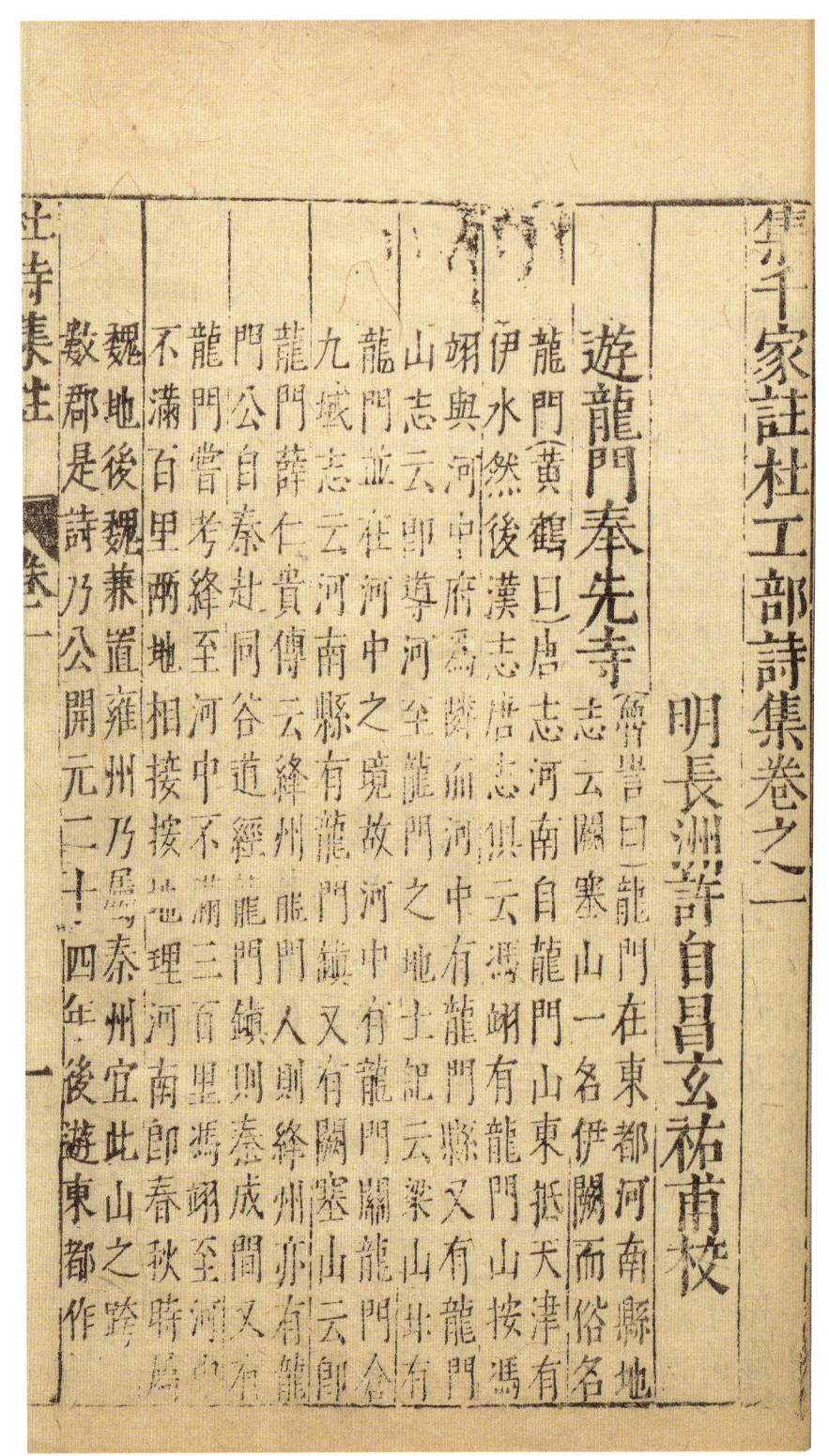

291 《集千家註杜工部詩集》卷一卷端

291 集千家註杜工部詩集二十卷文集二卷 〔唐〕杜甫撰 明萬曆許自昌刻本 存二十卷（詩集卷一至二十）

開本高 25.3 厘米，寬 15.6 厘米。框高 21.2 厘米，寬 14.4 厘米。半葉九行，行二十字，小字雙行同，白口，四周單邊。鈐"芳圃"印。索書號：善 003589。

湖北省珍貴古籍名錄編號：00323。

杜詩選卷一

遊龍門奉先寺

已從招提遊，更宿招提境。陰壑生靈籟，月林散清影。天闕象緯逼，雲臥衣裳冷。欲覺聞晨鐘，令人發深省。

與李十二白同尋范十隱居

李侯有佳句，往往似陰鏗。余亦東蒙客，憐君如弟兄。醉眠秋共被，攜手日同行。更想幽期處，還

杜詩選卷一　一

（朱批）楊曰羲作天闕非章表臣詩話據舊本作天闕引史記以管閱天之餘披秋興見卓爾其奧賦閱天之秘引陣賈新語楚注作乾鑿之臺闕王文粹精熟文選此義即象緯也況天闕字亦用其字法出言閱天倒用之即天闕雲臥閱天則不但用其字矣星河垂地卧靈則空翠濕衣見山中之珠于人境也

292　《杜詩選》卷一卷端

292 杜詩選六卷　〔唐〕杜甫撰　〔宋〕劉辰翁　〔明〕楊慎批點　明末閔氏刻朱墨套印本

開本高26.7厘米，寬17.7厘米。框高20.3厘米，寬14.5厘米。半葉八行，行十八字，白口，四周單邊。鈐"曾歸徐氏彊誃"印。索書號：善003303。

湖北省珍貴古籍名録編號：00150。

杜子美七言律

奉和賈至舍人早朝大明宮舍人先世掌絲綸

五夜漏聲催曉箭九重春色醉仙桃旌旗日暖

龍蛇動宮殿風微燕雀高朝罷香煙攜滿袖詩

成珠玉在揮毫欲知世掌絲綸美池上于今有

鳳毛

題張氏隱居

（眉批：壯嚴自足著非微字清灑不免寢肥矣謾發此叢）
（旁批：湊句　無味）

293 《杜工部七言律詩》卷端

293 杜工部七言律詩不分卷 〔唐〕杜甫撰 〔明〕郭正域批點 明閔齊伋刻三色套印本

開本高25.6厘米，寬16.8厘米。框高20.4厘米，寬15.3厘米。半葉八行，行十八字，白口，左右雙邊。鈐"朱璣之印""覲公""桐雨軒藏書""天山""曾歸徐氏彊諗"印。索書號：善003304。

國家珍貴古籍名錄編號：05251。

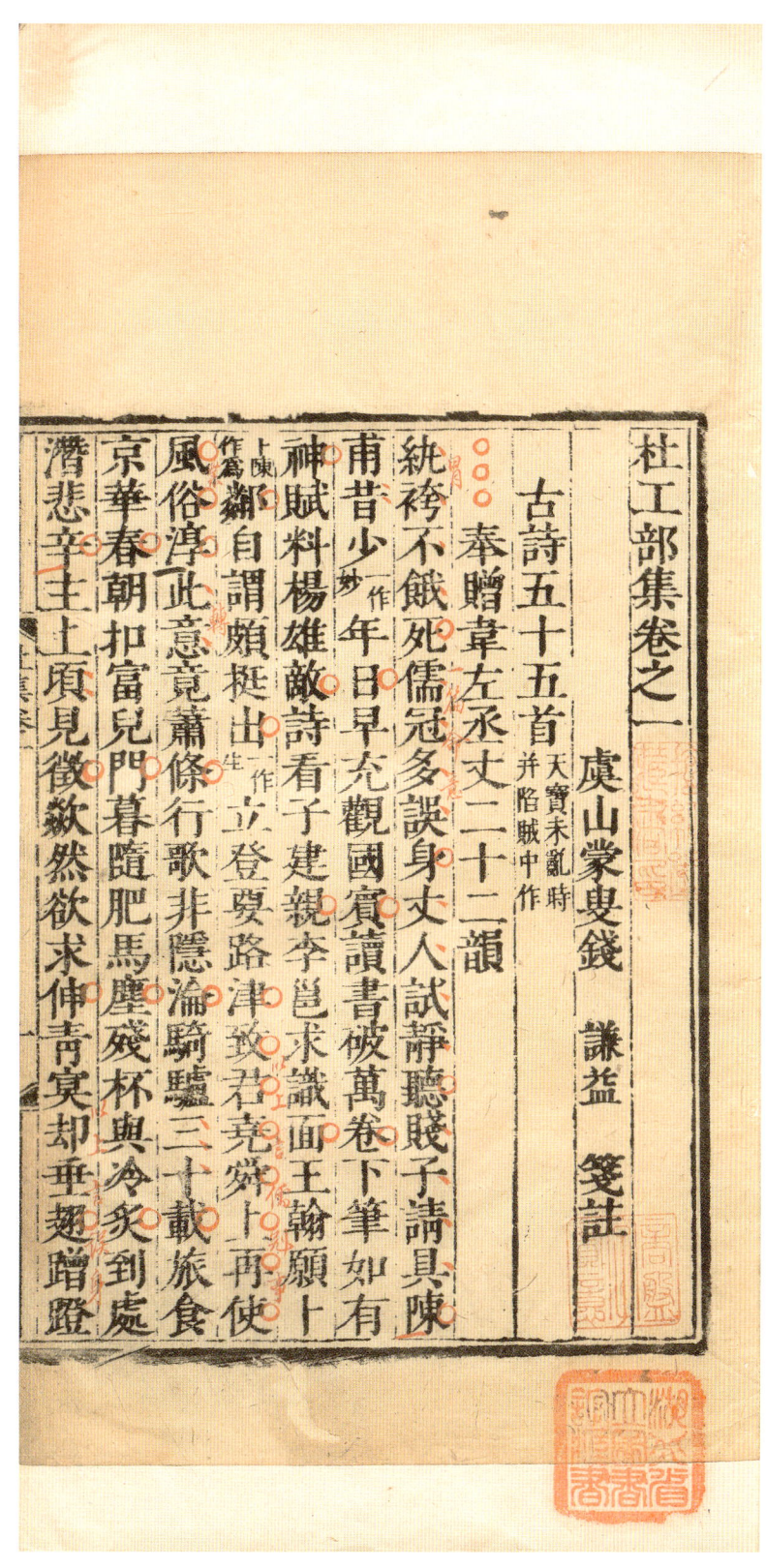

294-1 《杜工部集》卷一卷端

294 杜工部集二十卷 〔唐〕杜甫撰 〔清〕錢謙益箋注 **年譜一卷諸家詩話一卷唱酬題咏附錄一卷** 清康熙六年（1667）季氏靜思堂刻本 清商盤批 徐恕錄清范蓀跋

金鑲玉裝。開本高30.0厘米，寬16.9厘米。框高18.1厘米，寬13.7厘米。半葉十一行，行二十字，黑口，四周雙邊。鈐"抱經堂藏書印""商盤字寶意""春霆印信"等印。索書號：善002620。

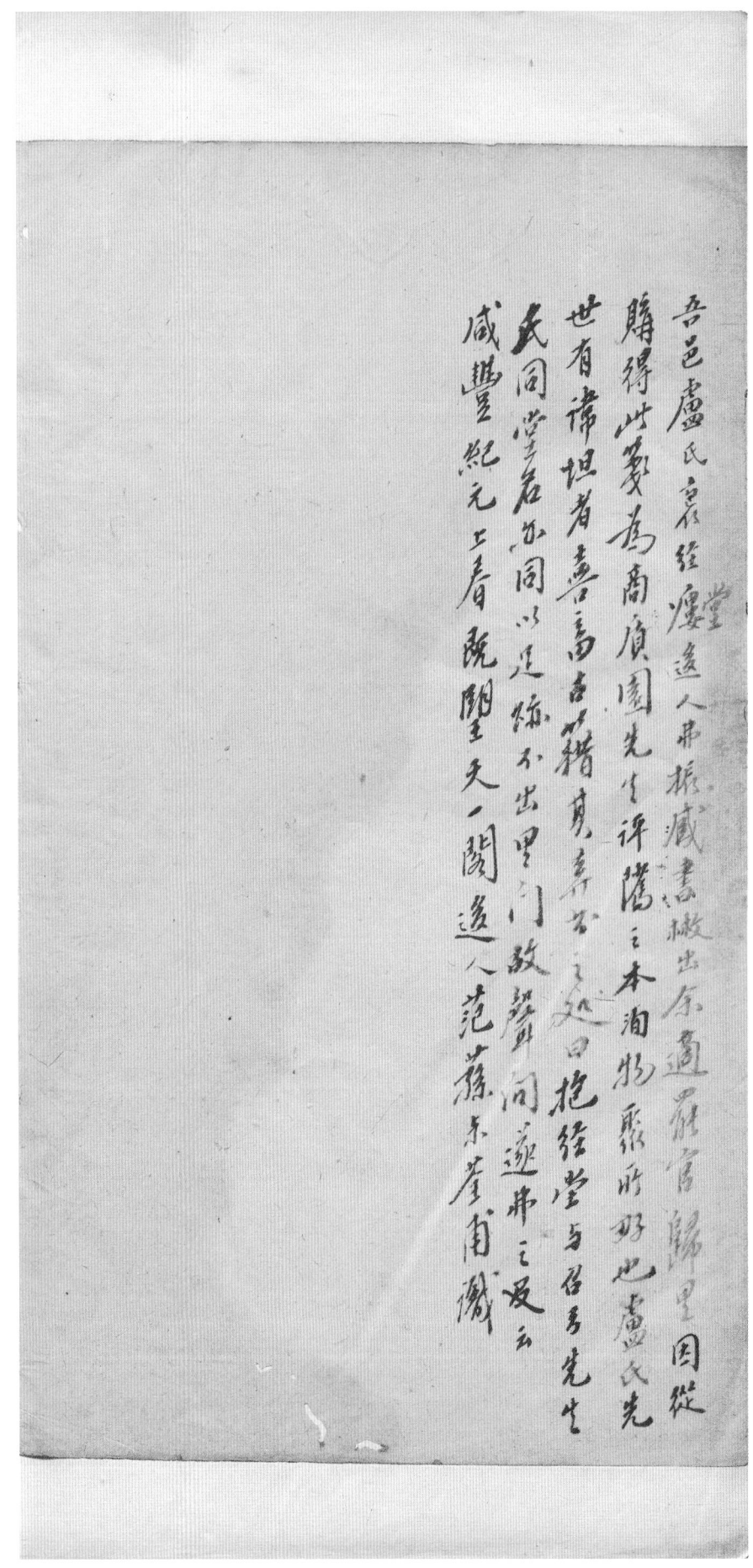

吾邑盧氏宏經緣慶堂遞人弟振臧書檢出余適羅官歸里因從購得此數為商頎圓先生評騭之本泂物靈師好此盧氏先世有諱坦者壽高善睦日抱經堂与啟多先生民同堂者如同以足徐不出里門敬聲聞遂弗之及云咸豐紀元上春晚閱璧天一閣遞人范菉東崖甫識

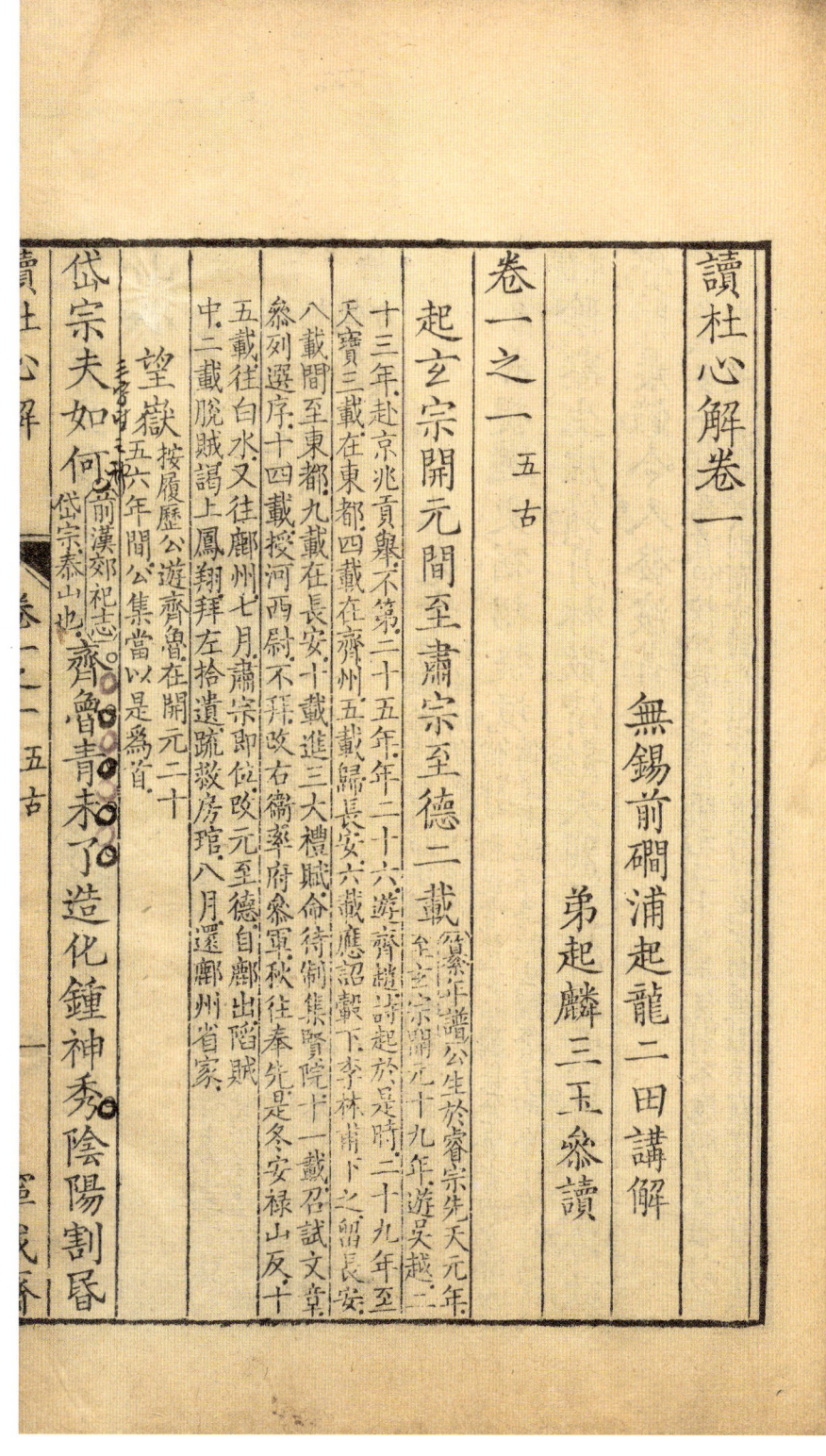

295-1 《讀杜心解》卷一卷端

295 讀杜心解六卷首二卷 〔清〕浦起龍撰　清雍正二至三年（1724—1725）浦氏寧我齋刻本　清秦應奎批校

開本高 25.6 厘米，寬 17.2 厘米。框高 19.0 厘米，寬 13.6 厘米。半葉十行，行二十二字，小字雙行三十三字，白口，左右雙邊。鈐"曠百世而相感吾不知其何心""精微穿溟涬""孝感秦氏家藏"印。索書號：善 003001。

卷一之五 五古

代宗大曆元年二年之間[纂年譜大曆元年秋公寓夔之西閣二年春遷居赤甲三月遷瀼西秋冬之間往來瀼西東屯]

八哀詩 并序 [八哀詩敘子儀等八人皆傷感昂別成一種風格與史俾柞未襄訪史之稱以此]

傷時盜賊未息興起王公李公疏起發已心也歎舊懷賢終

於張相國八公前後存歿遂不銓次焉

杜臆此八公傳也王李名將因盜賊未息故興起二公繼以嚴武汝陽李蘇鄭皆素交則歎舊九齡名相則懷賢序簡而誤亦非後人所及愚按每篇各有入情語此致哀之本旨
與國史列傳體有別

贈司空王公思禮

司空出東夷童稚刷勁翮追隨幽薊兒穎銳脫[一作物不隔]書

八哀詩自是巨篇頗多批鈌之句
又云八哀詩本紕繆
高作世多稱之皆
骨髓疥多共方其累
句須刪為詳余盡易
錄中

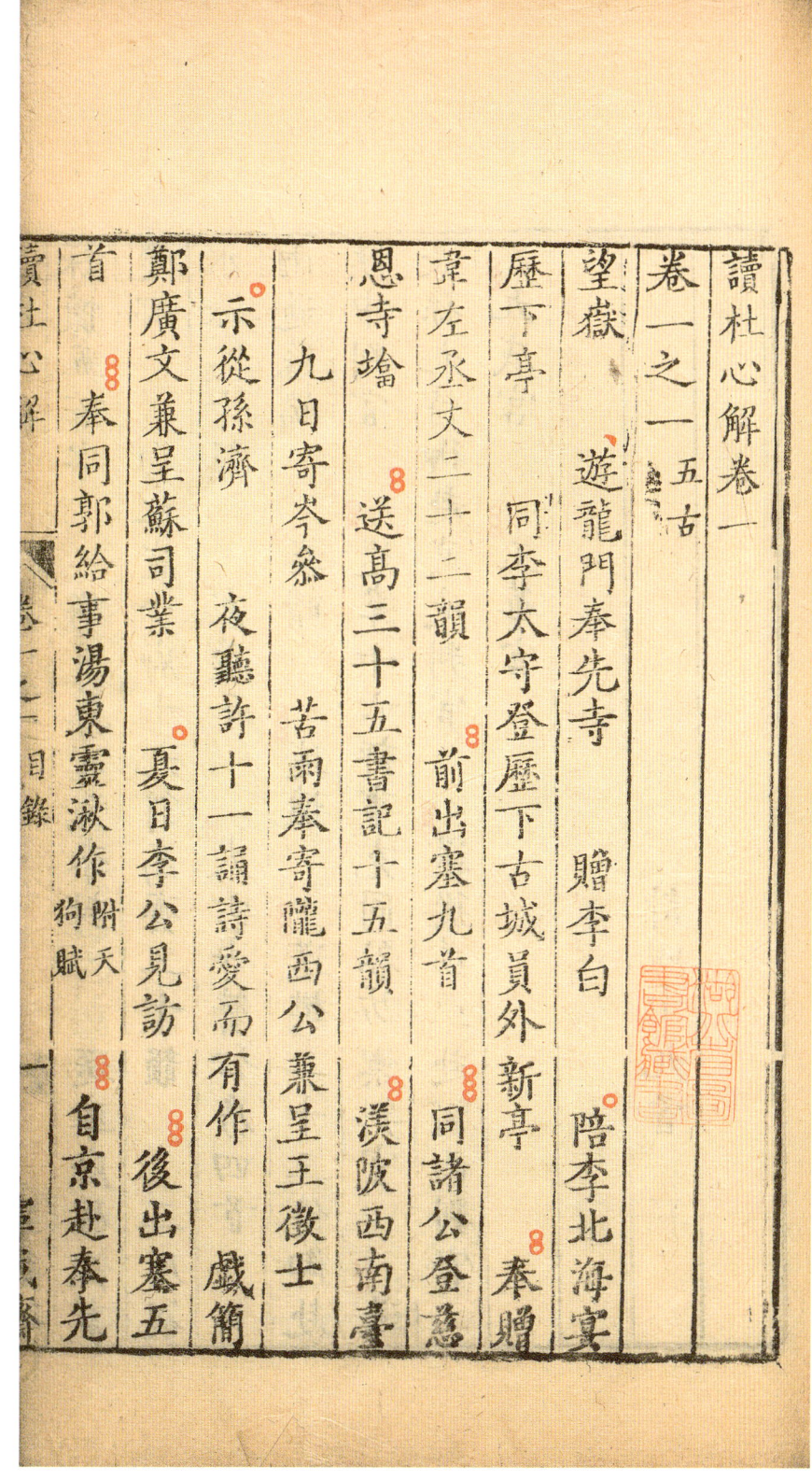

296-1 《讀杜心解》卷一卷端

296 讀杜心解六卷首二卷 〔清〕浦起龍撰 清雍正二至三年（1724—1725）浦氏寧我齋刻本 徐恕跋並錄清魯一同、潘耒批

開本高25.4厘米，寬16.5厘米。框高19.2厘米，寬13.6厘米。半葉十行，行二十二字。小字雙行三十三字，白口，左右雙邊。鈐"慎德堂藏書""邁父""毛埰之印"印。索書號：善002924。

從謝硯齋借所鈔魯曾通甫評語逐錄未竟即為索回硯齋歿後其本不知入何人手後之人儻見曾評別寫本補完之亦一墨汁因緣也丙申暮春三日羽琴記

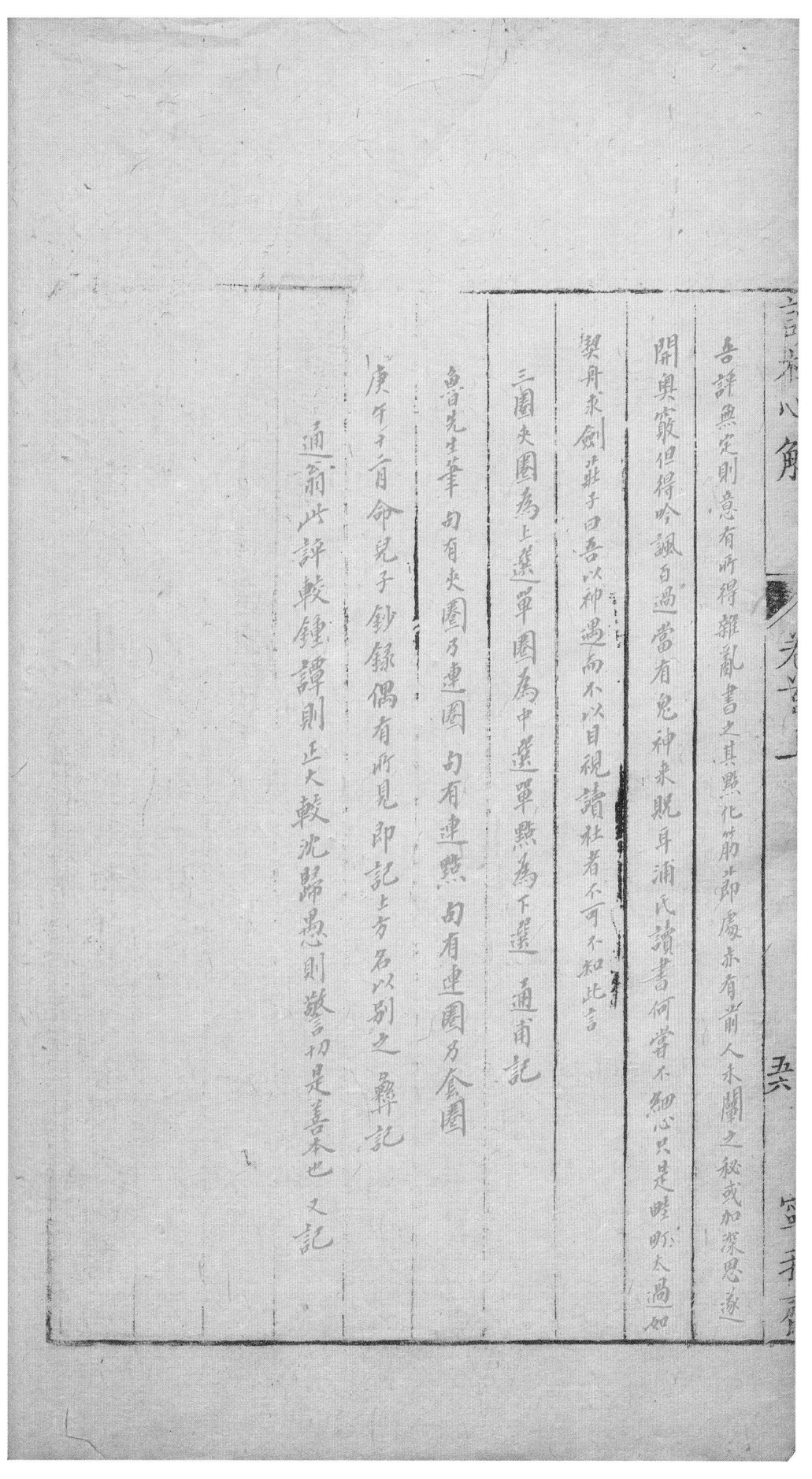

296-3 徐恕錄清魯一同、潘彝題識

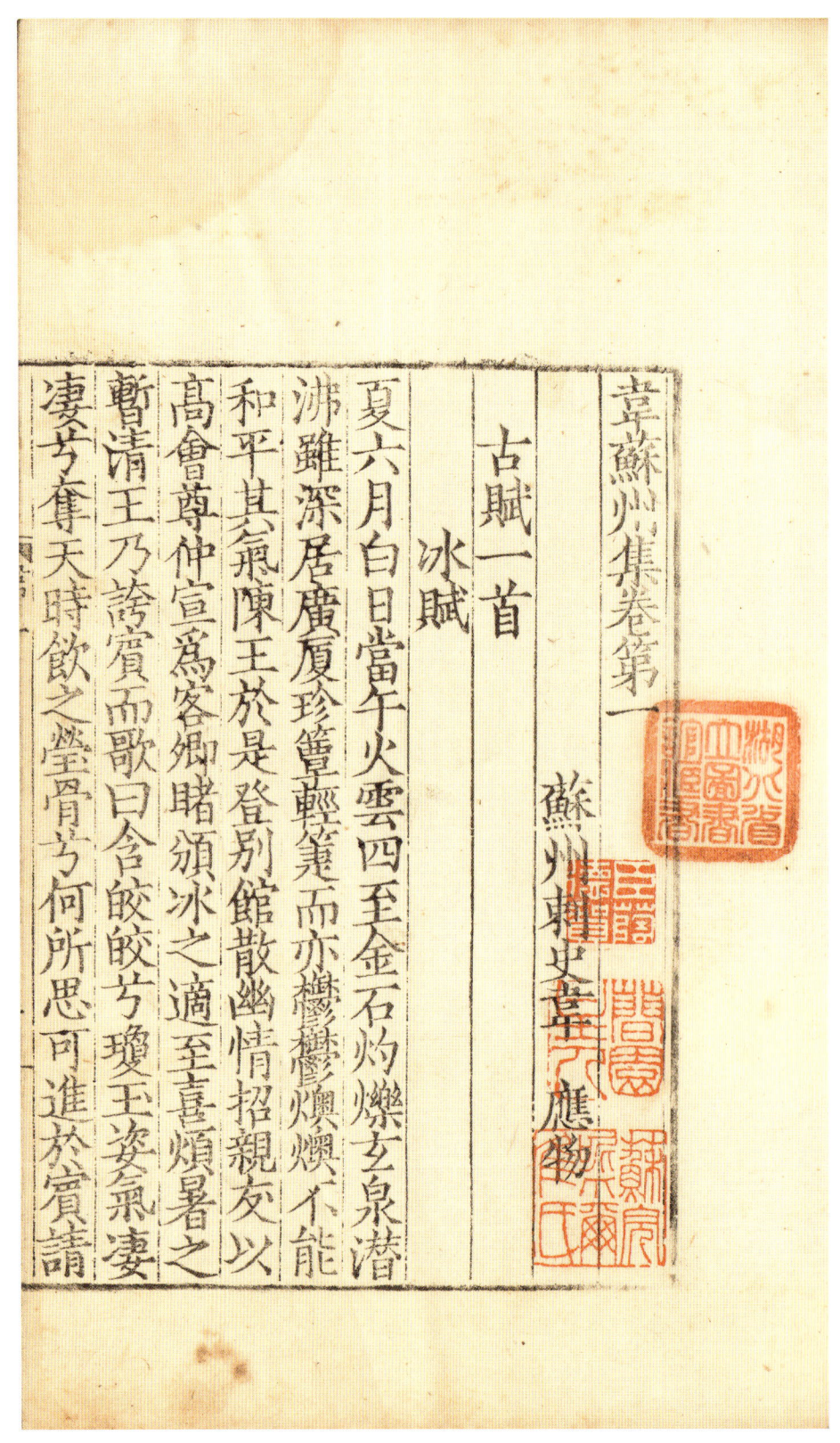

297-1 《韋蘇州集》卷一卷端

297 韋蘇州集十卷拾遺一卷 〔唐〕韋應物撰 明刻本 佚名批校 張繼煦跋

開本高26.3厘米，寬17.6厘米。框高17.2厘米，寬12.7厘米。半葉十行，行十八字，小字雙行同，白口，左右雙邊。鈐"蕉林收藏""簡園主人""蘇完呢瓜爾佳氏""臣蔭德賀""黃岡劉氏紹炎過眼""黃岡劉氏校書堂藏書記""春霆印信"印。索書號：善003126。

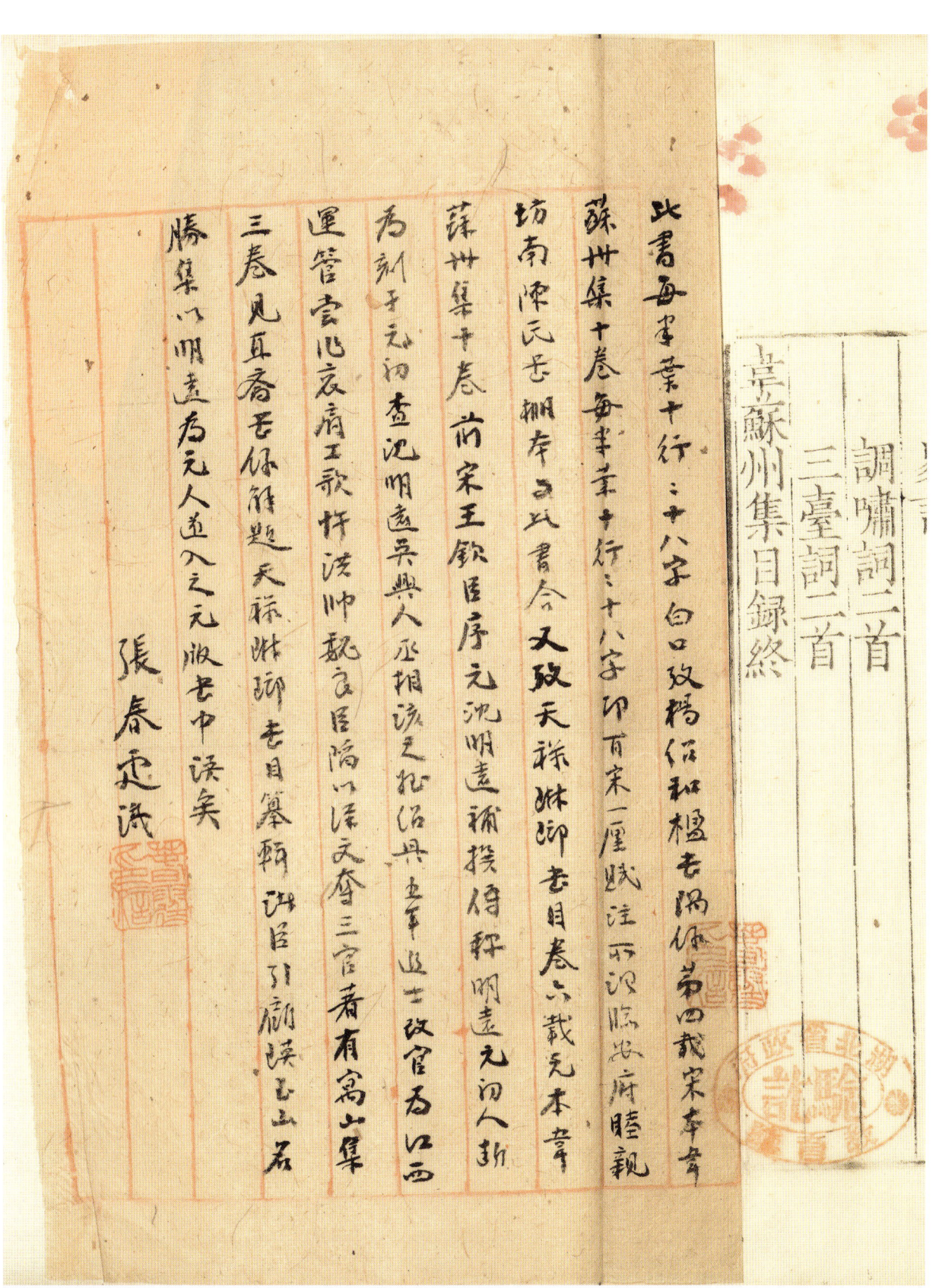

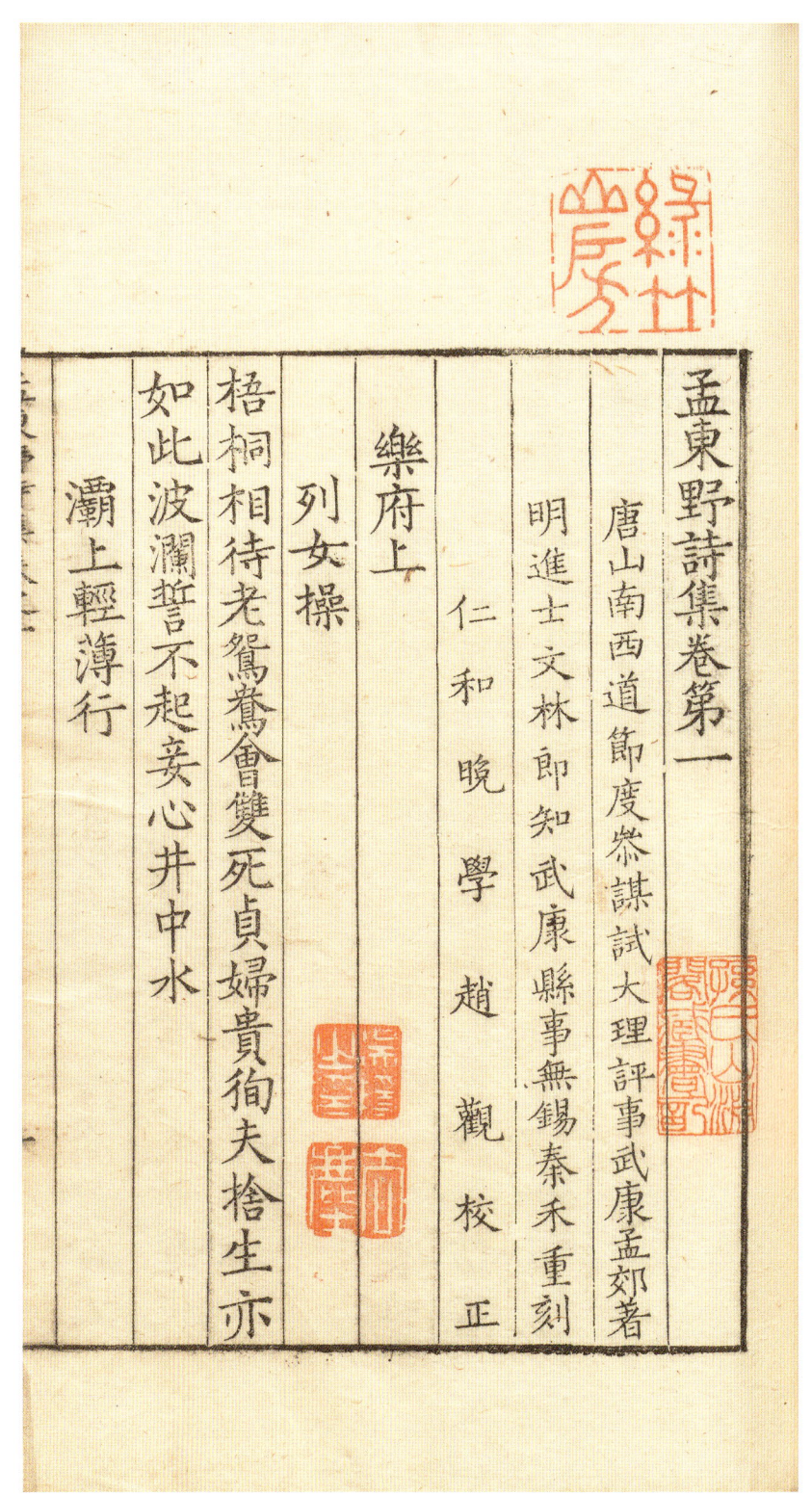

298 《孟東野詩集》卷一卷端

298 孟東野詩集十卷 〔唐〕孟郊撰 **聯句一卷** 明嘉靖三十五年（1556）秦禾刻本

開本高 26.9 厘米，寬 17.3 厘米。框高 18.2 厘米，寬 13.6 厘米。半葉九行，行十八字，小字雙行同，白口，四周單邊。鈐"孫氏山淵閣藏書記""綠竹山房""吳隱之印""去塵""春霆印信"印。索書號：善 003175。

國家珍貴古籍名錄編號：08797。

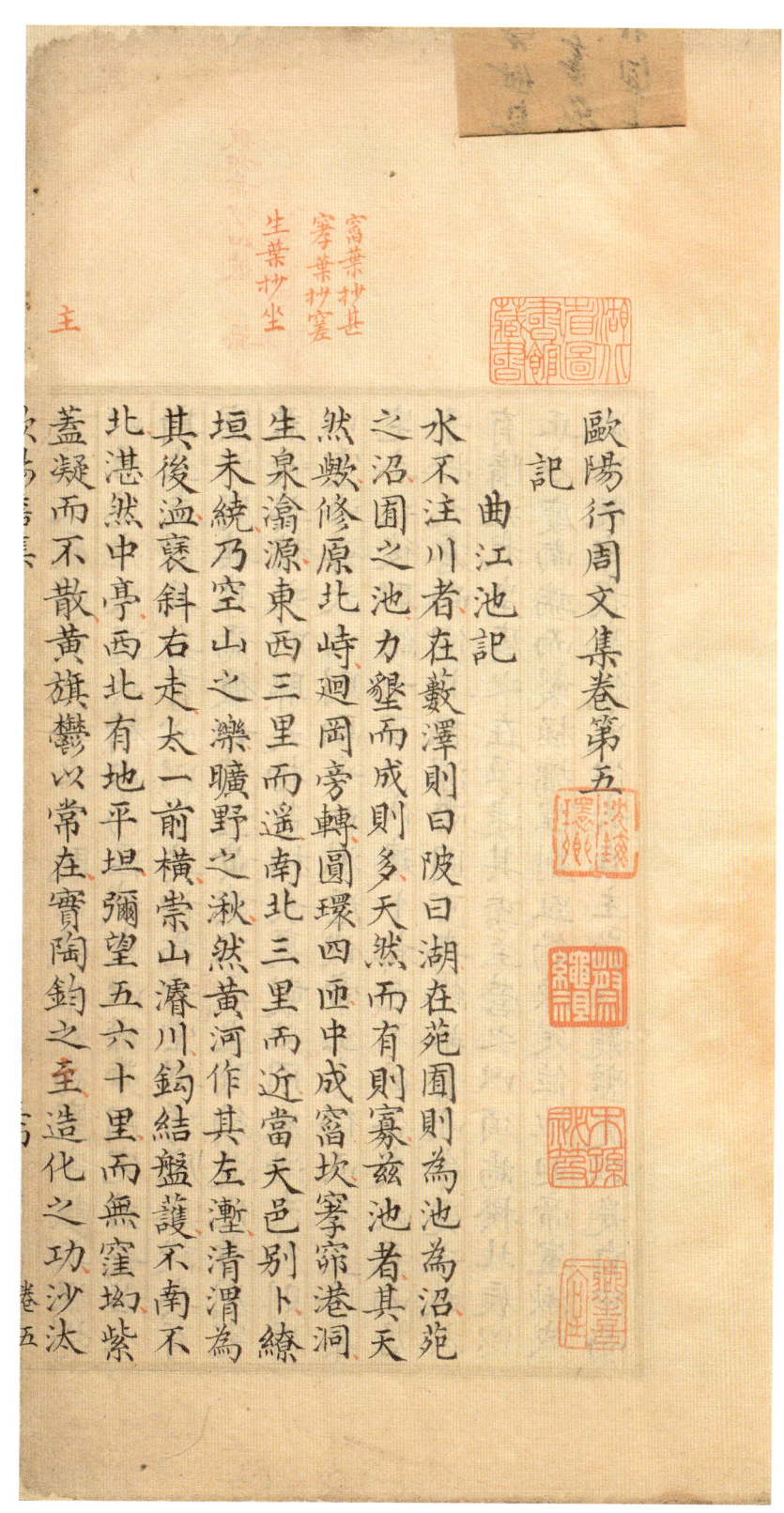

299-1 《歐陽行周文集》卷五卷端

299 歐陽行周文集十卷 〔唐〕歐陽詹撰 清抄本 清勞格校 徐恕跋 存六卷（卷五至十）

開本高 26.1 厘米，寬 16.7 厘米。框高 17.4 厘米，寬 11.2 厘米。半葉十一行，行二十二字，白口，左右雙邊。鈐"燕喜堂""蔡繩祖""蔡繩祖字木孫藏書記""木孫秘笈""鬼物守護煩撝訶"等印。

索書號：善 004527。

辛酉北遊得此鈔本于宏遠堂中有勞季言校語忽忽已十三年矣不審首冊尚在天懷閣否邪　恕

窨葉抄甚
窂葉抄窐
生葉抄坐

水不注川者在藪澤則曰陂曰湖在苑囿則為池為沼苑之沼囿之池力墾而成則多天然而有則寡茲池者其天然歟修原北峙廻岡旁轉圓環四匝中成窨坎窂窊港洞生泉渰源東西三里而遙南北三里而近當天邑別卜繚垣未繞乃空山之樂曠野之湫然黃河作其左瀍清渭為其後洄裏斜右走太一前橫崇山灊川鈞結盤護不南不北湛然中亭西北有地平坦彌望五六十里而無窪坳紫蓋疑而不散黃旗鬱以常在寶陶鈞之至造化之功沙汰

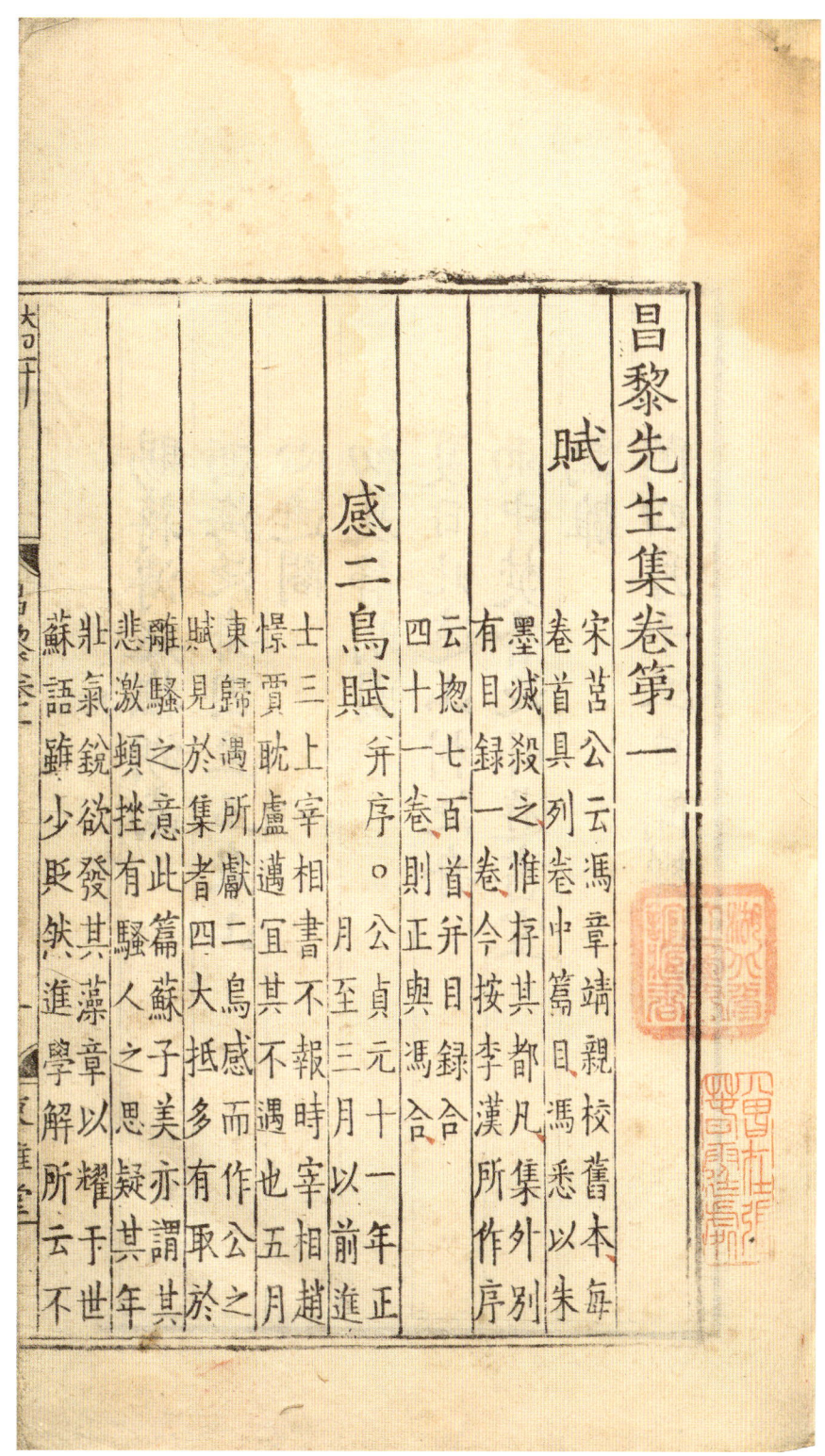

300-1 《昌黎先生集》卷一卷端

300 昌黎先生集四十集外集十卷遺文一卷 〔唐〕韓愈撰 〔宋〕廖瑩中校 **朱子校昌黎先生集傳一卷** 明萬曆徐氏東雅堂刻本 佚名録清何焯圈點批校

開本高27.9厘米，寬18.5厘米。框高20.5厘米，寬13.5厘米。半葉九行，行十七字，小字雙行同，黑口，四周雙邊。鈐"武昌柯氏珍藏書畫""曾在張春霆處"印。索書號：善003174。

湖北省珍貴古籍名録編號：00324。

眉批（右上）：
- 不但去所憎霊聞水澄充秋之可喜也不因杯得手攬蛟虬闘動所懷此固文夫之猛志奈何為一博士束縛也
- 詩五月鳴條
- 林亭云虛警是用陸士衡歎逝賦即循至而警立
- 悼前猛應揽蚊虬就紆懦仍歸於閭書史

正文（自右至左）：

秋氣日惻惻秋空日凌凌上無枝上蜩蟬也蜩大
詩五月鳴條下無盤中蠅豈不感時節耳目去
蜩音條下無盤中蠅豈不感時節耳目去
所憎作無清曉卷書坐南山見高稜其下澄
湫水或澄或作通或作有有蛟寒可醫惜哉不
得往豈謂吾無能石
離離掛空悲感感抱虛警露泫秋樹高作滴或
或作啼或作泫謝靈運詩花上露泫謝惠
連泫露盈條王僧達詩秋還露泫柯古詩
於露用泫字非一貌今按檀弓子泫然流
涕則泫爲流字之義矣蟲甲對偶尤切
蟲甲寒夜永歛退就新懦趨營悼前猛歸愚

側批：原夲前哲卻句直書即目所以為至
側批：蕡端鳴下即二句

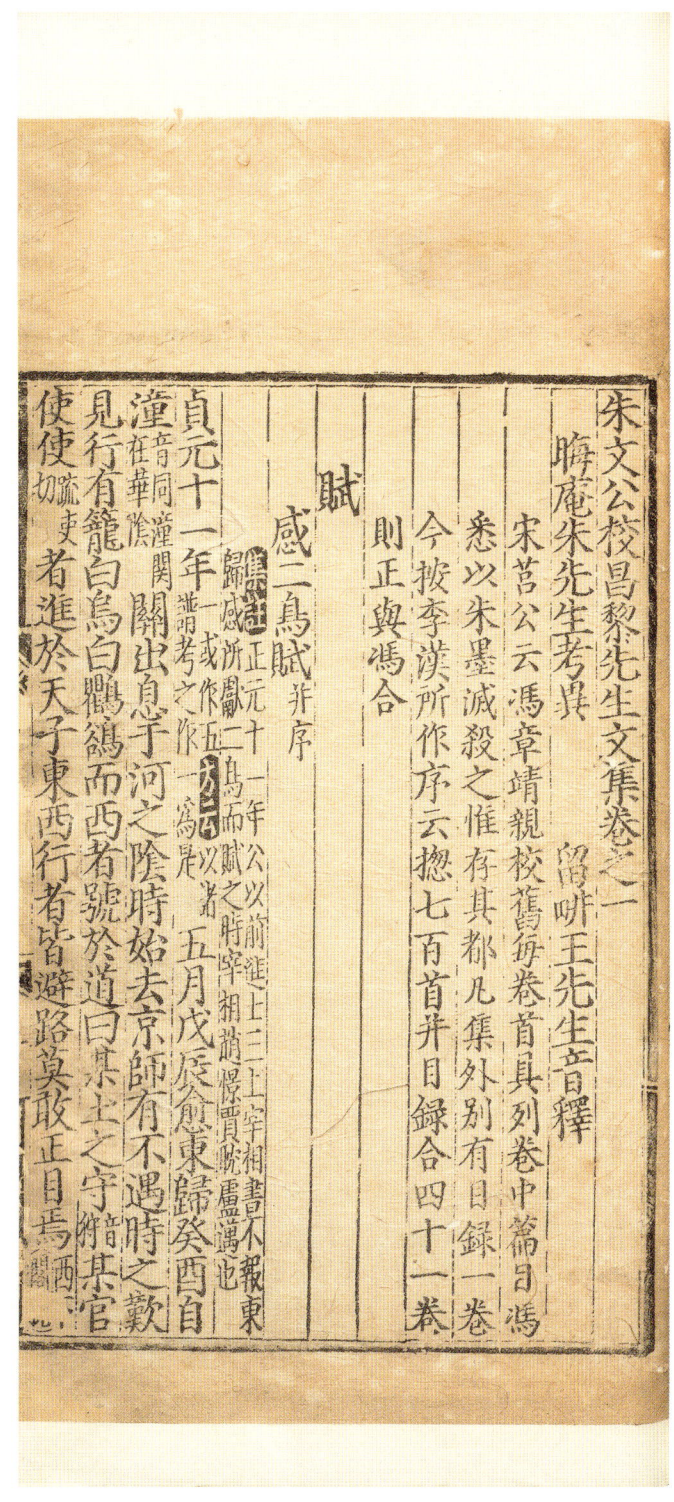

301 《朱文公校昌黎先生文集》卷一卷端

301 朱文公校昌黎先生文集四十卷外集十卷遺文一卷遺詩一卷 〔唐〕韓愈撰 〔宋〕朱熹考異 〔宋〕王伯大音釋 **傳一卷** 明刻本

　　金鑲玉裝。開本高28.7厘米，寬15.9厘米。框高18.9厘米，寬12.7厘米。半葉十三行，行二十三字，小字雙行同，黑口，四周雙邊。鈐"丁少山""敬勝閣購藏宋板宋印""振大漢之天聲""范熙壬印""黃陂范氏藏書"等印。索書號：善/3306。

　　國家珍貴古籍名錄編號：12737。

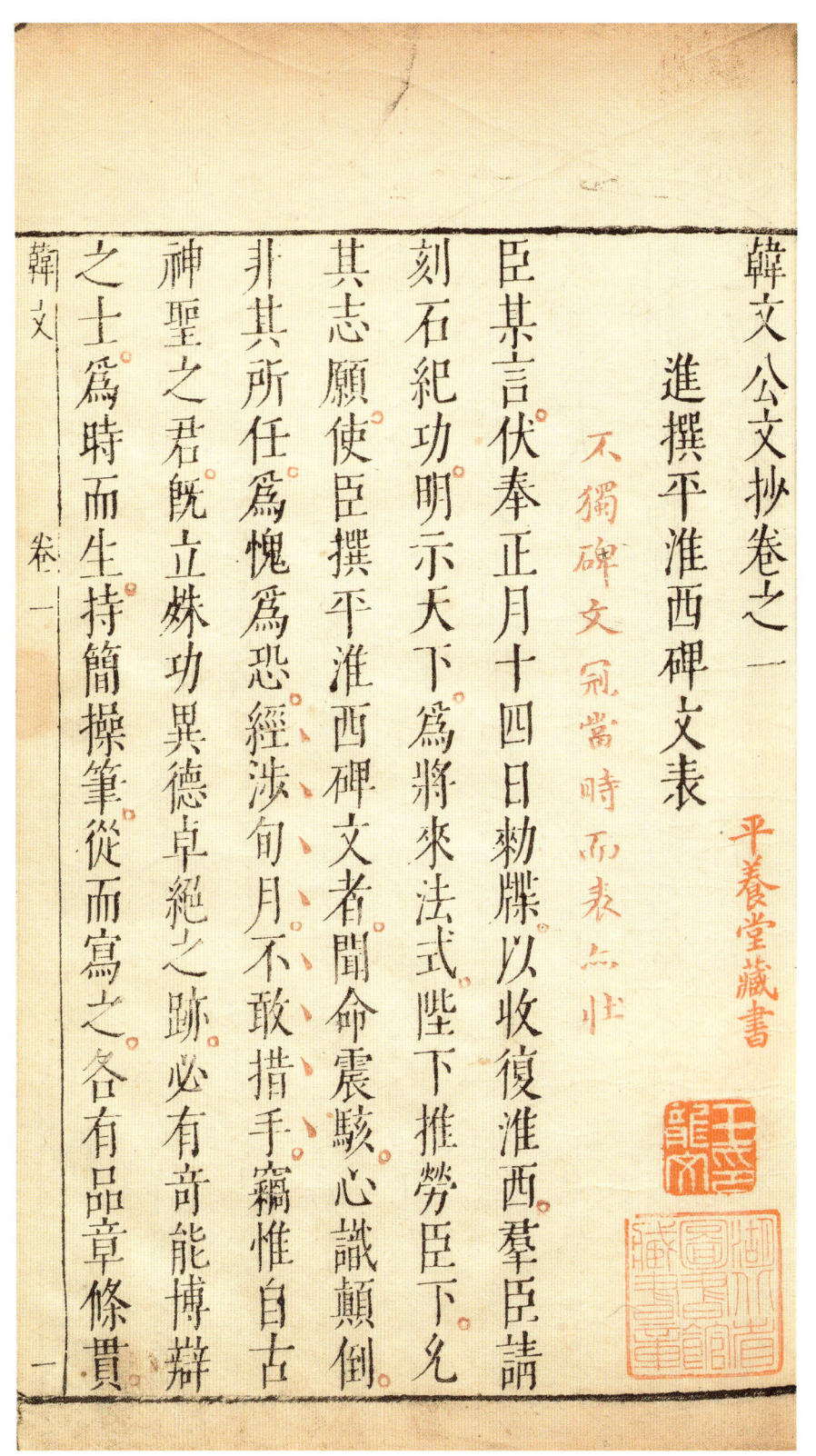

302 《韓文公文抄》卷一卷端

302 韓文公文抄十六卷 〔唐〕韓愈撰 〔明〕茅坤評 明刻朱墨套印本

開本高25.7厘米，寬16.5厘米。框高20.9厘米，寬14.8厘米。半葉九行，行二十字，白口，四周單邊。鈐"思貽齋藏本""王龍文印""澤寰""補荃""平養堂藏書"等印。索書號：善003261。

國家珍貴古籍名錄編號：05355。

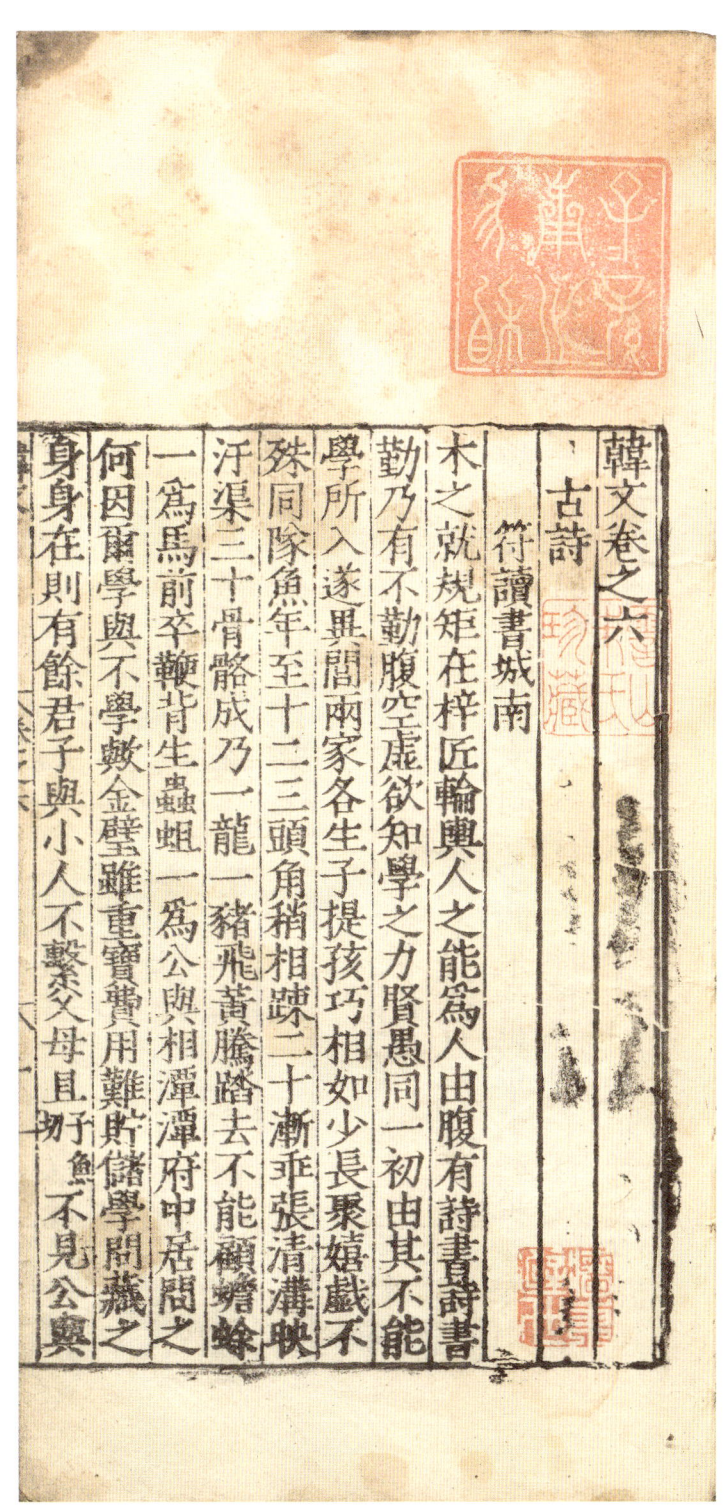

303-1 《韓文》卷六卷端

303 韓文四十卷外集十卷遺集一卷 〔唐〕韓愈撰 明嘉靖三十五年（1556）莫如士刻韓柳文本 佚名圈點批校 存四十一卷（卷六至四十、外集卷一至五、遺集一卷）

開本高29.3厘米，寬16.3厘米。框高19.0厘米，寬13.4厘米。半葉十一行，行二十二字，小字雙行同，白口，左右雙邊。鈐"陽湖孫星衍藏""墻東避世""雪山朱氏珍藏""春霆印信"等印。索書號：善003161。

湖北省珍貴古籍名錄編號：00153。

瓢胡果切音禍
訛丘瞎切硜入声
儸麻入声偹儇入声
媓彎入声妠音納

豔收媓切於八妠推肥牛呼牢載實駝鳴圖切乙韓聖靈閦頑
吻吽宽跁剐五窮區指清夷兊部坐雕鍛印文裁斐壴巴
跧梁排郁縮鬩窨挨二絜屑竅
音刾又歇嚚熺借音抉門呀蚓閜押音天刀封末坏酉膽懤前攎呷
儸莫八偹八愈切強睛死不閉儢眼困逾眤切莫八藜堞焯木呼
鉤踔鈔音狙猿水漉雜鱸蝟滑音投奔砲音開碻弩鬐隆音塡嚾喊
觀聚林嶺丰起成埃划劁音渾奔肆往勤捷寃脁趨點矕
設音伏穴覤騁精察中矢類妖摻音施乚多空杠軸折鮮聯輢劉
膚浹瘡疢敗面碎剌劼音跳鋒狀驚豹切廐音格石潜
仇頭忿髡髷劼怒歲頞髮仍瓢切蒲八訛愈妠攵渭踢
潰軀敷俱揆輒音中離分二三外䜌迷七八逆頸盡微索

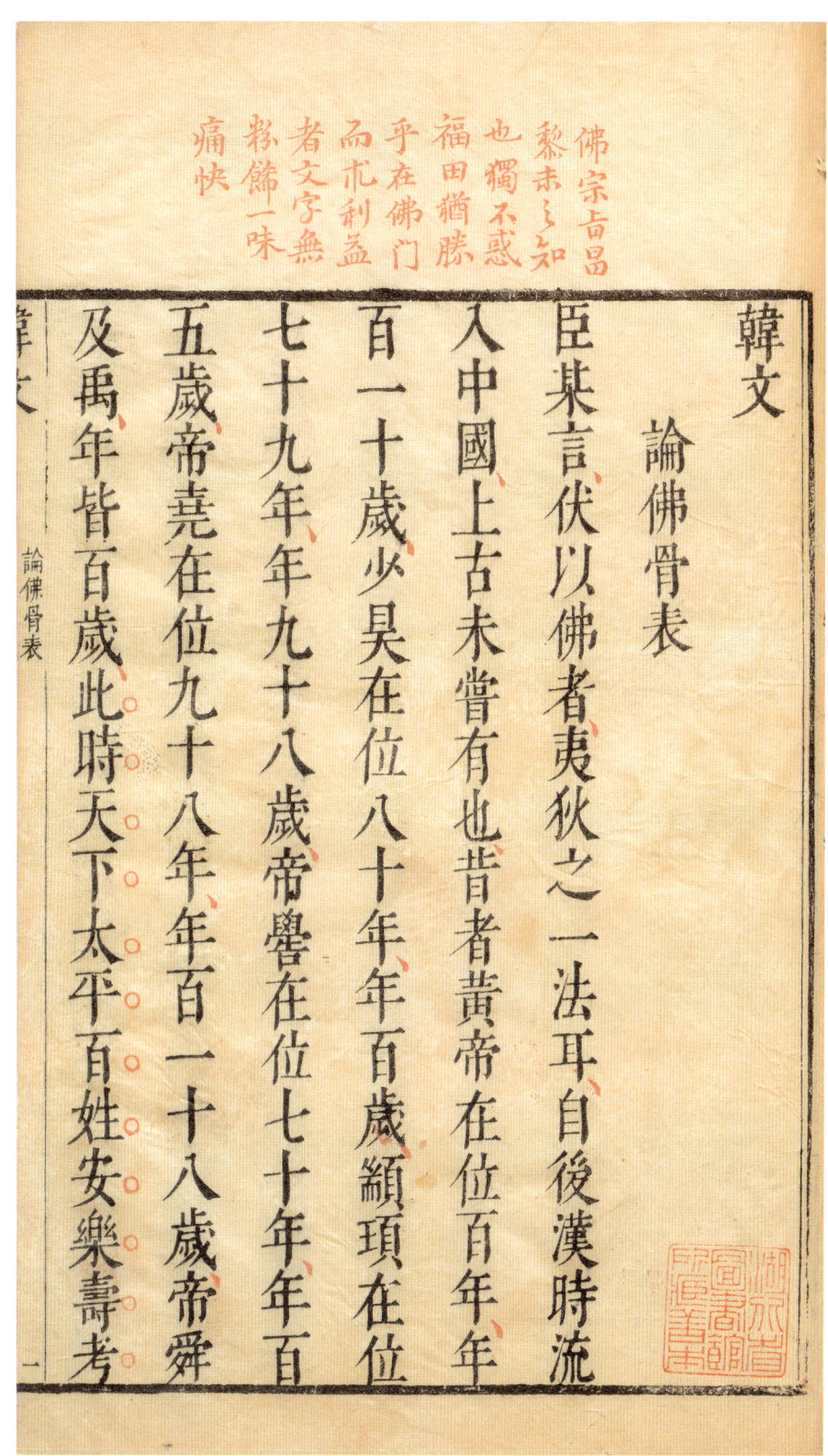

304 《韓文》卷端

304 韓文一卷 〔唐〕韓愈撰 〔明〕郭正域評選 明萬曆四十五年（1617）閔齊伋刻朱墨套印本

開本高26.7厘米，寬17.2厘米。框高20.4厘米，寬15.2厘米。半葉八行，行十八字，白口，左右雙邊。索書號：善003305。

湖北省珍貴古籍名錄編號：00154。

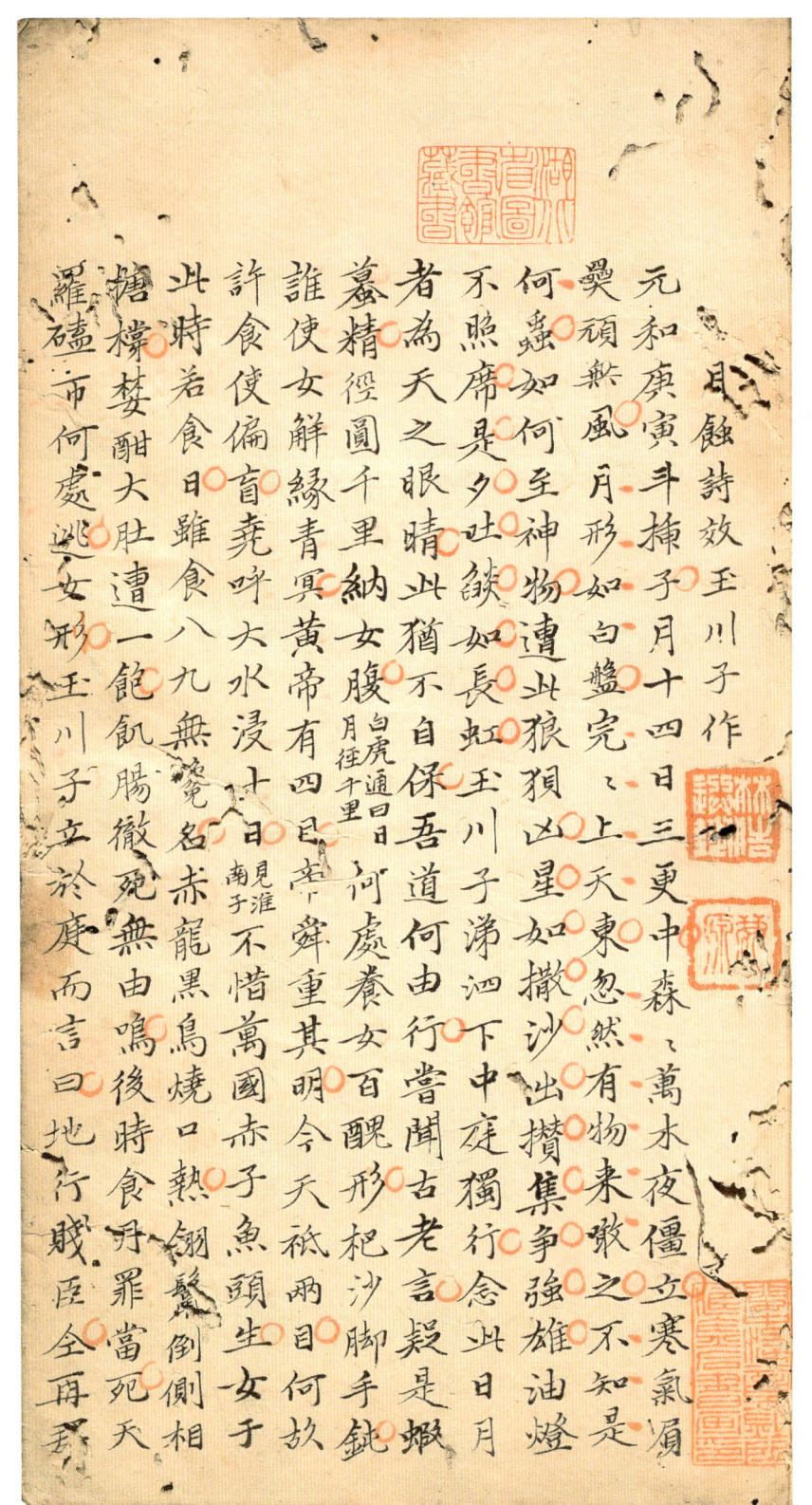

305-1 《林鹿原選昌黎先生詩集》卷端

305 林鹿原選昌黎先生詩集一卷 〔清〕林佶選 清康熙稿本 清林鴻年題識

開本高23.5厘米,寬13.3厘米。無框欄,半葉十二行,行二十四字,小字雙行不等。鈐"林佶選鈔""鹿原""鴻年""閩中梁章鉅所藏金石書畫印"等印。索書號:善003899。

湖北省珍貴古籍名錄編號:00246。

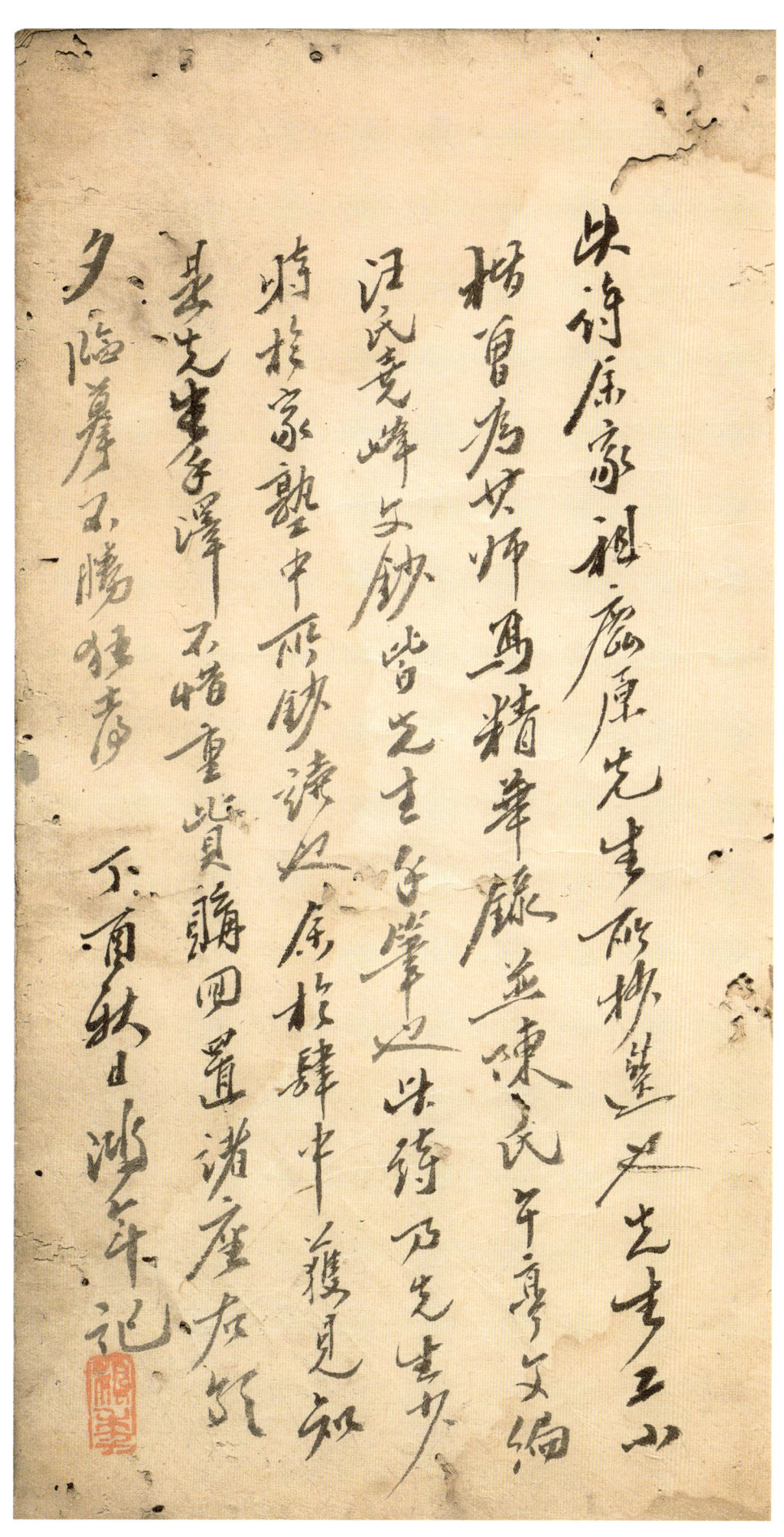

朱詩係家祖廊原先生所抄選先王山
楊曾為女師馬精華錄並陳民氏亭韋文編
汪氏雲峰文鈔皆先生手筆也朱詩乃先生少
時於家塾中所鈔讀以余於肆中發見知
是先生手澤不暗重購歸回置諸座右朝
夕臨摹不勝雅喜
下頁秋日沁年記

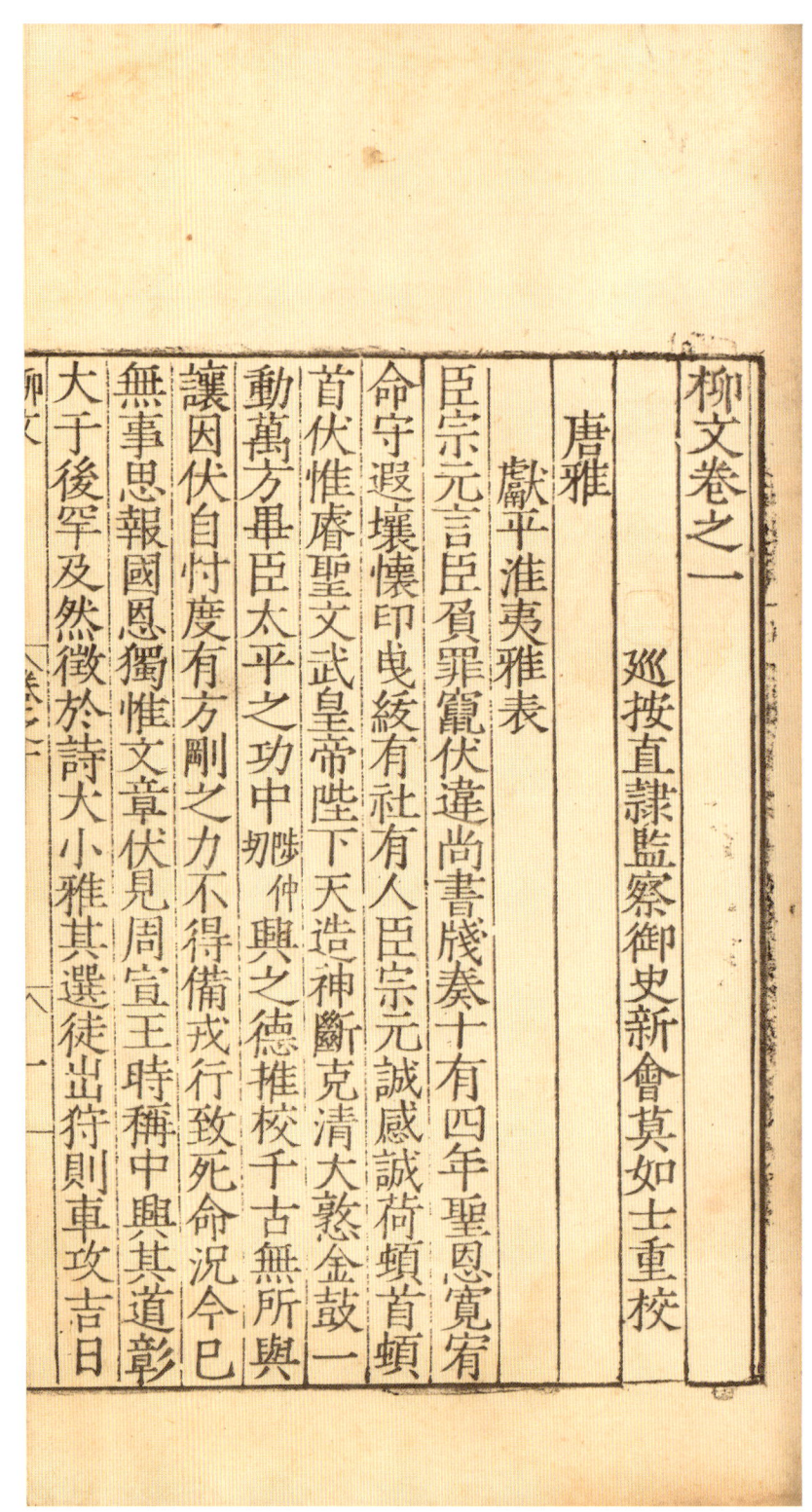

306 《柳文》卷一卷端

306 柳文四十三卷別集二卷外集二卷 〔唐〕柳宗元撰 **附錄一卷** 明嘉靖三十五年（1556）莫如士刻韓柳文本

開本高26.1厘米，寬16.2厘米。框高18.1厘米，寬13.4厘米。半葉十一行，行二十二字，小字雙行同，白口，左右雙邊。鈐"恭邸藏書""春霆印信"印。索書號：善003173。

國家珍貴古籍名錄編號：05373。

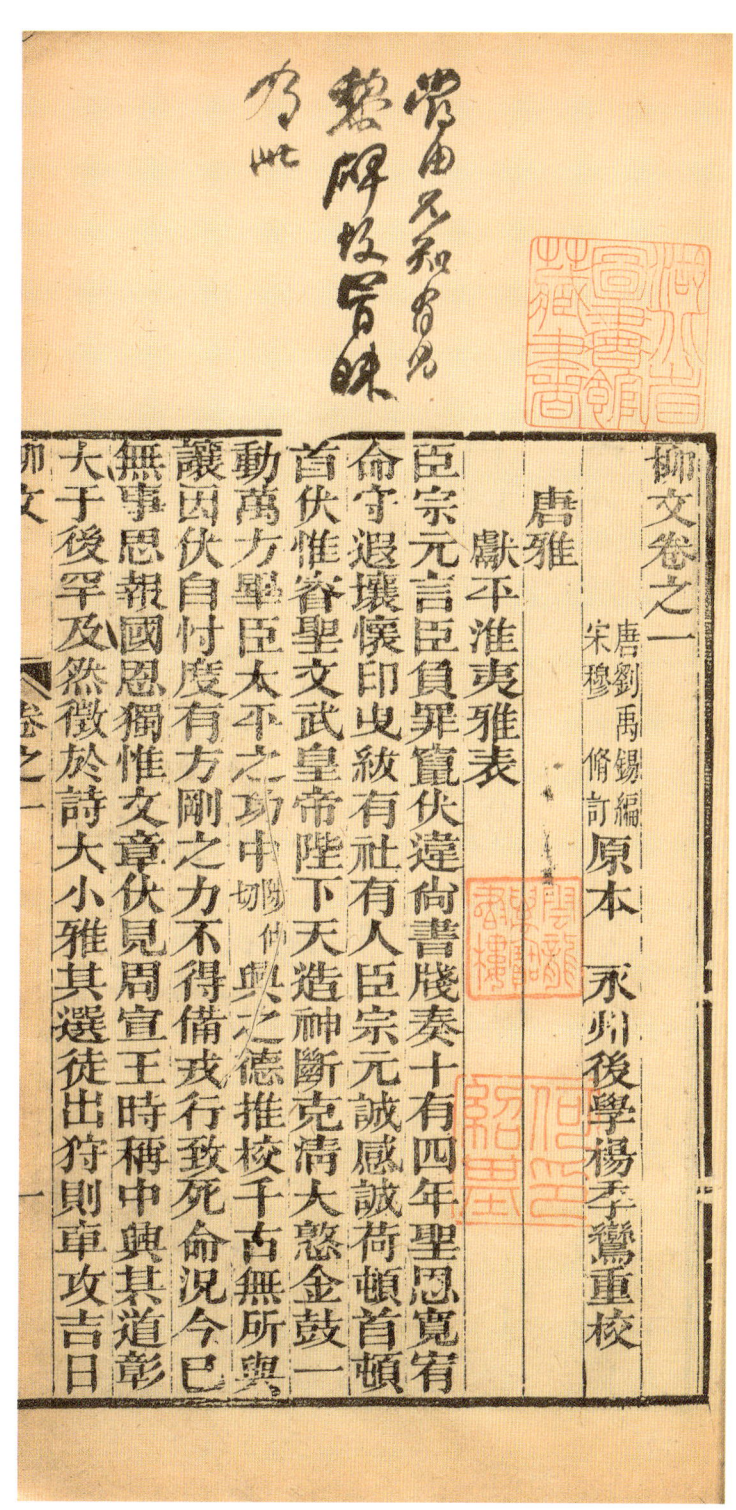

307-1 《柳文》卷一卷端

307 柳文四十三卷別集二卷外集二卷 〔唐〕柳宗元撰 **附錄一卷** 清楊季鸞春星閣刻本 清何紹基批校並跋 張繼煦校並題識

開本高27.2厘米，寬15.1厘米。框高18.0厘米，寬13.2厘米。半葉十一行，行二十二字，小字雙行同，白口，左右雙邊。鈐"何紹基印""雲龍萬寶書樓""武昌柯氏珍藏書畫""曾在張春霆處"等印。索書號：善001959。

國家珍貴古籍名錄編號：12738。

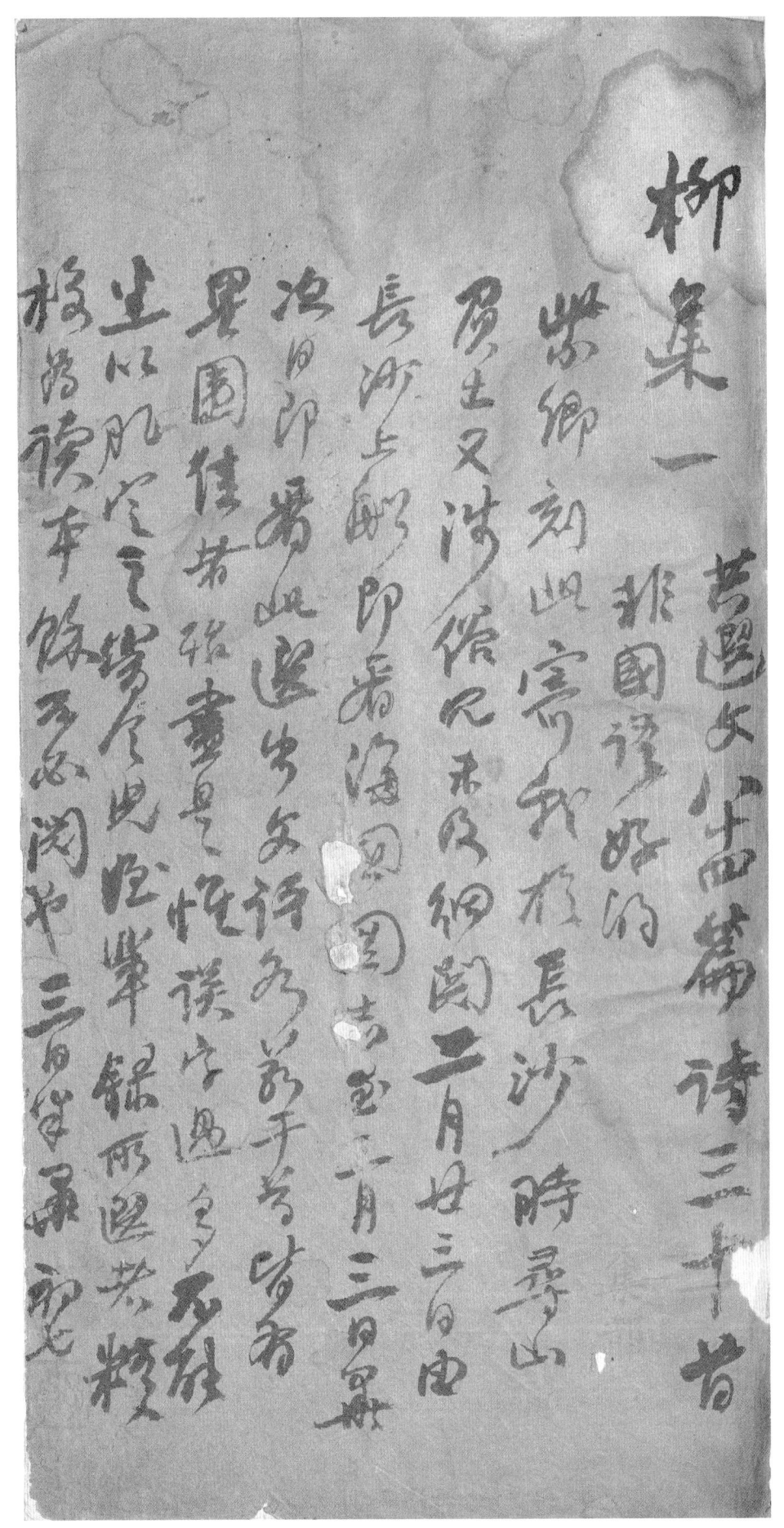

307-2 清何紹基跋

載之寬弘更縱豺狼之奸蠹王師一發凶首已來萬姓擶歡四方無事

答諸州賀啟

李師道累代貧恩不起悛革餘孽怙亂更肆猖狂王師暫勞已致梟戮率土歡抃慶賀難勝太平之功自此而畢

蔣本此俊尚載雜著五則

十九年十一月用明橋李蔣之翹輯注本覆校一過凡七日畢

校江張繼煦識

柳文外集下終

308 《柳文》卷一卷端

308 柳文七卷 〔唐〕柳宗元撰 〔明〕茅坤評 明刻朱墨套印本

開本高 26.5 厘米，寬 17.2 厘米。框高 20.5 厘米，寬 14.6 厘米。半葉八行，行十八字，白口，四周單邊。

索書號：善 003283。

國家珍貴古籍名錄編號：05403。

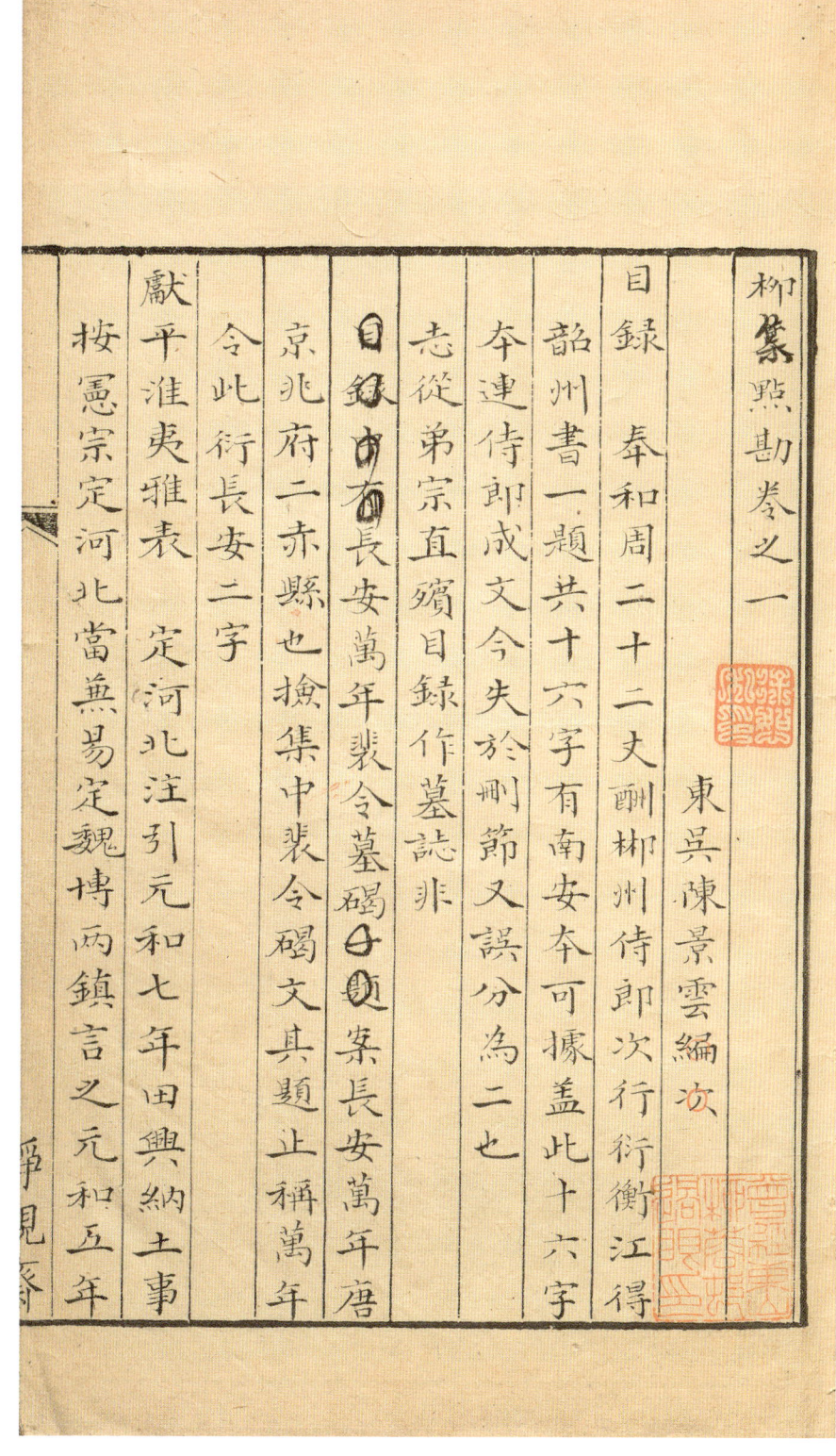

309 《柳集點勘》卷一卷端

309 柳集點勘四卷 〔清〕陳景雲撰 稿本

開本高27.0厘米，寬17.2厘米。框高19.6厘米，寬14.8厘米。半葉十一行，行二十一字，白口，左右雙邊。鈐"曾經東山柳蓉邨過眼印""徐恕私印"等印。索書號：善004428。

國家珍貴古籍名錄編號：05408。

310 《李長吉歌詩》卷一卷端

310 李長吉歌詩四卷外詩集一卷 〔唐〕李賀撰 〔宋〕劉辰翁評 明凌濛初刻朱墨套印本

開本高 25.7 厘米，寬 16.6 厘米。框高 20.5 厘米，寬 14.9 厘米。半葉八行，行十九字，白口，左右雙邊。鈐"石泉藏書"印。索書號：善 003270。

國家珍貴古籍名錄編號：05283。

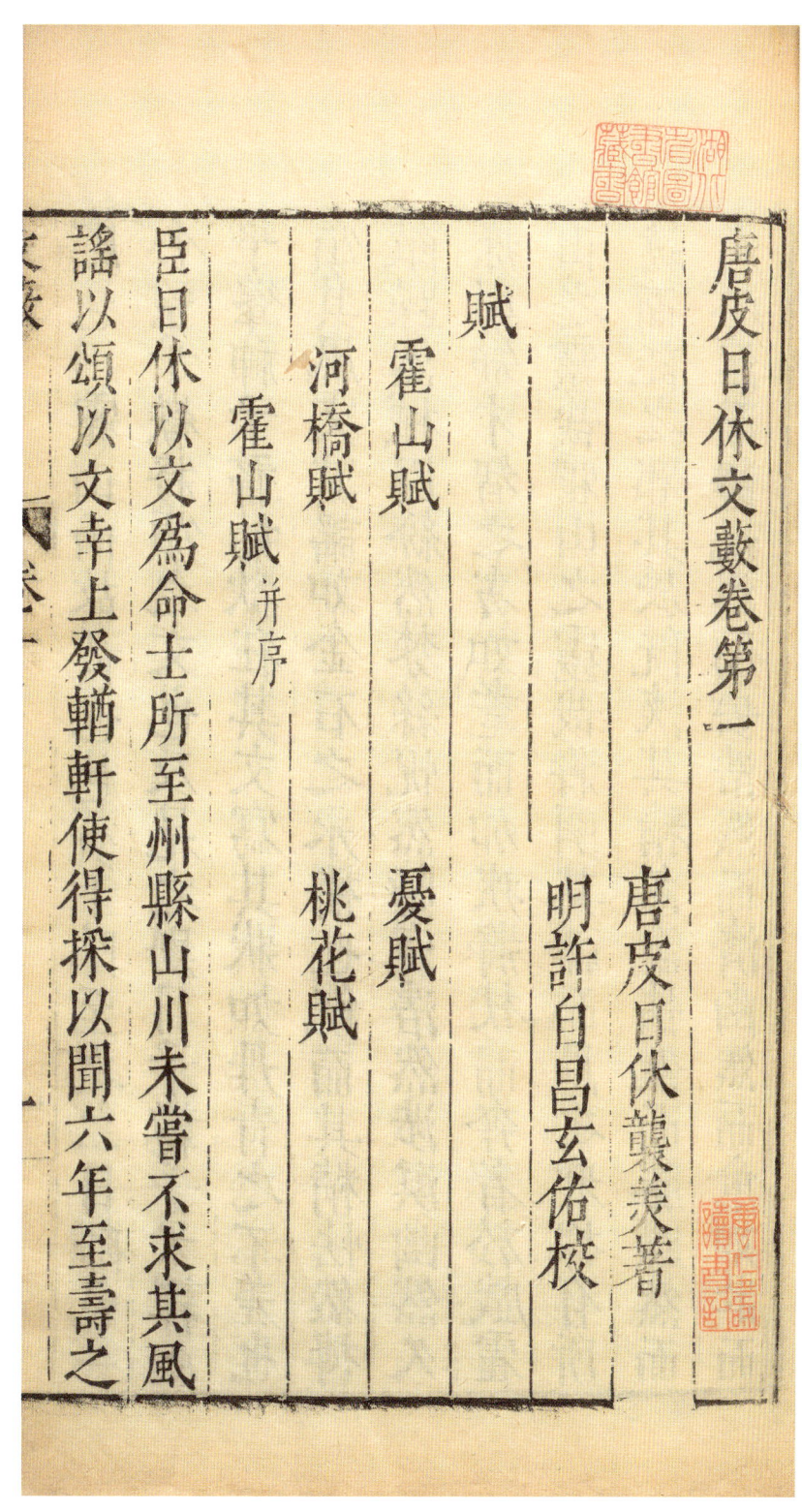

311 《唐皮日休文藪》卷一卷端

311 唐皮日休文藪十卷 〔唐〕皮日休撰 明萬曆三十六年（1608）許自昌刻本

開本高27.5厘米，寬17.0厘米。框高22.0厘米，寬14.6厘米。半葉九行，行二十字，小字雙行同，白口，左右雙邊。鈐"唐仁壽讀書記""諷字室""黃岡劉氏紹炎過眼""黃岡劉氏校書堂藏書記"印。索書號：善003030。

湖北省珍貴古籍名錄編號：00326。

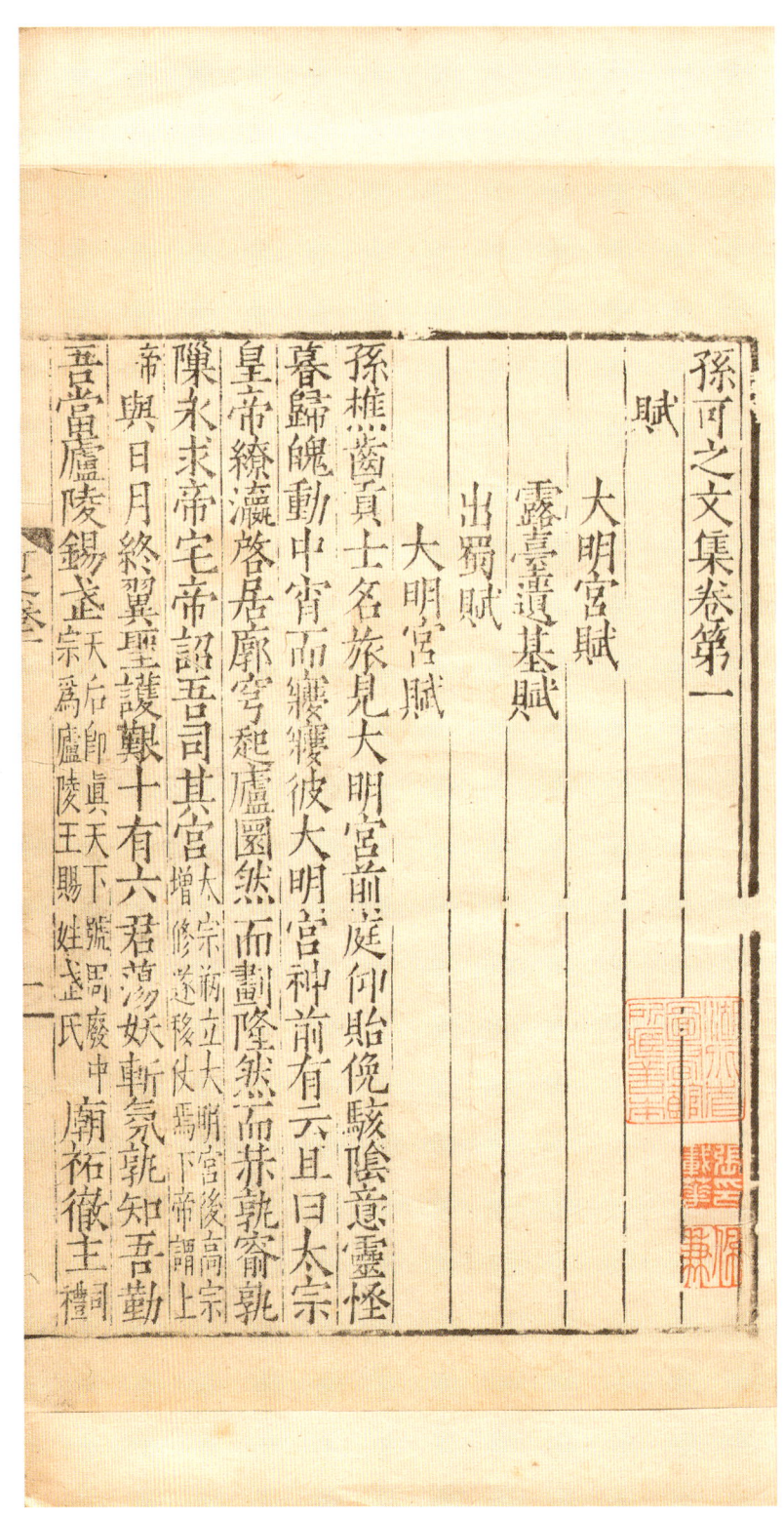

312 《孫可之文集》卷一卷端

312 孫可之文集十卷 〔唐〕孫樵撰 明正德十二年（1517）王鏊、王諤刻本

金鑲玉裝。開本高28.5厘米，寬17.8厘米。框高19.1厘米，寬14.5厘米。半葉十二行，行二十一字，小字雙行同，白口，左右雙邊。鈐"張載華印""古鹽張氏""佩蒹""芷齋圖籍""松下藏書"印。索書號：善003055。

國家珍貴古籍名錄編號：05443。

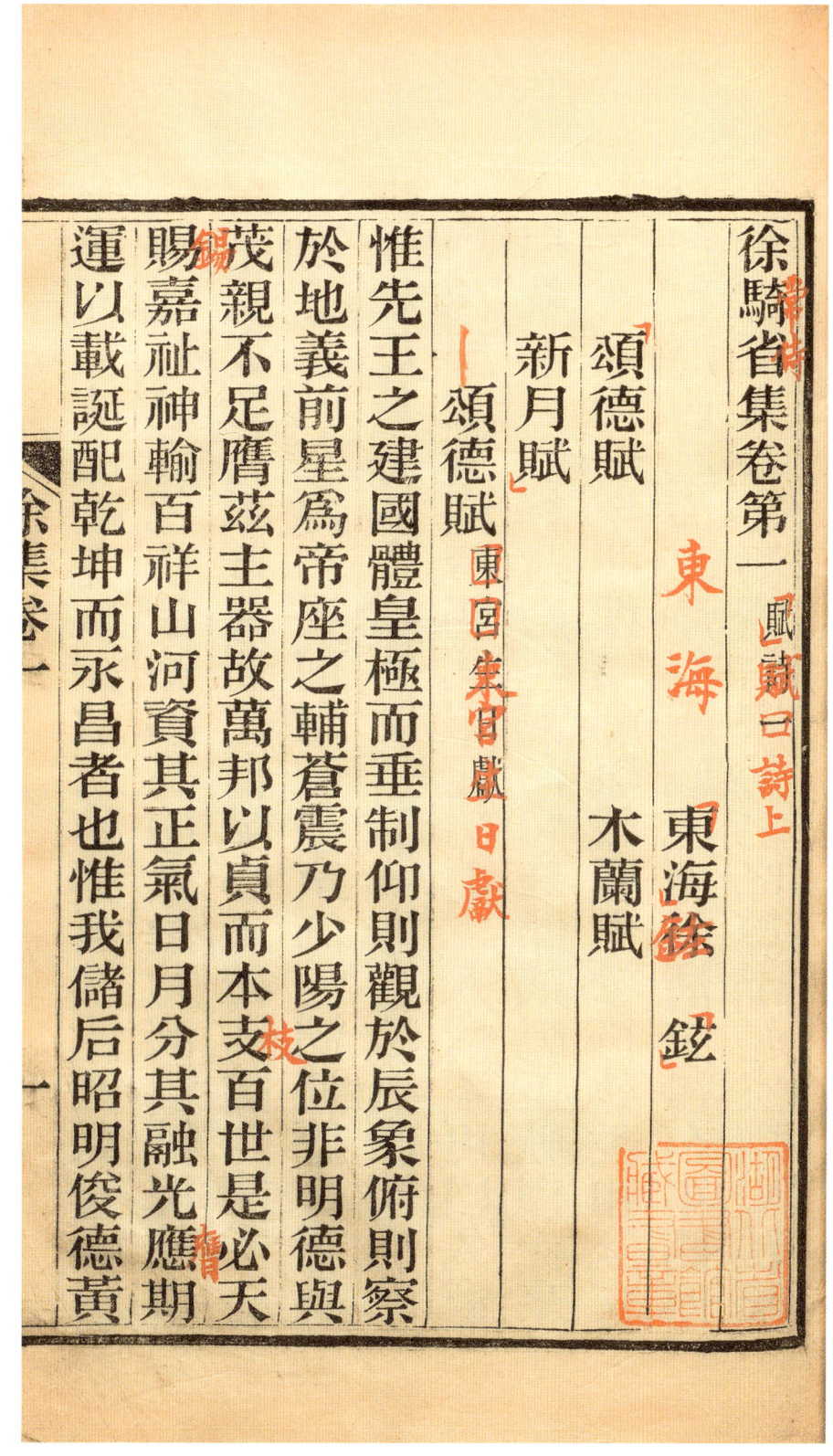

313-1 《徐騎省集》卷一卷端

313 徐騎省集三十卷補遺一卷 〔宋〕徐鉉撰 札記一卷 〔清〕朱孔彰撰 清光緒十七年（1891）李宗煝刻本 清蕭穆校並題識

開本高23.5厘米，寬15.1厘米。框高18.5厘米，寬13.1厘米。半葉十行，行二十一字，白口，四周雙邊。索書號：集二/6064。

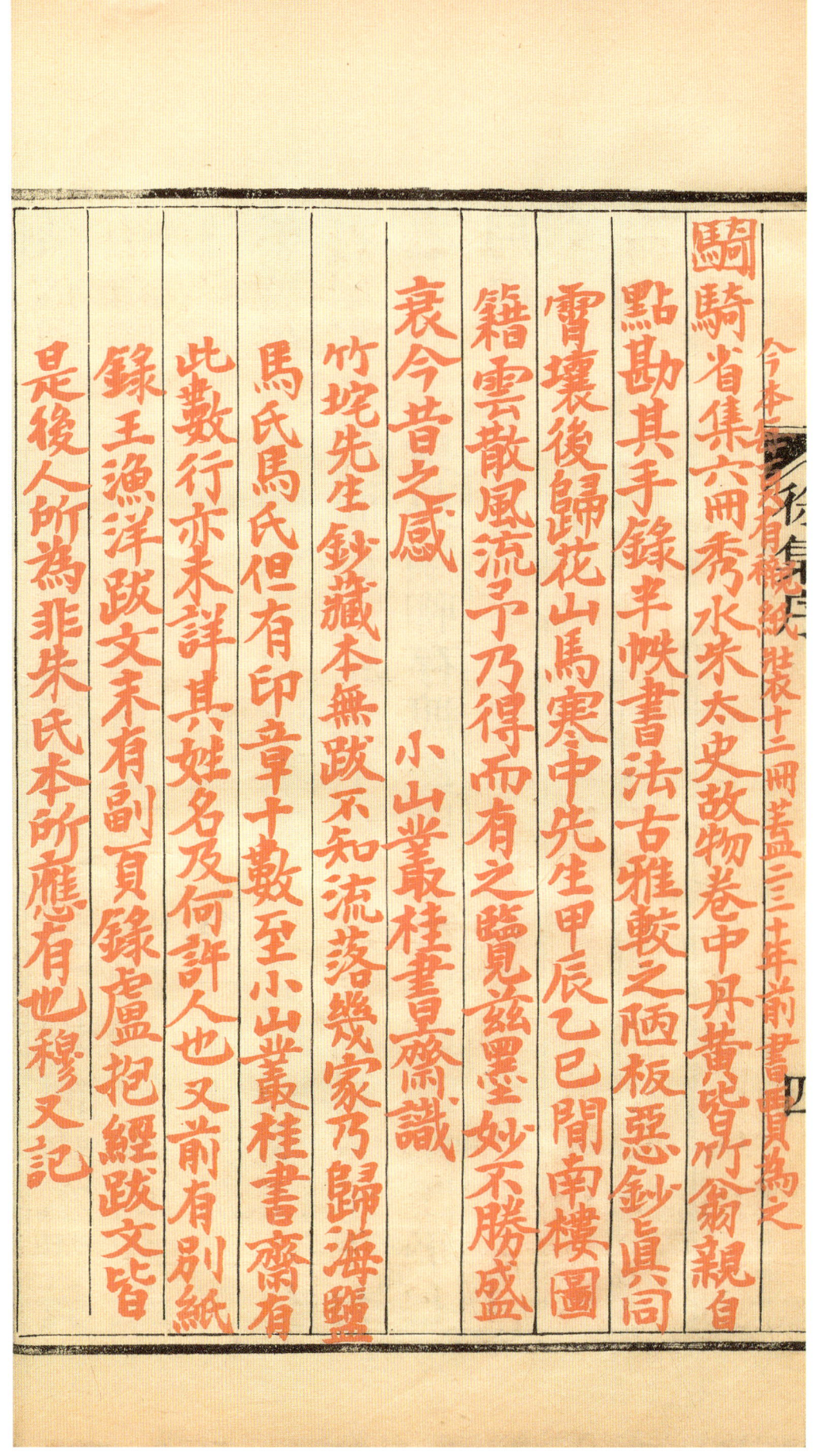

騎省集六冊秀水朱太史故物卷中丹黃皆翁親自點勘其手錄半帙書法古雅較之陋板惡鈔眞同霄壤後歸花山馬寒中先生甲辰乙巳間南樓圖籍雲散風流予乃得而有之覽茲墨妙不勝盛衰今昔之感 小山叢桂書賈齋識

竹垞先生鈔藏本無跋不知流落幾家乃歸海鹽馬氏馬氏但有印章十數至小山叢桂書齋有此數行亦未詳其姓名及何許人也又前有別紙錄王漁洋跋文未有副頁錄盧抱經跋文皆是後人所為非朱氏本所應有也 穆又記

313-2 清蕭穆題識

徐騎省集卷第一　賦獻曰詩上

東海　徐鉉

頌德賦

新月賦

頌德賦 東宮生日獻

木蘭賦

頌德賦

惟先王之建國，體皇極而垂制，仰則觀於辰象，俯則察於地義，前星為帝座之輔，蒼震乃少陽之位，非明德與天親，不足膺茲主器。故萬邦以貞而本支百世是必錫嘉祉，神輸百祥，山河資其正氣，日月分其融光，應期運以載誕，配乾坤而永昌者也。惟我儲后，昭明俊德，黃

314-1 《徐騎省集》卷一卷端

314 徐騎省集三十卷補遺一卷　〔宋〕徐鉉撰　札記一卷　〔清〕朱孔彰撰　清光緒十七年（1891）李宗煝刻本　清蕭穆校　徐恕題識

開本高 23.5 厘米，寬 15.1 厘米。框高 18.5 厘米，寬 13.1 厘米。半葉十行，行二十一字，白口，四周雙邊。索書號：善 002112。

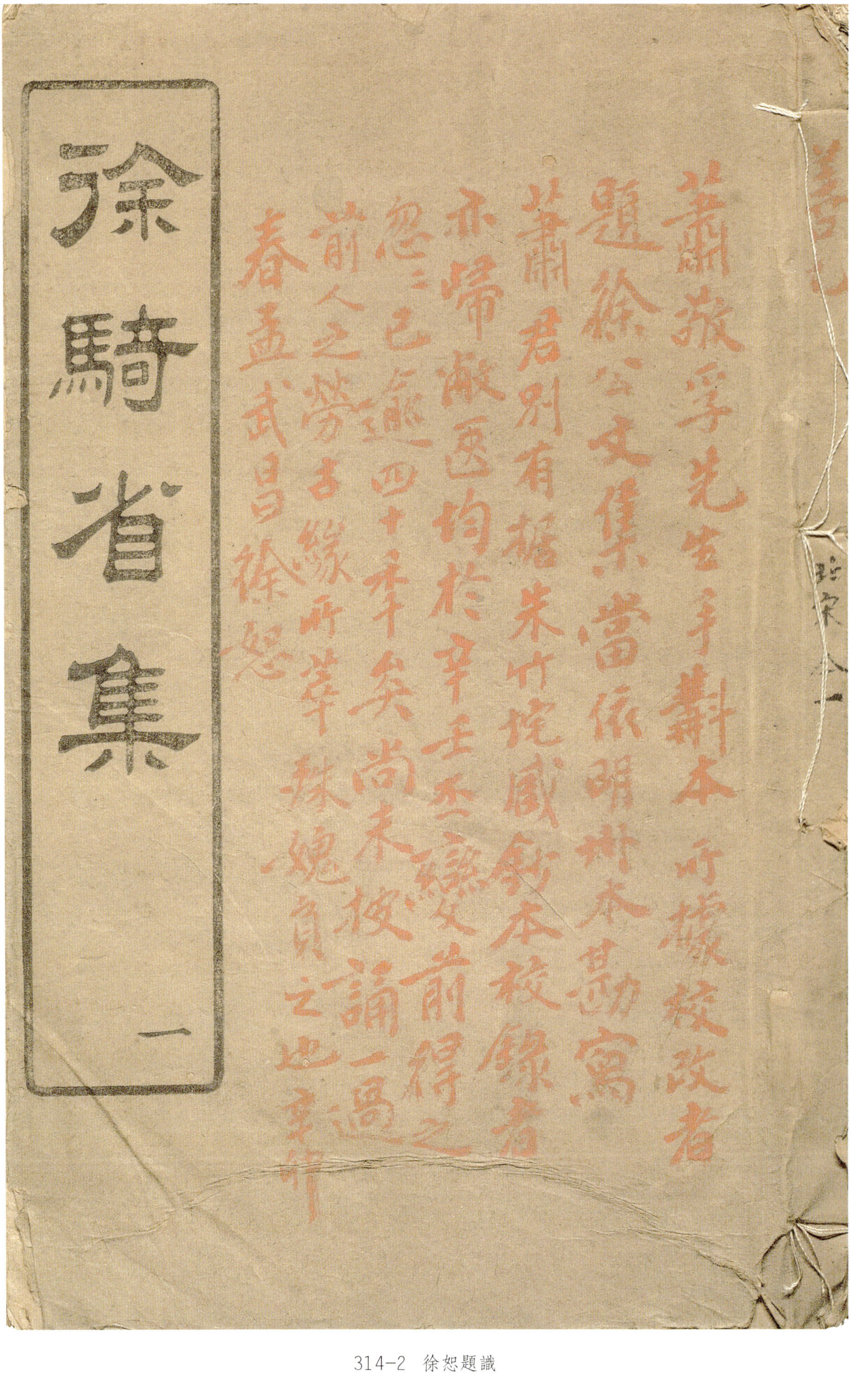
徐騎省集 一
蕭敬孚先生手鈔本 所據校改者
題徐公文集當依明排本勘寫
蕭君別有據朱竹垞藏鈔本校錄者
亦歸敝篋均於辛壬之際前得之
恕已能逾四十年矣尚未校誦一過
前人之勞苦緣所萃殊愧負之也辛卯
春孟武昌徐恕

314-2 徐恕題識

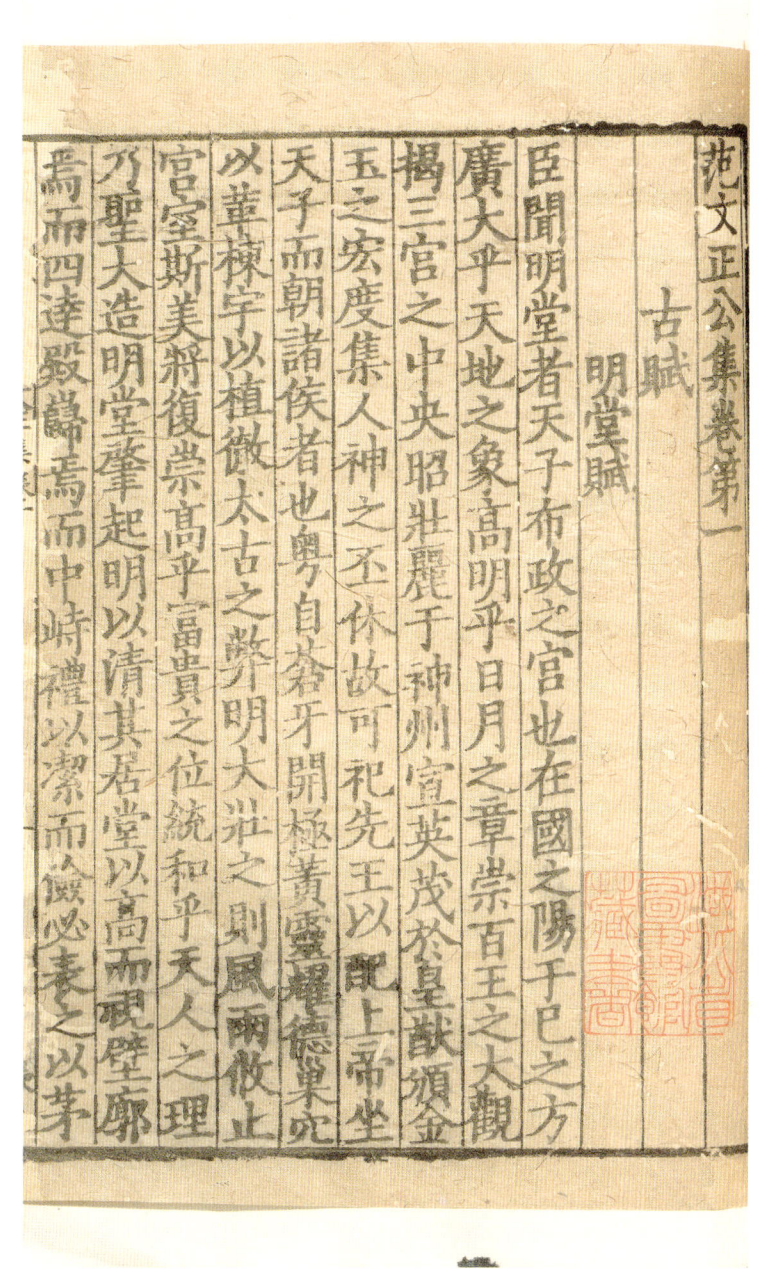

315-1 《范文正公集》卷一卷端

315 范文正公集二十卷別集四卷政府奏議二卷尺牘三卷 〔宋〕范仲淹撰 **遺文一卷** 〔宋〕范純仁 〔宋〕范純粹撰 **年譜一卷** 〔宋〕樓鑰撰 **年譜補遺一卷祭文一卷諸賢贊頌論疏一卷論頌一卷詩頌一卷朝廷優崇一卷言行拾遺事錄四卷鄱陽遺事錄一卷遺迹一卷襃賢祠記二卷** 元天曆元年（1328）襃賢世家家塾歲寒堂刻明修本 存二十七卷（范文正公集二十卷、別集四卷、遺文一卷、年譜一卷、年譜補遺一卷）

金鑲玉裝。開本高 28.8 厘米，寬 19.1 厘米。框高 22.2 厘米，寬 16.5 厘米。半葉十二行，行二十字，小字雙行同，白口，左右雙邊。鈐"疏通知遠""蔎書堂印""莫棠之印"等印。索書號：善 003219。

國家珍貴古籍名錄編號：03120。

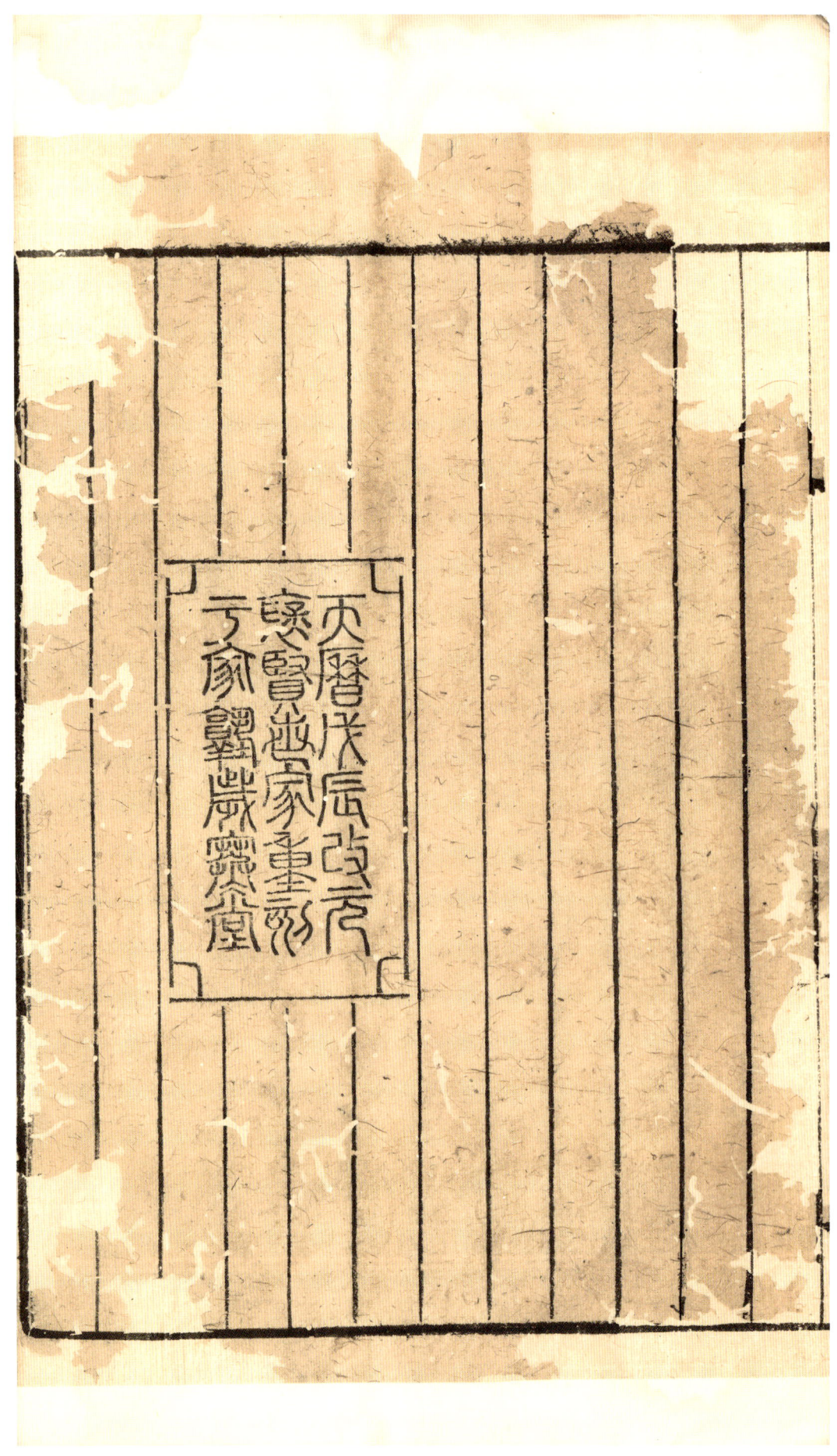

315-2 元歲寒堂牌記

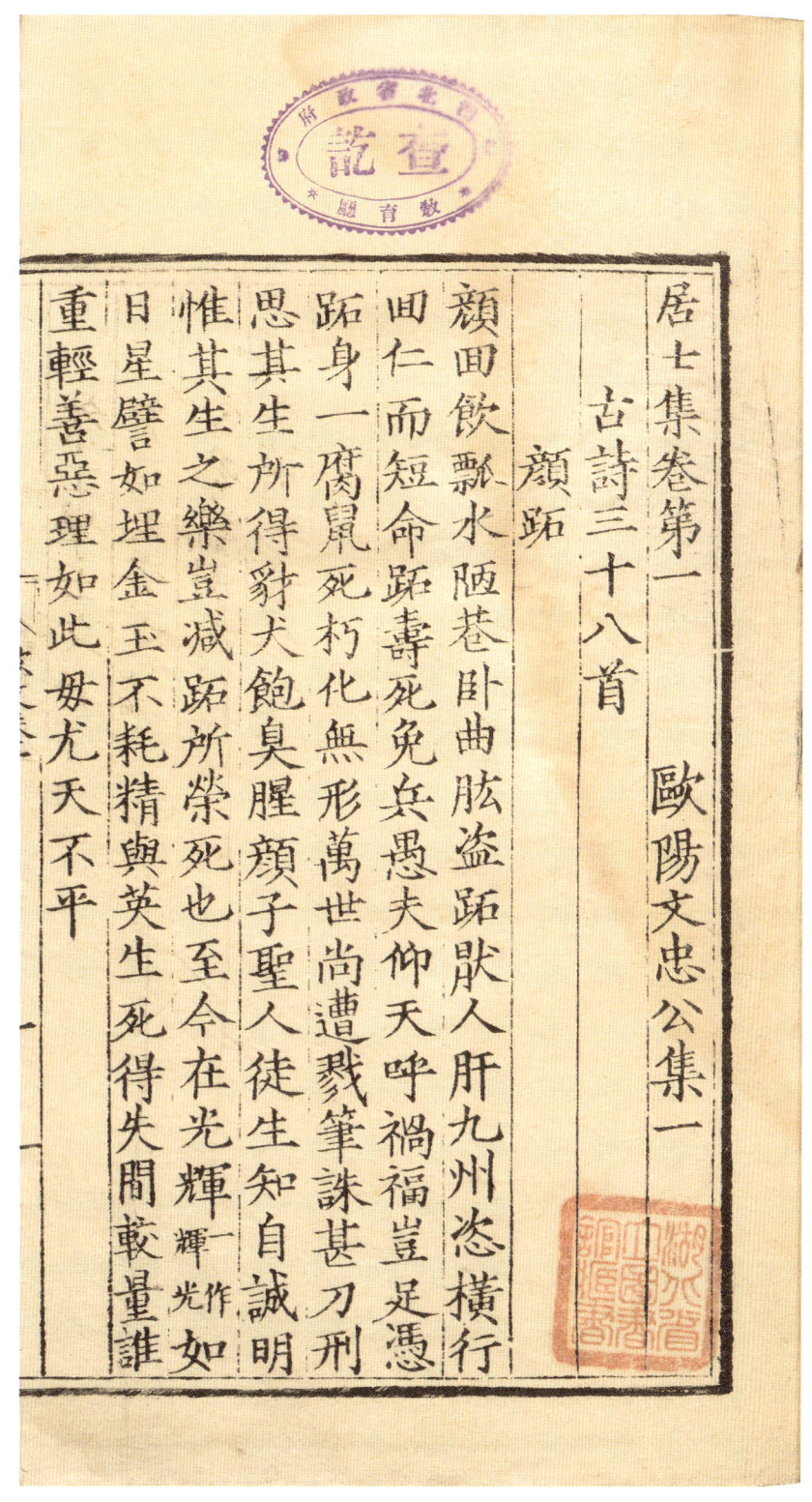

316 《歐陽文忠公集》卷一卷端

316 歐陽文忠公集一百五十三卷 〔宋〕歐陽修撰 **年譜一卷** 〔宋〕胡柯撰 **附錄六卷** 明正德七年（1512）劉喬刻嘉靖十六年（1537）季本詹治三十九年（1560）何遷遞修本

開本高26.0厘米，寬16.4厘米。框高20.3厘米，寬13.0厘米。半葉十行，行二十字，小字雙行同，白口，四周雙邊。鈐"晉府""崑山徐氏家藏""鎮州退庵梁玉立藏書記"印。索書號：善003125。

湖北省珍貴古籍名錄編號：00327。

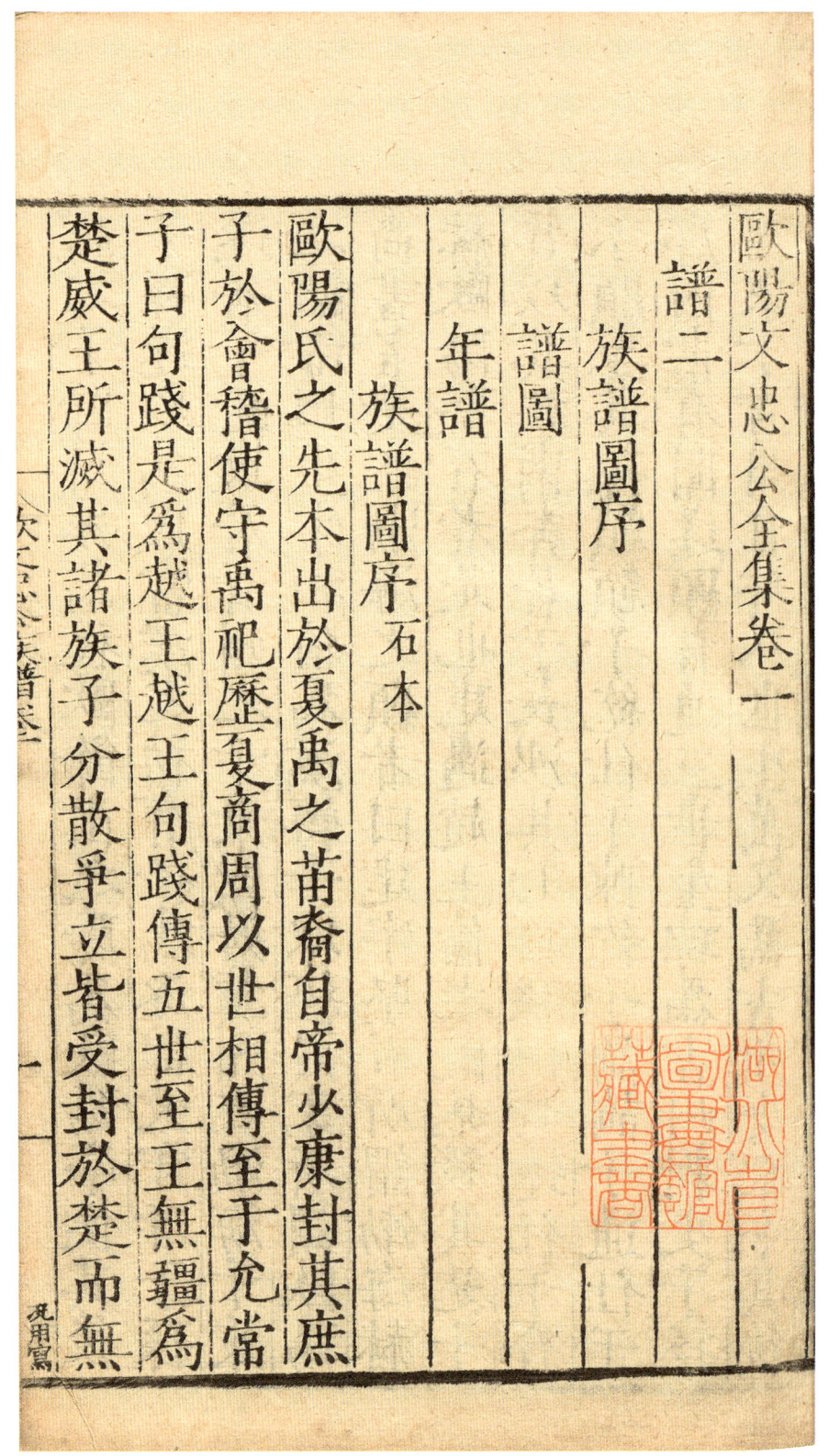

317 《歐陽文忠公全集》卷一卷端

317 歐陽文忠公全集一百三十五卷 〔宋〕歐陽修撰 明嘉靖三十四年（1555）陳珊刻本

開本高 25.0 厘米，寬 15.7 厘米。框高 20.4 厘米，寬 14.3 厘米。半葉十行，行二十字，小字雙行同，白口，左右雙邊。索書號：善 003189。

國家珍貴古籍名錄編號：08849。

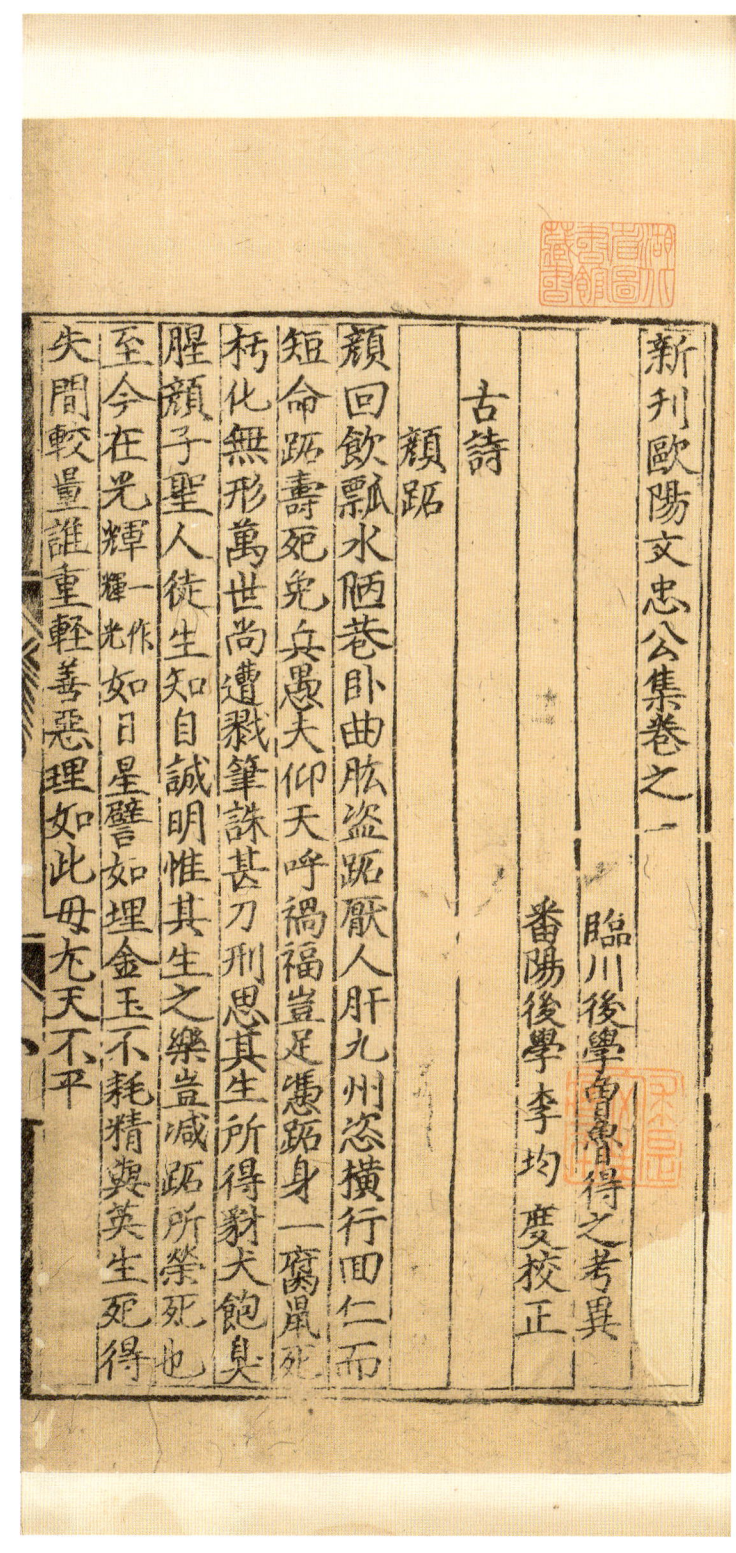

318 《新刊歐陽文忠公集》卷一卷端

318 新刊歐陽文忠公集五十卷 〔宋〕歐陽修撰 〔明〕曾魯考異 明刻本

金鑲玉裝。開本高27.8厘米，寬16.0厘米。框高19.8厘米，寬12.7厘米。半葉十一行，行二十三字，小字雙行同，黑口，四周雙邊。鈐"求是室藏本""番湖鄭氏""黃岡劉氏校書堂藏書記""黃岡劉氏紹炎過眼"印。索書號：善003027。

國家珍貴古籍名錄編號：08844。

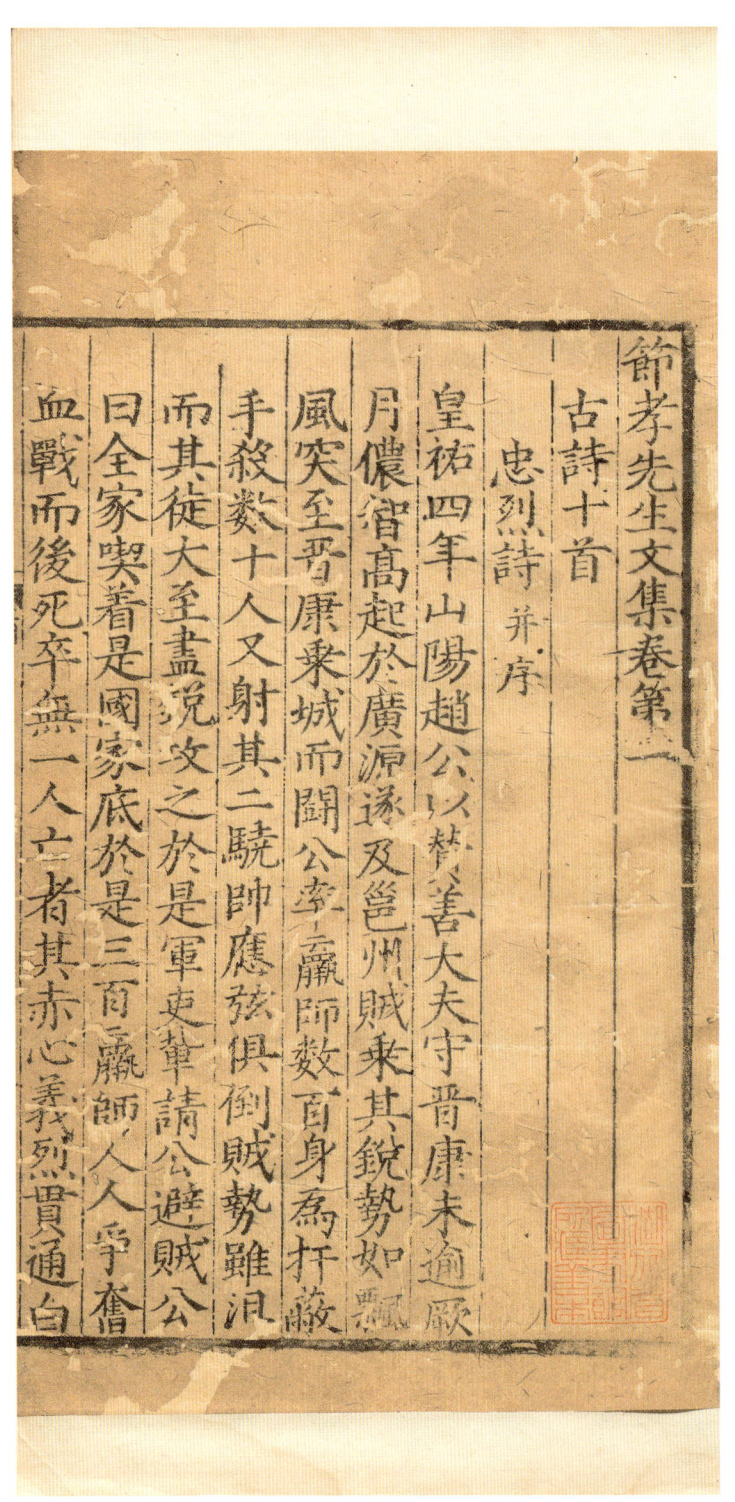

319　《節孝先生文集》卷一卷端

319　節孝先生文集三十卷　〔宋〕徐積撰　**語錄一卷事實一卷**　明嘉靖四十四年（1565）劉祐刻本　清蔣玢跋

　　金鑲玉裝。開本高29.0厘米，寬17.0厘米。框高20.5厘米，寬14.0厘米。半葉十行，行二十字，白口，四周單邊。鈐"蔣玢之印""晉安蔣絢臣家藏書""一字絢臣""黃岡劉氏校書堂藏書記""黃岡劉氏紹炎過眼"印。索書號：善003021。

　　國家珍貴古籍名錄編號：10627。

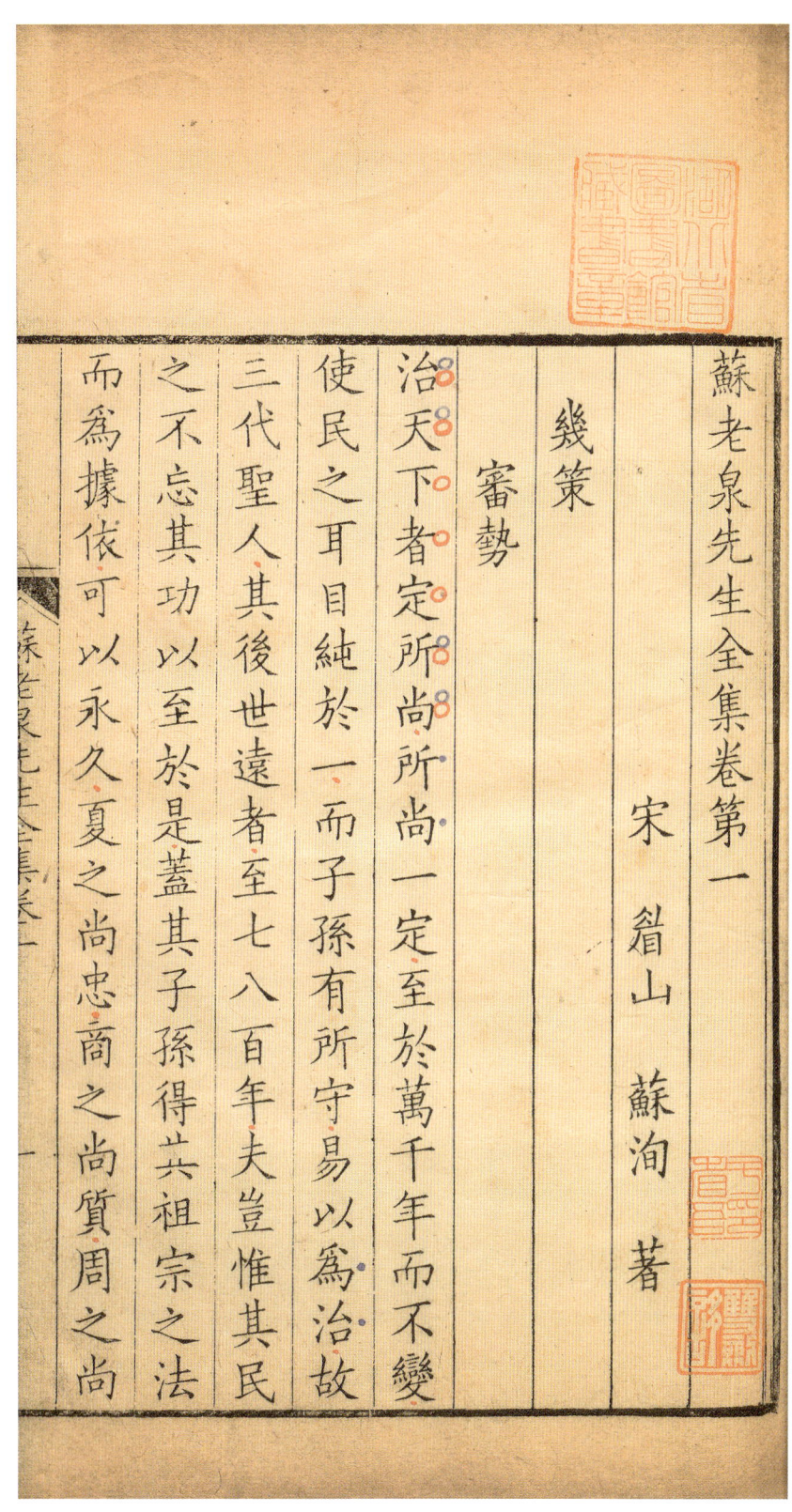

320-1 《蘇老泉先生全集》卷一卷端

320 蘇老泉先生全集二十卷 〔宋〕蘇洵撰 附錄二卷 〔宋〕沈斐輯 清康熙三十七年（1698）邵仁泓安樂居刻本 于省吾錄清吳汝綸校點

開本高25.0厘米，寬16.1厘米。框高18.4厘米，寬13.0厘米。半葉九行，行十九字，白口，左右雙邊。鈐"雙劍誃""于省吾印"等印。索書號：善004459。

文粹也篇之五

史記魯子貢傳文字最為謹嚴而子貢之為人以救國排諸侯之習與蘇張矣不甚遠也後人雖以是儀隱之無歉然終可為之文易一築而語好了

之心當三軍之眾而其中恢恢然猶有餘地此韓
信之所以多多益辦也故夫用兵豈有異術哉

能物視其眾而已矣

子貢

君子之道智信難信者所以正其智也而智常至
於不正智者所以通其信也而信常至於不通是
故君子慎之也世之儒者曰徒智可以成也人見
于徒智之可以成也則舉而棄乎信吾則曰徒智
可以成也而不可以繼也子貢之以亂齊滅吳存

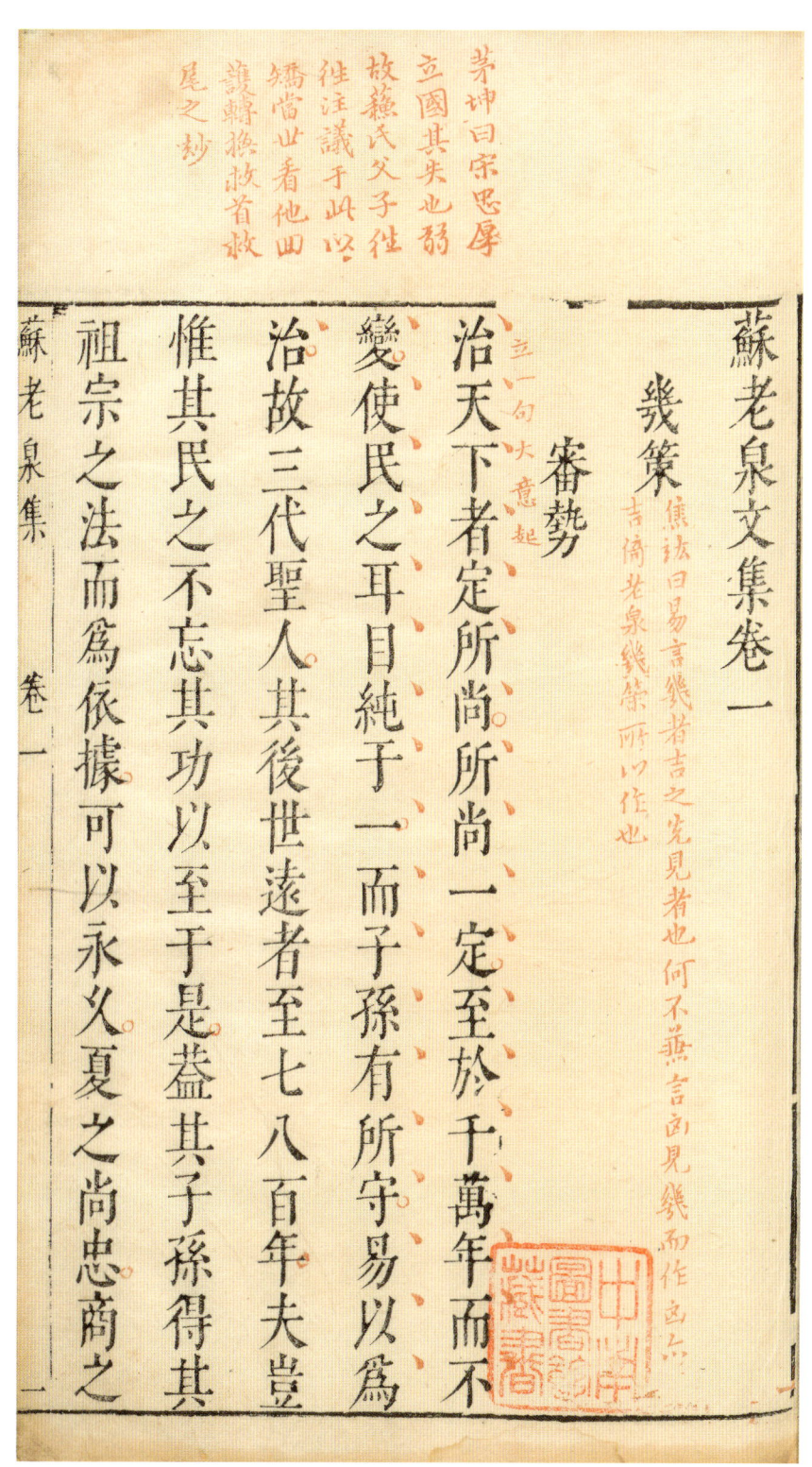

321　《蘇老泉文集》卷一卷端

321　蘇老泉文集十三卷　〔宋〕蘇洵撰　〔明〕茅坤　〔明〕焦竑等評　明凌濛初刻朱墨套印本　存十二卷（卷一至十二）

開本高25.8厘米，寬17.4厘米。框高20.0厘米，寬14.5厘米。半葉八行，行十八字，白口，四周單邊。鈐"青華閣"印。索書號：善003179。

國家珍貴古籍名錄編號：05546。

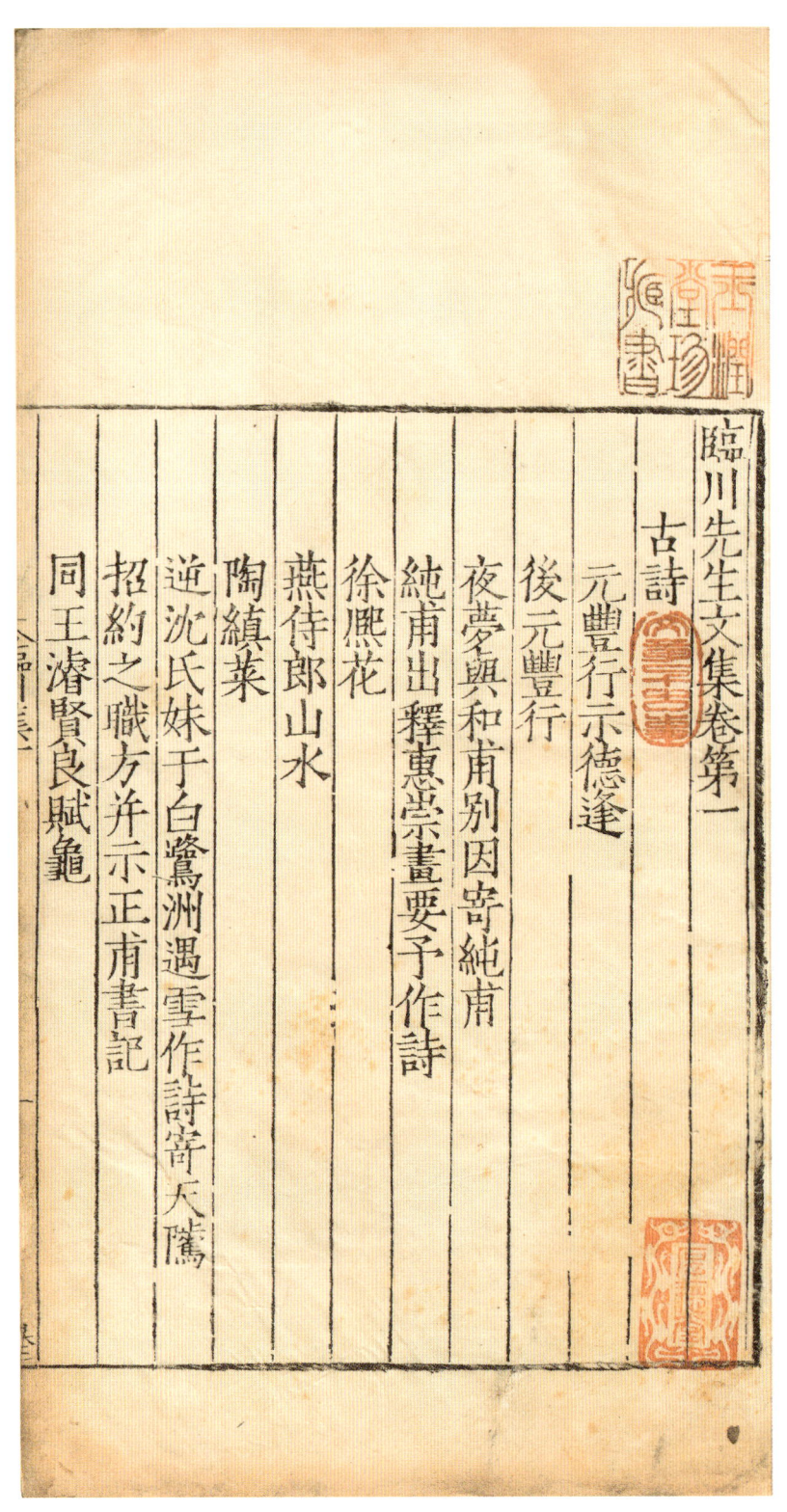

322-1 《臨川先生文集》卷一卷端

322 臨川先生文集一百卷目録二卷　〔宋〕王安石撰　明嘉靖三十九年（1560）何遷刻本　清吕思順跋

　　開本高30.7厘米，寬18.8厘米。框高20.0厘米，寬16.0厘米。半葉十二行，行二十字，小字雙行同，白口，左右雙邊。鈐"玉潤堂珍藏書""吕思順印""厚德堂""效工"等印。索書號：善003254。

　　國家珍貴古籍名録編號：05556。

此書係明板紙張似近高麗國紙今欲求此等紙此等書雖千金不能多購足可寶貴也時
大清道光二十三年癸卯歲二月呂少山記

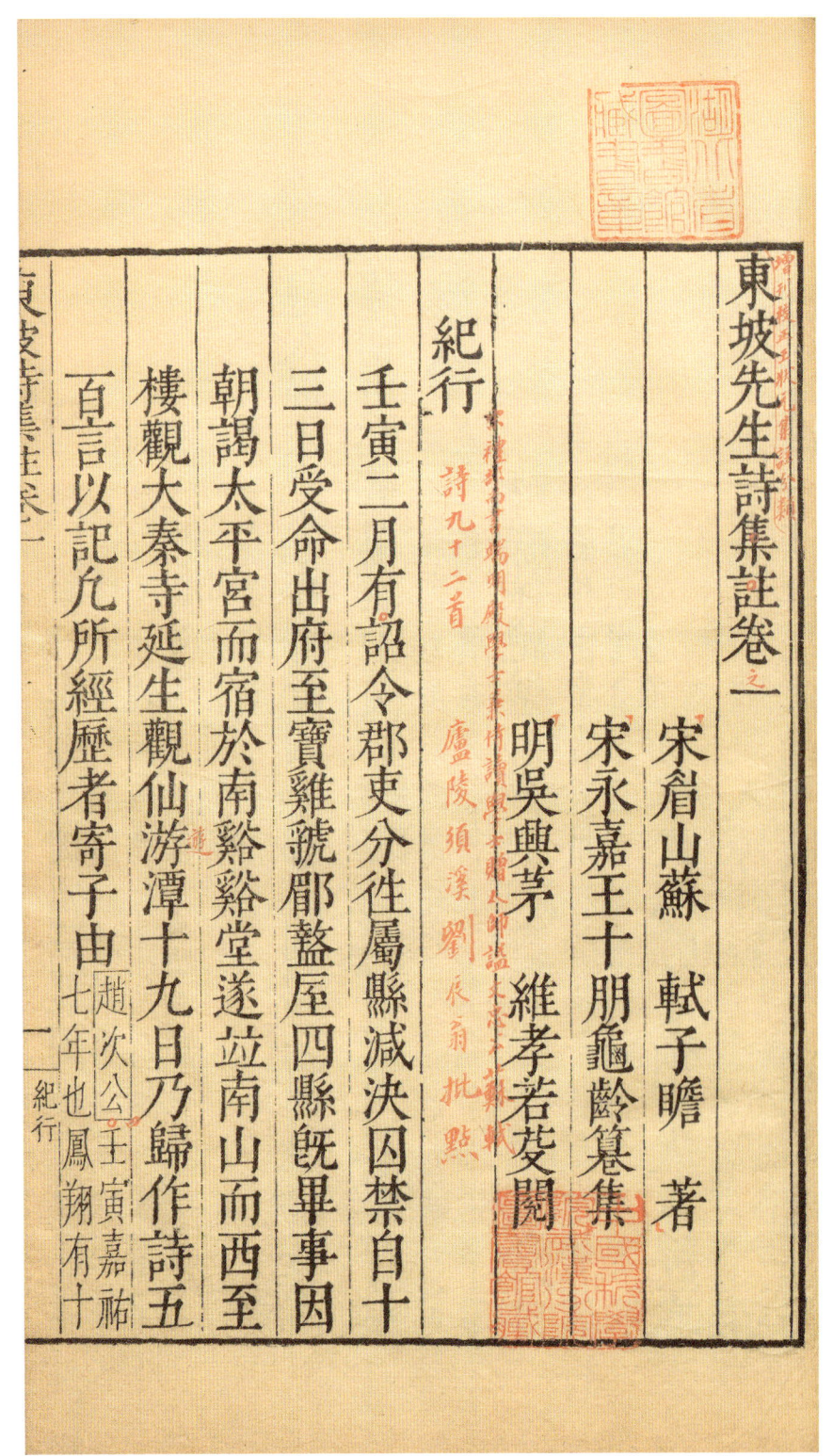

323 《東坡先生詩集注》卷一卷端

323 東坡先生詩集注三十二卷 〔宋〕蘇軾撰 〔宋〕王十朋纂集 **東坡紀年錄一卷** 〔宋〕傅藻編纂 明萬曆茅維刻本 徐恕批校並錄宋劉辰翁批點

開本高 26.9 厘米，寬 16.8 厘米。框高 20.5 厘米，寬 15.0 厘米。半葉十行，行二十一字，小字雙行同，白口，左右雙邊。索書號：善 003666。

湖北省珍貴古籍名錄編號：00329。

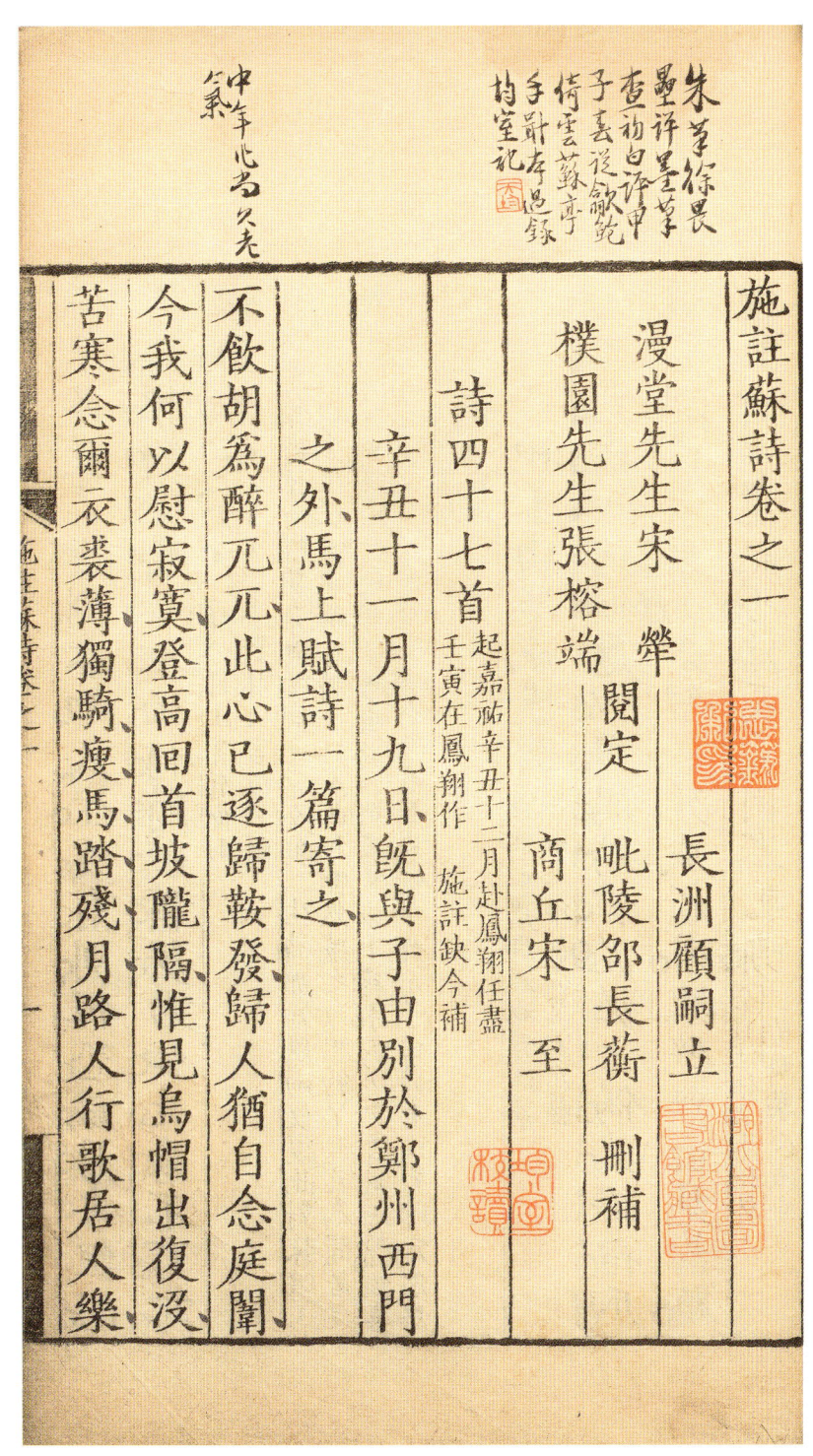

324-1 《施注蘇詩》卷一卷端

324 施注蘇詩四十二卷總目二卷 〔宋〕蘇軾撰 〔宋〕施元之 〔宋〕顧禧注 〔清〕邵長蘅 〔清〕顧嗣立 〔清〕宋至刪補 **蘇詩續補遺二卷** 〔宋〕蘇軾撰 〔清〕馮景補注 **王注正訛一卷** 〔清〕邵長蘅撰 **東坡先生年譜一卷** 〔宋〕王宗稷撰 清康熙三十八年（1699）宋犖刻本 易忠籙跋並錄清徐昂發、查慎行批點及鮑倚雲跋

　　開本高 26.5 厘米，寬 17.5 厘米。框高 19.2 厘米，寬 14.5 厘米。半葉十行，行二十一字，黑口，四周單邊。鈐"李氏書印""宗瀚""耕讀傳家濟陽丁氏書畫之章""忠籙私印"等印。索書號：善002660。

優游有餘跨唐越漢自我師模賈馬豪奇韓柳雅健前

哲典刑未足多羨敬想高風恨不同時掩卷三歎播以

聲詩

乾道九年閏正月望選德殿書賜蘇嶠

敕与贊推崇闡揚古先猶到於人矣庸寘喙未能更

贊一辭矣當時近臣學諡屬州者必考宗御撰故

親切有味如此千載扃下感激涕零稽首頓首不

止為文忠公吐氣此跋原本朱草按尔鮑園乾評

故一襟政歸墨草耳 柏堂樹志　祇銘肎一眉評未政州

蘇文卷之一

刑賞忠厚之至省試 此東坡所作時論也大

堯舜禹湯文武成康之際何其愛民之深憂民之切而待天下以君子長者之道也有一善從而賞之又從而詠歌嗟歎之所以樂其始而勉其終有一不善從而罰之又從而哀矜懲創之所以棄其舊而開其新故其吁俞之聲歡休慘戚見于虞夏商周之書成康既沒穆王立而周道始衰然猶命其臣呂侯而告之以祥刑其言憂而不傷威而不

茅鹿門曰東坡試論欠字懲楊婉旁場屋中極利者也

東坡卷一 一

325　《蘇文》卷一卷端

325 蘇文六卷 〔宋〕蘇軾撰 〔明〕茅坤等評 明閔爾容刻三色套印本

開本高 26.2 厘米，寬 17.0 厘米。框高 20.3 厘米，寬 14.6 厘米。半葉九行，行十九字，小字雙行同，白口，四周單邊。鈐"息影山人珍藏""春霆印信"印。索書號：善 003182。

國家珍貴古籍名錄編號：05592。

326 《蘇長公小品》卷一卷端

326 蘇長公小品四卷 〔宋〕蘇軾撰 〔明〕王納諫輯並評 明凌啓康刻朱墨套印本

開本高27.3厘米，寬16.9厘米。框高21.2厘米，寬14.5厘米。半葉八行，行十九字，白口，四周單邊。索書號：善003646。

國家珍貴古籍名錄編號：05615。

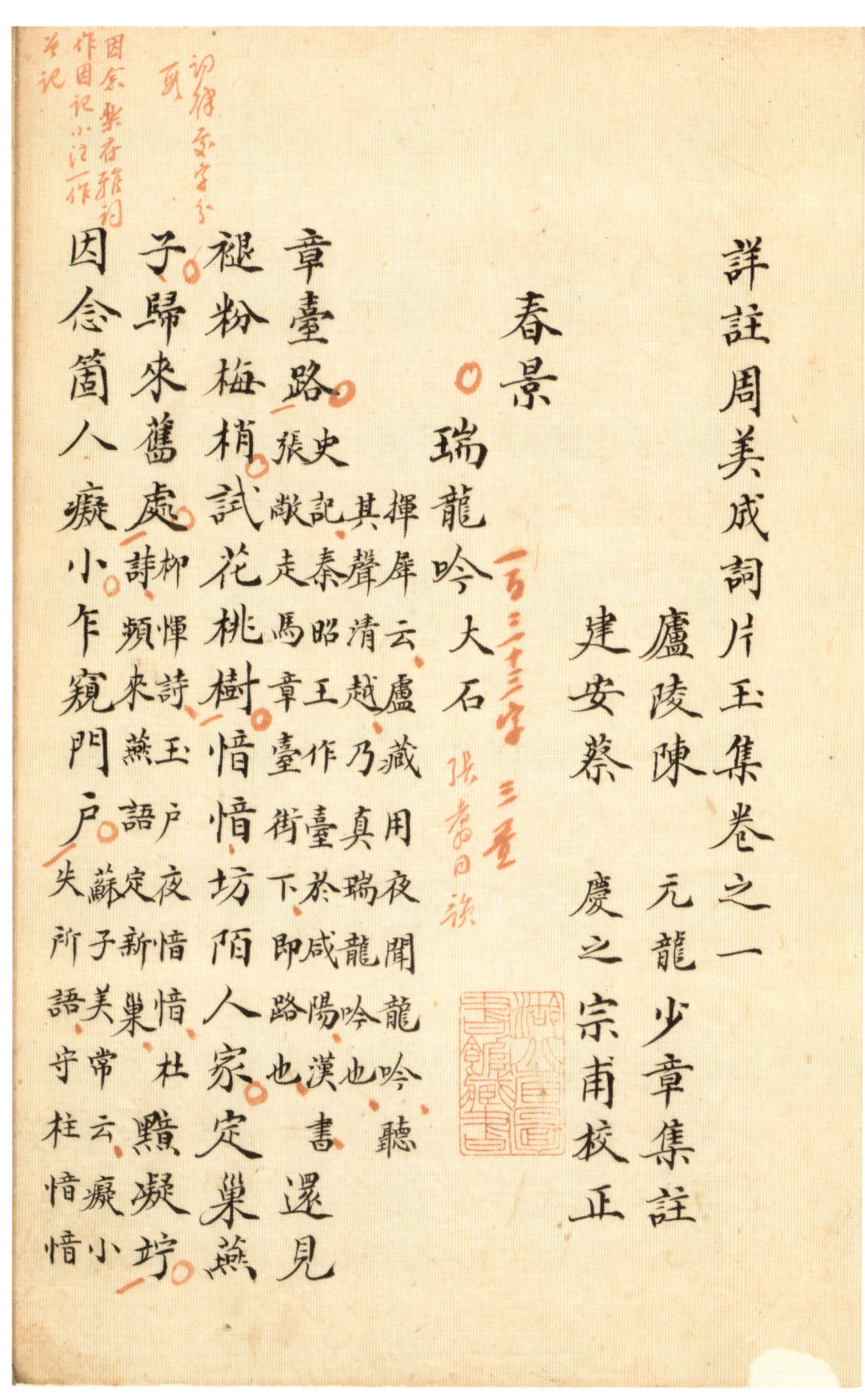

327-1 《詳註周美成詞片玉集》卷一卷端

327 詳註周美成詞片玉集十卷 〔宋〕周邦彥撰 〔清〕陳元龍集注 清抄本 清羊復禮批校並跋

開本高 22.6 厘米，寬 16.0 厘米。無框欄，半葉十行，行十七字，小字雙行同。鈐"海昌羊氏傳卷樓所藏""徐恕讀過"等印。索書號：善 004390。

丁亥夏日從碧琳琅館柳橋觀察借得此冊集諸本校閱一遍其錯誤舛拾出惜行篋中無許玉詞為之盡心斠勘耳證中訛字較多未能一一校出殊為悵然今將歸之用識數語於後海昌羊復禮謹識

此係鈔本如詞律所錄清真詞為有踏青遊大有紅窗迴閬河令多一闋又瑞鶴仙西河感皇恩幕遮各另一闋均未收入其遺佚者想必不少惜薄書叢襍未能耶清真片玉各集為之訂正此

月十八日揮汗又識

小説周美成少年遊戲外謫考洸此齋耶譯周時為太學生因此詞遂興解稿未有外謫之事院

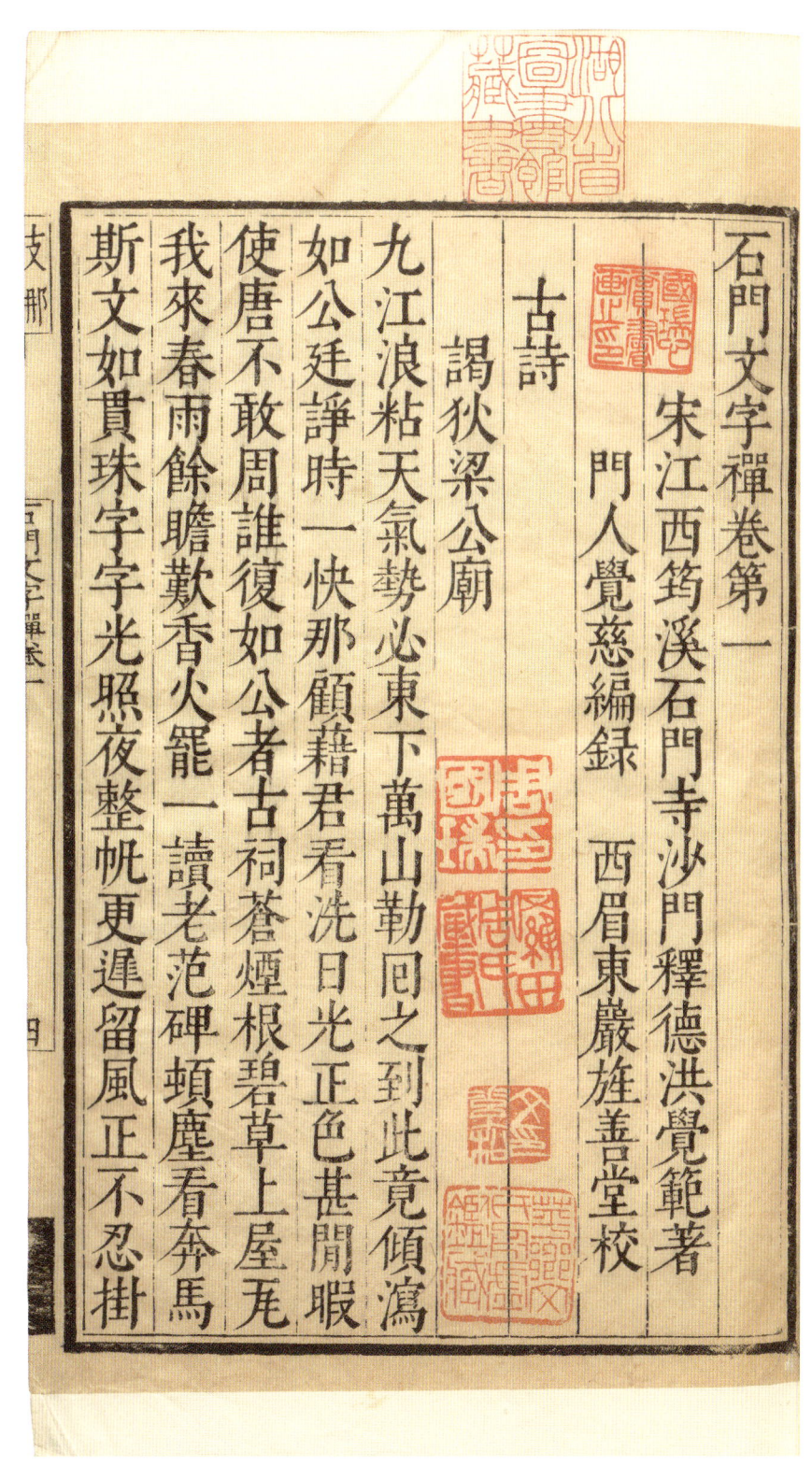

328 《石門文字禪》卷一卷端

328 石門文字禪三十卷 〔宋〕釋德洪撰 〔宋〕釋覺慈編錄 明萬曆二十五年（1597）徑山興聖萬壽禪寺刻徑山藏本

金鑲玉裝。開本高29.8厘米，寬19.3厘米。半葉單框，框高24.0厘米，寬15.9厘米。半葉十行，行二十字，小字雙行同，黑口，四周雙邊。鈐"苹鄉文氏舟虛鑑藏""文素松印""周國瑞印""羅田周氏藏書""國瑞心賞書畫之印"等印。索書號：善003218。

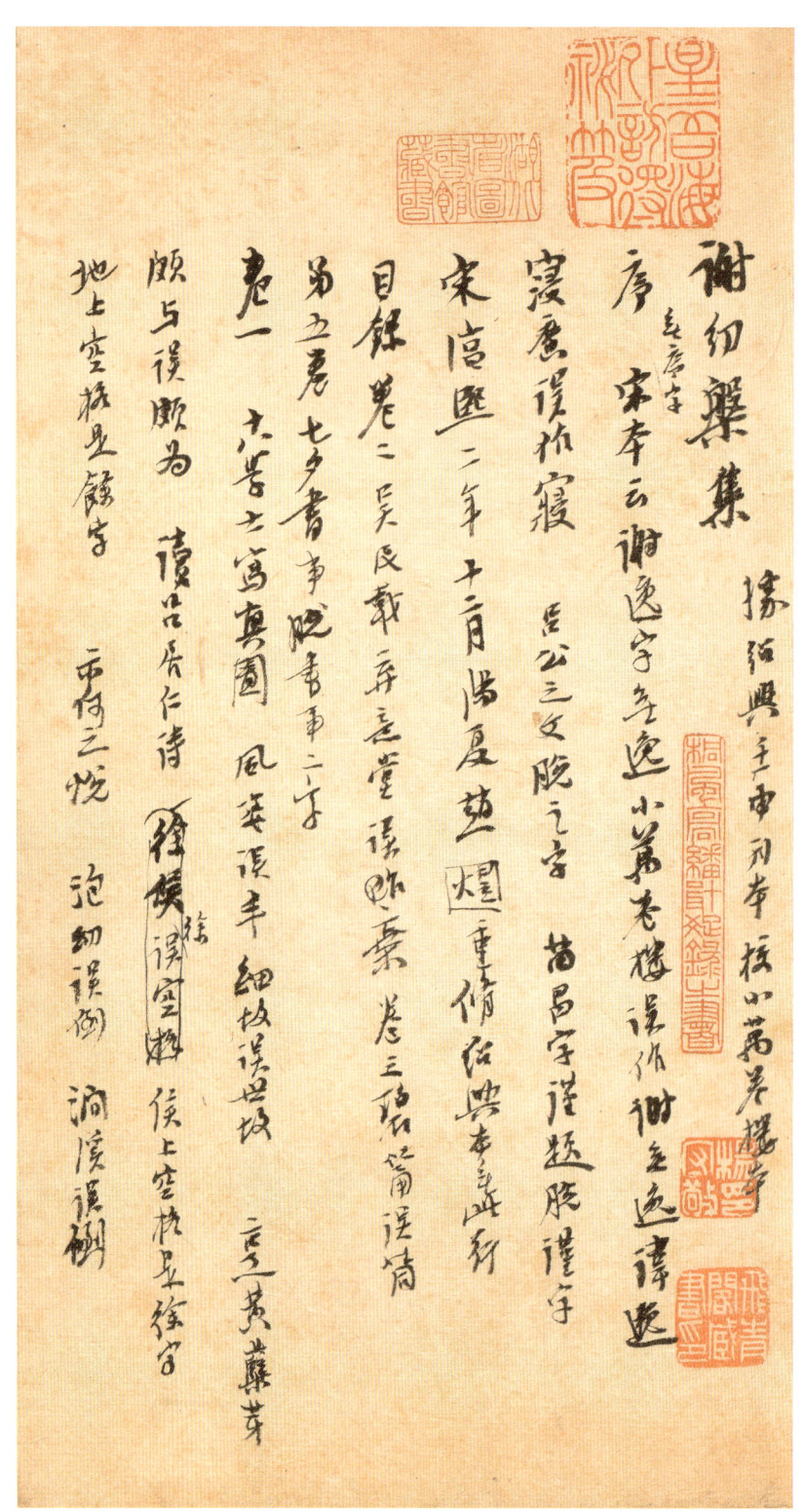

329-1 《謝幼槃集斠記稿》卷端

329 謝幼槃集斠記稿一卷 楊守敬撰 稿本 黃侃跋

開本高 25.7 厘米，寬 15.7 厘米。無框欄，半葉七至九行，行字不等。鈐"楊守敬印""飛青閣藏書印""星吾海外訪得秘笈""徐恕私印""行可""桐風廎繙戩疏録之書""黃侃季剛"印。索書號：善 004874。

國家珍貴古籍名録編號：12758。

行可以星翁手書謝䚻躱集跋記見示案星翁所著日本訪書志卷十四有竹友集一條有云金山錢氏心矢齋樓兩刊謝㐰其譌脫不下數百事乃別為札記入續䚻書拾補中今續䚻書拾補未有成書此一小冊固星䚻手蹟弥可寶貴已記西泠派多藏有一夏二林與亨遺文散佚不可復完目坡謝集益增帆杣上元甲子孟十又月孟春黃侃記

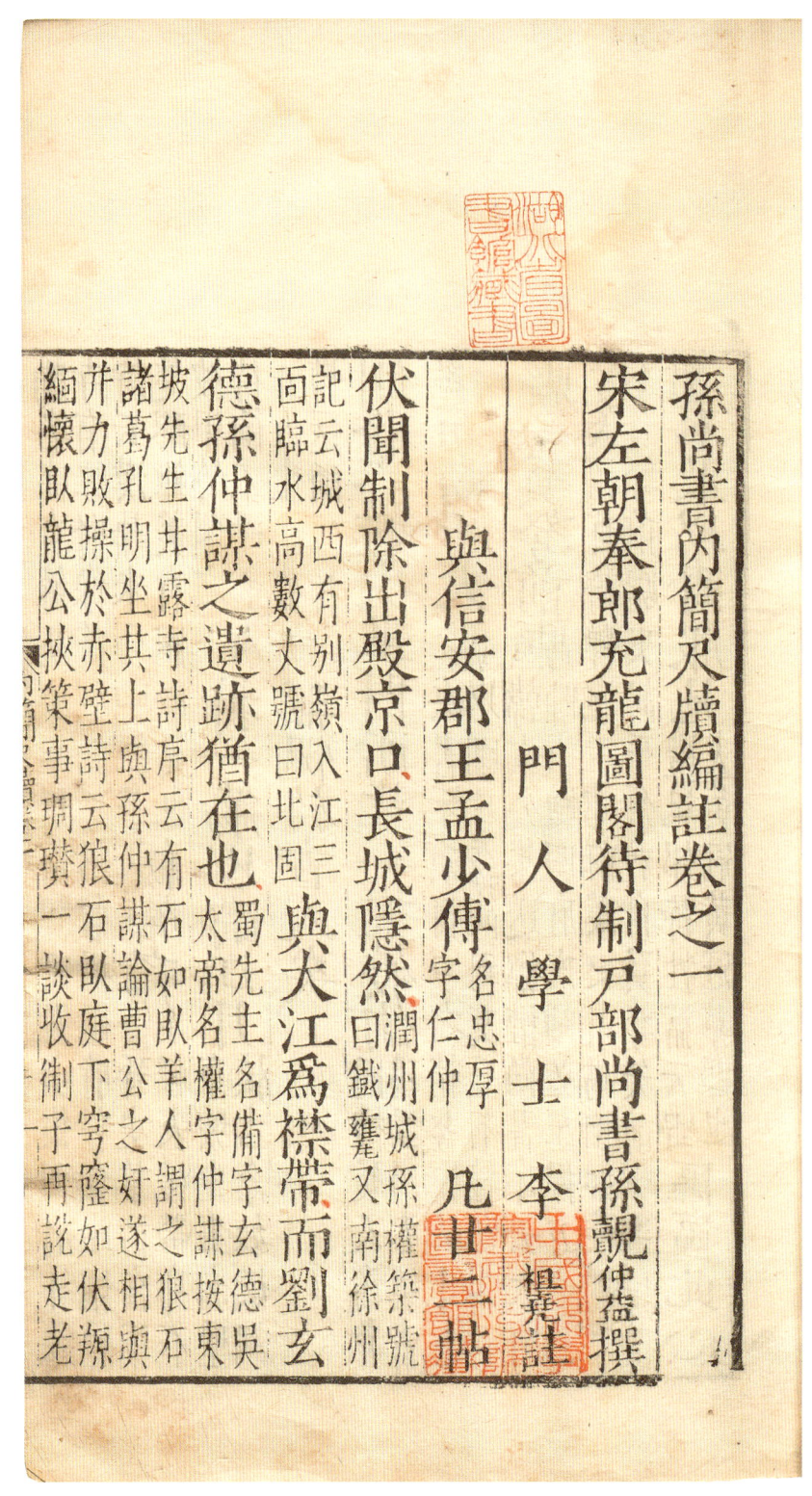

330 《孫尚書內簡尺牘編注》卷一卷端

330 孫尚書內簡尺牘編注十卷 〔宋〕孫覿撰 〔宋〕李祖堯注 明嘉靖三十六年（1557）顧名儒刻本

開本高25.8厘米，寬16.1厘米。框高18.1厘米，寬13.1厘米。半葉九行，行十九字，小字雙行同，白口，四周單邊。鈐"古婁唐模梧蓀校勘書籍章"印。索書號：善003672。

湖北省珍貴古籍名録編號：00330。

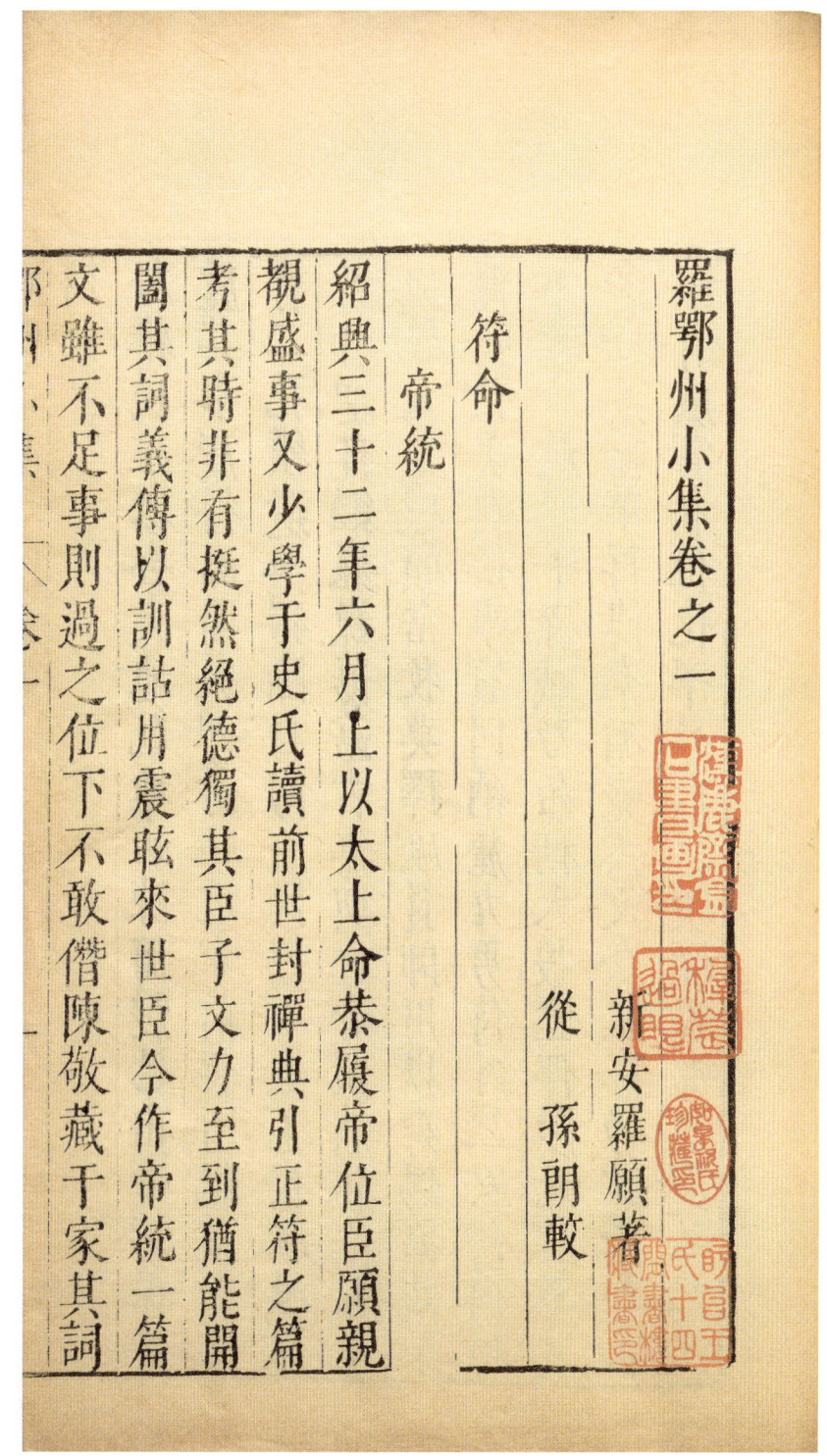

331 《羅鄂州小集》卷一卷端

331 羅鄂州小集五卷 〔宋〕羅願撰 **羅鄂州遺文一卷** 〔宋〕羅頌撰 明天啓六年（1626）羅朗刻本

開本高28.0厘米，寬18.0厘米。框高21.6厘米，寬14.1厘米。半葉十行，行二十字，小字雙行同，白口，四周單邊。鈐"盱眙王氏十四間書樓藏書印""如皋祝氏珍藏印""穉辰過眼""漢鹿齋金石書畫印"印。索書號：善003661。

湖北省珍貴古籍名錄編號：00331。

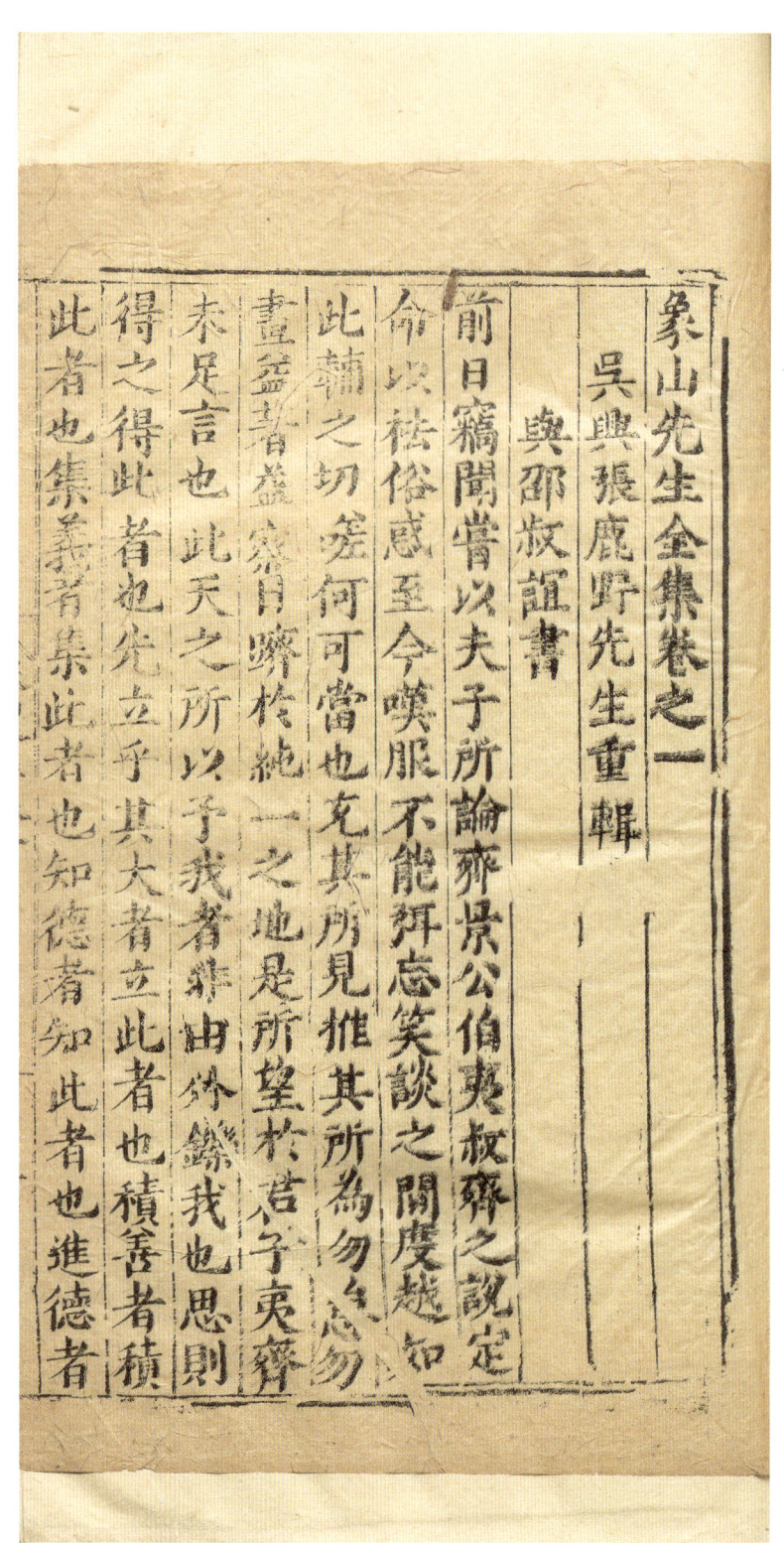

332 《象山先生全集》卷一卷端

332 象山先生全集三十六卷 〔宋〕陸九淵撰 **少湖徐先生學則辯一卷** 〔明〕徐階撰 明嘉靖四十年（1561）何遷刻本

金鑲玉裝。開本高 28.9 厘米，寬 16.3 厘米。框高 20.3 厘米，寬 13.0 厘米。半葉十行，行二十字，小字雙行同，白口，四周雙邊。索書號：善 003186。

湖北省珍貴古籍名錄編號：00332。

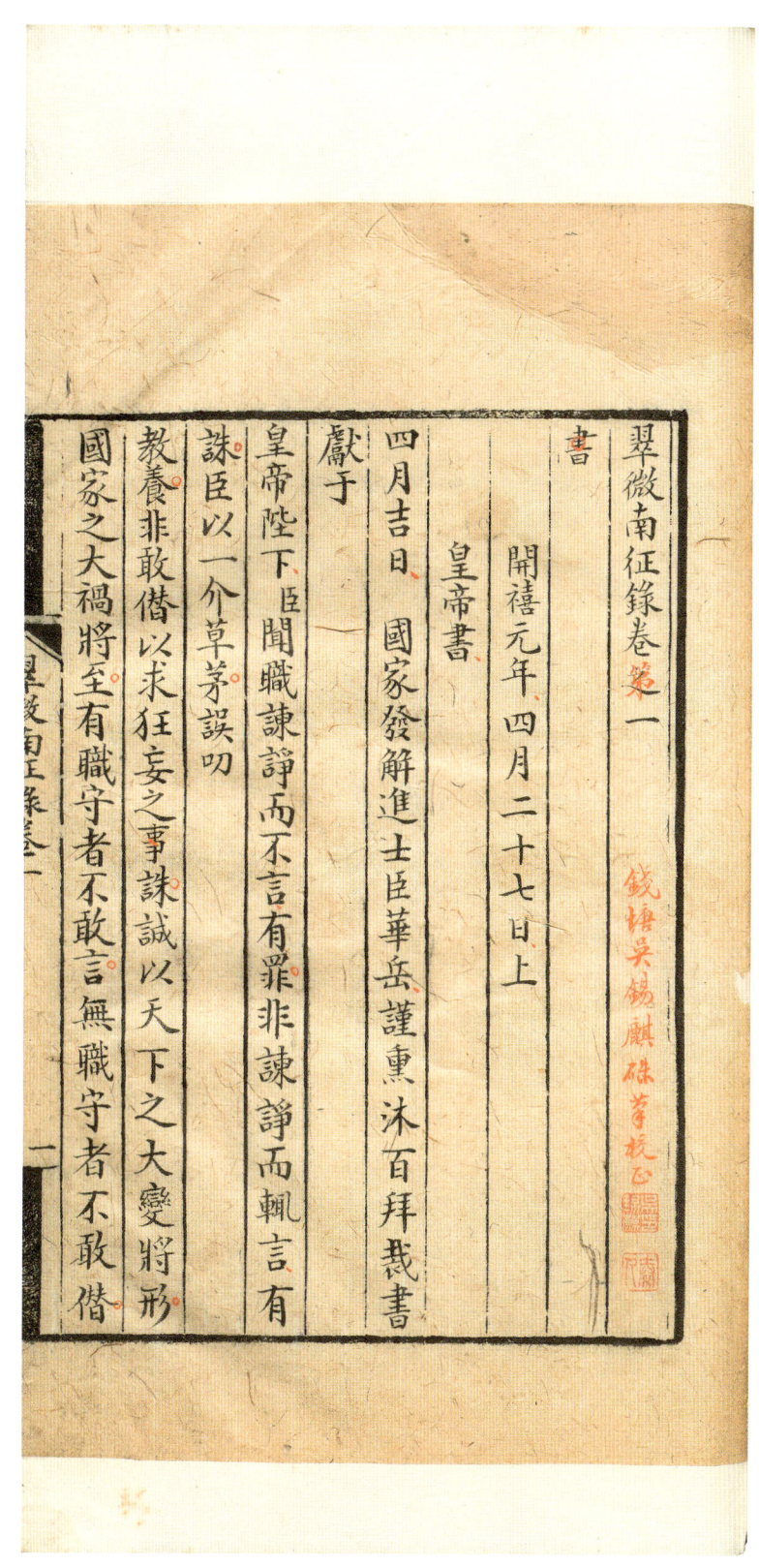

333-1 《翠微南征錄》卷一卷端

333 翠微南征錄十一卷 〔宋〕華岳撰 清抄本 清吳錫麒校並跋

金鑲玉裝。開本高30.4厘米，寬17.8厘米。框高18.5厘米，寬13.6厘米。半葉十行，行二十至二十一字，小字雙行同，黑口，左右雙邊。鈐"吳錫麒印""秦人""娛園藏書""春霆印信"印。索書號：善004039。

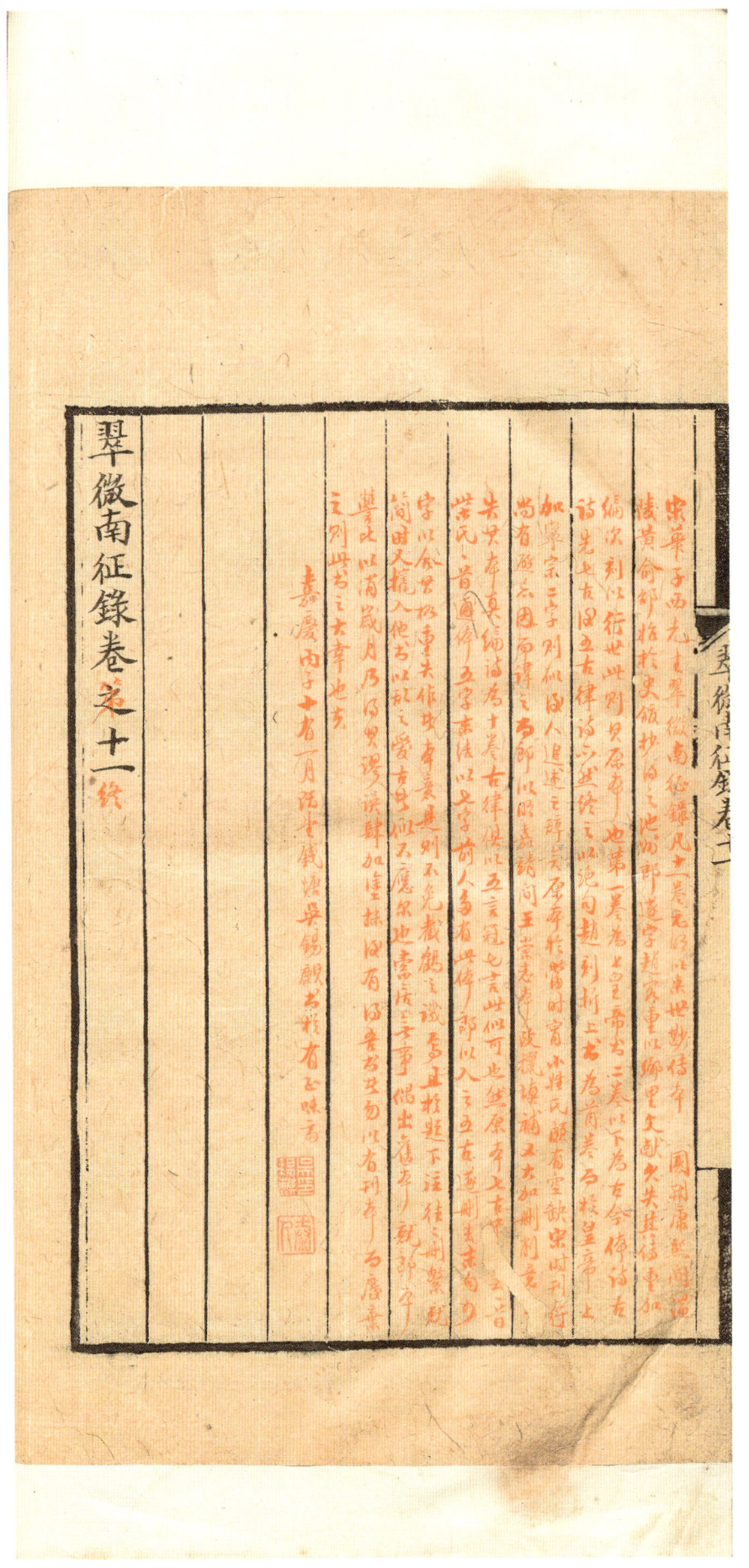

333-2 清吳錫麒跋

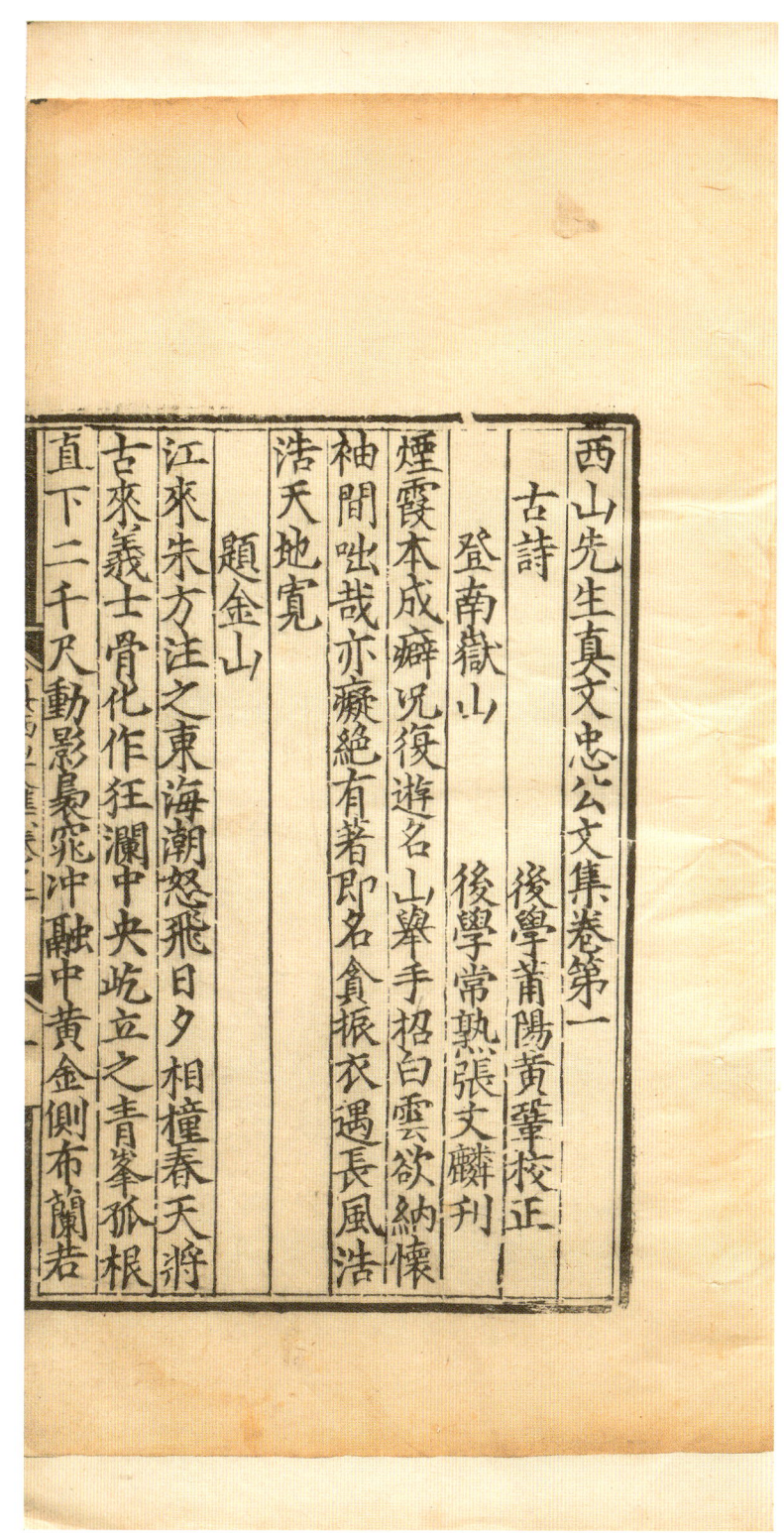

334 《西山先生真文忠公文集》卷一卷端

334 西山先生真文忠公文集五十五卷目錄二卷 〔宋〕真德秀撰 明正德十五年（1520）張文麟、黃犖刻本

金鑲玉裝。開本高30.5厘米，寬18.9厘米。框高18.1厘米，寬12.7厘米。半葉十行，行十八字，小字雙行同，黑口，四周雙邊。索書號：善003061。

國家珍貴古籍名錄編號：10660。

335-1 《吾汶稿》卷一卷端

335 吾汶稿十卷 〔宋〕王炎午撰 清抄本 陸樹藩校 佚名批校

開本高27.2厘米，寬17.4厘米。無框欄，半葉九行，行十八字。鈐"陸時化藏""聽松叟""歸安陸樹藩校""光緒戊子湖州陸心源捐送國子監之書匱藏南學""張溥之印"等印。索書號：善003952。

卜新宅居與諸季攜酒過落之盡歡此常情常禮而傳者為美談可喜也亦可感矣余雖不得躬俎豆而且為之驚喜忘豈知一日揖遜為兄弟間之永訣耶嵇康且死顧其子曰巨源在汝不孤矣晋之曠達如豬阮而康未忘紹于巨源康以為有知已者可以慰平生而保其他日死 ^{知其} 有不釋然者歟雖然上有親兄下連三 ^{知} 吾 第一子寧有憂乎其肯俾嵇阮輩笑人寂寂耶 嗚呼春風兮故宇神遊兮何慮杯酒兮何為哭

一本作難
一本作二
稻

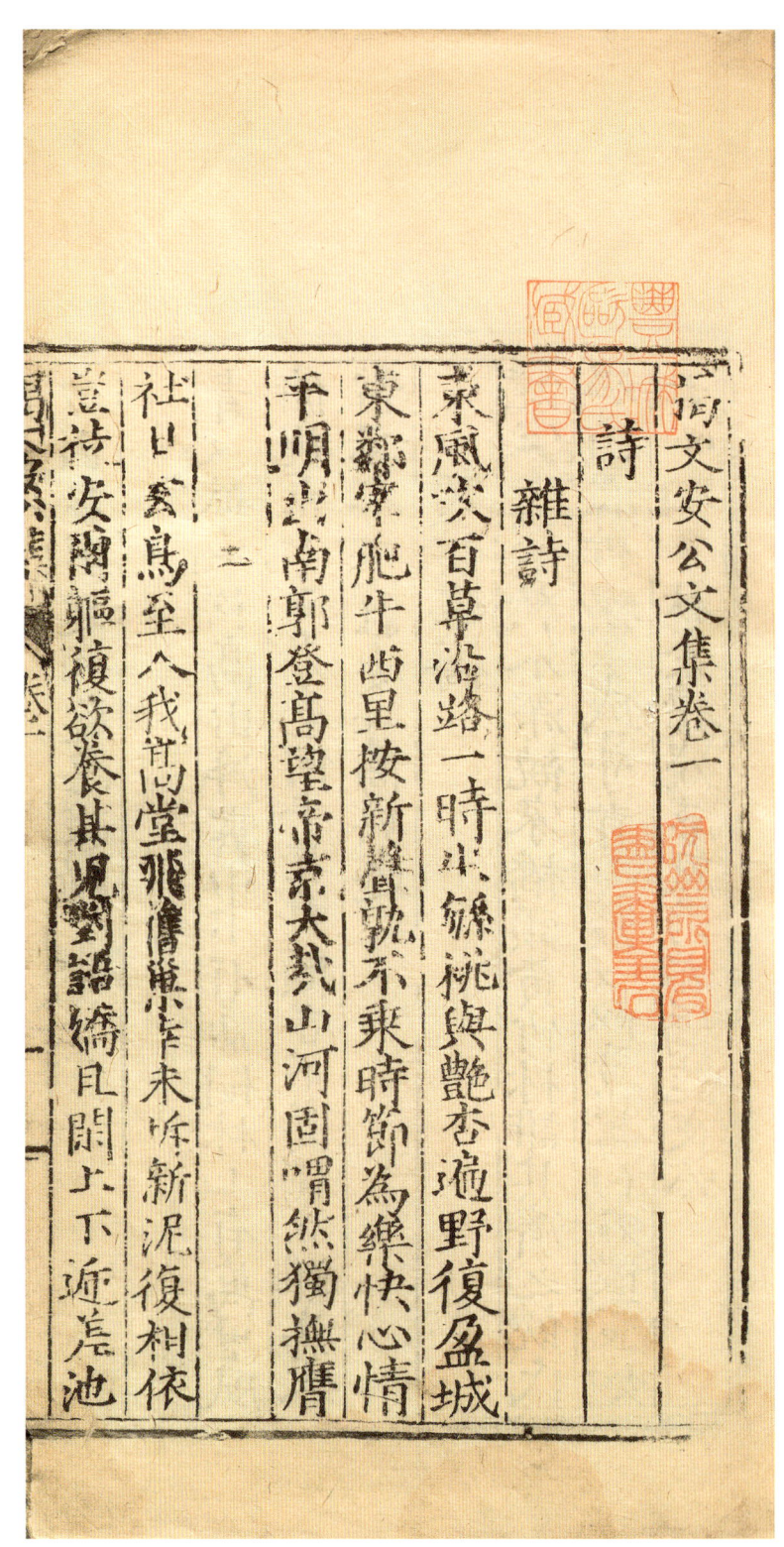

336　《揭文安公文集》卷一卷端

336 揭文安公文集□□卷〔元〕揭傒斯撰　明正德十五年（1520）揭富文刻本　存四卷（詩卷一至四）

開本高27.3厘米，高15.6厘米。框高19.6厘米，寬13.3厘米。半葉九行，行二十字，小字雙行同，白口，四周雙邊。鈐"阮齋所得書畫金石""豐城歐陽氏藏書""春霆印信"印。索書號：善003195。

國家珍貴古籍名錄編號：08987。

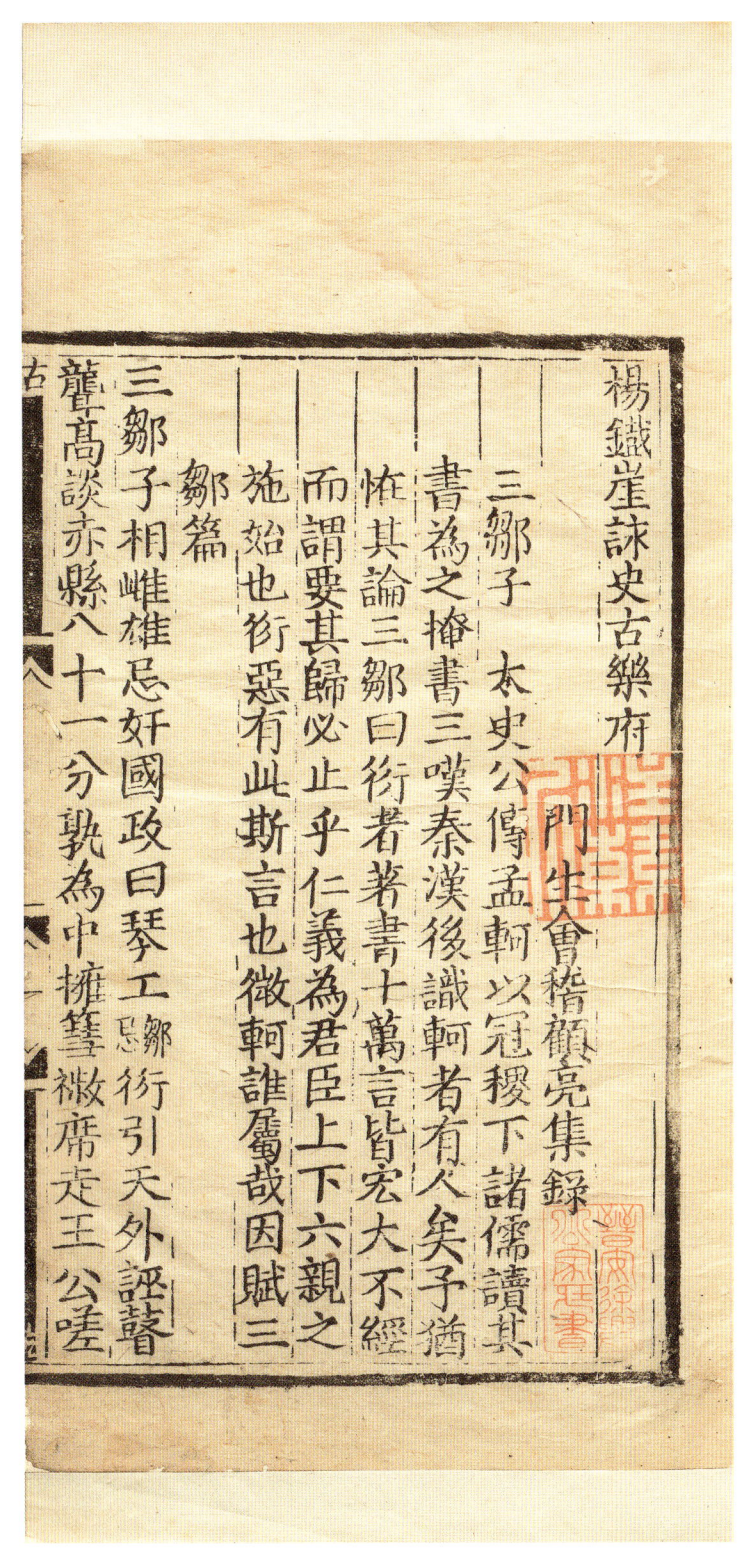

337 《楊鐵崖詠史古樂府》卷端

337 楊鐵崖詠史古樂府一卷 〔元〕楊維楨撰 〔明〕顧亮輯 明成化刻本

金鑲玉裝。開本高35.6厘米，寬17.6厘米。框高21.0厘米，寬13.5厘米。半葉十行，行二十字，小字雙行同，黑口，四周雙邊。鈐"徐𤊹之印""晉安徐興公家藏書""綠玉山房""鄭杰之印""鄭氏注韓居珍藏記""注韓居""侯官鄭氏藏書""黃岡劉氏校書堂藏書記"印。索書號：善003059。

國家珍貴古籍名錄編號：05784。

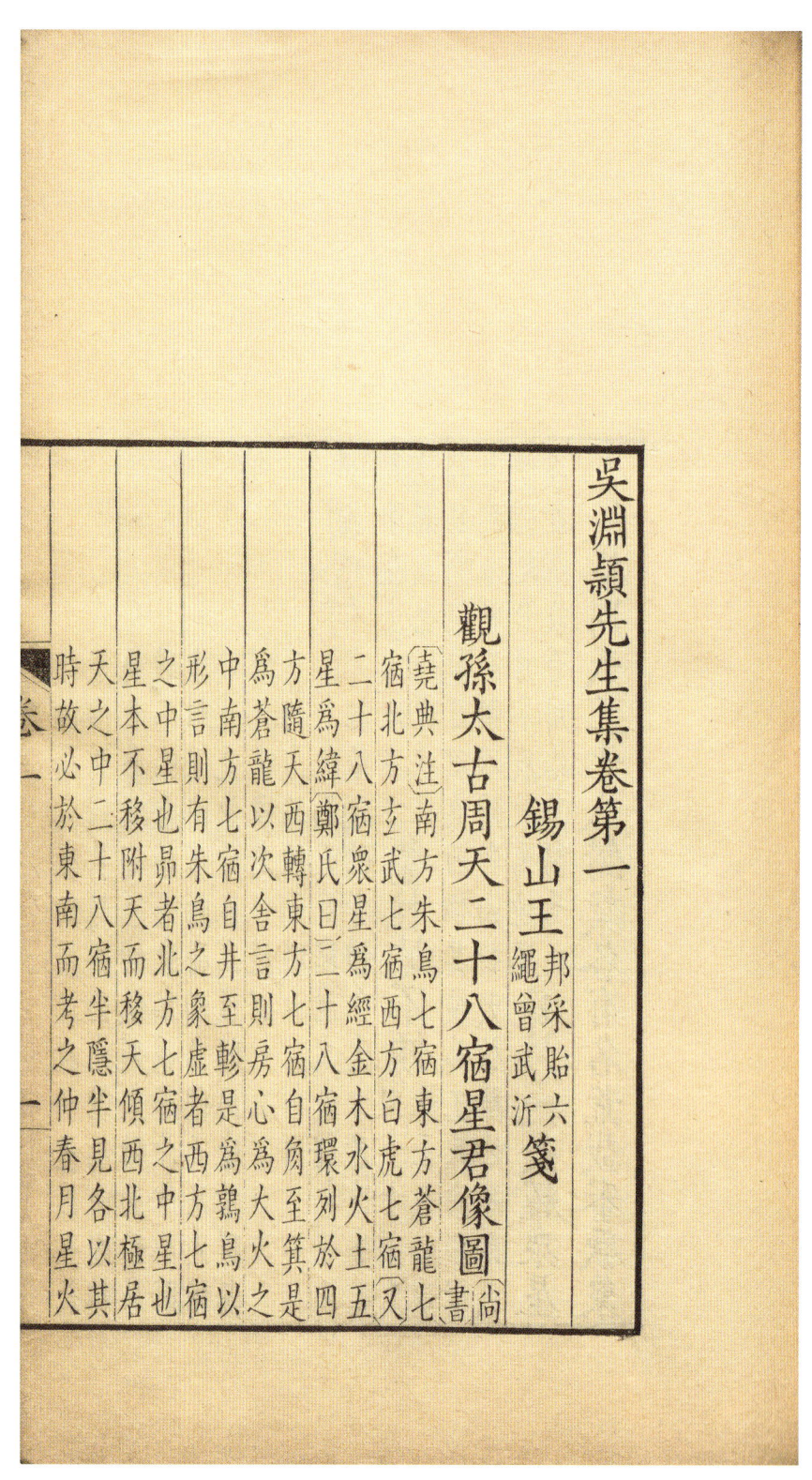

338 《吳淵穎先生集》卷一卷端

338 吳淵穎先生集十二卷 〔元〕吳萊撰 〔清〕王邦采 〔清〕王繩曾箋 清康熙六十年（1721）林養堂刻本

開本高 27.6 厘米，寬 17.8 厘米。框高 16.9 厘米，寬 12.3 厘米。半葉九行，行十八字，小字雙行同，黑口，四周單邊。鈐"江夏張氏""醉六珍藏""徐恕讀過""曾歸徐氏彊誃"等印。索書號：善 002060。

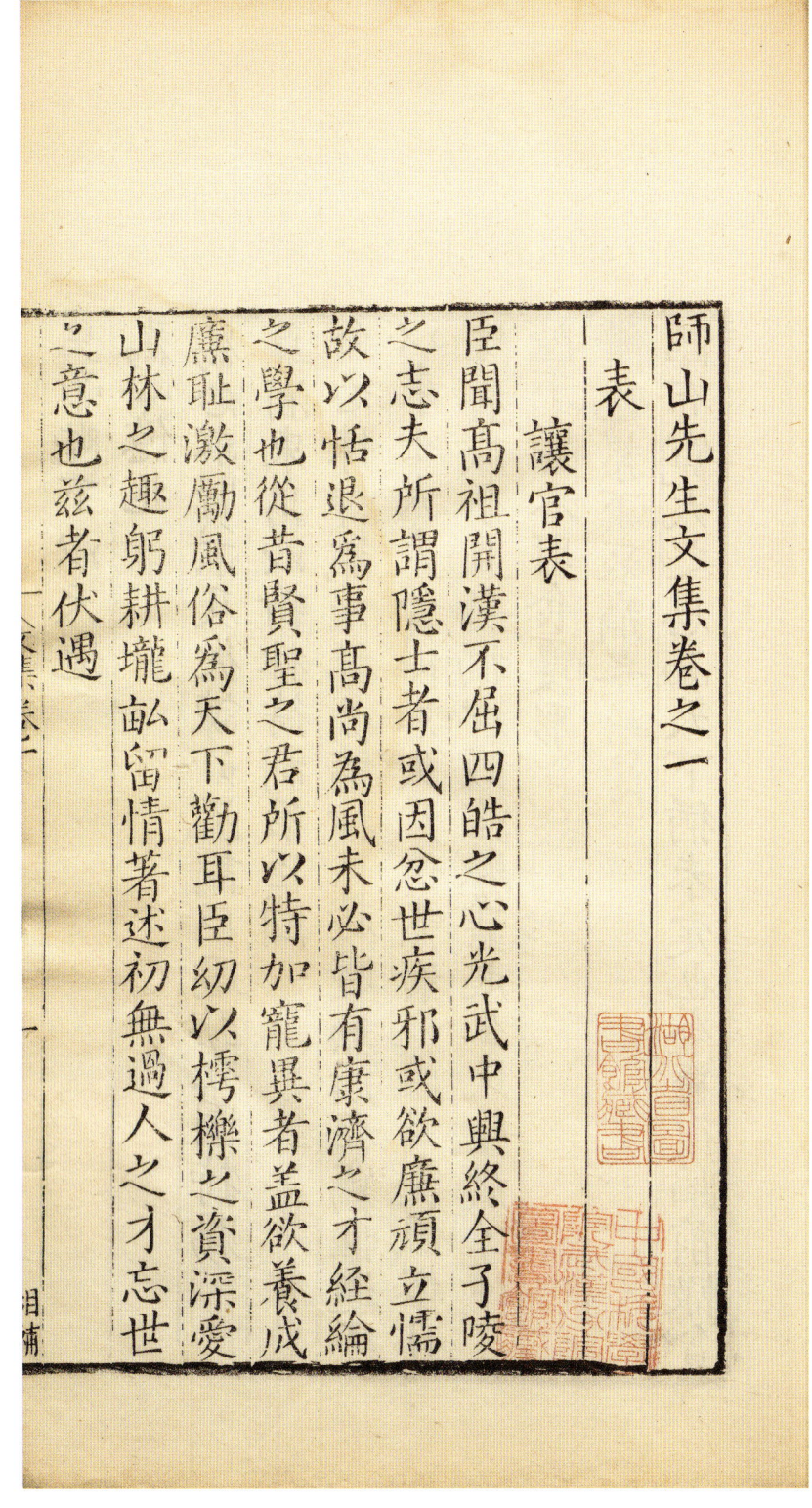

339 《師山先生文集》卷一卷端

339 師山先生文集八卷遺文五卷 〔元〕鄭玉撰 遺文附錄一卷 濟美録四卷 〔明〕鄭爌撰 明嘉靖十四年（1535）鄭氏家塾刻清重修本

開本高27.0厘米，寬17.3厘米。框高19.1厘米，寬13.0厘米。半葉十行，行二十字，白口，四周單邊。鈐"湘鄉劉氏伯子晋生珍藏金石書畫印"印。索書號：善003699。

湖北省珍貴古籍名錄編號：00333。

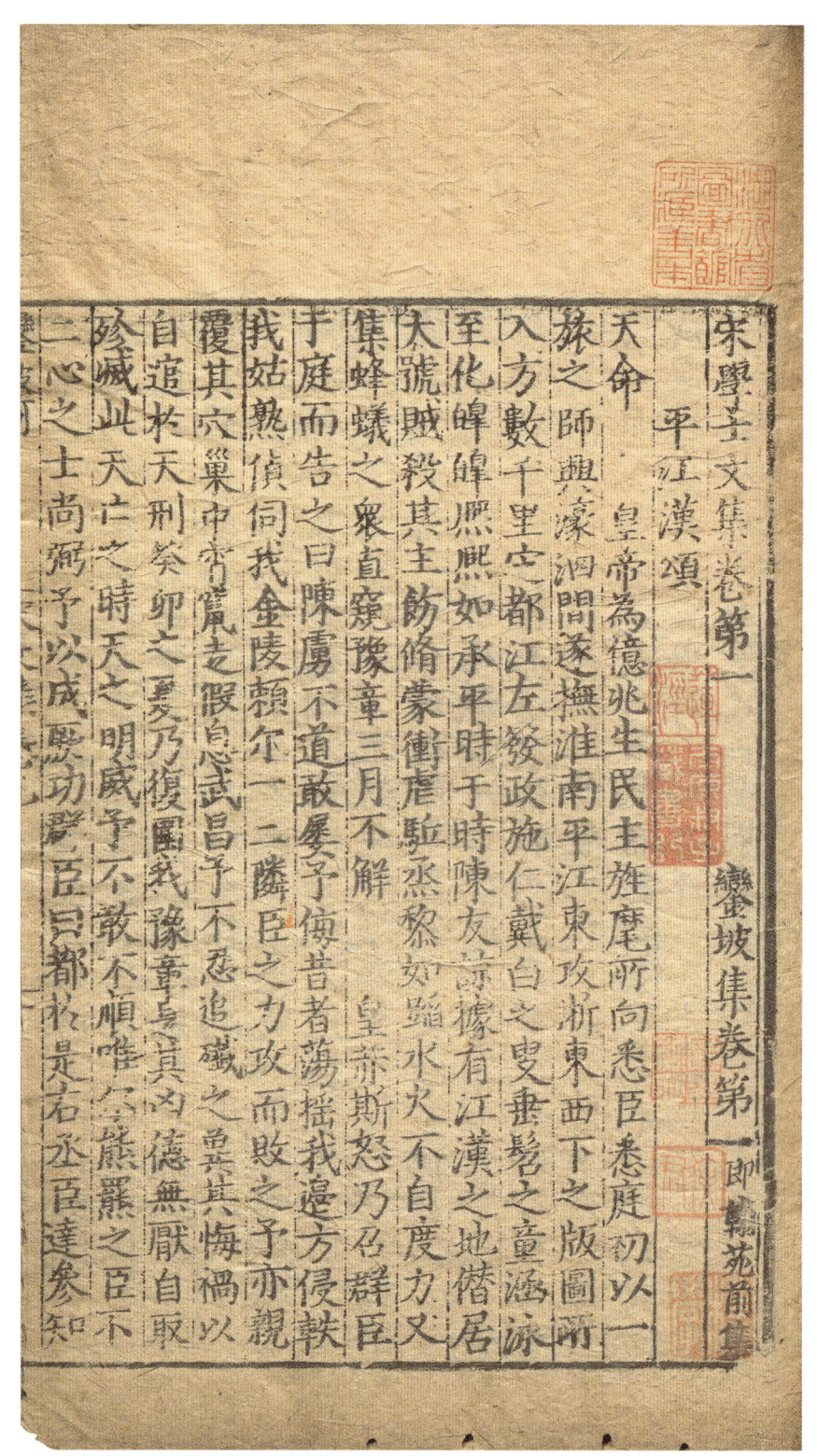

340　《宋學士文集》卷一卷端

340 宋學士文集七十五卷 〔明〕宋濂撰　明正德九年（1514）張縉刻本　存四十卷（鑾坡集卷一至十、鑾坡後集卷一至十、翰苑續集卷一至十、翰苑別集卷一至十）

　　開本高 27.5 厘米，寬 17.1 厘米。框高 20.3 厘米，寬 14.7 厘米。半葉十四行，行二十三字，白口，左右雙邊。鈐"歸來草堂""清遠堂""樸學""太原叔子藏書記""蓮涇""顧嗣立印""秀野草堂顧氏藏書印""俠君"印。索書號：善003650。

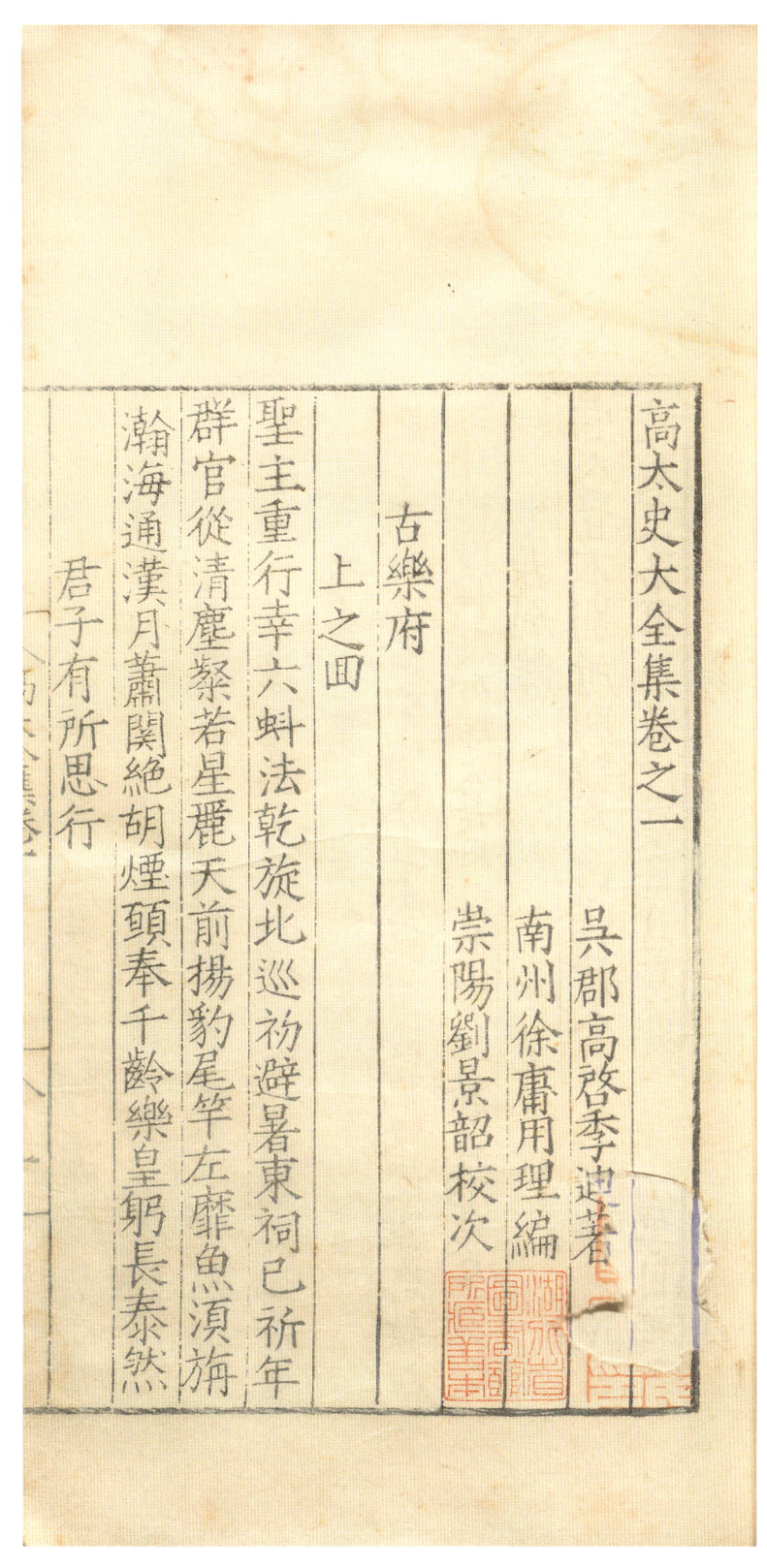

341 《高太史大全集》卷一卷端

341 高太史大全集十八卷 〔明〕高啓撰 〔明〕徐庸編 明嘉靖刻藍印本（卷十至十二配抄本）

開本高 28.4 厘米，寬 16.4 厘米。框高 19.1 厘米，寬 13.0 厘米。半葉十行，行二十字，白口，四周單邊。鈐"春霆印信"印。索書號：善 003191。

國家珍貴古籍名錄編號：02092。

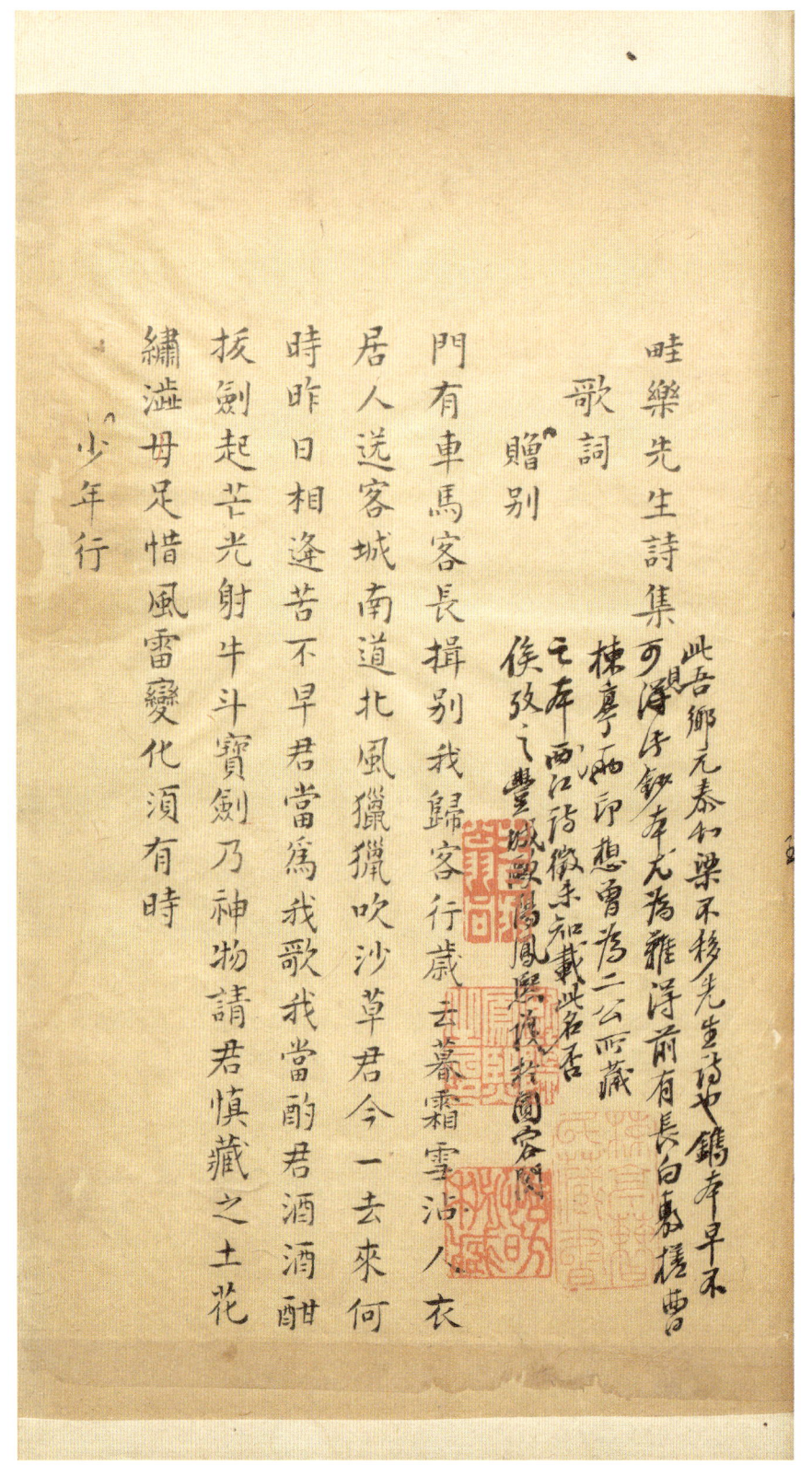

342 《畦樂先生詩集》卷端

342 畦樂先生詩集一卷 〔明〕梁蘭撰 **附錄一卷** 清抄本 清歐陽鳳熙跋

金鑲玉裝。開本高27.4厘米，寬17.7厘米。無框欄，半葉九行，行二十字。鈐"楝亭曹氏藏書""長白敷槎氏堇齋昌齡圖書印""歐陽鳳熙""恬吩秘藏""黃岡劉氏紹炎過眼""黃岡劉氏校書堂藏書記"印。索書號：善003878。

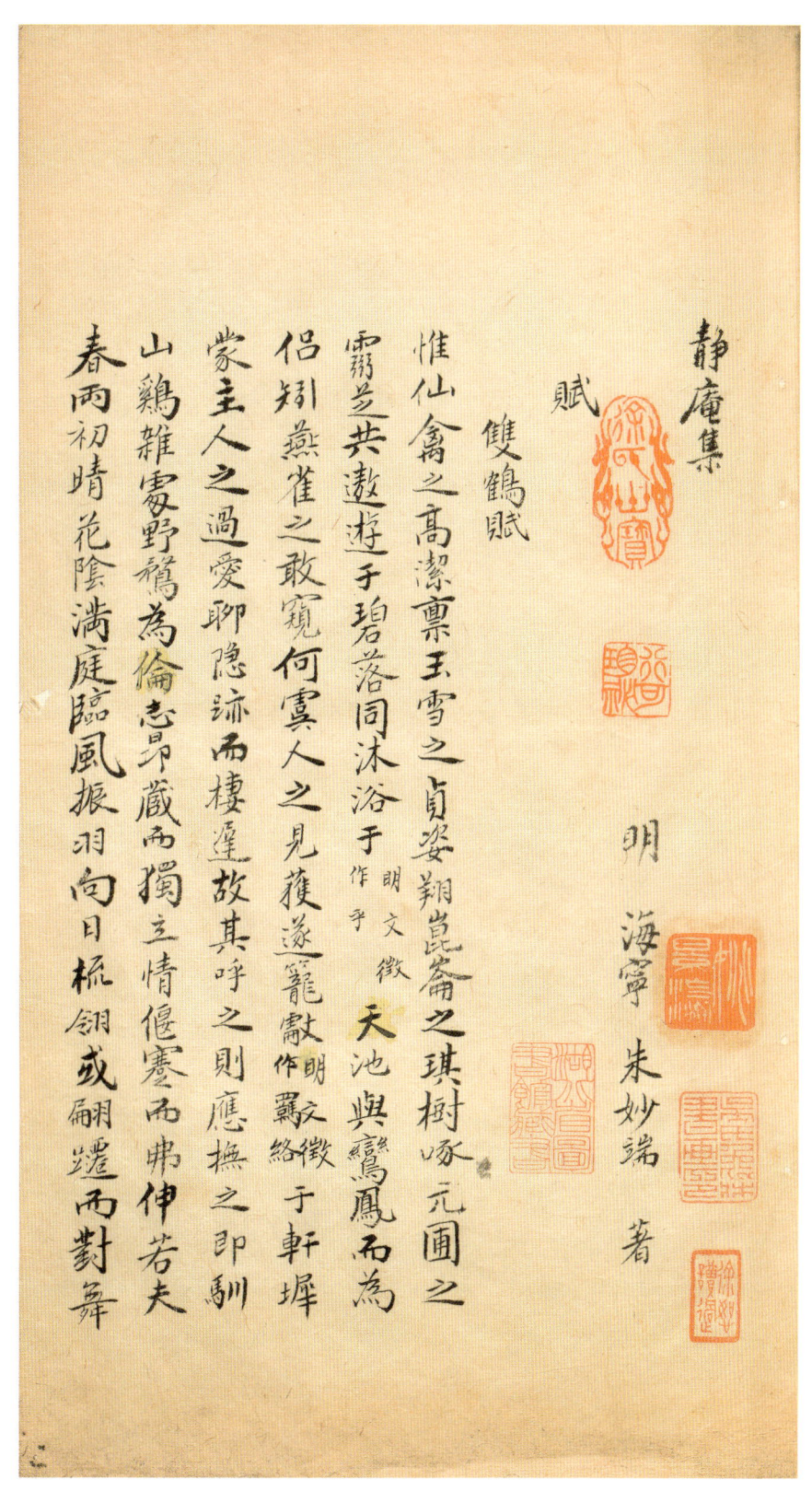

343-1 《静庵集》卷端

343 静庵集一卷 〔明〕朱妙端撰 **附錄二卷** 清吳騫抄本 清吳騫校 姚景瀛校並跋

開本高 30.5 厘米，寬 19.2 厘米。無框欄，半葉九行，行字不等。鈐 "吳氏兔床書畫印" "姚景瀛" "我生無田食破硯" "徐氏世寶" "鄂渚徐氏藏本" "徐恕讀過" "行可珍秘" "徐鴻寶觀" 印。索書號：善 004349。

梵閣平臨入紫煙霞憑闌極目渺無涯天連湖海三千里
烟鎖吳城十萬家南北舟航搖落日高低邱壠接平沙老
僧不管興亡事安坐蒲團誦法華　徐正卿異林稱海昌
　　　　　　　　　　　　　　　石載女士朱氏名媛詩歸氏
　　　　　　　　　　　　　　　自歸養誠道人按此與靜庵之苗商于
　　　　　　　　　　　　　　　范竹大令曾辦之道人詩風格清壯豈亦静庵之苗商于
　　　　　　　　　　　　　　　姑坿于此以俟改

張君渭漁富幸晏忽床先生手輯此詩稿
木僞與泗梭彼此功有訛貽乃雨家互補
戊子秋有虞陳校竟記

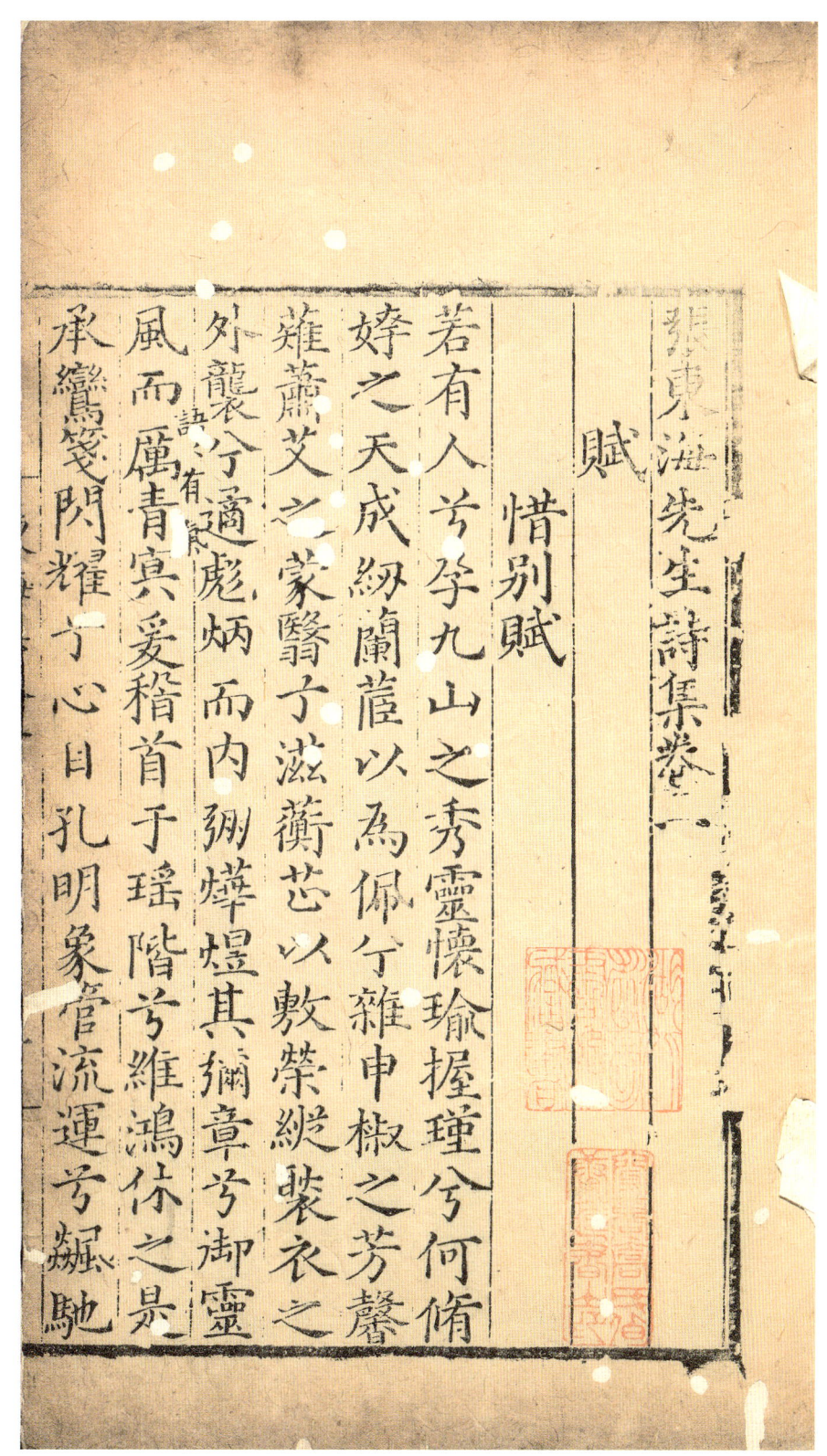

344 《張東海先生詩集》卷一卷端

344 張東海先生詩集四卷文集五卷 〔明〕張弼撰 明正德十三年（1518）張弘至刻本

開本高 25.2 厘米，寬 15.8 厘米。框高 18.7 厘米，寬 13.0 厘米。半葉九行，行十七字，小字雙行同，白口間黑口，左右雙邊。鈐"聞喜喬氏伯庸藏書之印"印。索書號：善 003054。

國家珍貴古籍名錄編號：12804。湖北省珍貴古籍名錄編號：00334。

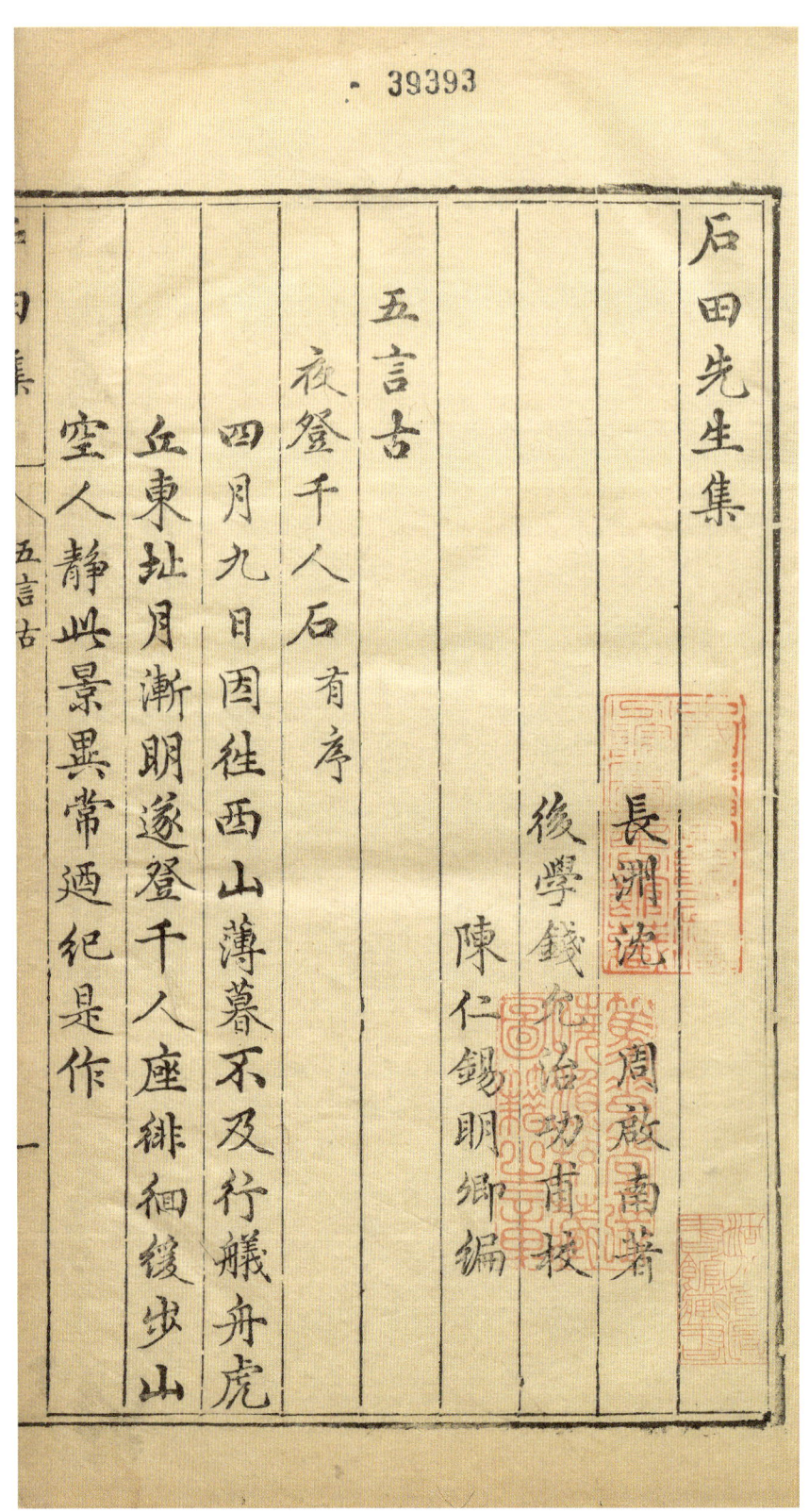

345 《石田先生集》卷一卷端

345 石田先生集十一卷 〔明〕沈周撰 明萬曆四十三年（1615）陳仁錫刻本 陳沈兩先生稿本

開本高 26.8 厘米，寬 16.7 厘米。框高 22.3 厘米，寬 14.3 厘米。半葉九行，行十九字，白口，四周雙邊。鈐"篤素堂張曉漁校藏圖籍之章"印。索書號：善 003702。

湖北省珍貴古籍名錄編號：00335。

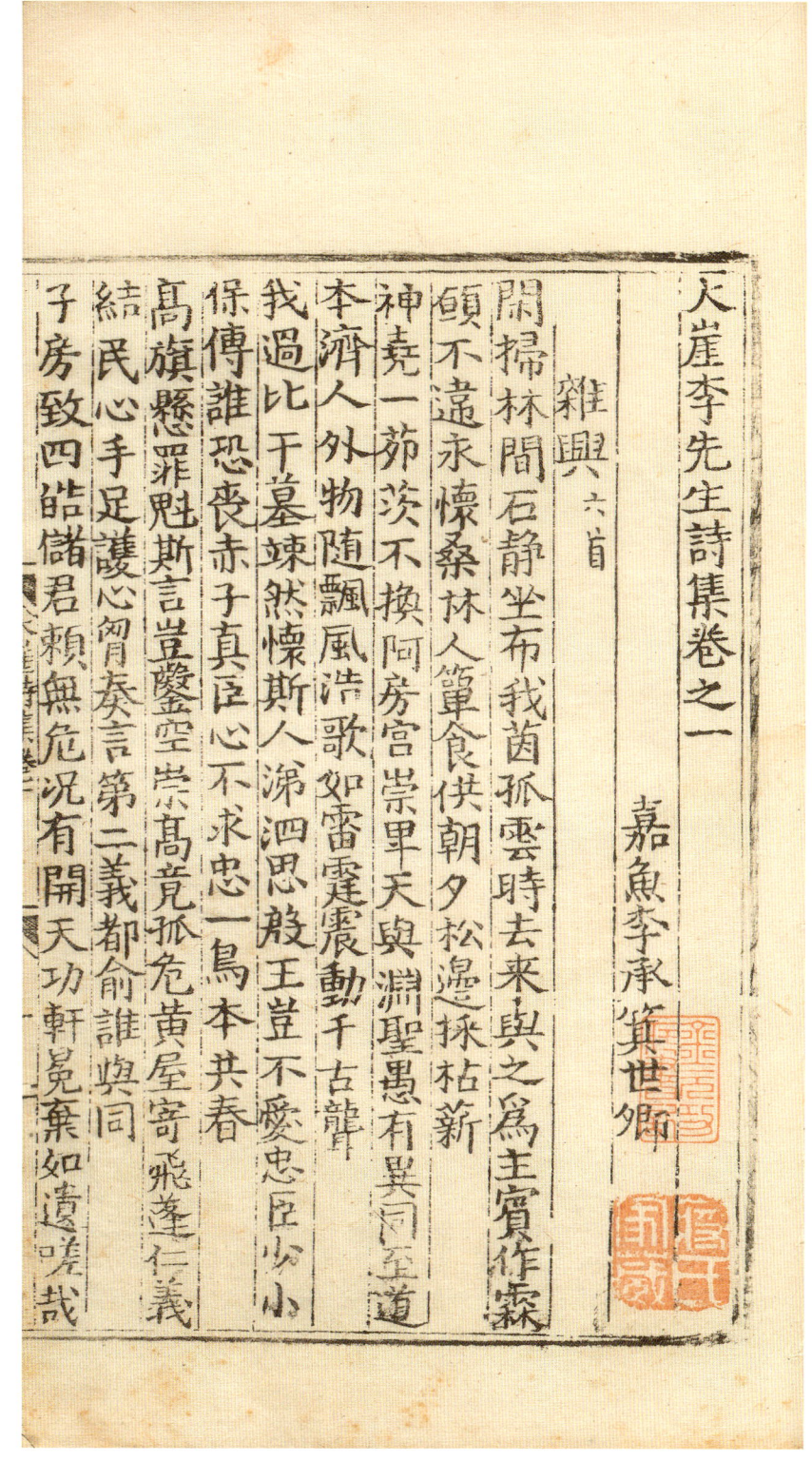

346 《大崖李先生詩集》卷一卷端

346 大崖李先生詩集十二卷文集八卷 〔明〕李承箕撰 明正德五年（1510）吳廷舉刻本

開本高25.4厘米，寬16.8厘米。框高19.2厘米，寬13.3厘米。半葉十二行，行二十二字，白口，四周雙邊。鈐"檇李蔣石林藏書畫印記""蔣氏家藏""金元功藏書記""湘鄉王氏秘籍孤本""禮培私印""掃塵齋積書記""小招隱館""曾歸徐氏彊誃""徐恕讀過"印。索書號：善003262。

國家珍貴古籍名錄編號：05941。

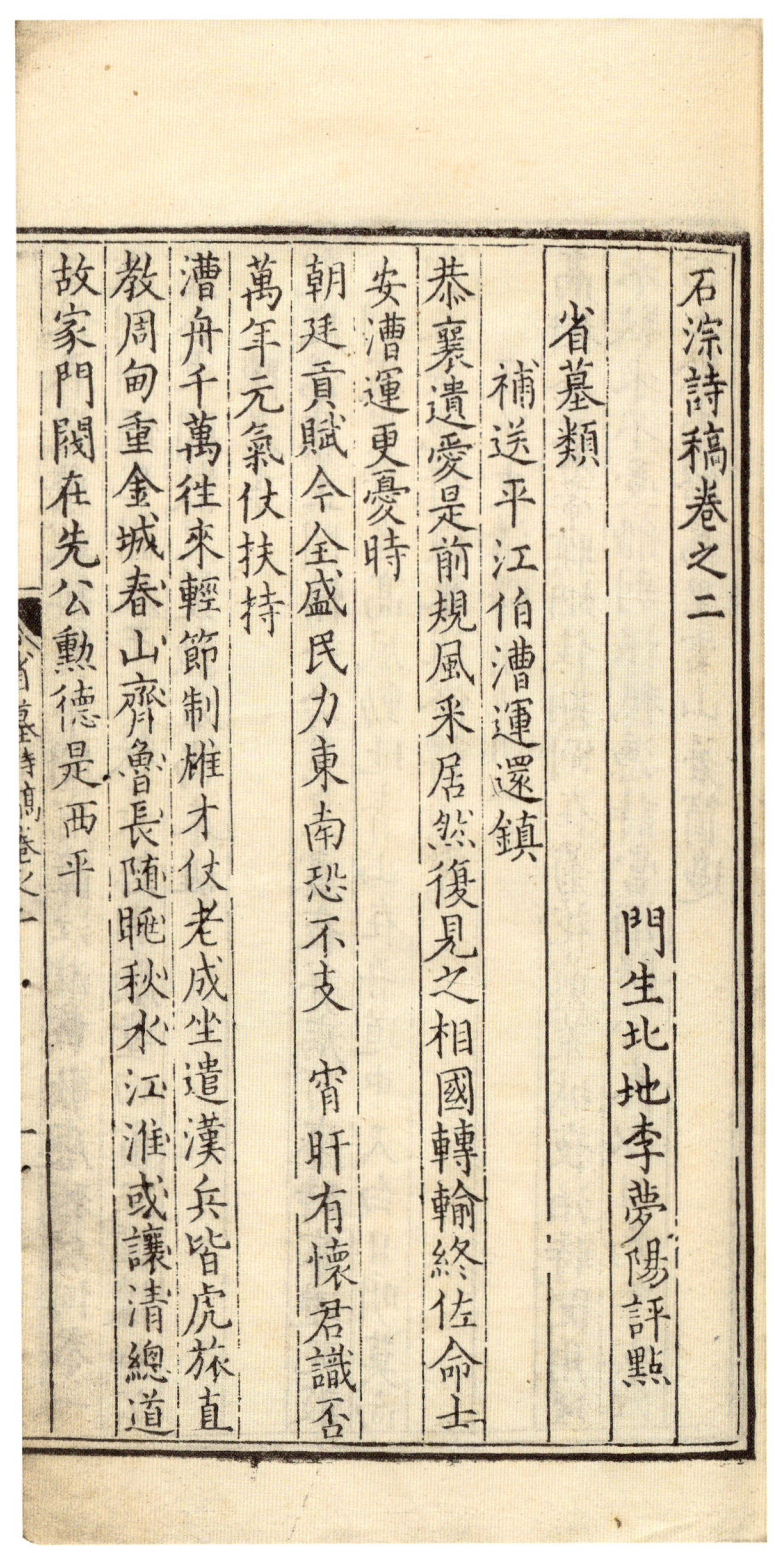

347 《石淙詩稿》卷二卷端

347 石淙詩稿二十卷 〔明〕楊一清撰 〔明〕李夢陽 〔明〕康海評點 明嘉靖刻本 存十八卷（卷一至十七、督府稿卷二）

開本高28.5厘米，寬16.6厘米。框高22.3厘米，寬14.0厘米。半葉十一行，行二十二字，小字雙行同，白口，四周雙邊。索書號：善003386。

湖北省珍貴古籍名録編號：00167。

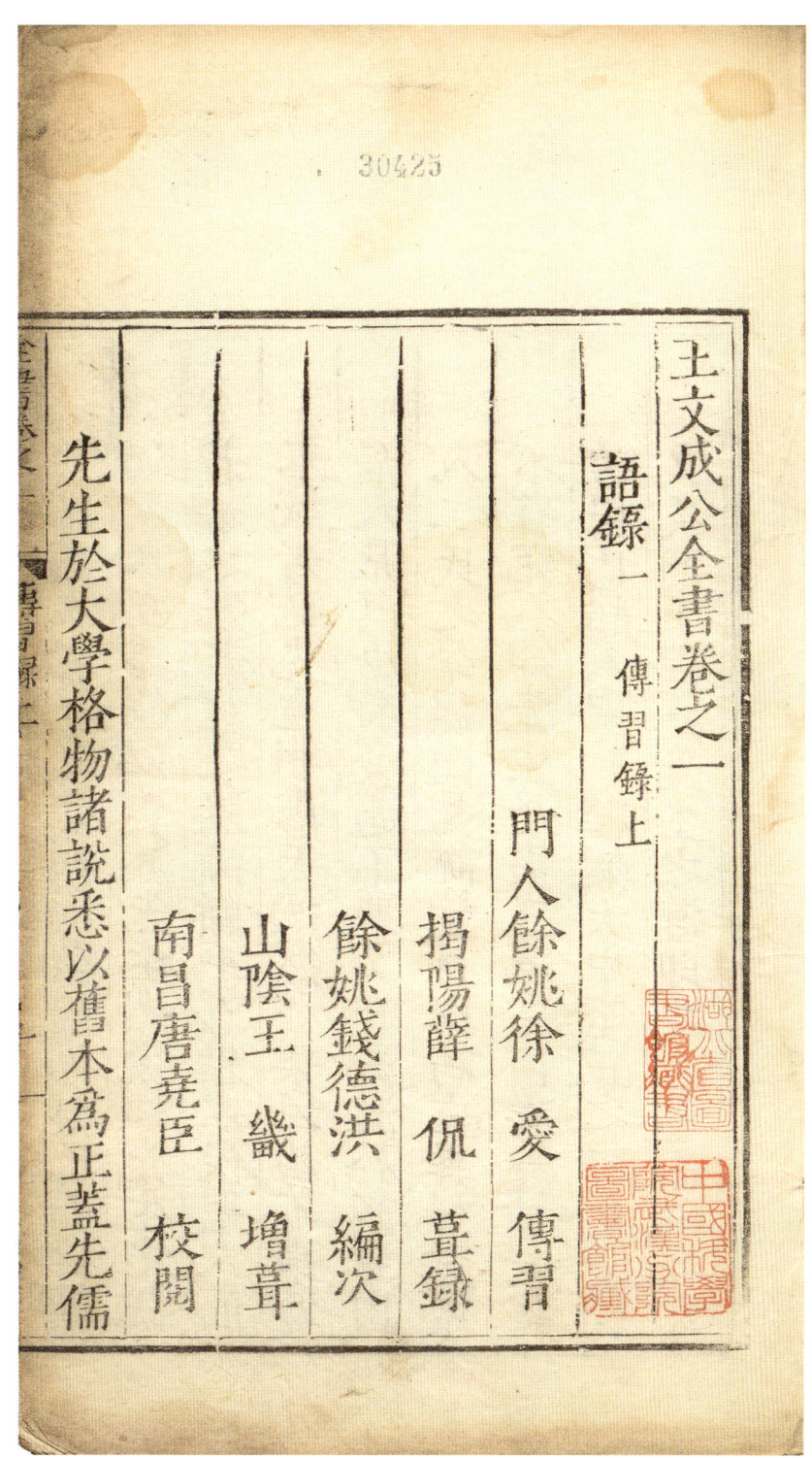

348-1 《王文成公全書》卷一卷端

348 王文成公全書三十八卷 〔明〕王守仁撰 明刻本 佚名圈點批校 存三十四卷（卷一至十四、十七至三十六）

开本高27.4厘米，宽17.2厘米。框高19.7厘米，宽14.3厘米。半葉九行，行十九字，小字雙行同，白口，四周雙邊。鈐"於是訓於人曰""孝篤斈""楊兆祺印""學古人"等印。索書號：善003389。

湖北省珍貴古籍名錄編號：00169。

人能以此處世則天下無不爭鬪矣
人能以此處己則家庭無不睦矣

大姦惡如之舜只是自進於乂以乂薰烝不去
正他姦惡兄文過掩慝此是惡人常態若要指
摘他是非反去激他惡性舜初時致得象要殺
巳亦是要象好的心太急此就是舜之過處經
過來乃知功夫只在自巳不去責人所以致得
克諧此是舜動心忍性增益不能處古人言語
俱是自家經歷過來所以說得親切遺之後世
曲當人情若非自家經過如何得他許多苦心處
先生曰古樂不作乆矣今之戲子尚與古樂意思

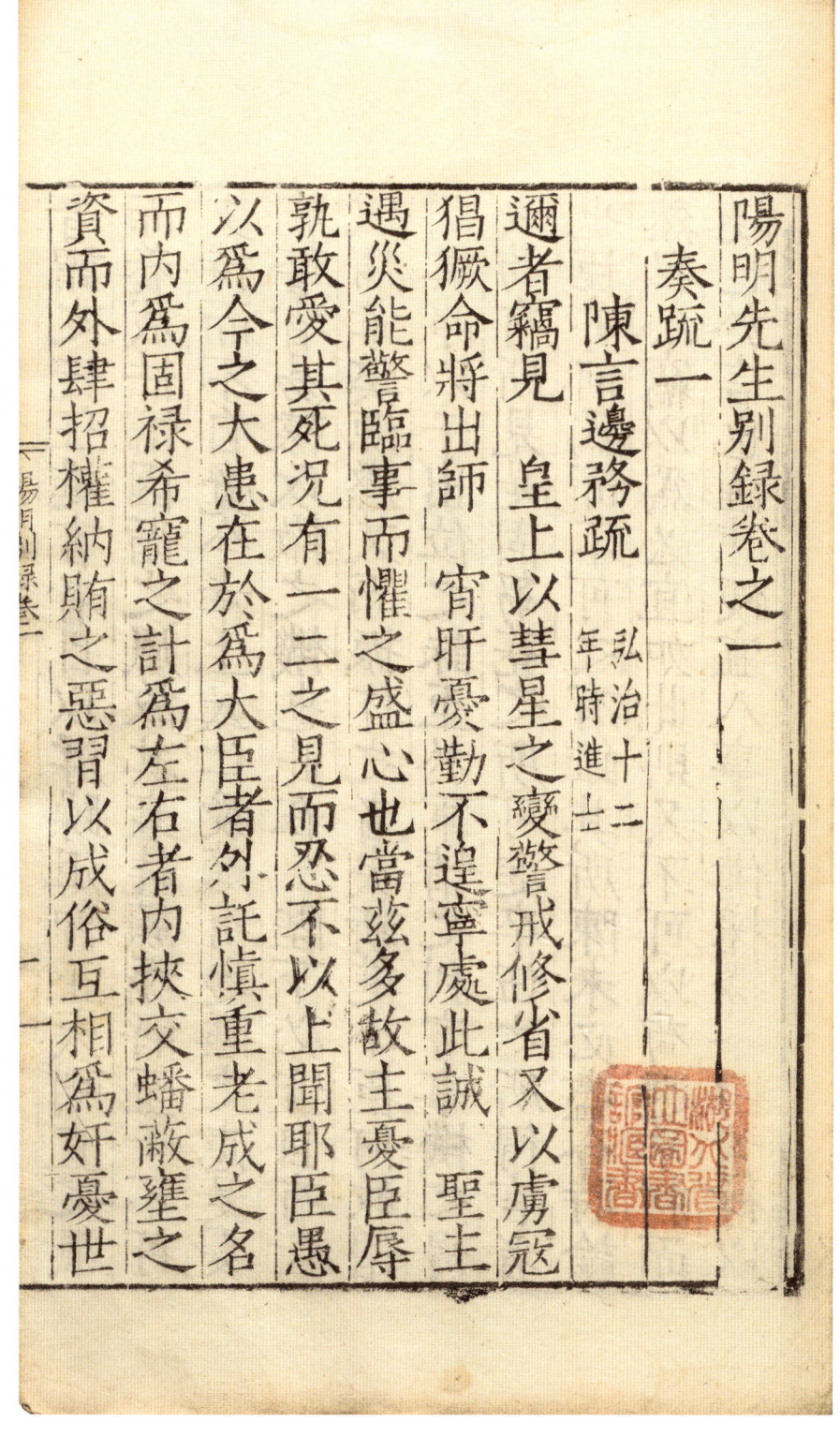

349 《陽明先生別錄》卷一卷端

349 陽明先生文錄五卷外集九卷別錄十四卷 〔明〕王守仁撰 明嘉靖二十九年（1550）刻本 存十九卷（外集卷一至四、七至九，別錄卷一至五、八至十四）

開本高 26.4 厘米，寬 18.0 厘米。框高 20.5 厘米，寬 15.1 厘米。半葉十行，行二十字，小字雙行同，白口，左右雙邊。索書號：善 003190。

湖北省珍貴古籍名錄編號：00171。

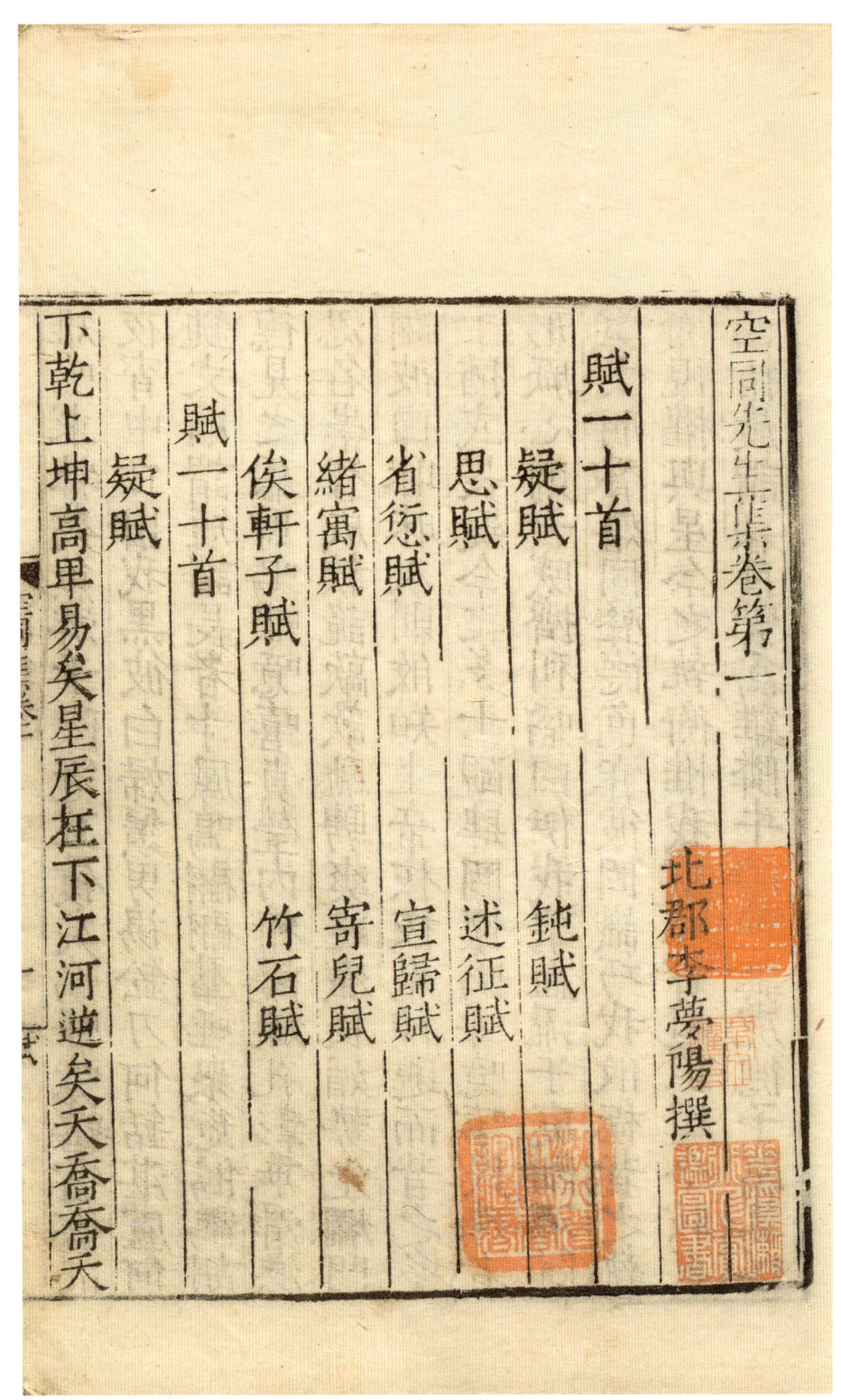

350-1　《空同先生集》卷一卷端

350 空同先生集六十三卷　〔明〕李夢陽撰　明嘉靖刻本　張繼煦跋　（卷五十九配抄本）

開本高 26.7 厘米，寬 17.9 厘米。框高 19.1 厘米，寬 15.4 厘米。半葉十一行，行二十字，小字雙行同，白口，左右雙邊。鈐"花溪懶道人賞鑑圖書""茅文耀印""曾在張春霆處"等印。索書號：善 003206。

國家珍貴古籍名錄編號：09111。

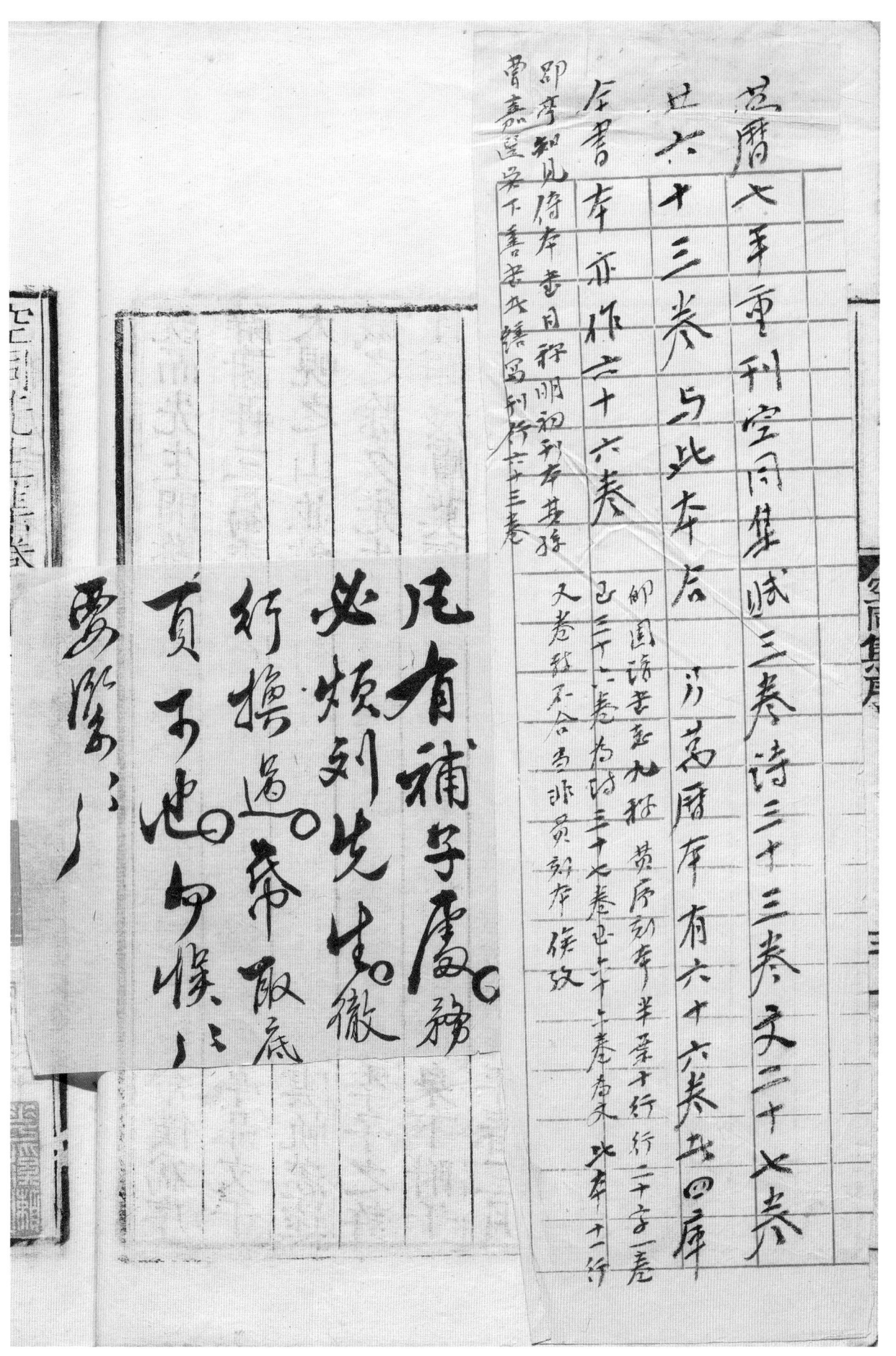

萬曆七年重刊空同集賦三卷詩三十三卷文二十七卷
共六十三卷 与此本合 另萬曆本有六十六卷共四十卷
全書亦作六十六卷

卯国詩集至九捲黃序勒年半柔十行行二十字一卷
已三十六卷為時又卷狂不合當排黃勒本後攷
即序知此佚本書目猕明初刊本甚稀三十七卷也七十二卷再天此本十一行
曹嘉遂吳下書孝失錄写刊行六十三卷

凡有補字處務
必煩刻先生徹
行擔過希取底
頁子弟叩候八
要緊々

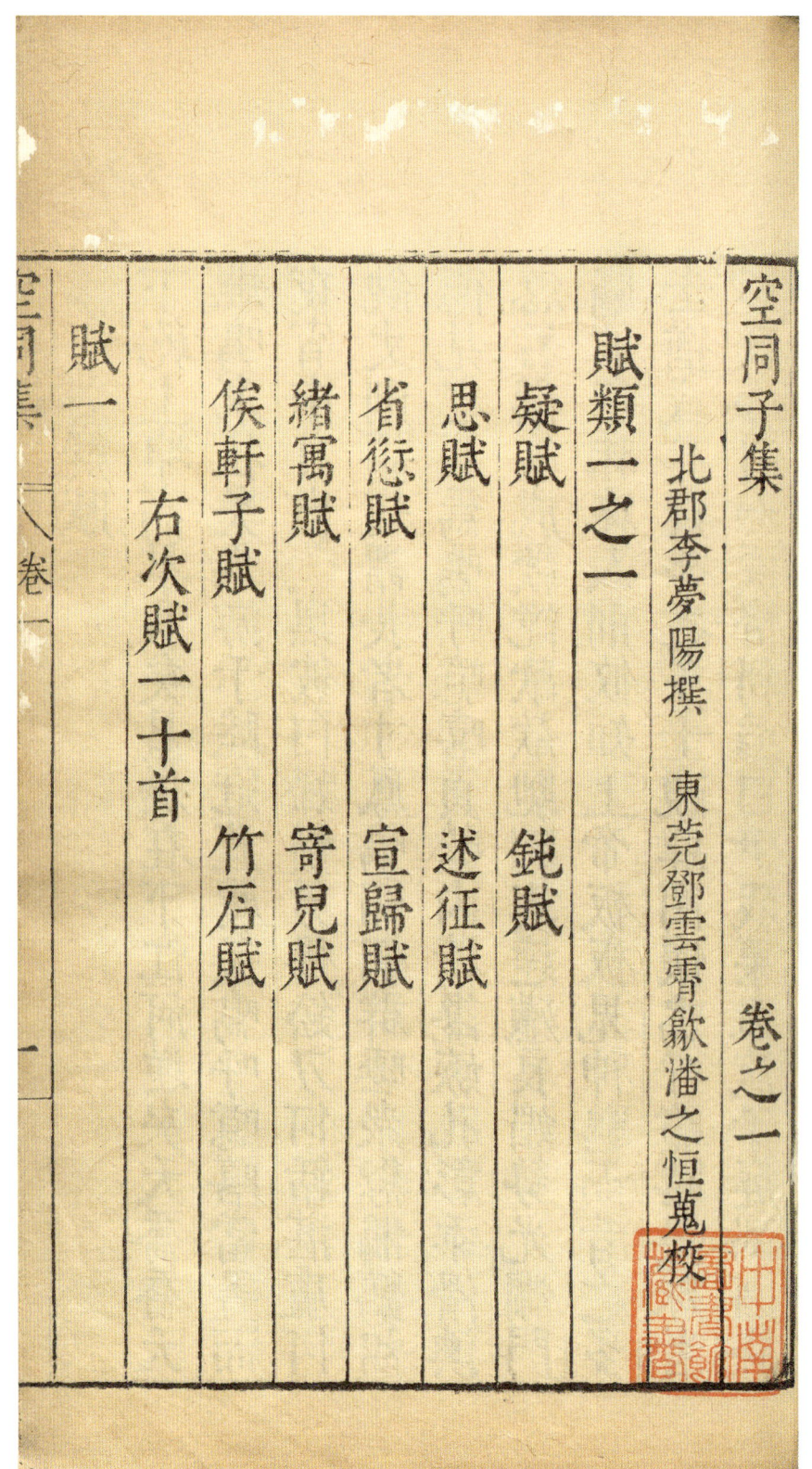

351-1 《空同子集》卷一卷端

351 空同子集六十六卷目錄三卷 〔明〕李夢陽撰 **附錄二卷** 明萬曆三十年（1602）鄧雲霄刻本

開本高 26.7 厘米，寬 16.9 厘米。框高 20.7 厘米，寬 15.0 厘米。半葉十行，行二十字，小字雙行同，白口，左右雙邊。鈐"劉""晦生寓目""致遠"等印。索書號：善 003613。

湖北省珍貴古籍名錄編號：00339。

疑賦

下乾上坤高卑易矣星辰在下江河逆矣天喬喬天
雉鳴求牡矣魚游于陸冠苴履矣嗚呼噫嘻當晝而
夜宵中日出我黑彼白婦鬚男揚鈆刀何銛湛盧何
鈍丈則謂短謂長者寸鳳鳴翽翽群唾衆欻鶡胡
德見之慕焉鳴呼噫嘻貞瑩內精讒嫉孔彰乖滑澳
恣名崇智成軟詭歁歁馳騁奕達孼良媚勢光爛門
闒彼曰昧昧人則攸知上帝板板魃神邈而昔之多
士猶或畏疑今之多士覘肆闠懷嗚呼噫嘻民殊者
形厥心則一威擠利噆曰伊我栗血流于庭酬酒歸

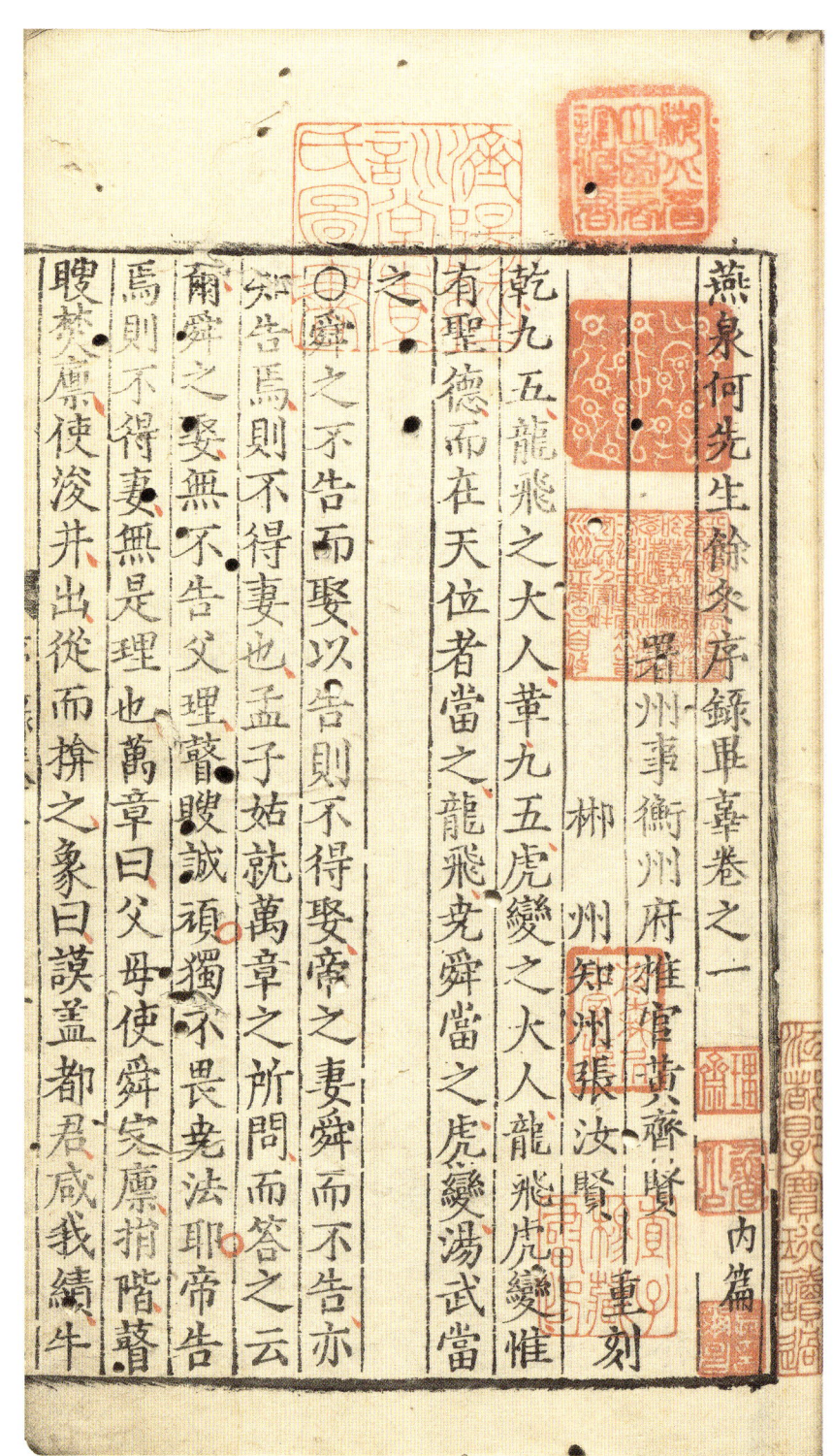

352-1 《燕泉何先生餘冬序錄》卷一卷端

352 燕泉何先生餘冬序錄六十五卷 〔明〕何孟春撰 〔明〕何仲方編輯 明萬曆黃齊賢、張汝賢刻本 （卷六十一至六十五配抄本）

開本高25.9厘米，寬17.2厘米。框高21.6厘米，寬14.1厘米。半葉十一行，行二十一字，白口，左右雙邊。鈐"涇川櫃氏紫藤花館藏書之印""濟陽經訓堂查氏圖書""江都郭氏印山堂藏書""理齋""松森居士家藏""李莊仲圖書館""春霆印信"等印。索書號：善001595。

湖北省珍貴古籍名錄編號：00340。

門者予十金民莫敢徙復曰能徙者予五十金有一人徙之輒予五十金乃下令先是吳起仕魏治西河欲輸其信於民夜日置表南門之外令曰明日有人償南門之外表者仕長大夫明日日晏民猶相謂曰必不信有之人試徙償表謁起起自見而出仕之長大夫夜日又復立表令如前邑人守門爭表表加植不得所賞自是民信起賞罰轂之徙木起之償表意也語曰下令如流水之源君子之出令也期於順民心下合人意以示信起賞罰轂人耳目以示信之理哉信以誠見民駭焉誠於何有令以信行信將自趨如不及烏有假物寓爵賞先動駭人意民以布惠則國安而身福而起與轂也專用其私智為國

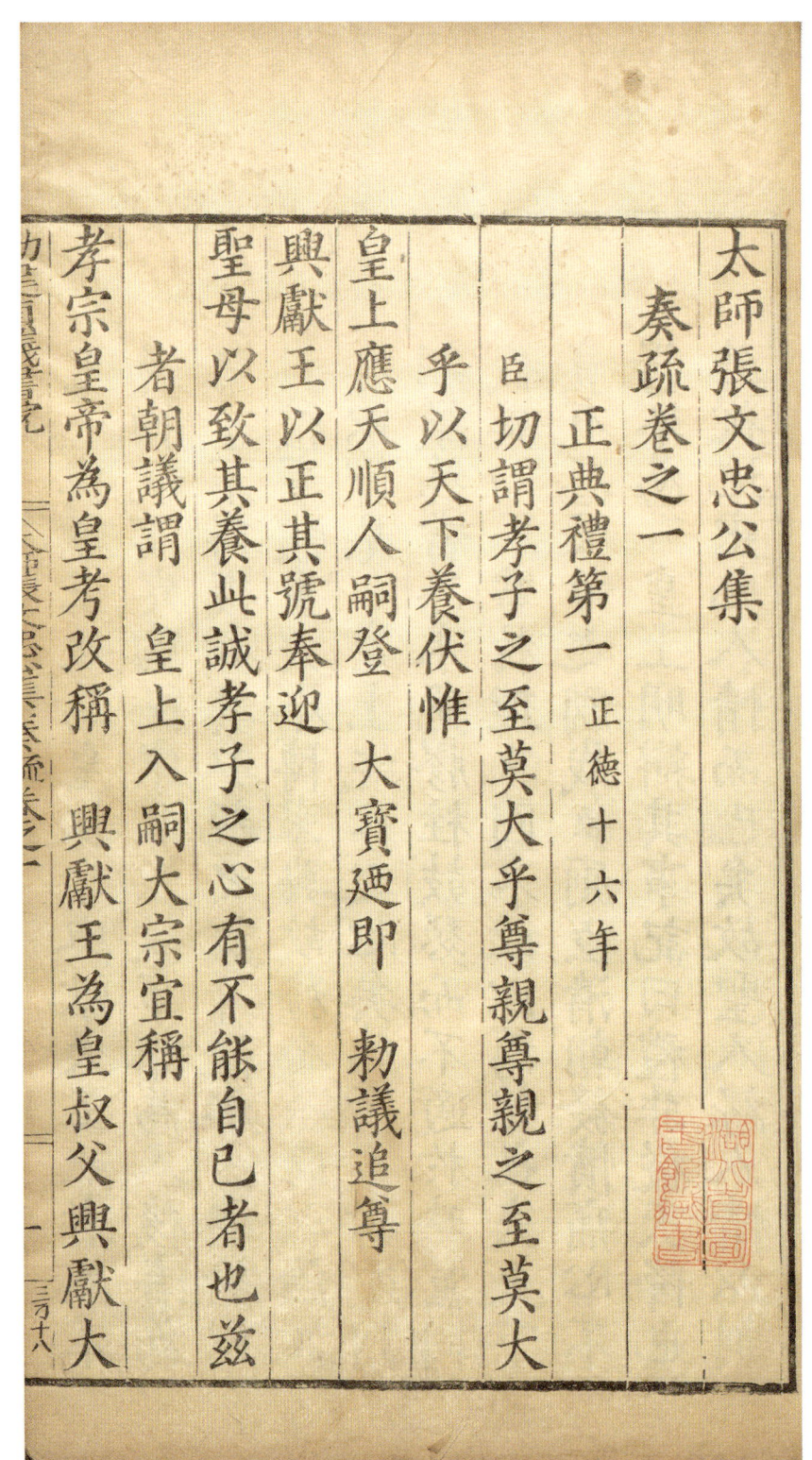

353　《太師張文忠公集》卷一卷端

353 太師張文忠公集十九卷　〔明〕張孚敬撰　明萬曆四十三年（1615）張汝紀、張汝綱貞義書院刻本

　　開本高26.4厘米，寬16.4厘米。框高21.4厘米，寬14.5厘米。半葉十行，行二十字，白口，左右雙邊。鈐"子樸"等印。索書號：善003697。

　　湖北省珍貴古籍名錄編號：00341。

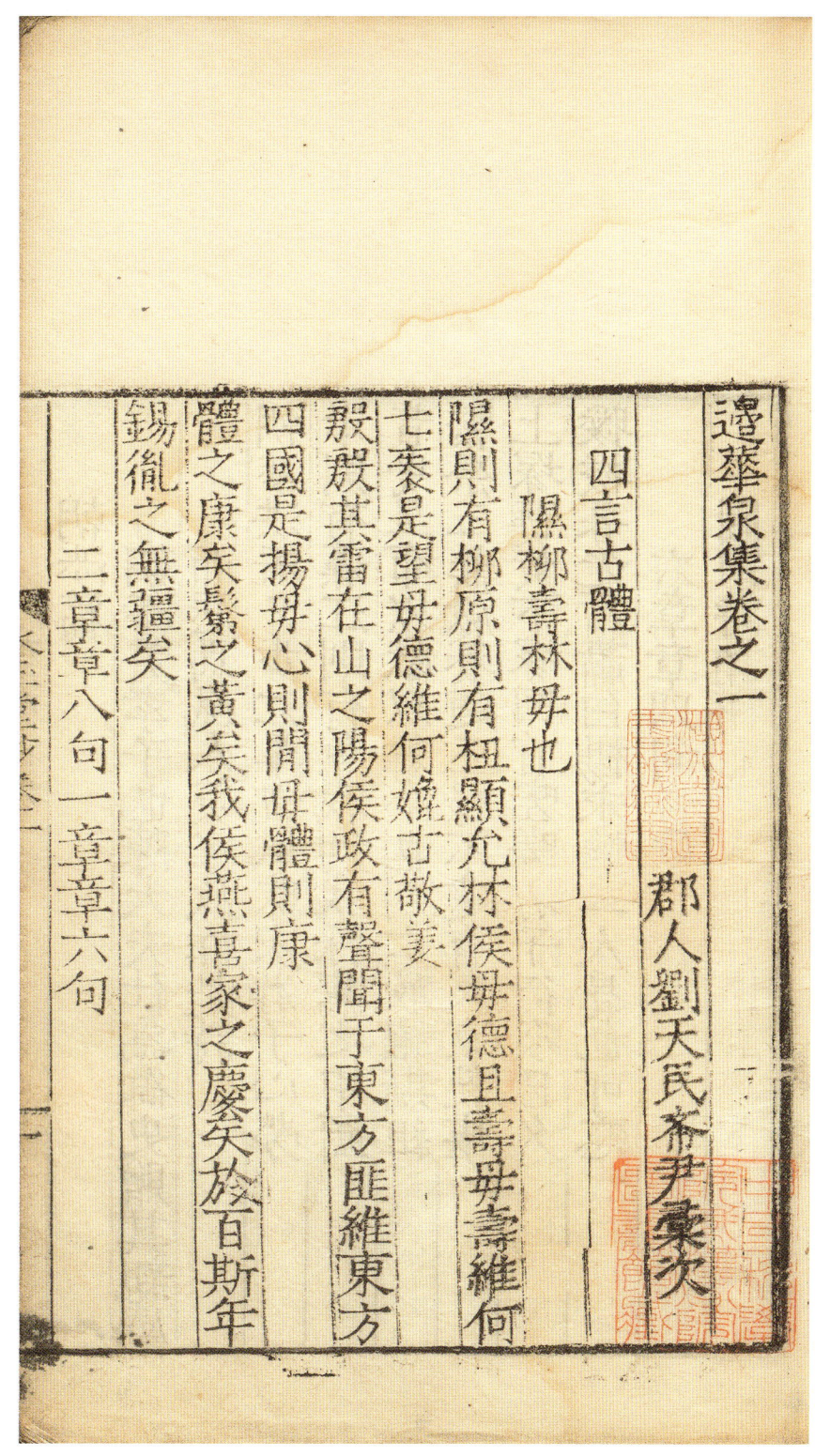

354-1 《邊華泉集》卷一卷端

354 邊華泉集八卷 〔明〕邊貢撰 〔明〕劉天民輯 明嘉靖十七年（1538）司馬魯瞻刻本 佚名錄明俞憲題識

開本高25.5厘米，寬16.2厘米。框高17.3厘米，寬14.1厘米。半葉十一行，行二十字，小字雙行同，白口，左右雙邊。鈐"禮培私印""埽塵齋積書記"印。索書號：善003705。

國家珍貴古籍名錄編號：11951。

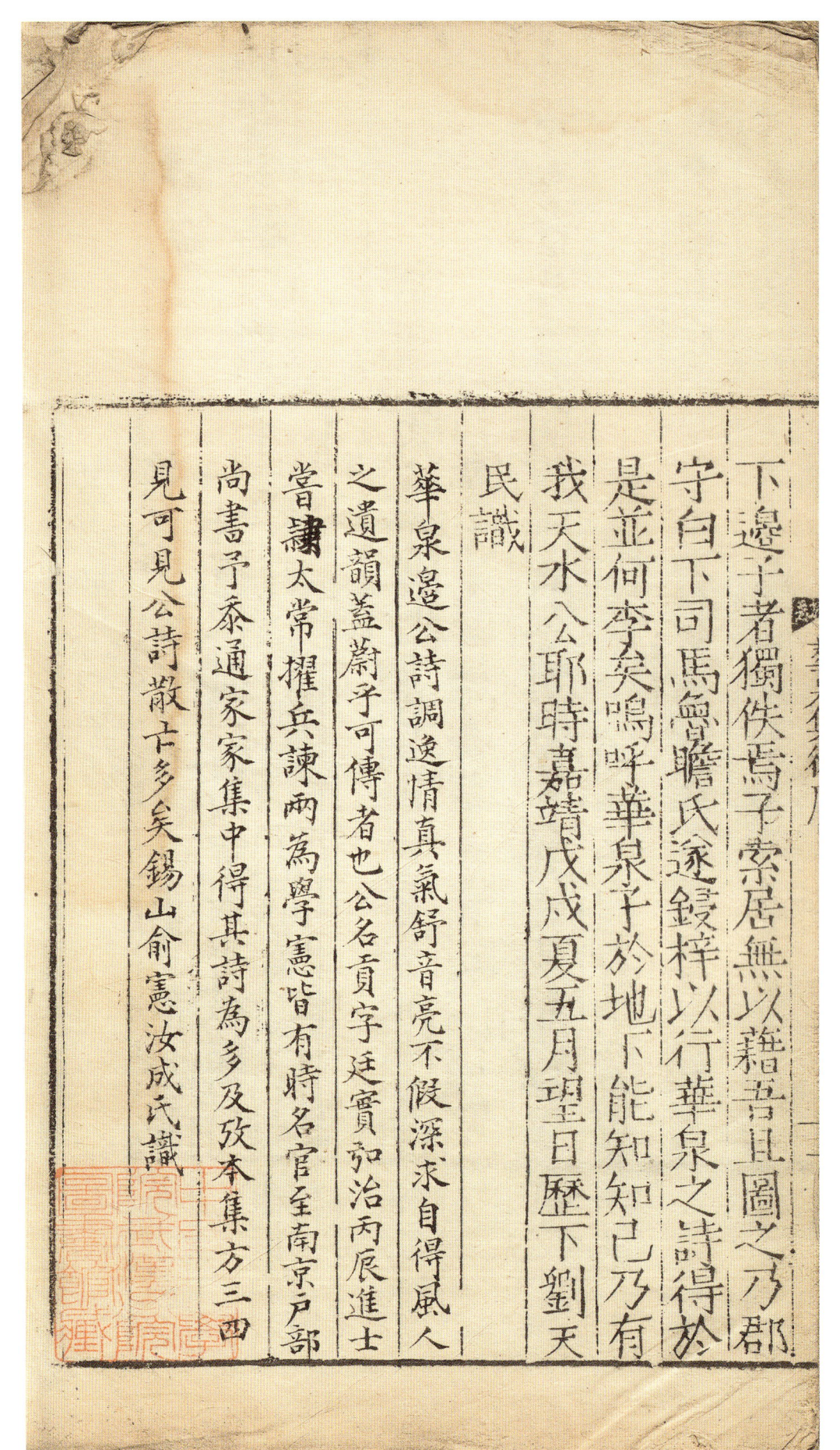

下邊子者獨佚焉子索居無以籍吾且圖之乃郡守白下司馬寧瞻氏遂鋟梓以行華泉之詩得於是並何李矣嗚呼華泉于於地下能知己乃有我天水公耶時嘉靖戊戌夏五月望日歷下劉天民識

華泉邊公詩調逸情真氣舒音亮不假深求自得風人之遺韻蓋蔚子可傳者也公名貢字廷實加治丙辰進士嘗諫太常擢兵諫兩為學憲皆有時名官至南京戶部尚書予忝通家家集中得其詩為多及效本集方三四見可見公詩散亡多矣錫山俞憲汝成氏識

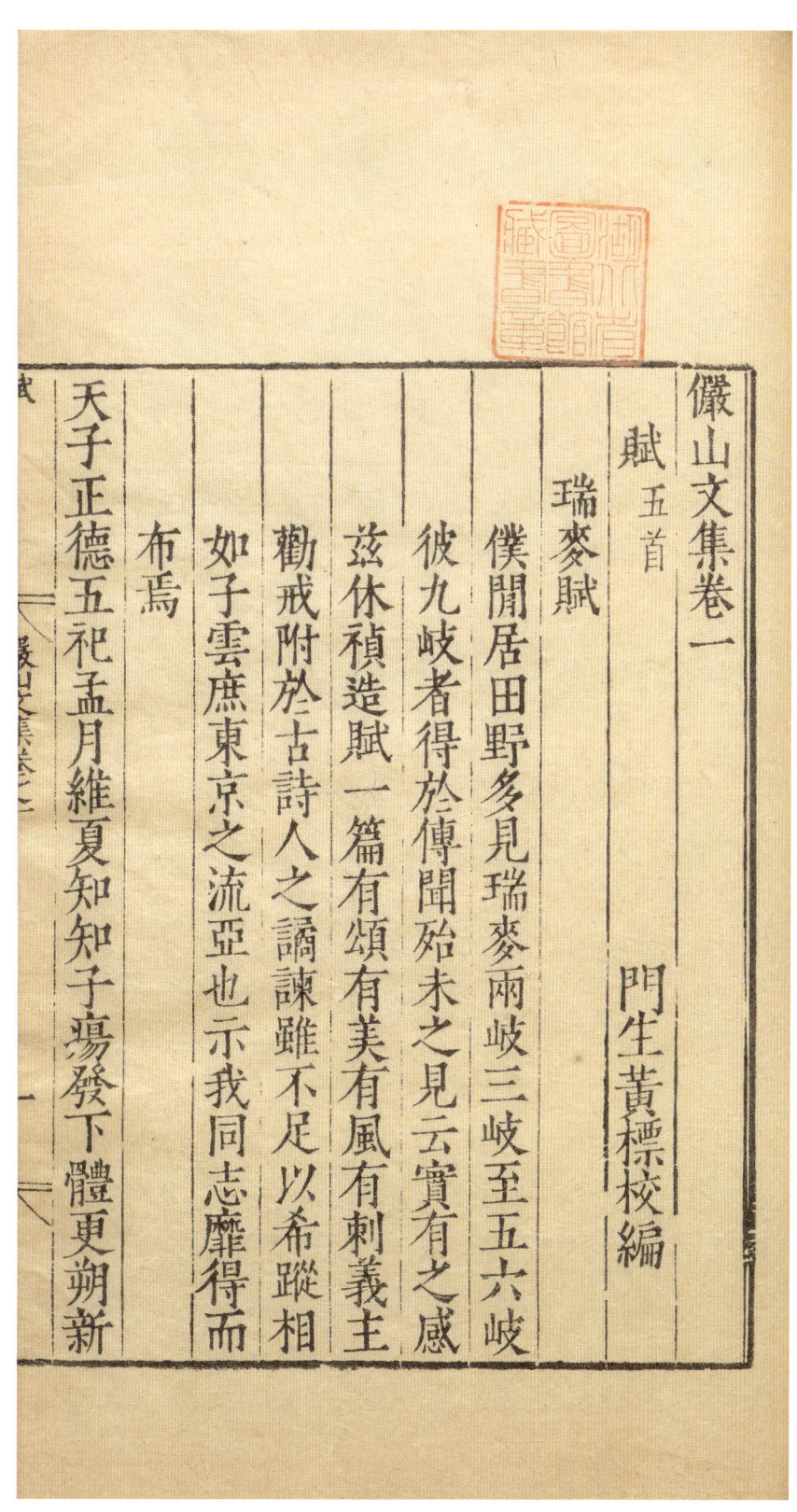

355 《儼山文集》卷一卷端

355 儼山文集一百卷目録二卷外集四十卷續集十卷 〔明〕陸深撰 明嘉靖二十五年（1546）陸楫刻本

開本高27.7厘米，寬17.8厘米。框高18.7厘米，寬14.2厘米。半葉十行，行二十字，小字雙行同，白口，左右雙邊。索書號：善003260。

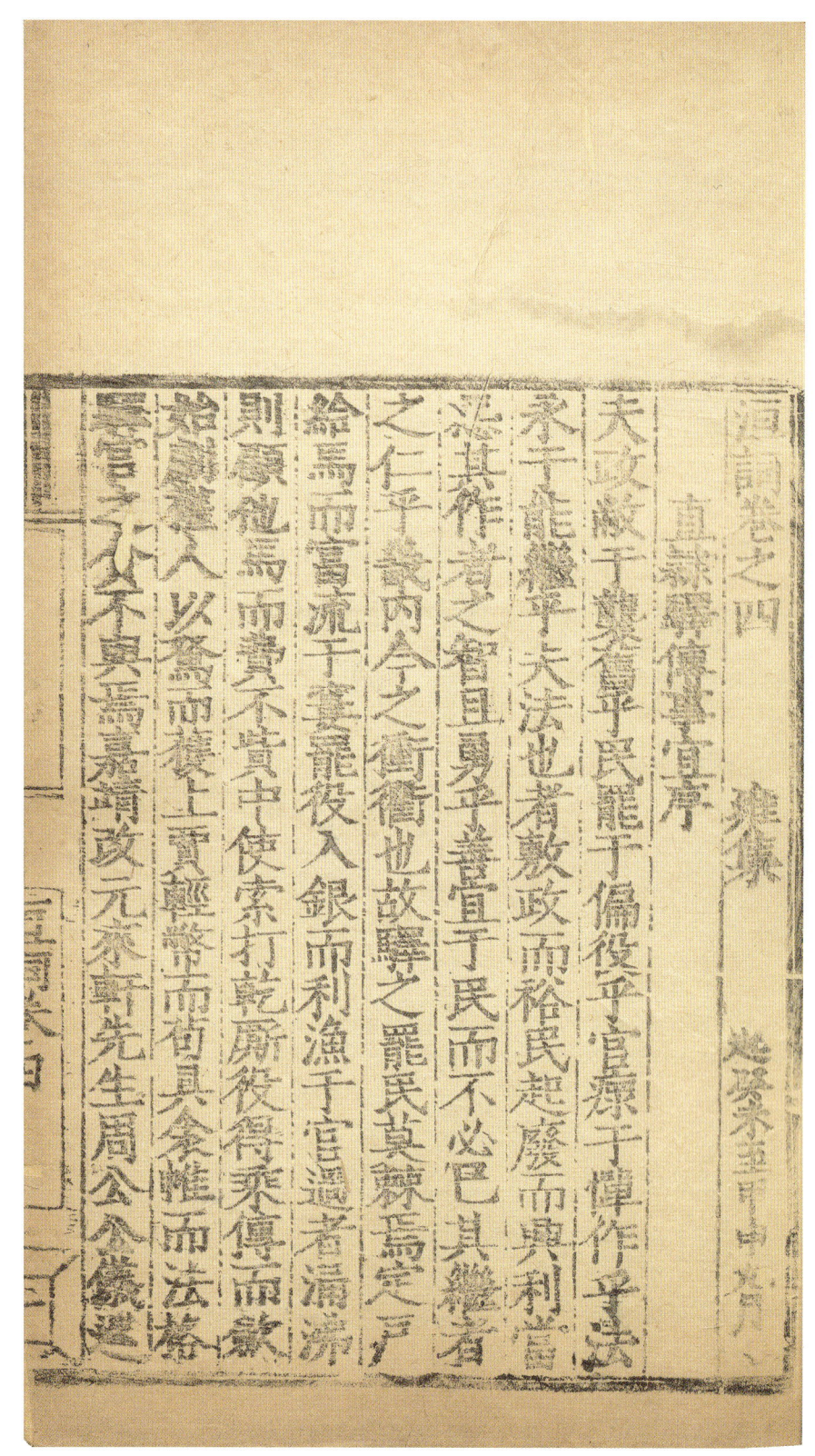

356　《洹詞》卷四卷端

356 洹詞十二卷 〔明〕崔銑撰　明嘉靖趙府味經堂刻本

開本高 24.5 厘米，寬 15.5 厘米。框高 17.3 厘米，寬 13.6 厘米。半葉十行，行二十字，小字雙行同，白口，四周雙邊。索書號：善 003199。

湖北省珍貴古籍名錄編號：00342。

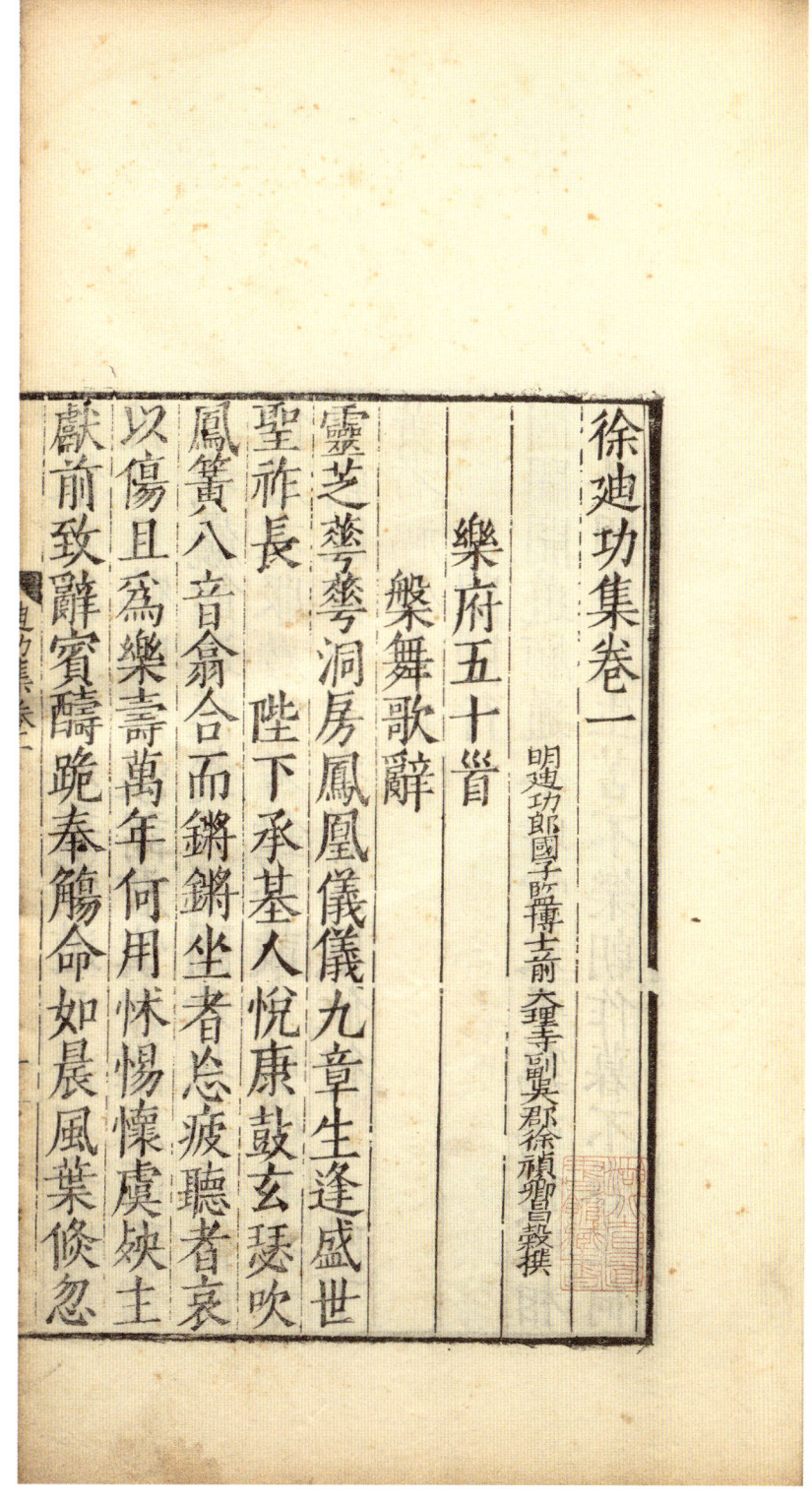

357 《徐迪功集》卷一卷端

357 徐迪功集六卷 〔明〕徐禎卿撰 **重選徐迪功外集四卷** 〔明〕徐禎卿撰 〔明〕傅光宅選 **談藝錄一卷** 明萬曆十二年（1584）傅光宅刻本

開本高30.0厘米，寬19.1厘米。框高18.9厘米，寬13.1厘米。半葉九行，行十六字，白口，左右雙邊。鈐"黃岡劉氏紹炎過眼""黃岡劉氏校書堂藏書記"印。索書號：善003677。

湖北省珍貴古籍名錄編號：00173。

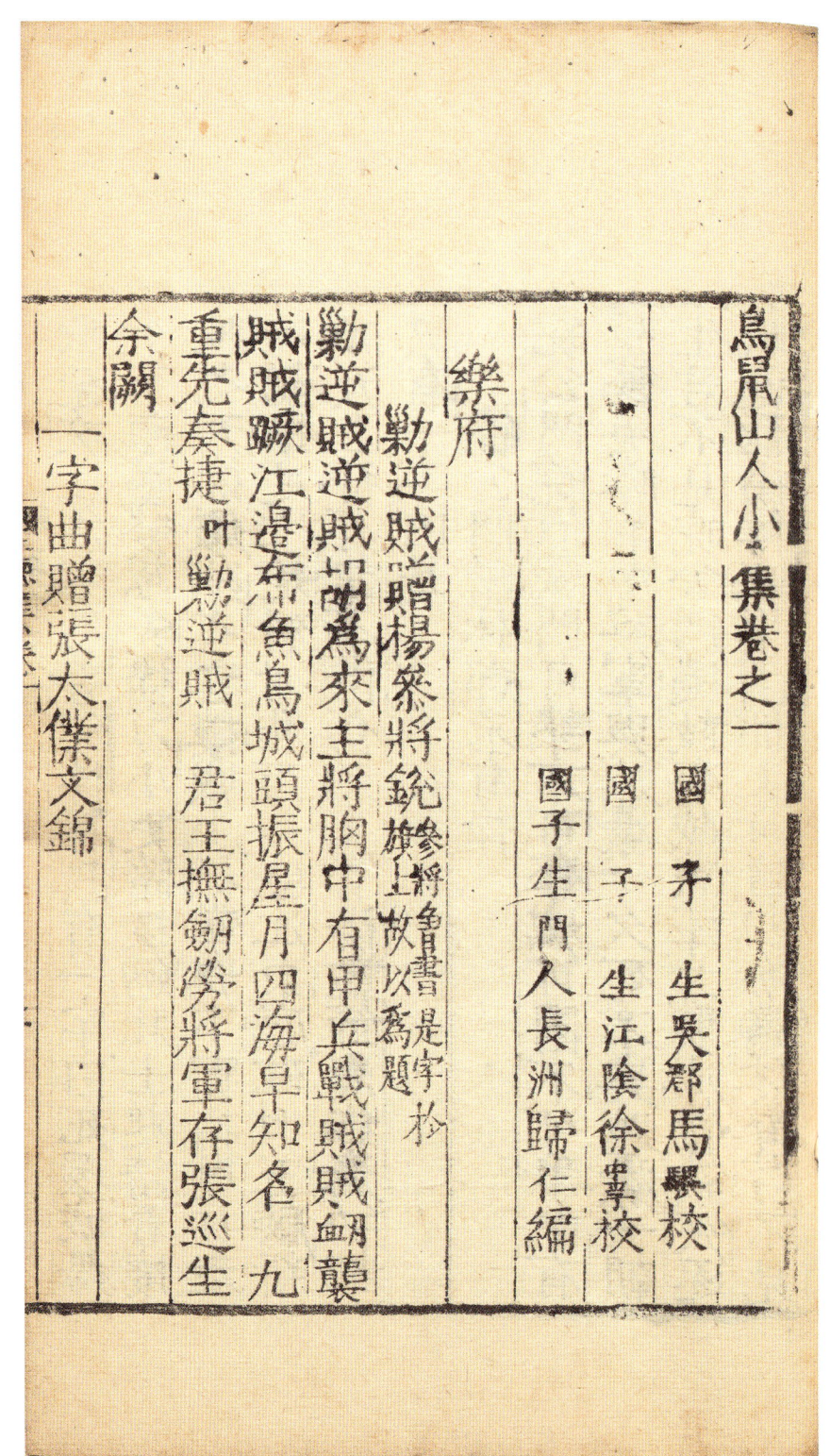

358 《鳥鼠山人小集》卷一卷端

358 鳥鼠山人小集十六卷後集二卷可泉擬涯翁擬古樂府二卷擬漢樂府八卷 〔明〕胡鑽宗撰 明嘉靖刻本

開本高 24.5 厘米，寬 16.2 厘米。框高 17.1 厘米，寬 13.4 厘米。半葉十一行，行二十字，白口，四周單邊。索書號：善 003648。

湖北省珍貴古籍名錄編號：00343。

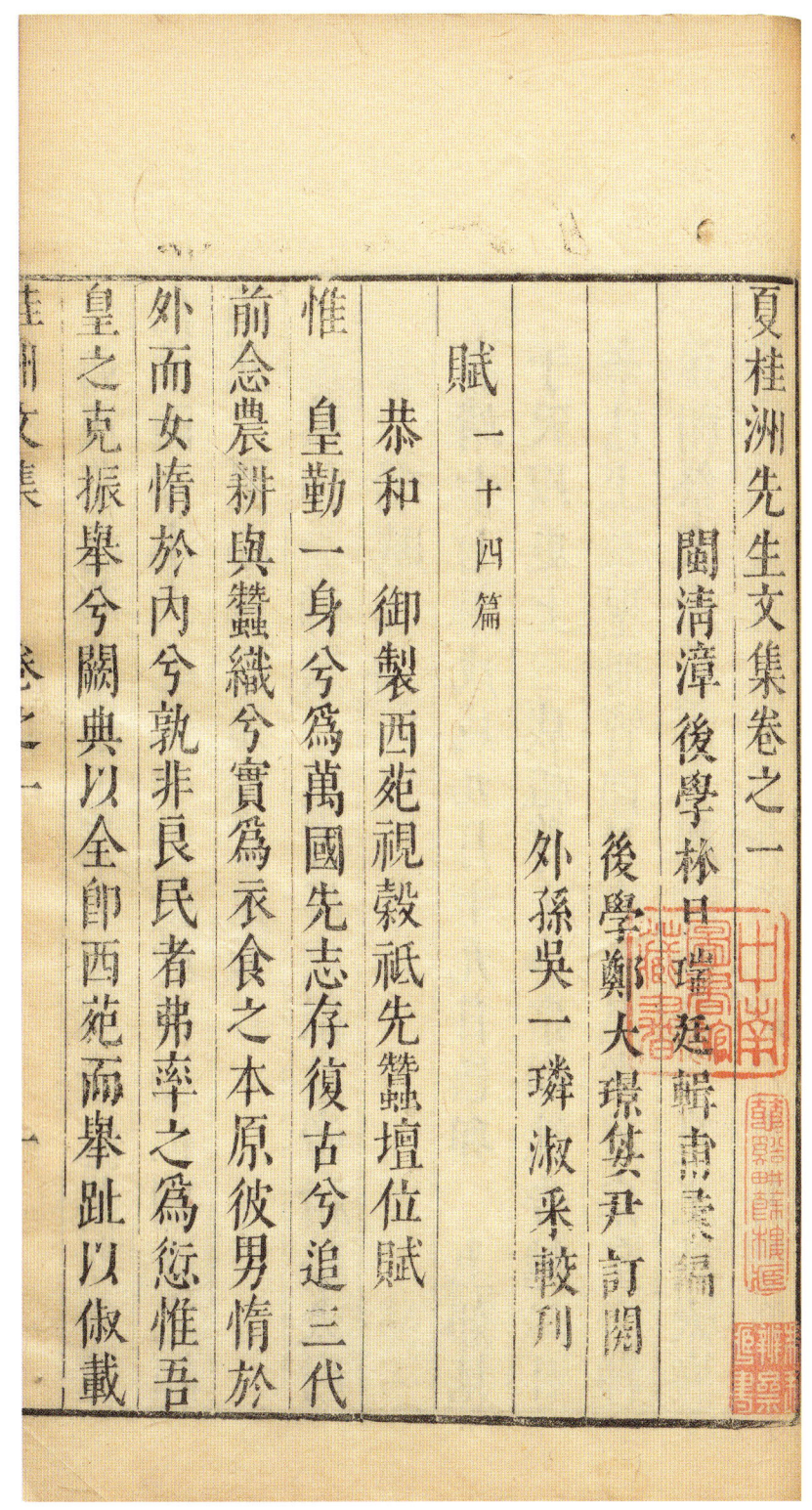

359 《夏桂洲先生文集》卷一卷端

359 夏桂洲先生文集十八卷 〔明〕夏言撰 〔明〕林日瑞彙編 **年譜一卷** 明崇禎十一年（1638）吳一璘刻本

開本高26.0厘米，寬16.4厘米。框高20.3厘米，寬14.4厘米。半葉十行，行十九字，白口，四周單邊。鈐"慈溪耕餘樓藏""馮氏辨齋藏書"印。索書號：善003627。

湖北省珍貴古籍名錄編號：00344。

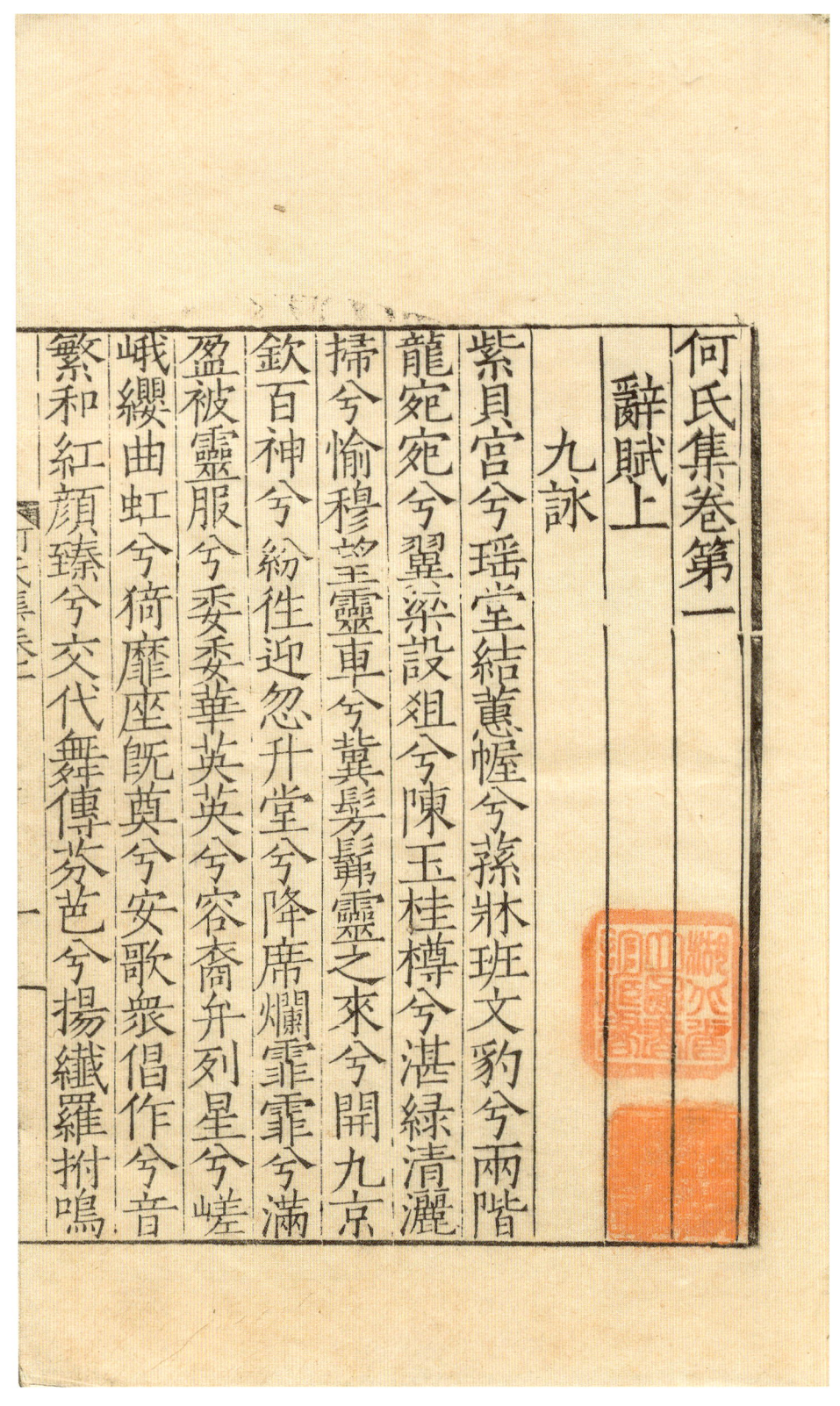

360 《何氏集》卷一卷端

360 何氏集二十六卷 〔明〕何景明撰 明嘉靖沈氏野竹齋刻本

開本高 24.6 厘米，寬 16.7 厘米。框高 16.4 厘米，寬 13.6 厘米。半葉十行，行十八字，白口，左右雙邊。鈐"顧鉉之印""顧鉉私印""曾在張春霆處"等印。索書號：善 003200。

國家珍貴古籍名錄編號：09137。

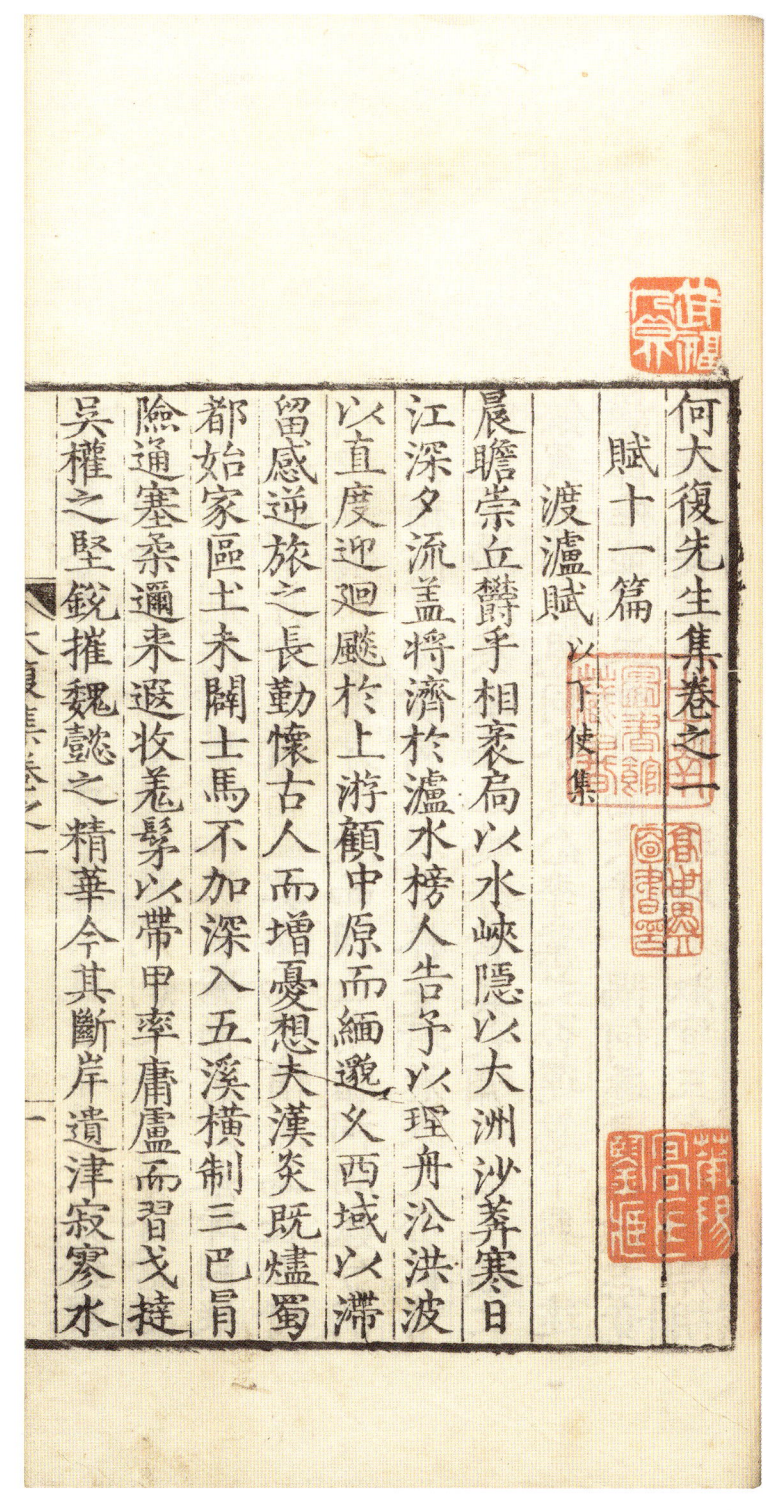

361-1 《何大復先生集》卷一卷端

361 何大復先生集三十八卷 〔明〕何景明撰 **附錄一卷** 明嘉靖刻本 武福鼐題識

開本高28.7厘米，寬17.8厘米。框高18.8厘米，寬14.3厘米。半葉十行，行二十字，白口，四周單邊。鈐"海豐吳氏家藏""山左吳壽埏""穎生""嵩年書畫之章""悔遲道人""高世異圖書印""華陽高氏鑒藏""尚同經眼""蒼茫齋藏善本""千岩萬壑堂""福鼐永寶""適齋藏書"等印。索書號：善003614。

湖北省珍貴古籍名録編號：00345。

永年武氏遷些窑許所得善本書二百種之一乙丑仲冬十日病目心怠邊記時家許下里中先去舊感悲化劫疾侵此區區後何意味況連年病困豈不可悲耶

慕妣福鼎祈書于燈下

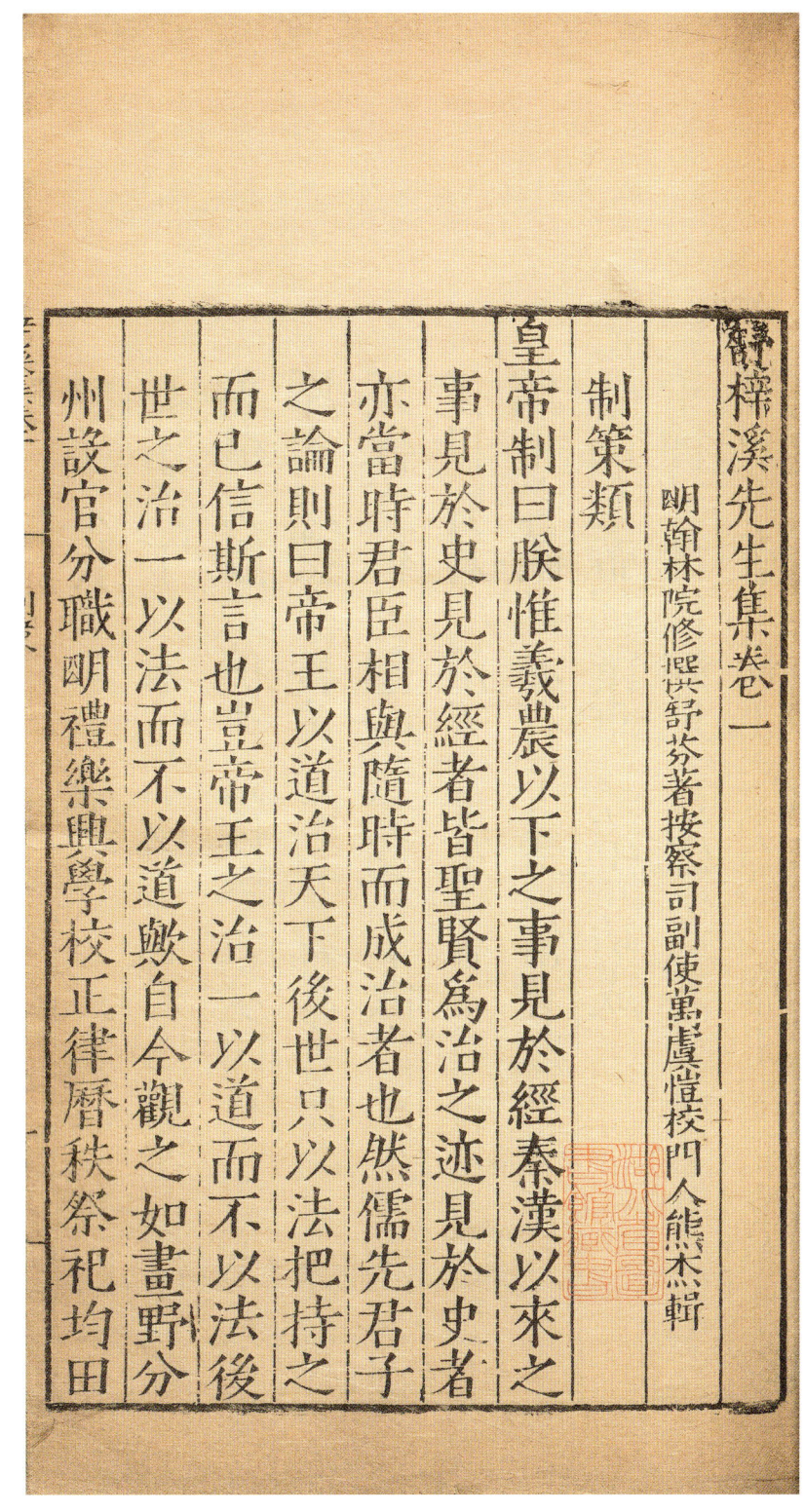

362 《舒梓溪先生集》卷一卷端

362 舒梓溪先生集十卷 〔明〕舒芬撰 明嘉靖三十二年（1553）萬虞愷等刻本

開本高25.7厘米，寬15.7厘米。半葉單框，框高19.0厘米，寬13.3厘米。半葉十行，行二十字，小字雙行同，白口，四周單邊。鈐"蕉林梁氏書畫之印""觀其大略""徐恕""藏棱庵"印。索書號：善003701。

國家珍貴古籍名錄編號：06042。

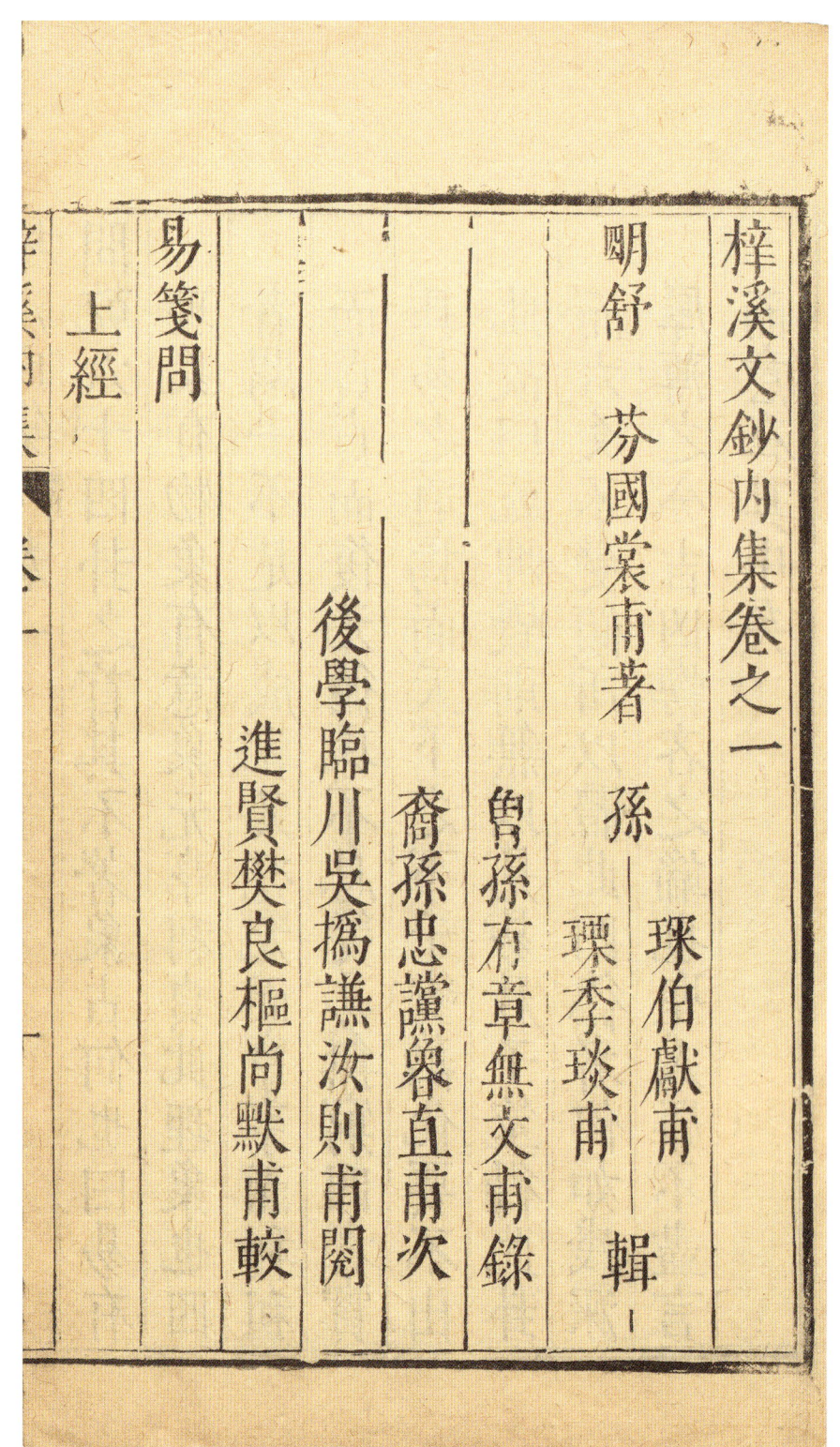

363 《梓溪文鈔內集》卷一卷端

363 梓溪文鈔內集八卷外集十卷 〔明〕舒芬撰 〔明〕舒琛等輯 明萬曆四十八年（1620）刻清乾隆七年（1742）重修本

開本高 25.5 厘米，寬 16.7 厘米。框高 20.8 厘米，寬 14.6 厘米。半葉九行，行十八字，小字雙行同，白口，四周雙邊。鈐"劉純燦印"印。索書號：善 003649。

湖北省珍貴古籍名錄編號：00348。

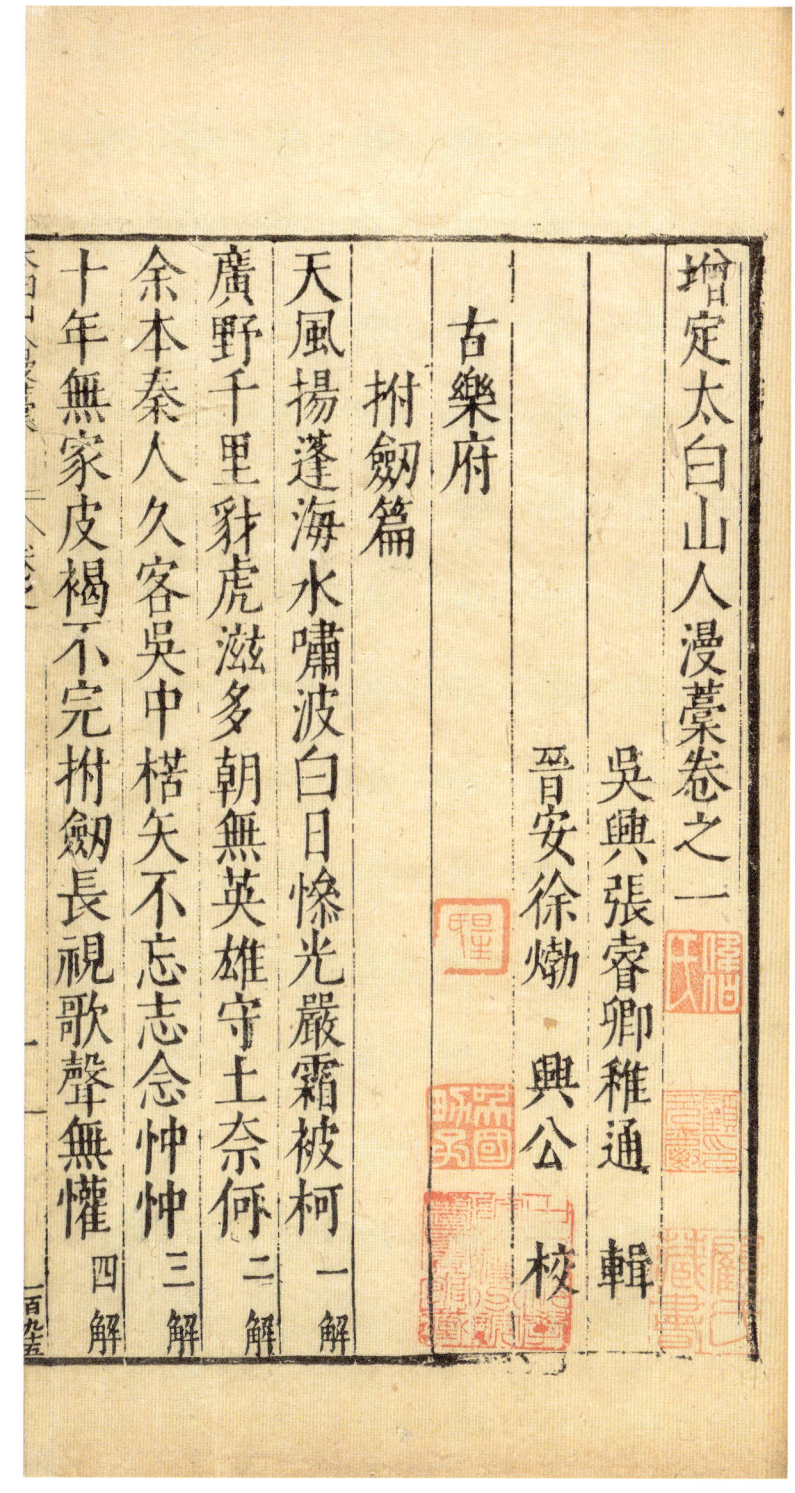

364 《增定太白山人漫稿》卷一卷端

364 增定太白山人漫稿八卷 〔明〕孫一元撰 〔明〕張睿卿輯 **太白山人傳一卷** 〔明〕殷雲霄撰
明萬曆二十五年（1597）張睿卿刻本

開本高27.9厘米，寬17.5厘米。框高21.2厘米，寬14.3厘米。半葉九行，行十八字，白口，左右雙邊。鈐"休寧汪季青家藏書籍""崇雅堂印""臣旭""顧元爵印""吳國男子""偉伯氏""旦生氏"等印。索書號：善003683。

湖北省珍貴古籍名錄編號：00346。

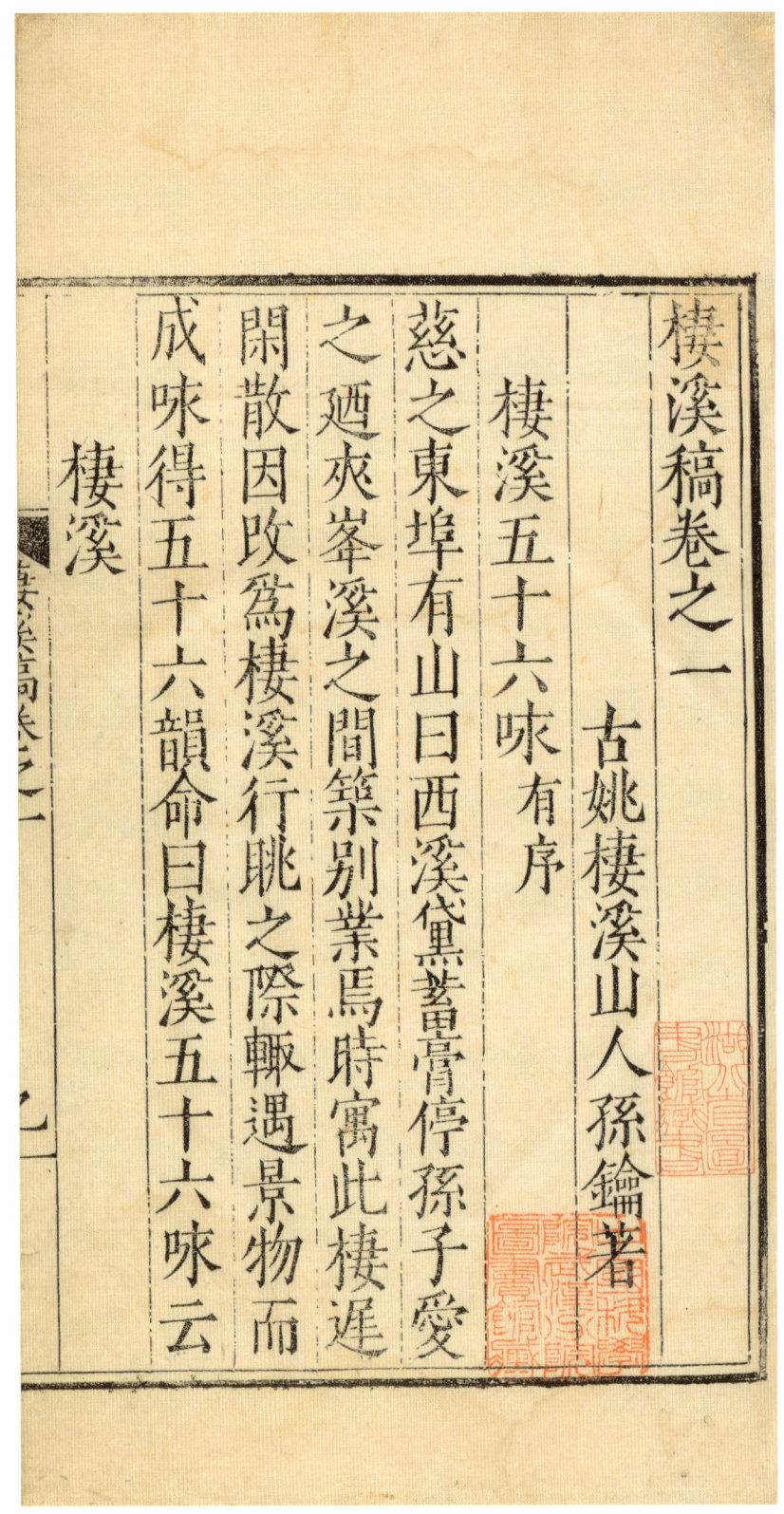

365 《棲溪稿》卷一卷端

365 棲溪稿八卷 〔明〕孫鑰撰 明萬曆七年（1579）孫應奎刻本

開本高 26.4 厘米，寬 16.1 厘米。框高 19.5 厘米，寬 13.7 厘米。半葉八行，行十六字，白口，四周雙邊。索書號：善 003710。

國家珍貴古籍名錄編號：06054。

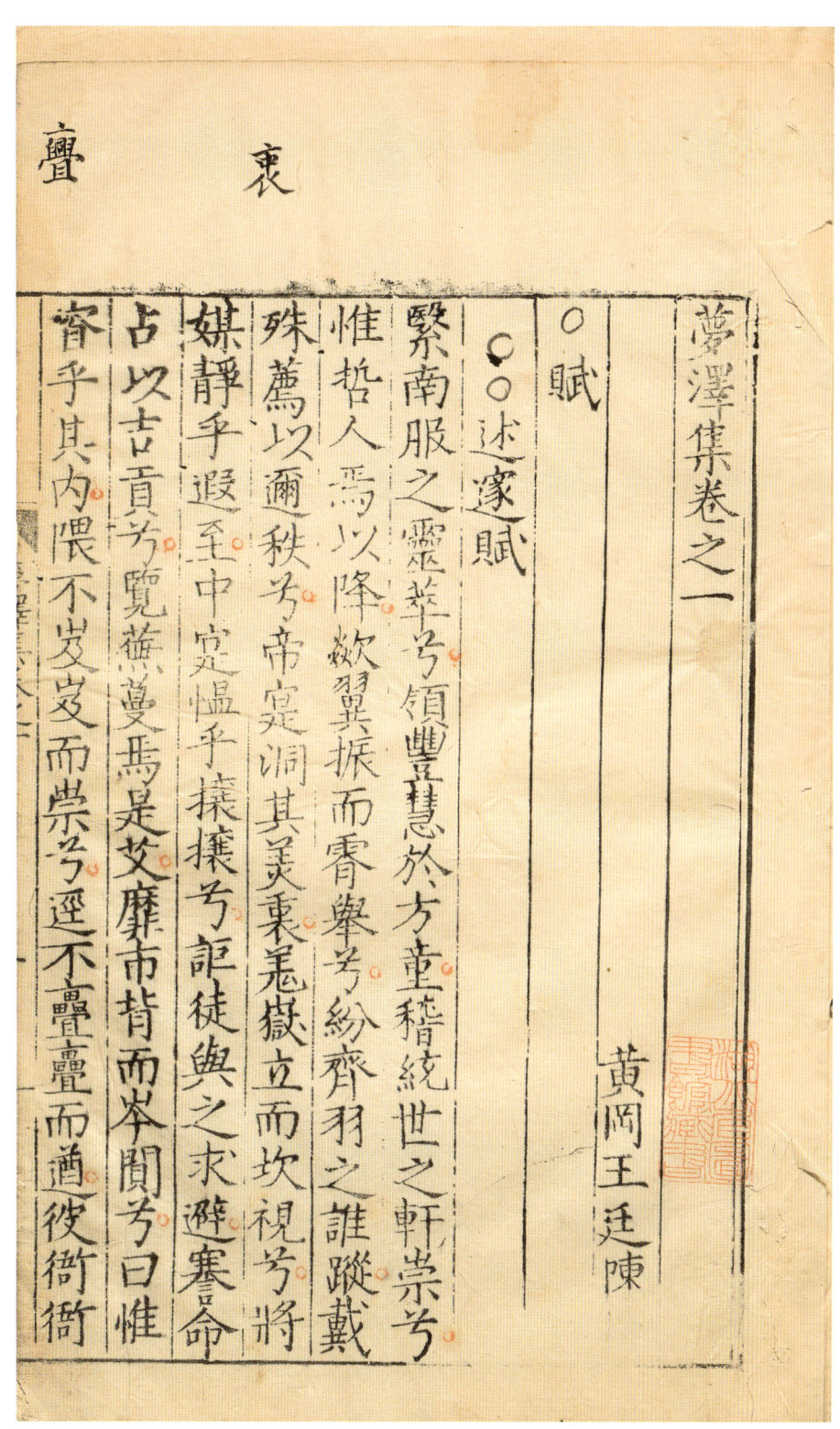

366-1 《夢澤集》卷一卷端

366 夢澤集二十三卷 〔明〕王廷陳撰 明萬曆十八年（1590）王追伊刻三十年（1602）王追淳增修本（四庫底本）清王家璧批校並跋

開本高27.3厘米，寬17.8厘米。框高20.0厘米，寬14.3厘米。半葉十行，行二十字，小字雙行同，白口，左右雙邊。鈐"翰林院印"（滿漢合璧）印。索書號：善003109。

國家珍貴古籍名錄編號：09185。

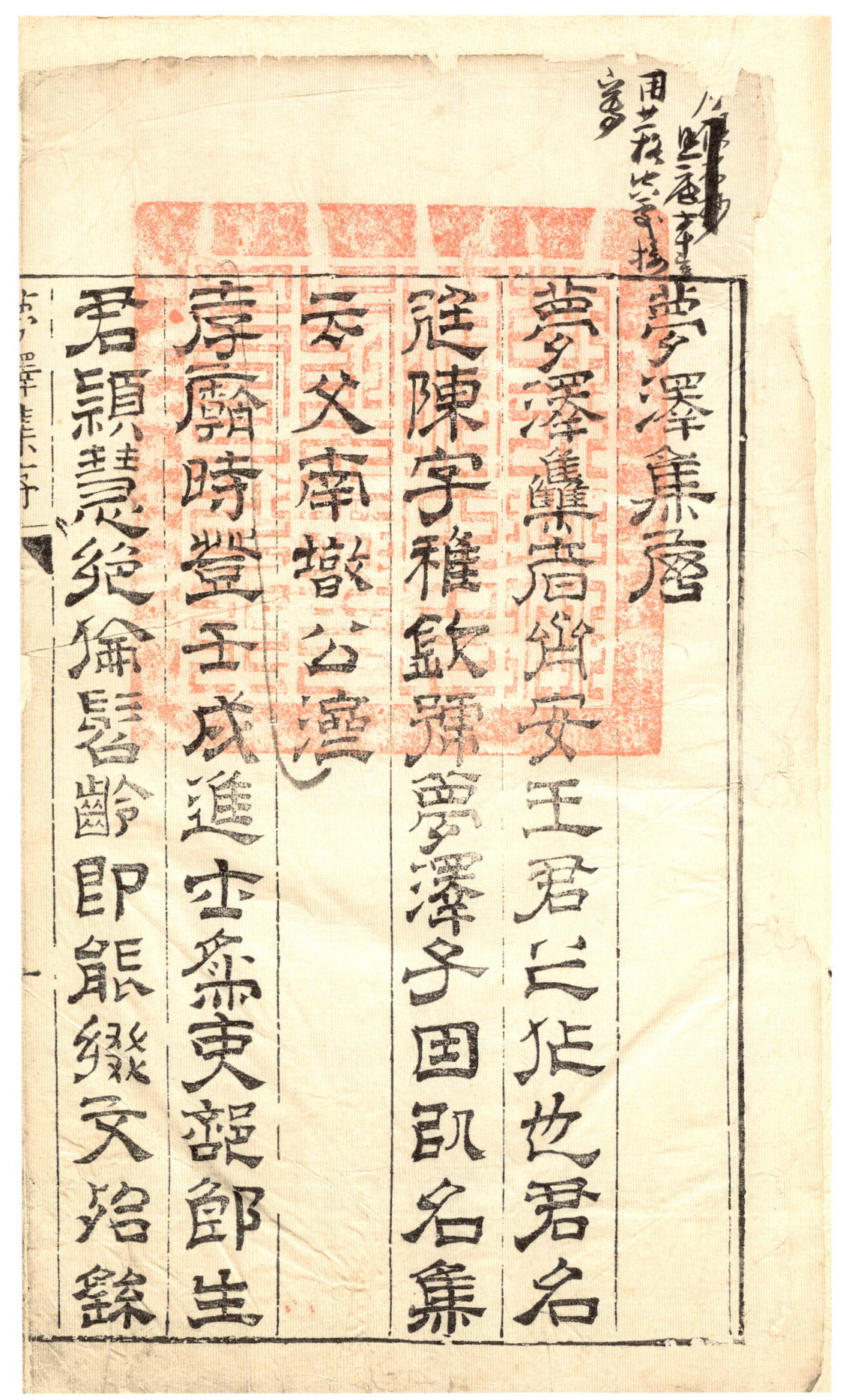

366-2 "翰林院印"（滿漢合璧印）

欽定夢澤集底本

厚之公追醇即頒刻
本重校并補遺附錄
經安徽巡撫採進
四庫館恭錄進呈

欽定後底本發交翰林院湘潭
袁漱六太史芳瑛武昌張
廉卿孝廉裕釗得于燕
市轉以見贈

盛京
文溯閣夢澤集底本不載原
序及目錄

光緒五年十月二十四日會同内務府恭睇
文溯閣夢澤集四庫全書次日清於盛京戶部䝉將軍崇寶岐子惠元
恭借夢澤集兩漬校入次日將軍遣園務府司官齎繳以來家寄書齋
敬日夜之力覆校至五十一月初四日恭齎繳還府丑恩本峰福在堂

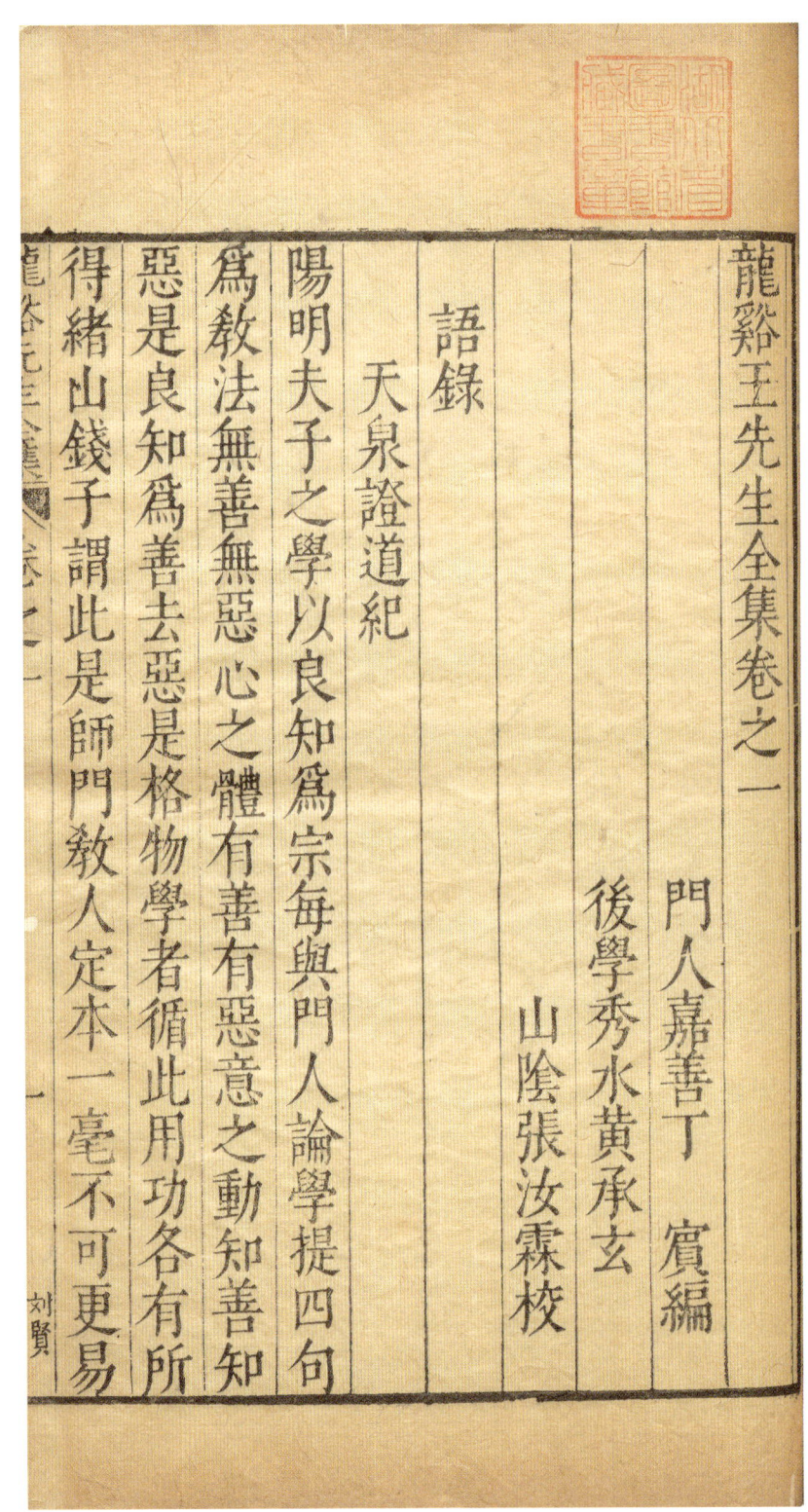

367　《龍溪王先生全集》卷一卷端

367　龍溪王先生全集二十二卷　〔明〕王畿撰　〔明〕丁賓編　明萬曆四十三年（1615）丁賓、張汝霖刻本

開本高26.9厘米，寬16.8厘米。框高21.1厘米，寬14.8厘米。半葉十行，行二十字，白口，左右雙邊。索書號：善003264。

湖北省珍貴古籍名錄編號：00349。

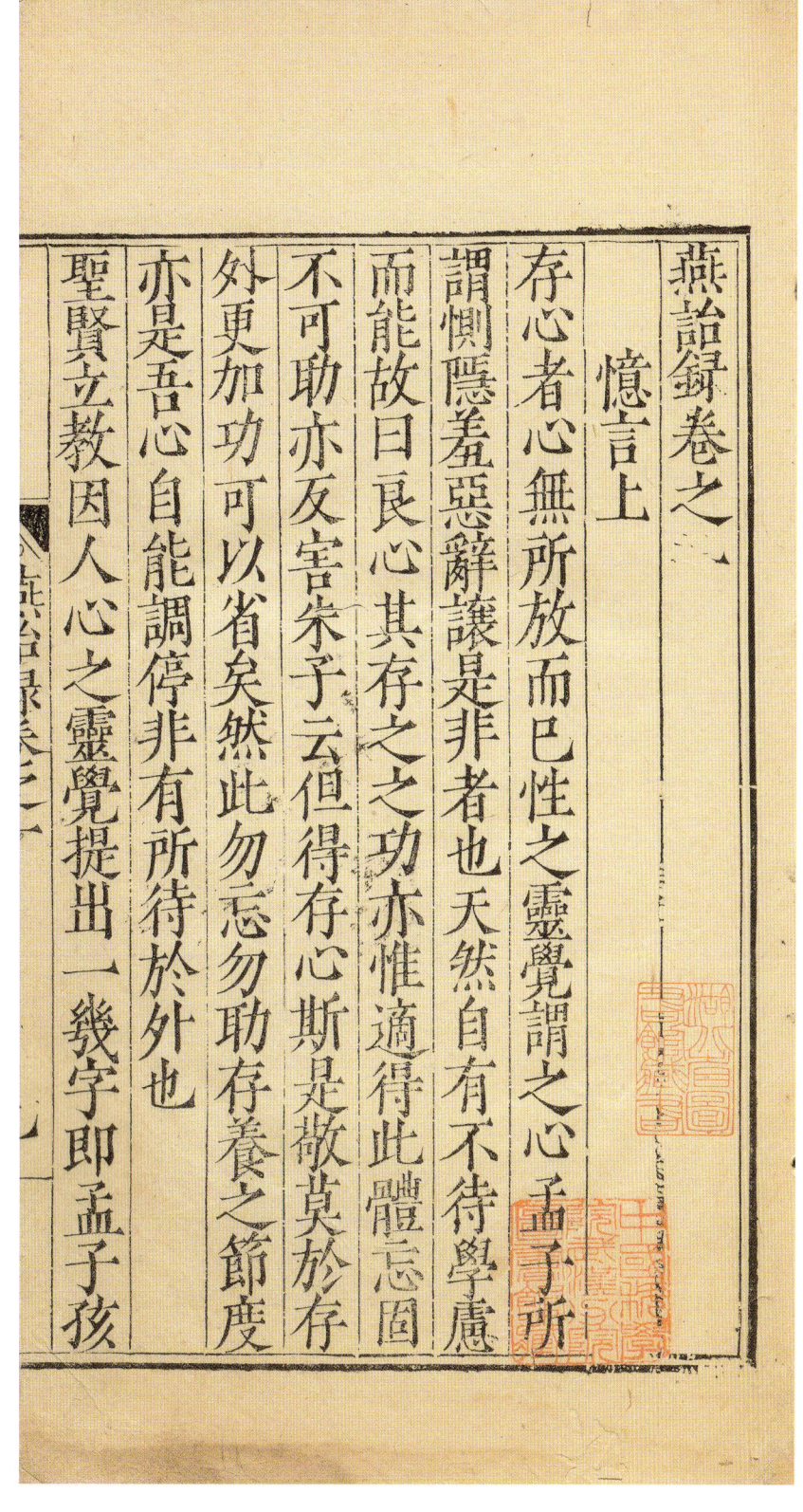

368 《燕詒錄》卷一卷端

368 燕詒錄十三卷 〔明〕孫應奎撰 明萬曆刻本

開本高26.5厘米，寬16.0厘米。框高20.3厘米，寬13.5厘米。半葉九行，行十九字，白口，四周雙邊。索書號：善003691。

國家珍貴古籍名錄編號：06094。

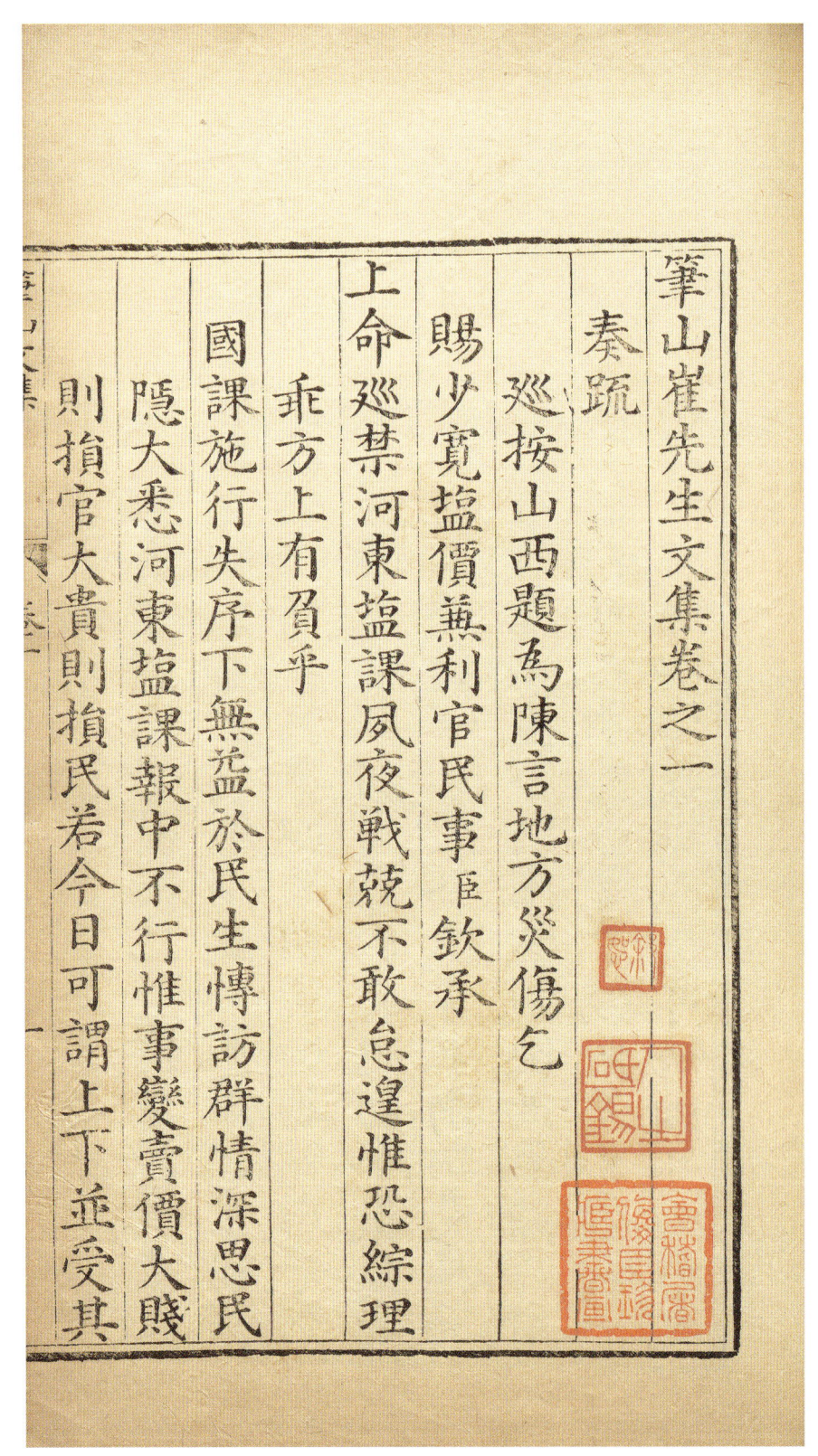

369 《筆山崔先生文集》卷一卷端

369 筆山崔先生文集十卷 〔明〕崔涯撰 明萬曆三十六年（1608）刻本

開本高25.8厘米，寬16.2厘米。框高20.1厘米，寬13.2厘米。半葉九行，行二十字，白口，四周雙邊。鈐"會稽屠俊臣珍藏書畫""崇本堂珍藏""小梅花盦藏書""徐恕"印。索書號：善003354。

湖北省珍貴古籍名錄編號：00359。

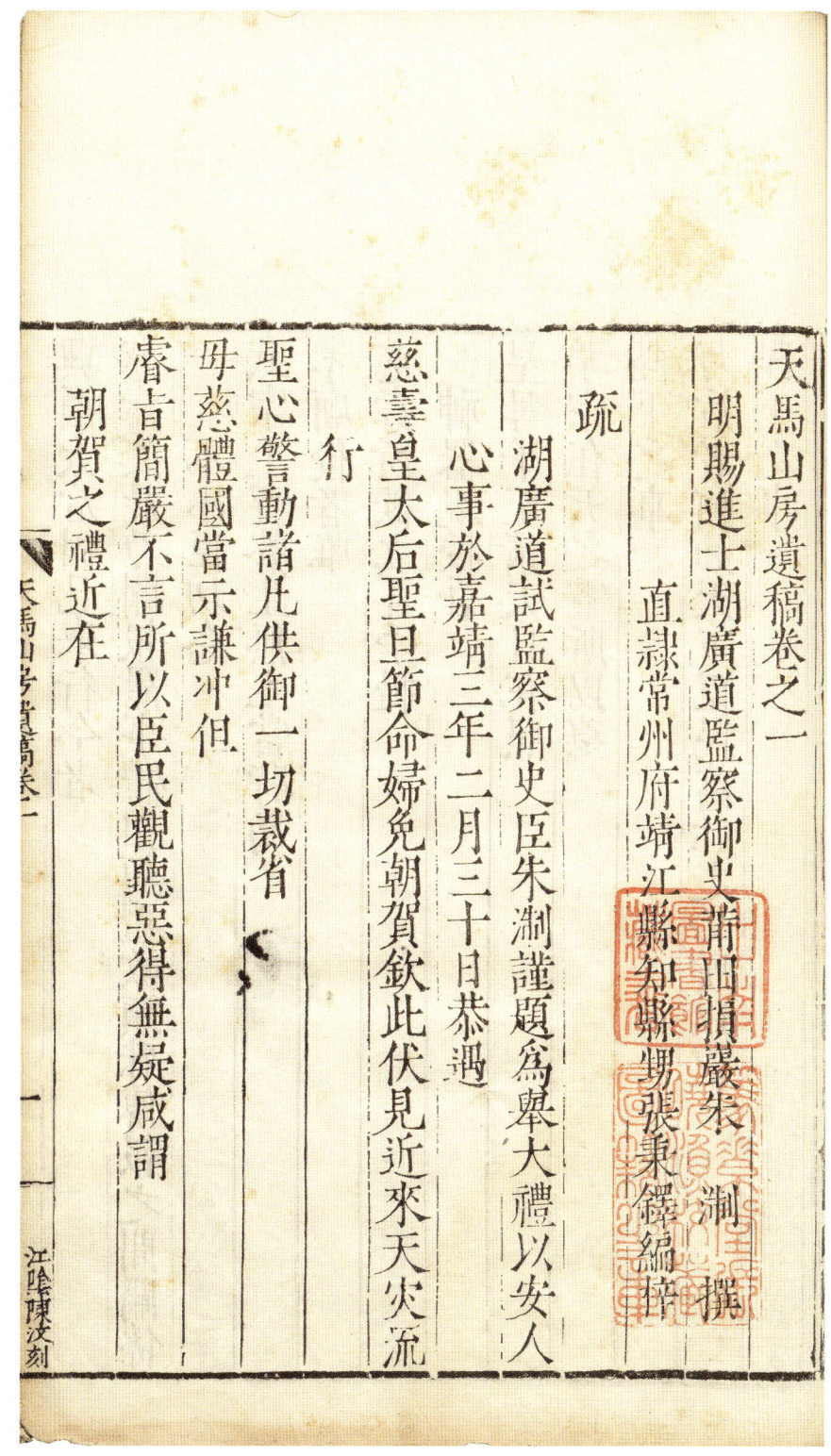

370-1 《天馬山房遺稿》卷一卷端

370　天馬山房遺稿八卷　〔明〕朱漸撰　〔明〕張秉鐸編　明隆慶三年（1569）張秉鐸刻明清遞修本　蟄盦題識

　　開本高27.1厘米，寬17.1厘米。框高19.9厘米，寬16.0厘米。半葉十二行，行二十二字，白口，左右雙邊。鈐"皖南張師亮筱漁氏校書於篤素堂""蟄盦讀書之志"等印。索書號：善003628。

　　湖北省珍貴古籍名錄編號：00347。

四庫簡明目錄天馬山房遠集明朱浙撰嘉靖初遣當事生邃王興國太后禮在壽寧太后上謝迎爭遲被放弄終于其討滿河和平無一豪憤與之言至嘉南洋水利三漵山寇海寇之防又不以溪畔行咛置國事於度外柳寄謂純臣笑此明板 國朝印刷苦繫初糙好亦稱佳本五月十九日啓广記

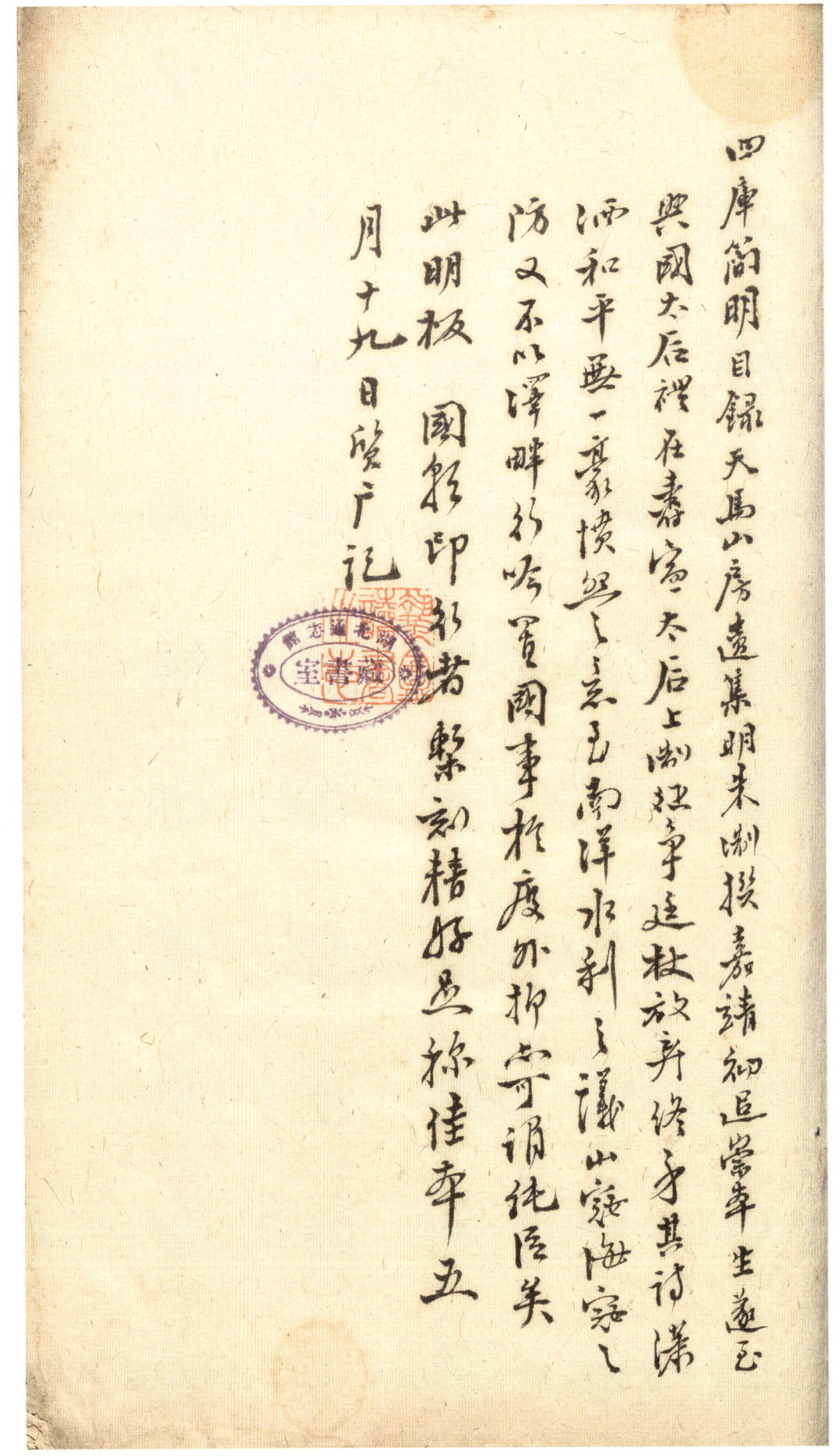

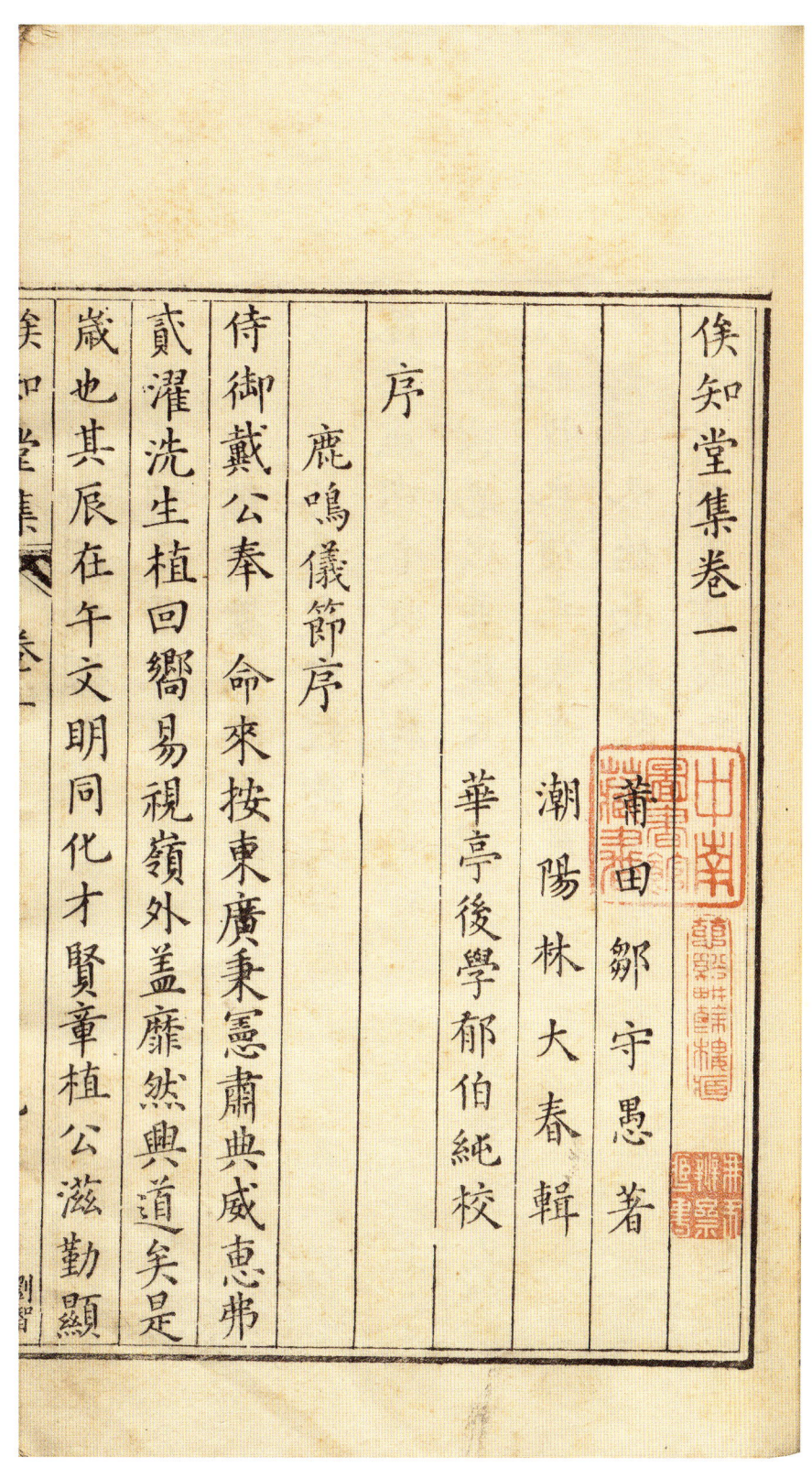

371 《俟知堂集》卷一卷端

371 俟知堂集十三卷 〔明〕鄒守愚撰 〔明〕林大春輯 明萬曆刻本

開本高26.5厘米，寬16.9厘米。框高19.9厘米，寬14.2厘米。半葉九行，行十八字，白口，四周雙邊。鈐"得一居珍藏記""馮氏辨齋藏書""慈溪耕餘樓"等印。索書號：善003623。

湖北省珍貴古籍名錄編號：00181。

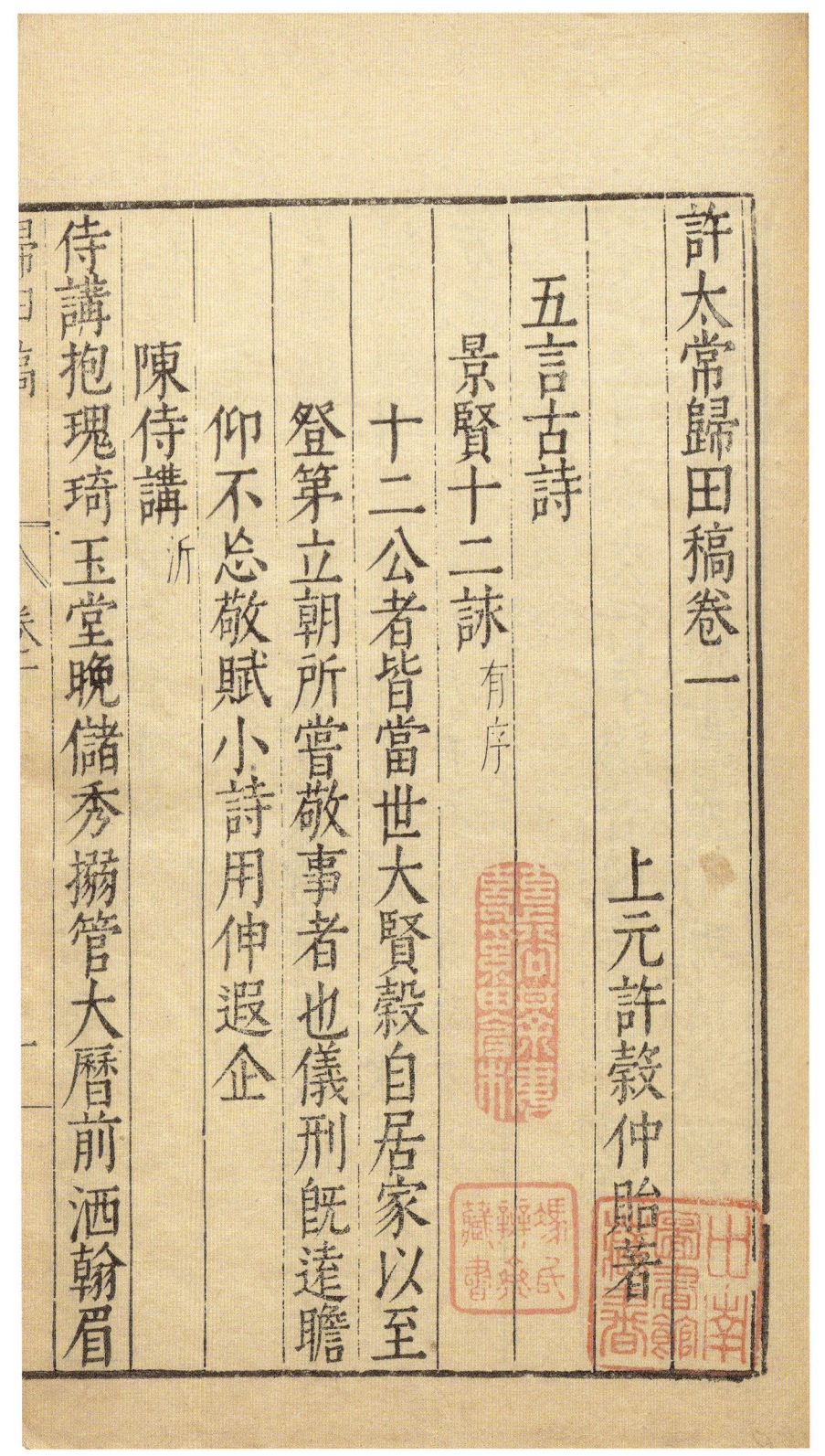

372 《許太常歸田稿》卷一卷端

372 許太常歸田稿十卷 〔明〕許穀撰 明萬曆十五年（1587）吳自新、卓明卿刻本

開本高24.7厘米，寬15.7厘米。框高20.3厘米，寬13.1厘米。半葉九行，行十八字，白口，左右雙邊。鈐"馮氏辨齋藏書""慈溪耕餘樓""柯逢時印"印。索書號：善003635。

湖北省珍貴古籍名錄編號：00360。

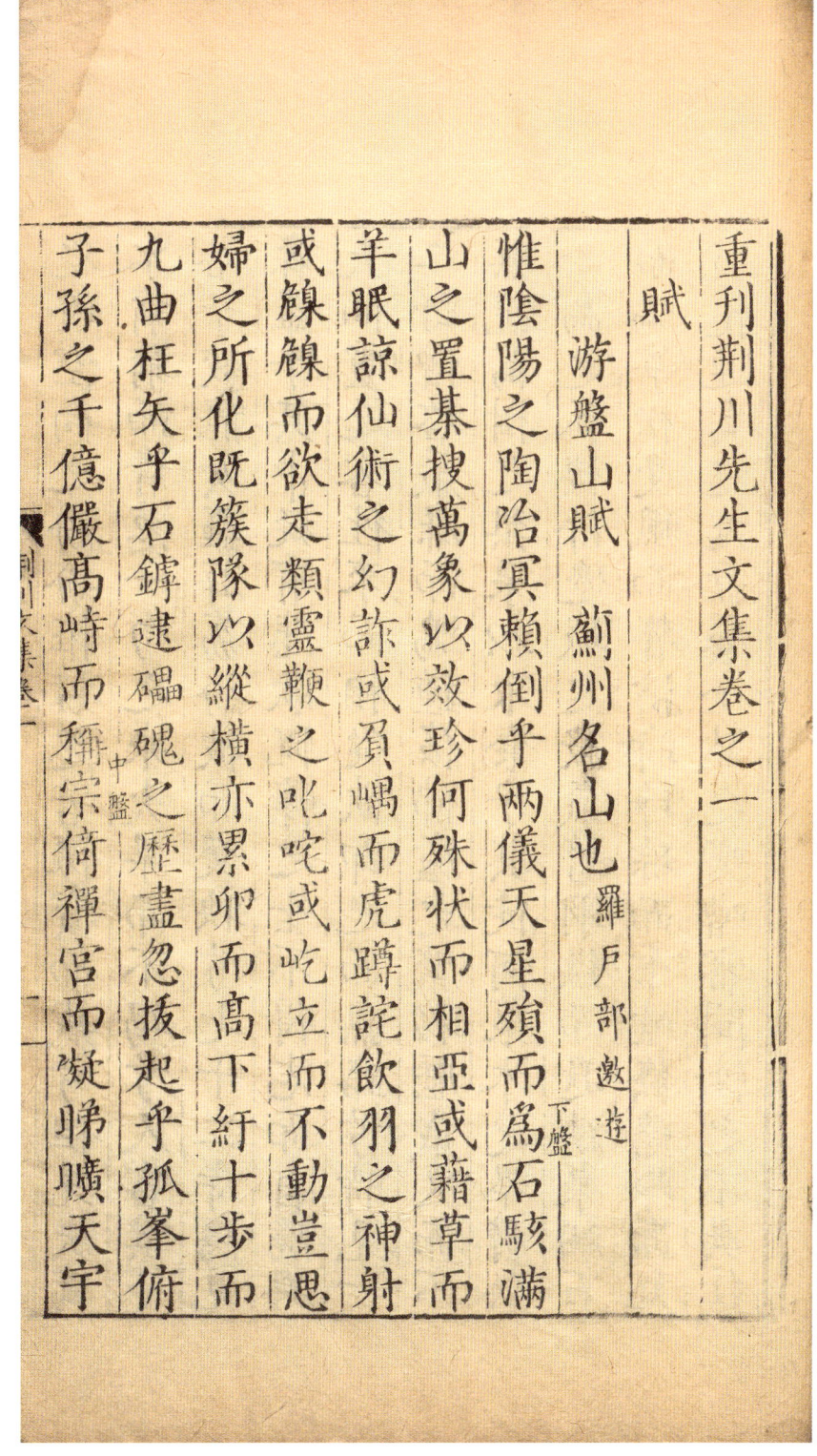

373 《重刊荊川先生文集》卷一卷端

373 重刊荊川先生文集十七卷外集三卷附錄一卷 〔明〕唐順之撰 明萬曆元年（1573）純白齋刻本

開本高27.1厘米，寬17.4厘米。框高20.5厘米，寬14.6厘米。半葉十行，行二十字，小字雙行同，白口，左右雙邊。索書號：善003194。

湖北省珍貴古籍名錄編號：00351。

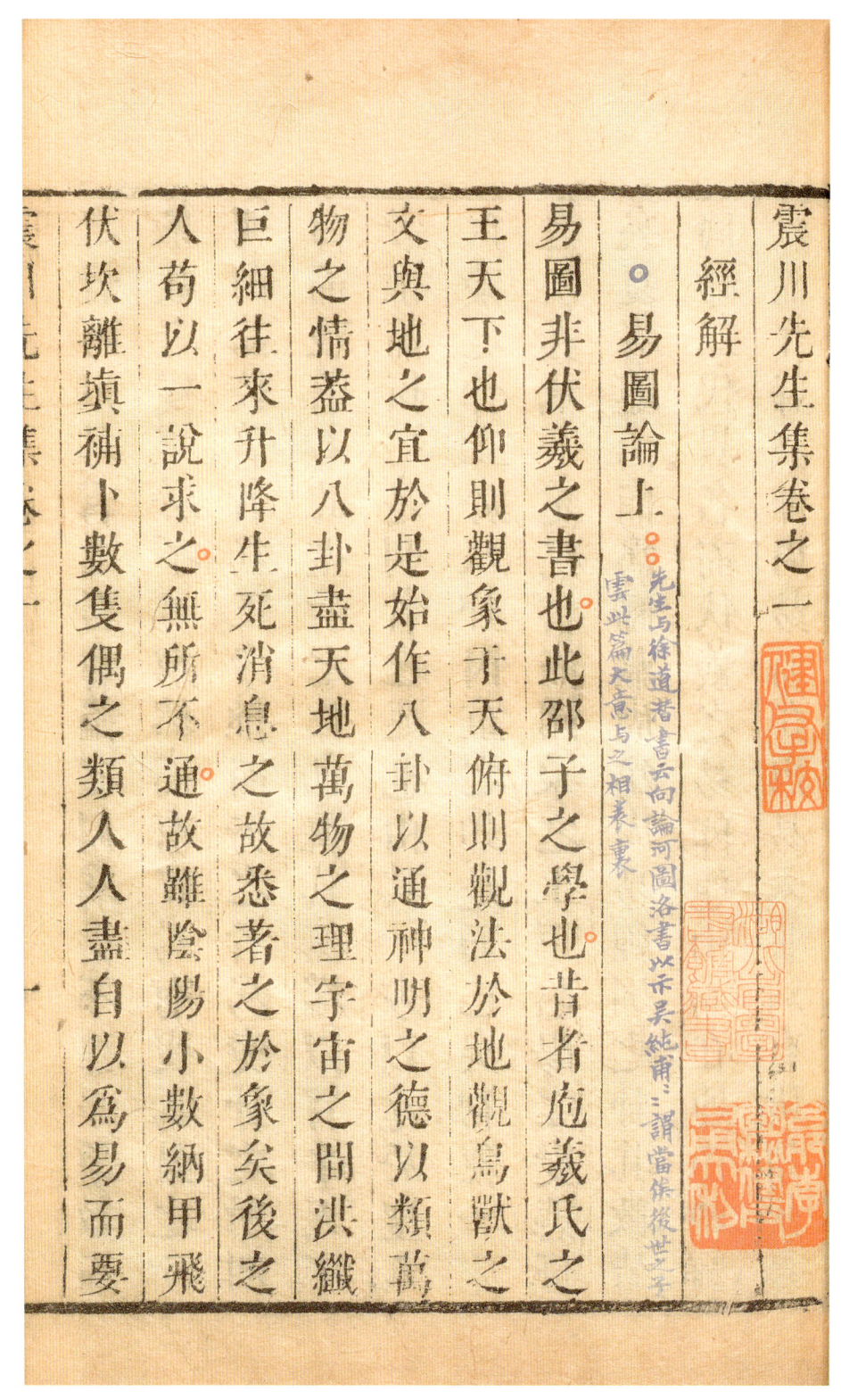

374-1 《震川先生集》卷一卷端

374 震川先生集三十卷別集十卷 〔明〕歸有光撰 清康熙十至十四年（1671—1675）歸莊、歸玠等刻本 李國松圈點批校題跋並錄清姚鼐評點及諸名家評語

開本高 23.2 厘米，寬 15.6 厘米。框高 18.9 厘米，寬 14.3 厘米。半葉十行，行二十字，白口，左右雙邊。鈐"合肥李氏集虛草堂藏書印""李國松""健父手校""合肥李國松健父日用大利""集虛草堂"印。索書號：善 002655。

歸氏世譜後

敘先世瑣事坦率生氣勃勃蔚無塵俗氣未易得也

居太倉或居嘉定或居湖州其在長洲者居婁門或居沙湖在常熟者居白茆

吾歸氏之譜既亡吾祖之高祖始志其里居世次而中高祖以上事不得其世次各諱

五世孫宋末任湖□富洪武六年徙□祖德甫仕河南□行事莫詳也吾

祖之高祖當云七世祖

國松按祖之高祖應稱六世祖吳先生謂為七世祖恐有誤

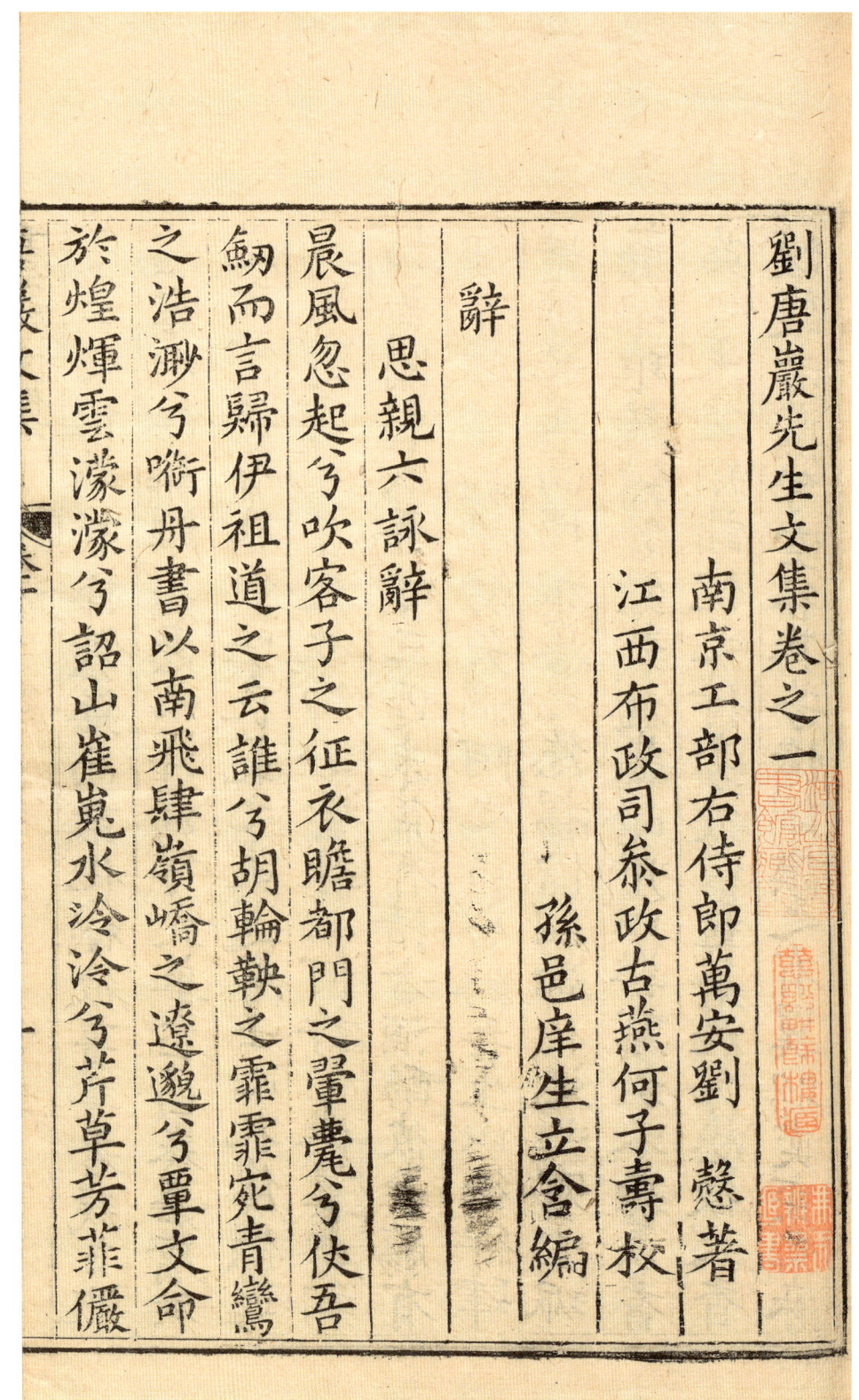

375 《劉唐巖先生文集》卷一卷端

375 劉唐巖先生文集八卷 〔明〕劉愨撰 明萬曆三年（1575）何子壽刻本

開本高25.9厘米，寬17.5厘米。框高21.1厘米，寬15.4厘米。半葉十行，行二十字，白口，四周雙邊。鈐"得一居珍藏印""馮氏辨齋藏書""慈溪耕餘樓藏"印。索書號：善003114。

國家珍貴古籍名錄編號：10804。湖北省珍貴古籍名錄編號：00180。

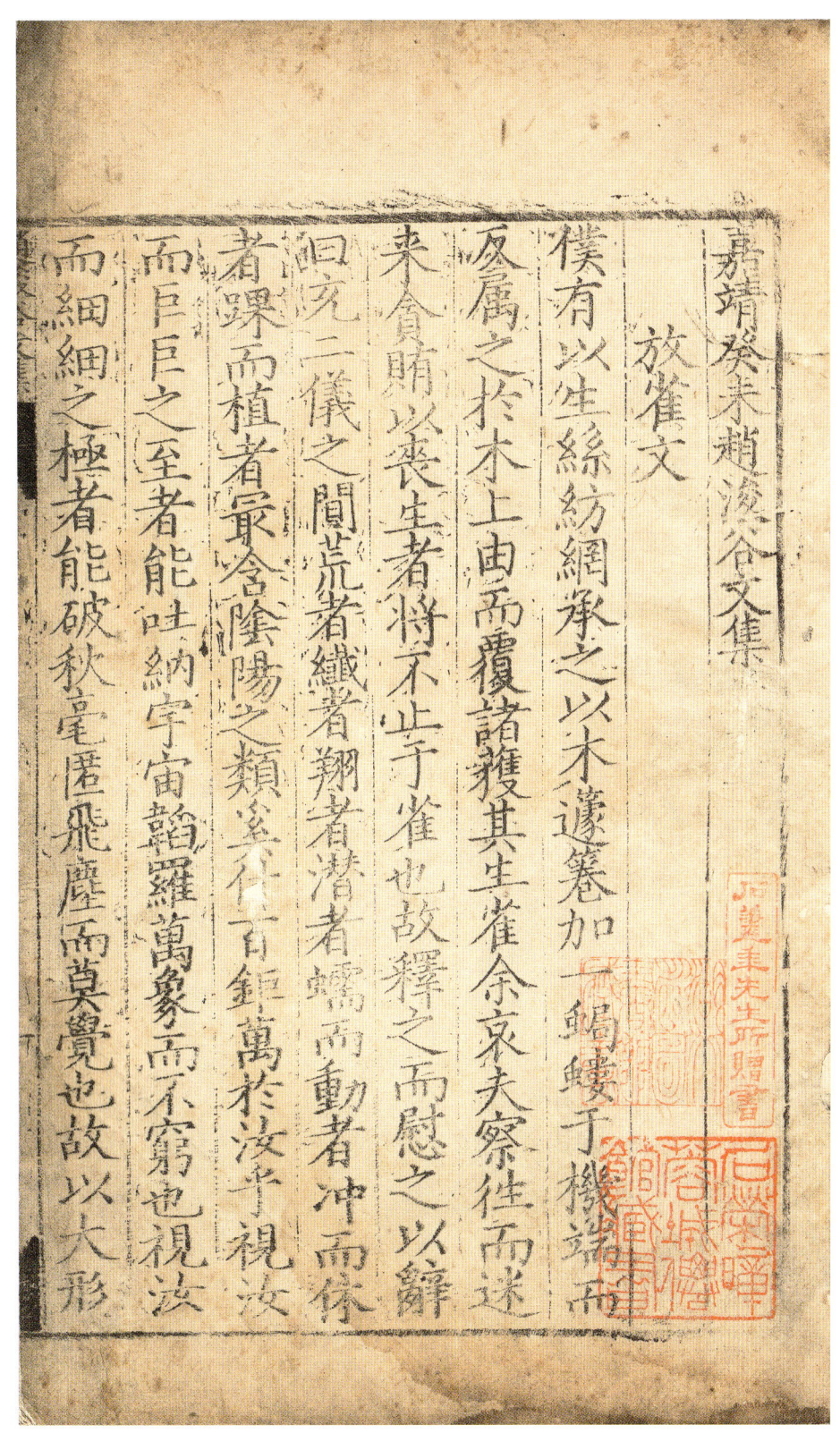

376-1 《趙浚谷文集》卷一卷端

376 趙浚谷文集十卷 〔明〕趙時春撰 明萬曆八年（1580）周鑑刻本 石榮暲題識

開本高27.1厘米，寬17.8厘米。框高21.6厘米，寬15.1厘米。半葉九行，行二十一字，白口，四周單邊。鈐"石榮暲印""石榮暲蓉城仙館藏書""石蕙年先生所贈書"印。索書號：善003395。

湖北省珍貴古籍名錄編號：00352。

趙时春字景仁平涼人年十四魁闗中嘉靖丙戌會元選庶吉士出補兵部主事極論时政闕矢下獄放歸北虜犯邊起顧民兵自副使起拜山西巡撫旋罷歸著有後谷集六卷伉浪自恣不嫻格律李中梓曰後谷詩有秦荒信筆此率世不多見雅殘缺不完殊可惜也 民國丁丑晚秋陽新石榮暲記于北平

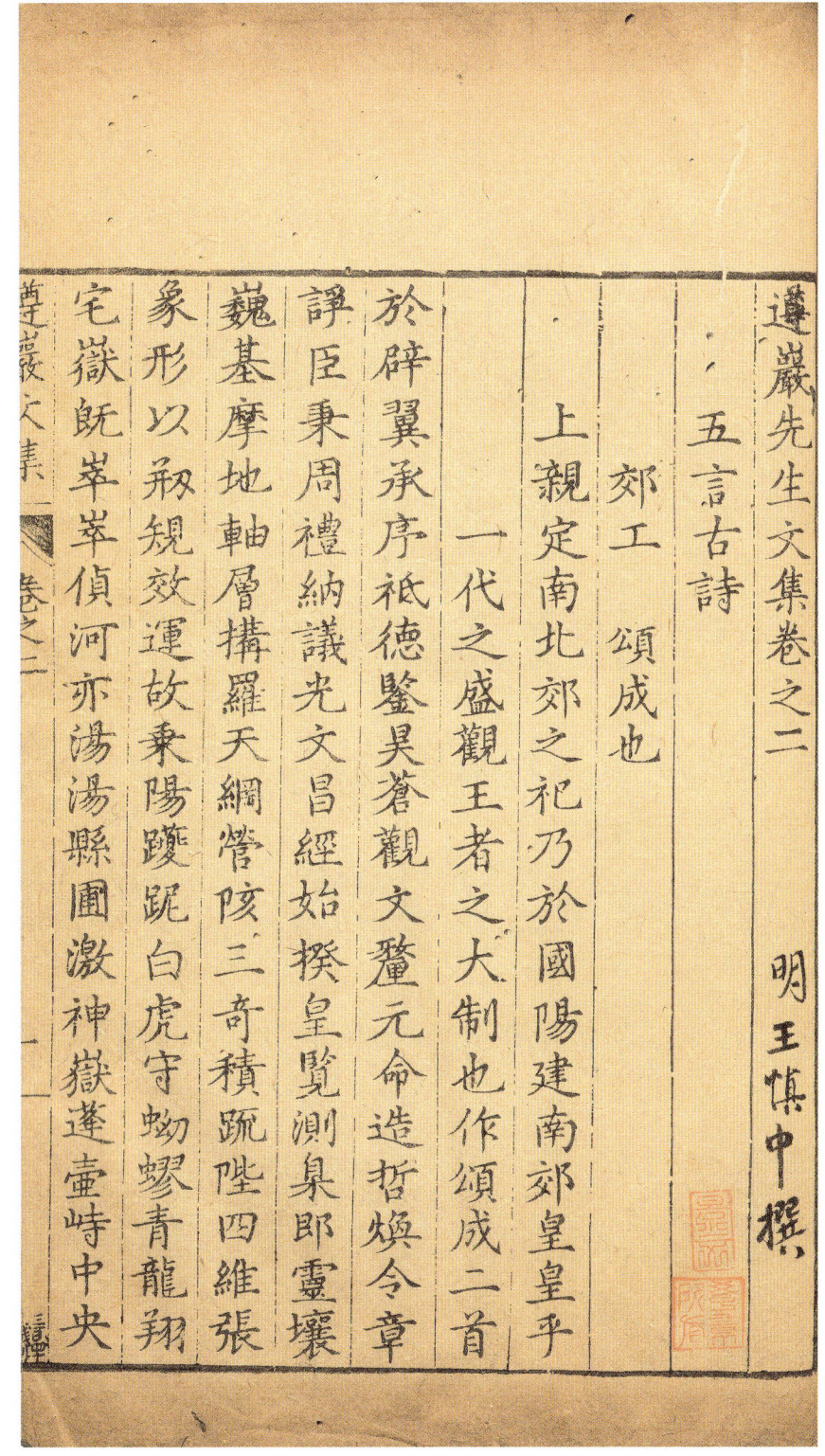

377 《遵巖先生文集》卷二卷端

377 遵巖先生文集二十五卷 〔明〕王慎中撰 明隆慶五年（1571）嚴鏓刻本 存二十三卷（卷一至二十三）

開本高24.8厘米，寬15.6厘米。框高18.7厘米，寬14.2厘米。半葉十行，行二十字，白口，四周單邊。鈐"馮廷桂印""學章所有""景文"印。索書號：善003192。

湖北省珍貴古籍名錄編號：00176。

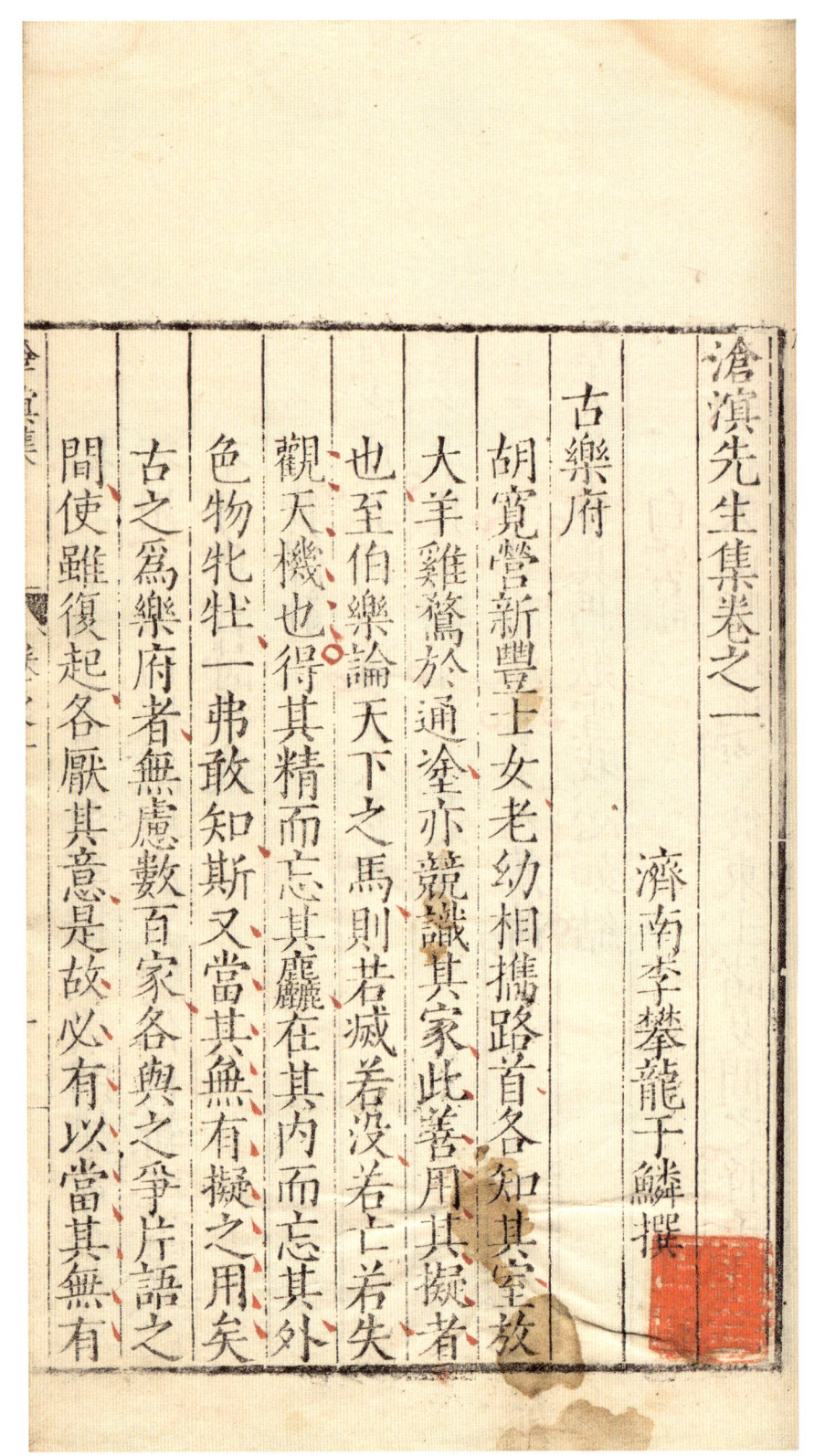

378-1 《滄溟先生集》卷一卷端

378 滄溟先生集三十卷 〔明〕李攀龍撰 明隆慶六年（1572）刻本 佚名圈點批校

開本高27.0厘米，寬17.6厘米。框高19.7厘米，寬14.8厘米。半葉十行，行二十字，白口，左右雙邊。鈐"孔繼先次歐氏原字體祖""高淳孔氏耕餘堂印""曾在張春霆處"印。索書號：善003204。

湖北省珍貴古籍名錄編號：00177。

服之生羽翼婥約變形容顧見雲中鹿蜿蜒成白龍

纍纍城上星河漢流清光耿耿不能寐嶇言起彷徨
彷徨立中庭遼遼夜未央白露沾我衣北風吹我裳
還坐顧四壁蘭燈一何明緘書寄遠道涕泣下縱橫
倦鳥無故林遊子無故鄉驅車出門去徒侶相扶將

其三

短歌行

駟馬可縻去日難追清酒載觴短歌苦悲遨當以遊
何能坐愁全身遺名唯有莊周鳳凰于飛覽彼九圍
俱為君故駕言旋歸柱門似鄙離俗似驕彷徨所欲

讀此知先生白雪樓中十年之志矣

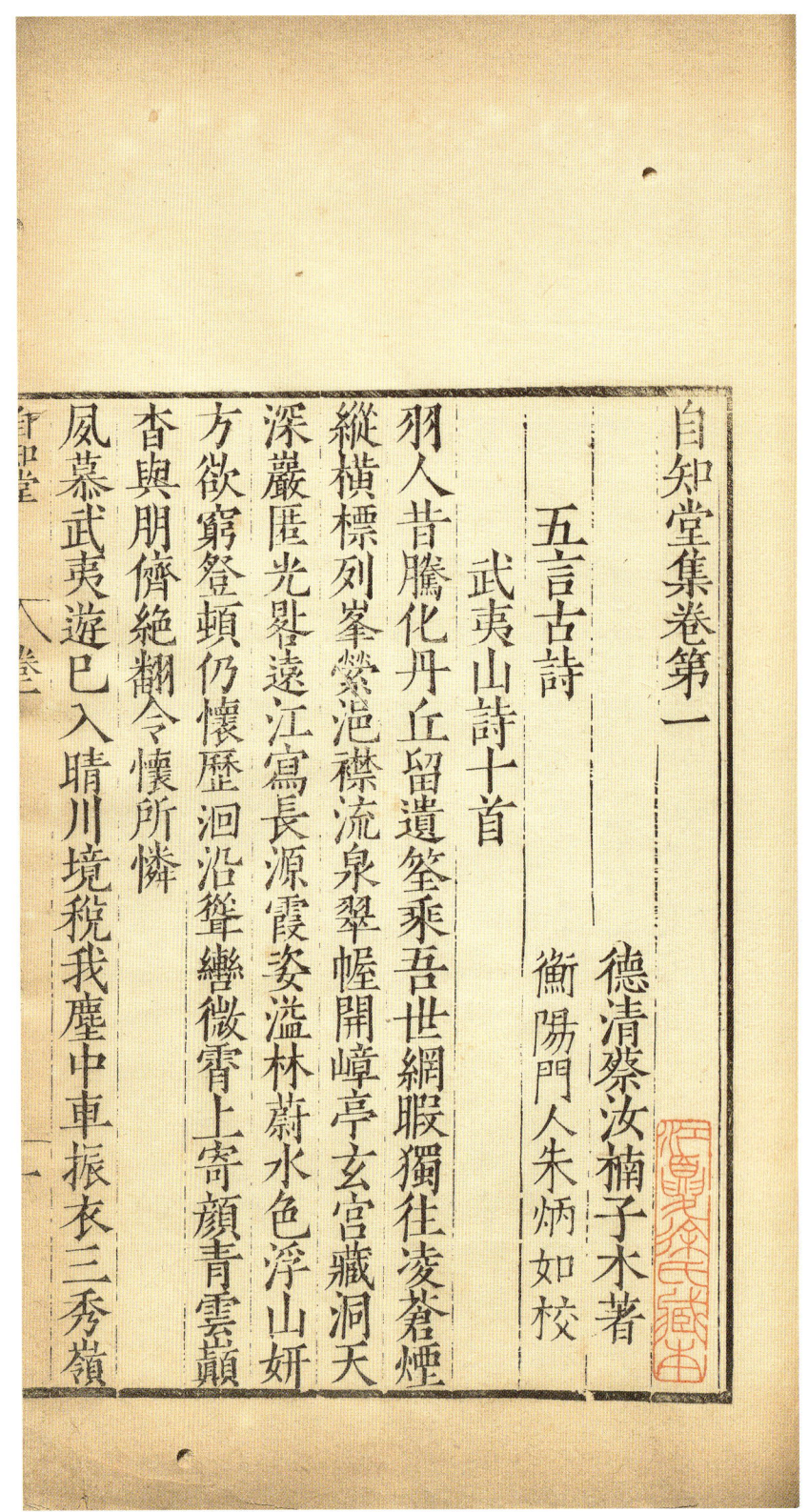

379 《自知堂集》卷一卷端

379 自知堂集二十四卷 〔明〕蔡汝楠撰 明嘉靖刻本

開本高 28.5 厘米，寬 17.7 厘米。框高 19.2 厘米，寬 14.5 厘米。半葉十行，行二十字，小字雙行同，白口，左右雙邊。鈐"徐恕私印""江夏徐氏藏本""勇猛精進"印。索書號：善 003257。

國家珍貴古籍名錄編號：09217。

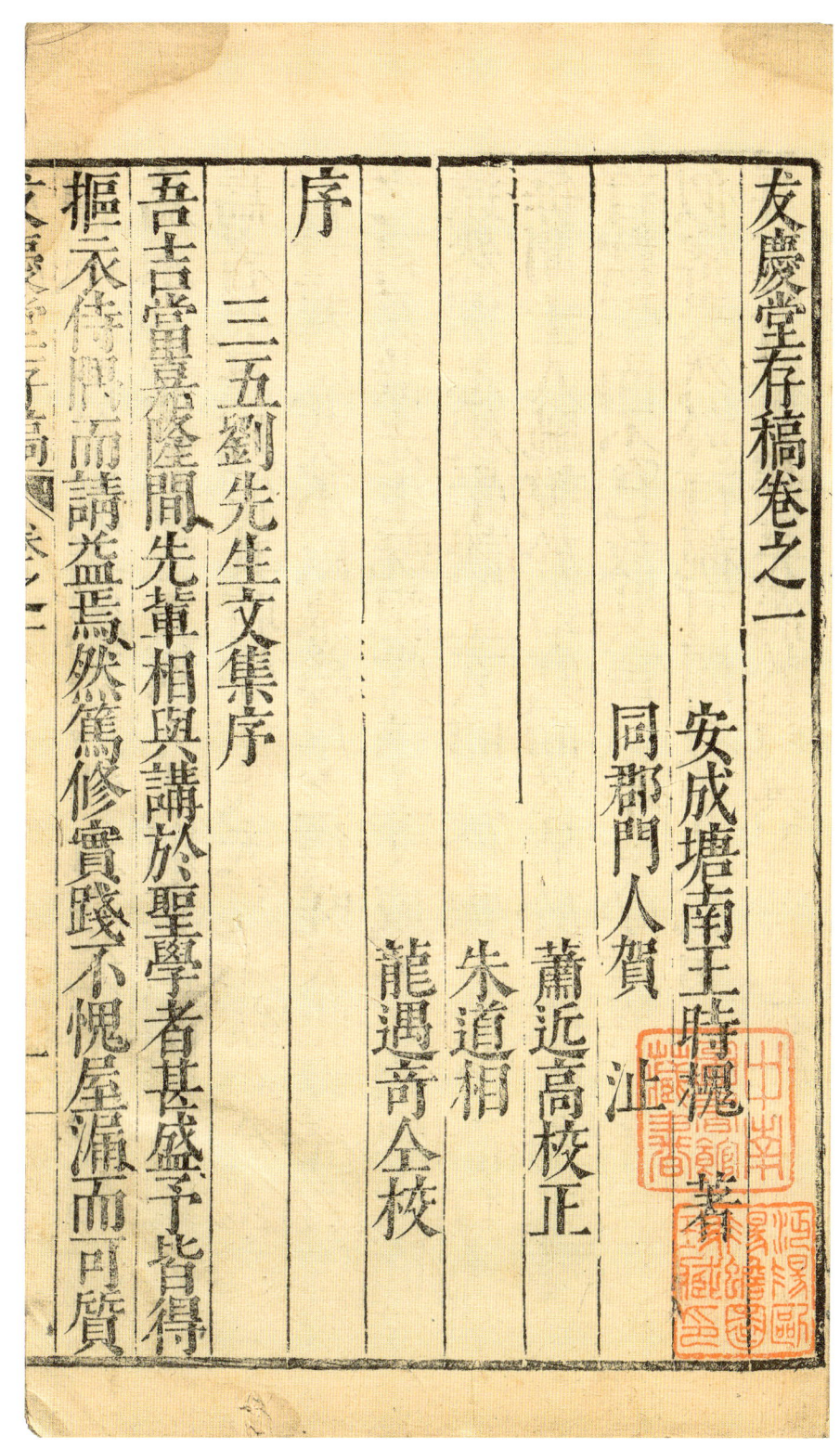

380 《友慶堂存稿》卷一卷端

380 友慶堂存稿十四卷 〔明〕王時槐撰　明萬曆三十八年（1610）蕭近高刻本　存十二卷（卷一至十二）

開本高25.8厘米，寬16.8厘米。框高22.1厘米，寬15.1厘米。半葉十行，行二十字，白口，四周單邊。鈐"沔陽歐陽蟾園珍藏印"印。索書號：善003625。

國家珍貴古籍名録編號：06118。

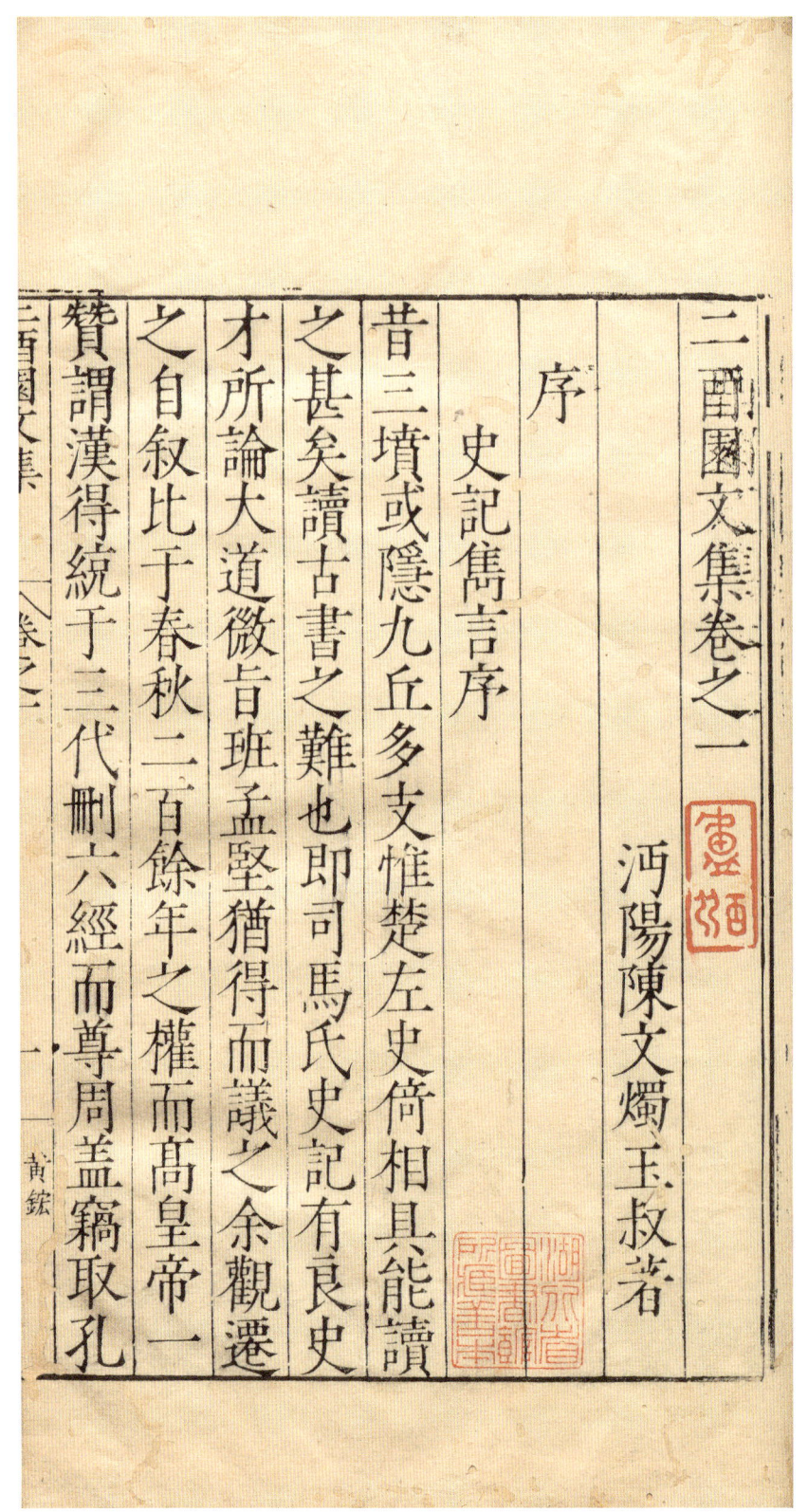

381 《二酉園文集》卷一卷端

381 二酉園文集十四卷詩集十二卷 〔明〕陳文燭撰 明萬曆十二年（1584）龍膺刻本

開本高26.5厘米，寬16.4厘米。框高19.1厘米，寬13.6厘米。半葉九行，行十八字，小字雙行同，白口，左右雙邊。鈐"盧弼""廣雅圖書館藏書""楚學精廬所贈書"印。索書號：善003396。

湖北省珍貴古籍名錄編號：00353。

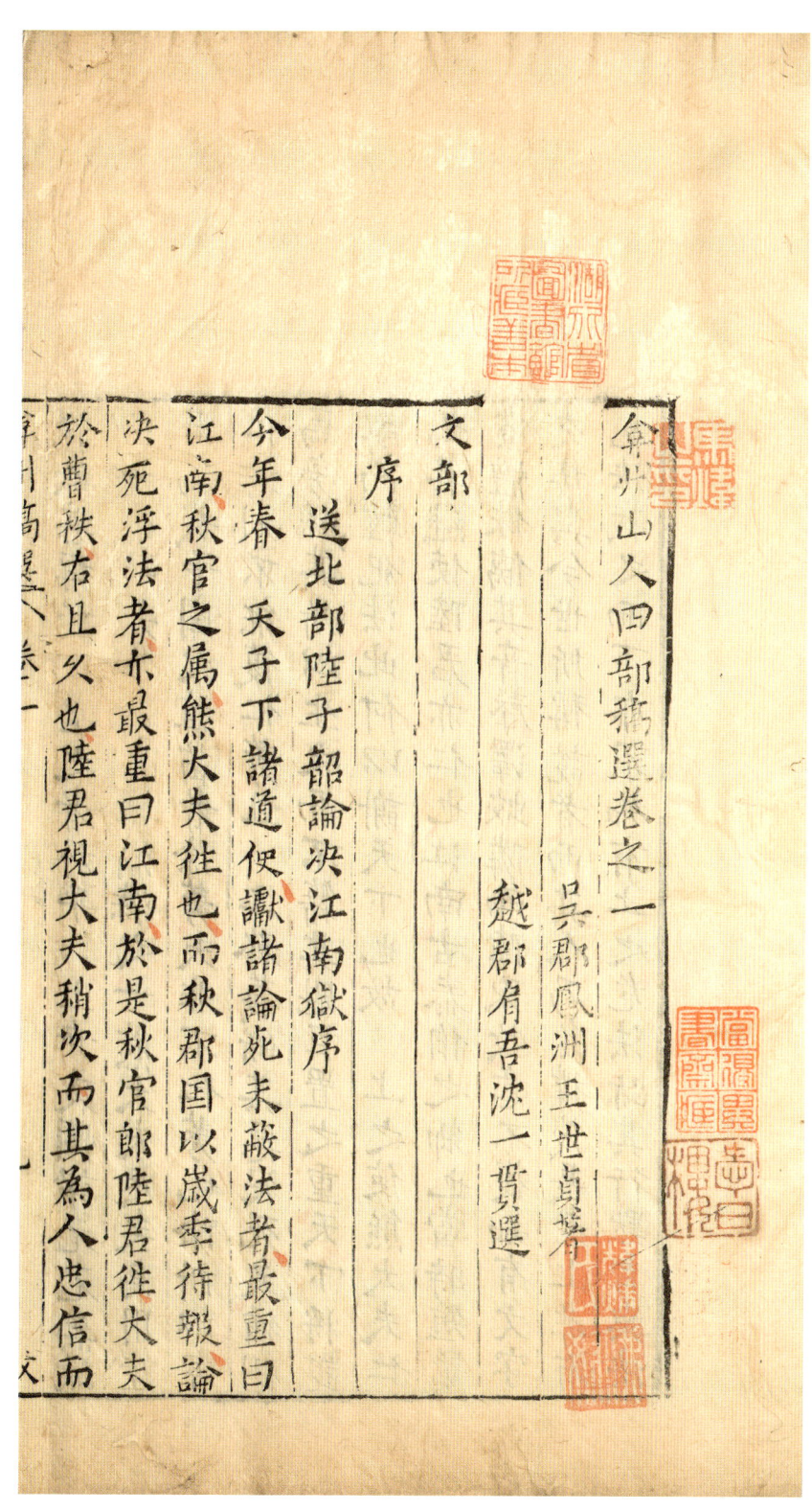

382-1 《弇州山人四部稿選》卷一卷端

382 弇州山人四部稿選十六卷 〔明〕王世貞撰 〔明〕沈一貫輯 明刻本 姚朋圖圈點批校並題識 存十一卷（文部卷一至六、詩部卷二至四、說部卷一至二）

開本高28.5厘米，寬18.0厘米。框高19.3厘米，寬13.0厘米。半葉十行，行二十一字，小字雙行同，白口，四周單邊。鈐"愛日樓""煒燁氏""馬煒之印""煒""當得異書齋藏""佛奴""姚氏所藏"等印。索書號：善003093。

弇州先生四部稿選殘本予年廿餘獲於揚州破碎已甚久置行篋緡閱殊苦不便丁巳秋日乃付工補綴裝冊製玉匣得書之歲又廿年餘矣平生篤耆先生詩文得此六百八覗見一班大雅宏達恨我生之不及斯人也邑後學姚朋圖記

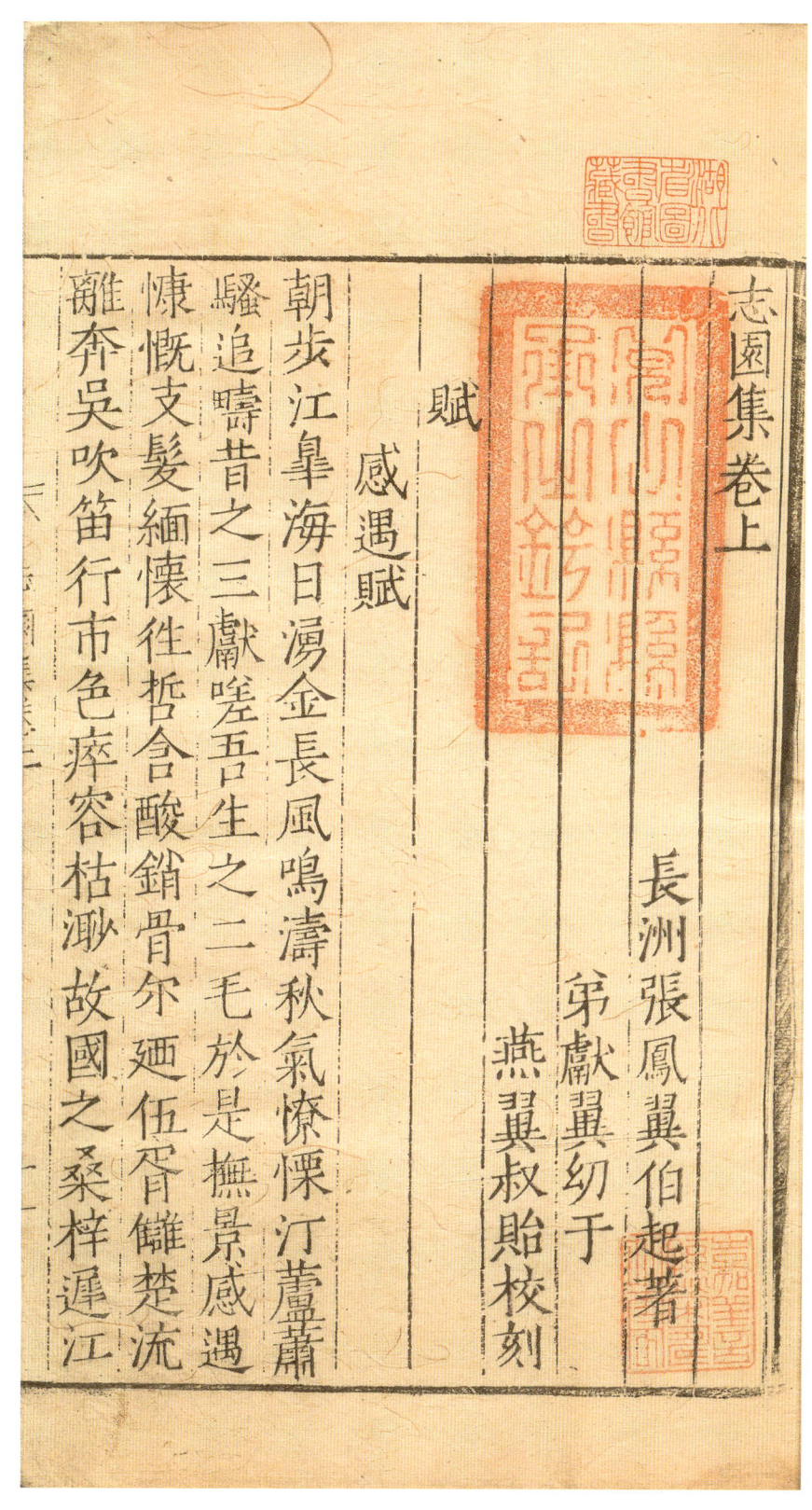

383-1 《志園集》卷上卷端

383 志園集三卷 〔明〕張鳳翼撰 明張獻翼、張燕翼刻本 清孫榮壽跋

開本高 25.4 厘米，寬 15.8 厘米。框高 19.5 厘米，寬 13.5 厘米。半葉十行，行十九字，白口，左右雙邊。鈐"孫小雲""嘉善孫榮壽小雲""崑山縣縣丞之鈐記""黃岡劉氏紹炎過眼"等印。索書號：善 003022。

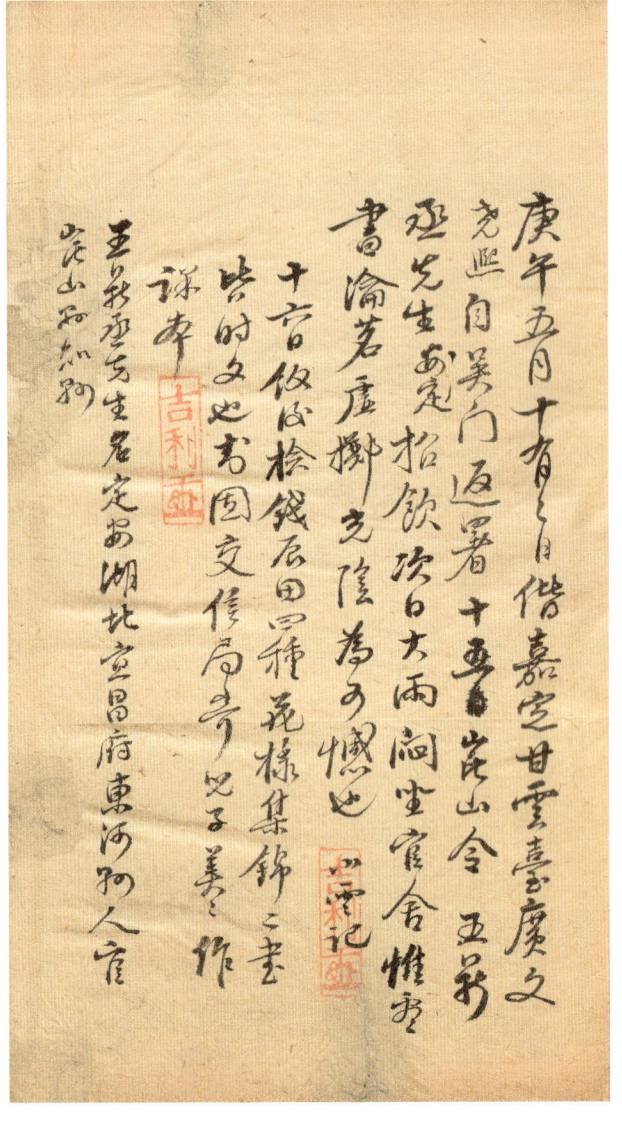

383-2 清孫榮壽跋之一　　　383-3 清孫榮壽跋之二

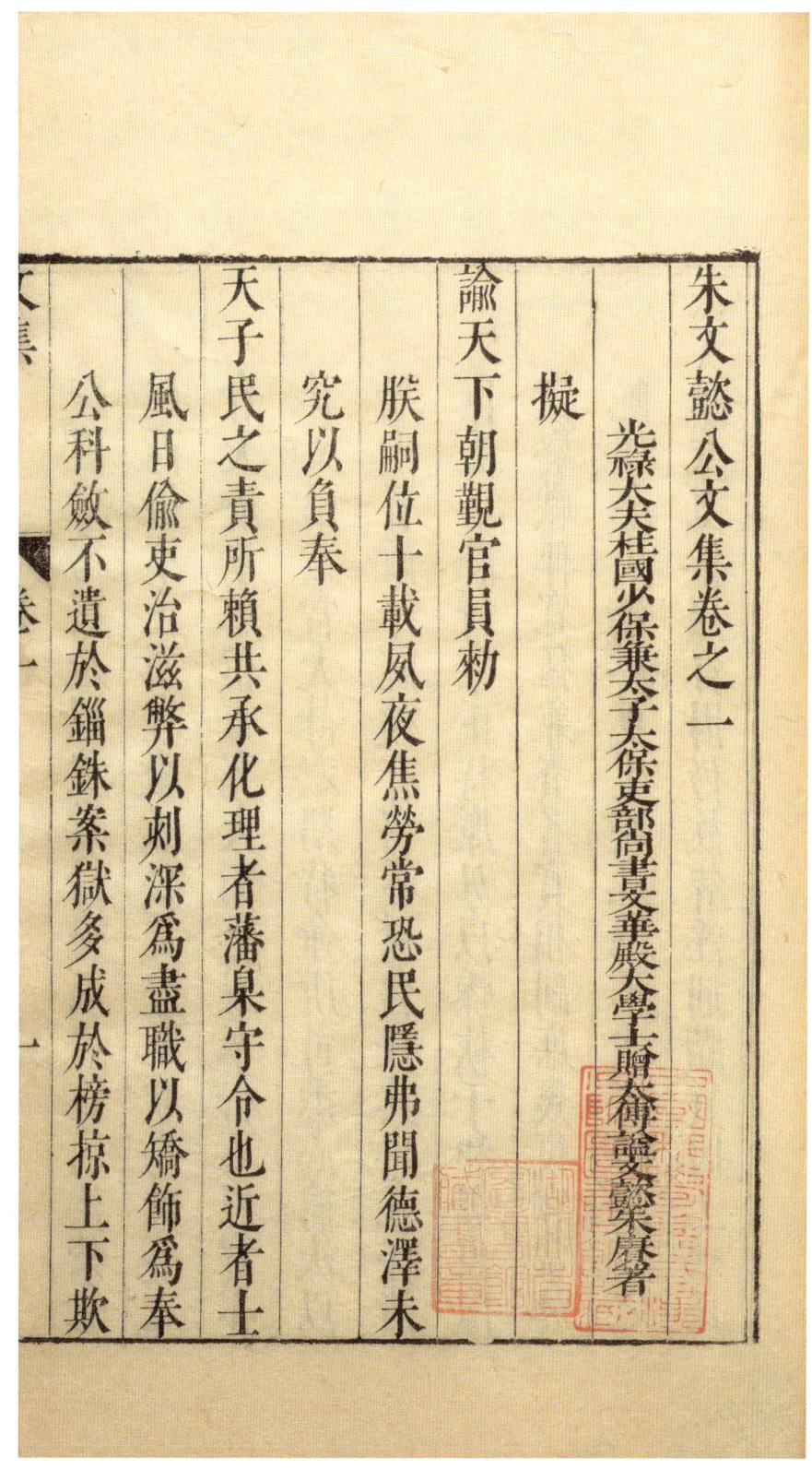

384 《朱文懿公文集》卷一卷端

384 朱文懿公文集十二卷 〔明〕朱賡撰 明末刻本

開本高27.5厘米，寬17.2厘米。框高20.6厘米，寬14.5厘米。半葉九行，行二十字，白口，左右雙邊。

索書號：善003676。

湖北省珍貴古籍名錄編號：00354。

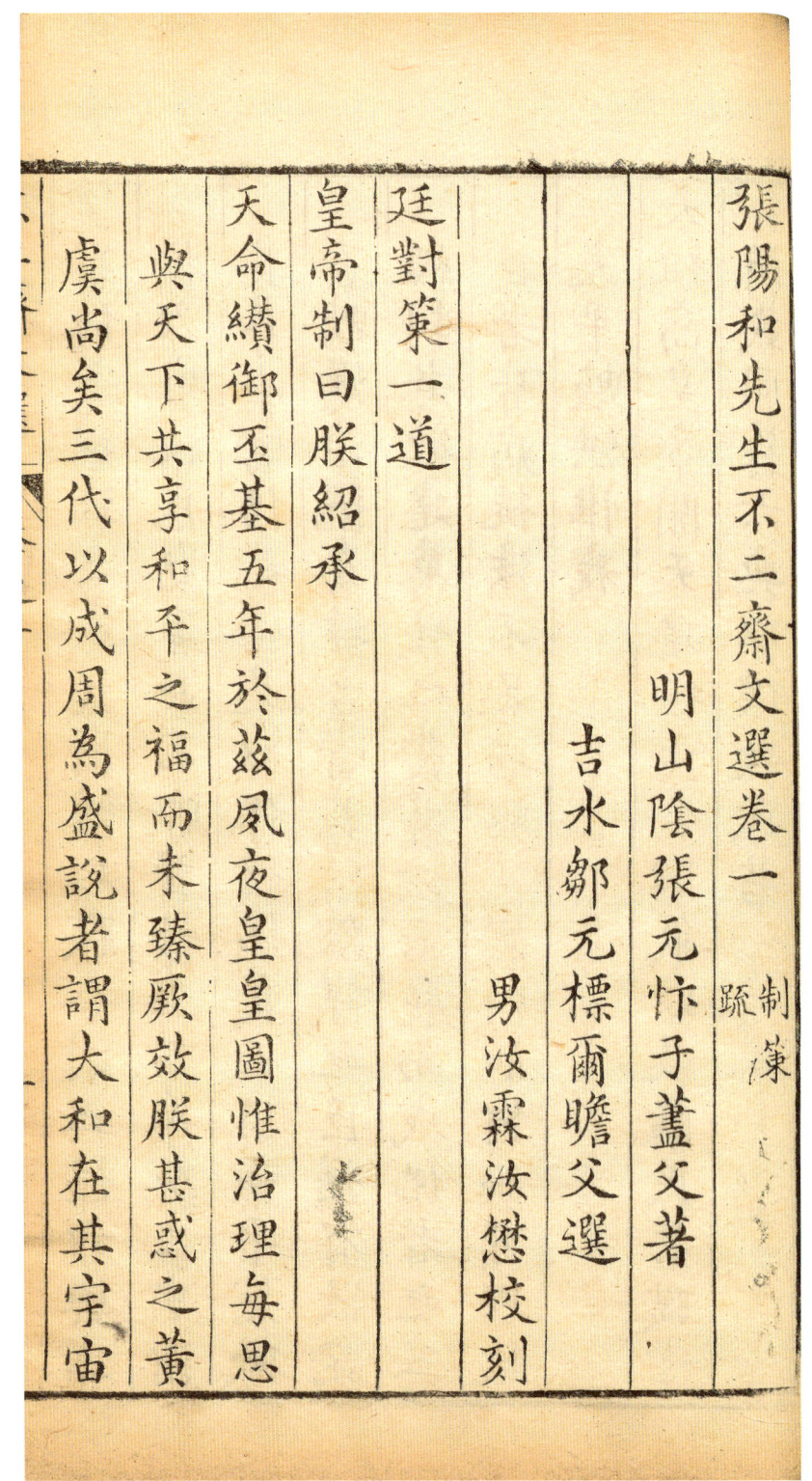

385　《張陽和先生不二齋文選》卷一卷端

385 張陽和先生不二齋文選七卷　〔明〕張元忭撰　〔明〕鄒元標選　明萬曆三十一年（1603）張汝霖、張汝懋刻本

開本高26.9厘米，寬16.8厘米。框高22.4厘米，寬14.6厘米。半葉九行，行二十字，小字雙行同，白口，四周單邊。鈐"徐弢誃藏閱書""人之砥錫"印。索書號：善003329。

湖北省珍貴古籍名錄編號：00355。

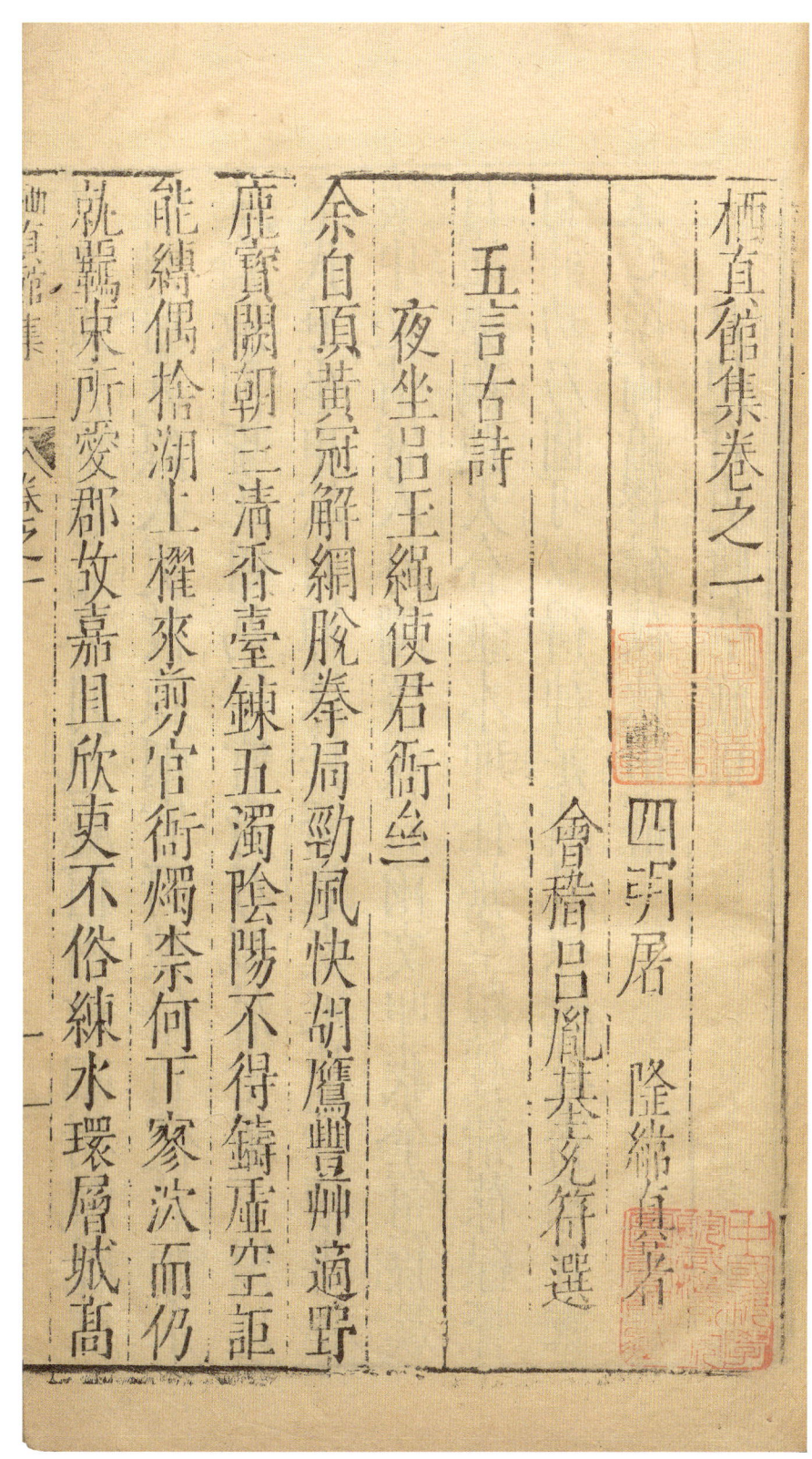

386 《栖真館集》卷一卷端

386 栖真館集三十一卷 〔明〕屠隆撰 〔明〕呂胤基選 明萬曆十八年（1590）呂氏栖真館刻本

開本高 26.4 厘米，寬 16.6 厘米。框高 22.1 厘米，寬 14.5 厘米。半葉九行，行十九字，白口，左右雙邊。索書號：善 003674。

湖北省珍貴古籍名錄編號：00357。

387 《來恩堂草》卷一卷端

387 來恩堂草十六卷詩集三卷 〔明〕姚舜牧撰 明天啓六年（1626）姚氏刻本 存五卷（卷一至五）

開本高26.3厘米，寬16.3厘米。框高20.5厘米，寬11.8厘米。半葉九行，行十八字，白口，四周單邊。鈐"曾歸徐氏彊諗"印。索書號：善003379。

湖北省珍貴古籍名錄編號：00356。

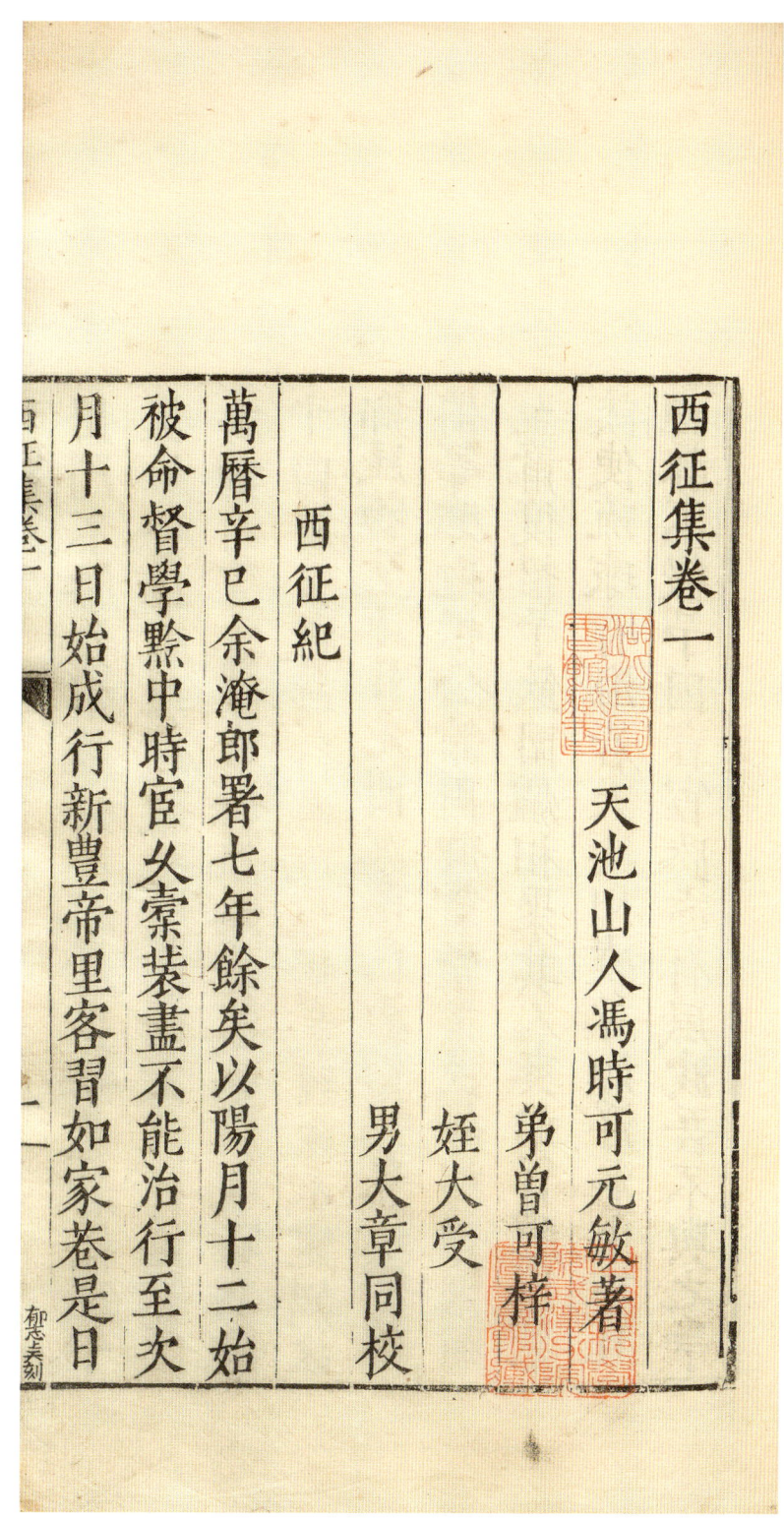

388 《西征集》卷一卷端

388 西征集十卷馮文所詩稿三卷黔中語錄一卷續語錄一卷黔中程式一卷 〔明〕馮時可撰 明萬曆馮曾可刻本

開本高 28.7 厘米，寬 17.9 厘米。框高 19.4 厘米，寬 14.1 厘米。半葉九行，行十八字，小字雙行同，白口，左右雙邊。索書號：善 003692。

國家珍貴古籍名錄編號：06135。

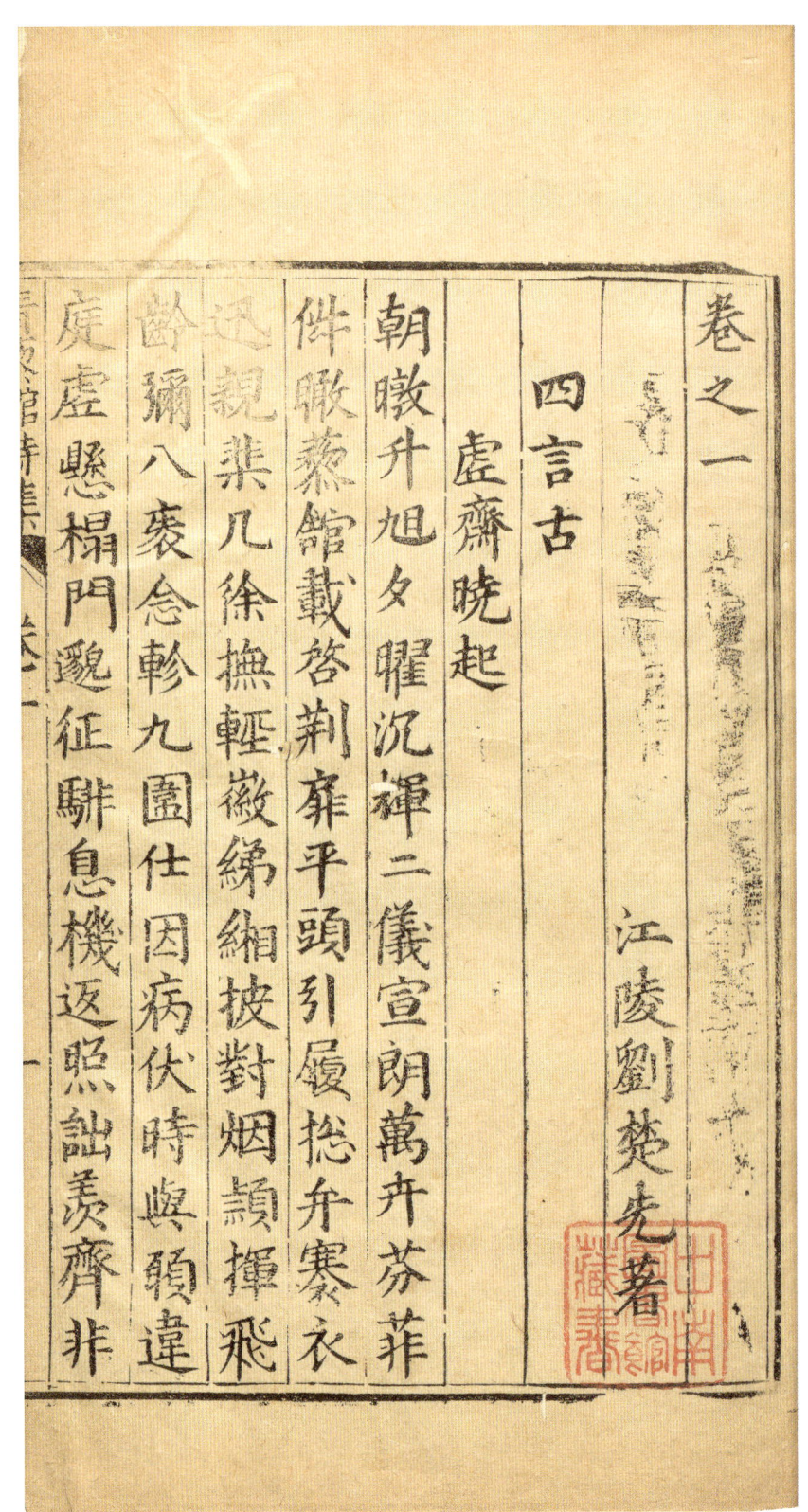

389　《青黎館詩集》卷一卷端

389 青黎館詩集六卷 〔明〕劉楚先撰 明萬曆刻本

開本高25.8厘米，寬16.2厘米。框高20.4厘米，寬14.1厘米。半葉九行，行十六字，白口，四周雙邊。鈐"珊瑚閣珍藏印""蒲圻張氏無倦齋藏"等印。索書號：善003636。

湖北省珍貴古籍名錄編號：00365。

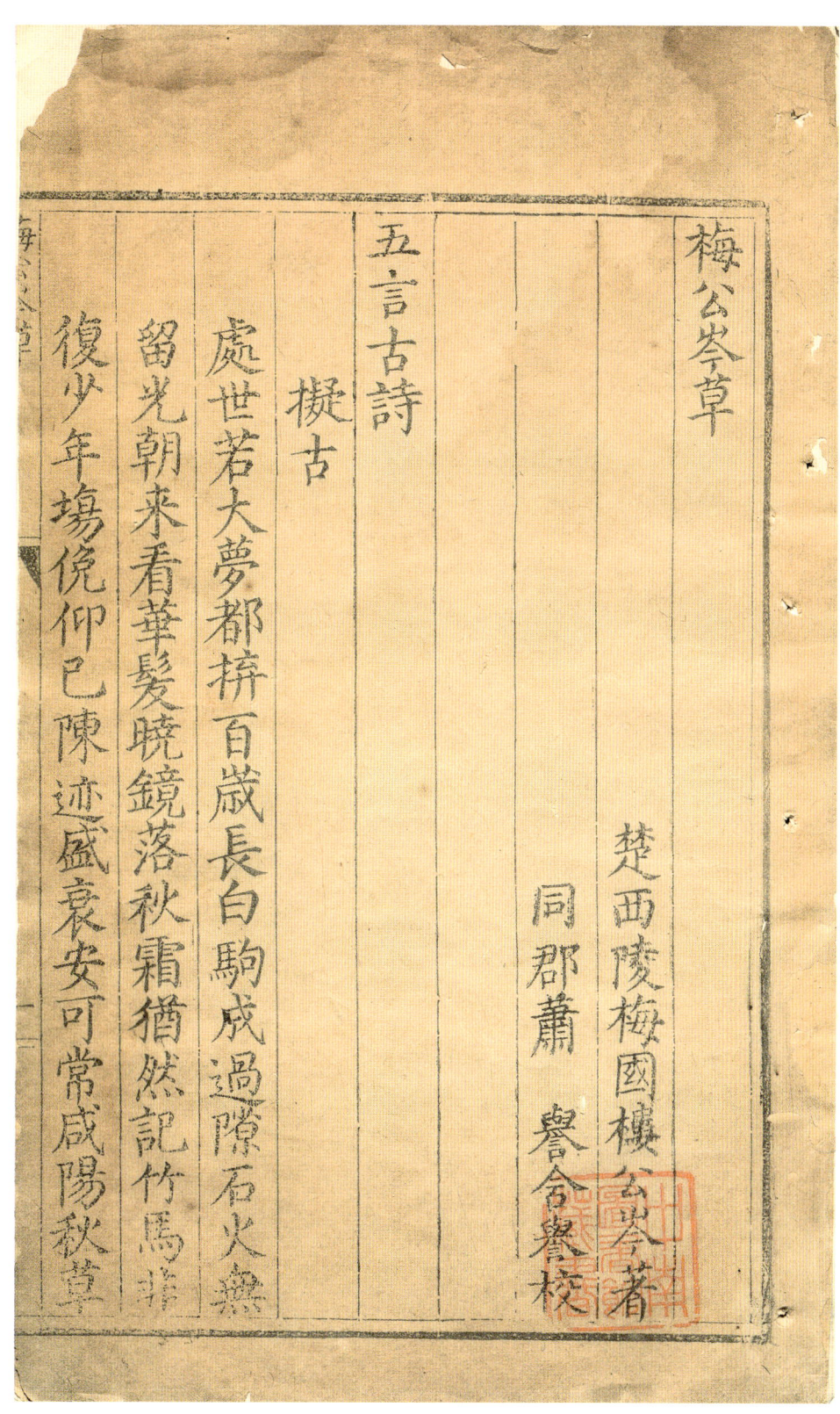

390 《梅公岑草》卷端

390 梅公岑草不分卷 〔明〕梅國樓撰 明萬曆刻本

開本高26.5厘米，寬16.2厘米。框高21.7厘米，寬14.8厘米。半葉九行，行二十字，白口，四周雙邊。索書號：善003643。

國家珍貴古籍名錄編號：09248。

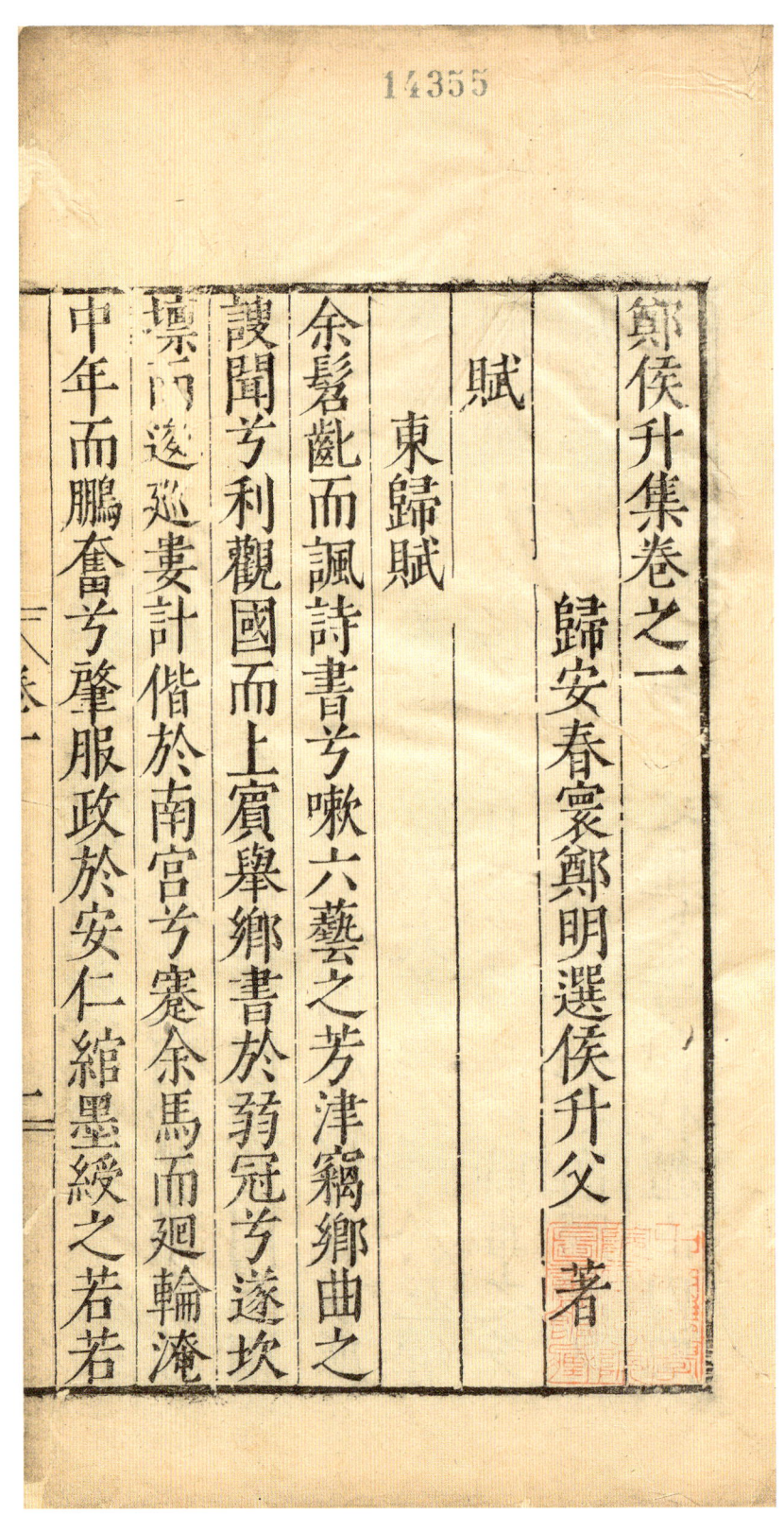

391 《鄭侯升集》卷一卷端

391 鄭侯升集四十卷 〔明〕鄭明選撰 明萬曆三十一年（1603）鄭文震刻本

開本高27.0厘米，寬16.3厘米。框高20.1厘米，寬12.9厘米。半葉八行，行十八字，白口，四周單邊。

索書號：善003351。

國家珍貴古籍名錄編號：06142。

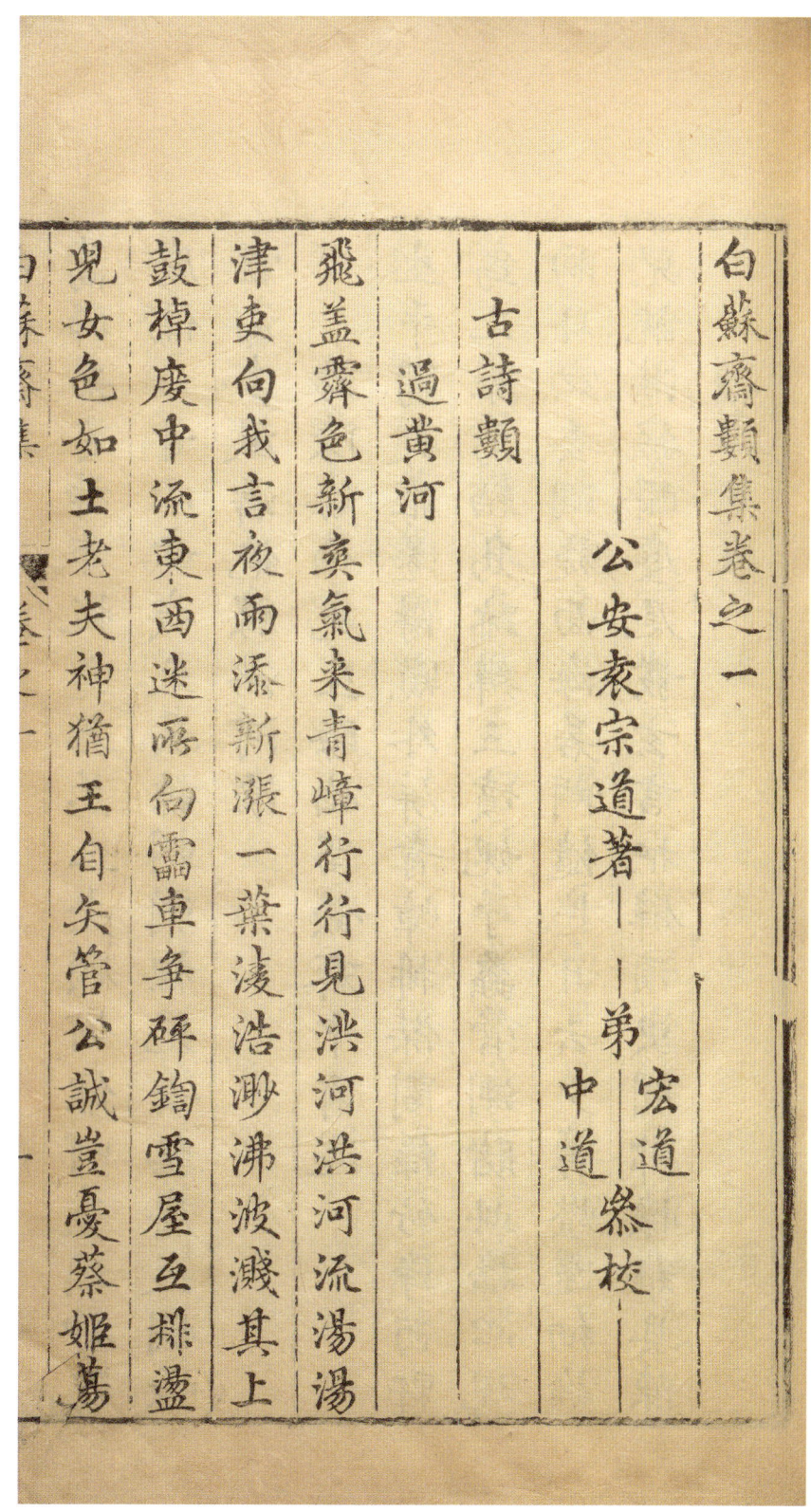

392 《白蘇齋類集》卷一卷端

392 白蘇齋類集二十二卷 〔明〕袁宗道撰 明萬曆刻本

開本高27.3厘米，寬17.6厘米。框高21.9厘米，寬14.5厘米。半葉九行，行二十字，白口，左右雙邊。鈐"劉紹炎印""武昌徐氏所藏四庫闕佚書""曾歸徐氏彊誃"印。索書號：善003320。

湖北省珍貴古籍名錄編號：00182。

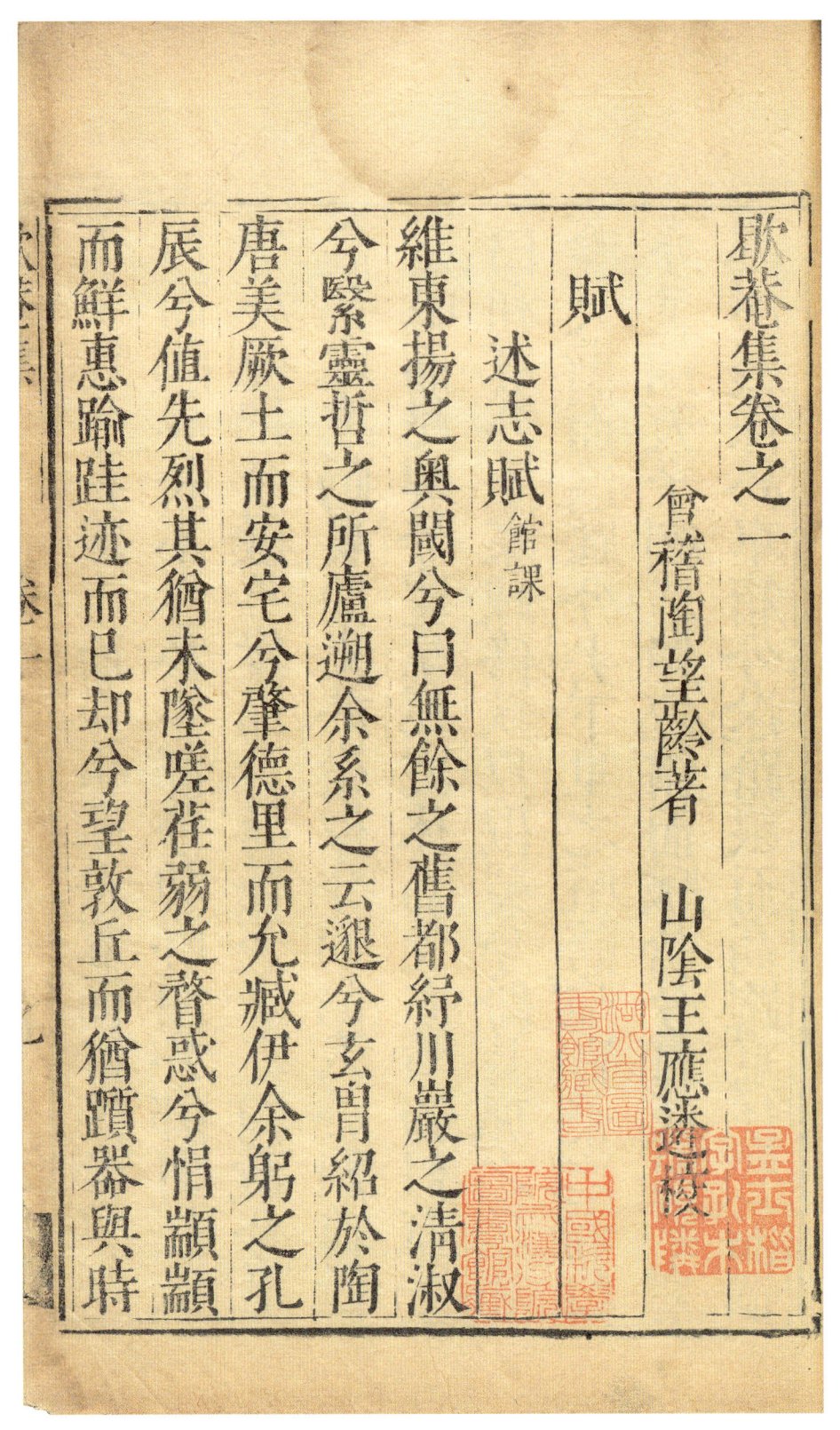

393 《歇庵集》卷一卷端

393 歇庵集十六卷 〔明〕陶望齡撰 明萬曆三十九年（1611）王應遴刻本

開本高25.7厘米，寬17.0厘米。半葉單框，框高21.5厘米，寬14.7厘米。半葉九行，行十九字，小字雙行同，黑口，四周雙邊。鈐"孟士楷字孔木號硯隣"印。索書號：善003680。

湖北省珍貴古籍名錄編號：00358。

朱陵洞稿卷一

黃岡 王一鳴 著

寄南郡李秀夫

遙憶荆南客相望雲樹低酒邊語白雲閣上照青藜漢水三巴盡寒猿千樹啼故人音問必夢到郢城西

庚辰立春

何來響色下關河有客江皋亦嘯歌小苑高樓芳草動汀花塢柳暮煙多慢憐空調千人廢已得春盤數

394 《朱陵洞稿》卷一卷端

394 朱陵洞稿三十三卷中州武錄一卷 〔明〕王一鳴撰 明抄本

開本高 25.1 厘米，寬 15.5 厘米。半葉單框，框高 20.8 厘米，寬 13.4 厘米。半葉八行，行二十字，白口，四周單邊。鈐"檇李蔣石林藏書畫印記""順天府府丞督學之關防"印，後一印爲滿漢合璧印。索書號：善 004095。

國家珍貴古籍名錄編號：06140。

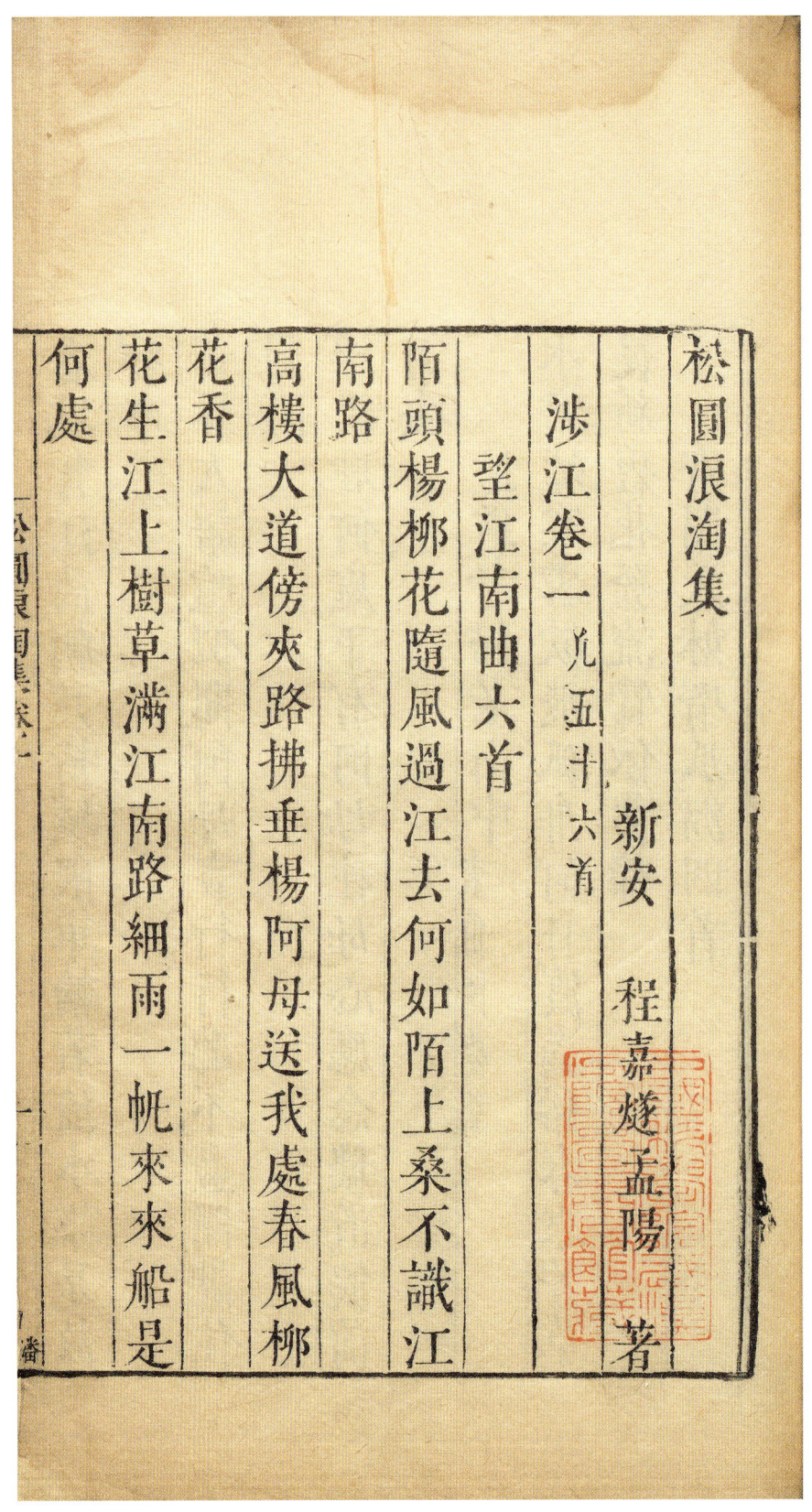

395 《松圓浪淘集》卷一卷端

395 松圓浪淘集十八卷偈庵集二卷 〔明〕程嘉燧撰 明崇禎刻本

開本高25.8厘米，寬16.3厘米。框高18.1厘米，寬13.2厘米。半葉十行，行十八字，黑口，左右雙邊。鈐"武昌徐氏所藏四庫闕佚書"印。索書號：善003693。

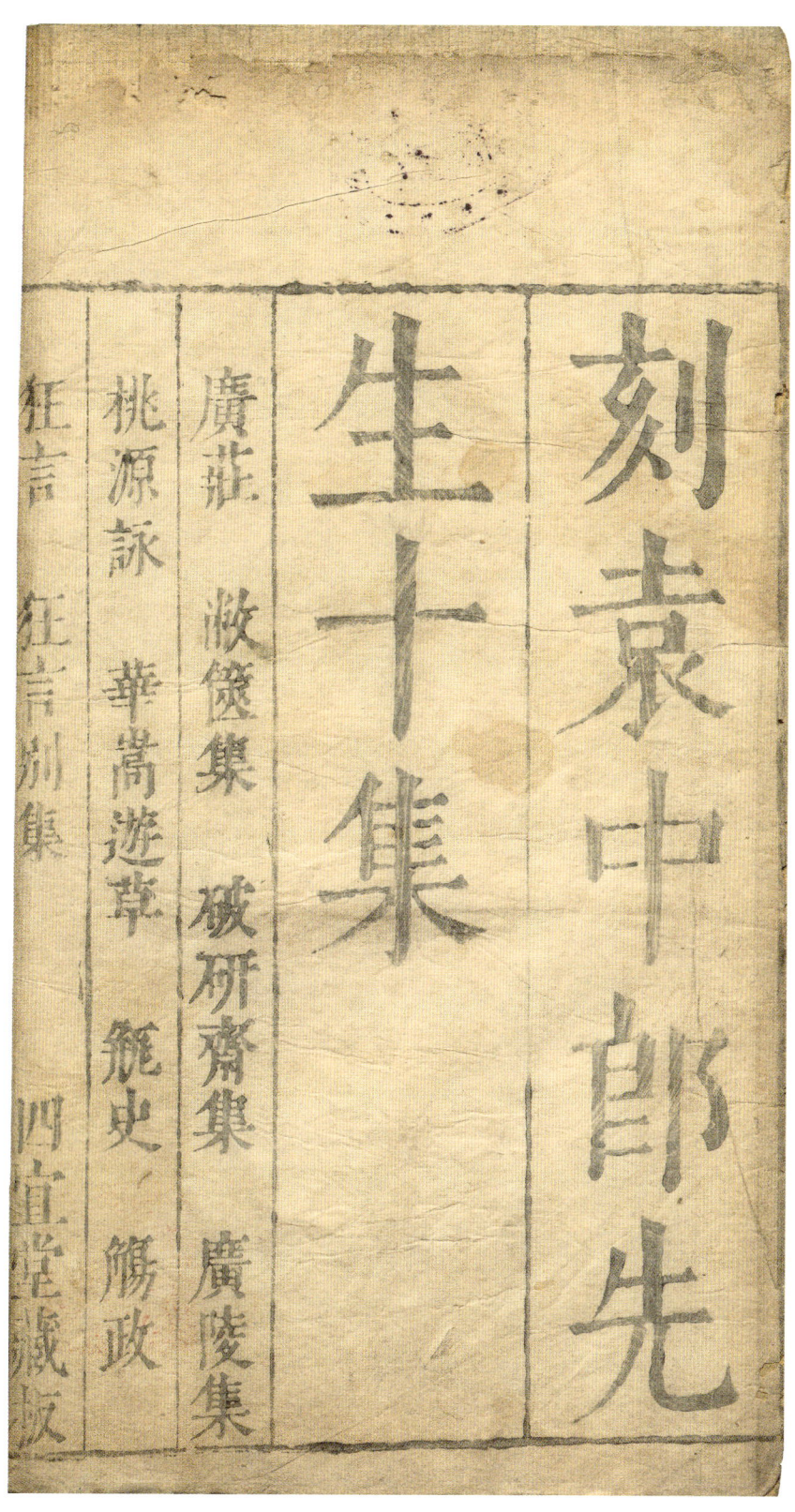

396-1 《袁中郎十集》封面

396 袁中郎十集十六卷 〔明〕袁宏道撰 〔明〕周應麐編 明末刻本

開本高 26.8 厘米，寬 17.0 厘米。框高 21.5 厘米，寬 14.5 厘米。半葉九行，行二十字，小字雙行同，白口，左右雙邊。索書號：善 003135。

湖北省珍貴古籍名録編號：00210。

袁中郎廣莊

公安袁宏道中郎甫撰
繡水周應麐九真甫校

逍遙遊

豎儒所謂大小皆就情量所及言之耳大於我者即謂之大是故言大山則信大海則信言鳥大於山魚大於海則不信也何也以非情量所及故也小於我者即謂之小是故言螻蟻則信蟪蛄則信言蟻有國者即謂之小是故言螻蟻則信蟪蛄則信言蟻有國國有君臣少長是非爭讓之事蟪蛄睫上有無量虫

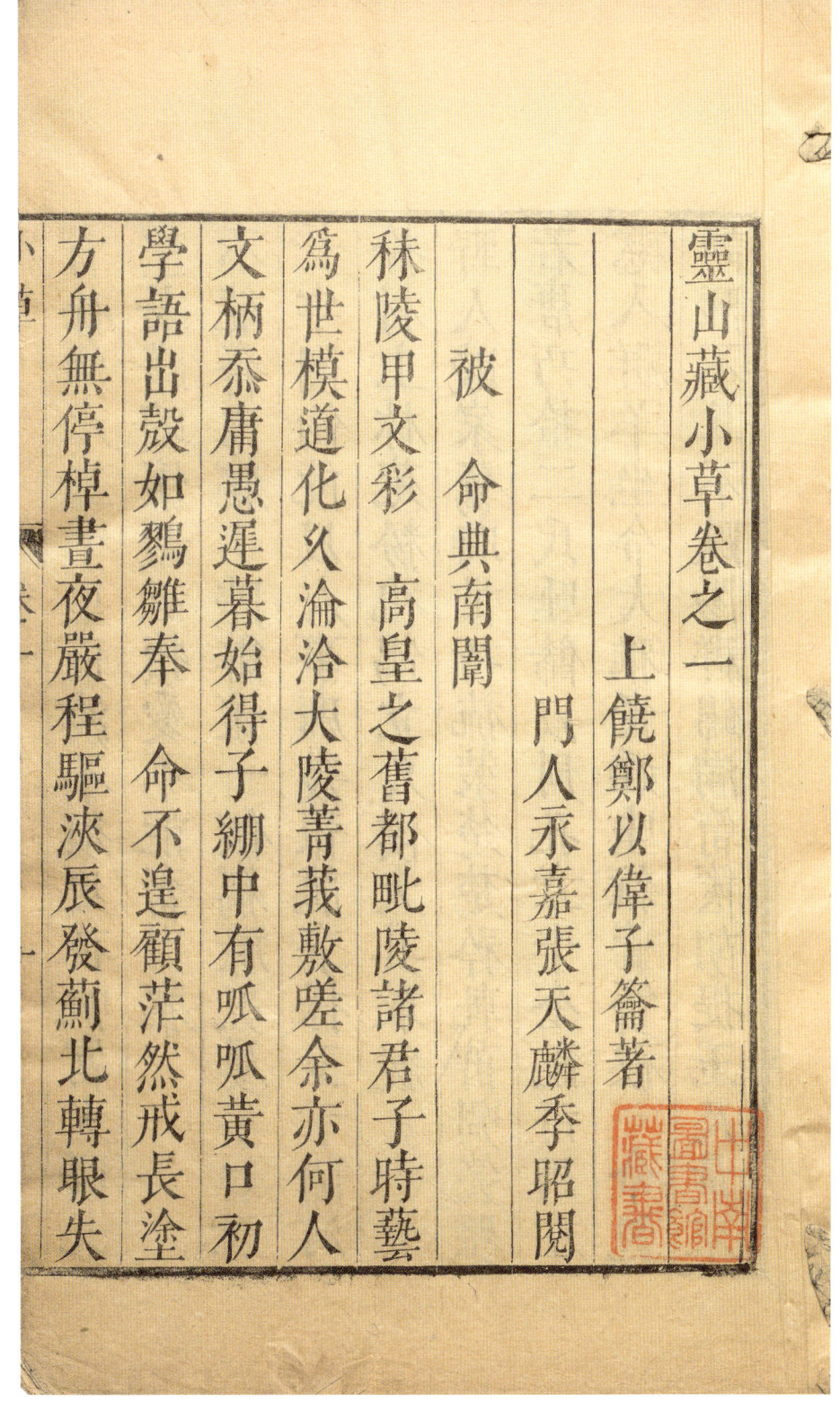

397 《靈山藏》卷一卷端

397 靈山藏二十九卷 〔明〕鄭以偉撰 明崇禎刻本

開本高 27.3 厘米，寬 17.4 厘米。框高 20.2 厘米，寬 14.5 厘米。半葉九行，行十八字，小字雙行同，白口，左右雙邊。索書號：善 003637。

湖北省珍貴古籍名錄編號：00185。

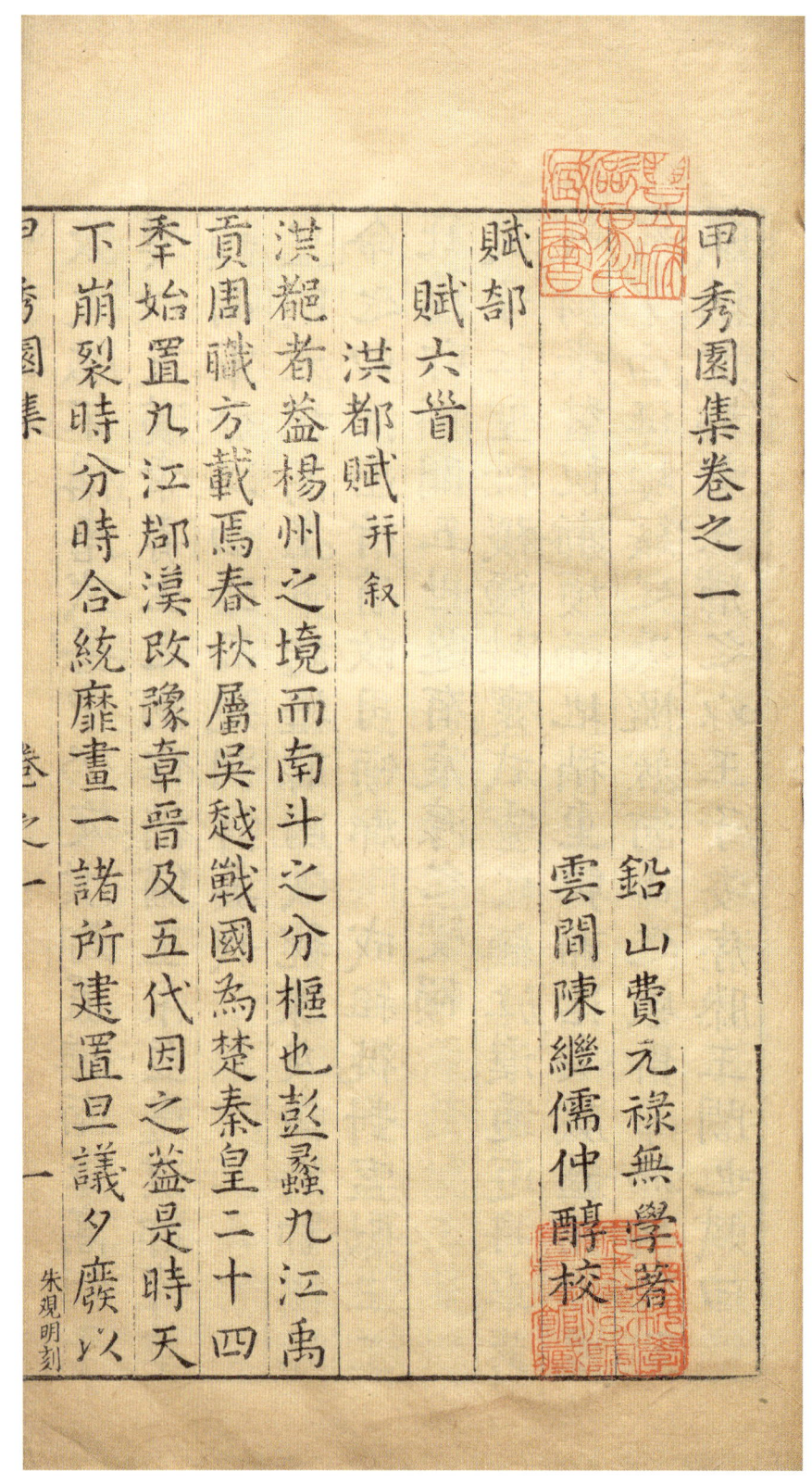

398　《甲秀園集》卷一卷端

398 甲秀園集四十七卷　〔明〕費元祿撰　明萬曆三十五年（1607）刻本

開本高27.2厘米，寬17.0厘米。框高21.7厘米，寬14.2厘米。半葉十行，行二十字，白口，四周單邊。鈐"豐城歐陽氏藏書"印。索書號：善003355。

湖北省珍貴古籍名錄編號：00183。

梅中丞遺稿卷之一

楚麻信天居士梅之煥著
泊水後學衛貞元澹足較
同里門人萬 延休蒼輯

奏疏

○通壅省覽疏

吏科給事中臣梅之煥謹奏、為通壅隔以慰物情省煩覽以明政體事、乞
聖鑒俯賜採行事、臣聞物各有情政自有體、物情不慰、
則有結轖之患必激而為煩覽政體不明則閒擾攘之端成而為壅

399-1 《梅中丞遺稿》卷一卷端

399 梅中丞遺稿八卷 〔明〕梅之煥撰 清抄本 佚名圈點批校

開本高23.9厘米，寬13.3厘米。無框欄，半葉九行，行二十五字。鈐"曾歸徐氏彊邨""徐恕讀過""桐風廎繙戡疏錄之書"印。索書號：善004351。

雁字迴時數有稱君家鳳羽正繩繩功名自合兒孫補德澤當新
理數憑集水氷霜時不易人情鳥雀事堪增周郎為我留深意護
此微微不熄燈 右詩未及遣致而公本
　　　　　　下世即絕筆也悲夫
題楊修齡山卷十韻
結廬于石裹位置石斯藏曲澗環狐嶼長河掛短牆簾間晴雪捲
苔淨雨花鞍洞壁含風軟塸塼信日量山青來木末雲影宿橙傍
細草香生研垂蘿綠繞廊誰尋仲尉徑獨擁子雲床眾鳥相摩語
如謳侑客艫主人真吏隱我到是漁郎不必花源去相眷綺與黃
重九遊石城還聚星館

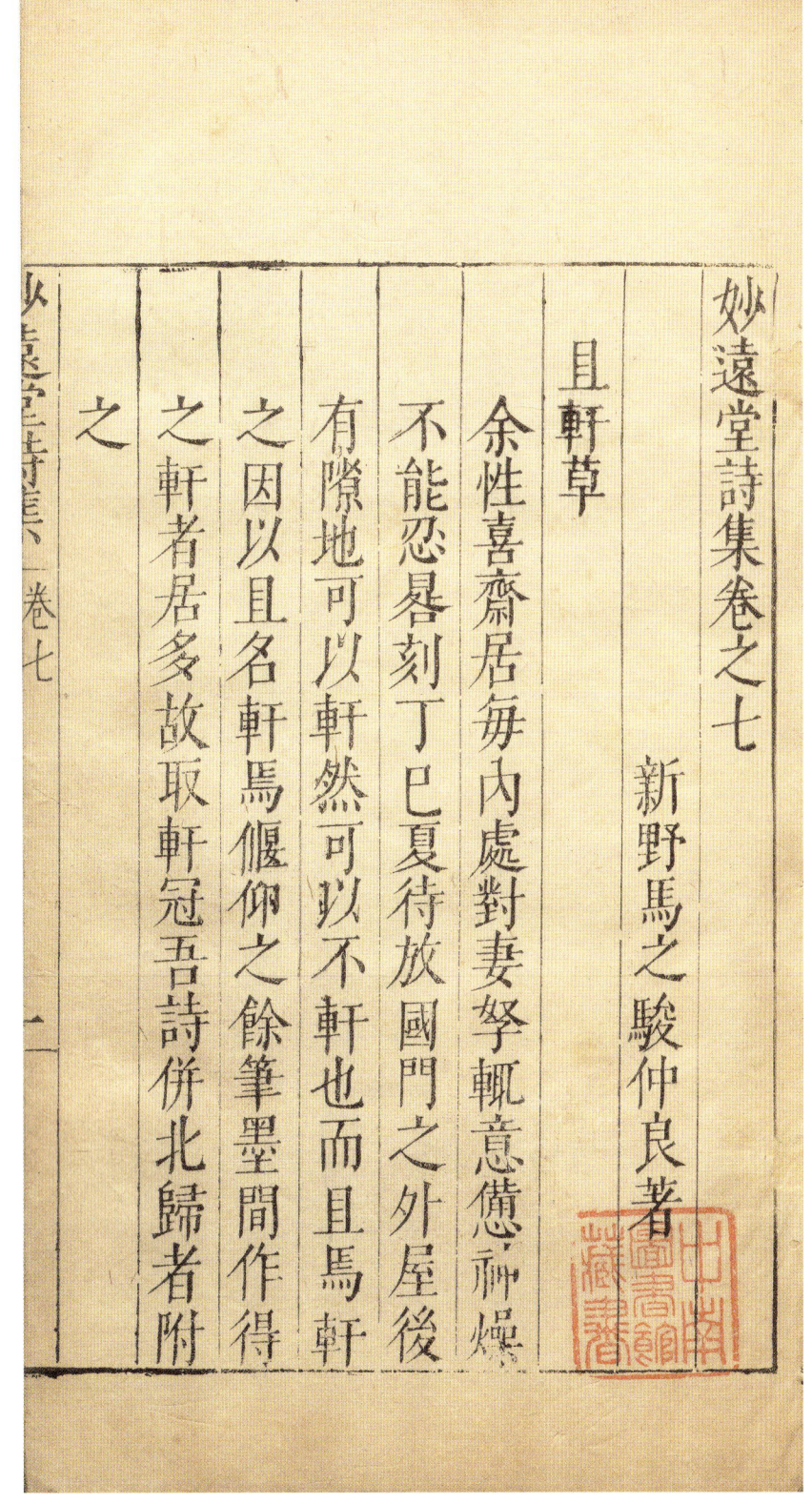

400 《妙遠堂詩集》卷七卷端

400 妙遠堂詩集十四卷 〔明〕馬之駿撰 明萬曆四十七年（1619）刻本 存九卷（卷一至九）

開本高26.4厘米，寬15.6厘米。框高19.3厘米，寬13.7厘米。半葉九行，行十八字，白口，四周單邊。鈐"柯逢時印"印。索書號：善003641。

湖北省珍貴古籍名錄編號：00362。

401 《陳太史無夢園初集》卷一卷端

401 陳太史無夢園初集三十四卷 〔明〕陳仁錫撰 明崇禎六年（1633）張一鳴刻本

開本高 26.5 厘米，寬 16.8 厘米。框高 21.7 厘米，寬 13.9 厘米。半葉九行，行十八字，白口，左右雙邊。鈐"武昌徐氏所藏四庫闕佚書"印。索書號：善 003708。

湖北省珍貴古籍名錄編號：00363。

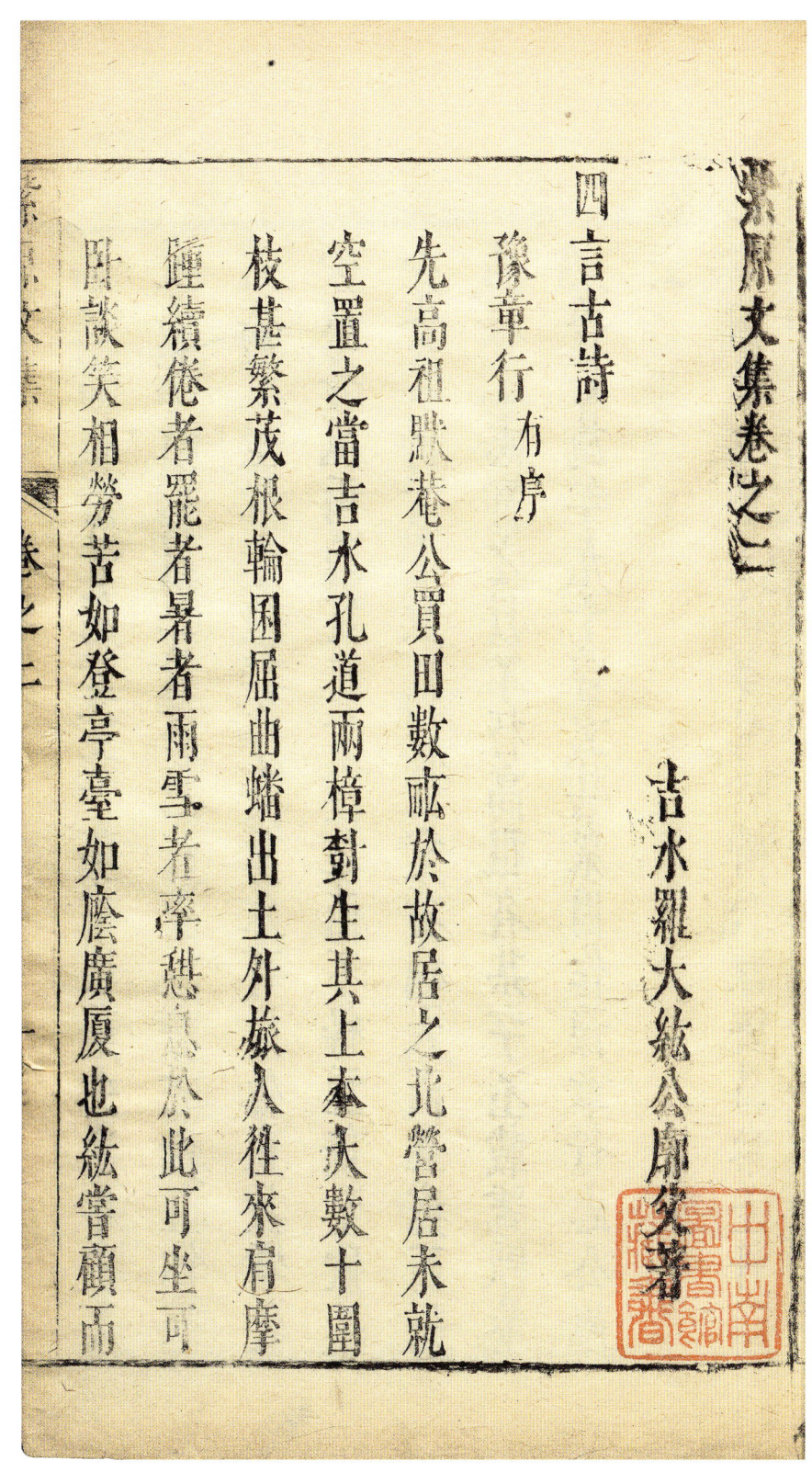

402 《紫原文集》卷二卷端

402 紫原文集十二卷 〔明〕羅大紘撰 明天啓集慶堂刻本

開本高25.0厘米，寬15.4厘米。框高20.6厘米，寬13.8厘米。半葉九行，行二十字，白口，四周單邊。索書號：善003633。

湖北省珍貴古籍名錄編號：00179。

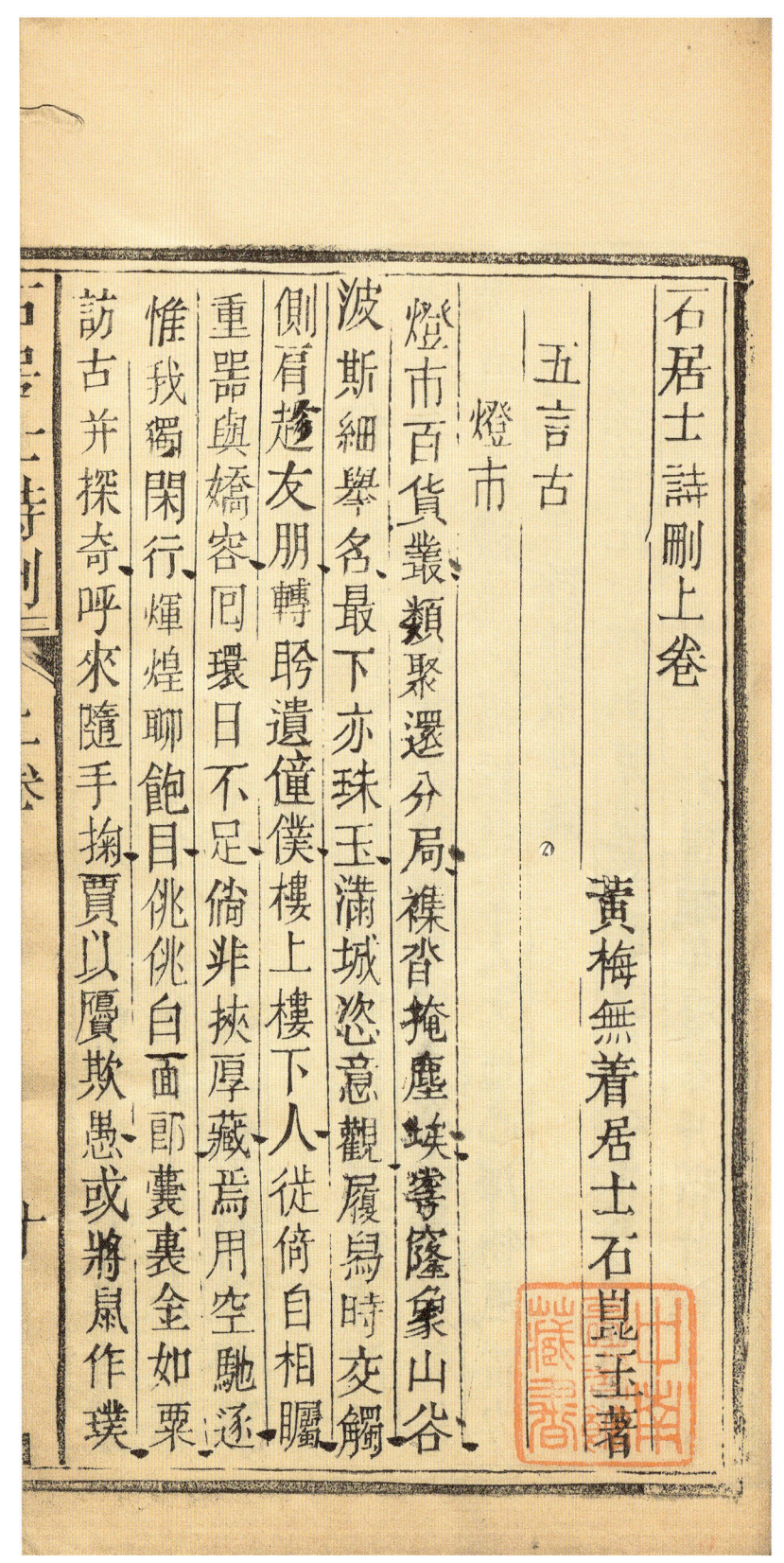

403-1 《石居士詩刪》卷上卷端

403 石居士詩刪二卷 〔明〕石崑玉撰 清木活字印本 甘鵬雲題識

開本高25.2厘米，寬14.4厘米。框高20.4厘米，寬12.3厘米。半葉十行，行二十字，白口，四周雙邊。鈐"蒲圻張氏無倦齋藏"印。索書號：善001952。

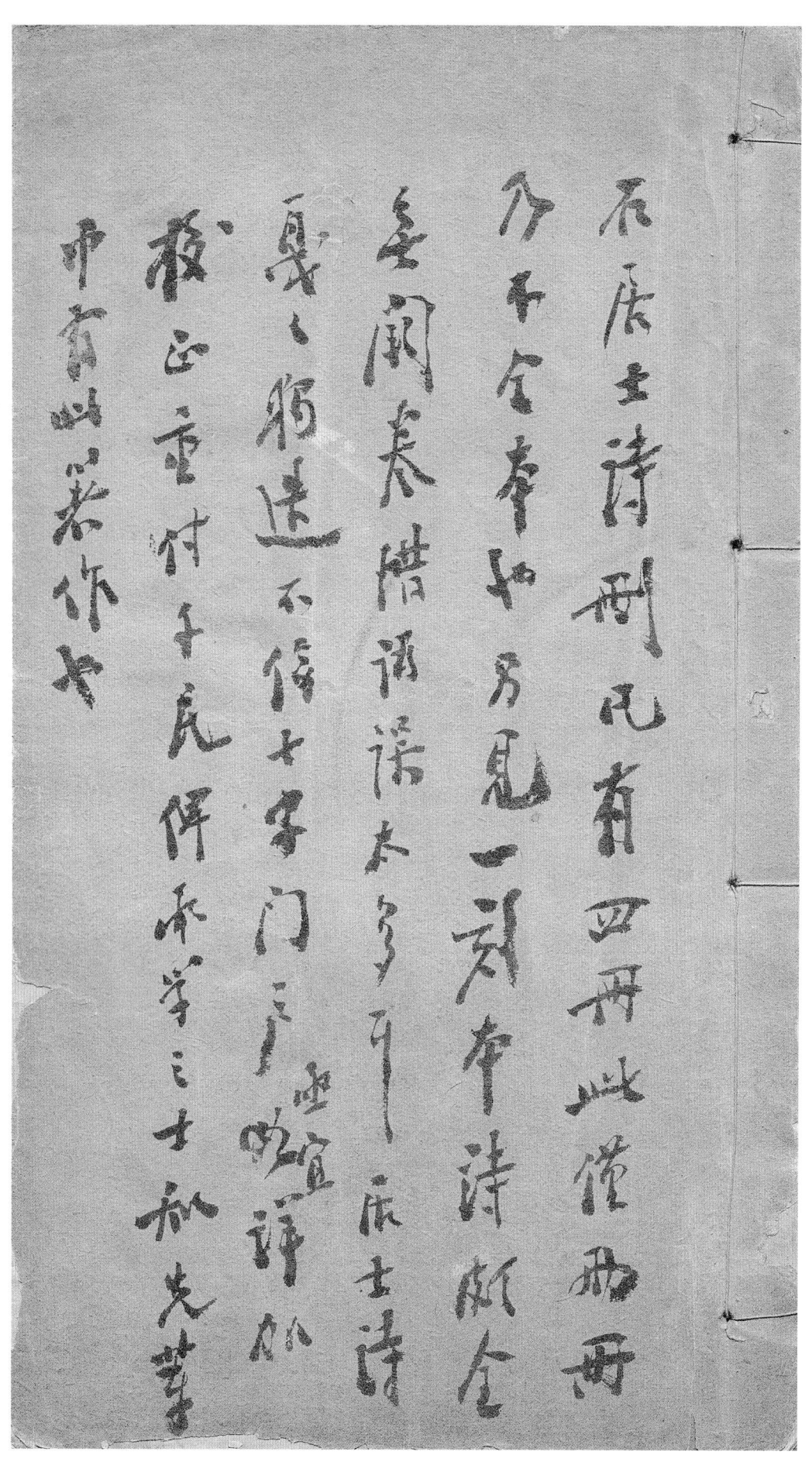

居士詩刪凡有四冊此僅兩冊乃不令拳知另見一刻本詩鈔全無刪去借譌謀太多可居士詩襄不狷進不信七言門三句即宜評於較正重付手民俾承學之士知先業中實以此為作也

404 《張異度先生自廣齋集》卷一卷端

404 張異度先生自廣齋集十六卷周吏部紀事一卷 〔明〕張世偉撰 明崇禎十一年（1638）刻本

開本高 26.8 厘米，寬 16.8 厘米。框高 19.8 厘米，寬 14.2 厘米。半葉九行，行十八字，白口，左右雙邊。鈐"太原叔子藏書記""曾歸徐氏彊誃""武昌徐氏所藏四庫闕佚書"等印。索書號：善 003681。

湖北省珍貴古籍名錄編號：00184。

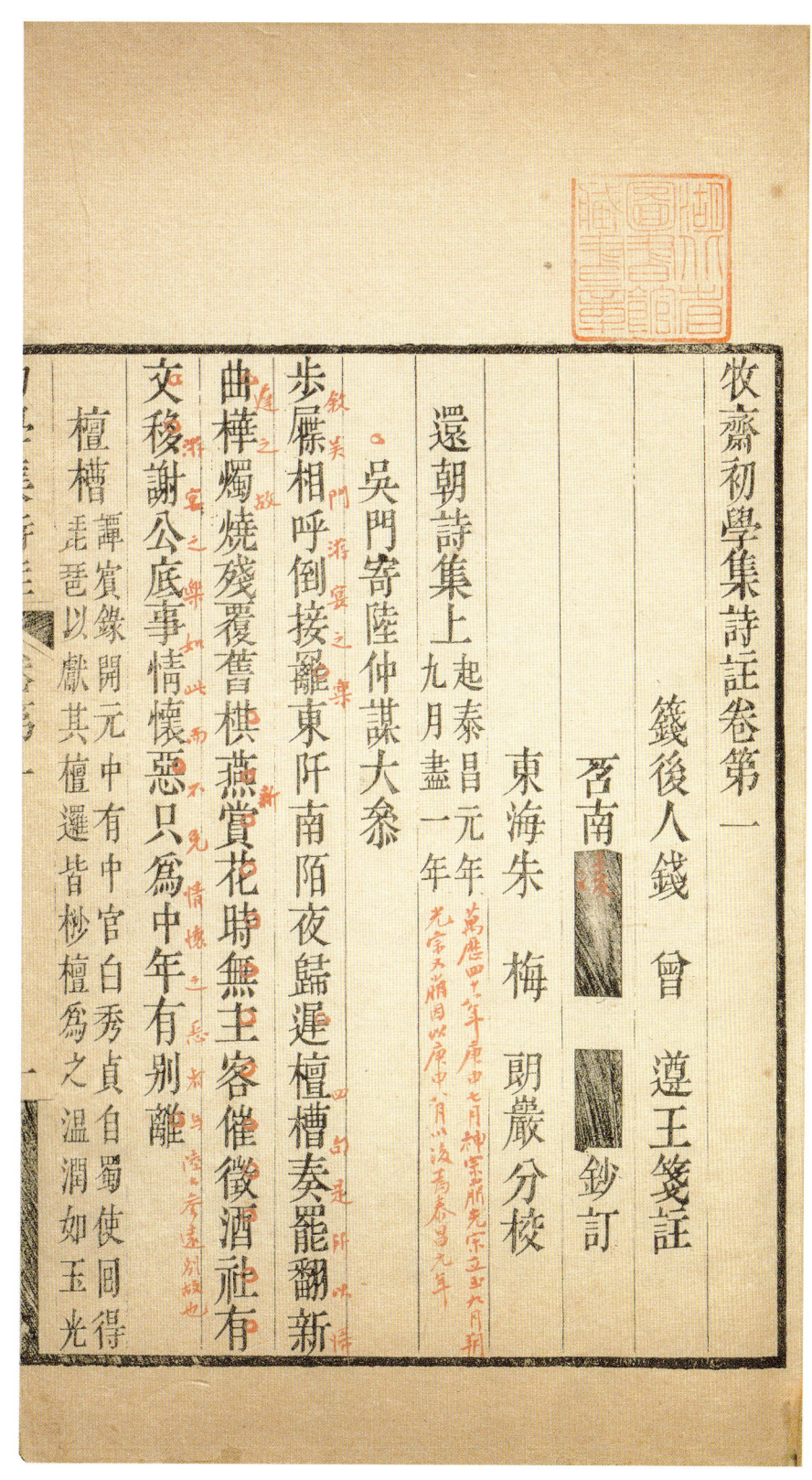

405-1 《牧齋初學集詩注》卷一卷端

405 牧齋初學集詩注二十卷 〔清〕錢謙益撰 〔清〕錢曾注 清玉詔堂刻本 林葆恒題識並録前人批點 陳祖壬題識

開本高 25.3 厘米，寬 16.0 厘米。框高 18.0 厘米，寬 13.8 厘米。半葉十行，行二十字，小字雙行同，黑口，四周單邊。索書號：善 004950。

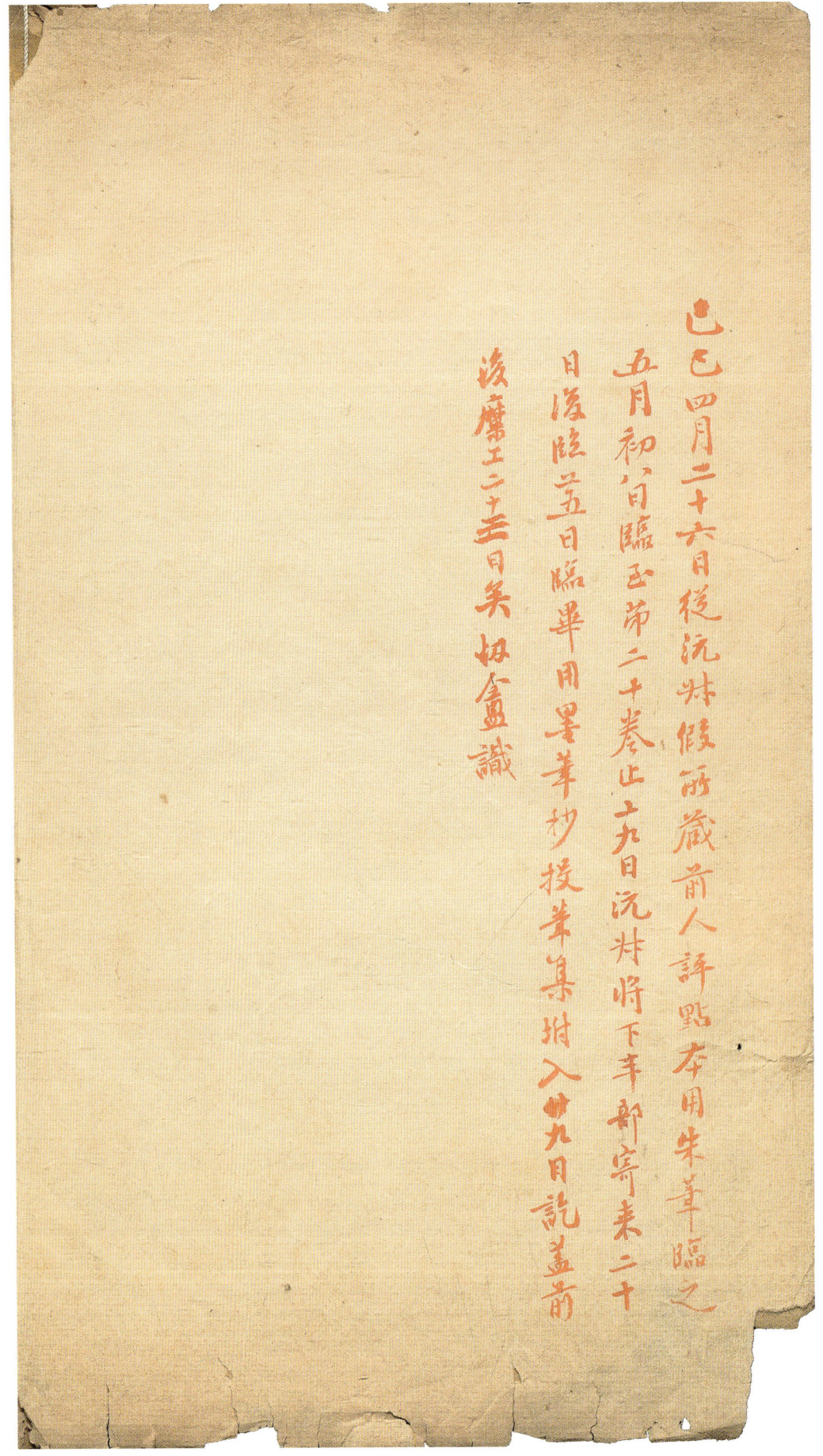

己巳四月二十六日從沅圃假所藏前人評點本用朱筆臨之五月初八日臨至第二十卷止十九日沅圃將下車郵寄來二十日復臨至五日臨畢用墨筆抄授葉集坿入廿九日訖蓋前後歷二十五日矣扢盦識

405-2　林葆恒題識

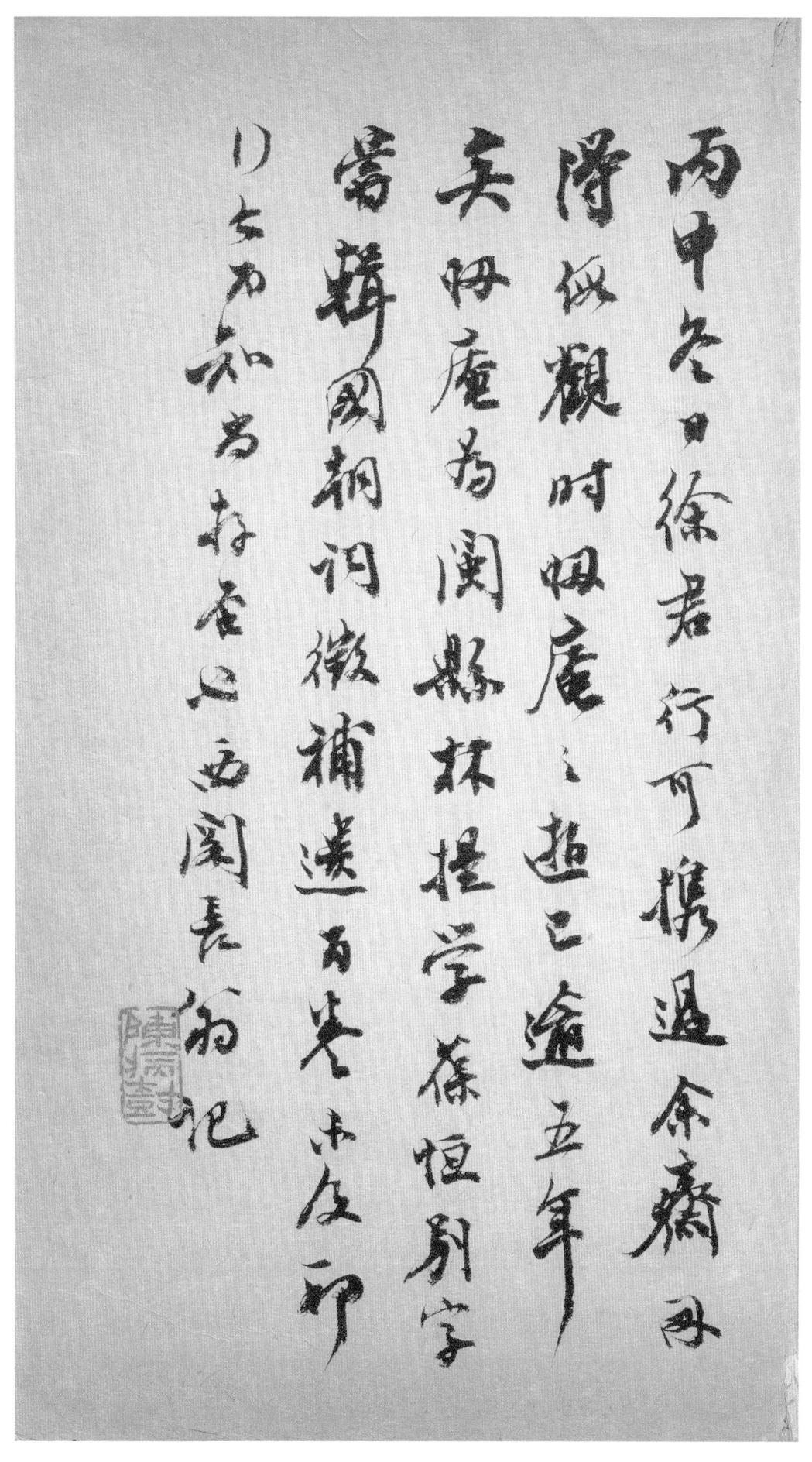

丙申冬日徐君行可攜過余齋同
閱仮觀時叔庵之歿已逾五年
矣叔庵為閩縣林梃學箴恒別字
當輯國朝詞徵補遺百卷中有即
り上有知当在香山西閣長俯記

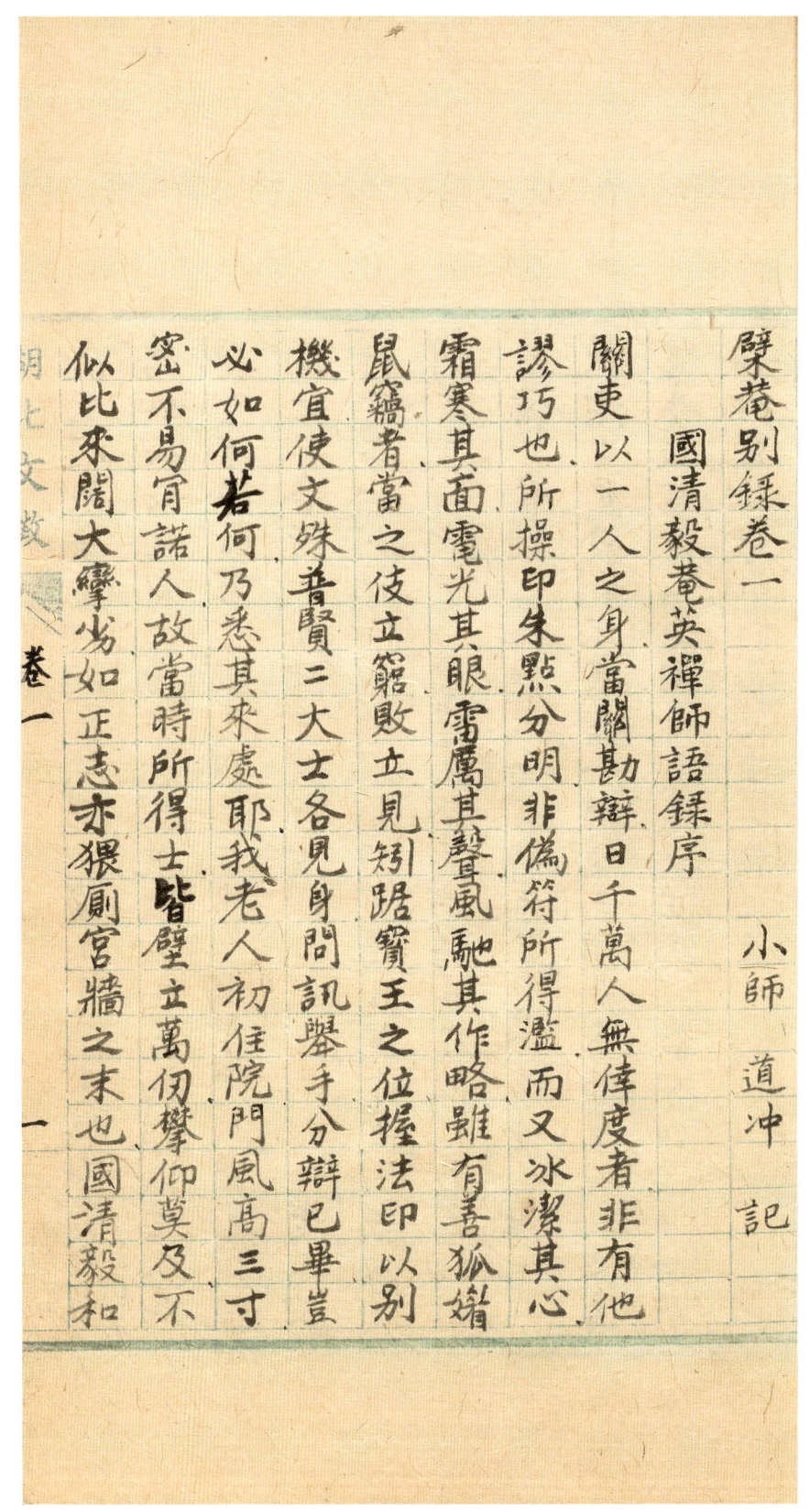

406 《檗庵別錄》卷一卷端

406 檗庵別錄八卷 〔清〕熊開元撰 民國劉文嘉抄本

開本高 26.2 厘米，寬 17.0 厘米。框高 18.0 厘米，寬 14.1 厘米。半葉十行，行二十二字，白口，四周單邊。鈐"契園""石榮暲印""蓋年"印。索書號：集二/4392。

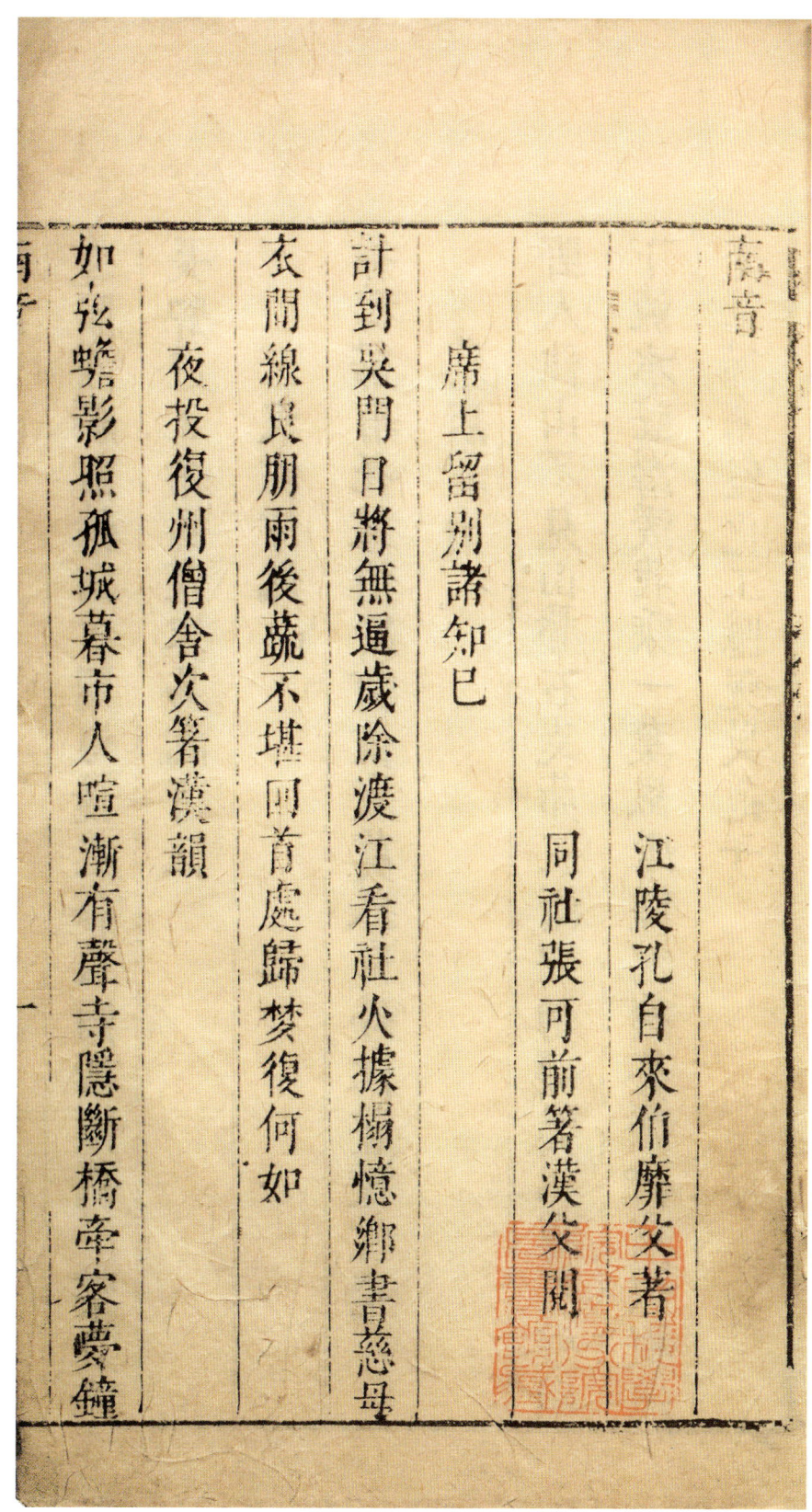

407 《孔自來詩文集》卷端

407 孔自來詩文集不分卷 〔清〕孔自來撰 清順治至康熙刻本

開本高 23.3 厘米，寬 13.8 厘米。框高 18.8 厘米，寬 12.2 厘米。半葉八至九行，行十八至二十二字，小字雙行同，白口，四周單邊。索書號：集二/7392。

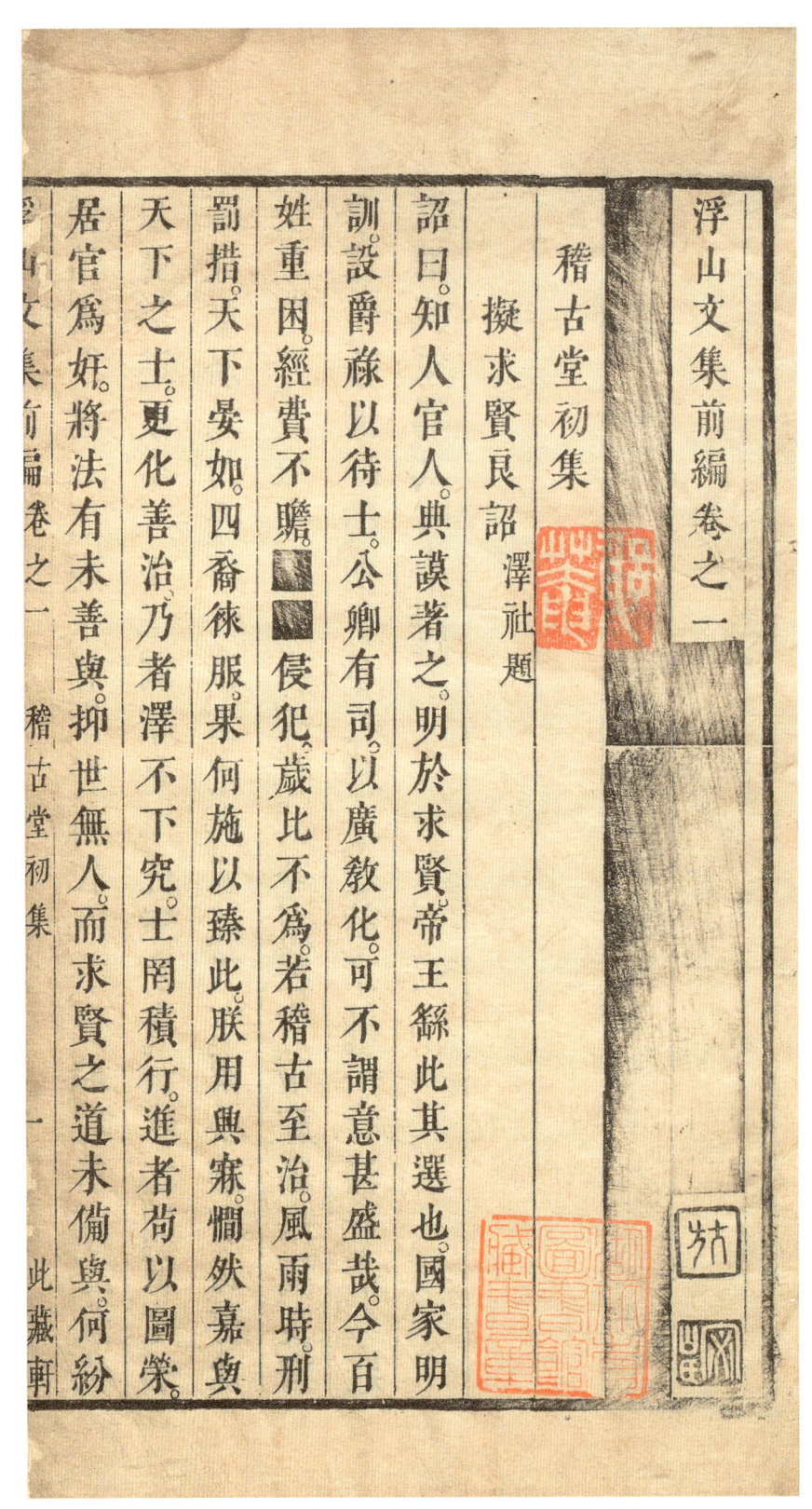

408-1 《浮山文集》前編卷一卷端

408 浮山文集前編十卷後編二卷浮山此藏軒別集二卷 〔清〕方以智撰 〔清〕方中德等編次 清初此藏軒刻本

開本高 24.5 厘米，寬 15.4 厘米。框高 20.4 厘米，寬 12.8 厘米。半葉十行，行二十四字，白口，左右雙邊。鈐"躬庵""武昌徐氏所藏四庫闕佚書"印。索書號：善 001902。

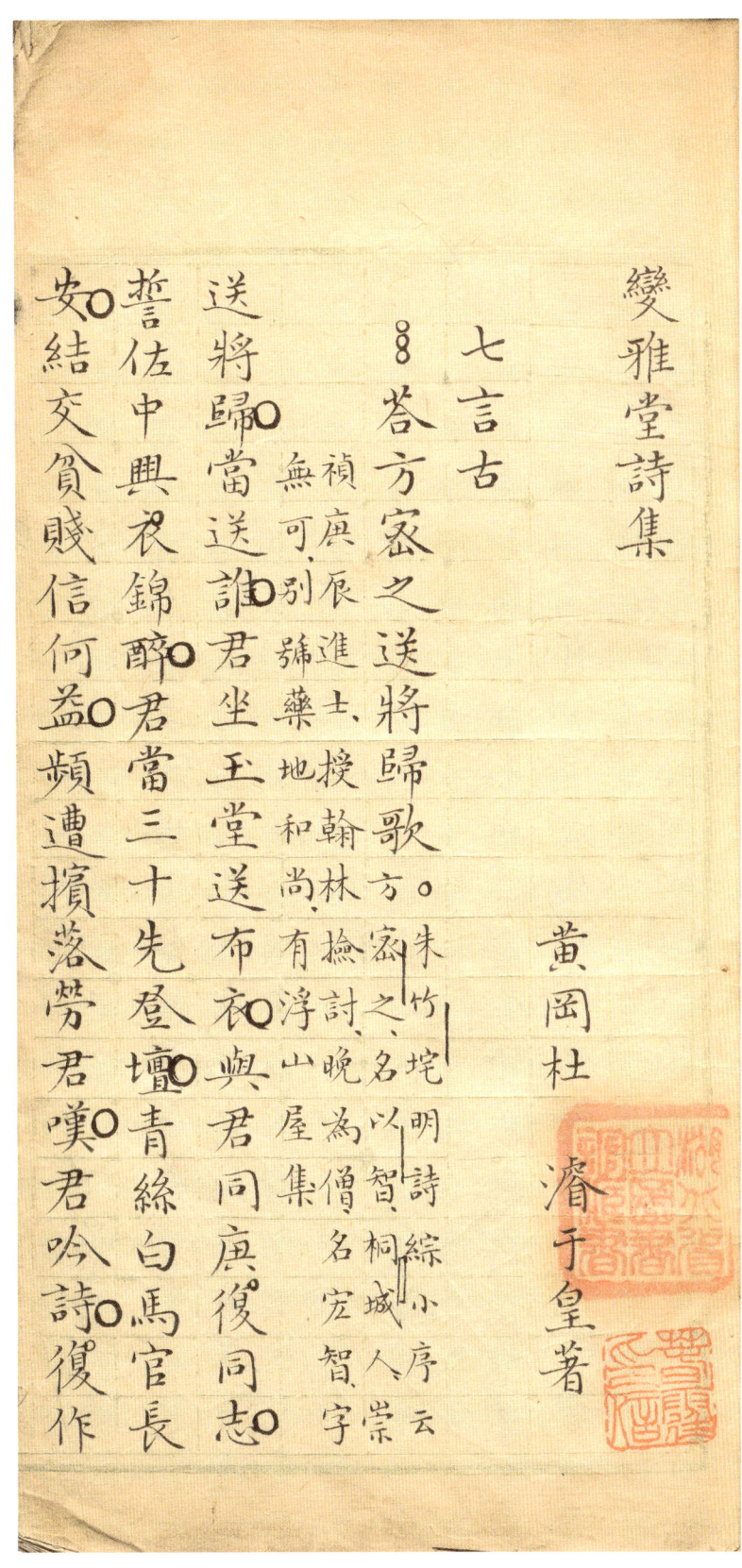

409-1 《變雅堂集》卷端

409 變雅堂集不分卷 〔清〕杜濬撰 清抄本 佚名批校

開本高23.6厘米，寬13.1厘米。框高18.8厘米，寬11.0厘米。半葉八行，行二十字，小字雙行同，白口，四周雙邊。鈐"溫其""鏡清""春霆印信"印。索書號：善004232。

聾与聞同从耳
不从米

此見孚夏詩喜極
而甚許之言

昨謂寶山空返自為兒童之戲者也既一誤矣乃又
有人焉聾露積之論而是之欣然從事率易鄙俚粗
惡浮誕譬如露積金玉而獨拾瓦礫焉即又何以愈
于向之昧然者乎延今浮程子學夏之詩但覺不
之有徵也程子性命于詩然後知無往非詩故其詩
深於詩者能言之人學加居先而不臨時炫博故其詩
涌其天不成以言人學加居先而不臨時炫博故其詩
韻味獨優盖所謂露積于天地之間者程子將與達
人共之芝山又入而進一解謂露積于天地之間之寶殆如浮屠家

409-2 佚名批校

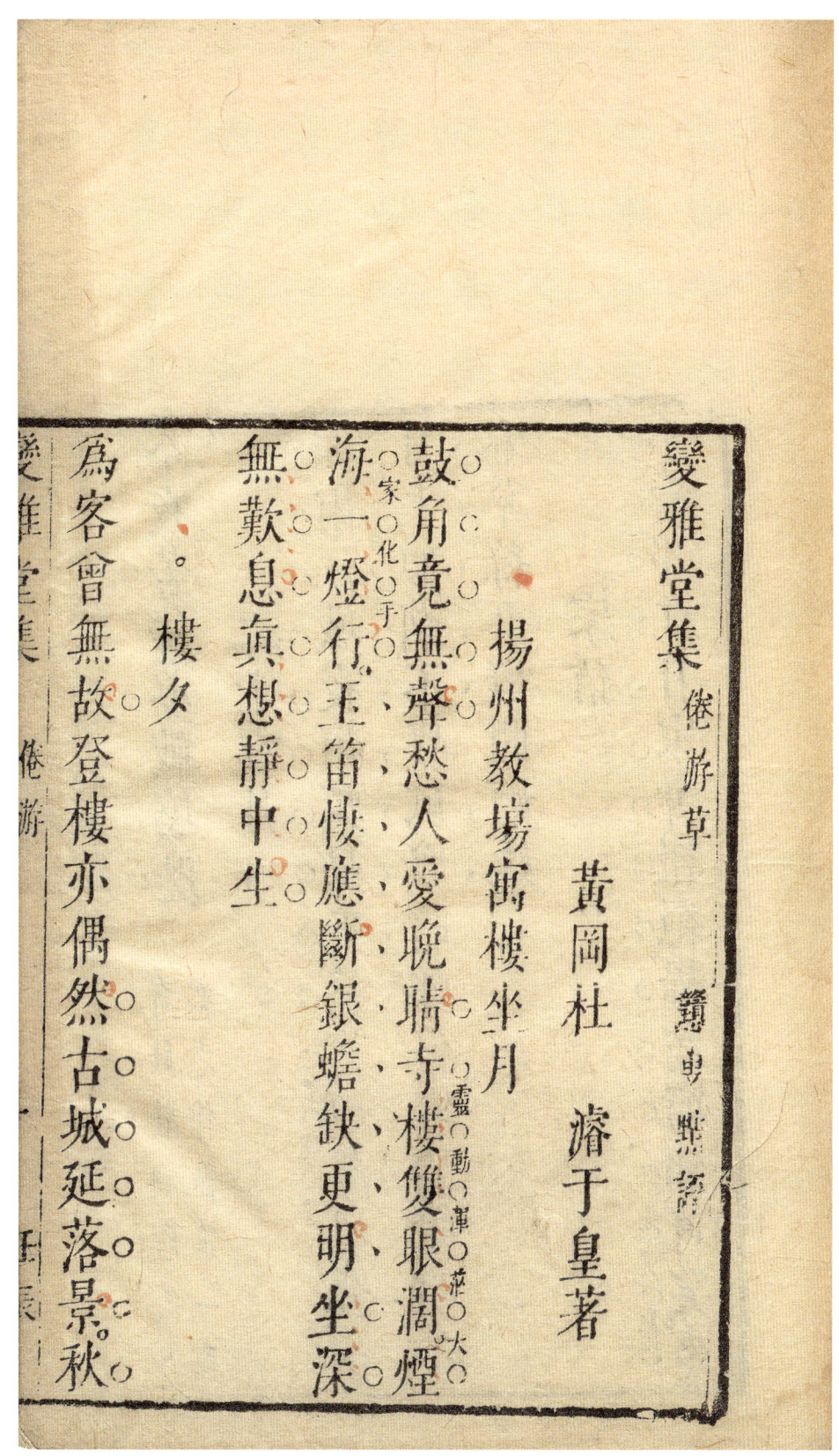

410-1 《變雅堂集》卷端

410 黃岡杜于皇先生全集不分卷 〔清〕杜濬撰 清康熙刻本 徐恕題識

開本高22.1厘米，寬14.8厘米。框高15.2厘米，寬11.4厘米。半葉八行，行十六字，白口，左右雙邊。鈐"徐恕讀過""曾歸徐氏彊誃"印。索書號：善002856。

此刻乃原刊傳本概罕見以列入禁書總目故也

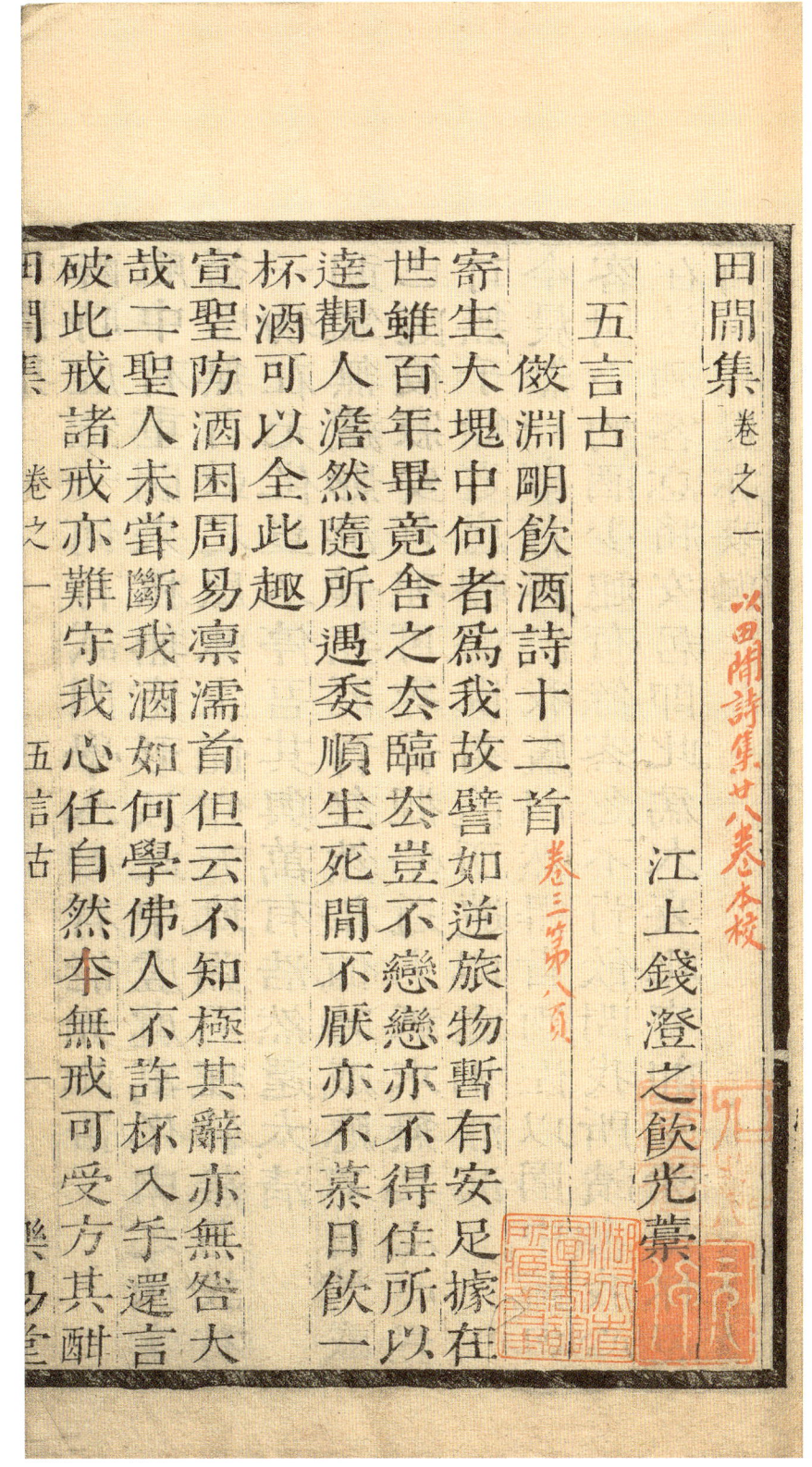

411 《田間集》卷一卷端

411 田間集十卷 〔清〕錢澄之撰 清康熙元年（1662）姚文燮樂易堂刻本 徐恕校

開本高 24.4 厘米，寬 14.9 厘米。框高 19.3 厘米，寬 13.1 厘米。半葉十一行，行二十一字，白口，左右雙邊。鈐"南陔子""元倬""石茹圖書""武昌徐氏所藏四庫闕佚書"印。索書號：善002075。

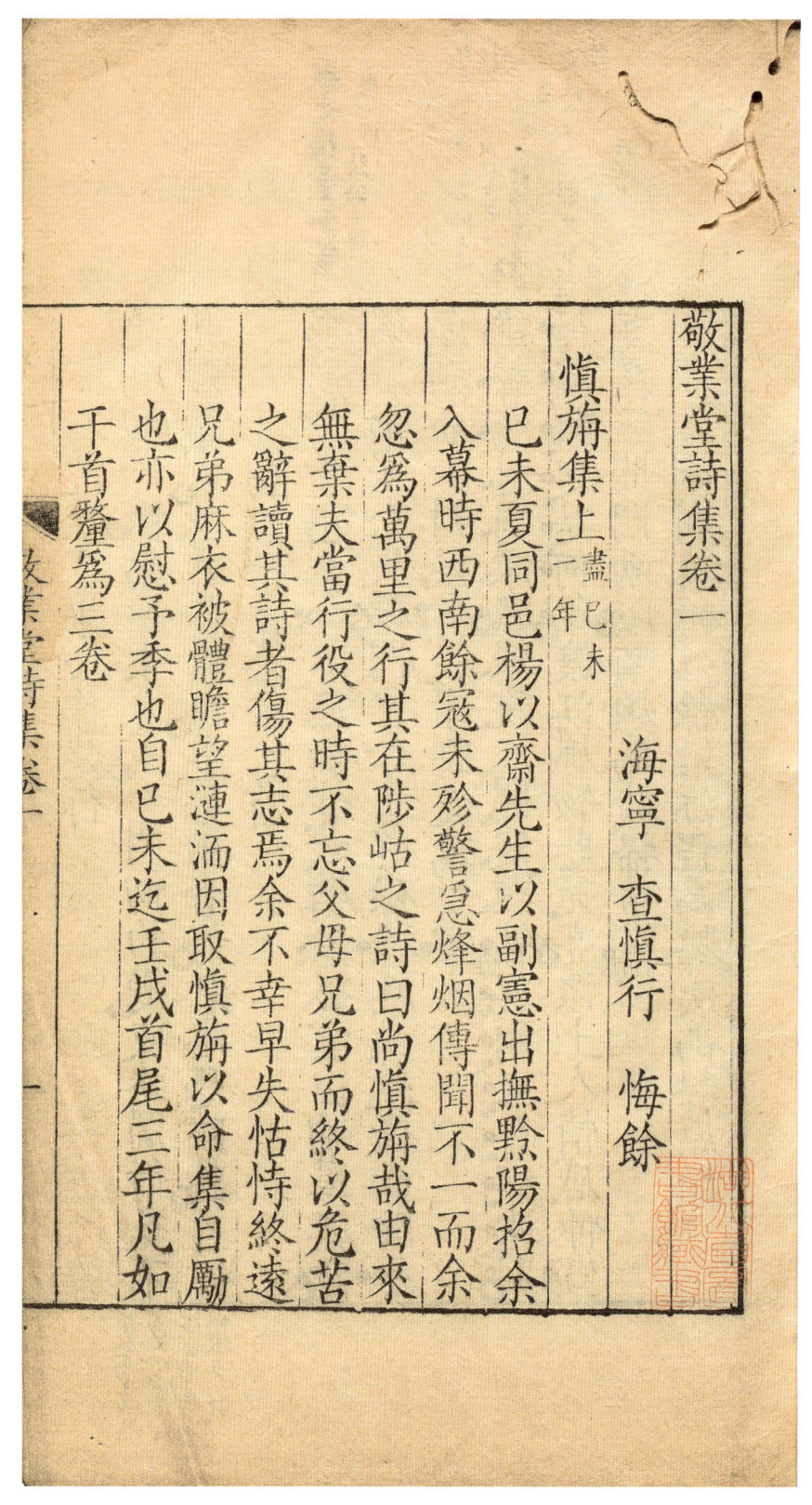

412-1 《敬業堂詩集》卷一卷端

412 敬業堂詩集五十卷 〔清〕查慎行撰 清康熙五十八年（1719）刻雍正增刻本 清張誠之批 徐恕錄清查奕照、朱洪等評

開本高 25.8 厘米，寬 16.6 厘米。框高 17.7 厘米，寬 13.0 厘米。半葉十一行，行二十一字，白口，左右雙邊。索書號：善 004934。

眉批：
句響字穩是七律當行之作覺
渭南老子玄人云不甚遠先生晚
年芙蓉淡下筆
頗平此種境介
不可復得

一路啼猿灌莽中斑白逢人愁鋌鋌獸萑苻何地集哀鳴書生亦有傷時淚袖濕征鞭畏朔風

清浪衛廣福寺

瓦礫城隅萬竈窮居然古寺比靈光殘僧一去塵濛佛畫角孤吹夜雨霜刧過昆明灰尚黑年深龍漢事全荒斷碑知是何年物野火燒來栢葉香

飛雲巖

白雲本在天變幻隨所到無端忽隨此穴地啟洞蹙石髓久漸凝靈姿特神妙軒軒勢欲舉外秀中駕驁堅勞佛力鎮刻畫恣凌暴山靈怒不受企脚首頻掉猶虞從風揚出山不可叫呈形寓百怪意想得奇肖昂昂舞獅

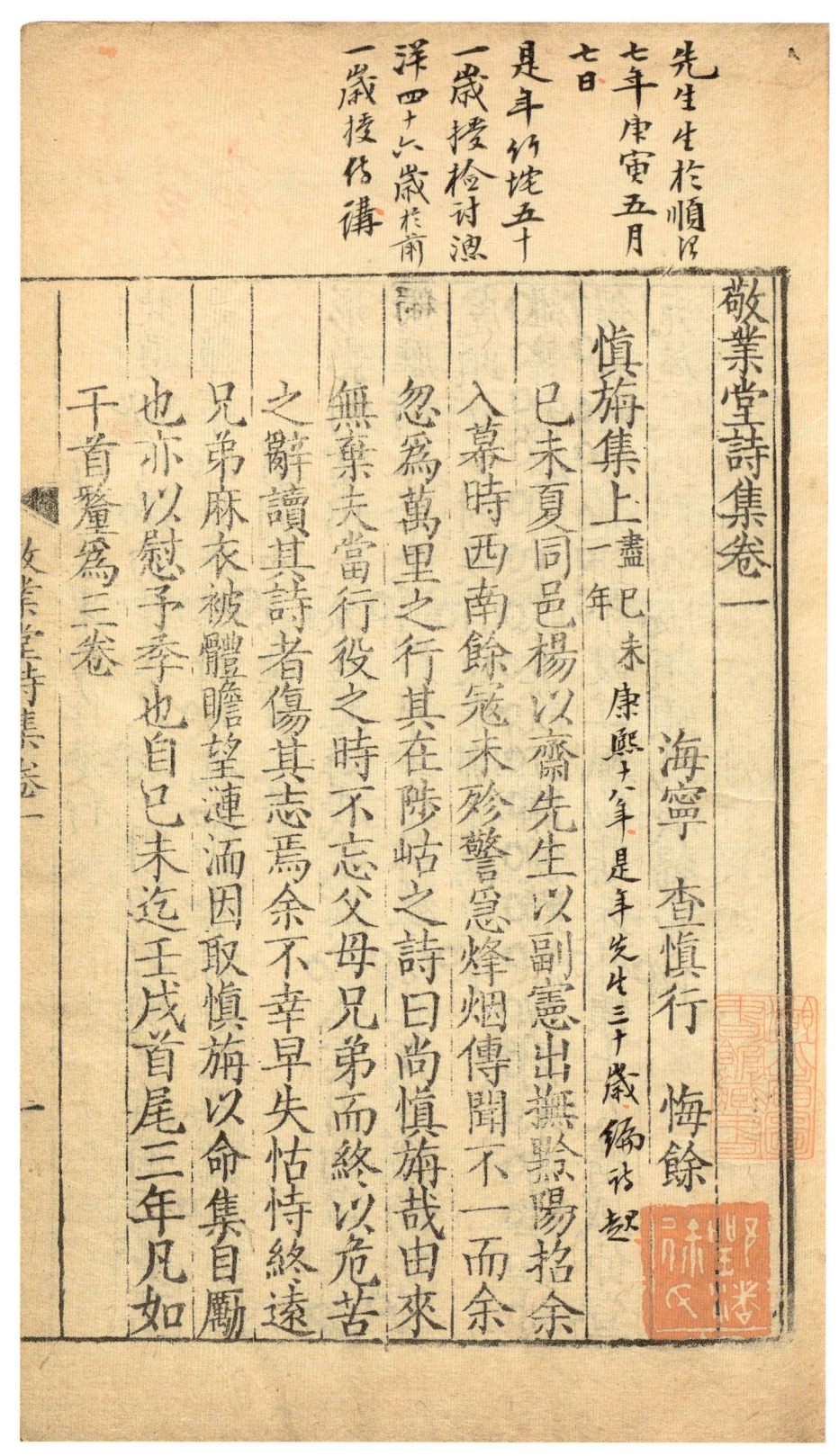

413-1 《敬業堂詩集》卷一卷端

413 敬業堂詩集五十卷 〔清〕查慎行撰 清康熙五十八年（1719）刻雍正增刻本 清許葉芬題識 並錄清翁方綱批校題識

開本高34.2厘米，寬15.3厘米。框高17.7厘米，寬13.0厘米。半葉十一行，行二十一字，白口，左右雙邊。鈐"鄂渚徐氏"等印。索書號：善004931。

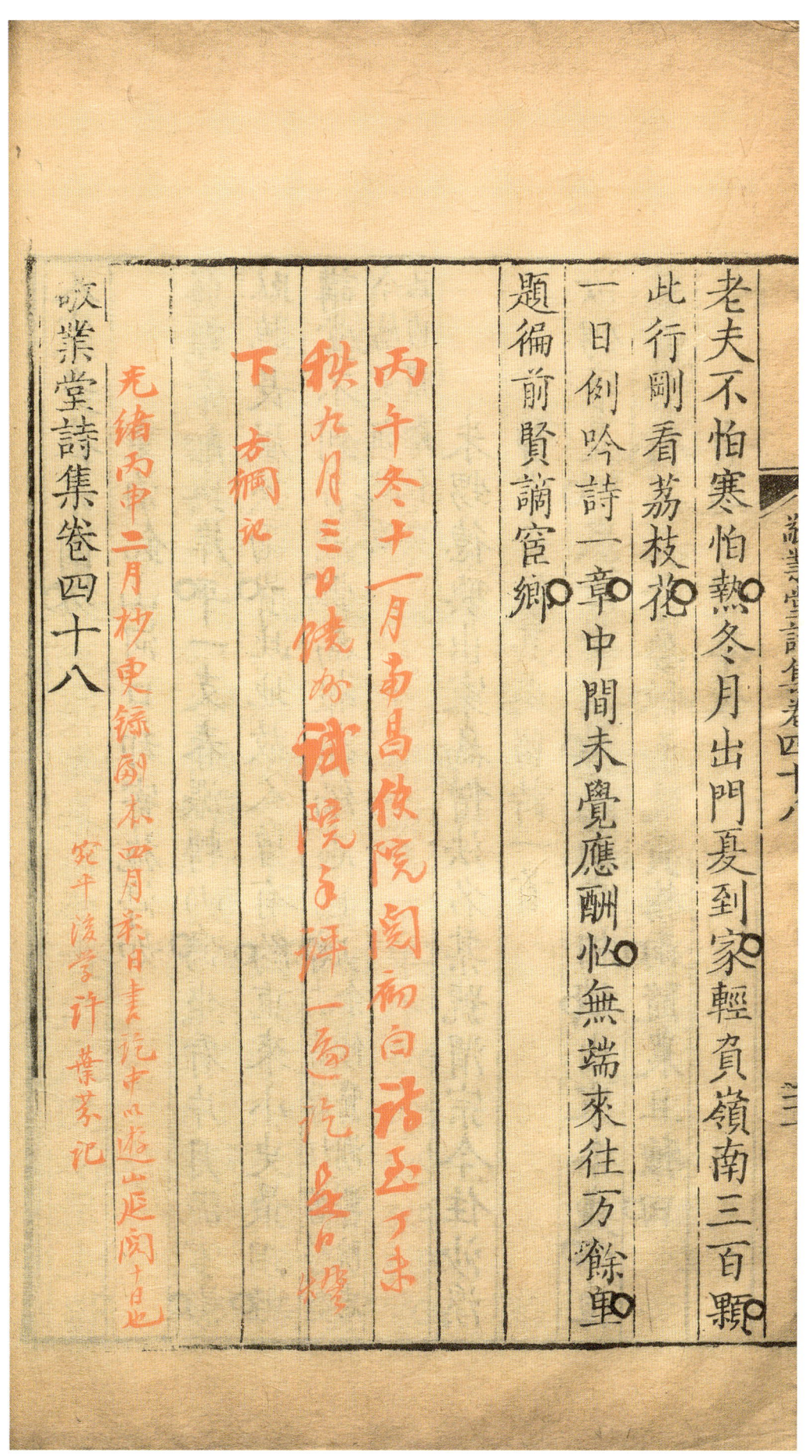

老夫不怕寒怕熱冬月出門夏到家輕貧嶺南三百顆
此行剛看荔枝花
一日倒吟詩一章中間未覺應酬忙無端來往万餘里
題編前賢謫宦鄉

丙午冬十一月兩昌使院闢兩向西正丁未
秋九月三日晓分試院手評一遍託在白鹭
下方欄記

光緒丙申二月抄更錄副本四月㠫日書於中州旅山庭閣十日起
宛平後學許葉芬記

敬業堂詩集卷四十八

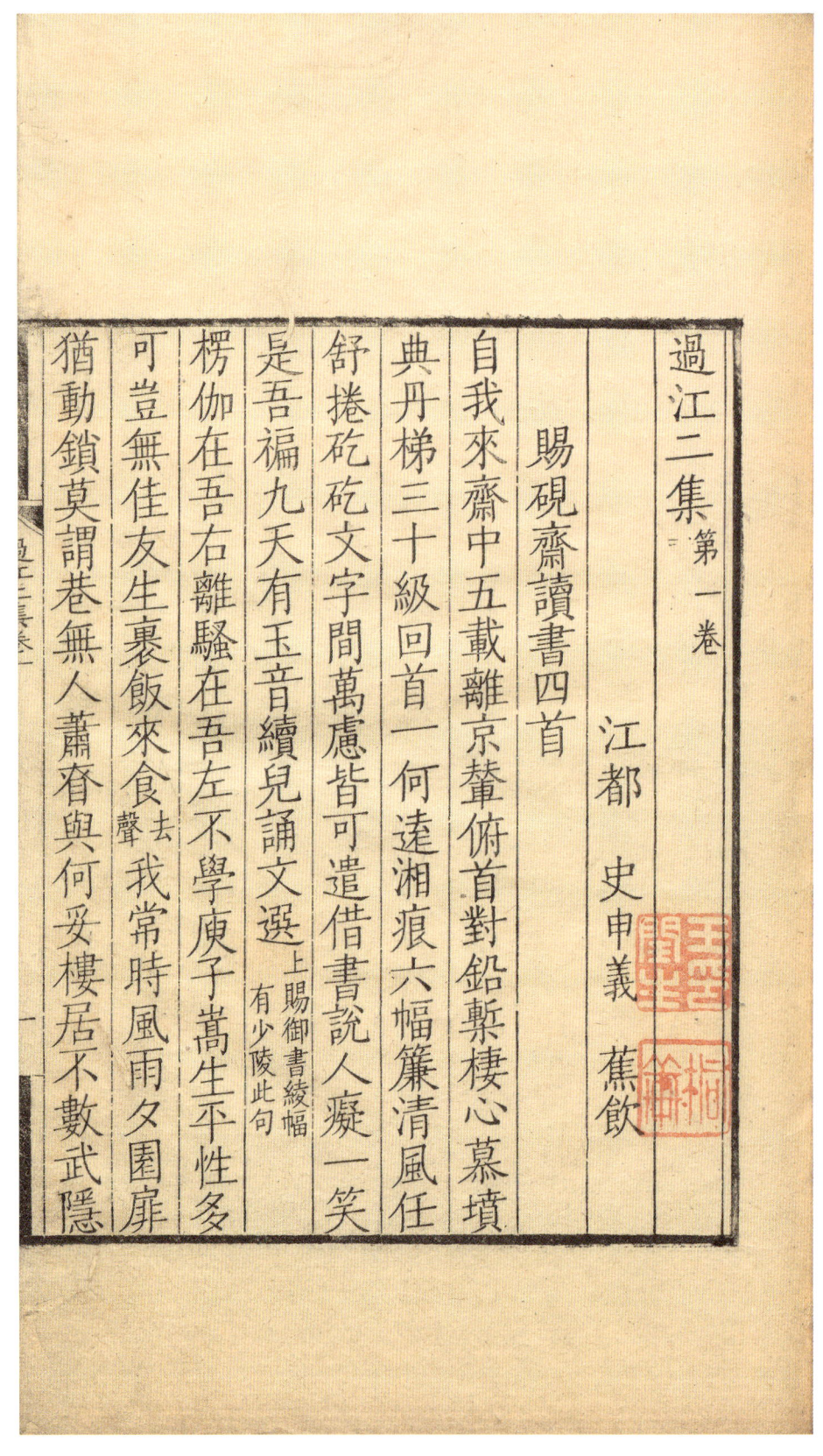

414 《過江二集》卷一卷端

414 過江二集四卷 〔清〕史申義撰 清康熙五十一年（1712）刻本

開本高 25.5 厘米，寬 16.5 厘米。框高 16.6 厘米，寬 13.4 厘米。半葉十行，行十九字，小字雙行同，黑口，左右雙邊。鈐"王閏生印""桐華"印。索書號：善 002011。

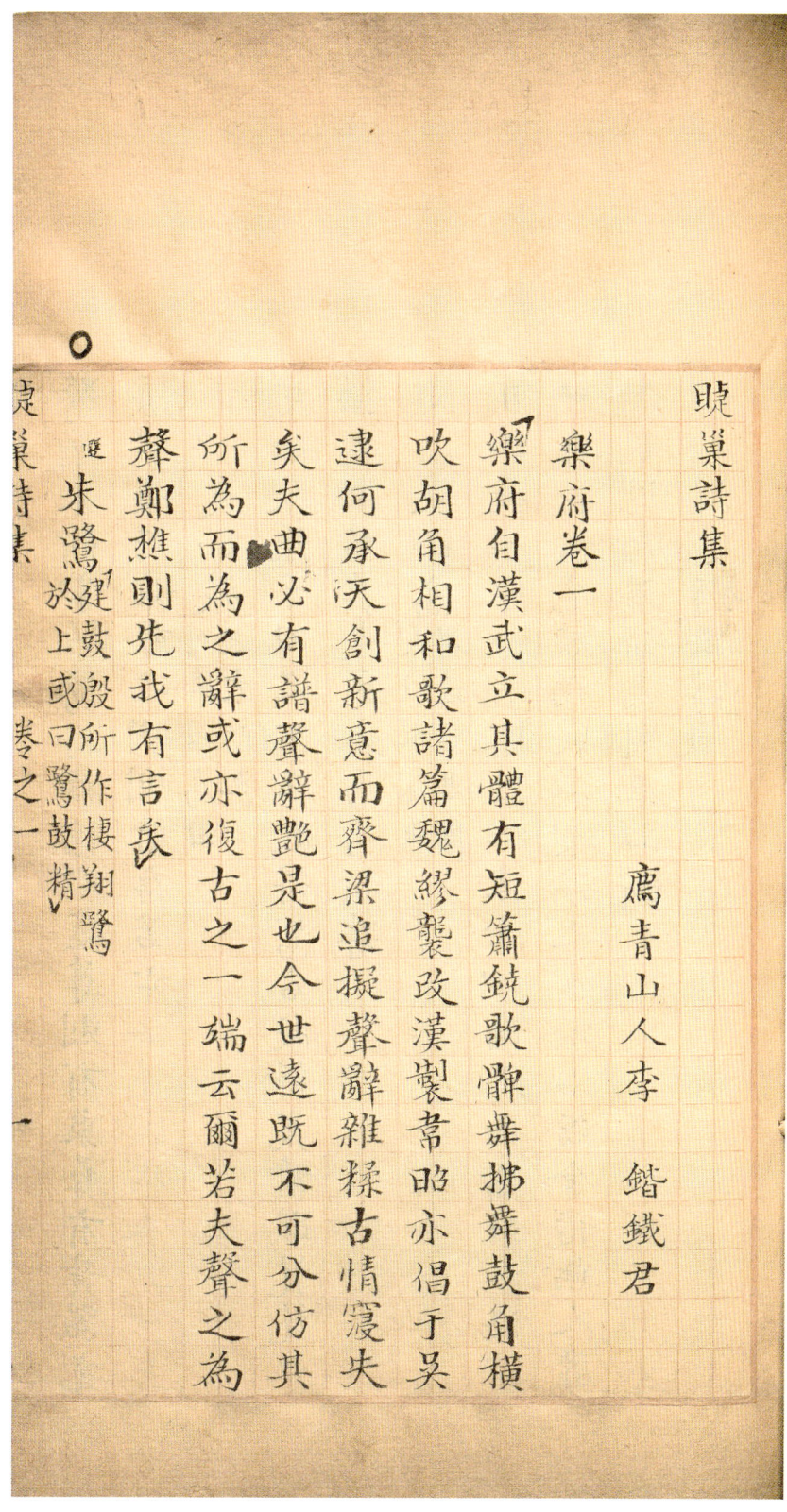

415　《睫巢詩集》卷一卷端

415 睫巢詩集十卷 〔清〕李鍇撰　稿本

開本高 27.6 厘米，寬 17.5 厘米。框高 19.0 厘米，寬 14.1 厘米。半葉十行，行二十一字，小字雙行同，白口，左右雙邊。索書號：善 003994。

湖北省珍貴古籍名錄編號：00250。

海嶽集卷一

楚北蒲圻張開東賓陽氏著

論

毛遂論 甲午

戰國郭隗馮驩之徒非有奇材異質,幸遇昭王及孟嘗平原好賢之主,故得斤斤自挾其所長而兀焉以自高。設令此數子者不遇其主,則雖有所長無以自著,即遇矣,抑或雜處委於眾賓客之中不能如遂之自薦,則主人或亦等夷視之,不加意,如無何耳。瑰奇之士往往抑過窮困終其身而不一遇。又遇其人而含黜輻悔不欲自表暴者,曷可勝道。遂固幸而成其名也。余過廣平,弔其墓無碑,顧土人皆知之。然則士之好名,遭時遇主而可傳於後世,其亦人傑也哉。

416-1 《海嶽集》卷一卷端

416 海嶽集十卷 〔清〕張開東撰 清抄本 甘鵬雲校跋並重編目錄(跋、目錄為佚名代錄)

開本高 28.4 厘米,寬 16.2 厘米。無框欄,半葉八至十一行,行二十三至四十三字。鈐"張承震印""霆若""蒲圻張氏無倦齋藏""蒲首山人"印。索書號:善 004135。

議無已為設一例曰明知其衍者刪之明知其脫者補之明知其誤者正之其不可強通者仍之予於是集校讐凡八九過矣以云毫髮無憾則未也刻書易校書難豈不信然也哉

刻本凡百二十六篇今刪去五篇毛遂論、司馬子長敗、李陵論寄鄒公狀、抄本為刻本所無者三篇併刪去虞溪弟札、徐風來贊、獮虎先生志也、校並人文集與校古書不同知我罪我聽之而已

既寫定目錄輒述編校大旨於卷尾申甲子六月潛江甘鵬雲記

靜香室詩　五言律詩　十一首

休寧潘思兼寄山稿
古歙門人程尚源岷山恭校

吳江春日
細柳抱孤城，江波一鏡澄，片帆飛畫鷁，高館語流鶯，陸蒙釣艇橫，是間宜小隱，何必訪蓬瀛

寄曹雄村象成同學
許歲同山館，相違又一秋，星霜歷聚散，雲水各淹留，話舊思青眼，如新共白頭，絡期黃海畔，䨥鶴訪浮邱，項無逸過訪

417-1　《靜香室詩》卷一卷端

417 靜香室詩六卷　〔清〕潘思兼撰　稿本

開本高 22.7 厘米，寬 14.7 厘米。無框欄，半葉九行，行二十五字。鈐"潘思兼印""寄山"等印。索書號：善 004884。

靜香室詩 五七言古風二十九首

休寧潘思筭寄山稿

江寧門人曹增六峰
同邑門人朱人士修尚泰校

擬別詩八首

獨處寡所懽念此長別離○秋風日摵摵撼彼枯桑枝昔者常相聚
肺腑曾不遺如何一乖違相見渺無期歡情長在昔歡意不可追
離合無定向魚雁有差池結想徒寂寞日夕長相思
相思無已時音塵爾所思江海深所望江海闊春燕羽蹁躚
秋鴻去超忽仰觀斗柄回俛見犁星沒積懷若纏綿浩歌不敢發
清影波銀河廣趣師明胐

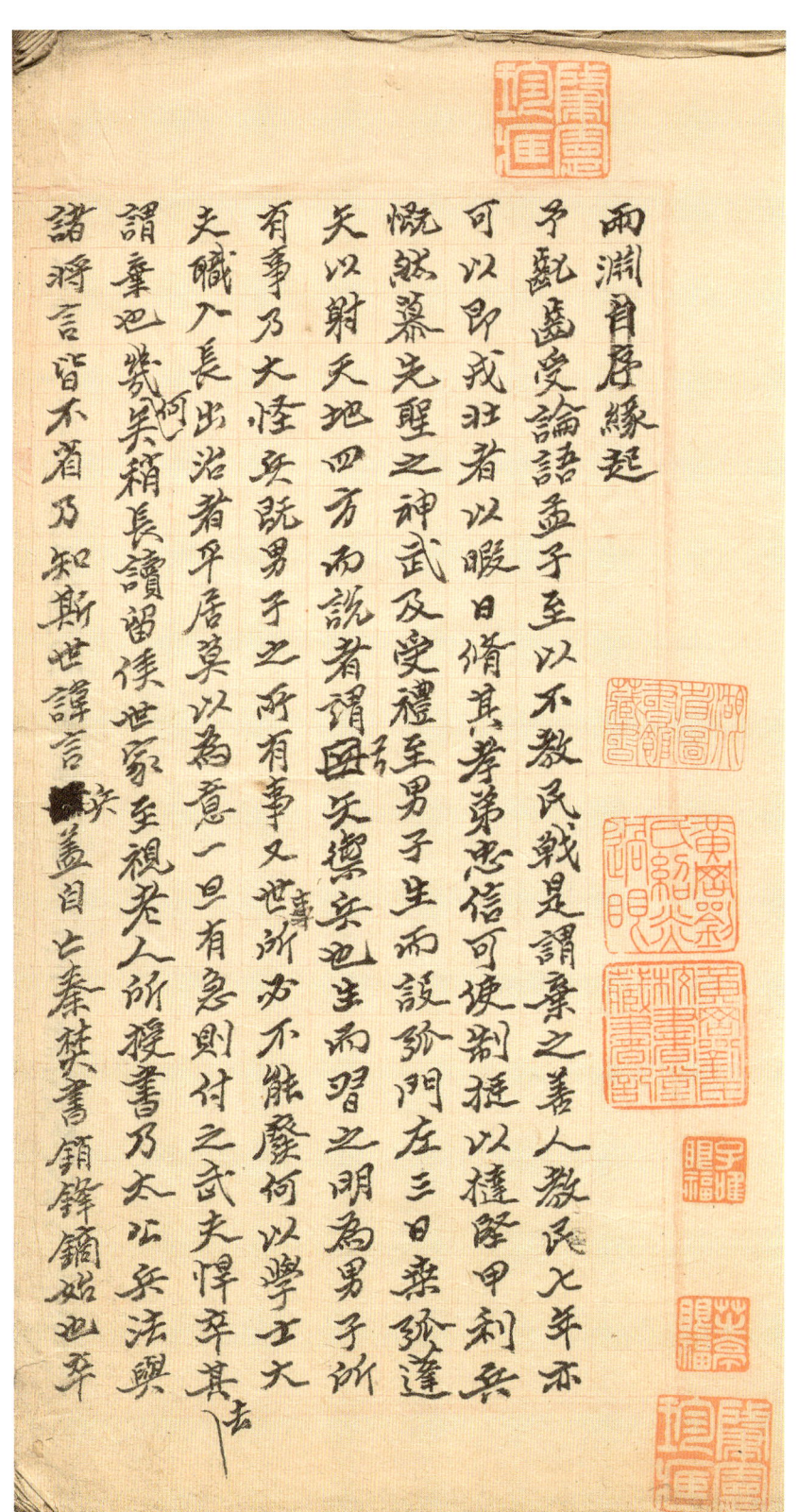

418-1 《包安吳手錄文》卷端

418 包安吳手錄文不分卷 〔清〕包世臣撰 稿本 清黃洵批校 清張肇憲批校並跋

開本高 26.5 厘米。寬 16.5 厘米。框高 21.7 厘米，寬 12.3 厘米。半葉九行，行二十五字，小字雙行同，白口，四周雙邊。鈐"肇憲""芝亭印信""芝亭眼福""子唯眼福""黃岡劉氏校書堂藏書記""黃岡劉氏紹炎過眼"印。索書號：善 003894。

對排下梭夾水道如衢巷望見座船賊艦舉炮以迎聲震城中城中人皆悸慄登埤無人色至午始逼保坐艦相距二十丈保請過舡公叱其使曰大人來海口受撫張保當登座舡泥首乞命速歸報若仍驕肆逞旎則無死所矣迨晡張保至舡艦將下杉板而迓者三十八露刃至公白文敏命其從者悉登舟而獨召張保入艙張保自陳罪重難赦願先解散餘眾自留精銳三千人配鐵力大舡三十隻杉板六十隻至西路招烏石二不聽則擒之以切自贖丙八乃可入告公侍座邊問張保曰若須炮幾位幾何兵械幾何米糧幾何往迓若干月日炮械若自擇精好者報明配用

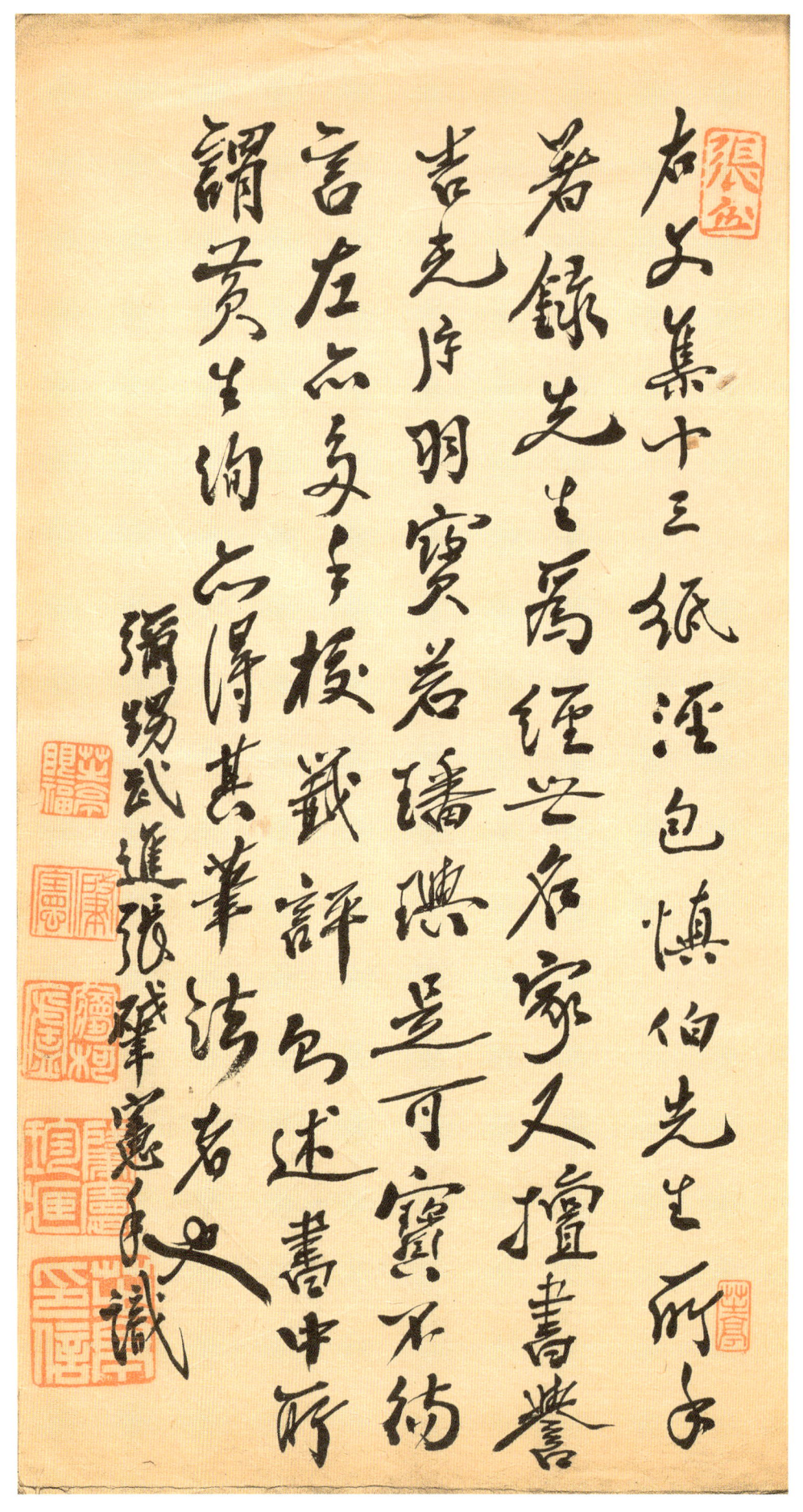

右文集十三紙涇包慎伯先生所于
若錄先生為經生名家又擅書譽
苦无序明寶若璩隱芝可寶不待
言左右凶多手校識評句述書中所
謂貢生洵之得其筆法者
彌揚武進張肇憲又識

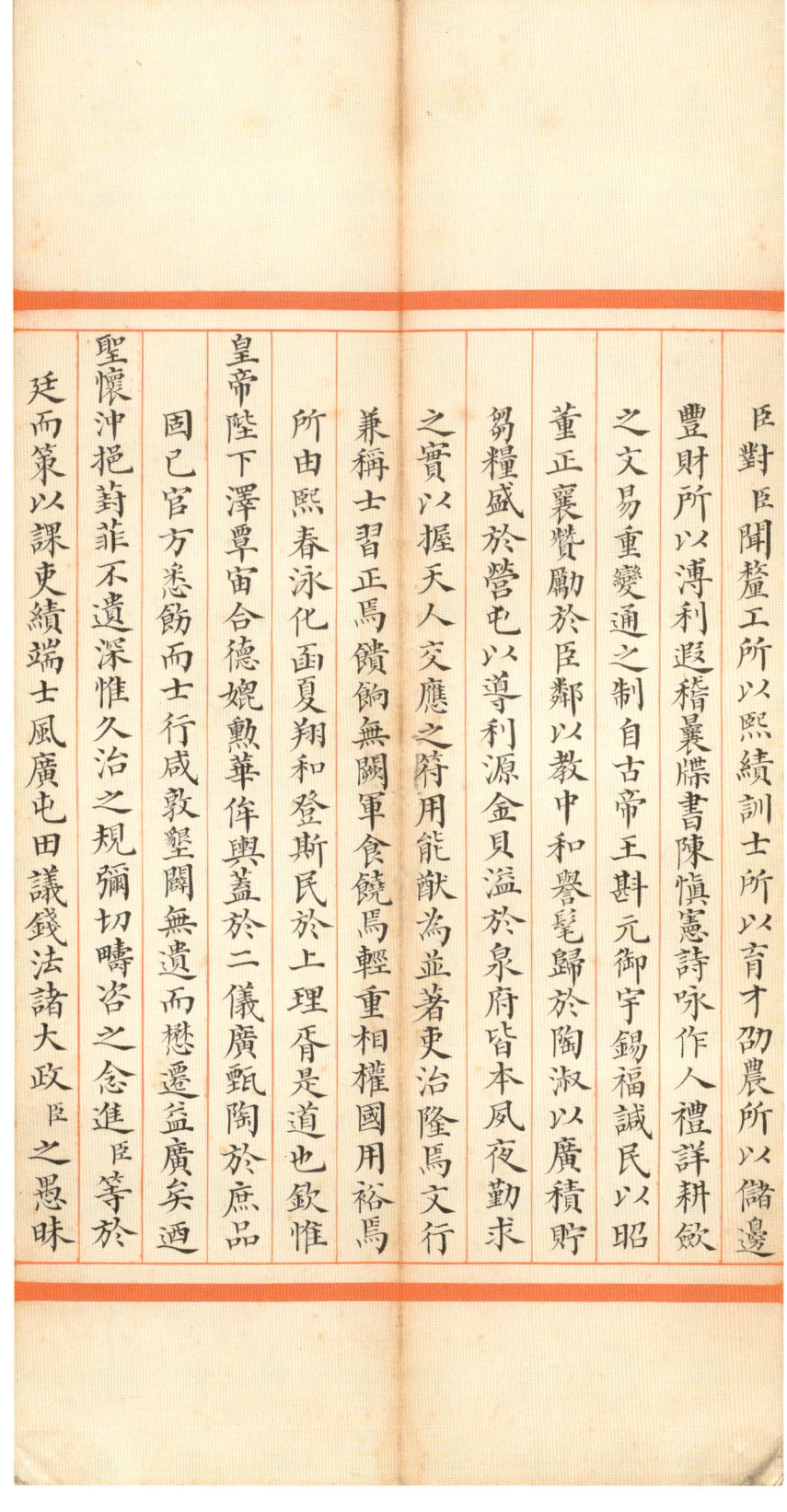

419-1 《道光二十四年甲辰科殿試策》卷端

419 道光二十四年甲辰科殿試策一卷 〔清〕王柏心撰 稿本

經摺裝。開本高44.0厘米，寬11.7厘米。框高29.5厘米。半葉六行，行二十四字，上下雙邊。鈐"禮部之印""陽新石榮暲藏"印，前一印爲滿漢合璧印。索書號：善004843。

應

殿試舉人臣王柏心年叁拾捌歲湖北荊州府監利縣人由廩膳生應道光貳拾叁年鄉試中式由舉人應道光貳拾肆年會試中式今應

殿試謹將三代腳色開具於後

一三代

曾祖秉道　祖文模　父有端

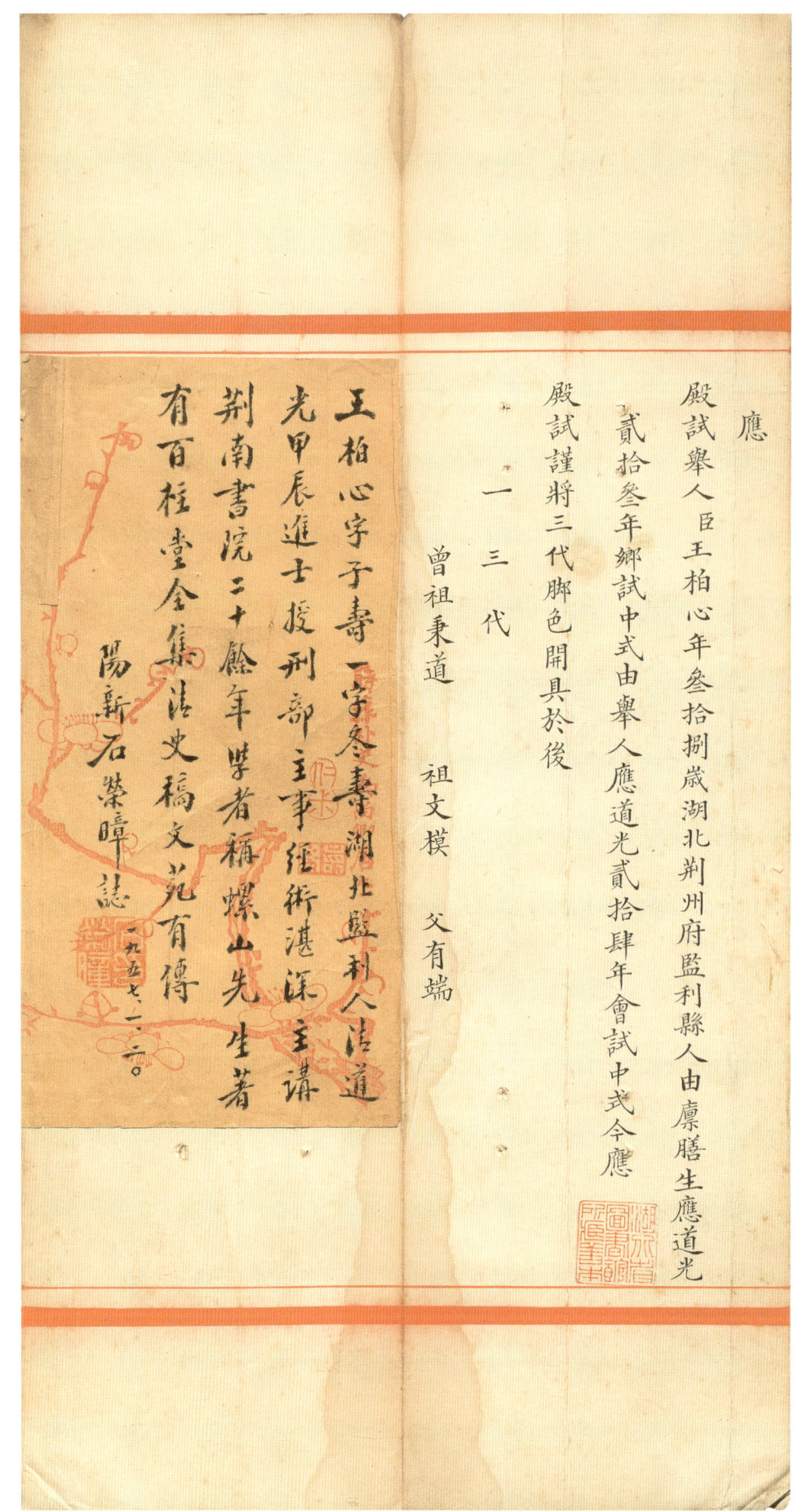

王柏心字子壽一字冬壽湖北監利人清道光甲辰進士授刑部主事經術湛深主講荊南書院三十餘年學者稱螺山先生著有百柱堂全集駢法史稿文光有傳

陽新石榮暲誌　一九五七、二、二〇。

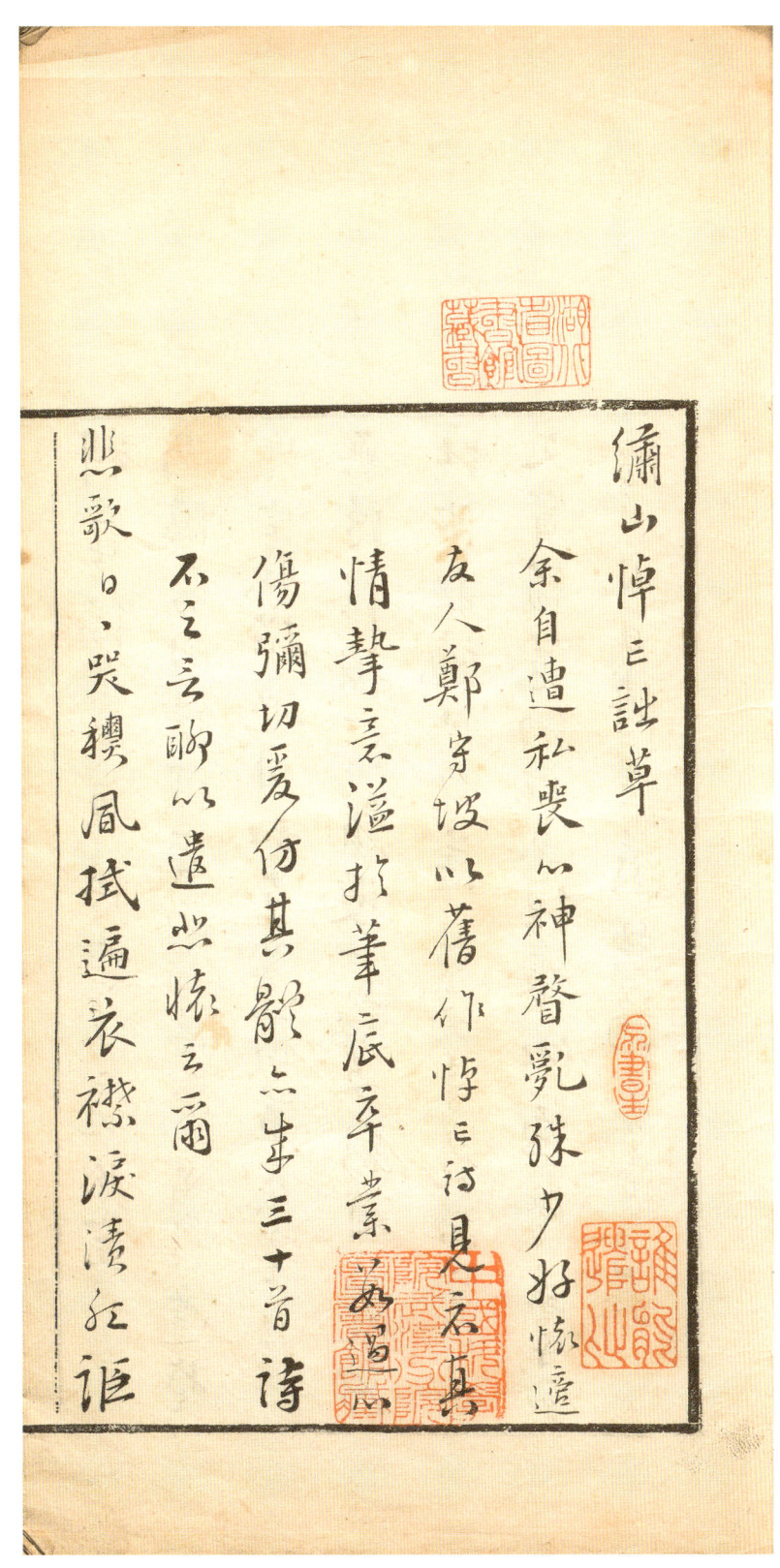

420 《綉山悼亡詩草》卷端

420 綉山悼亡詩草一卷 〔清〕孔憲彝撰 稿本

開本高 26.0 厘米，寬 14.7 厘米。框高 17.3 厘米，寬 11.7 厘米。半葉七行，行十五字，白口，四周單邊。鈐"臣彝行五字敘仲號綉山又號詩愚別號妻梅居士""素王七十二世孫""一介書生""誰能遣此"印。索書號：集二/7172。

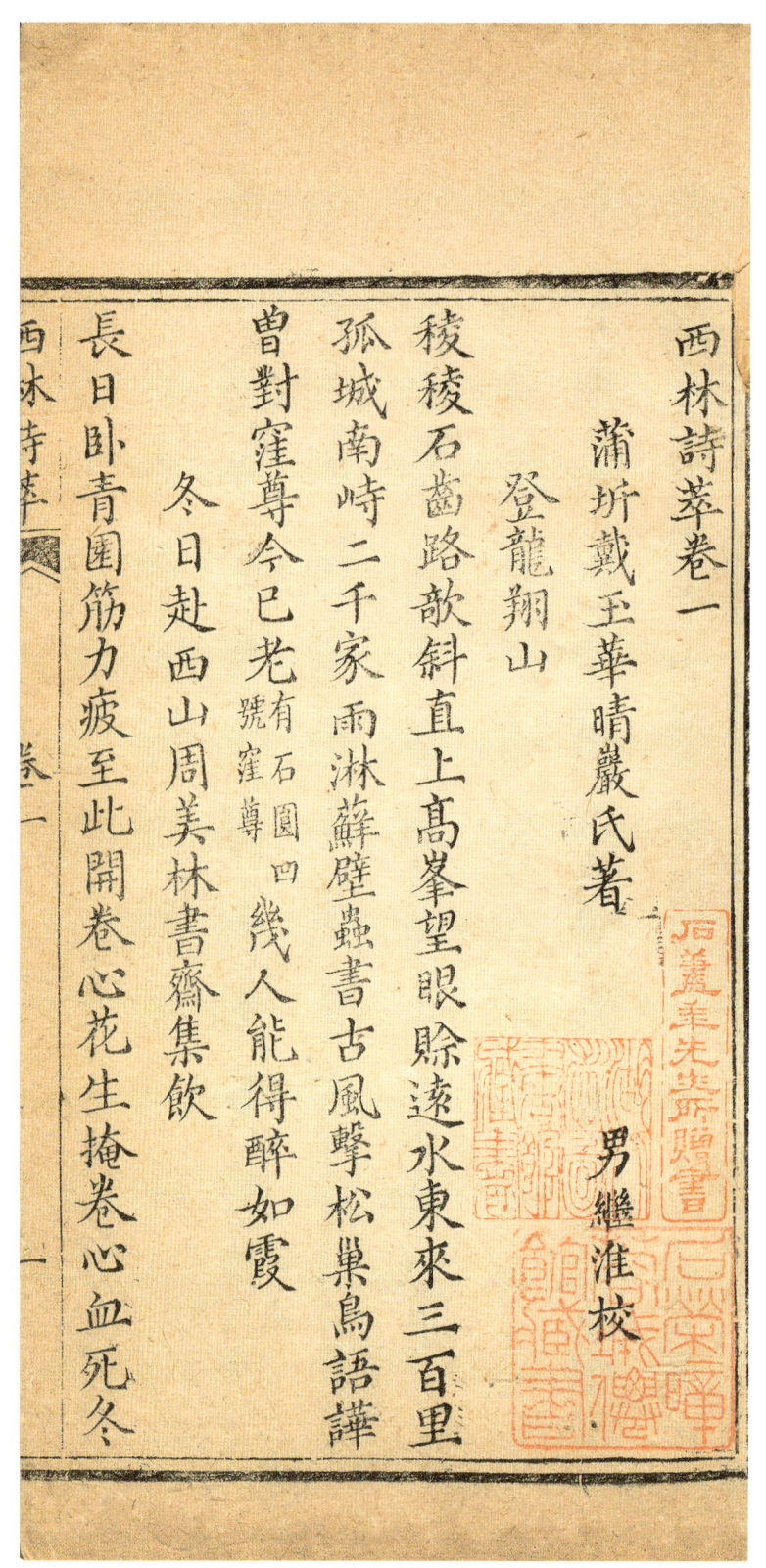

421 《西林詩萃》卷一卷端

421 西林詩萃八卷後萃二卷 〔清〕戴玉華撰 清道光八年（1828）晴川書屋刻本

開本高24.2厘米，寬13.5厘米。框高18.8厘米，寬12.0厘米。半葉八行，行二十一字，小字雙行同，白口，四周雙邊。鈐"陽新石榮暲藏""石榮暲蓉城仙館藏書""石藎年先生所贈書"等印。索書號：集二/7663。

雙桂軒吟草

海鹽　朱有虔　桓甫

庚午

樊介軒省親歸

杭州抵括州水曲多山路親舍十年睽望雲千里慕發
錢塘抵門樣舟嚴陵渡青峯嶺勢高鬱鬱生煙霧凌晨
冒雨行攀确窘步用慰倚閭心常深知年懼子職曠
宜脩王程迫當赴告別重遲回寸心渺雲樹

銷夏雜詠

亂疊芭蕉護輕紅紅顏寂寞對春風天香國色非凡種
還是寒畦菜菜叢

422-1　《修來館編年詩稿》卷端

422 修來館編年詩稿不分卷雙館軒隨筆一卷　〔清〕朱有虔撰　稿本

開本高25.6厘米，寬15.8厘米。無框欄，半葉十行，行二十一字。鈐"朱有虔印""左卿""虔印""秉如""種瑤""含翠廬""再登日觀""敏口訚言"印。索書號：善004295。

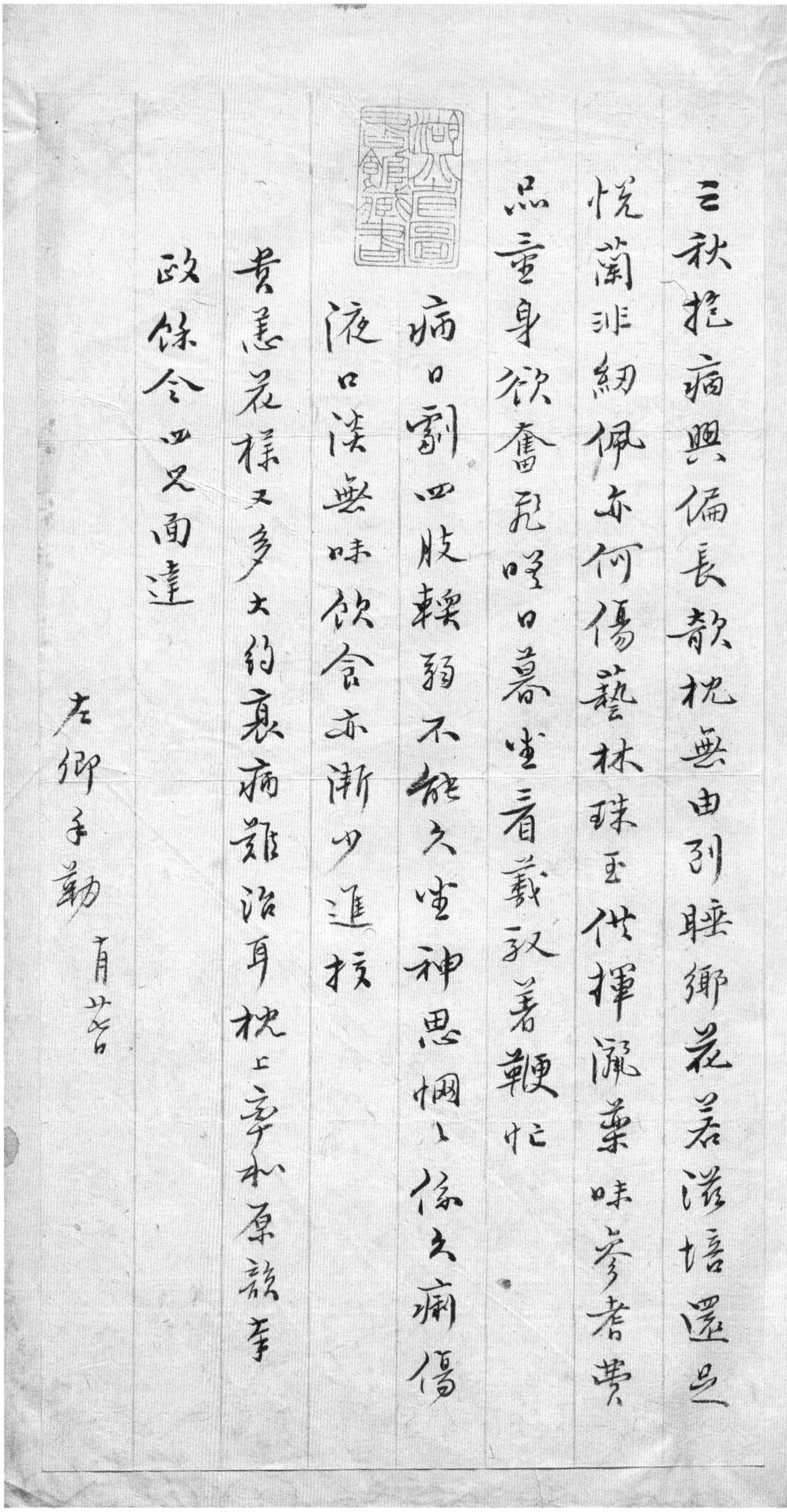

三秋抱病興偏長欹枕無由引睇鄉花若漢培還思恍蘭非紉佩亦何傷藝林珠玉代揮灑藥味參耆費品壹身欲奮兒咿日暮惟看犧敦著鞭忙

病日劇四肢軟弱不能久坐神思惘惘係之痾傷液口淡無味飲食亦漸少進按

貴恙花樣又多大約衰病難治耳枕上率和原韻幸

政餘令四兄面達

左卿手勒 甫苕

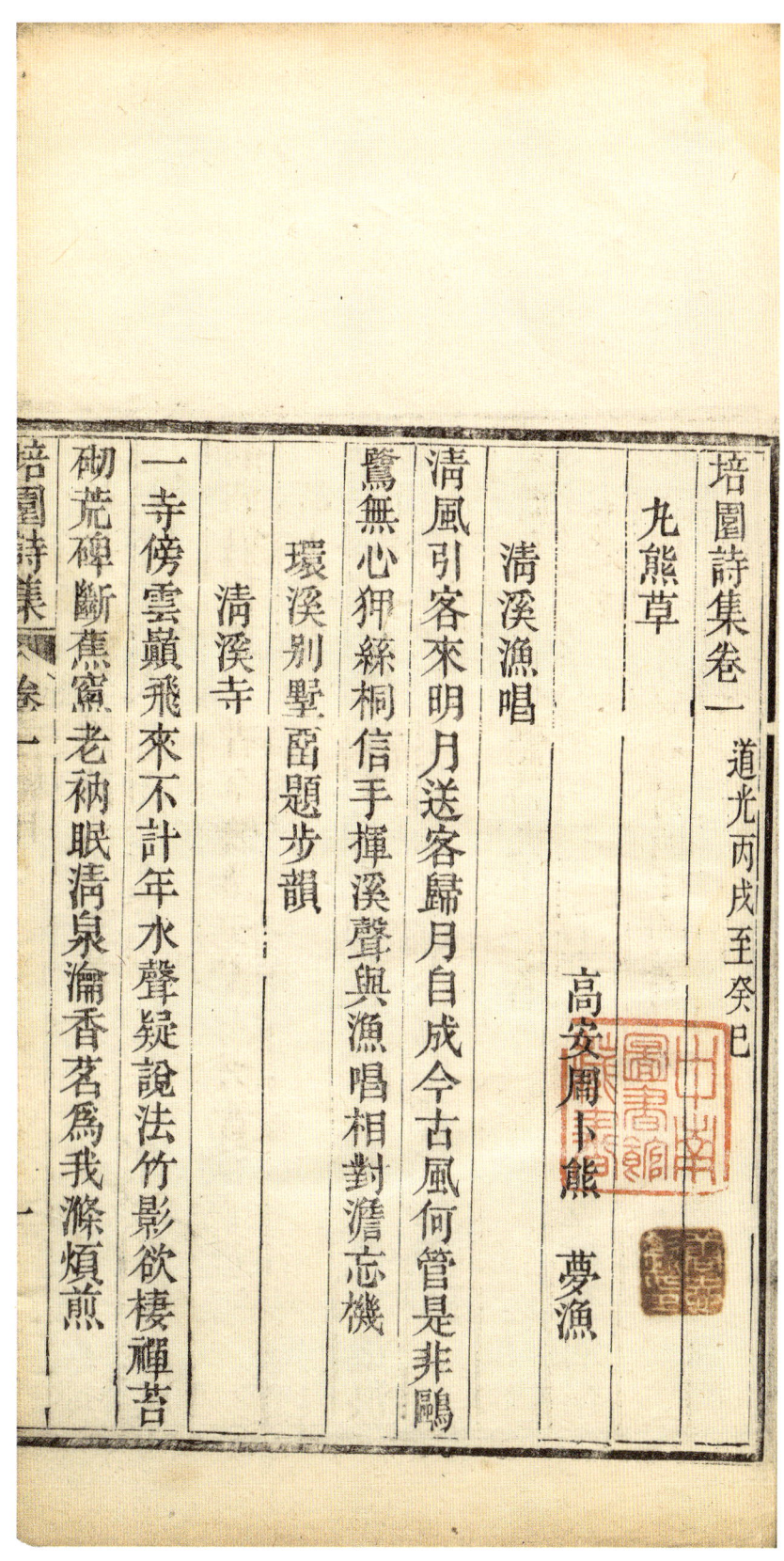

423 《培園詩集》卷一卷端

423 培園詩集十八卷末一卷 〔清〕周卜熊撰 清咸豐九年（1859）刻本

開本高 26.1 厘米，寬 14.9 厘米。框高 17.5 厘米，寬 13.4 厘米。半葉十行，行二十一字，白口，四周雙邊。鈐"唐志欽印"等印。索書號：集二 /3427。

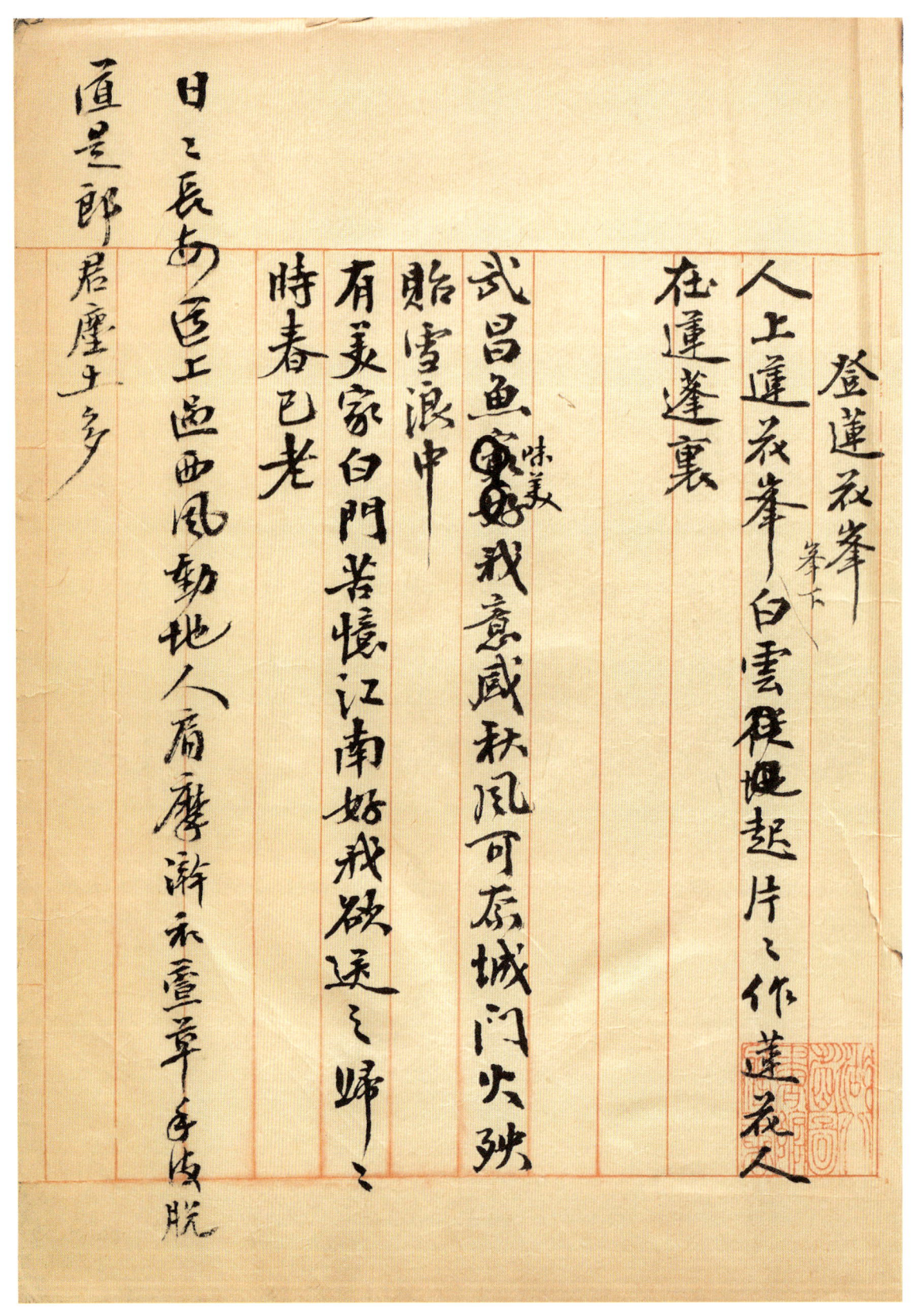

424-1 《賀簪公詩詞文初草》卷端

424 [賀簪公詩詞文初草] 不分卷 賀良樸撰 稿本

開本高 27.5 厘米，寬 22.9 厘米。框高 19.7 厘米，寬 18.9 厘米。半葉十二行，行字不等，紅口，四周單邊。鈐"賀良樸印""南荃書畫之章""進猶若退"印。索書號：善 004193。

光绪庚子余于役沪上与经莲山先生常相遇继应朝议日非奉旨赴都祗太后幽锢宗柱瀛台立端王之子大阿哥妇躬行废立先生闻变即赴与张伯纯萎浩启等驰电谏阻力陈沥夬萎祯震怒命捕拿诸启者教人实之迨先生适走沪镜已而荣仲华相国言於慈禧谓经之已觉足深究其祸乃解今先生谢世卅馀年矣今孙焕初昉相晤於蓝疁偶谈往事同忆旧作涌台城题词三章录以相示戕焦僚倾蓋已不堪回首矣

东莞马崀 双栅刷甲之岁 髙宅

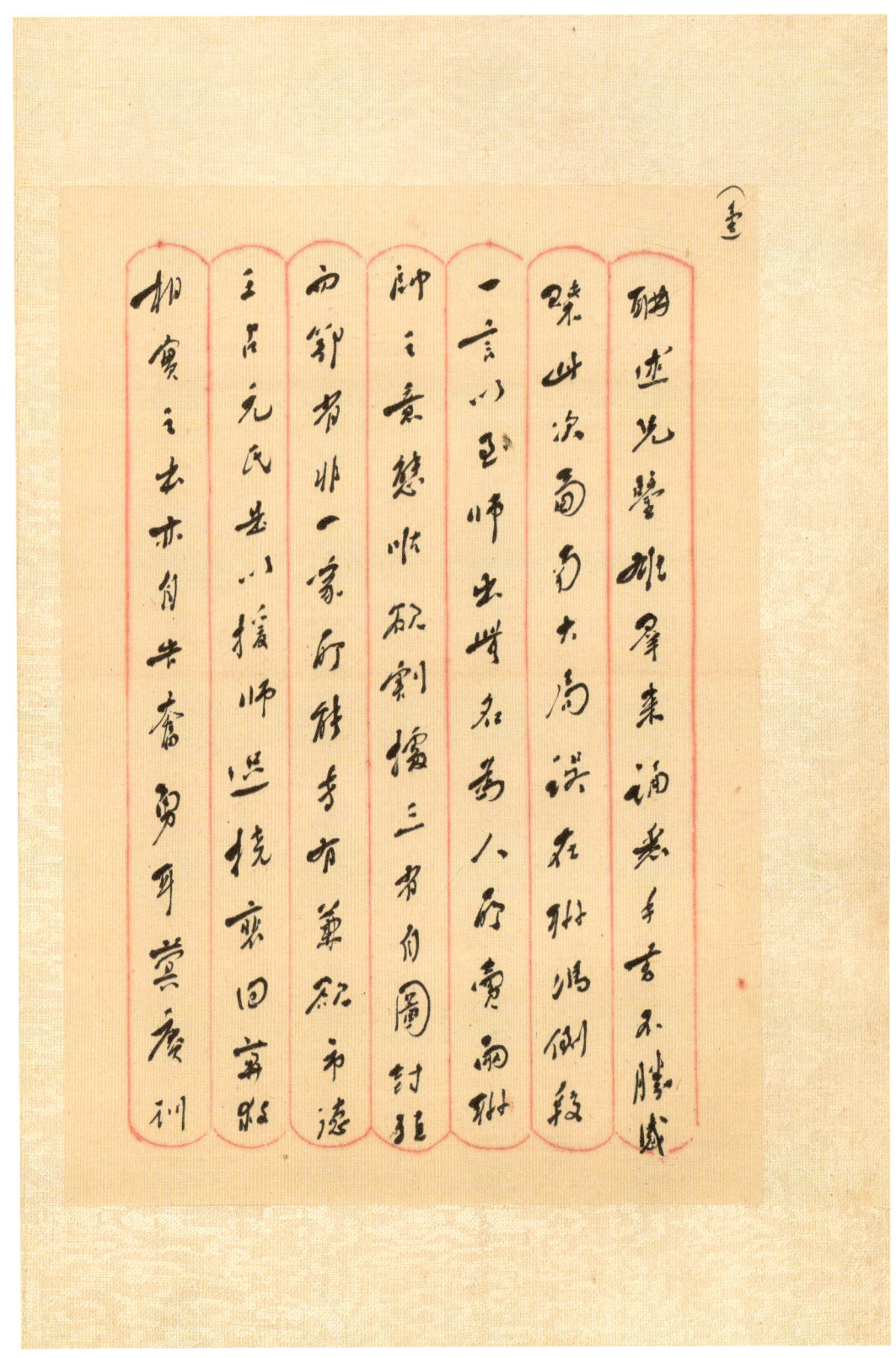

425-1 《章太炎覆劉英烈士書》卷端

425 章太炎覆劉英烈士書一卷 章炳麟撰 稿本 沈鈞儒、張難先、馬敘倫、周震麟、石榮暲、陸和九題識

開本高32.0厘米，寬21.3厘米。半葉單框，框高21.5厘米，寬13.9厘米。半葉七行，行十二至十三字，白口，四周單邊。索書號：善003864。

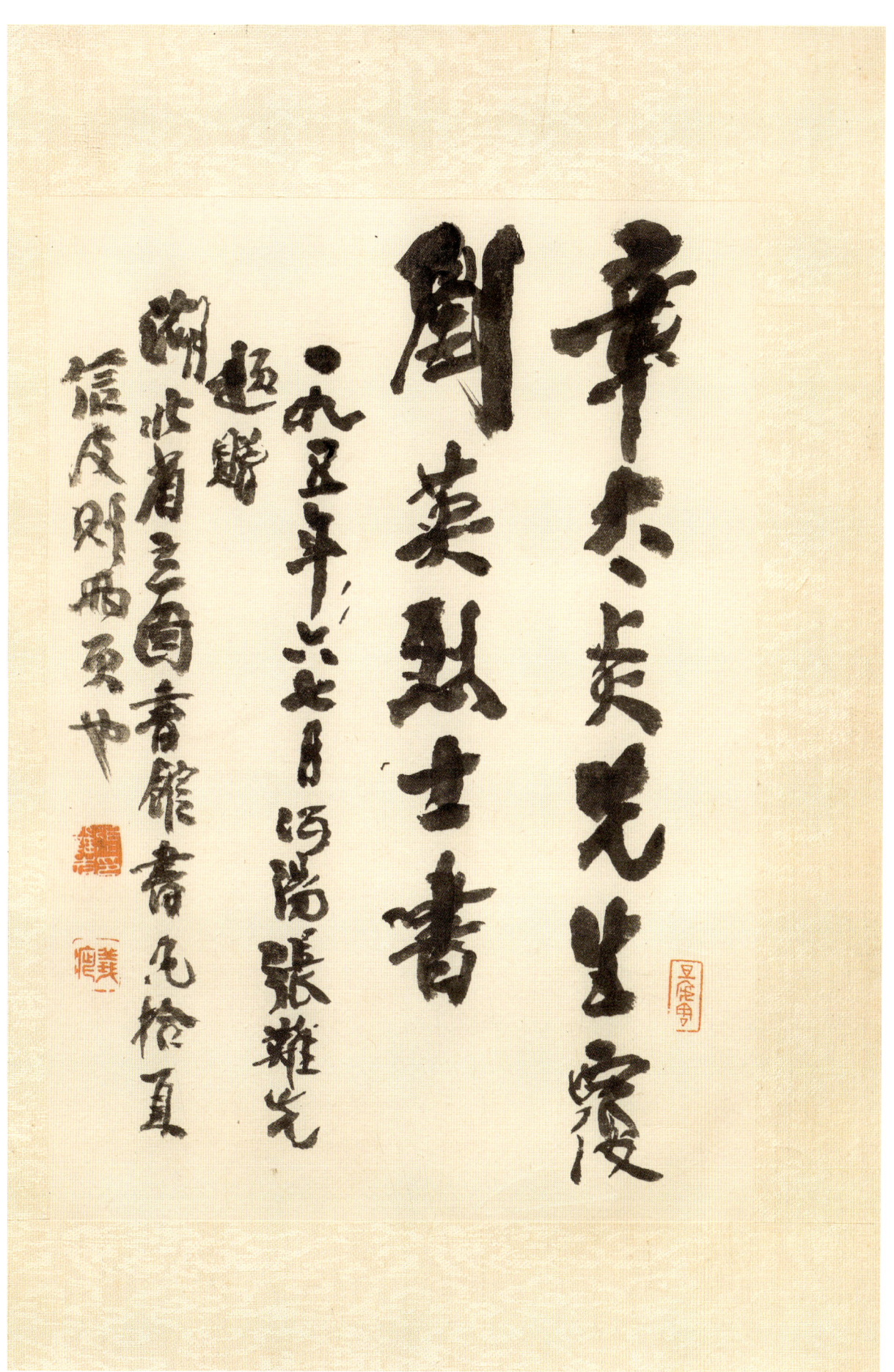

425-2　張難先題識

拜誦琅函恩有餘當年國事竟何如縱談大勢文俱在力贊中樞願不虛慷慨敷陳天下計纏綿報答故人書劉公已逝留真蹟愛護珍存賴旦廬

奉讀太炎先生報朋述烈士書敬題一章即乞

義庵先生鄉長教正

乙未孟冬陽新石榮暲蓋年題於北京楚學精廬

一九五五年十二月三日陸和九觀于北京

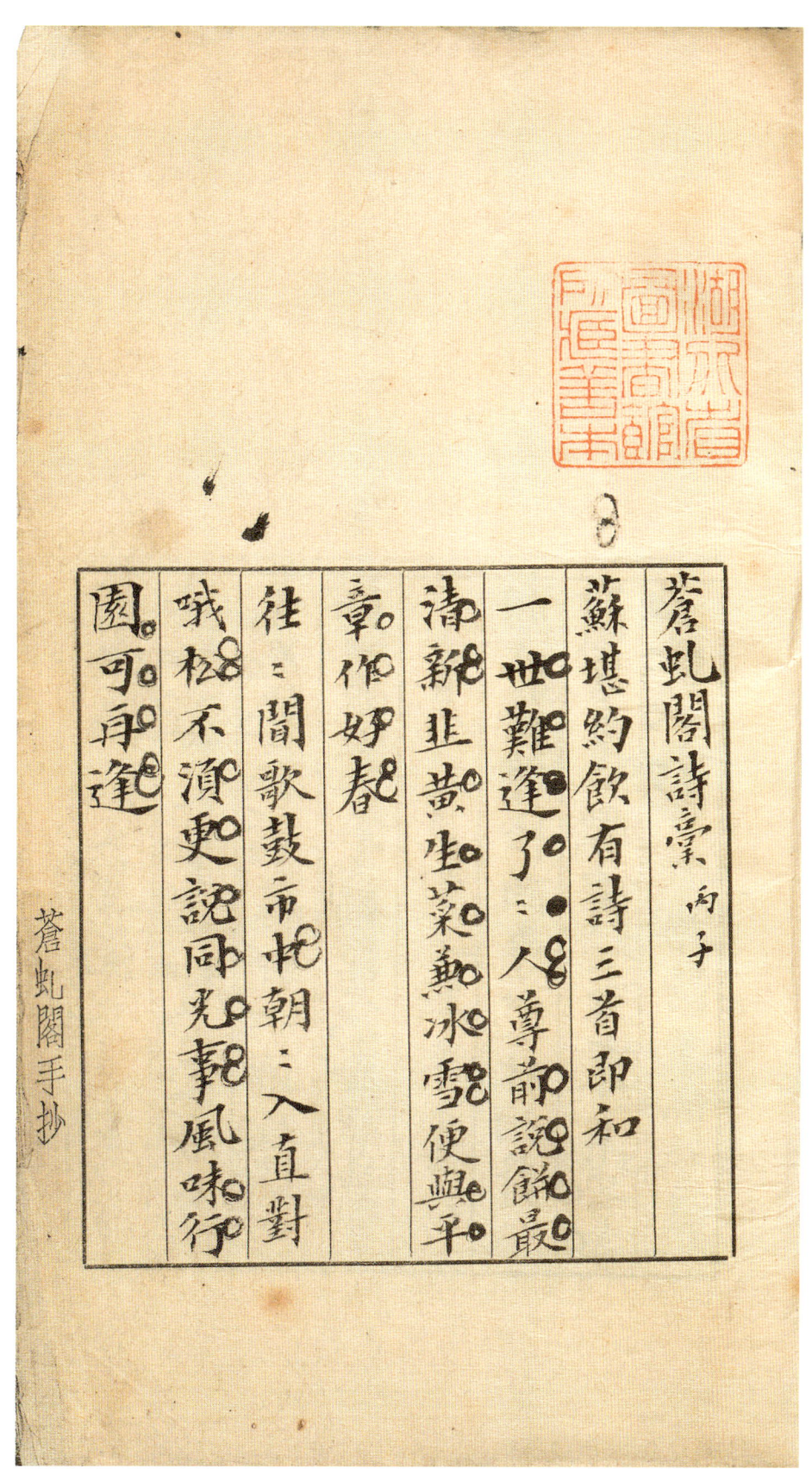

426-1 《蒼虬閣詩稿》卷端

426 蒼虬閣詩稿不分卷 陳曾壽撰 稿本

各冊開本行款不一。鈐"陳曾壽印""蒼虬"等印。索書號：善/2630。

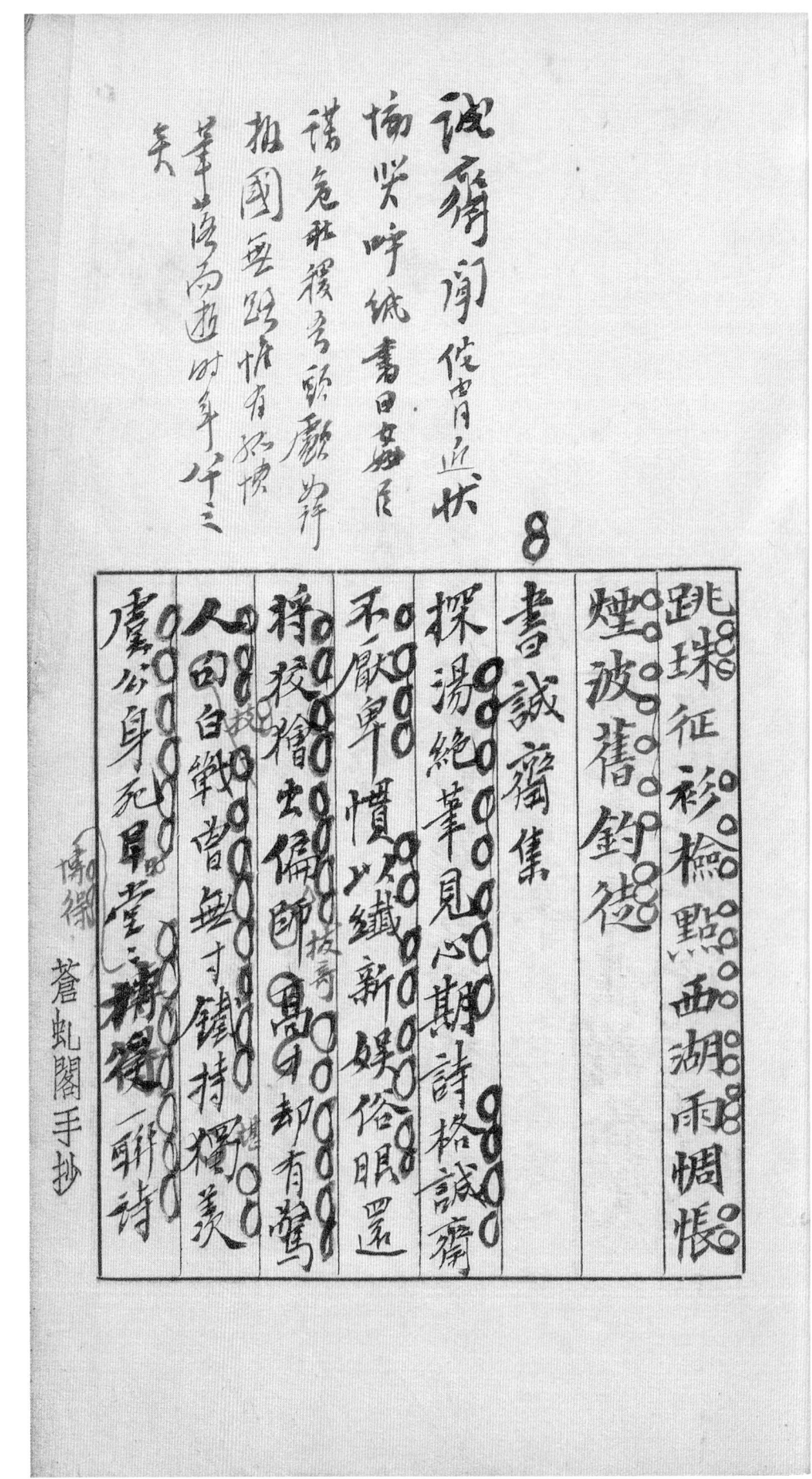

426-2 《書誠齋集》詩

集 部

潛園文集卷之一

蒲圻張國淦乾若著

陽新石榮暲薰年輯

禮義廉恥國之四維論

古者治天下之術至不一也憂時之君子每當世風凌夷
紀綱解紐輒舉管子禮義廉恥之說以為救國之準不知
者變本加厲輒從其欲而不悛以至於亡其知者則又習
聞其說而不深求其解此不可不辨也管子以法家治國
者也管子書存於今者八十六篇皆一以法為治而其體
要具括於經言四篇經言四篇中牧民一篇其綱領也其
言國有四維禮也義也廉也恥也即管子治齊之根本法

427-1 《潛園文集》卷一卷端

427 潛園文集五卷附詩集一卷 張國淦撰 石榮暲輯 稿本

開本高 25.8 厘米，寬 16.7 厘米。無框欄，半葉十行，行二十二字。索書號：善 004655。

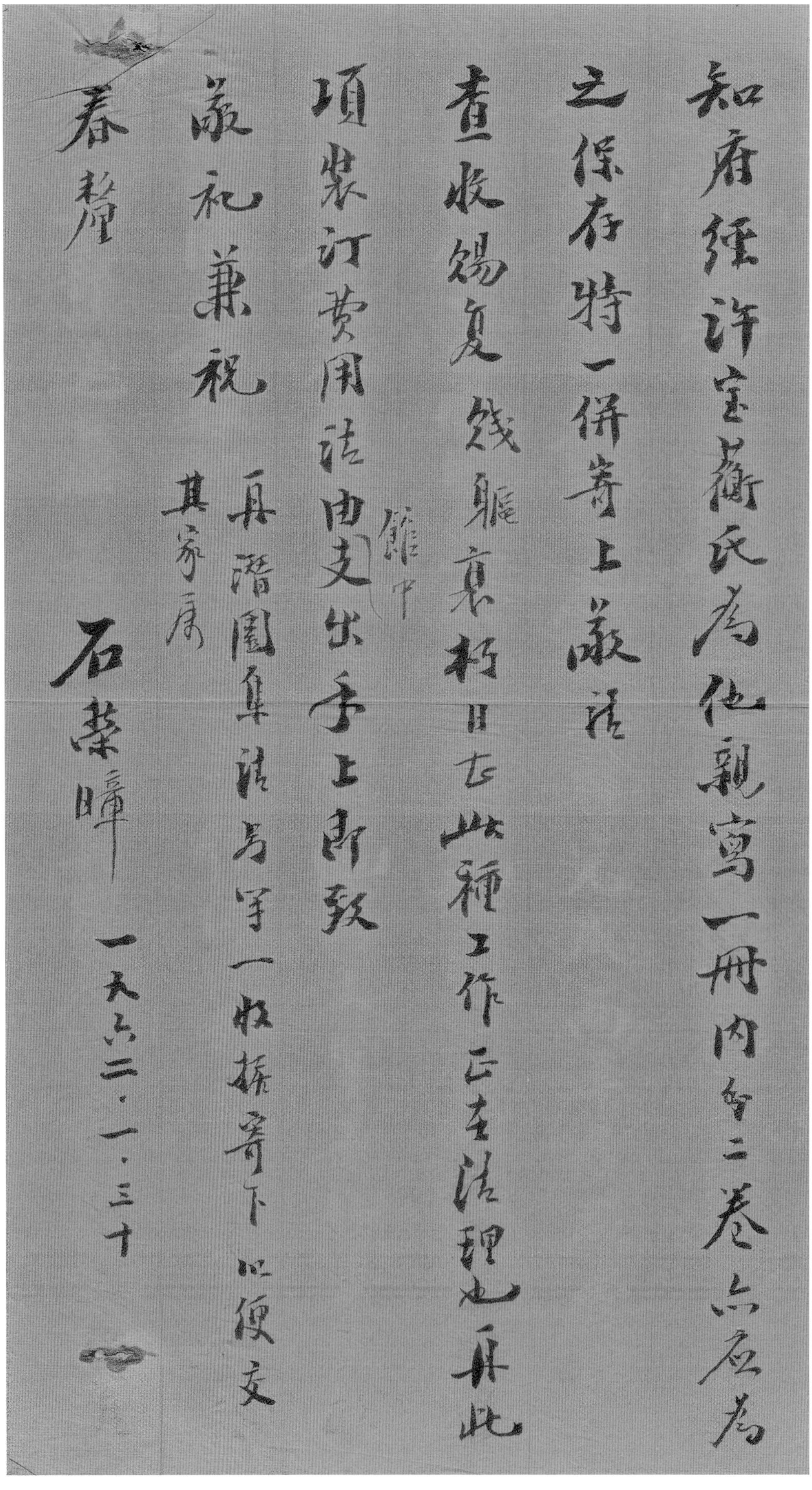

知府經許宝蘅氏為他親寫一冊內含三卷尚為之保存特一併寄上嚴詞查收錫復餞軀衰朽日去此種工作正在清理也再此項裝訂費用請由支出手上所致嚴祀兼祝其家屬 再滸園集請另寫一份捸寄下以便交

雄中

春藉

石榮暲 一九六二·一·三十

427-2 石榮暲致孫式禮、張遵儉書（節選）

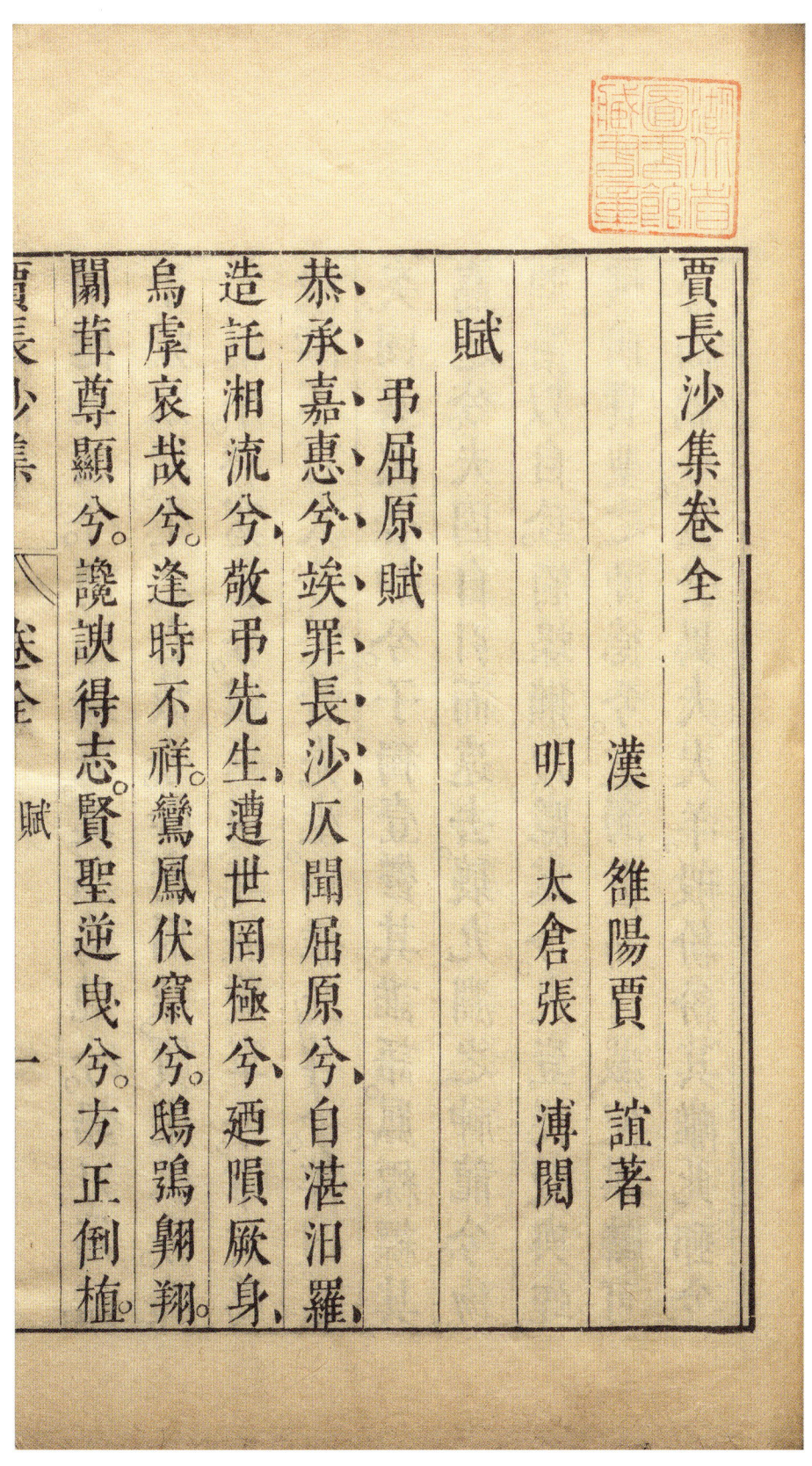

428 《賈長沙集》卷端

428 漢魏六朝百三名家集（漢魏六朝一百三家集）一百十八卷 〔明〕張溥編 明婁東張氏刻本

開本高 26.9 厘米，寬 17.2 厘米。框高 20.4 厘米，寬 14.2 厘米。半葉九行，行十八字，小字雙行同，白口，左右雙邊。鈐"虞山景氏家藏""彊誃所得善本"印。索書號：善 003292。

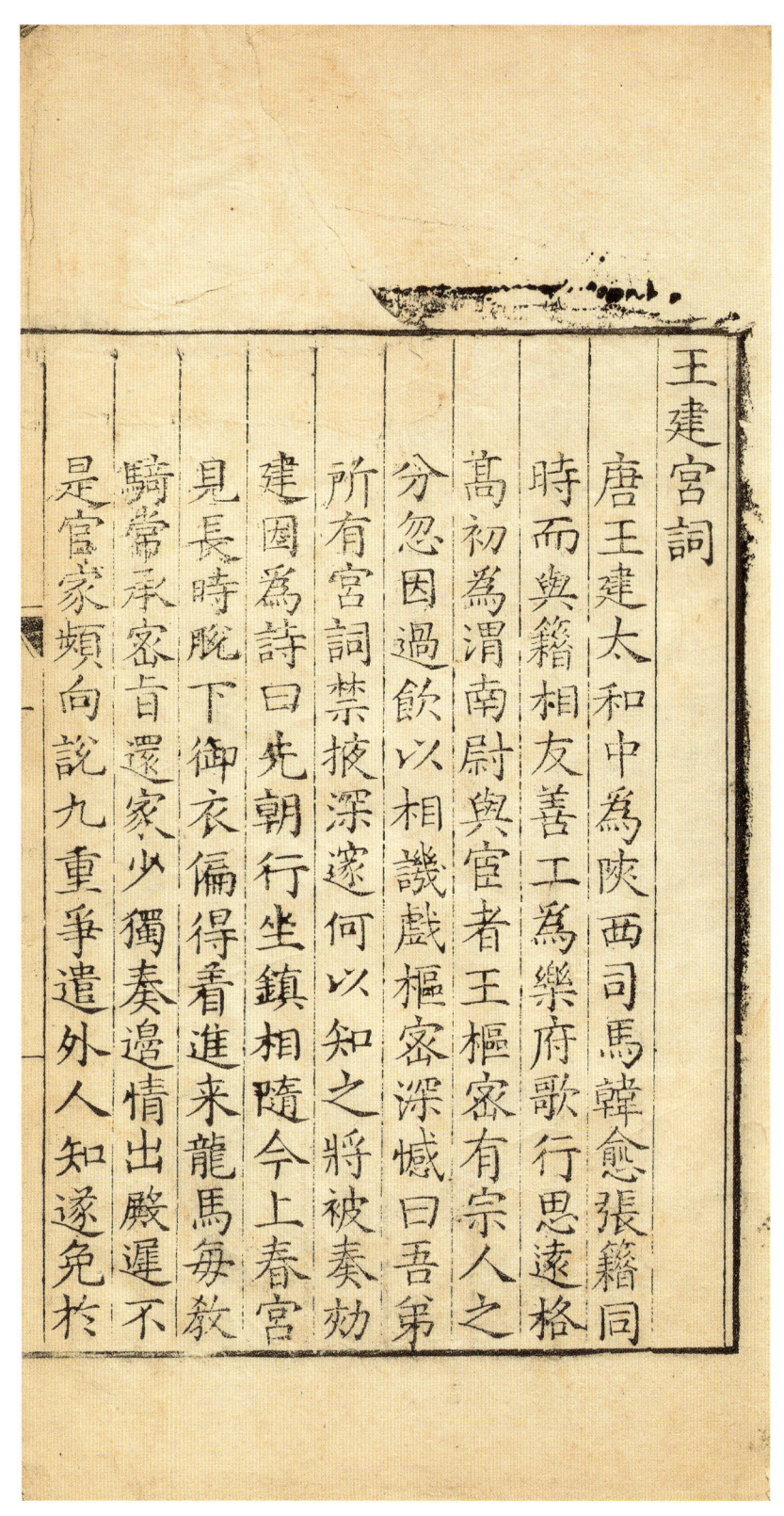

429-1 《王建宮詞》卷端

429 四家宮詞四卷 〔明〕李良柱編 明萬曆七年（1579）李良柱刻本 徐恕批校

開本高25.9厘米，寬15.7厘米。框高17.6厘米，寬12.9厘米。半葉十行，行十八字，白口，左右雙邊。鈐"徐恕讀過"印。索書號：善003779。

國家珍貴古籍名錄編號：09352。

四家宮詞序

漢司馬長卿作長門賦工於諷諭、人主悟焉、所謂疲曶之其若歲懷鬱之而難再瞻偃蹇而待曙荒亭、而復明其情如此後世託之乎宮詞矣想其乘菌步輦綺組繽紛或優游于清涼宣溫之間或徘徊于離宮別寢之

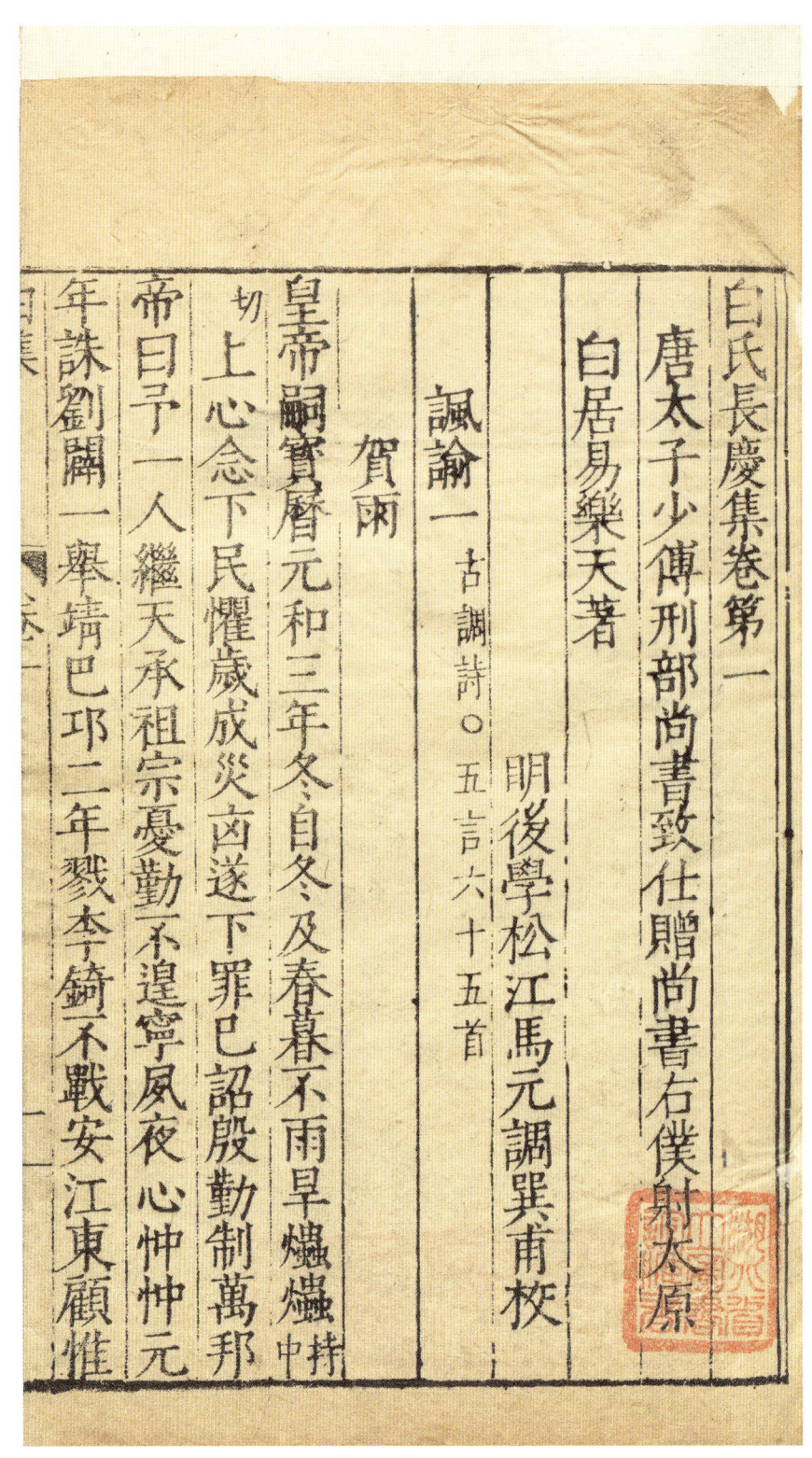

430　《白氏長慶集》卷一卷端

430　元白長慶集一百四十一卷　〔明〕馬元調輯　明萬曆三十二至三十四年（1604—1606）松江馬氏魚樂軒刻本

金鑲玉裝。開本高26.2厘米，寬16.6厘米。框高20.5厘米，寬14.5厘米。半葉十行，行二十一字，小字雙行同，白口，左右雙邊。索書號：善003170。

湖北省珍貴古籍名錄編號：00371。

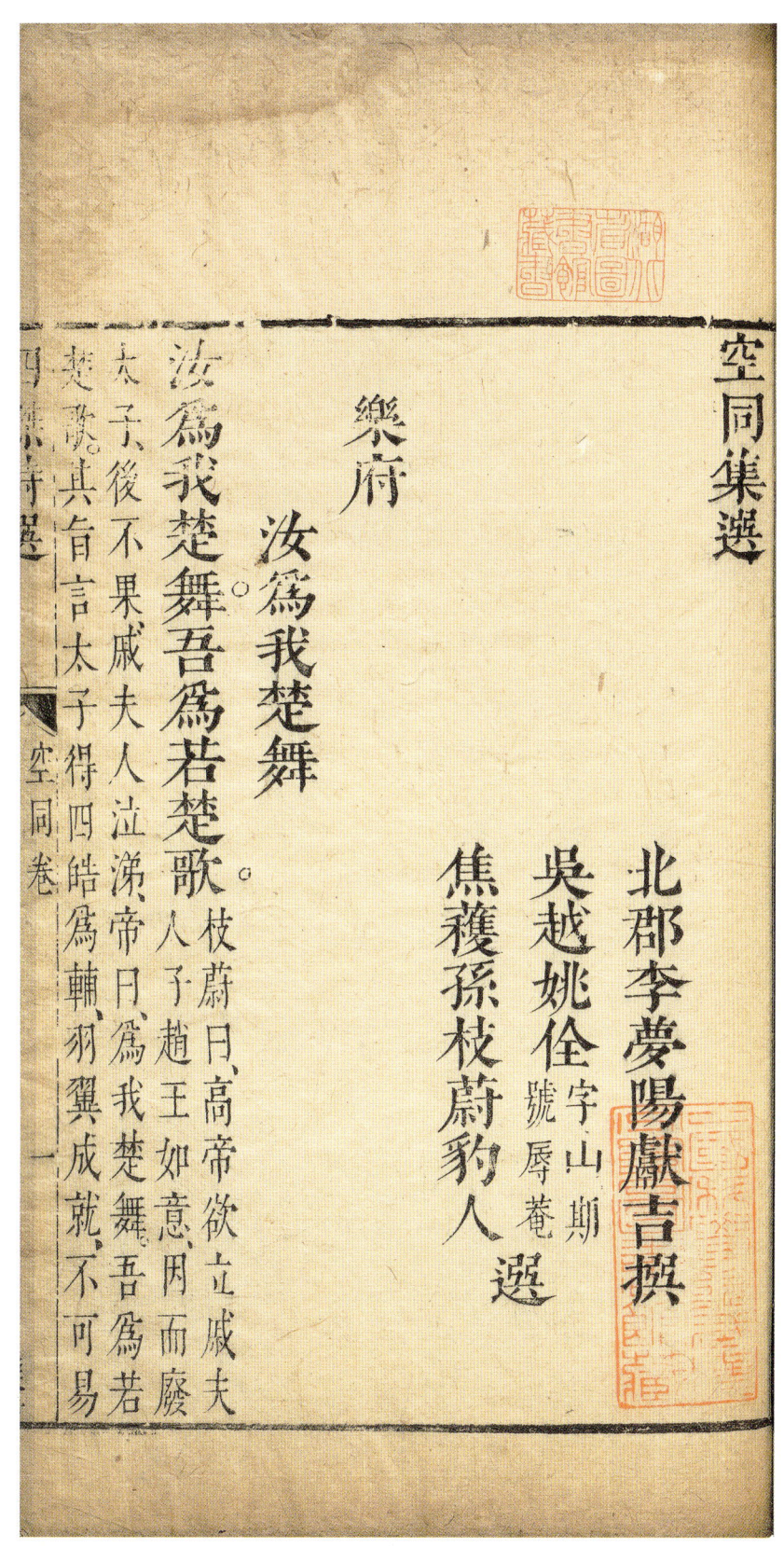

431 《空同集選》卷端

431 四傑詩選二十四卷 〔清〕姚佺 〔清〕孫枝蔚選 清順治刻本

開本高25.5厘米，寬15.4厘米。框高18.5厘米，寬13.4厘米。半葉八行，行十九字，小字雙行同，白口，左右雙邊。索書號：集三/2119。

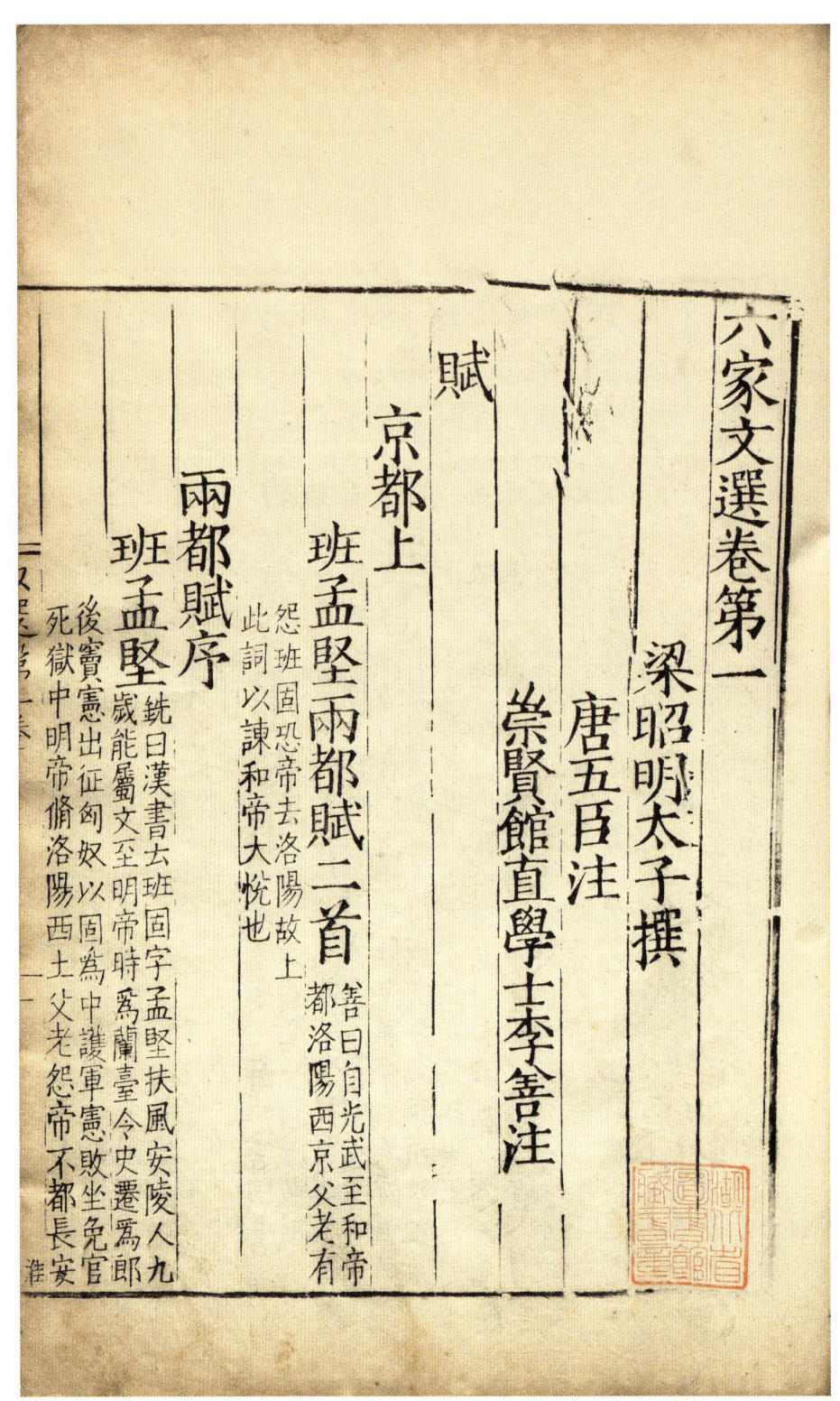

432 《六家文選》卷一卷端

432 六家文選六十卷 〔南朝梁〕蕭統輯 〔唐〕李善等注 明嘉靖二十八年（1549）袁氏嘉趣堂刻本

開本高 32.8 厘米，寬 22.4 厘米。框高 24.1 厘米，寬 18.8 厘米。半葉十一行，行十八字，小字雙行二十六字，白口，左右雙邊。索書號：善 003246。

湖北省珍貴古籍名錄編號：00192。

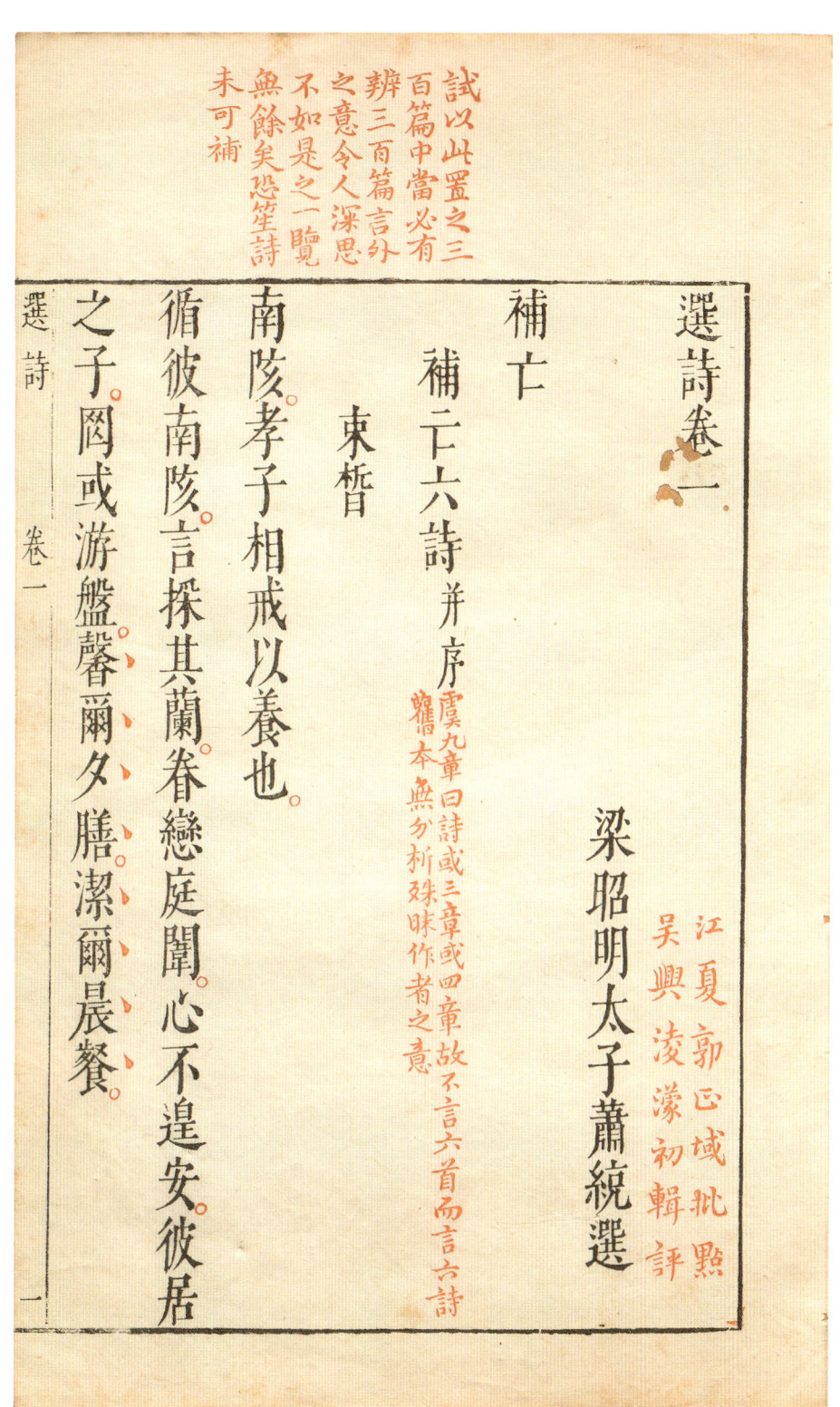

433 《選詩》卷一卷端

433 選詩七卷詩人世次爵里一卷 〔南朝梁〕蕭統輯 〔明〕郭正域評點 〔明〕凌濛初輯評 明凌濛初刻朱墨套印本

開本高 27.1 厘米，寬 18.0 厘米。框高 20.6 厘米，寬 14.8 厘米。半葉八行，行十八字，小字雙行同，白口，四周單邊。索書號：善 003248。

國家珍貴古籍名錄編號：06256。

434-1 《選學膠言》卷一卷端

434 選學膠言二十卷補遺一卷 〔清〕張雲璈撰 民國漢陽周氏書種樓抄本 周貞亮校並跋

開本高27.0厘米，寬19.8厘米。框高20.4厘米，寬16.6厘米。半葉十二行，行二十字，小字雙行同，白口，四周單邊。索書號：善004156。

昕傳亦有沈詩任筆之語雲璈又按劉孝綽稱弟儀與威云三筆六詩三謂孝儀六謂孝威也北史邢昕傳雜筆三十餘篇邢臧傳文筆九百餘篇劉逸傳文筆三十餘篇是以文為筆也然雖統言曰筆而其間亦畧有別文心雕龍所云無韻者筆有韻者文是也

選學膠言卷八終

三月十一日依原本手校訖廷舟記

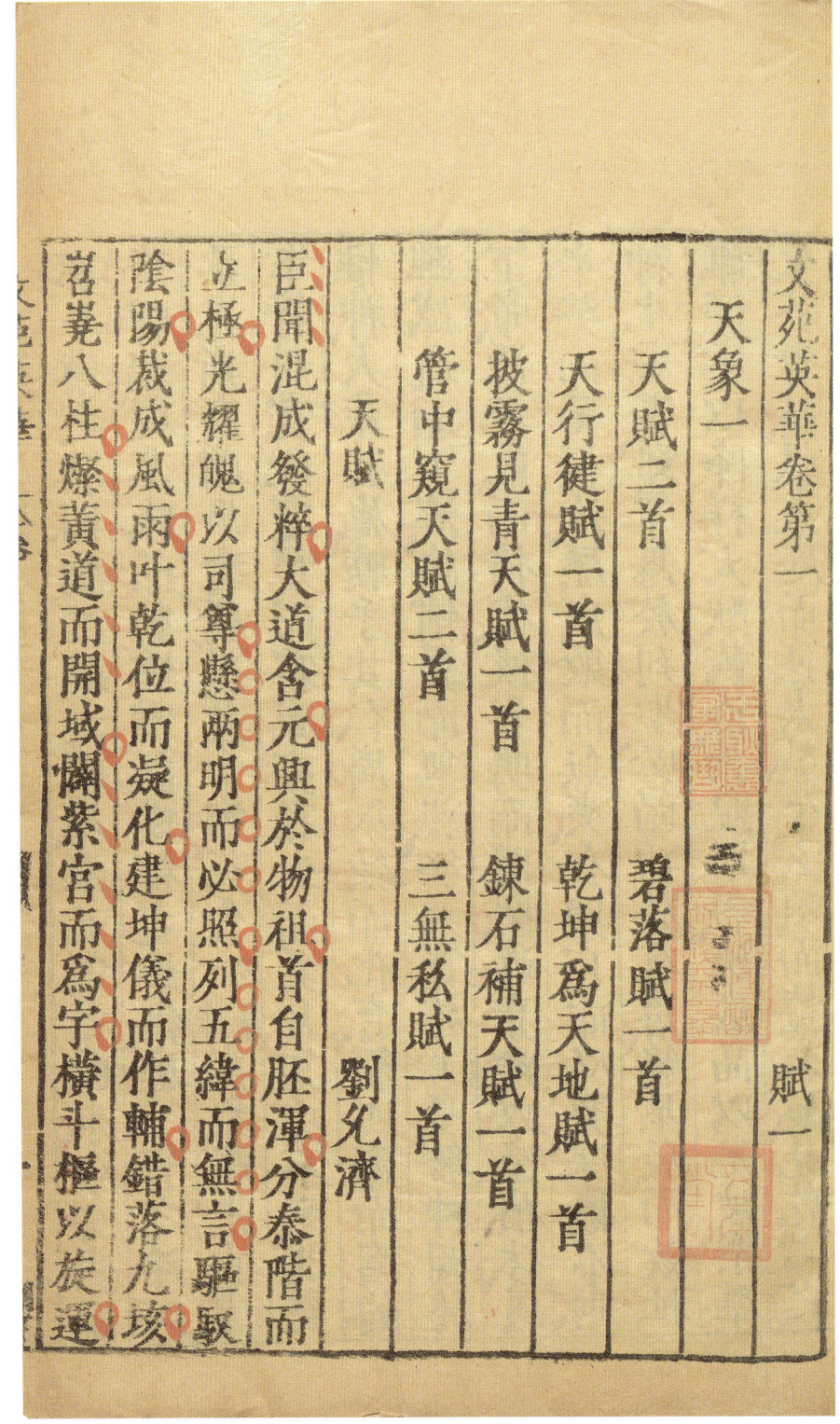

435　《文苑英華》卷一卷端

435 文苑英華一千卷　〔宋〕李昉等輯　明隆慶元年（1567）胡維新、戚繼光刻本

開本高26.5厘米，寬17.1厘米。半葉單框，框高20.7厘米，寬15.2厘米。半葉十一行，行二十二字，小字雙行同，白口，四周單邊。鈐"五千堂""于耿忠字無曲""漢學所印""豐浦學校"等印。索書號：善003078。

湖北省珍貴古籍名錄編號：00193。

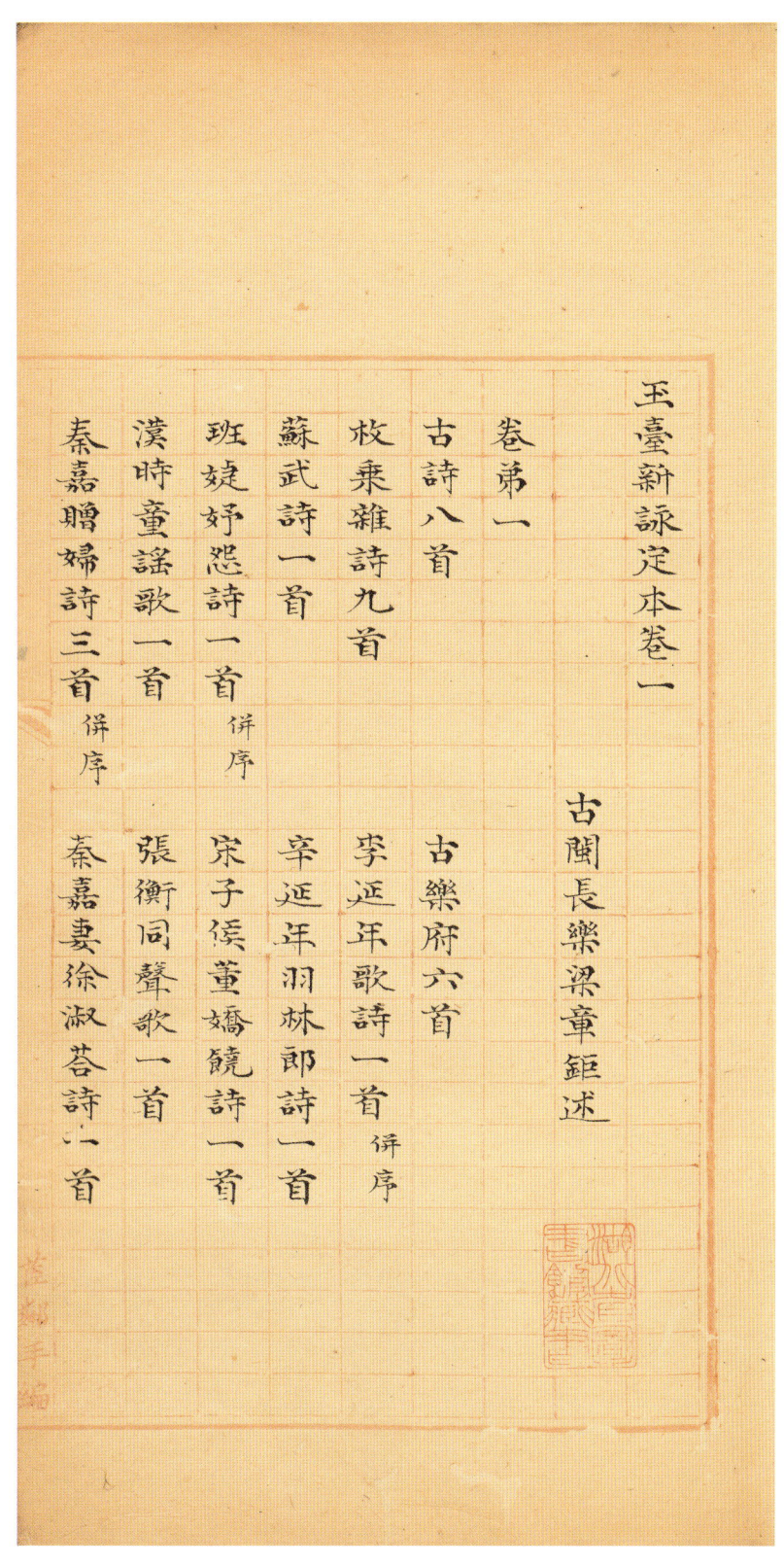

436-1 《玉臺新詠定本》卷一卷端

436 玉臺新詠定本十卷 〔南朝陳〕徐陵輯 〔清〕梁章鉅注 稿本

開本高 28.5 厘米，寬 17.6 厘米。框高 19.9 厘米，寬 13.4 厘米。半葉九行，行二十五字，小字雙行同，白口，四周雙邊。索書號：善 004214。

國家珍貴古籍名錄編號：09381。

蔡邕飲馬長城窟行一首　陳琳飲馬長城窟行一首

徐幹詩二首室思一首情詩一首

按目所云二首即下室思情詩不宜複出以宋刻列日如是姑仍舊本書之

繁欽定情詩一首

古詩八首　　　古詩無名人為焦仲卿妻作 併序

上山采蘼蕪下山逢故夫長跪問故夫新人復何如新人雖言好

未若故人姝顏色類相似 藝文類聚作其色似相類 手爪不相如新人從門入

故人從閤去新人工織縑故人工織素織縑日一匹織素五丈餘

將縑來比素 藝文類聚引末二句作以縑持將縑來作持新人不如故

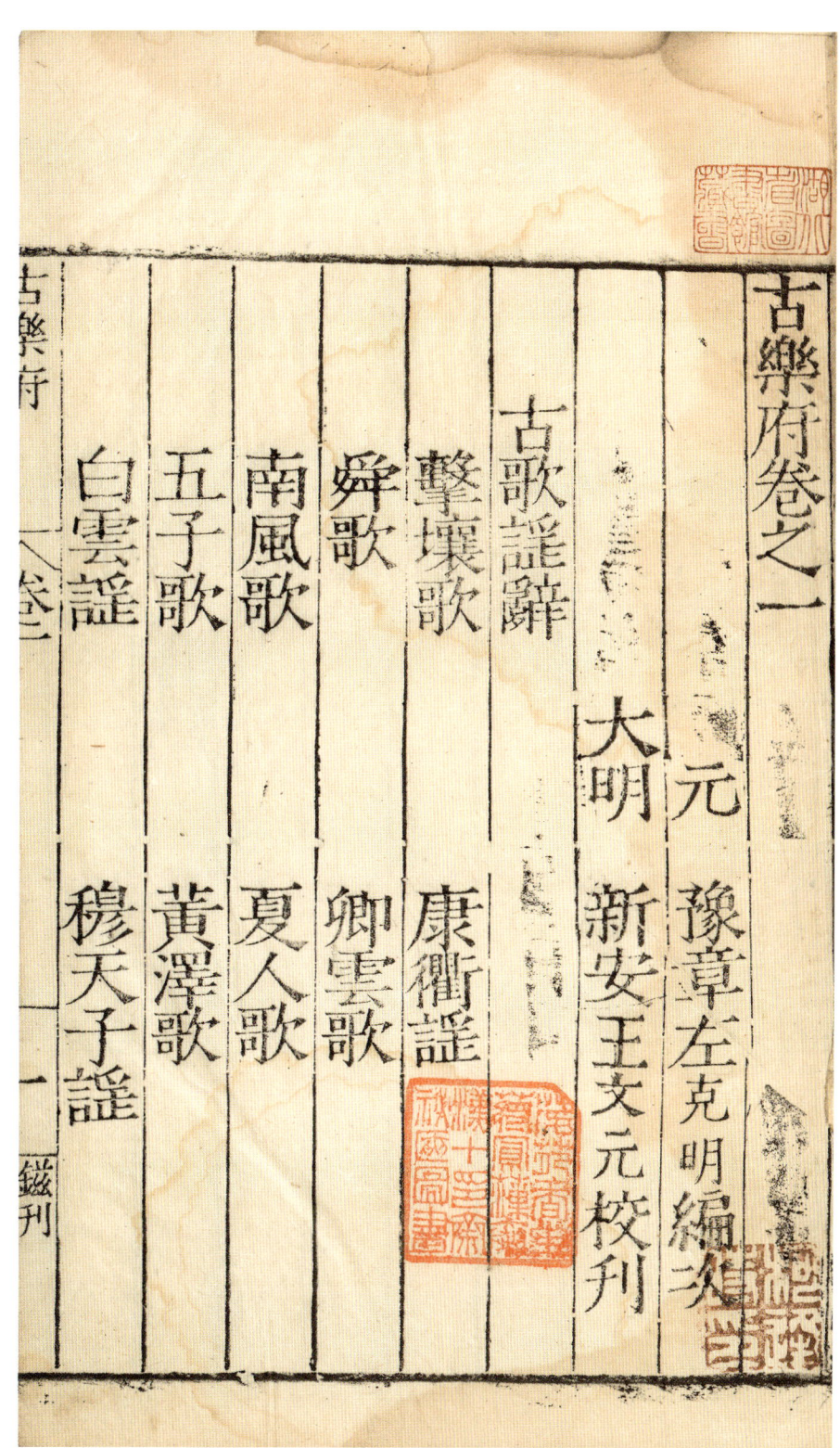

437-1 《古樂府》卷一卷端

437 古樂府十卷 〔元〕左克明輯 明嘉靖汪尚磨刻明王文元、明萬曆七年（1579）田藝蘅遞修本（四庫底本） 清周星詒、周紹澧跋

開本高 24.7 厘米，寬 16.6 厘米。框高 19.5 厘米，寬 14.8 厘米。半葉九行，行十八字，小字雙行同，白口，左右雙邊。鈐"翰林院印""茂苑香生蔣鳳藻秦漢十印齋秘笈圖書""柯逢時印"等印，其中首印爲滿漢合璧印。索書號：善 003087。

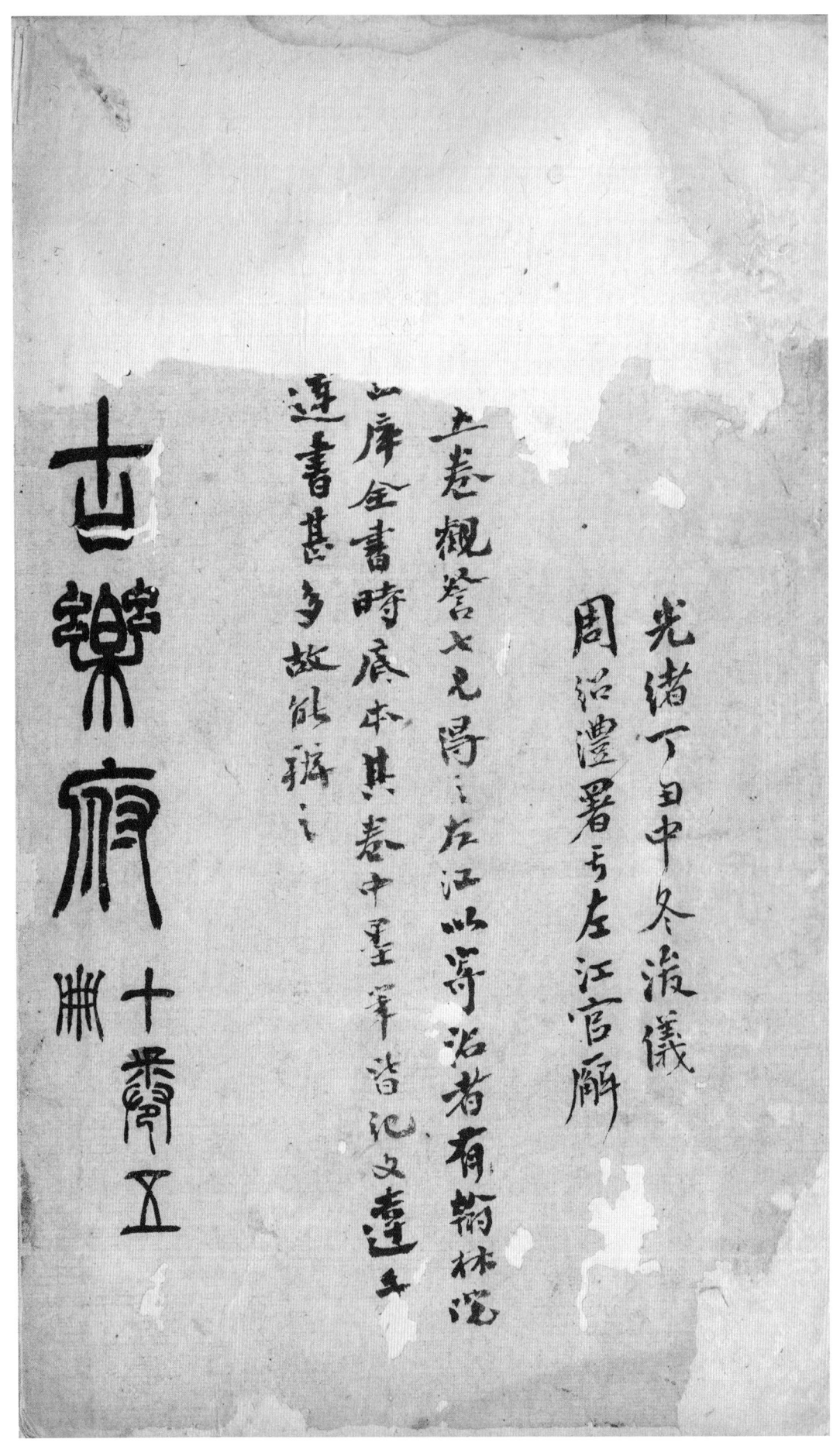

437-2 清周紹澧跋（右）、清周星詒跋（中）

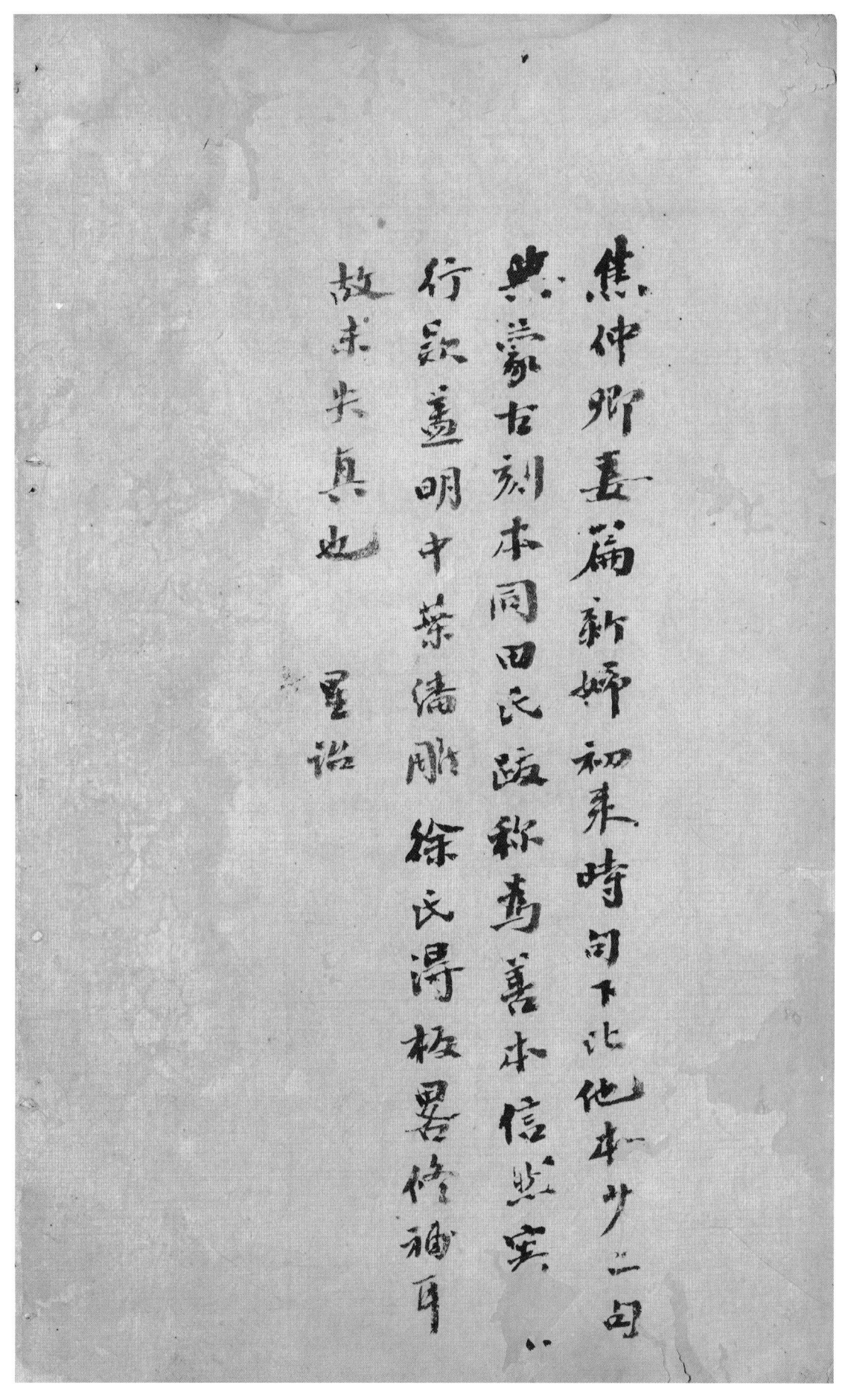

焦仲卿妻篇新婦初來時句下此他本少二句
與蒙古刻本同田氏跋稱為善本信然实
行欵蓋明中葉僞雕徐氏得板墨修補耳
故未失真也
　　星詒

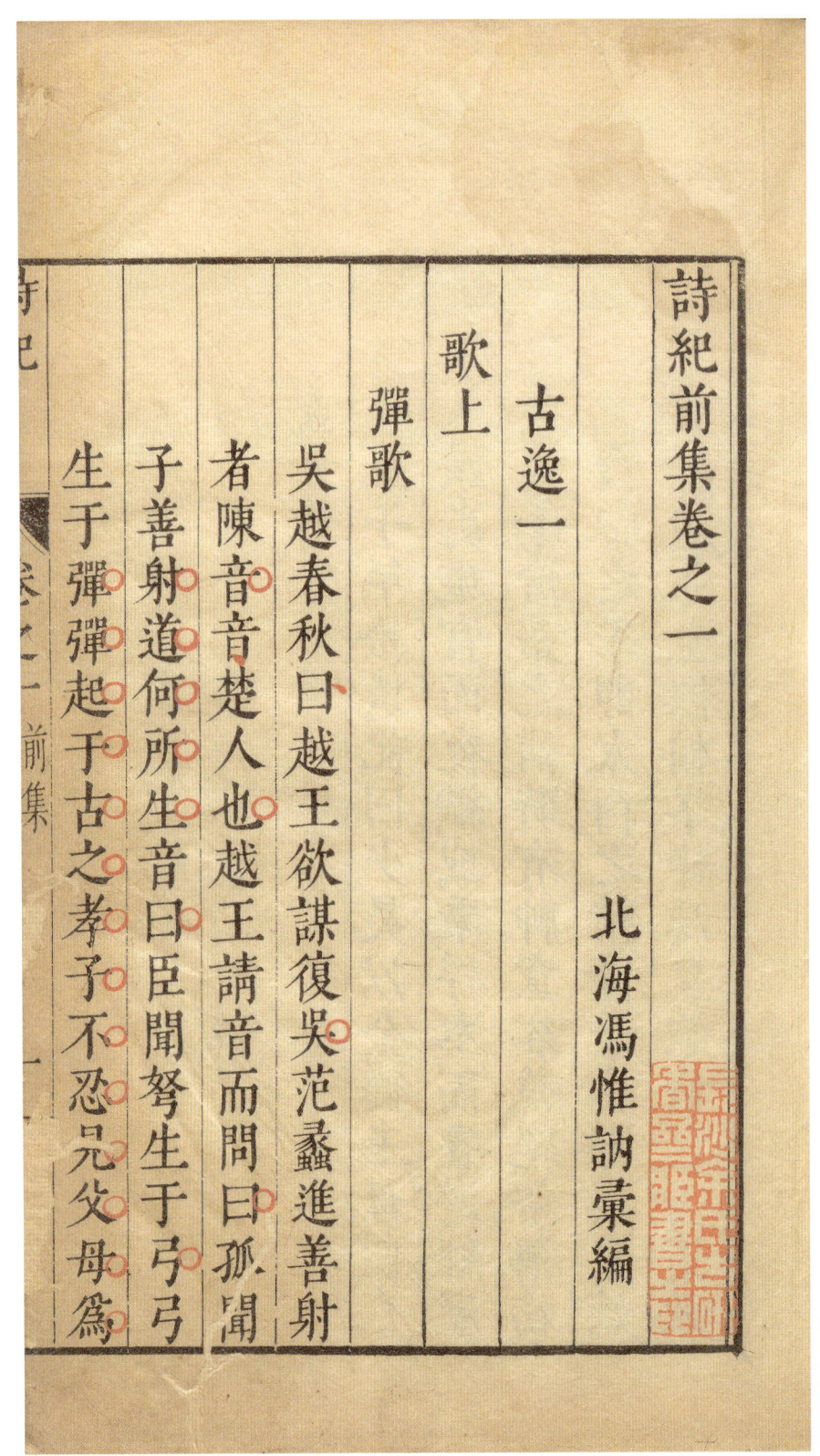

438　《詩紀》前集卷一卷端

438 詩紀一百五十六卷目錄三十卷　〔明〕馮惟訥輯　明萬曆四十一年（1613）黃承玄、馮珣刻本

開本高27.3厘米，寬17.4厘米。框高20.7厘米，寬14.0厘米。半葉九行，行十九字，小字雙行同，白口，左右雙邊。鈐"長沙余氏古研香齋藏書之印"印。索書號：善003780。

湖北省珍貴古籍名錄編號：00375。

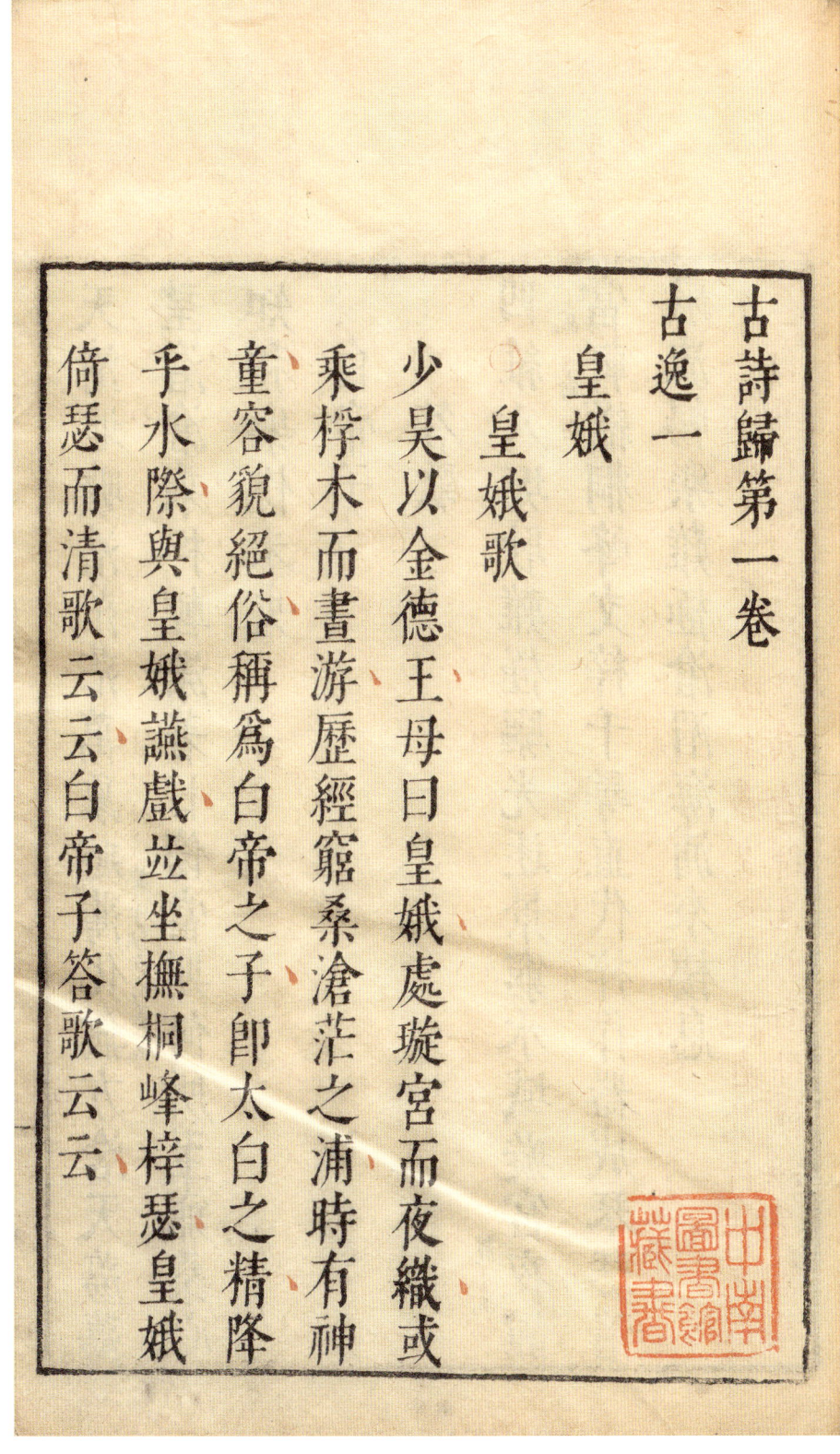

439-1 《古詩歸》卷一卷端

439 古詩歸十五卷 〔明〕鍾惺 〔明〕譚元春輯 明萬曆閔振業刻三色套印本

開本高26.4厘米，寬17.1厘米。半葉單框，框高20.3厘米，寬14.5厘米。半葉九行，行十八字，白口，四周單邊。索書號：善003717。

湖北省珍貴古籍名録編號：00194。

○矛銘

造矛造矛少間弗忍終身之羞余一人所聞以戒後世子孫

○書履

行必慮正無懷僥倖

○書車

自致者急載人者緩取欲無度自致而反

○書硯

眉批:
後人極力彫琢，能以首四字不增減否
僥倖二字說在履上妙之
真克巳之言深車上看出妙甚
即忍之源史乃全汝軀意欲繁間各妙末二語似贅然周業以戒事起不與開後世兵端殊有深慮

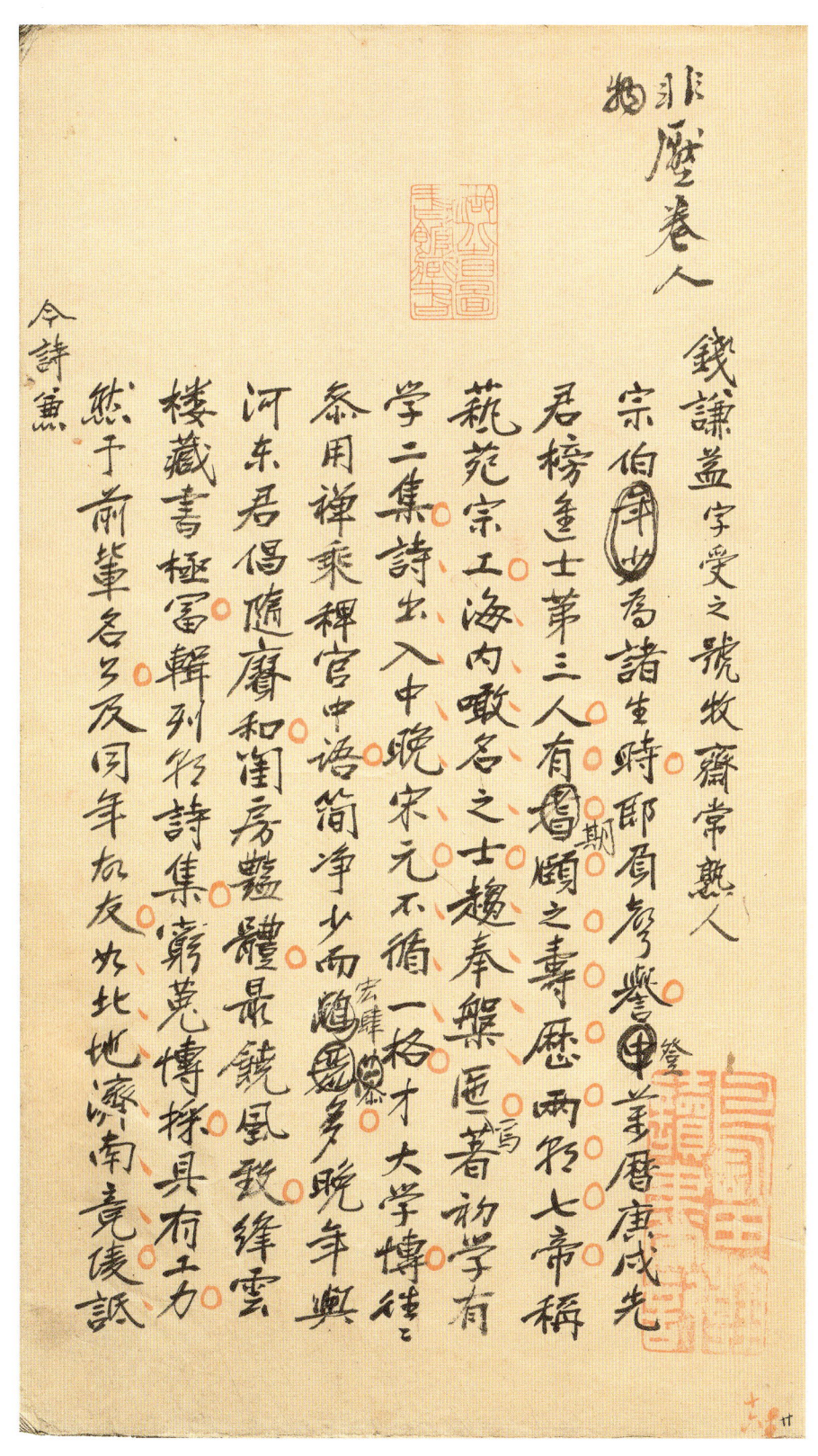

440-1 《近詩兼今集》卷端

440 明詩兼不分卷近詩兼逸集不分卷近詩兼今集不分卷 〔清〕韓純玉輯 稿本 俞樾題識 存近詩兼今集

開本高 28.3 厘米，寬 18.8 厘米。無框欄，半葉九行，行二十至二十二字。鈐"島田翰讀書記""春霆印信"等印。索書號：善 004281。

韓純玉字子蘧子蘧廬物二句安人㳽七有佳來暮喬詔
明詔挂韓故三十七歲以先世過宦見禍于明竟玉以是起
感懷貝不求仕㨗 程安
歸歸范到栽列于國初康熙中栞為右年將八十 吳與治
蘧廬避迹棲有山竹坨矛荅稱于明治

靜志居詩話二十二 韓純玉歸客人

中吳韓居望西吳韓子蘧皆稱明一代之詩君錄四詩存子蘧曰詩康情其書朴未
布迪郦二子先公曾延其家人故友不復肯出䖏終歸覆醬而已

440-2　張繼煦節錄清韓純玉小傳

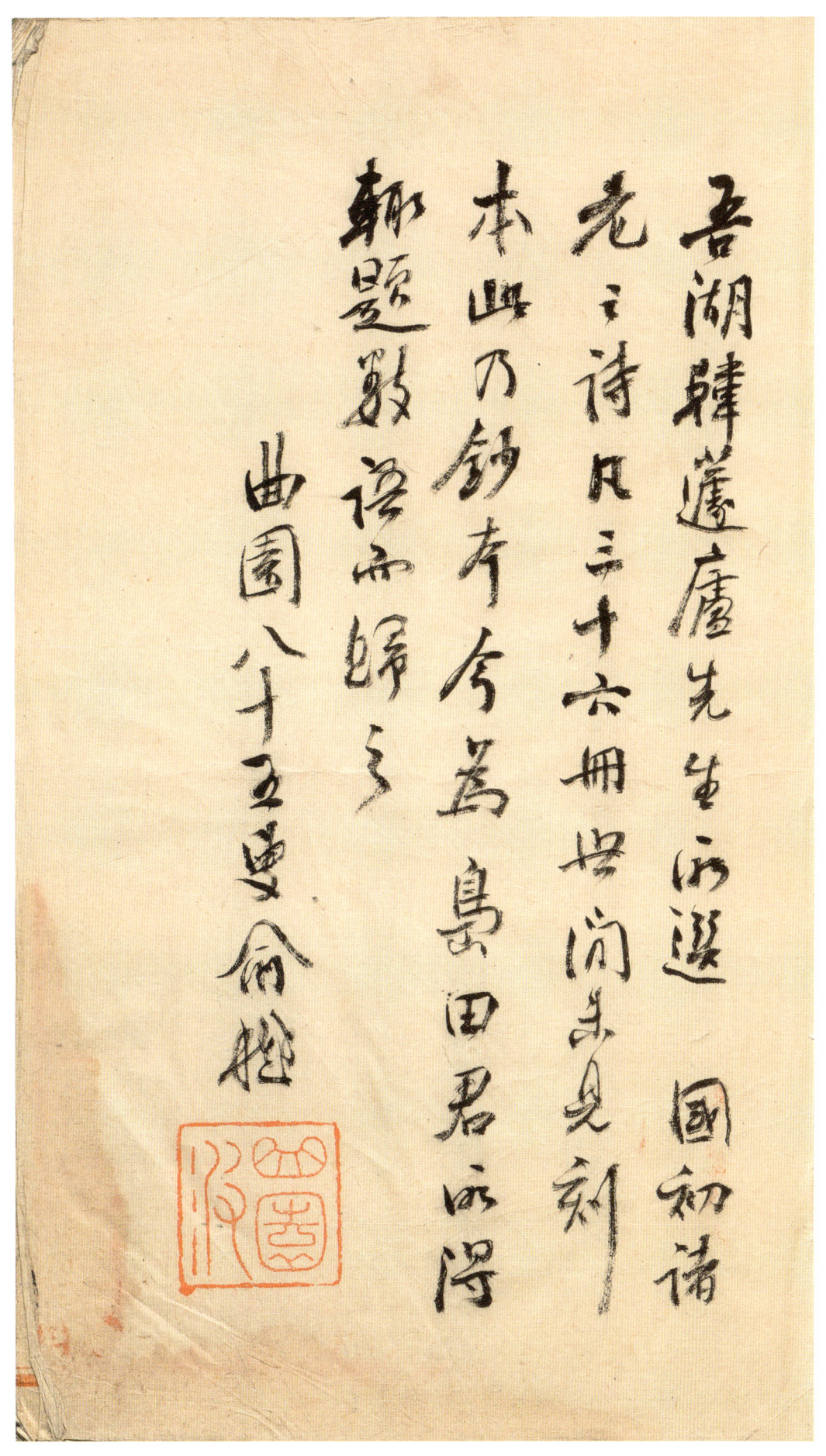

吾湖韓蓬廬先生所選國初諸
老之詩凡三十六冊世間未見刻
本此乃鈔本今為島田君所得
郵題數語而歸之
曲園八十五叟俞樾

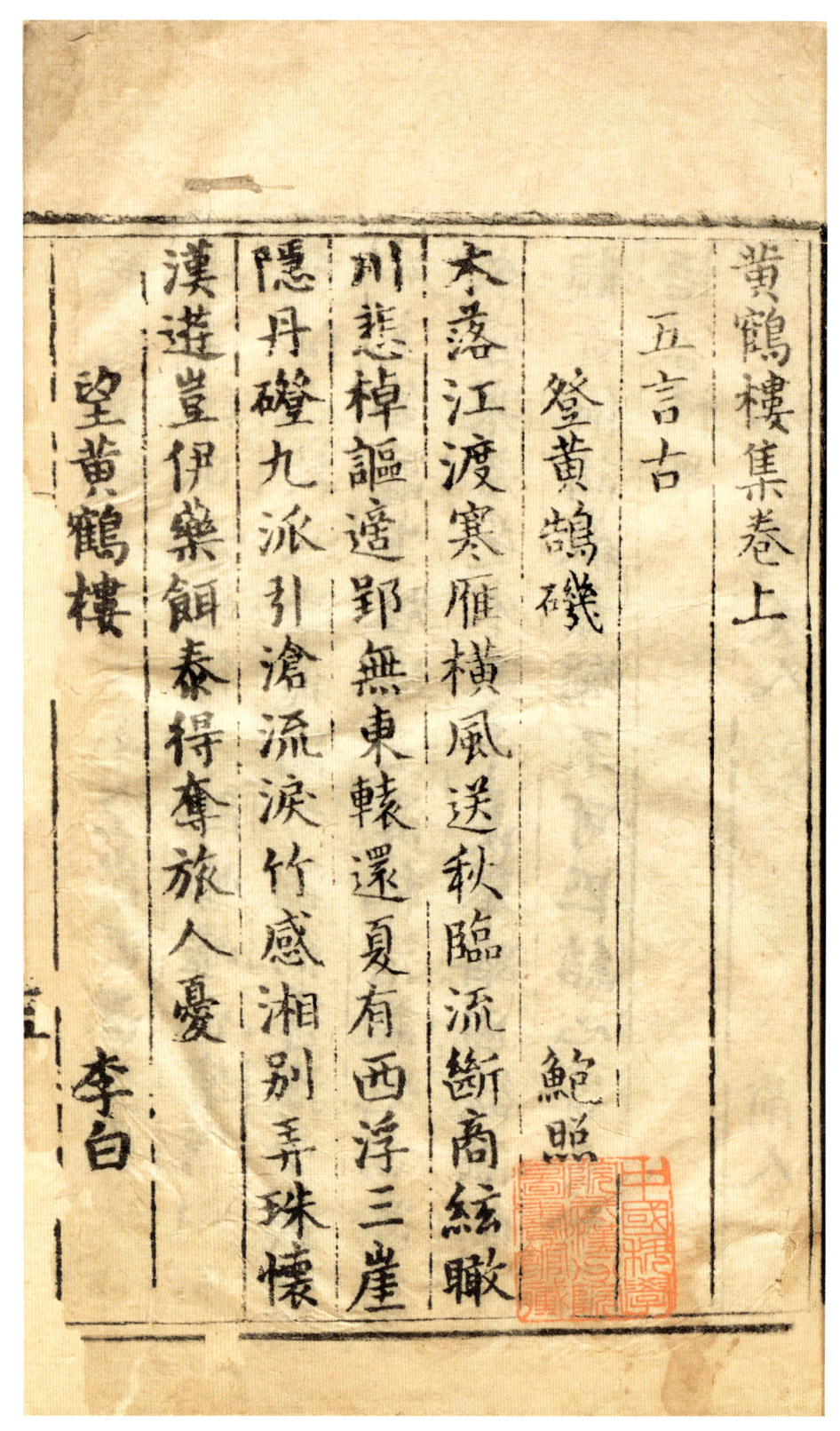

441-1 《黃鶴樓集》卷上卷端

441 黃鶴樓集三卷 〔明〕孫承榮纂輯 明萬曆武昌府刻本

開本高 25.4 厘米，寬 16.8 厘米。框高 20.0 厘米，寬 14.9 厘米。半葉八行，行十六字，小字雙行同，白口，四周雙邊。鈐"曾歸徐氏彊諺"印。索書號：善 003017。

國家珍貴古籍名錄編號：06587。

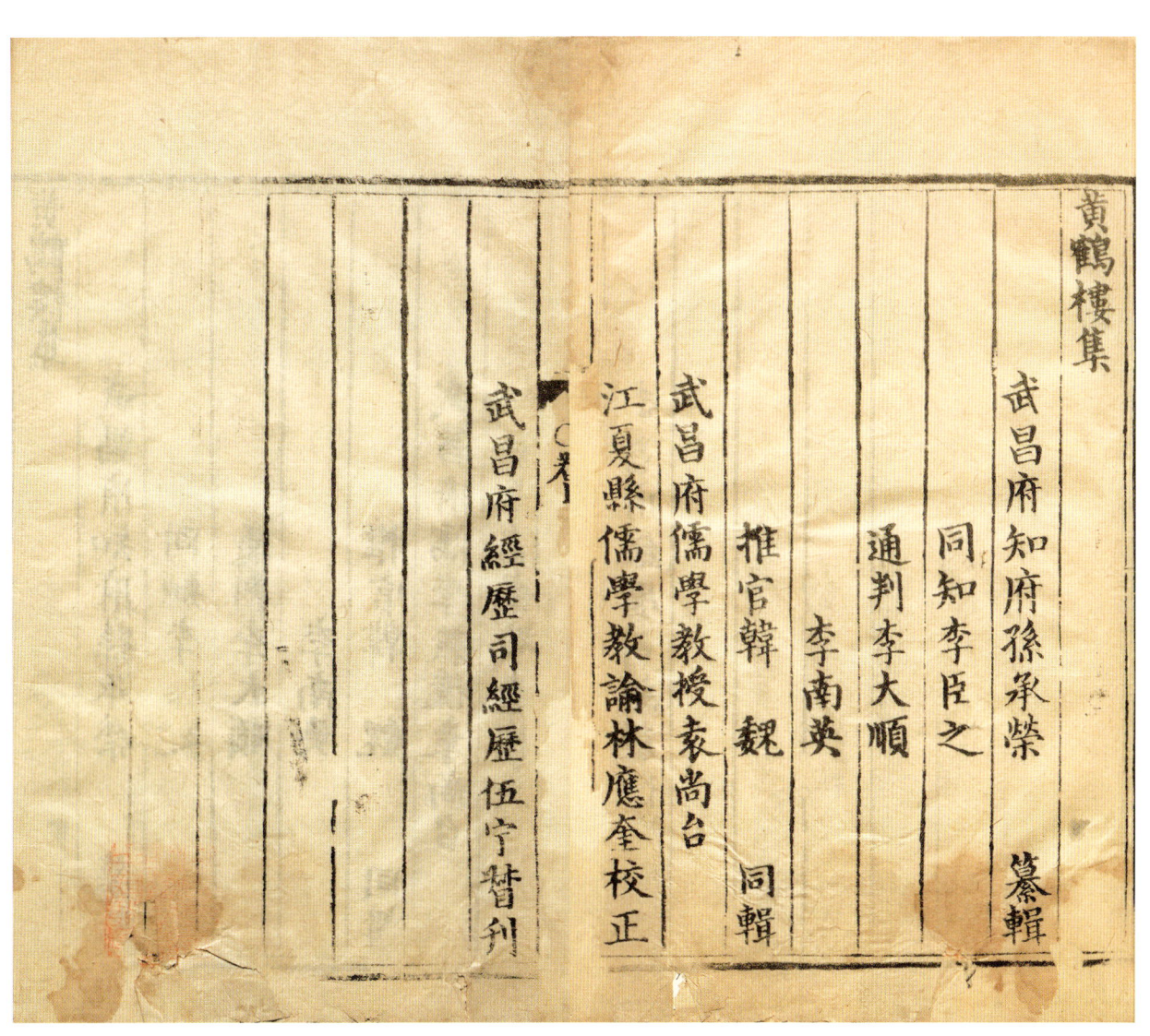

441-2 《黃鶴樓集》題名

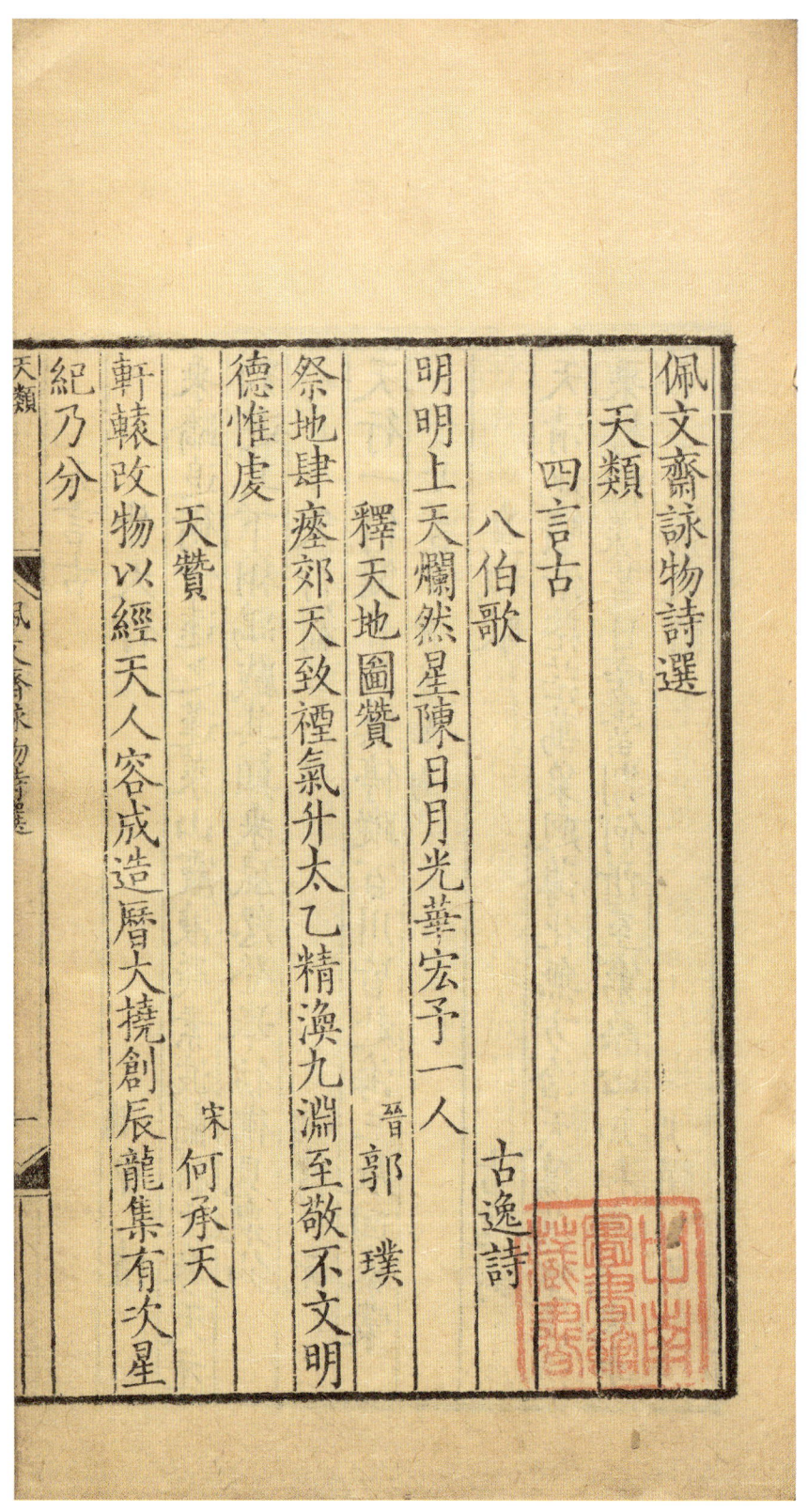

442 《佩文齋詠物詩選》卷一卷端

442 佩文齋詠物詩選四百八十六卷 〔清〕張玉書 〔清〕汪霦等輯 清康熙四十六年（1707）內府刻本

開本高 23.2 厘米，寬 14.5 厘米。框高 16.5 厘米，寬 11.6 厘米。半葉十一行，行二十一字，黑口，左右雙邊。鈐"明教館記""炳武上將軍蕭鑒藏"等印。索書號：集三/408。

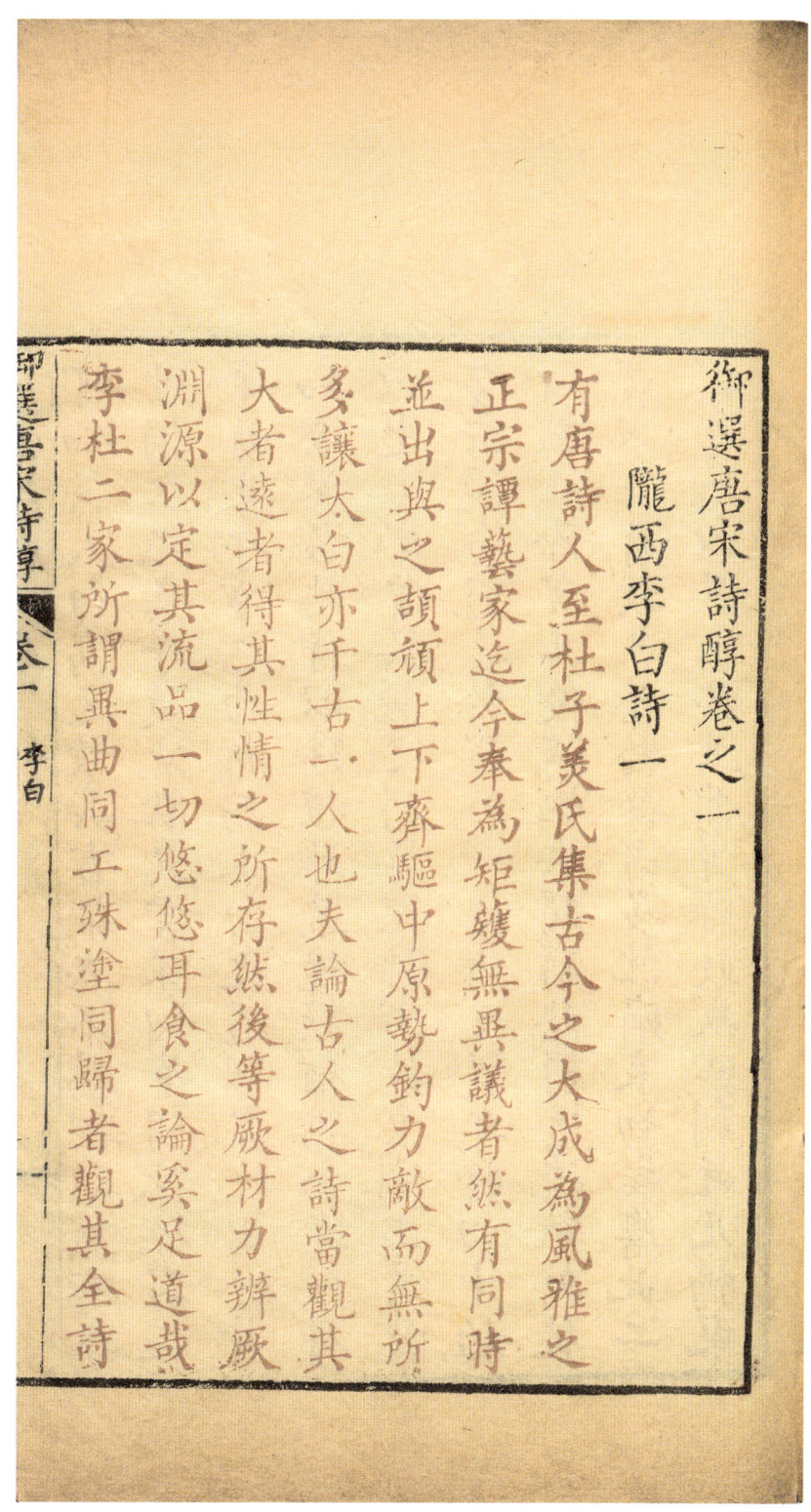

443-1 《御選唐宋詩醇》卷一卷端

443 御選唐宋詩醇四十七卷目錄二卷 〔清〕高宗弘曆選 清乾隆十六年（1751）武英殿刻四色套印本

開本高 27.5 厘米，寬 17.2 厘米。框高 19.4 厘米，寬 14.2 厘米。半葉九行，行十九字，小字雙行同，白口，四周單邊。索書號：善 002618。

湖北省珍貴古籍名錄編號：00253。

沈德潛曰三千六百釣或言地有三千六百軸
太公合天下而釣之得與文王相遇也

烏夜啼

黃雲城邊烏欲棲歸飛啞啞枝上啼機中織錦秦
川女碧紗如煙隔窗語停梭悵然憶遠人獨宿空
房淚如雨

語淺意深樂府本色

劉辰翁曰語有深於此自然情之所至皆不知
此則亦不必深也凡言樂府者未足以知此
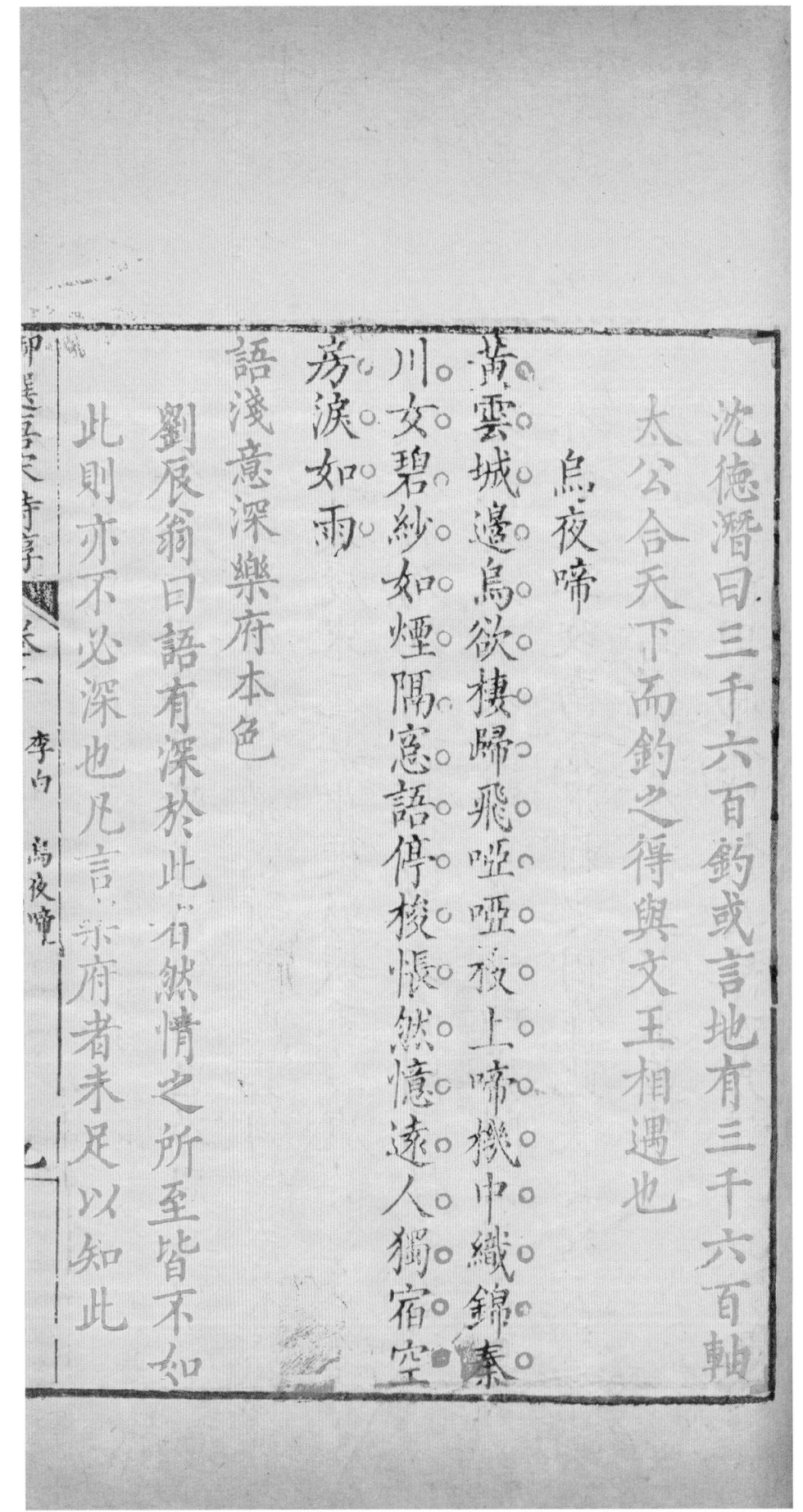

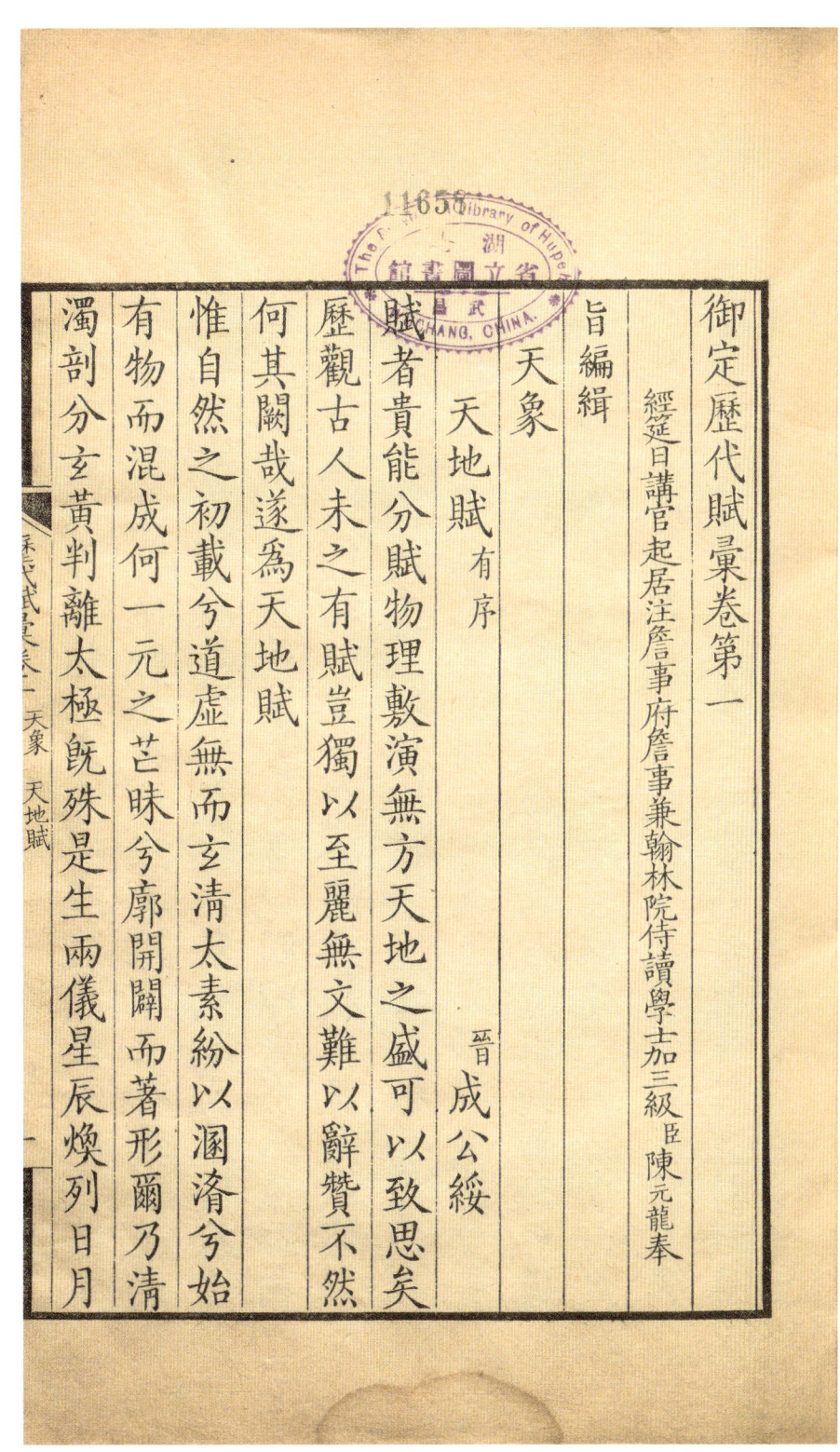

444 《御定歷代賦彙》卷一卷端

444 御定歷代賦彙一百四十卷目録二卷外集二十卷逸目二卷 〔清〕陳元龍等編 清康熙四十五年（1706）內府刻本

開本高26.4厘米，寬17.7厘米。框高19.3厘米，寬14.3厘米。半葉十一行，行二十一字，黑口，左右雙邊。索書號：善002619。

湖北省珍貴古籍名録編號：00252。

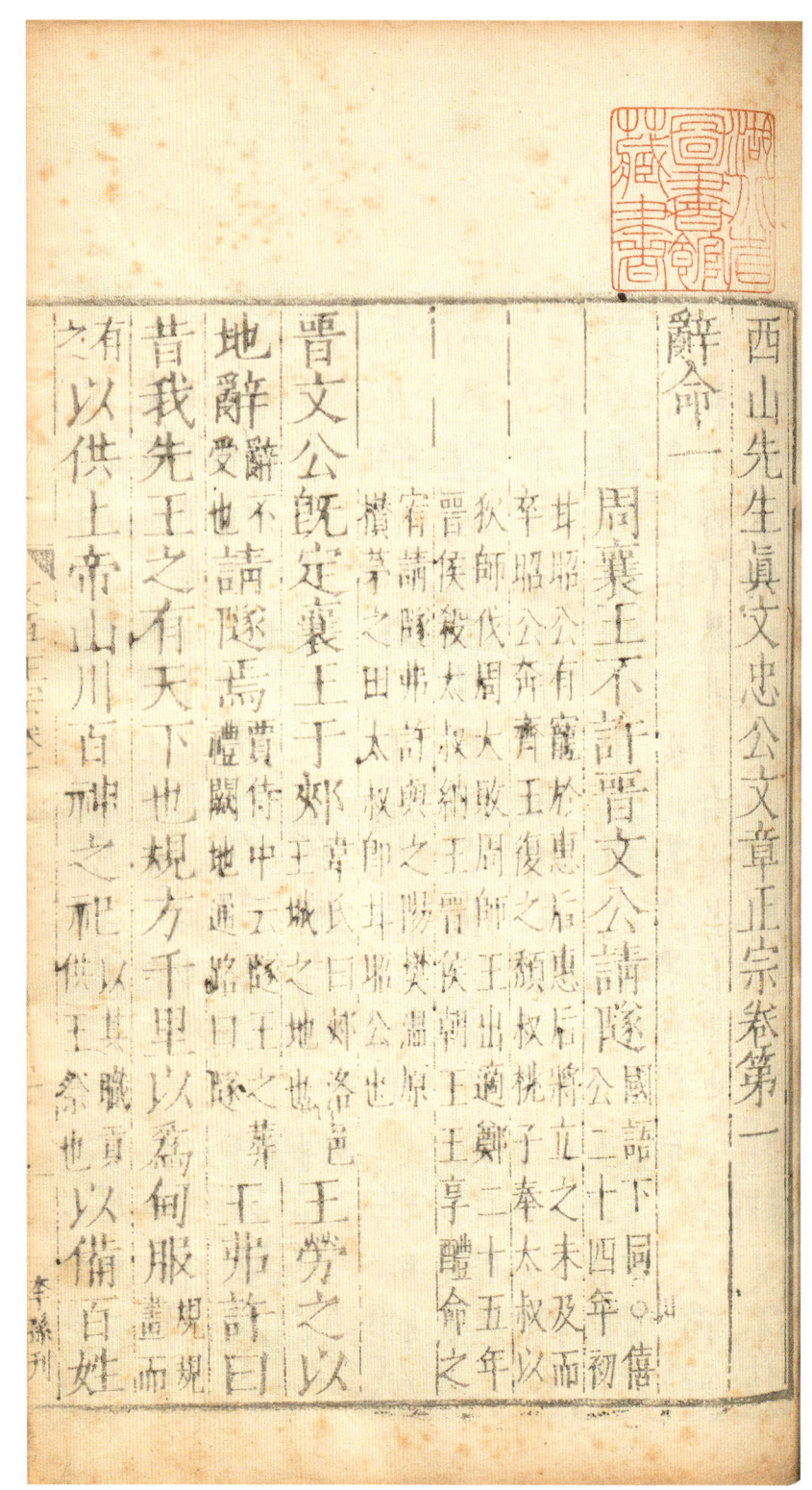

445 《西山先生真文忠公文章正宗》卷一卷端

445 西山先生真文忠公文章正宗二十四卷 〔宋〕真德秀輯 明嘉靖四十三年（1564）李豸、李磐刻本

開本高 28.2 厘米，寬 18.2 厘米。框高 21.2 厘米，寬 15.8 厘米。半葉十行，行十九字，小字雙行同，白口，左右雙邊。索書號：善 003152。

國家珍貴古籍名錄編號：06359。

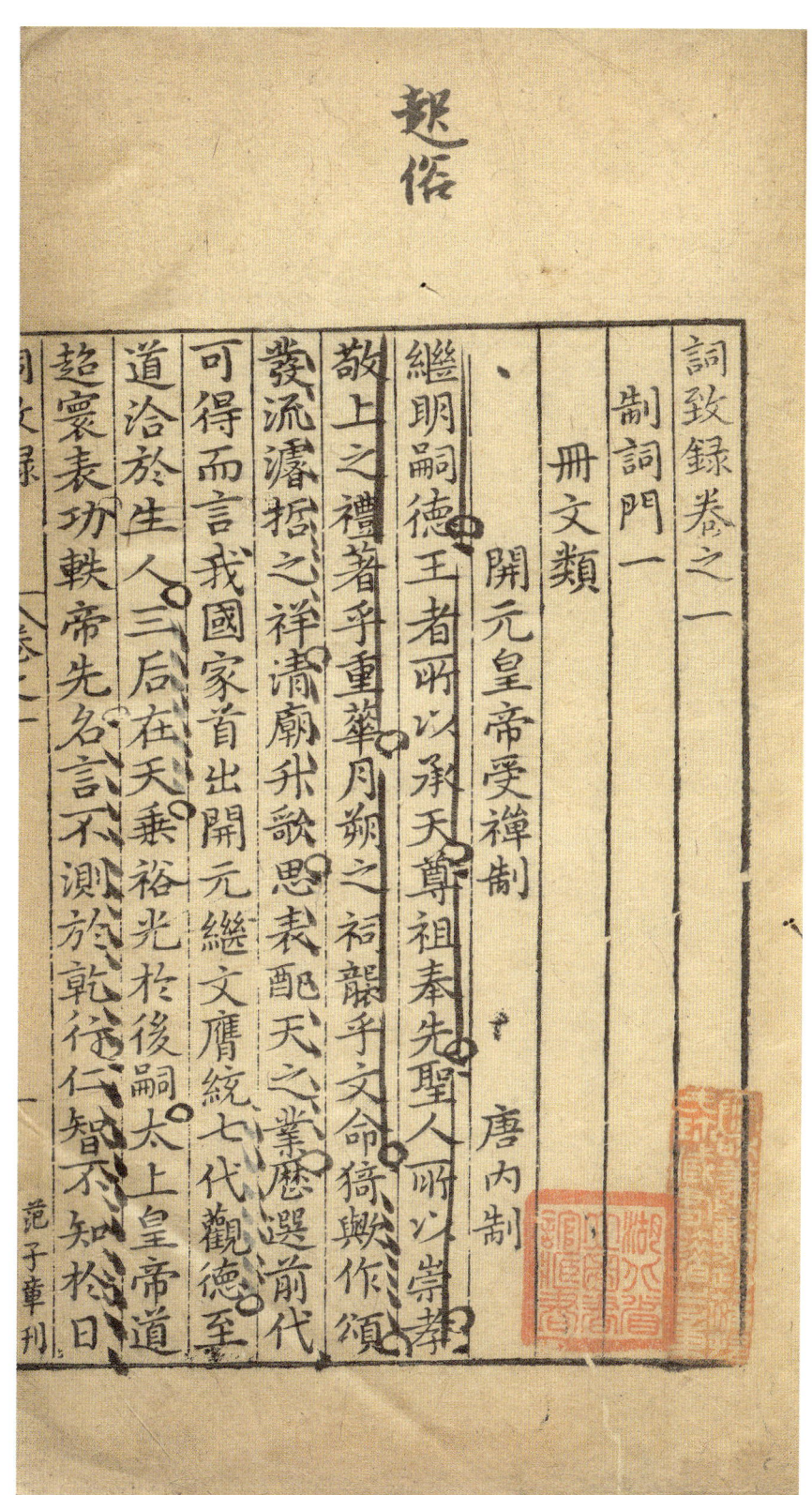

446 《詞致錄》卷一卷端

446 詞致錄十六卷 〔明〕李天麟輯 明萬曆十五年（1587）李天麟刻本 佚名圈點批校

開本高27.7厘米，寬17.1厘米。框高19.6厘米，寬14.0厘米。半葉十行，行二十字，白口，四周單邊。鈐"泰和蕭敷政蒲邨氏珍藏書籍之章""曾在余𡊮基處""祖㙁經眼"印。索書號：善003169。

湖北省珍貴古籍名錄編號：00374。

447-1 《新鐫焦太史彙選中原文獻通考》卷一卷端

447 新鐫焦太史彙選中原文獻通考經集六卷史集六卷子集七卷文集四卷通考一卷 〔明〕焦竑輯

明萬曆二十四年（1595）刻本 佚名批

開本高 27.2 厘米，寬 16.7 厘米。框高 20.0 厘米，寬 14.1 厘米。半葉十行，行二十一字，白口，四周單邊。索書號：善 003716。

湖北省珍貴古籍名錄編號：00373。

漢太和曆武帝元封七年甲寅歲十一月甲子朔旦冬至日月在建星太歲在子己得太初本星度以造漢曆延遲治曆鄧平唐都落下閎等二十餘人以律起曆都閎與平所治同更以筭推如閎平法一月之日二十九八十一分日之四十三先藉半日名日陽

者見其論太初曆之密日月合璧五星連珠遂謂五星會于太初元年殊不知此乃論太初曆之密推而上至於混元之初積數之精而無有餘分耳非謂太初之年如合璧連珠也何以言之五星之會常從鎮星五星之行鎮星最遲故諸星從之而會以曆考之漢高元年五星聚於東井蓋鶉首之次也自高祖元年至太初元年凡百有四年也鎮星二十八年而一周當是之時鎮星周天蓋巳三周而復行半周有餘凡四十五次矣進在玄枵之次安得復聚于牽牛之初乎其九金下附日戉先或後一歲而周天火二

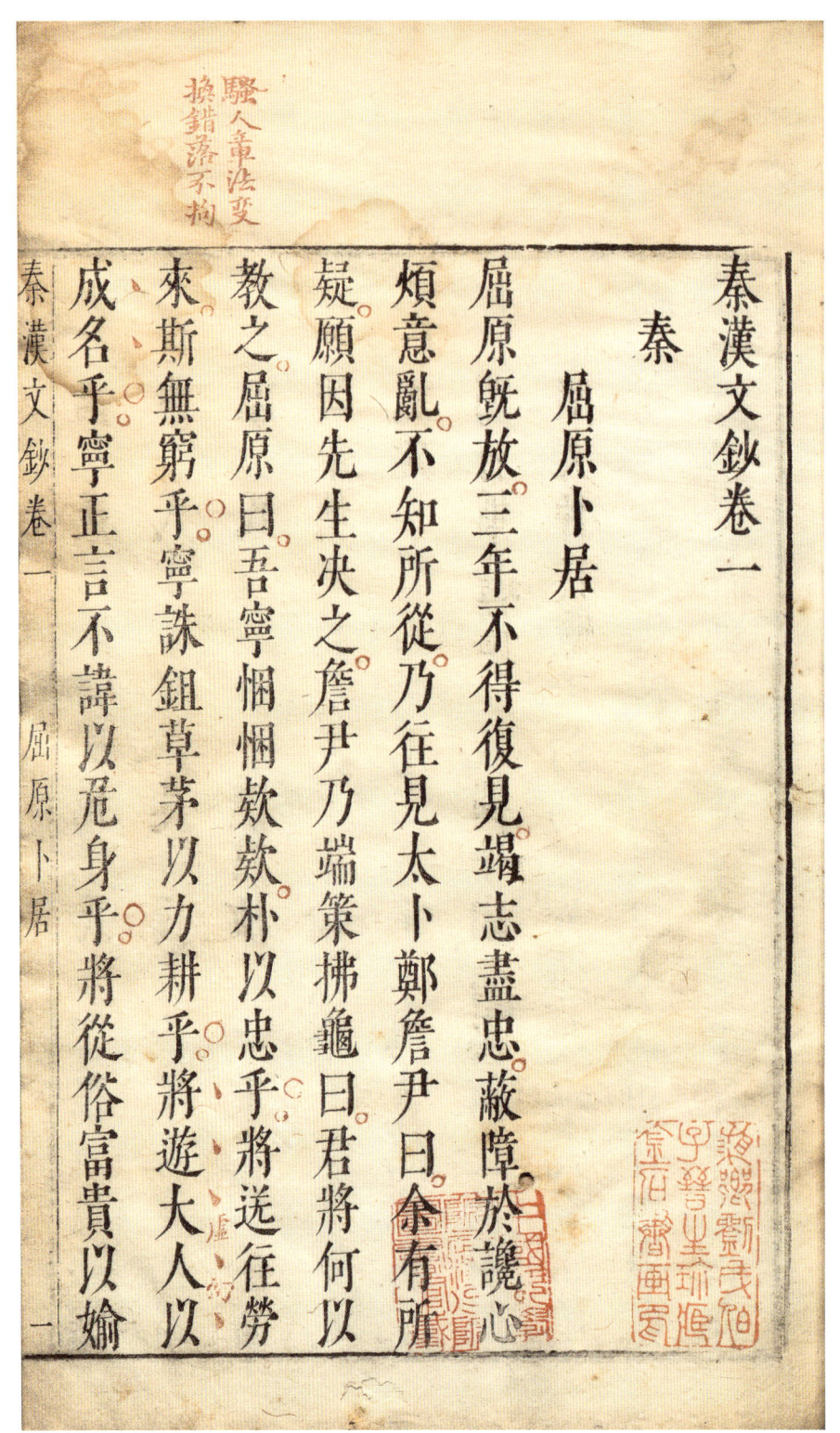

448 《秦漢文鈔》卷一卷端

448 秦漢文鈔六卷 〔明〕閔邁德輯 〔明〕楊融博批點 明萬曆四十八年（1620）閔氏刻朱墨套印本

開本高26.2厘米，寬17.2厘米。框高20.5厘米，寬14.7厘米。半葉九行，行十九字，白口，四周單邊。鈐"湘鄉劉氏伯子晉生珍藏金石書畫印"印。索書號：善003383。

湖北省珍貴古籍名錄編號：00186。

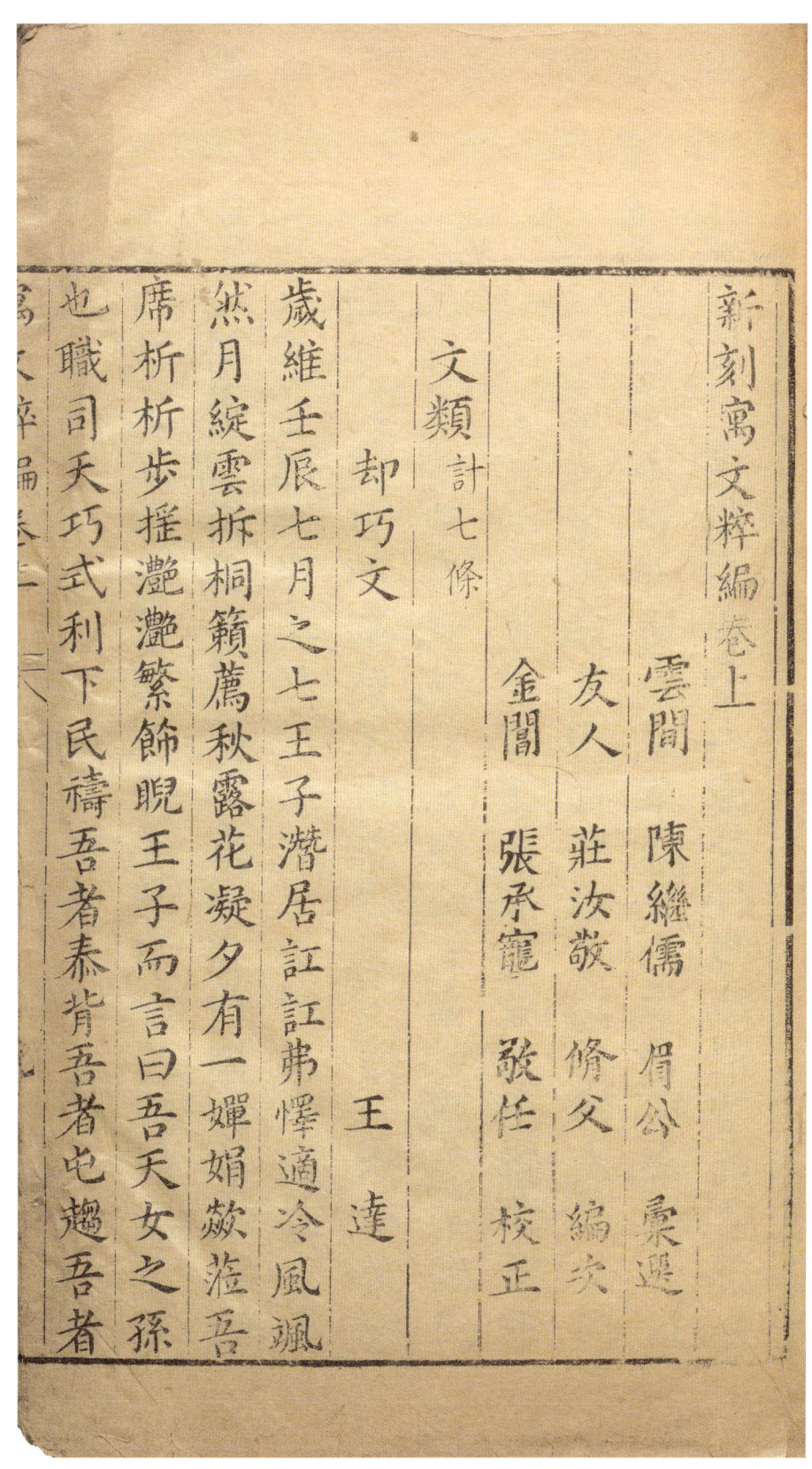

449-1 《新刻寓文粹編》卷上卷端

449 新刻寓文粹編二卷 〔明〕胡文焕輯 明萬曆刻胡氏粹編本 王葆心跋

開本高25.0厘米，寬15.9厘米。框高19.0厘米，寬13.8厘米。半葉十行，行二十字，白口，左右雙邊。鈐"季鄉珍藏"印。索書號：善003569。

明刻本 明季人最喜游戲清于小品此廿一種乙卯余得之長沙次女禮媛正銳志學文酷喜之並為之指授以廣文趣媛媛作文最工寫自怨之景或於此有所恬也惜我丁巳夏寫自然之景或於此有所恬也惜我丁巳夏
青垞記

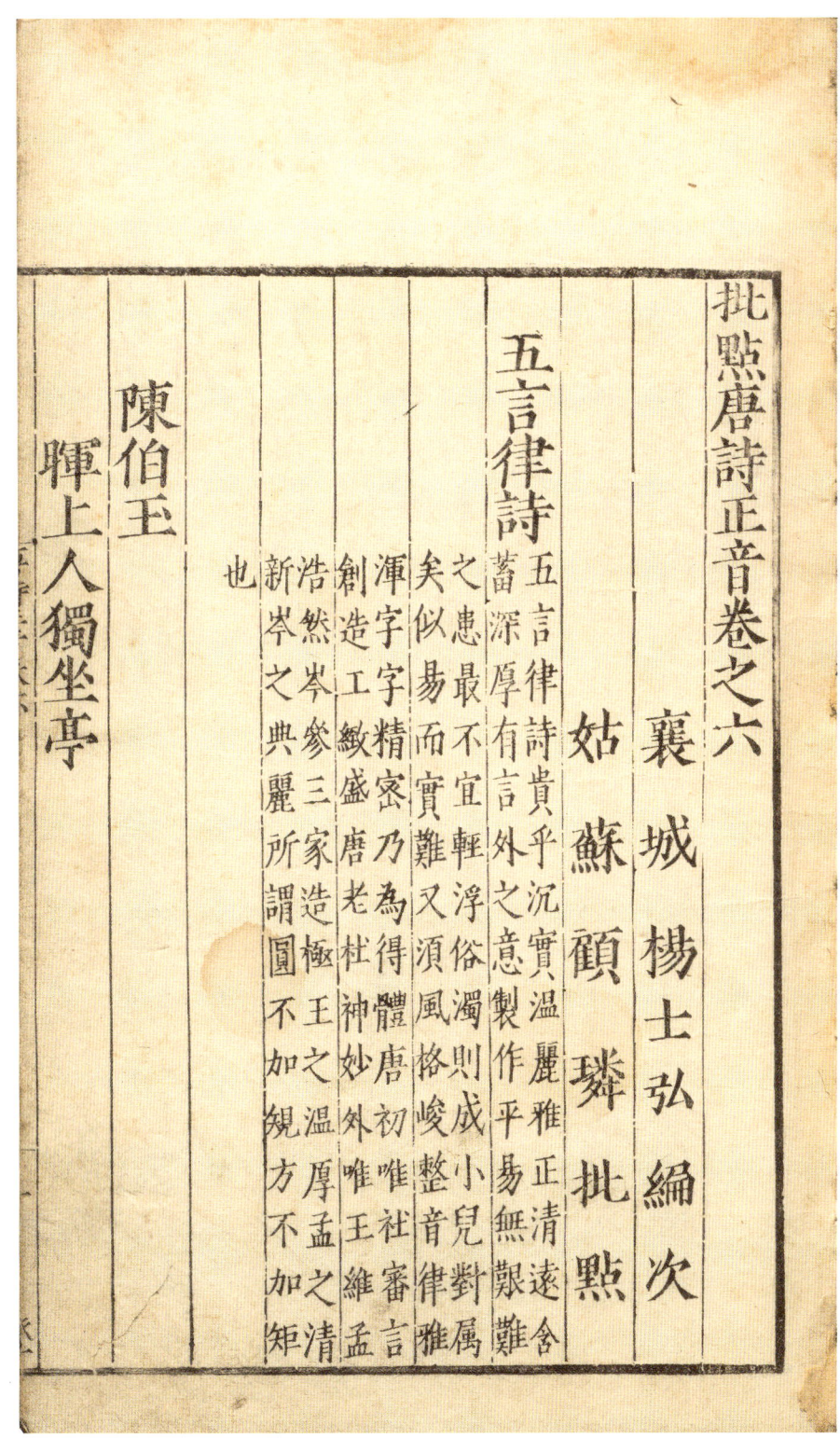

450 《批點唐音》卷六卷端

450 批點唐音十五卷 〔元〕楊士弘編次 〔明〕顧璘批點 明嘉靖四十年（1561）刻本 存十卷（正音卷六至十四、遺響一卷）

開本高 26.8 厘米，寬 17.3 厘米。框高 20.8 厘米，寬 14.8 厘米。半葉十行，行二十字，小字雙行同，白口，四周單邊。索書號：善 003768。

湖北省珍貴古籍名錄編號：00379。

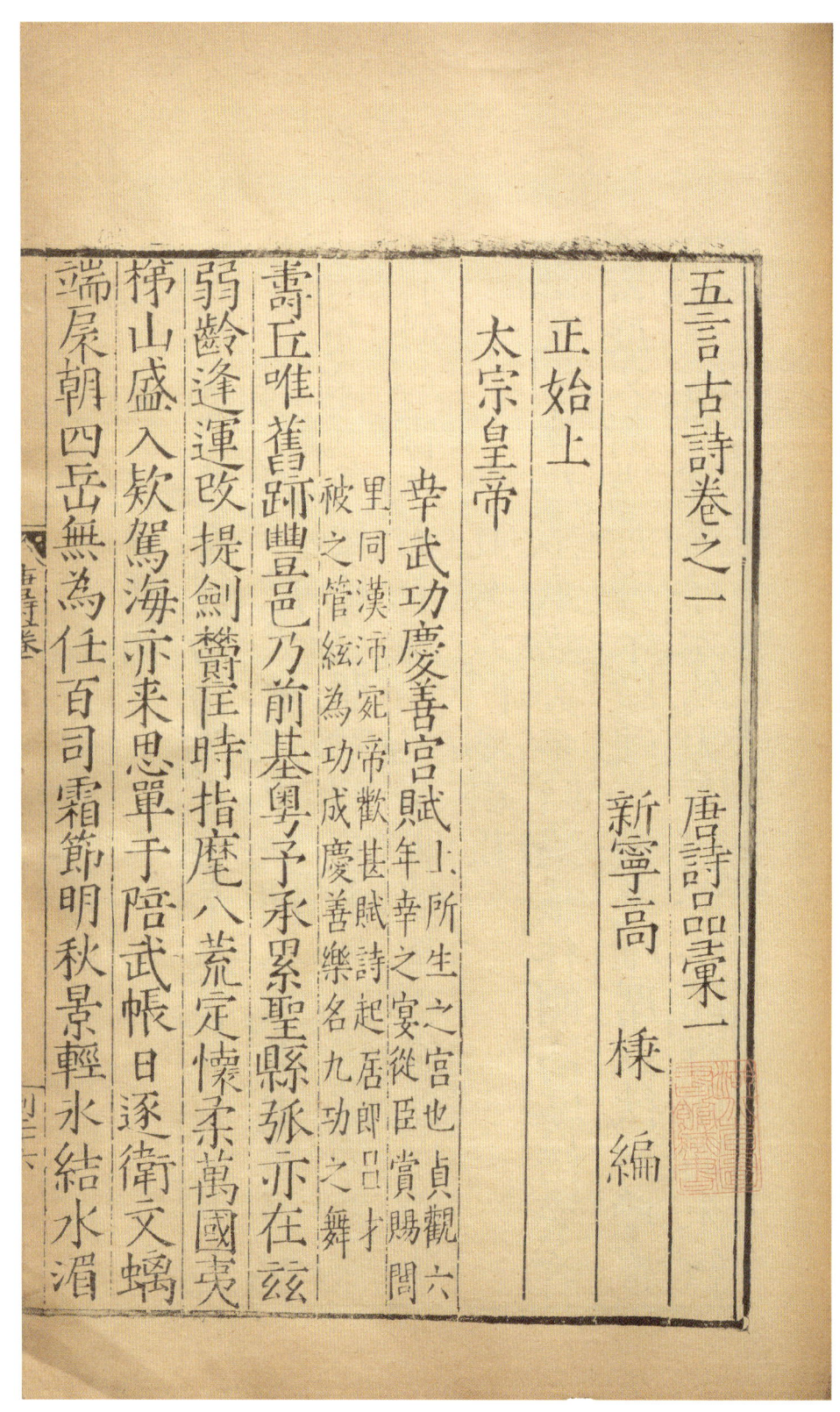

451 《唐詩品彙》卷一卷端

451 唐詩品彙九十卷拾遺十卷歷代名公敘論一卷詩人爵里詳節一卷 〔明〕高棅編 明刻本

開本高28.5厘米，寬19.5厘米。框高22.0厘米，寬15.7厘米。半葉十行，行二十字，小字雙行同，白口，左右雙邊。鈐"武昌柯氏"印。索書號：善003118。

湖北省珍貴古籍名錄編號：00204。

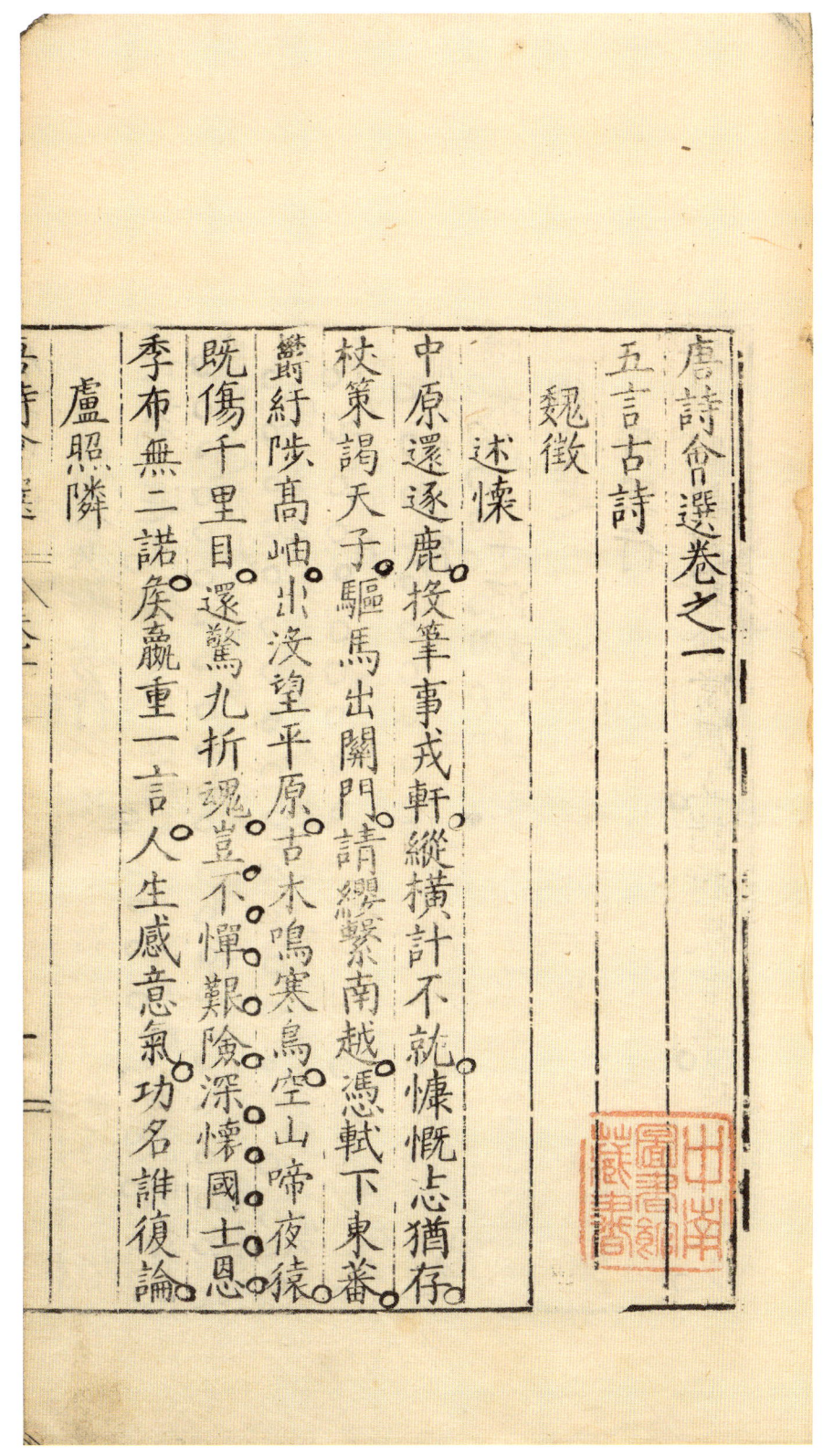

452　《唐詩會選》卷一卷端

452 唐詩會選十卷　〔明〕李栻輯　明萬曆二年（1574）李栻刻本

開本高26.9厘米，寬16.9厘米。框高18.4厘米，寬14.0厘米。半葉十行，行二十字，白口，左右雙邊。索書號：善003723。

湖北省珍貴古籍名錄編號：00380。

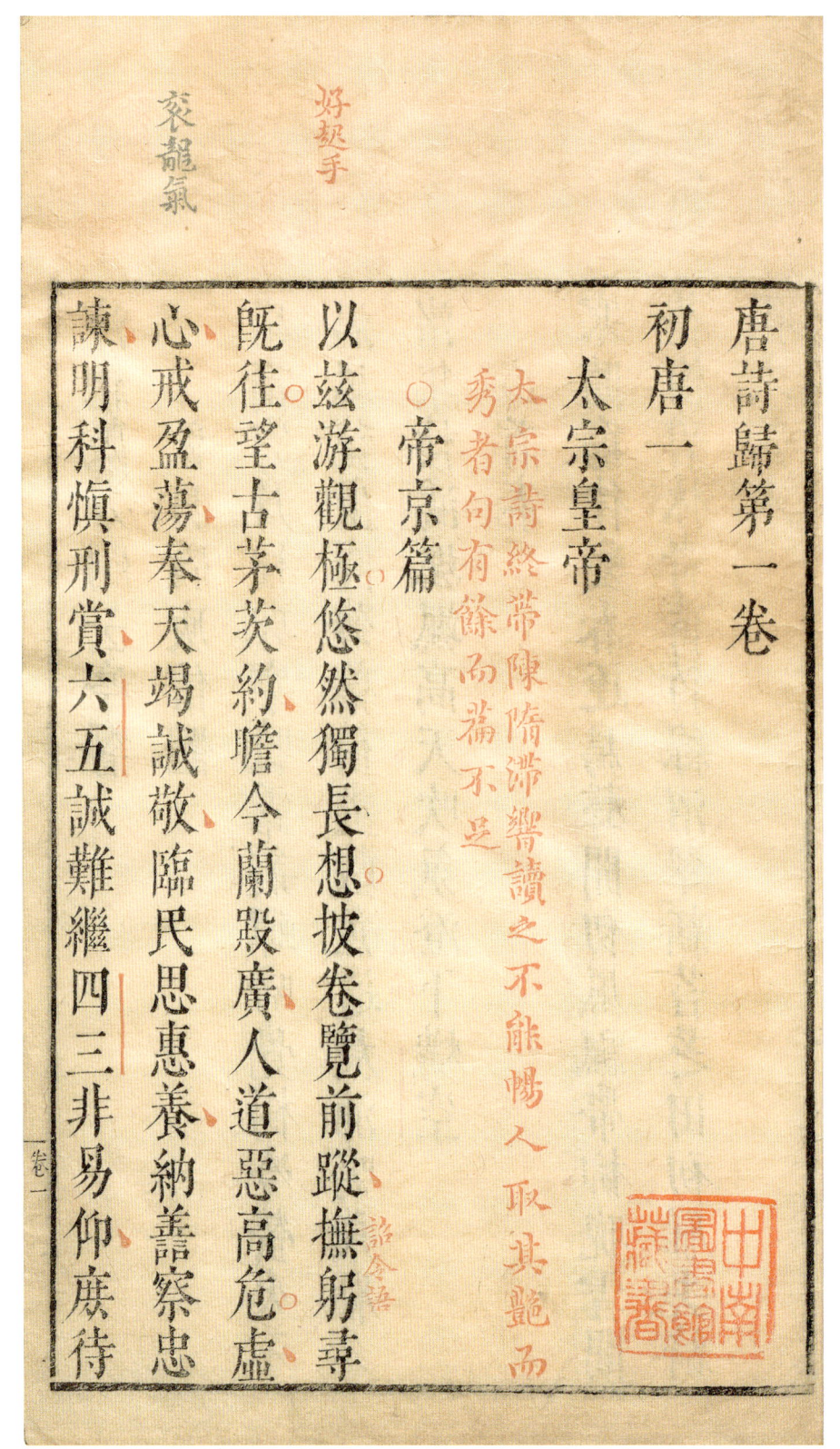

453-1 《唐詩歸》卷一卷端

453 唐詩歸三十六卷 〔明〕鍾惺 〔明〕譚元春輯 明萬曆閔振業刻三色套印本 韵琴題識

開本高 26.5 厘米，寬 17.1 厘米。半葉單框，框高 20.6 厘米，寬 14.5 厘米。半葉九行，行十八字，白口，四周單邊。索書號：善 003718。

湖北省珍貴古籍名錄編號：00195。

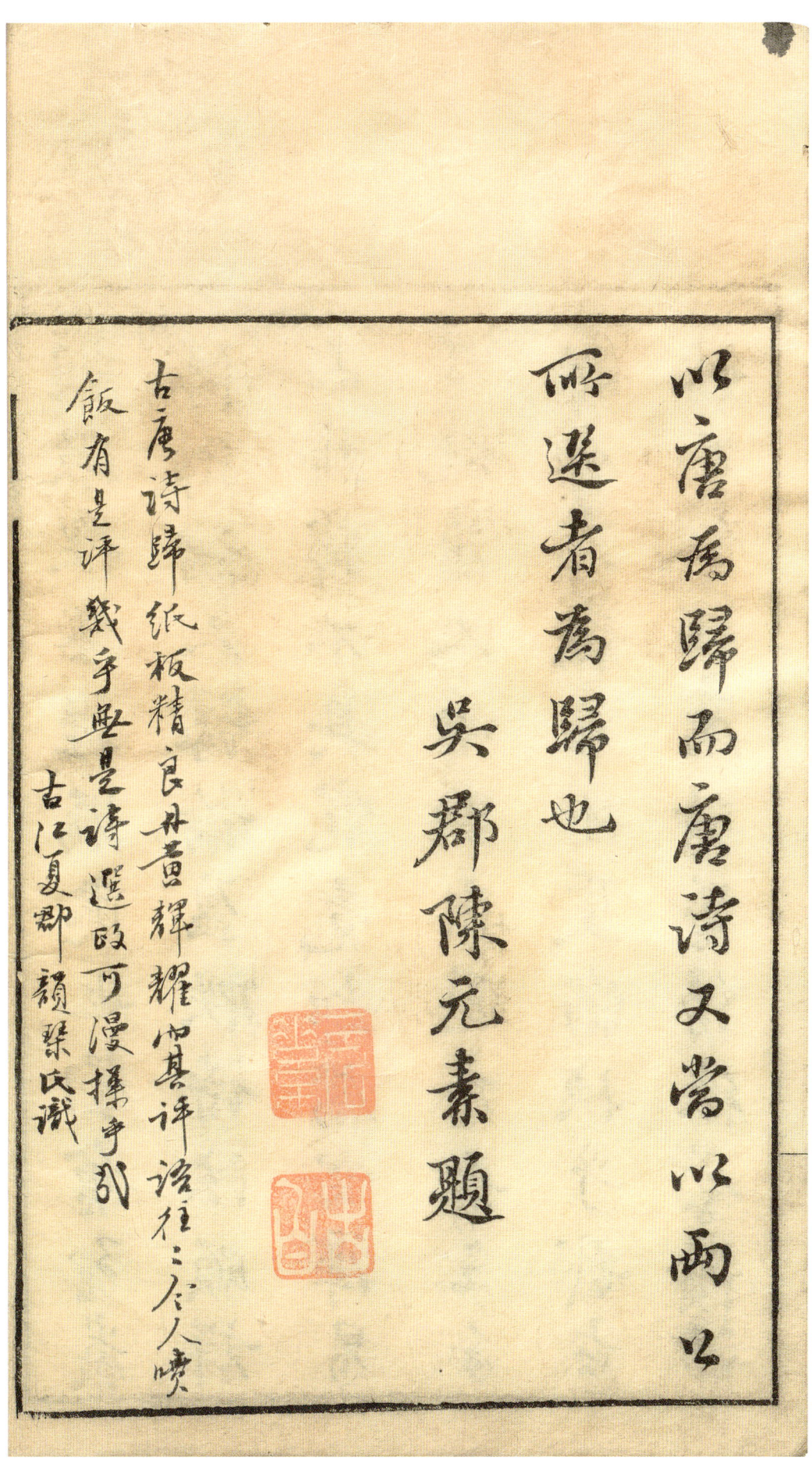

以唐為歸而唐詩又當以兩公所選者為歸也

吳郡陳元素題

古唐詩歸紙板精良丹黃輝耀尤甚評語往往令人噴飯有是評幾乎無是詩選政可漫擬乎卻

古江夏郡韻琹氏識

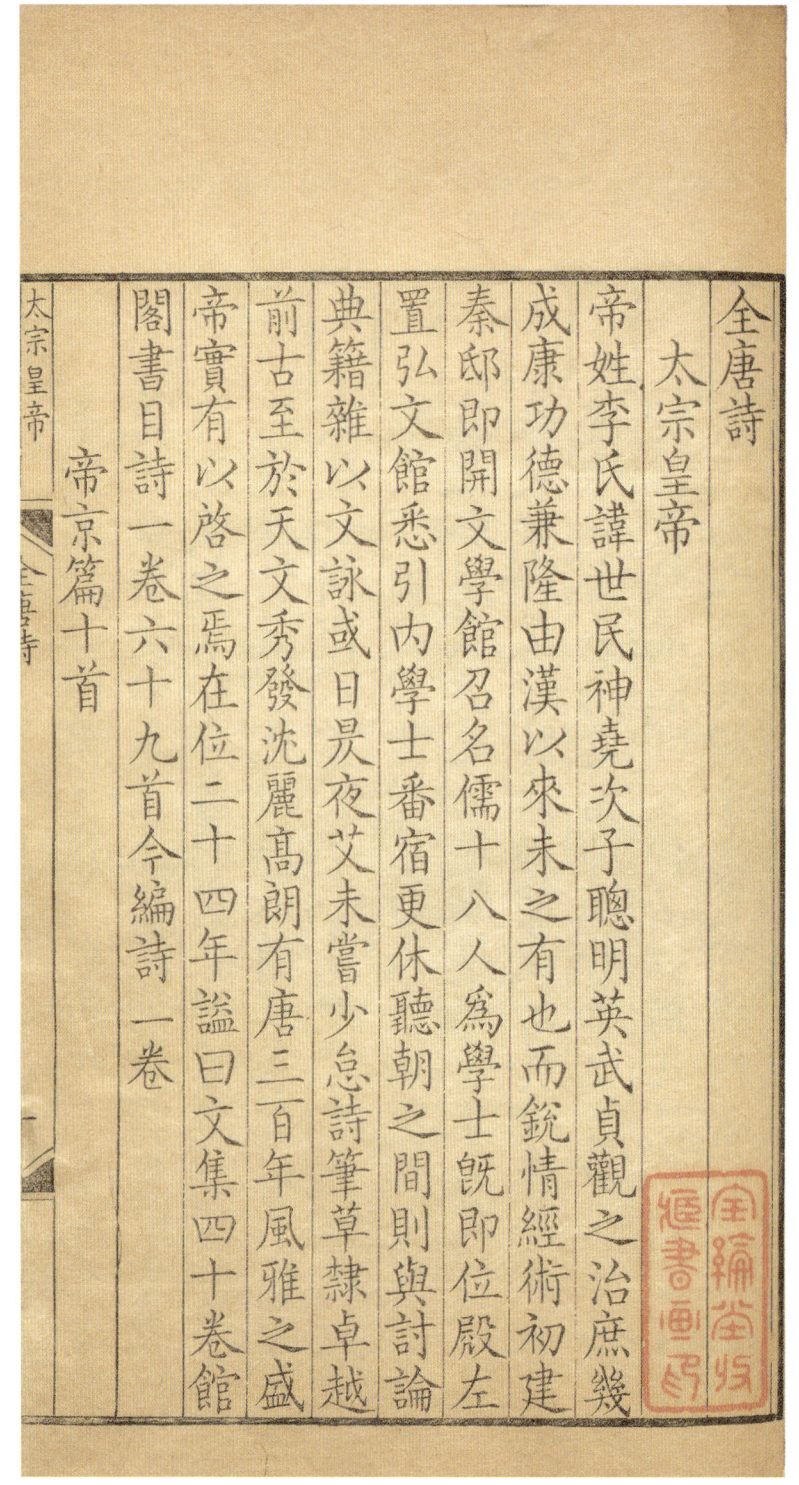

454 《全唐詩》卷一卷端

454 全唐詩九百卷目錄十二卷 〔清〕曹寅等輯 清康熙四十四至四十六年（1705—1707）揚州詩局刻本

開本高22.5厘米，寬13.5厘米。框高17.0厘米，寬11.7厘米。半葉十一行，行二十一字，小字雙行同，黑口，左右雙邊。鈐"臣富綱印""寶綸堂收藏書畫印""宣城李氏瞿硎石室圖書印信""宛陵李之郇藏書印""臣之郇印"印。索書號：善002365。

湖北省珍貴古籍名錄編號：00255。

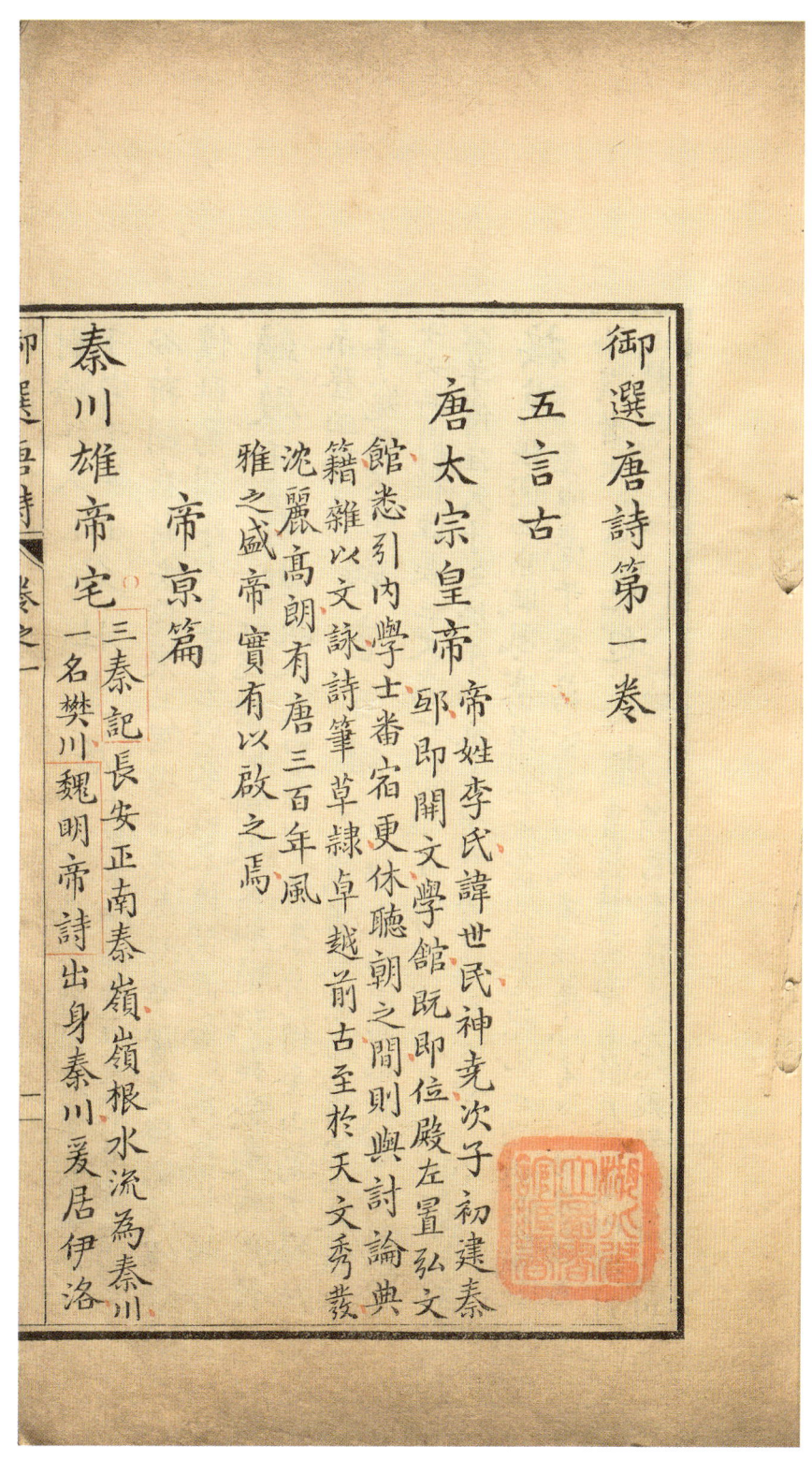

455　《御選唐詩》卷一卷端

455 御選唐詩三十二卷目錄三卷　〔清〕聖祖玄燁輯　〔清〕陳廷敬等注　清康熙五十二年（1713）內府刻朱墨套印本

　　開本高 26.4 厘米，寬 15.9 厘米。框高 19.0 厘米，寬 12.5 厘米。半葉七行，行十七字，小字雙行二十至二十六字，白口，四周雙邊。鈐"春霆印信"印。索書號：善 002616。

　　國家珍貴古籍名錄編號：09496。

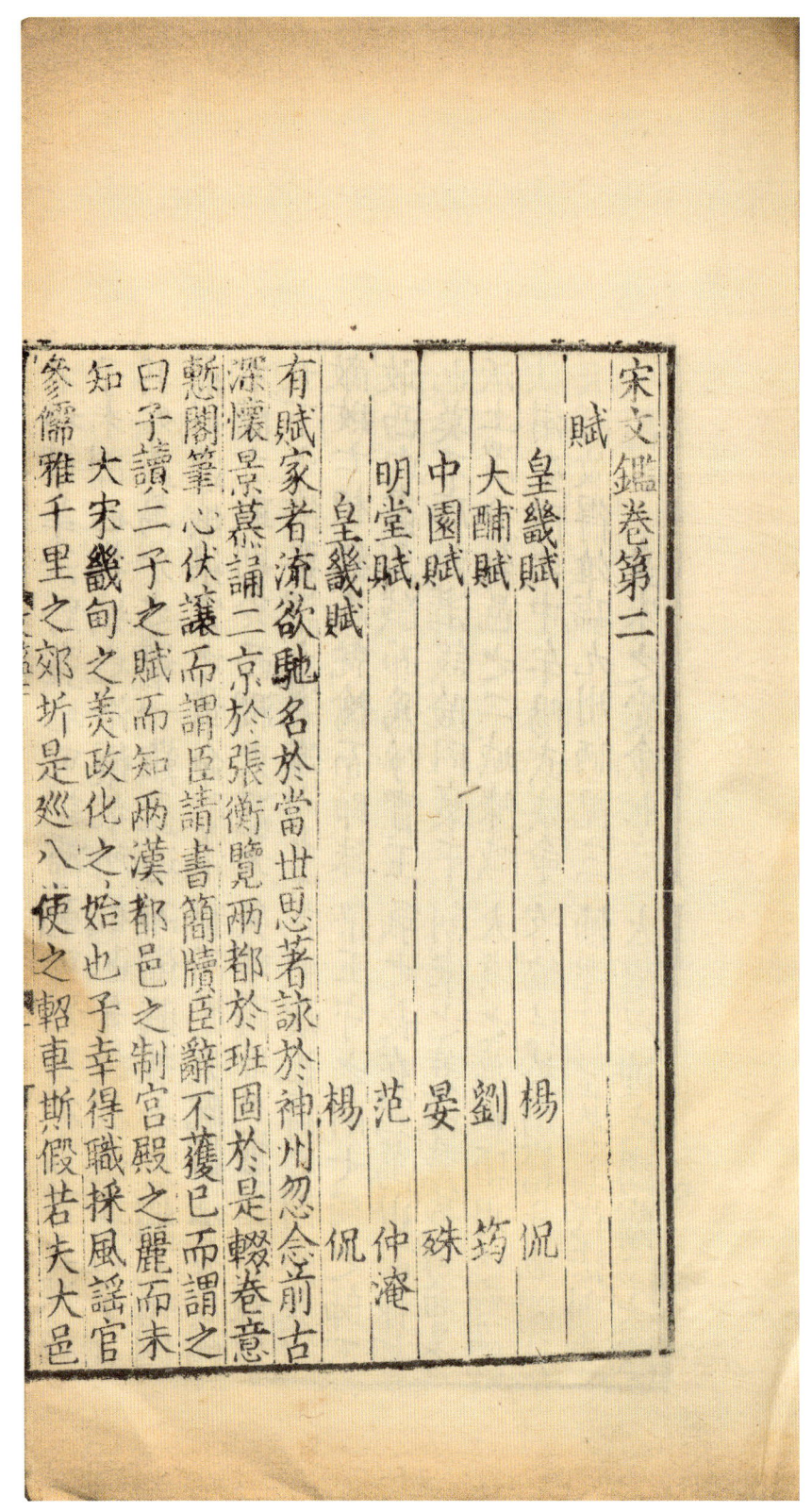

456 《宋文鑑》卷二卷端

456 宋文鑑一百五十卷目錄三卷 〔宋〕呂祖謙輯 明嘉靖五年（1526）晉藩養德書院刻本

開本高28.8厘米，寬17.8厘米。框高19.5厘米，寬13.1厘米。半葉十三行，行二十一字，小字雙行同，黑口，左右雙邊。鈐"劉喜海印""喜海""燕庭藏書""文正曾孫""吉父""□元葦藏""聿修""黃岡劉氏校書堂藏書記""黃岡劉氏紹炎過眼"印。索書號：善003046。

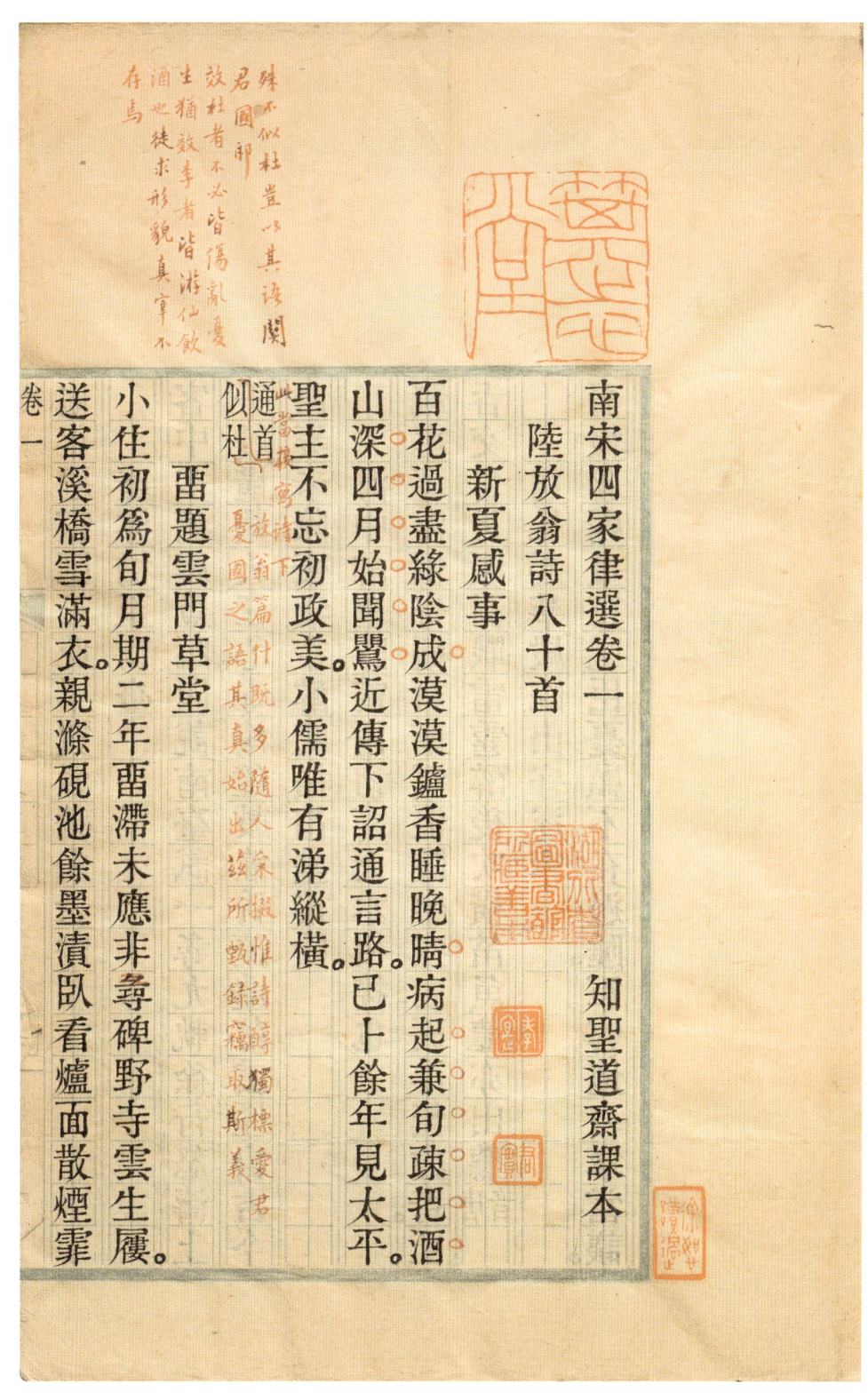

457-1 《南宋四家律選》卷一卷端

457 南宋四家律選五卷 〔清〕彭元瑞編 清抄本 黃侃批校並跋

開本高 27.9 厘米，寬 19.5 厘米。框高 18.7 厘米，寬 13.2 厘米。半葉十行，行二十一字，藍口，四周單邊。鈐"徐恕讀過""箕志堂""彊諤閑業""精搖靡覽""藏棱庵所鈔書""賞詩閣""南州高躅海岱清風""用儒雅文字章句之業取先天下""自恣荆楚""後子孫毋敗壞""徐孝寔"等印。索書號：善 004902。

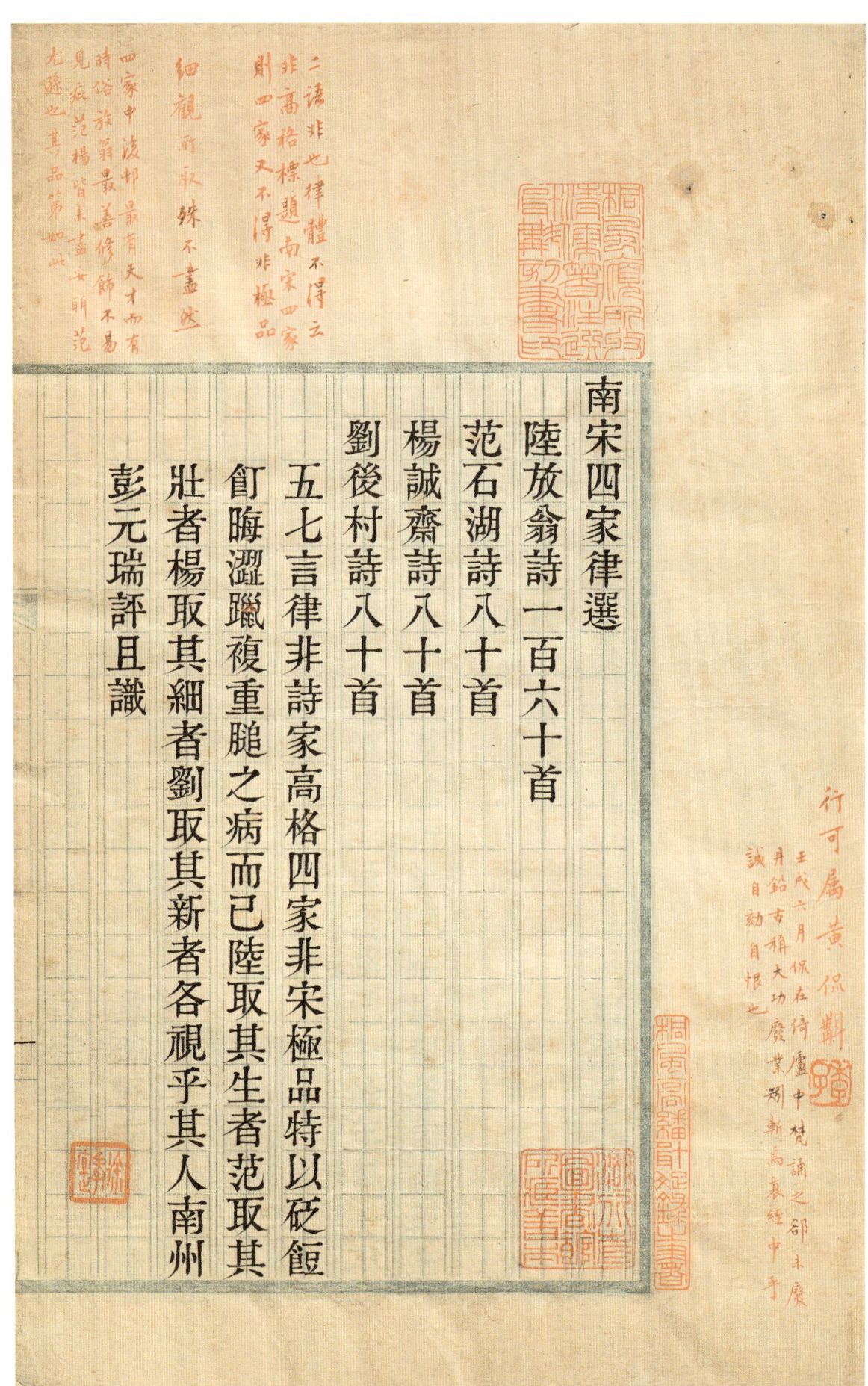

南宋四家律選

陸放翁詩一百六十首

范石湖詩八十首

楊誠齋詩八十首

劉後村詩八十首

五七言律非詩家高格四家非宋極品特以矻餖釘晦澀蹎複重腿之病而已陸取其壯者范取其壯者楊取其細者劉取其新者各視乎其人南州彭元瑞評且識

二誚非也律體不得云非高格標題南宋四家則四家又不得非極品細觀所取殊不盡然四家中放翁最有天才而有詩俗放翁最善修飾不易見疵范楊皆未盡安明范尤疏也真品第如此

行可屬黃侃對

壬戌六月侃在倚廬中梵誦之餘丹鉛古稿大功廢業刻新爲裒經中乎誠目劼自恨也

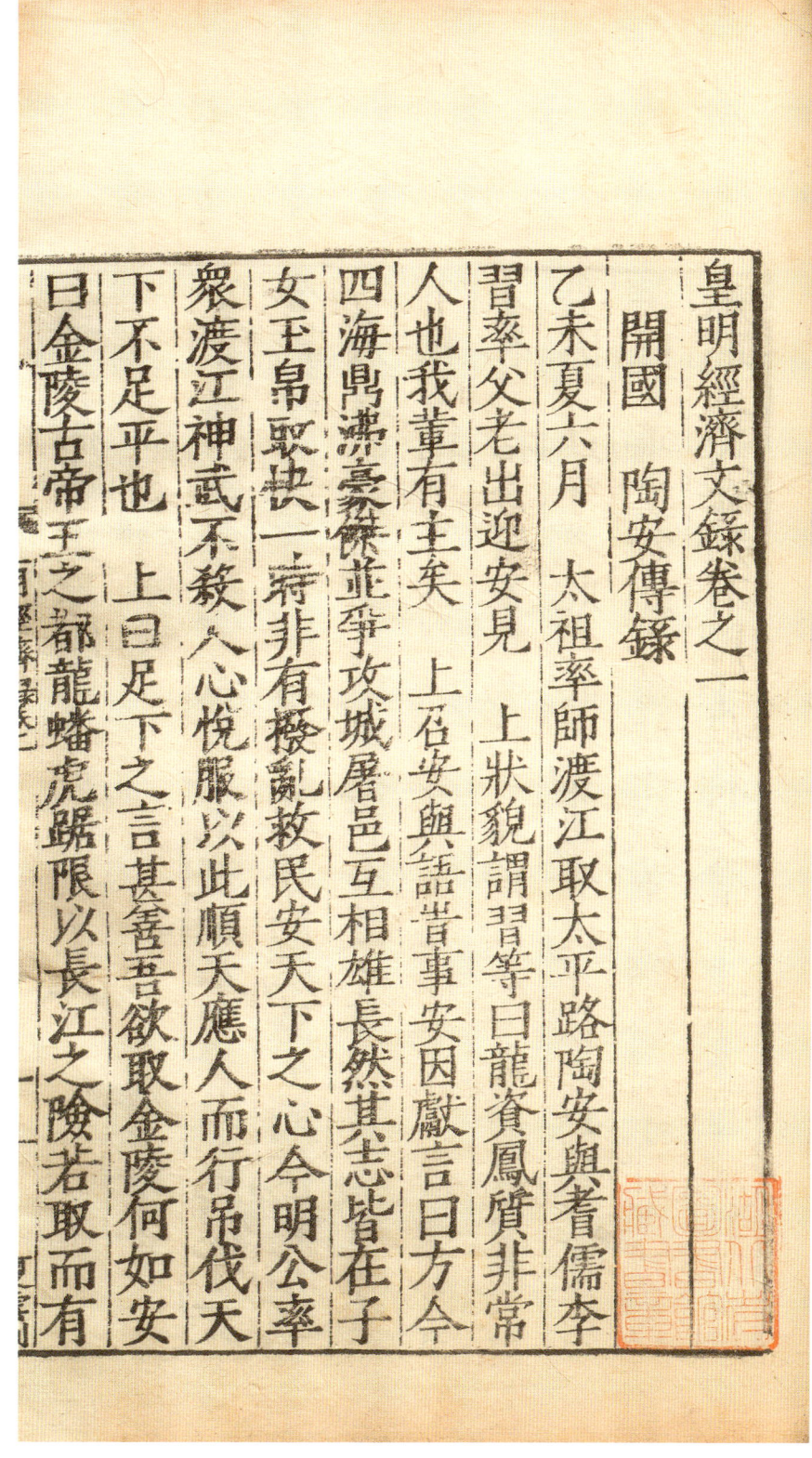

458 《皇明經濟文錄》卷一卷端

458 皇明經濟文錄四十一卷 〔明〕萬表輯 明嘉靖三十三年（1554）曲入繩、游居敬刻本

開本高25.4厘米，寬16.7厘米。框高19.0厘米，寬13.2厘米。半葉十行，行二十二字，白口，四周單邊。鈐"安樂堂藏書記""明善堂覽書畫印記"印。索書號：善000899。

國家珍貴古籍名錄編號：10942。

459 《皇明文範》卷一卷端

459 皇明文範六十八卷目錄二卷 〔明〕張時徹輯 明隆慶三年（1569）刻本

開本高 26.9 厘米，寬 17.1 厘米。框高 19.6 厘米，寬 14.6 厘米。半葉十一行，行二十二字，白口，左右雙邊。鈐"書癖""痛飲讀騷"等印。索書號：善 003299。

湖北省珍貴古籍名錄編號：00382。

460-1 《今文選》卷一卷端

460 今文選十四卷 〔明〕孫鑛 〔明〕余寅輯 〔明〕唐鶴徵訂 稿本

金鑲玉裝。開本高31.6厘米，寬19.4厘米。無框欄，半葉十行，行二十字。鈐"黃岡劉氏紹炎過眼""黃岡劉氏校書堂藏書記"印。索書號：善003858。

湖北省珍貴古籍名録編號：00201。

叙遺稿是宜別出一論文亦傑然何弗留也 空同文如此篇者亦不多宜錄

耳閱似可删

（可删）好不收 得

（信筆掃去六目有蒼然之光然而未工）不必收

熊士選詩序

叙詩无論其詩之工拙今止序其出處似未善 空同

熊士選者豐城人也名卓字士選弘治丙辰進士為平湖知縣擢監察御史以劉瑾黨之歸黨者四十有八人而余亦與焉瑾以其名詔天下號曰黨人瑾誅起余官江西過豐城訪其人於曲江之濱亡矣余既往哭其墓復收輯其遺詩得六十篇黙皆精細言華錄之俾藏於家李子曰夫予於士選之禍福之幾也蓋苦夫要實不甚解又無所測夫往來昭昭者云襄余在曹署竊幸侍敬皇帝是時國家承平百三十年餘矣治體寬裕生養繁殖芥斤窮於深

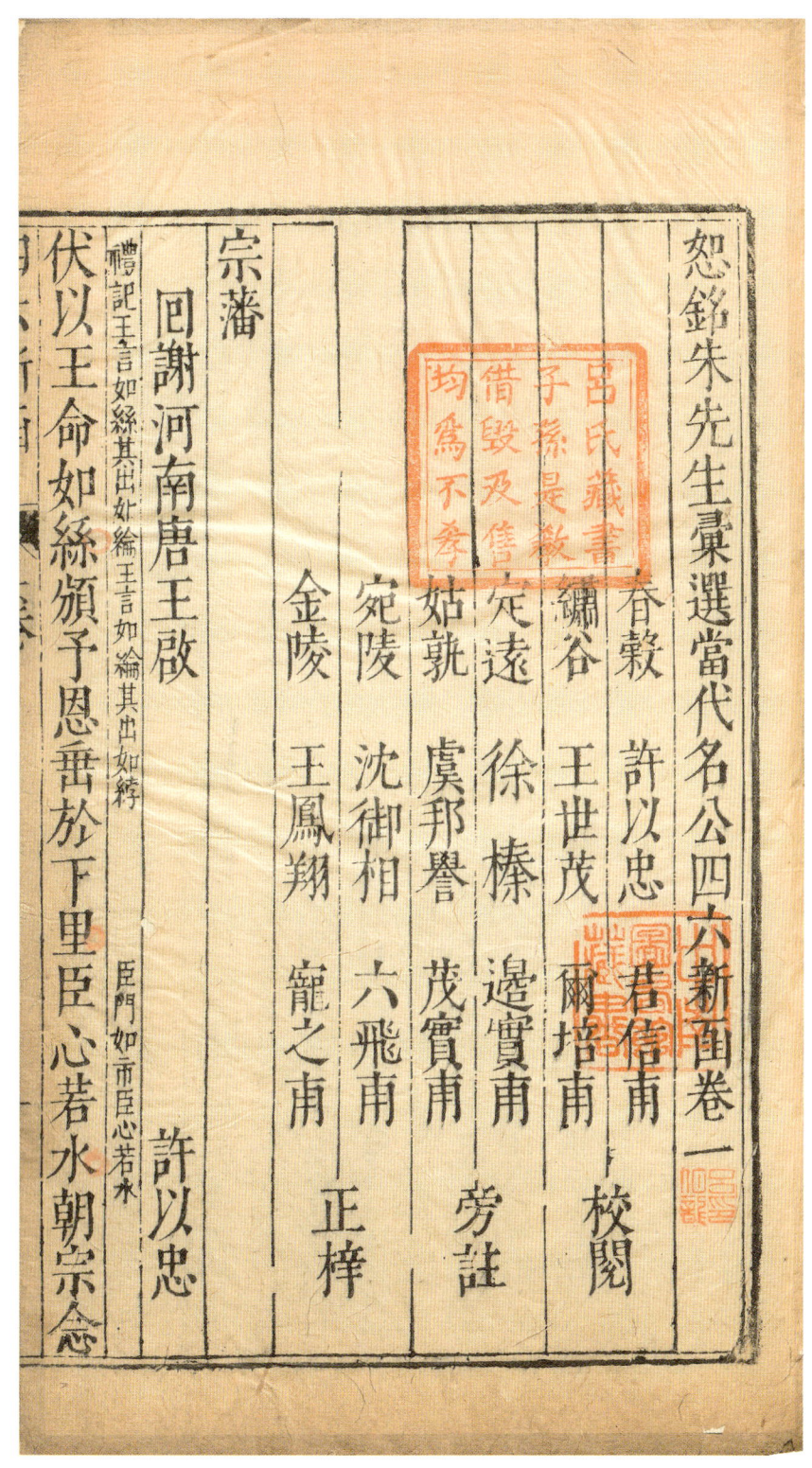

461 《恕銘朱先生彙選當代名公四六新函》卷一卷端

461 恕銘朱先生彙選當代名公四六新函十二卷 〔明〕朱錦輯 〔明〕許以忠 〔明〕王世茂校閱 〔明〕徐榛 〔明〕虞邦譽旁注 明萬曆四十二年（1614）金陵王氏車書樓刻本

開本高 27.0 厘米，寬 16.8 厘米。框高 21.7 厘米，寬 14.3 厘米。半葉七行，行二十字，小字單行不等，白口，四周雙邊。鈐"呂氏藏書子孫是教借毀及售均爲不孝"印。索書號：善 003729。

湖北省珍貴古籍名録編號：00202。

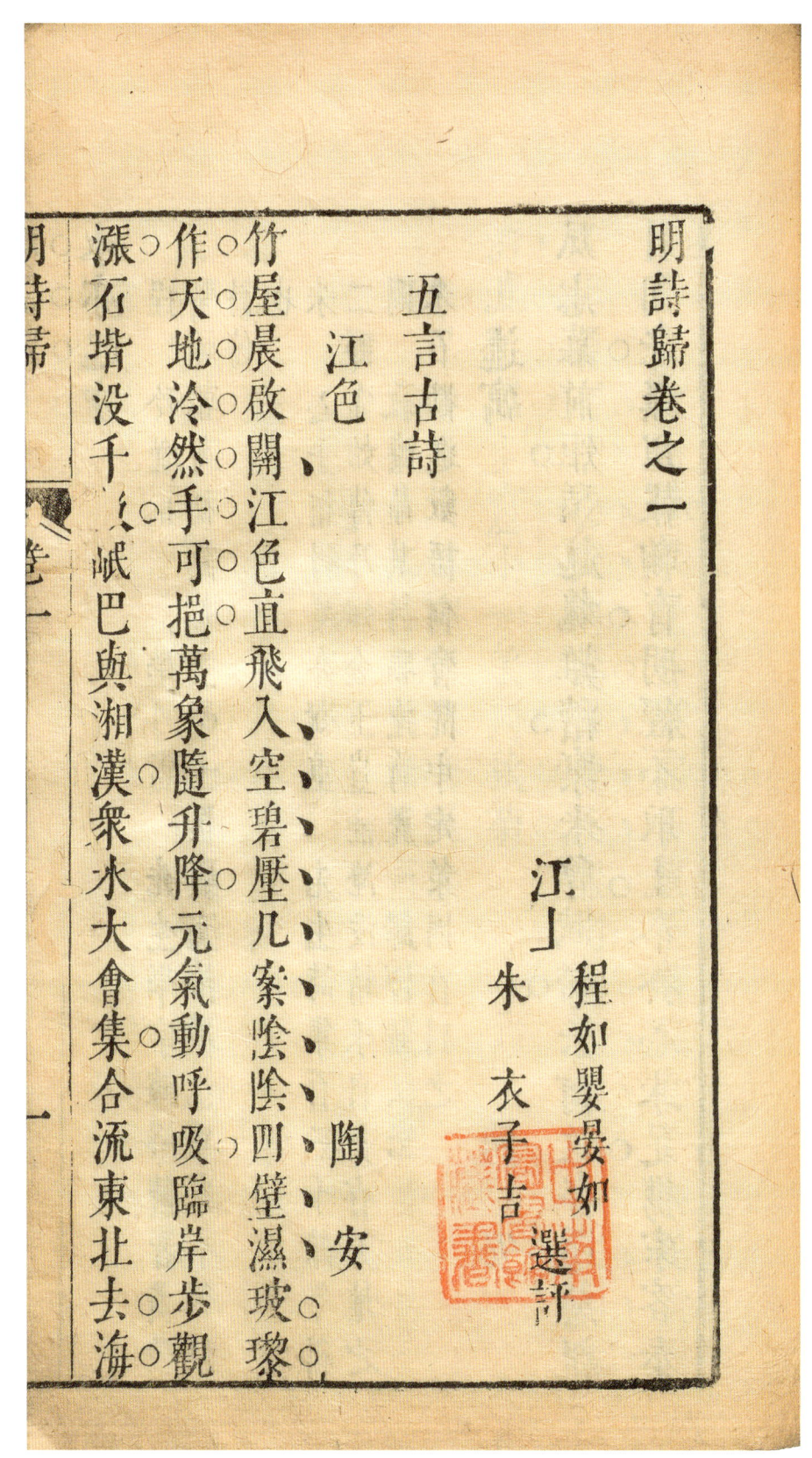

462 《明詩歸》卷一卷端

462 明詩歸八卷 〔清〕程如嬰 〔清〕朱衣選評 清順治綠天閣刻本

開本高 25.0 厘米，寬 16.0 厘米。框高 20.6 厘米，寬 12.5 厘米。半葉八行，行二十二字，小字雙行同，白口，四周單邊。鈐"進呈御覽"印。索書號：善 002278。

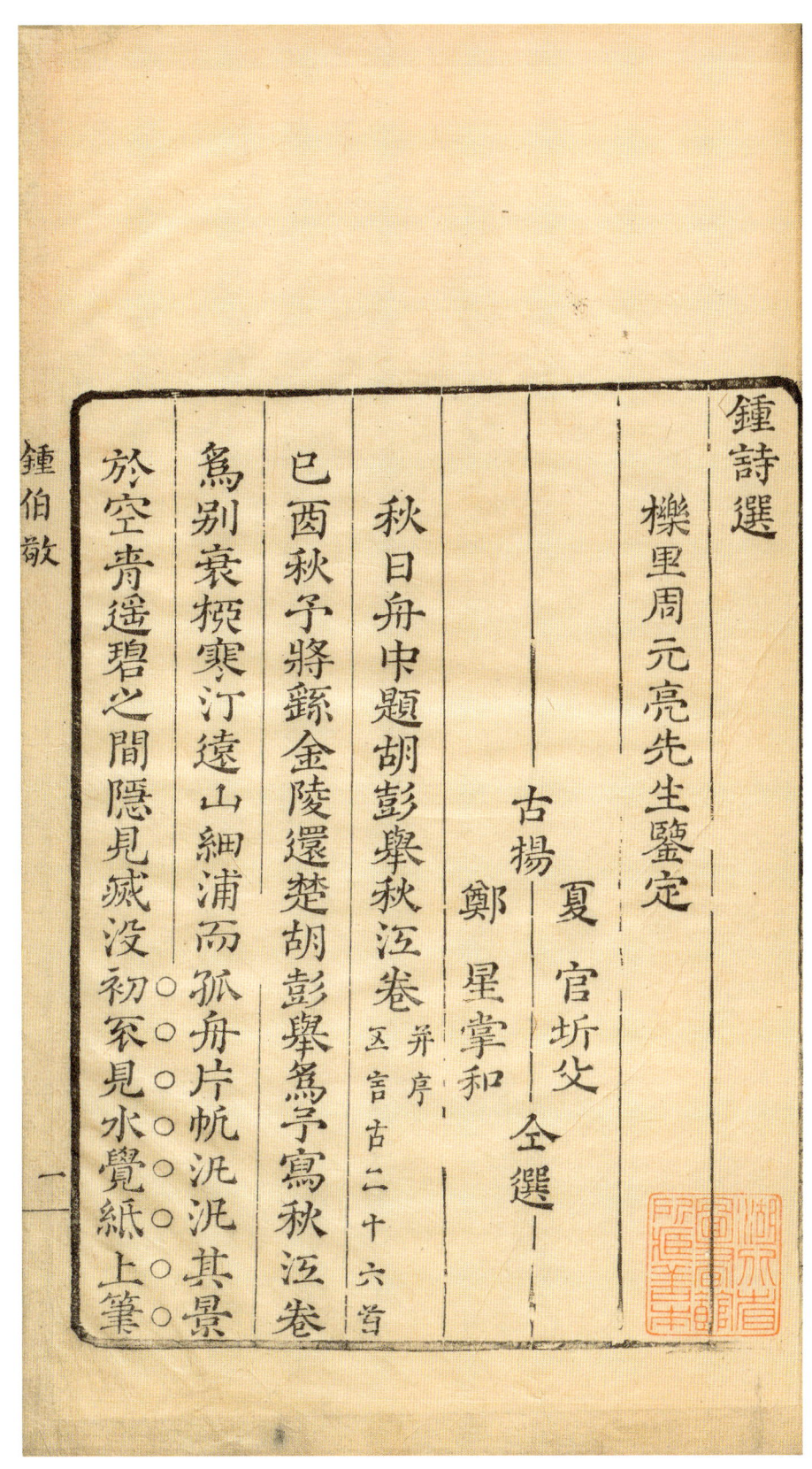

463-1 《鍾詩選》卷端

463 鍾譚詩選二卷 〔清〕夏官 〔清〕鄭星選 清順治刻本

開本高 24.4 厘米，寬 15.4 厘米。半葉單框，框高 16.2 厘米，寬 12.8 厘米。半葉八行，行二十字，白口，四周單邊。索書號：善 002698。

譚詩選

趁月早行 五言古四十六首

穿林魄當午出谷尚紛紜螢爝次序朗促織篆差聞愛伴追前儔我僕自離羣行子驚太早家知農久耘陰蟲各切切行子各云云凉意消殘暑望望昏旦分

二曜輪晝夜乾元何乃勤全村未煙火初日流野雲除夕同諸弟妹侍老母守歲

真氣自行乎其間 叙述婉曲雖瑣屑而

譚友夏

煌煌燈九微泯泯酒百壺親串各言歸張筵列友于

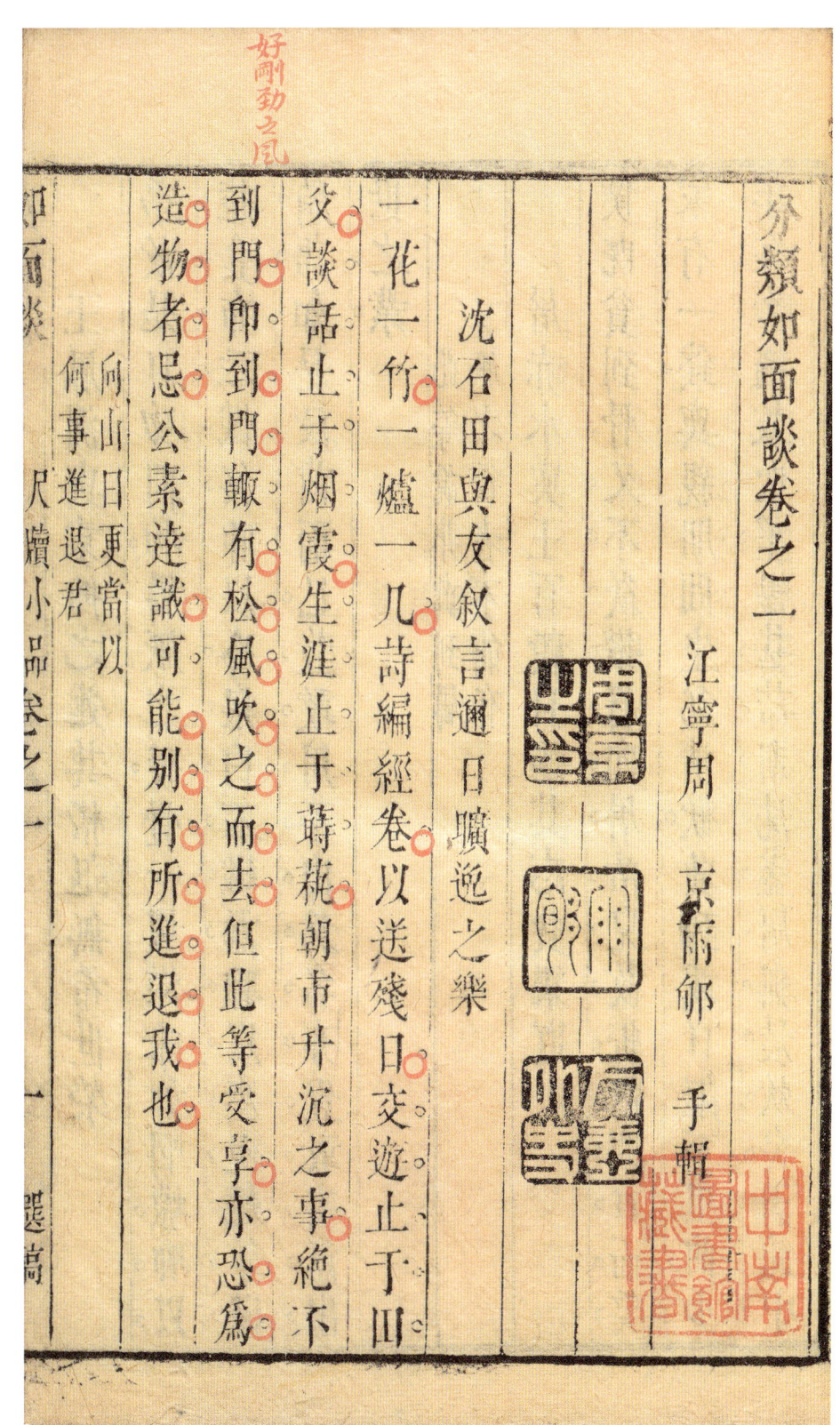

464 《分類如面談》卷一卷端

464 分類如面談初集十二卷自稿二卷二集十二卷自稿一卷補遺一卷 〔清〕周京輯 清雍正十一年（1733）尚友堂刻本

開本高 23.0 厘米，寬 14.7 厘米。框高 19.5 厘米，寬 13.6 厘米。半葉十行，行二十一字，小字雙行同，白口，左右雙邊。索書號：集三/581。

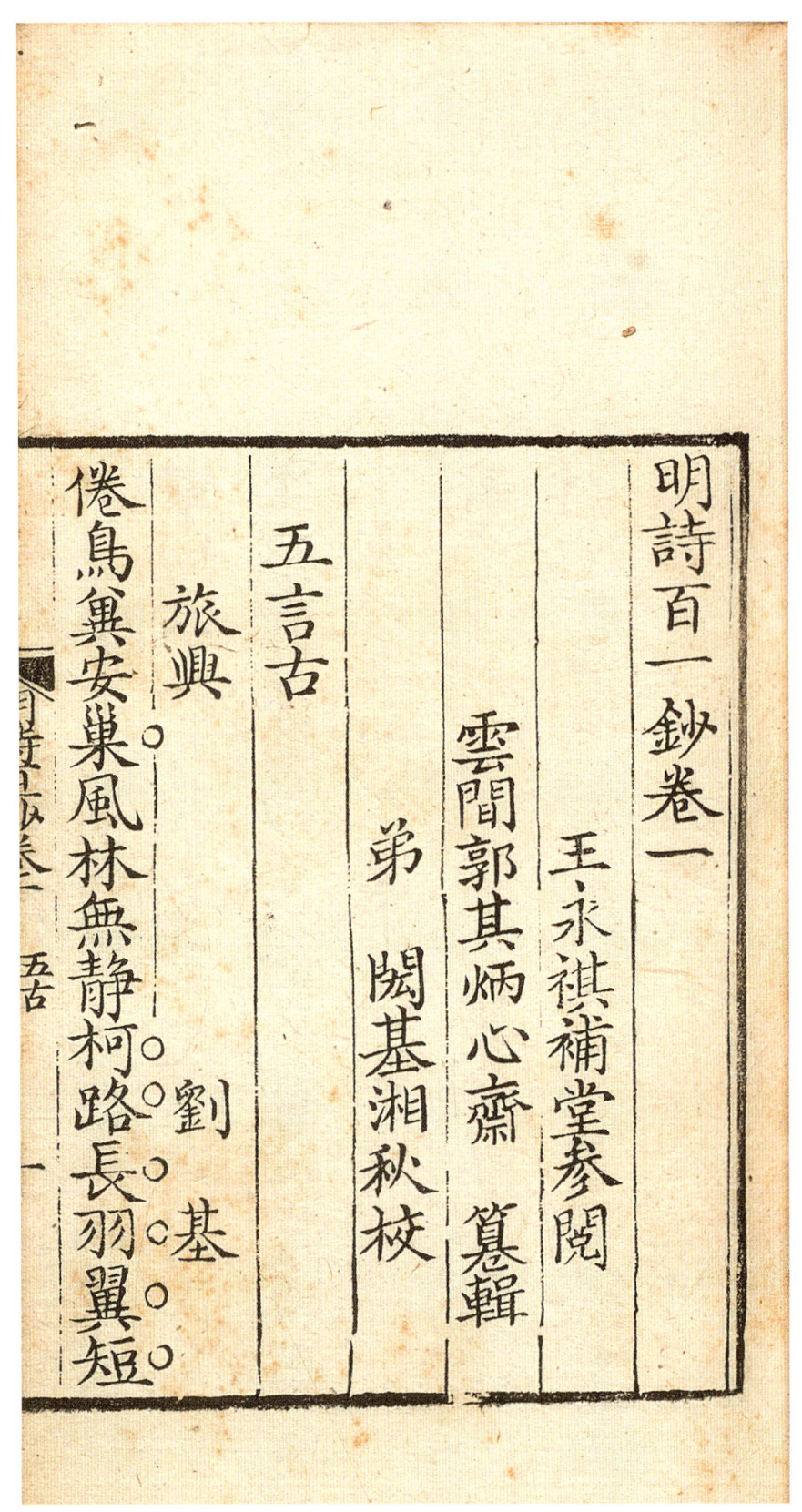

465 《明詩百一鈔》卷一卷端

465 明詩百一鈔十二卷 〔清〕郭其炳輯 清乾隆三十四年（1769）正誼堂刻本

開本高 14.0 厘米，寬 9.0 厘米。框高 8.5 厘米，寬 6.7 厘米。半葉七行，行十五字，白口，左右雙邊。鈐"徐恕讀過"等印。索書號：善 002074。

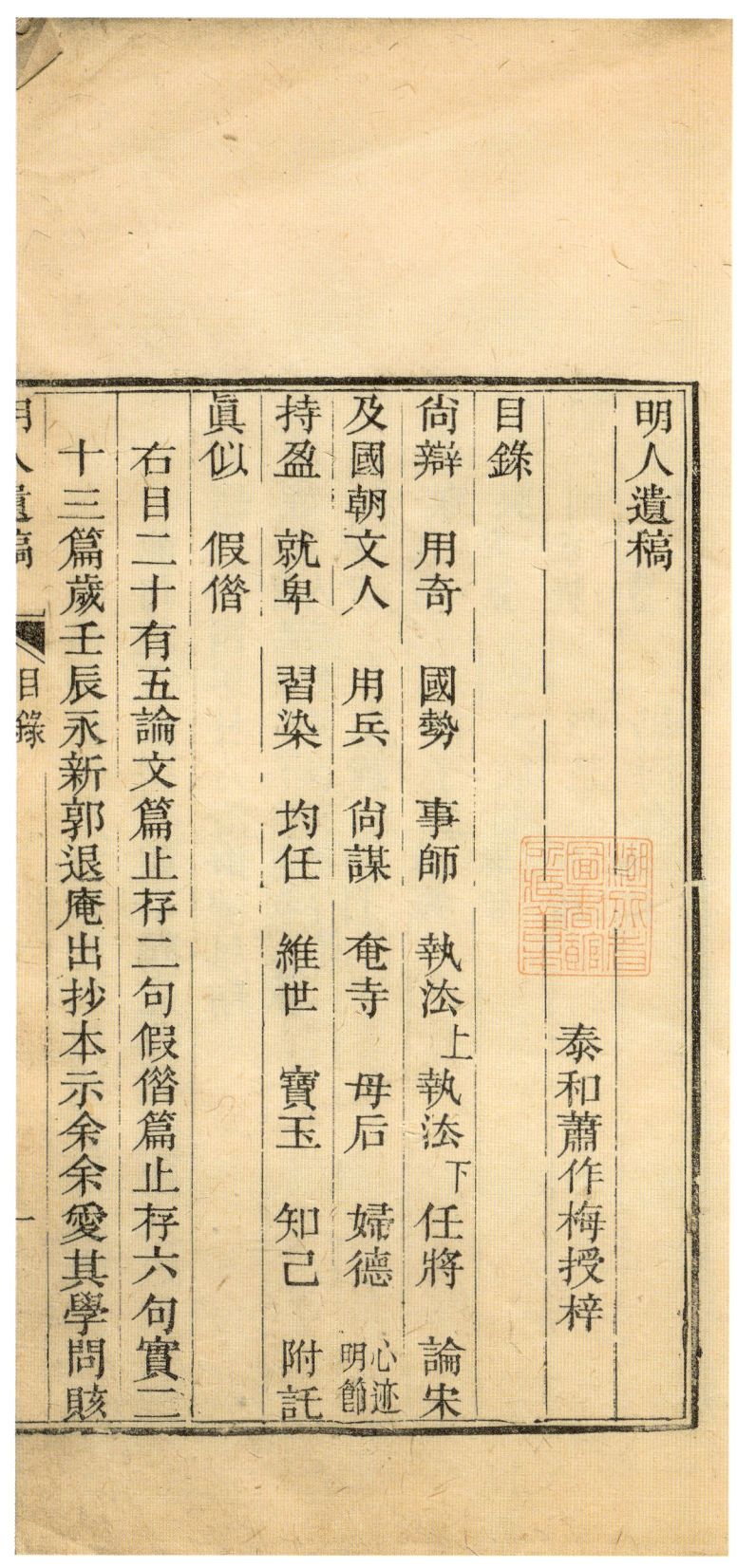

466-1 《明人遺稿》目錄

466 明人遺稿一卷 〔清〕郭師古輯 清光緒二十四年（1898）泰和蕭作梅刻本

開本高 27.0 厘米，寬 15.2 厘米。框高 18.2 厘米，寬 12.5 厘米。半葉九行，行二十三字，白口，四周雙邊。索書號：集三/1381。

尚辯篇

兵之大槩我主彼客守之而已彼主我客攻之而已主客不分塗覯苹遇戰之而已此常淤也若夫守則形不便攻則勢不利戰則氣不充當是時雖有智勇無所用之獨可馳一介之使憑軾掉舌喻以禍福每易得志此軍中所以不可無辯士也所謂辯士者必其具三德朗五機而利口者不與焉上知道德性命之原下達禮義形器之變旁通時物幽朙之宜者識也窮之而諡新掩之以牽而不亂壓之以重而不懾者才也經傳子史天星地志醫方百家無所不涉

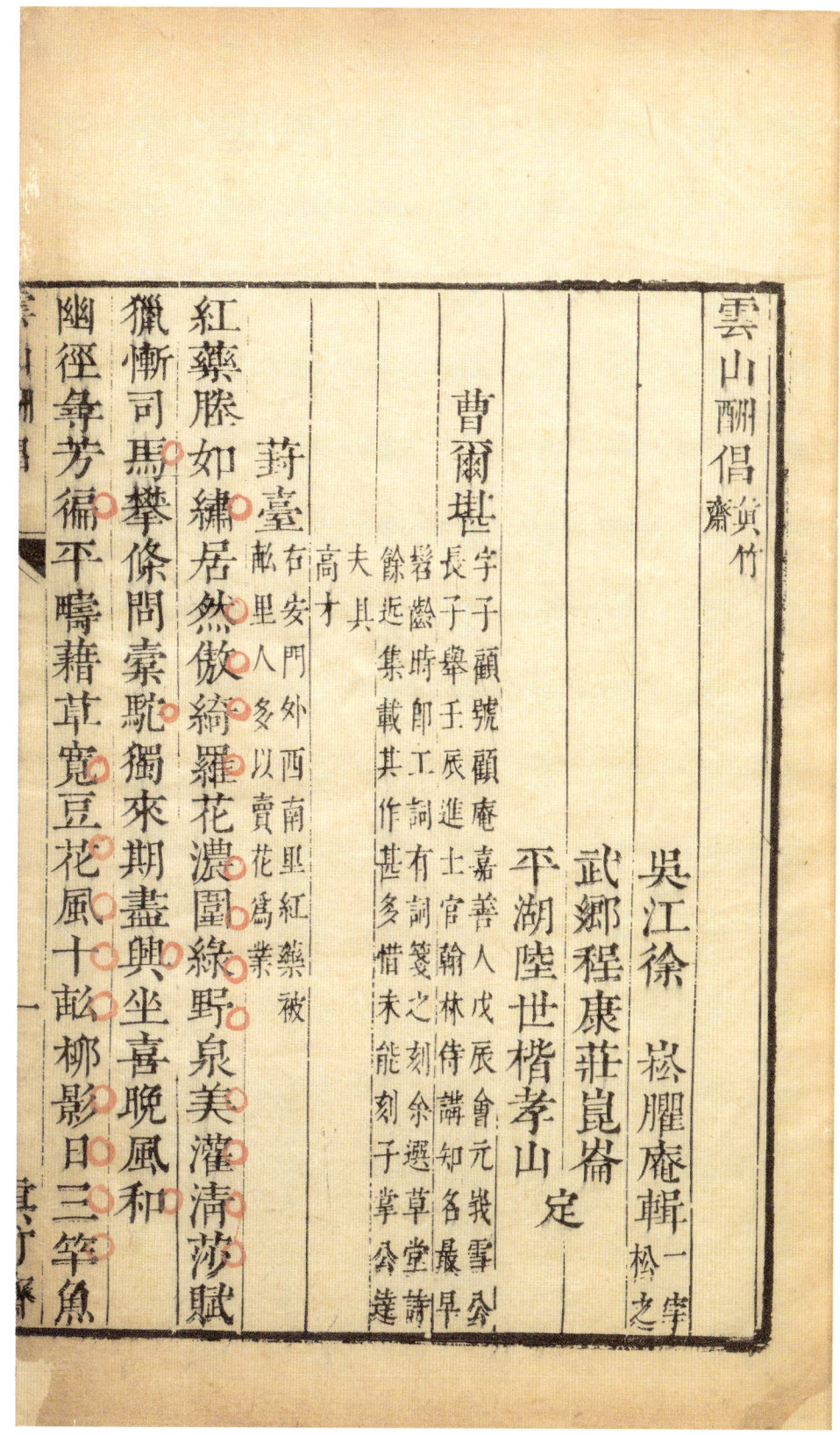

467-1 《雲山酬倡》卷端

467 雲山酬倡不分卷 〔清〕徐崧輯 清康熙真竹齋刻本 佚名圈點批校

開本高25.6厘米，寬17.7厘米。框高19.1厘米，寬14.1厘米。半葉十一行，行二十一字，小字雙行同，白口，左右雙邊。索書號：善002390。

懷古增惆悵逢時懶送迎祗應江閣上終歲狎鷗盟

徐松之過訪草堂授贈依韵答之
芳草萋萋盡王孫尚未歸到門紅藥冷遠望白雲飛湖
海交游老文章大雅稀坐憐陶處士歲暮歎無依

湯傳楹 字卿謀吳縣文學比部雲洲公子少美風姿驚才絶艷二十五歲而夭其婦丁氏亦一慟而亡聞者皆痛惜之所著有湘中草胥徐狀元文刻其集行世

倚樓
天影一何澹空庭無雜喧暮山隨霧沒黃葉帶鴉翻無
徑不秋草與鄰同小園偶卧搖首處竟夕未能言

無語
無語對芳樹羅衣入暮寒間愁伴不解倚病□

眞山卿昌

[朱批：鄉謀為龙展成密友湘中草附刻西臺集俊佰才暴露語不動人有非尋常可及者]

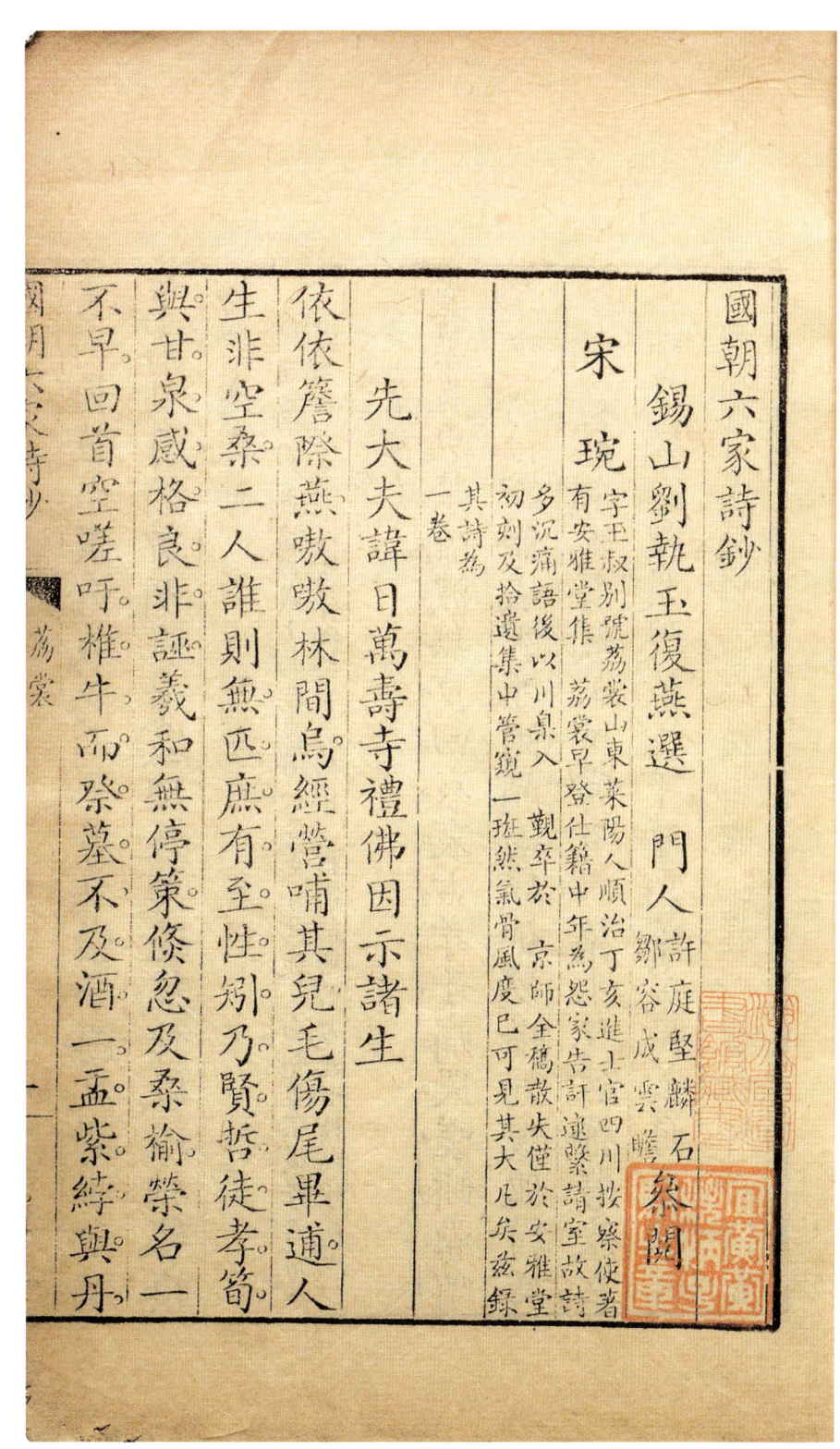

468-1 《國朝六家詩鈔》卷一卷端

468 國朝六家詩鈔八卷 〔清〕劉執玉輯 清乾隆三十二年（1767）劉執玉詒燕樓刻本 清黃爵滋批並跋

開本高 24.3 厘米，寬 16.0 厘米。框高 18.1 厘米，寬 13.3 厘米。半葉十行，行二十一字，小字雙行三十二字，白口，左右雙邊。鈐"宜黃黃秩柄子馭之章""家在宜黃二水間"等印。索書號：善002667。

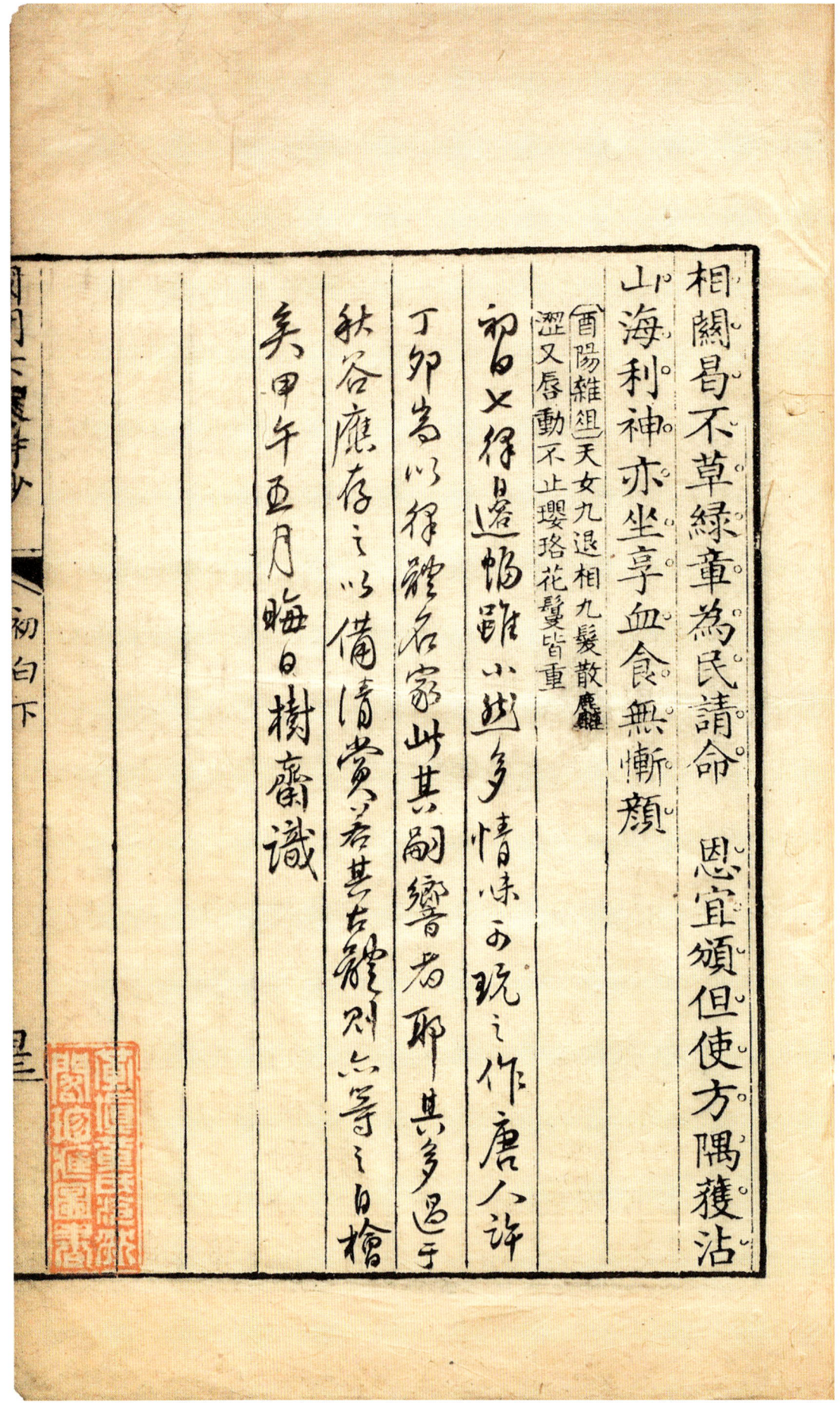

相闕昌不草綠章為民請命　恩宜頒但使方隅獲沾
山海利神亦坐享血食無慚顏
〖酉陽雜俎〗天女九退相九髪散應雜
澀又唇動不止瓔珞花鬘皆重

初白又得邊帳雖小越多情味而玩之作唐人許
丁卯嘗以得體名家此其嗣響者耶其多過于
秋谷庶存之以備清賞至若其古體則余等之曰檜
癸甲午正月晦日樹齋識

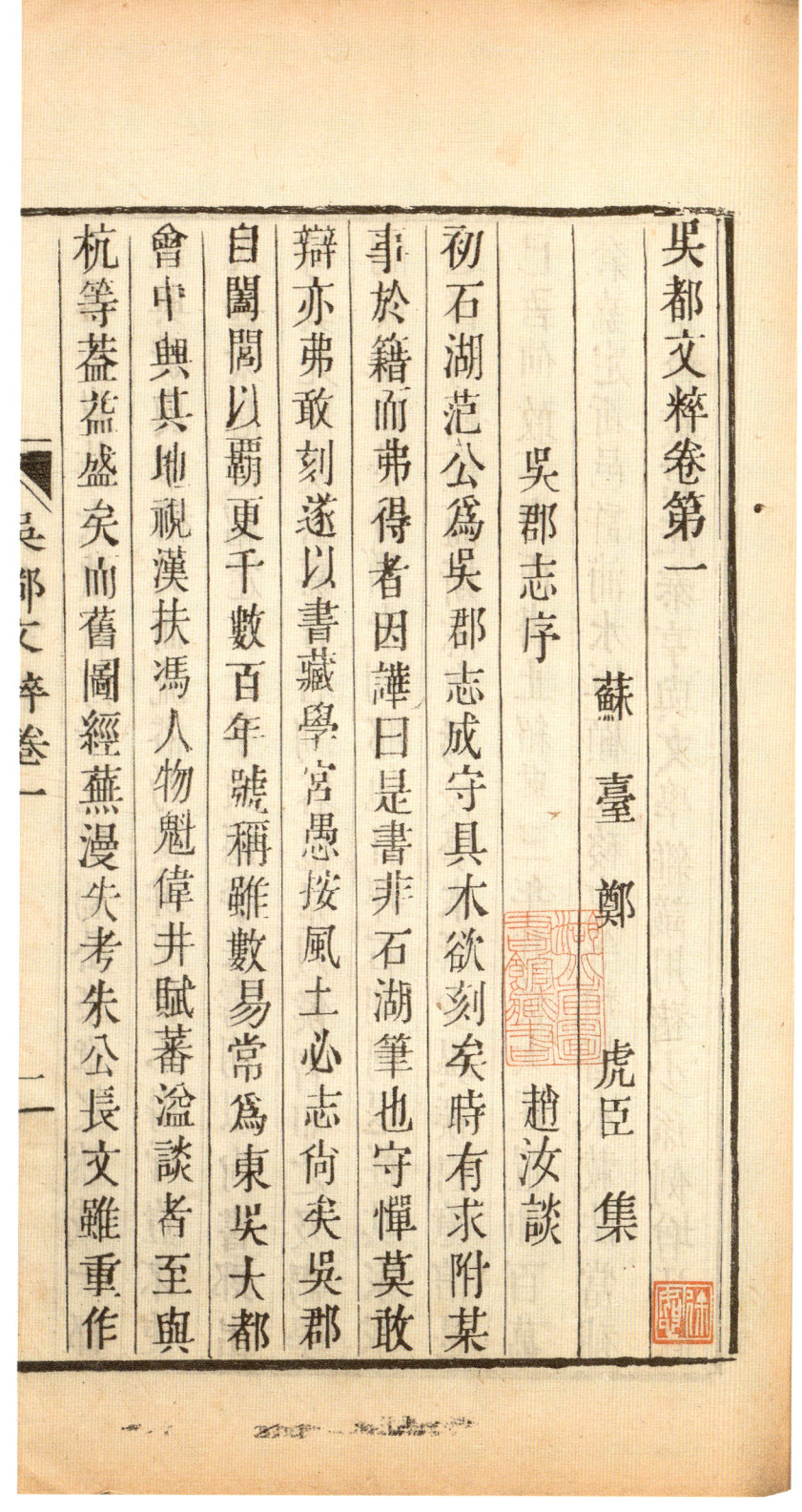

469-1 《吴都文粹》卷一卷端

469 吴都文粹十卷 〔宋〕鄭虎臣輯 清木活字印本 華湛恩批校並跋 潘景鄭跋

開本高 26.4 厘米，寬 16.3 厘米。框高 20.2 厘米，寬 13.0 厘米。半葉九行，行二十一字，白口，左右雙邊。鈐"華湛恩印""紫屏""徐恕""桐風廎繙戩疏錄之書""彊誃所得善本"等印。索書號：善 002235。

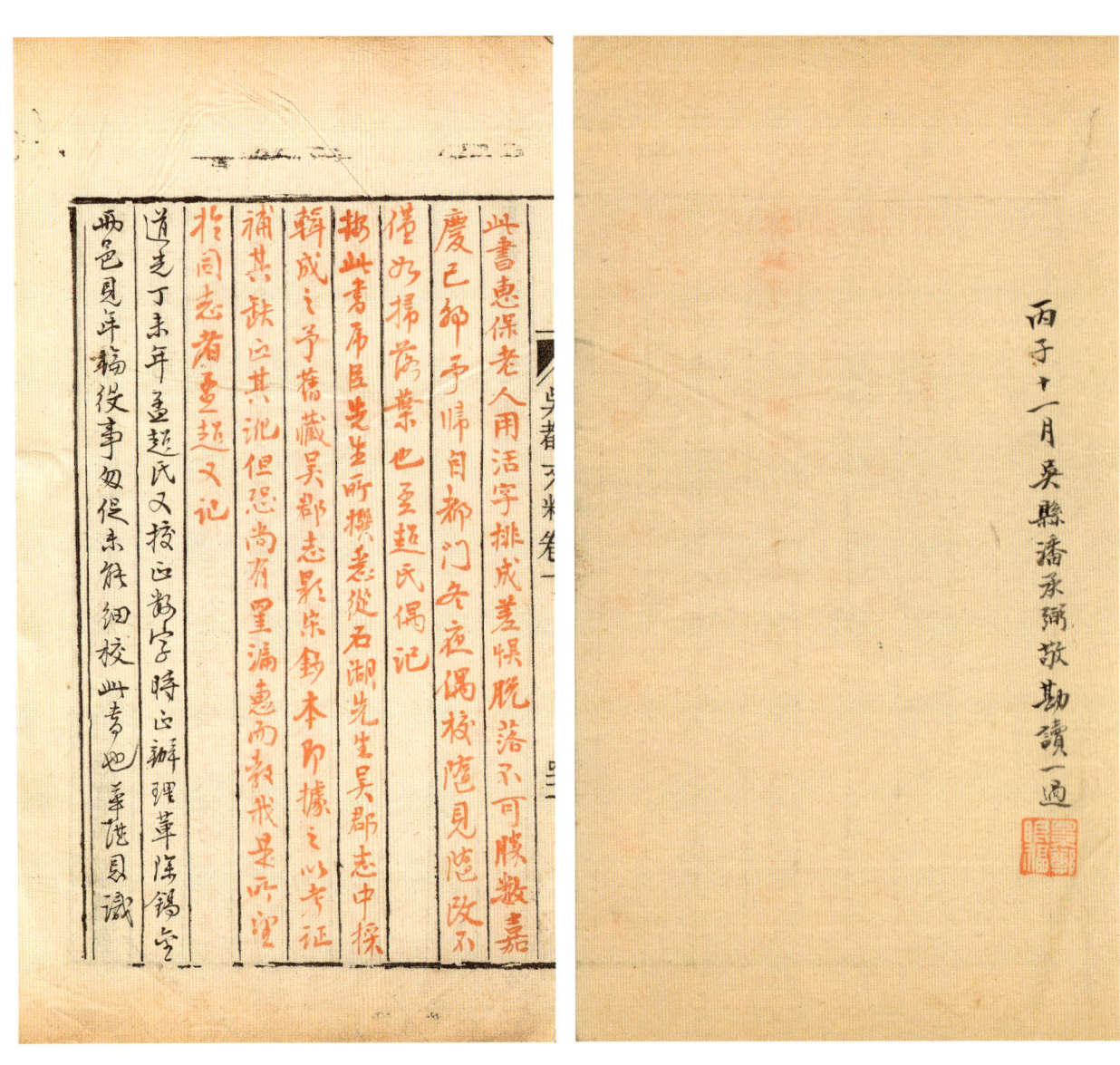

469-2 華湛恩跋　　　469-3 潘景鄭跋

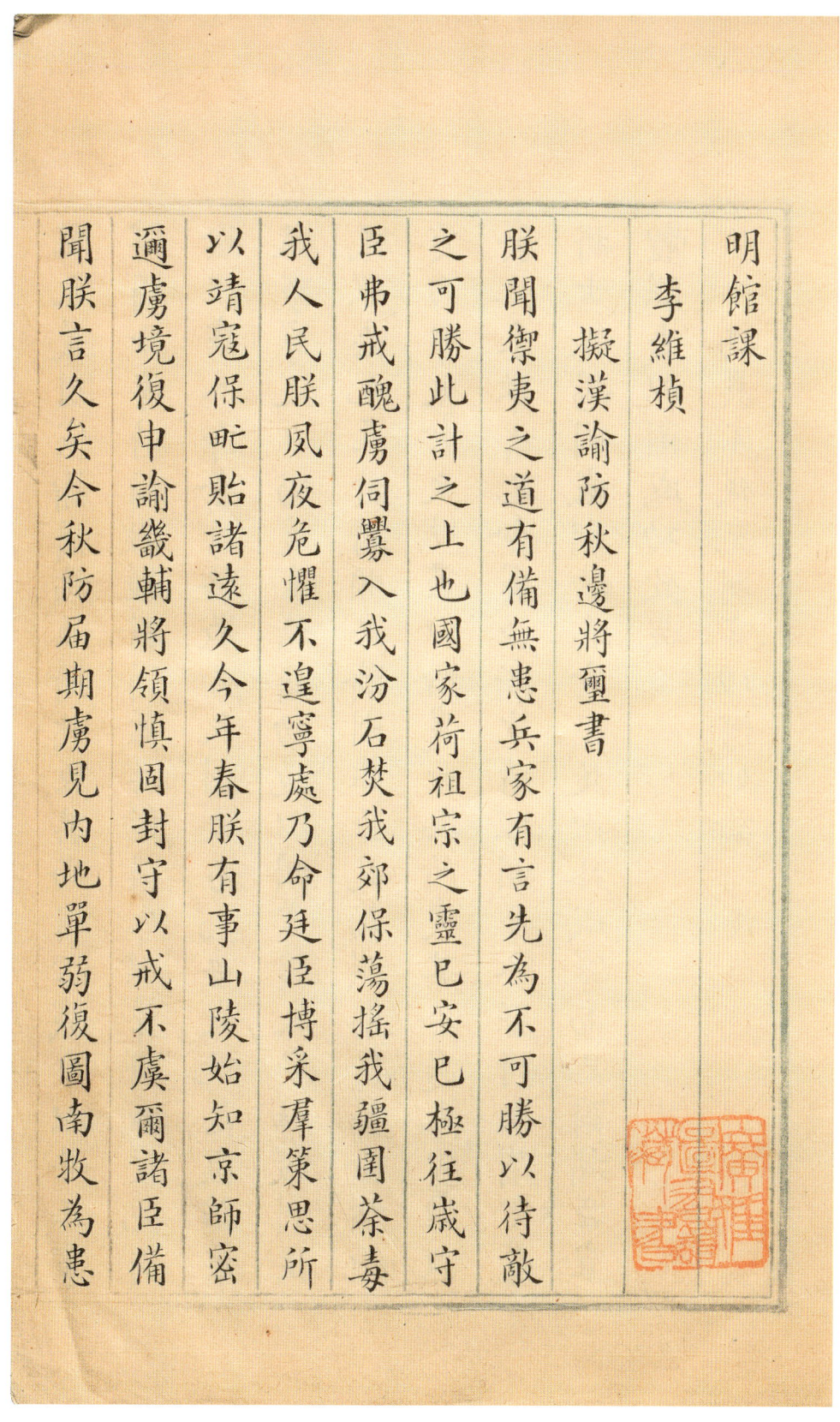

470-1 《明館課》卷端

470 明館課不分卷 〔明〕陳經邦輯 傅岳棻輯錄 民國抄本 曹秉章校並跋 傅岳棻、石榮暲題識

開本高 27.5 厘米，寬 19.8 厘米。框高 21.7 厘米，寬 15.7 厘米。半葉十行，行二十二字，白口，四周雙邊。鈐"廣雅圖書館藏書""楚學精廬所贈書"印。索書號：集三/2194。

明嘉靖乙丑至萬歷壬辰八科館課都四十八卷以二十六分集為陳肅菴沈几軒所輯願爾行序分列八科姓名里貫文則以類相從曰頌曰詔曰撰曰諭疏曰表曰歲曰檄曰露布曰序曰碑曰尚曰對曰策曰論曰議曰考曰辯曰評曰說曰書曰解曰題跋曰文曰傳曰原曰引曰經筵講章曰雜著曰賦曰頌曰贊曰致語曰箴曰銘凡例中云有樂府古近體詩此未之見當係闕供阮摘余邵鄉先輩之作錄為一冊治鄞道見屬為接桄弓中先輩作英舍小青錄之原書歸水竹村 乙丑仲秋書秉章識

原書板藜格旁脫誤業已尚待詳校

東海府主擬修清儒學案先徵書籍余與曹理齋家沅叔董之父金堂送來有明館課錄一部板本頗好書二要圖秒退還之余以為真書四年見偶一緒閱見有鄉賢遺文多為他選本所不載其為集外之文可知愛與理齋分摘浙鄂兩者之作各為一目錄令寫手注白雲精捨寫之酬生銀餅十番先由理齋以硃筆摘對并跋其端嗾當以墨筆詳加勘正惜無原文可以讎對且有缺備六無法抄補與書先片羽益足矜已余性好靜不好動本省文徵之續錄余未嘗一往各圖書館從事抄選然遇異書秘籍有見必錄其浚潛蘭幽之棉力自謂六不浚松甘王諸君子也冊沙沂及異護較多此篇無其一端也

己巳年月中旬媚淨并識

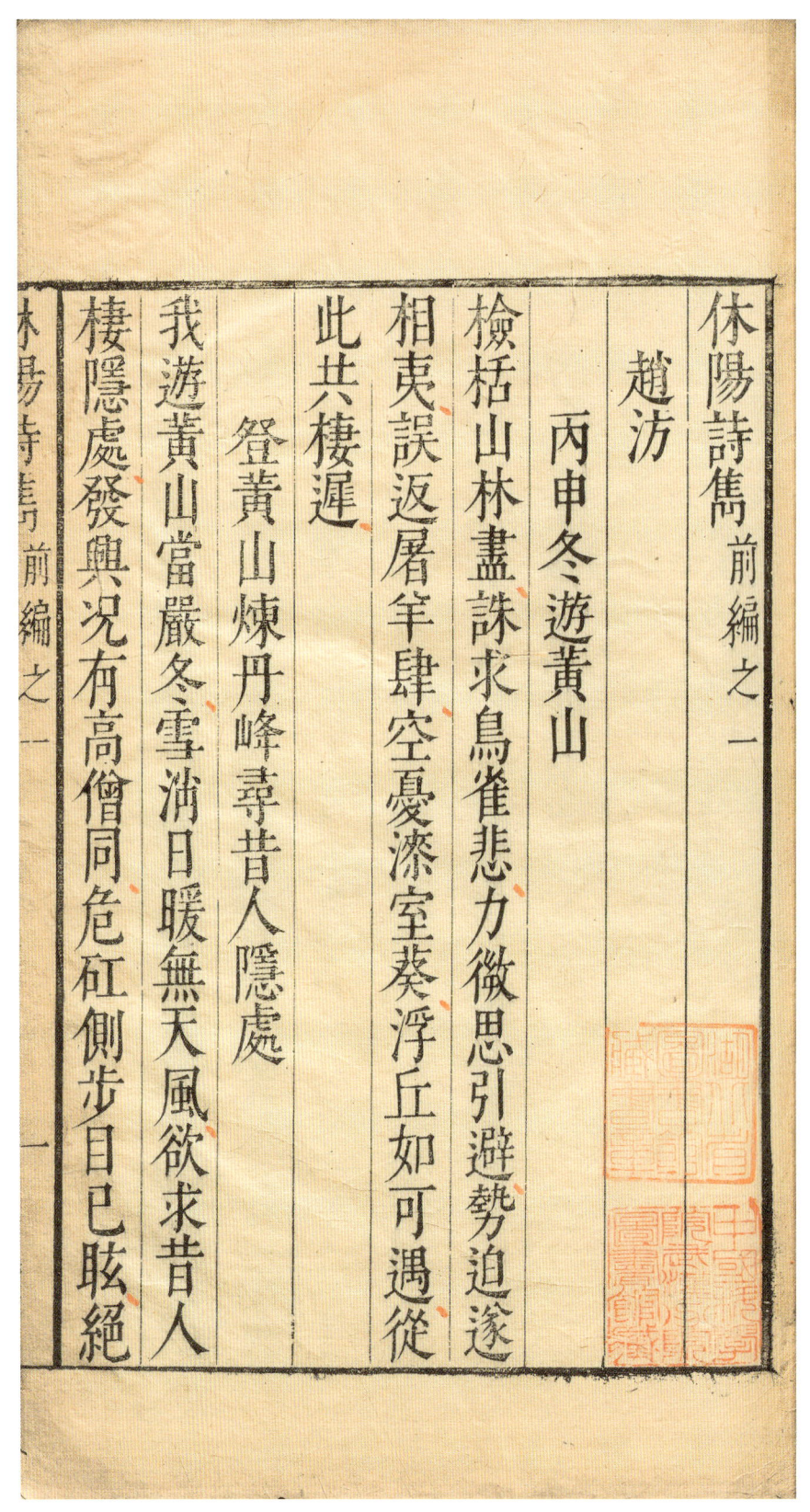

471　《休陽詩雋》前編卷一卷端

471　休陽詩雋前編四卷後編八卷　〔明〕汪先岸輯　明天啓四年（1624）刻本

開本高27.5厘米，寬16.9厘米。框高20.4厘米，寬14.5厘米。半葉九行，行十八字，白口，四周單邊。

索書號：善003796。

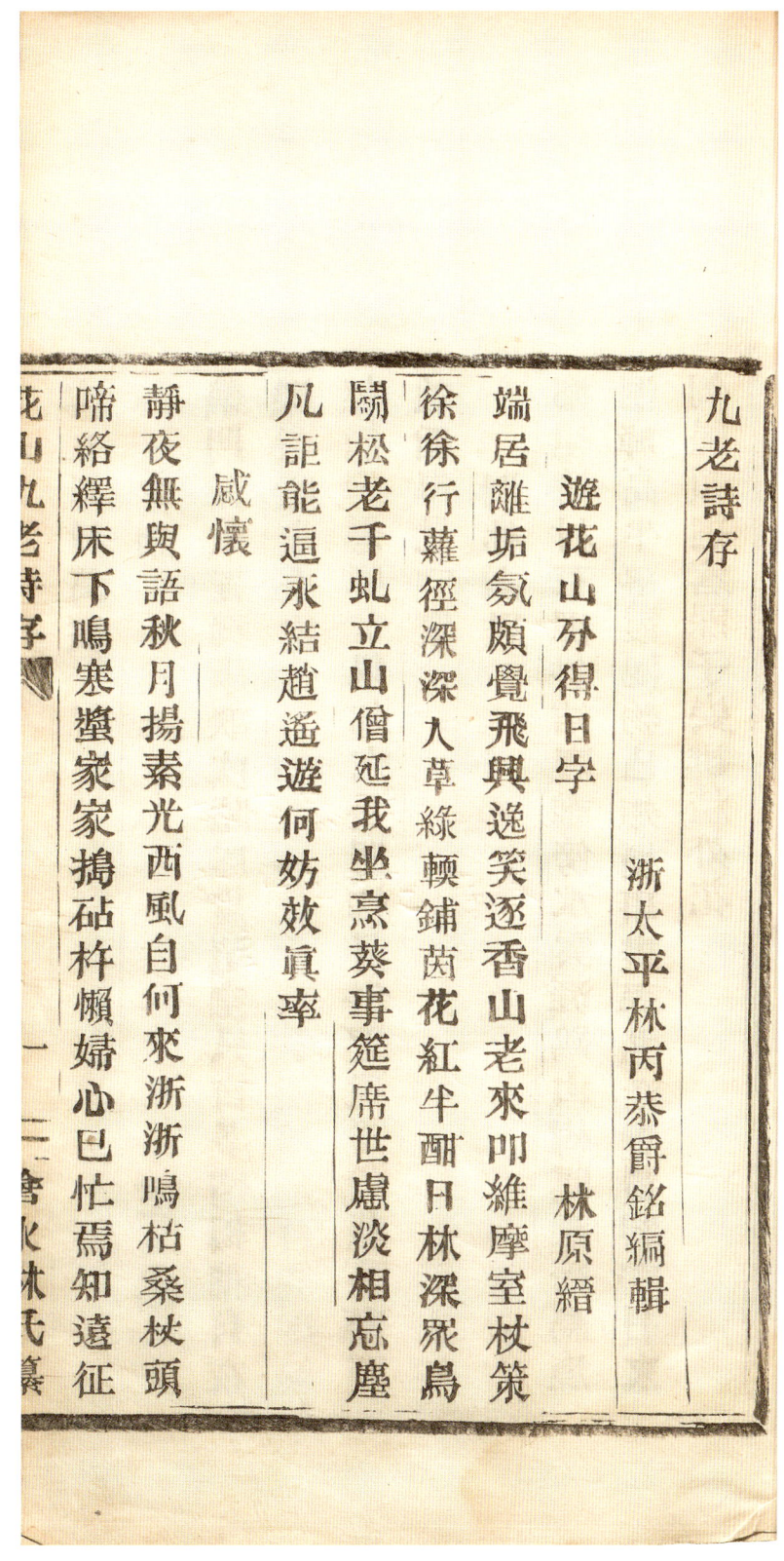

472-1 《九老詩存》卷端

472 九老詩存一卷附文存一卷補遺一卷花山題咏一卷 〔清〕林丙恭編輯 清光緒三十二年（1906）太平可園林氏木活字印本

開本高26.4厘米，寬15.2厘米。框高18.5厘米，寬13.2厘米。半葉十行，行二十二字，小字雙行同，白口，四周雙邊。索書號：集三/533。

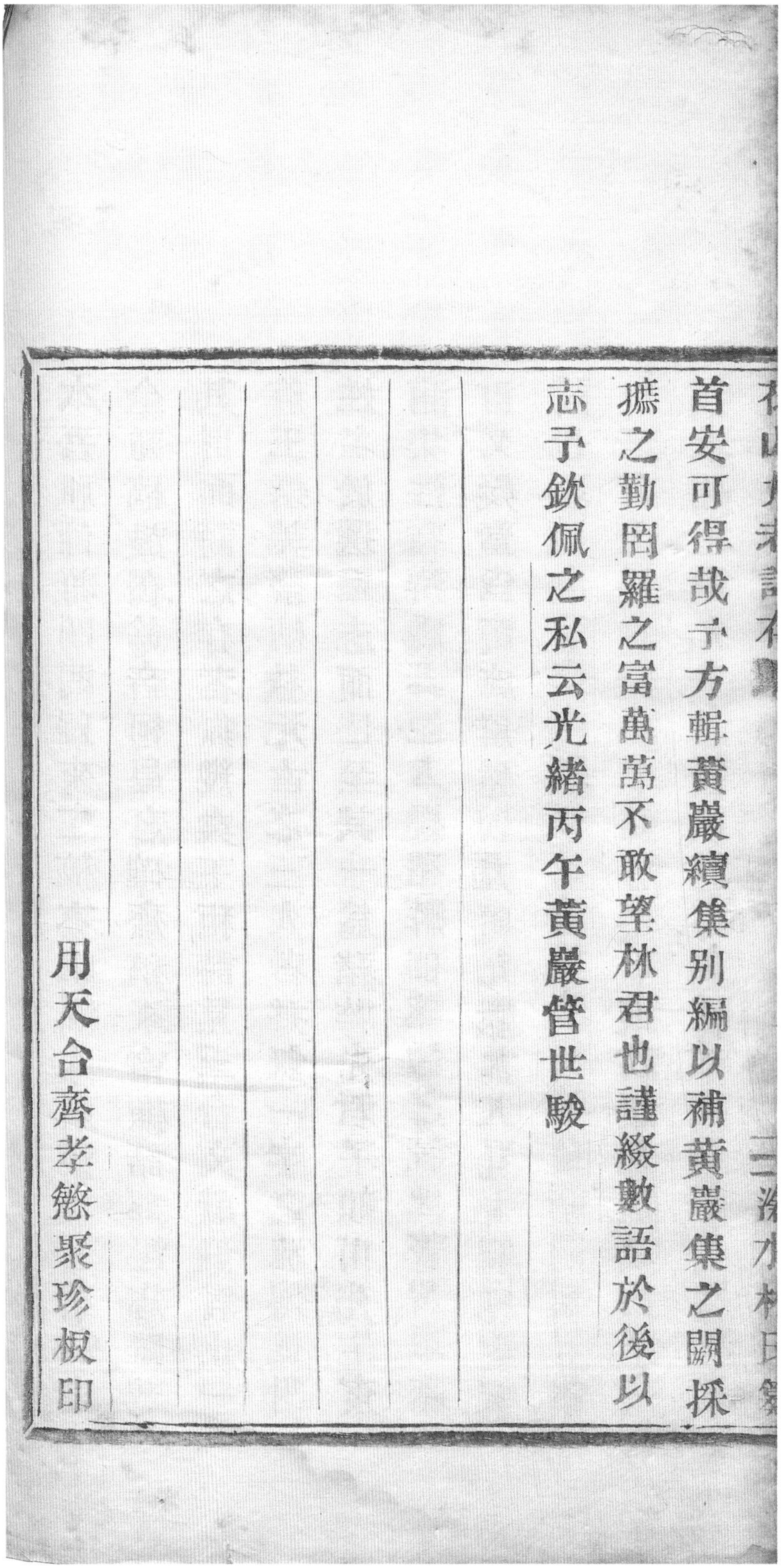

首安可得哉予方輯黃巖續集別編以補黃巖集之闕採摭之勤罔羅之富萬萬不敢望林君也謹綴數語於後以志予欽佩之私云光緒丙午黃巖管世駿

用天合齊孝懋聚珍板印

472-2 《九老詩存》末葉

達止集卷一

賦二首

自新齋賦為郡司理作

家北平之長者兮仕殞節平廬陵高齋建而別敞兮揭自新以扁名曰惟茲之靈鑑芳無或掩于昏塵兮必磨礲之日二芳又無日而不新物有萬之不同芳若蠶絲與牛毛至姸媸與醜好芳彩靡一之遁逃闢方塘之半畞芳來活水于源頭會天光與雲影芳我無我而造物者游瞻長江之一碧

473 《達止集》卷一卷端

473 安成周氏家集八卷 〔明〕周寀輯 清抄本

開本高 28.9 厘米，寬 17.9 厘米。無框欄，半葉十行，行十六字，小字雙行同。鈐"醴陵文雪吟珍藏印"印。索書號：善 003934。

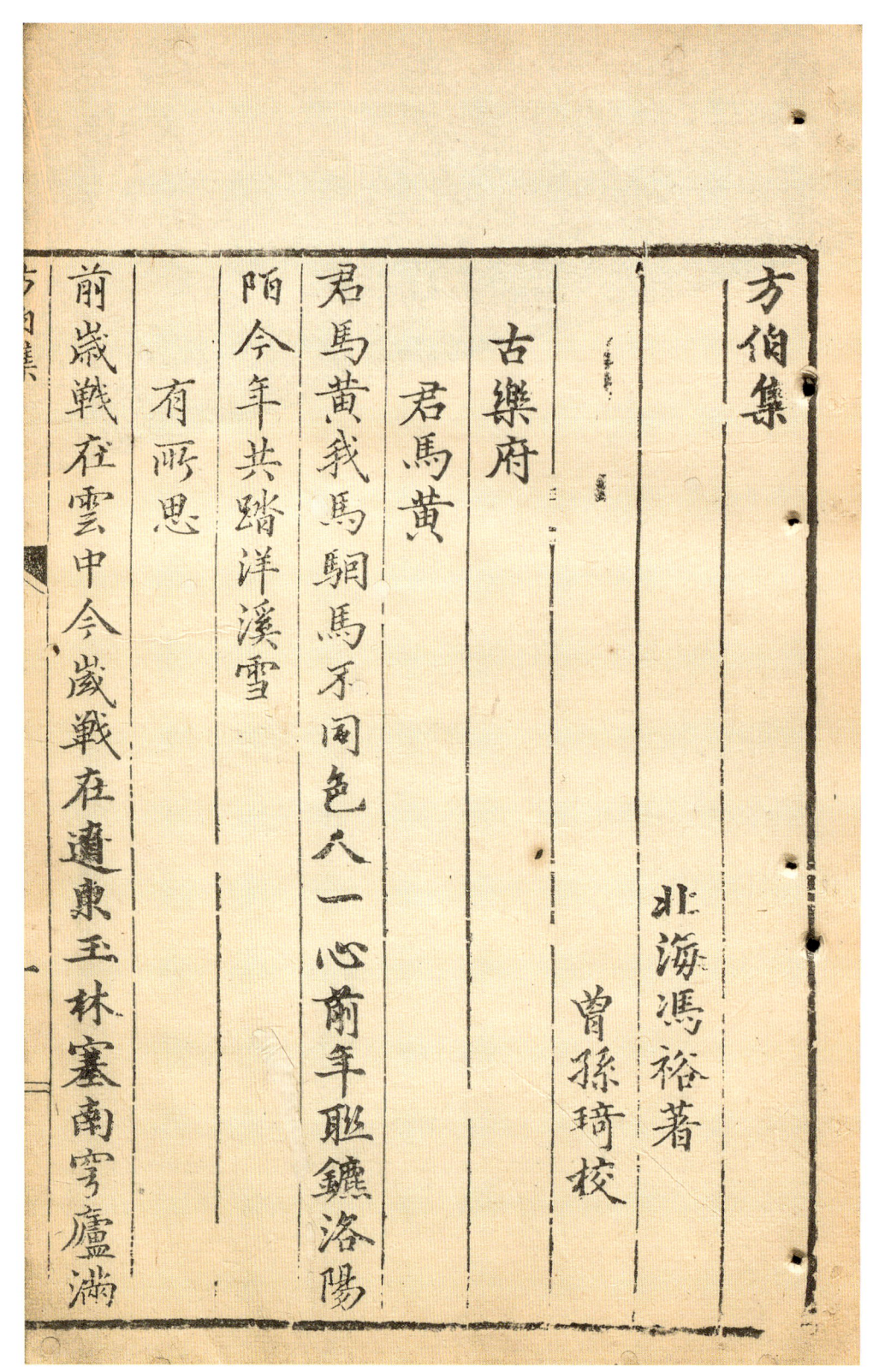

474 《方伯集》卷端

474 馮氏五先生集五卷 〔明〕馮琦編 明萬曆刻本

開本高 23.6 厘米，寬 15.1 厘米。框高 19.9 厘米，寬 13.3 厘米。半葉九行，行十九字，小字雙行同，白口，四周單邊。索書號：善 003119。

湖北省珍貴古籍名錄編號：00383。

鸝吹午夢堂遺集卷上

吳江 沈宜修宛君 著

五言古詩四十首

寒夜聞雁

霜月澄寒光，紗窗晚風促。攬衾未成眠，杳冷淒寒玉。一雁唳長天，哀飛聲斷續。嚦嚦喚人愁，百感縈心曲。永夜竹蕭蕭，畫屏孤短燭。憔悴鏡應憐，支離消素束。漫漫殊未央，盡盡雙蛾綠。欲起書短章，難倩雞聲旭。

感懷和仲韶韻時在莒上

475-1 《鸝吹》（《午夢堂遺集》）卷上卷端

475 吳江葉氏全集十八卷 〔明〕葉紹袁輯 清抄本

開本高 23.2 厘米，寬 14.3 厘米。無框欄，半葉九行，行二十五字。鈐"積學齋徐乃昌藏書"印。索書號：善 004898。

吳江葉氏全集總目

午夢堂遺集　　沈宜修　宛君
芳雪軒遺集　　葉紈紈　昭齊
疏香閣遺集　　葉小鸞　瓊章
彤奩續些
秦齋怨　　　　葉紹袁　仲韶
春餘續
屺雁哀
百旻遺草
鴛鴦夢　　　　葉世侗　聲期
窈聞　　　　　葉小紈　蕙綢
伊人思　　　　葉紹袁　仲韶
　　　　　　　葉紹袁　仲韶

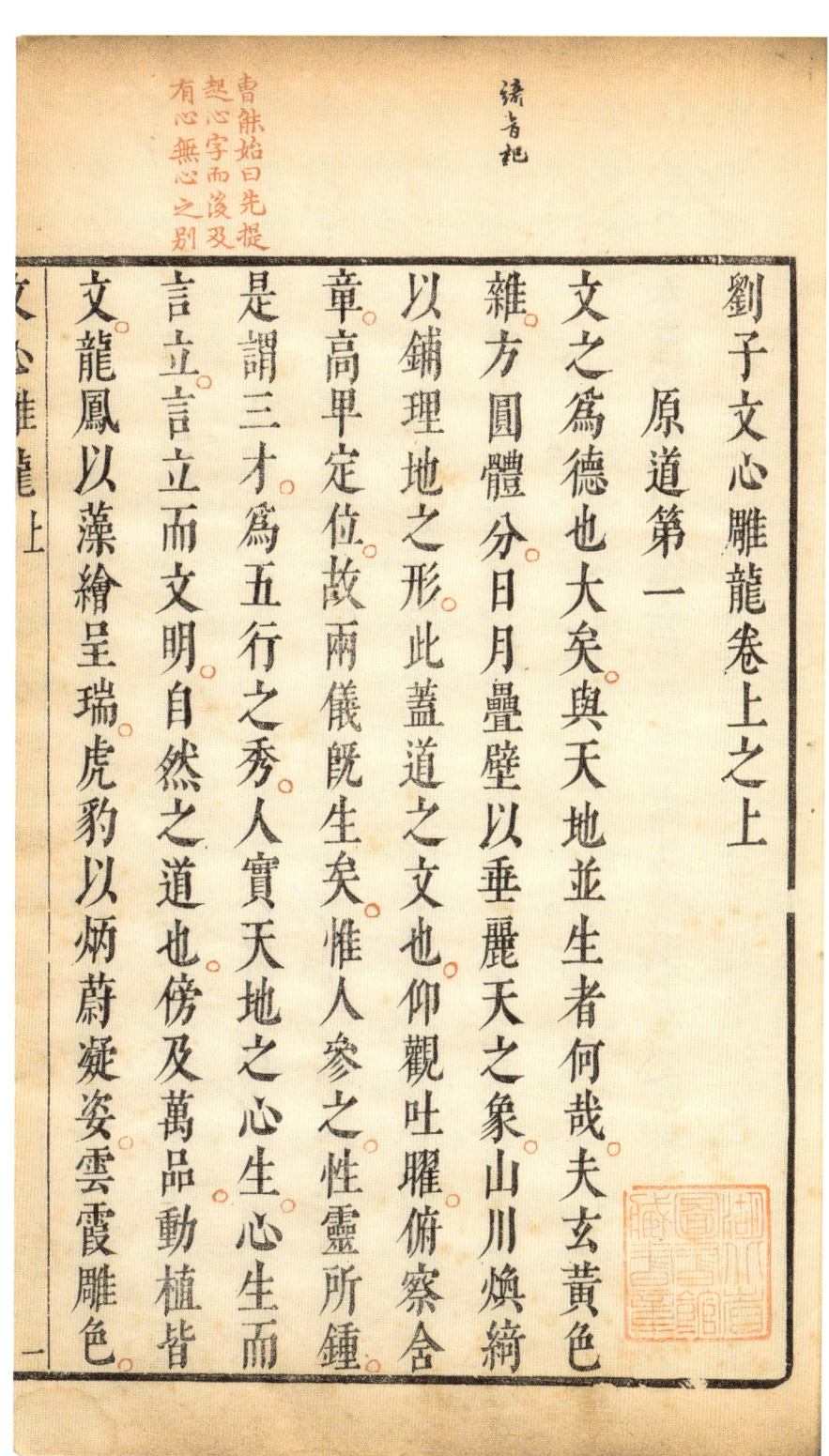

476-1 《劉子文心雕龍》卷上之上卷端

476 劉子文心雕龍二卷 〔南朝梁〕劉勰撰 〔明〕楊慎等批點 **注二卷** 〔明〕梅慶生撰 明萬曆四十年（1612）閔繩初刻五色套印本

開本高26.9厘米，寬17.8厘米。框高21.3厘米，寬15.2厘米。半葉九行，行十九字，小字雙行同，白口，四周單邊。鈐"徐恕讀過"印。索書號：善003266。

湖北省珍貴古籍名錄編號：00205。

情采第三十一

聖賢書辭總稱文章非采而何夫水性虛而淪漪結木體實而花萼振文附質也虎豹無文則鞹同犬羊犀兕有皮而色資丹漆質待文也若乃綜述性靈敷寫器象鏤心鳥跡之中織辭魚網之上其為彪炳縟采名矣故立文之道其理有三一曰形文五色是也二曰聲文五音是也三曰情文五性是也五色雜而成黼黻五音比而成韶夏五情發而為辭章神理之數也孝經垂典喪言不文故知

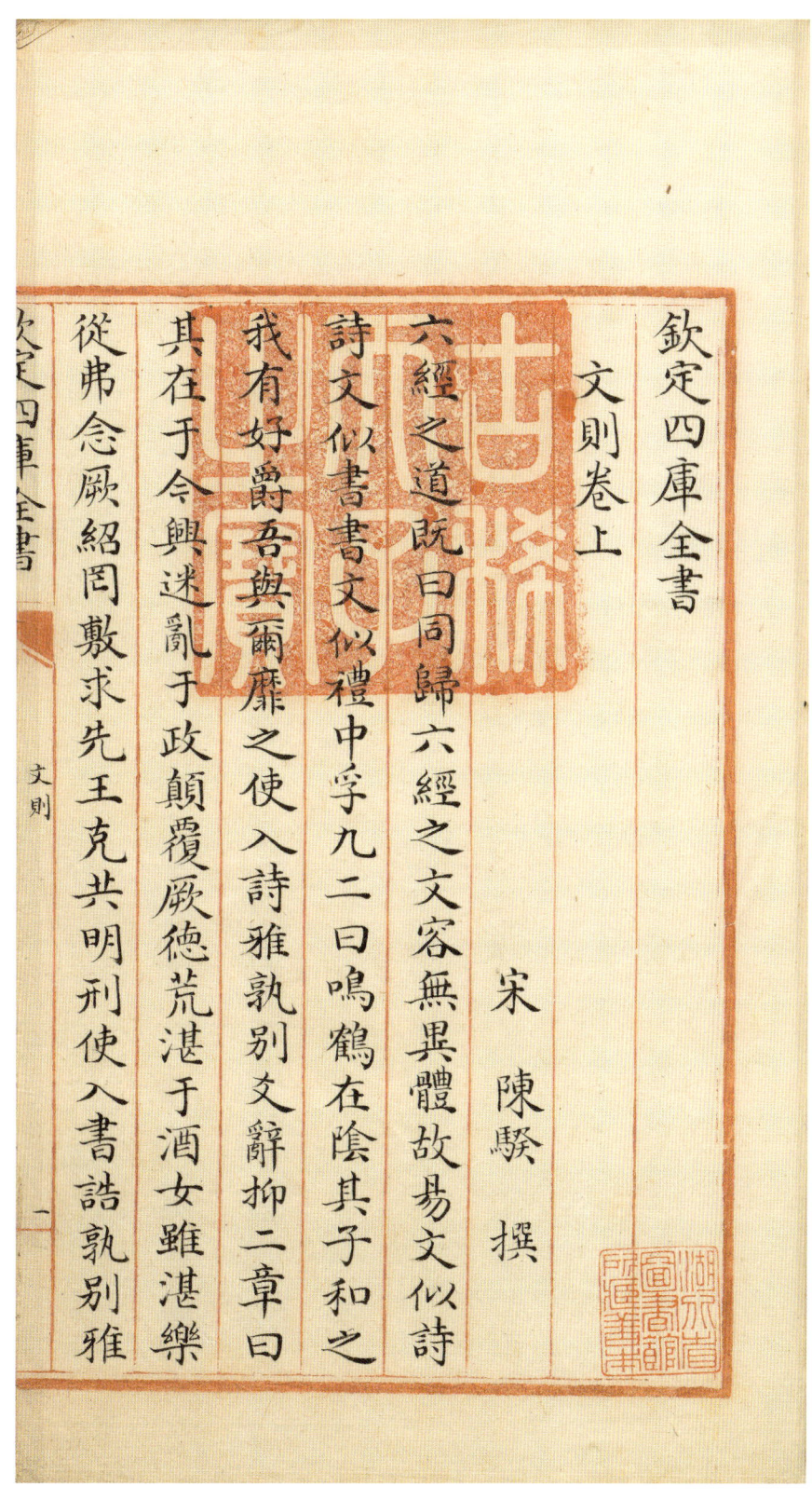

477 《文則》卷上卷端

477 文則二卷 〔宋〕陳騤撰 清乾隆內府寫文瀾閣四庫全書本

開本高27.5厘米，寬17.2厘米。框高20.8厘米，寬13.9厘米。半葉八行，行二十一字，小字雙行同，白口，四周雙邊。鈐"乾隆御覽之寶""古稀天子之寶"印。索書號：善003905。

湖北省珍貴古籍名錄編號：00259。

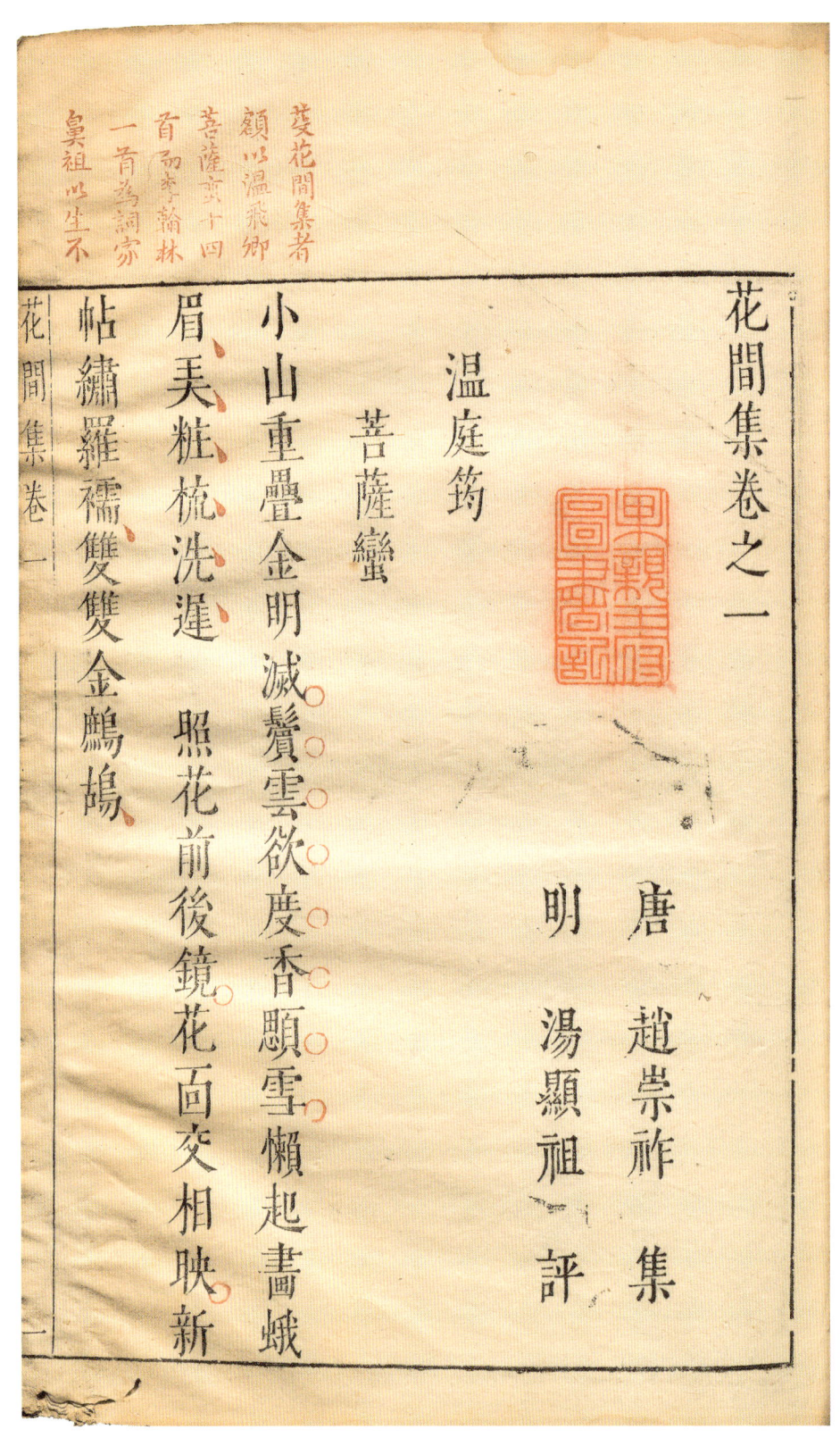

478 《花間集》卷一卷端

478 花間集四卷 〔五代〕趙崇祚輯 〔明〕湯顯祖評 明萬曆四十八年（1620）刻朱墨套印本

開本高25.5厘米，寬17.0厘米。框高19.9厘米，寬14.5厘米。半葉八行，行十八字，小字雙行同，白口，四周單邊。鈐"果親王府圖書記"印。索書號：善003300。

湖北省珍貴古籍名錄編號：00207。

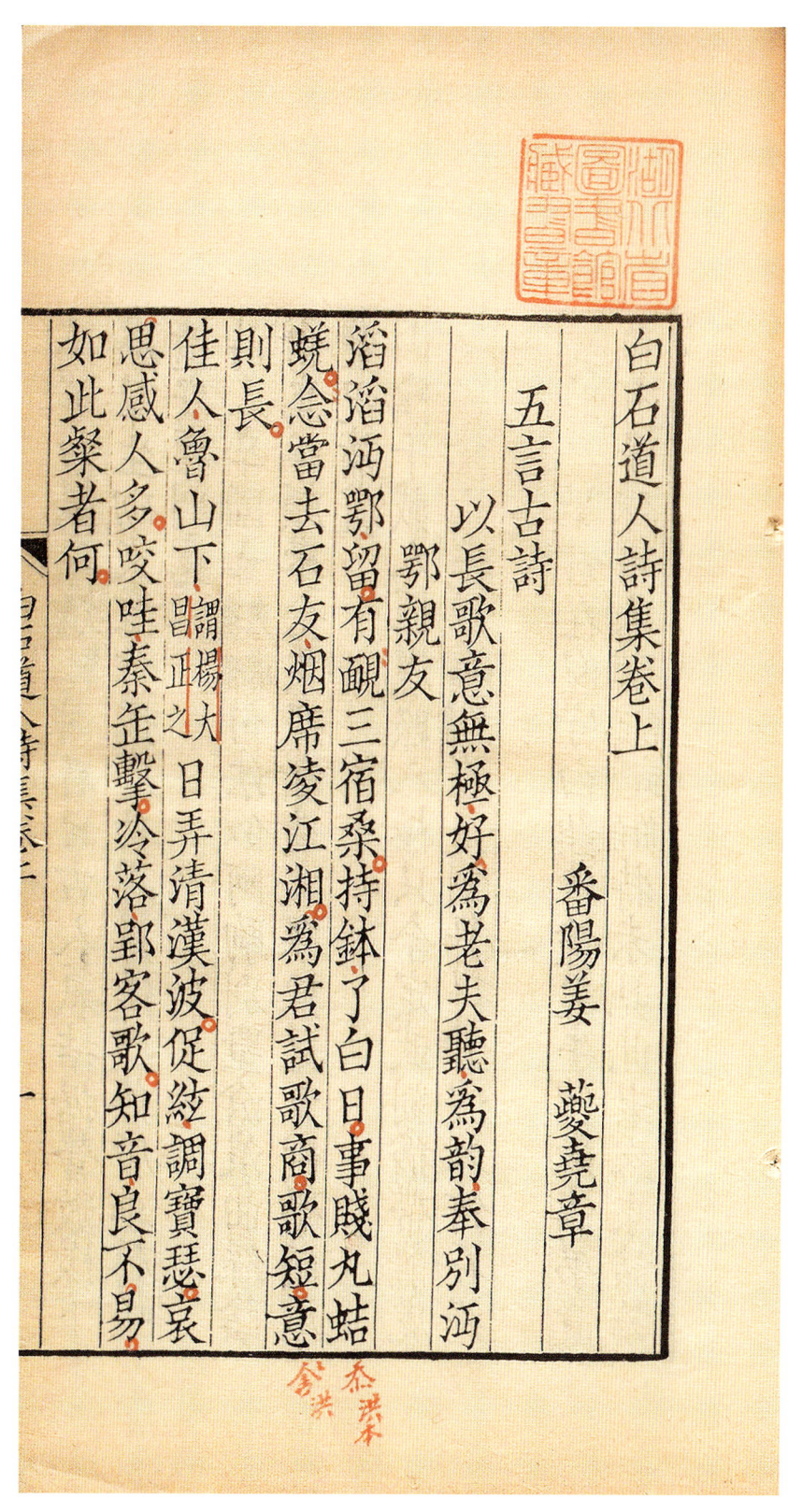

479-1 《白石道人詩集》卷上卷端

479 姜白石詩詞合集九卷 〔宋〕姜夔撰 **附錄一卷** 清乾隆八年（1743）陸鍾輝水雲漁屋刻三十六年（1771）江春增刻本 徐恕圈點批校

開本高 25.8 厘米，寬 15.7 厘米。框高 18.3 厘米，寬 11.8 厘米。半葉十一行，行十九字，白口間黑口，左右雙邊。索書號：善 002922。

六月西湖帶雨山小舟終日傍鷗閒風烟如許關情甚賓主相推下語難幾點送君歸大雅一涼今夜滿長安江湖遠思知多少歸去風前各倚闌。

送姜堯章謁石湖先生　　楊萬里廷秀

釣璜英氣橫白蜺欹吐珠璣香新詩。江山愁許鴛為泣鬼神露索天池機。彭蠡波心弄明月。詩星入腸肺肝裂吐作春風百種花吹散瀨湖數峰雪青鞭布韉軟紅塵千詩六博一字貧吾友夔卄陵蕭蕭太守逢人說項不離口。袖詩東來謁老夫慚無高價索繡與。翻然欲買松江艇。逕去蘇州參石湖。

徐漢本附諸賢酬贈詩補

此詩已見本卷上第十六頁

479-2　徐恕圈點批校

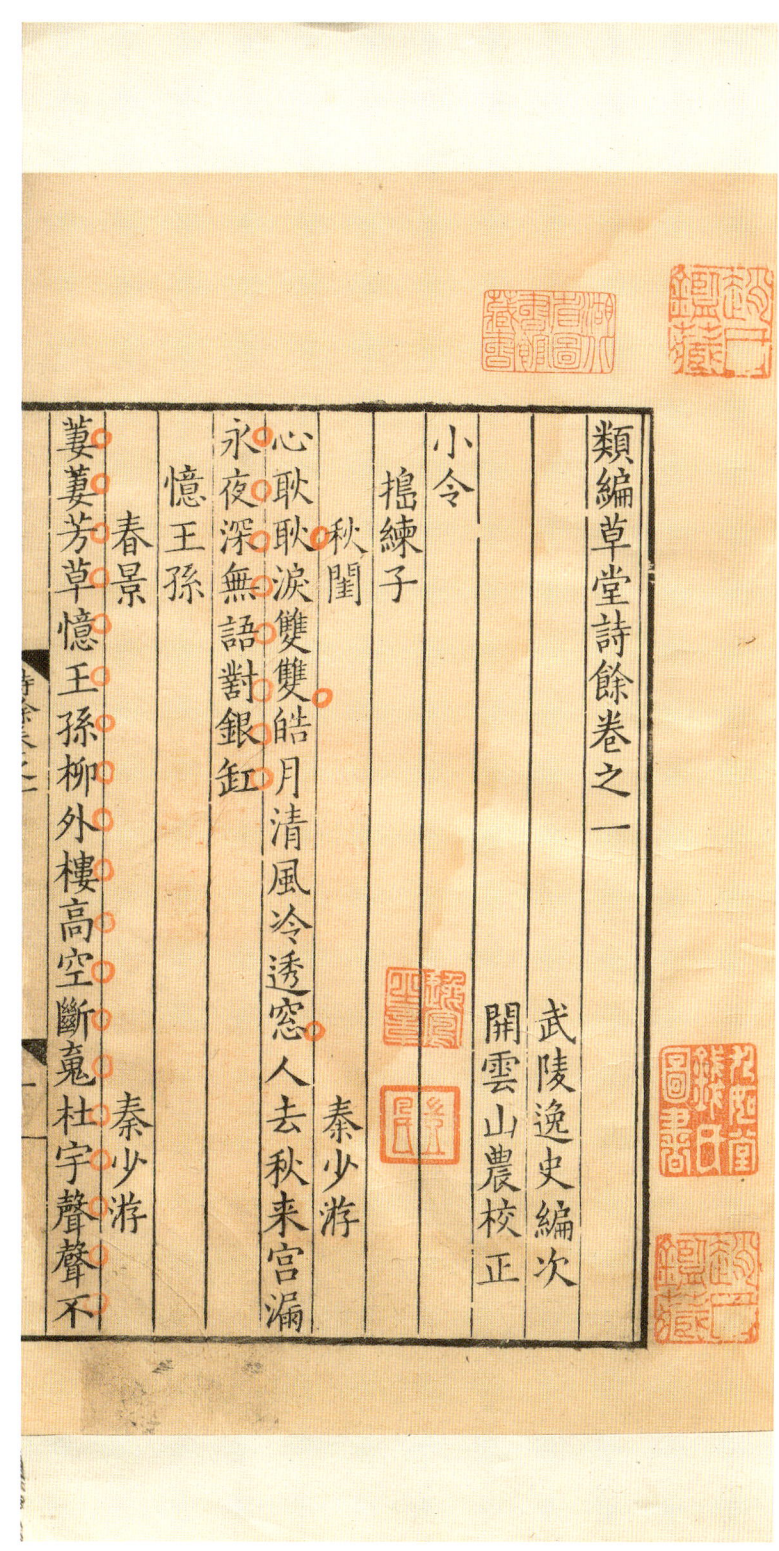

480 《類編草堂詩餘》卷一卷端

480 類編草堂詩餘四卷 〔明〕顧從敬編次 明嘉靖二十九年（1550）顧從敬刻本 佚名圈點

金鑲玉裝。開本高 28.6 厘米，寬 18.0 厘米。框高 17.6 厘米，寬 12.2 厘米。半葉十一行，行十九字，小字雙行同，黑口，左右雙邊。鈐"古潭州袁卧雪廬收藏""黃岡劉氏校書堂藏書記""黃岡劉氏紹炎過眼"等印。索書號：善 003031。

國家珍貴古籍名錄編號：09554。

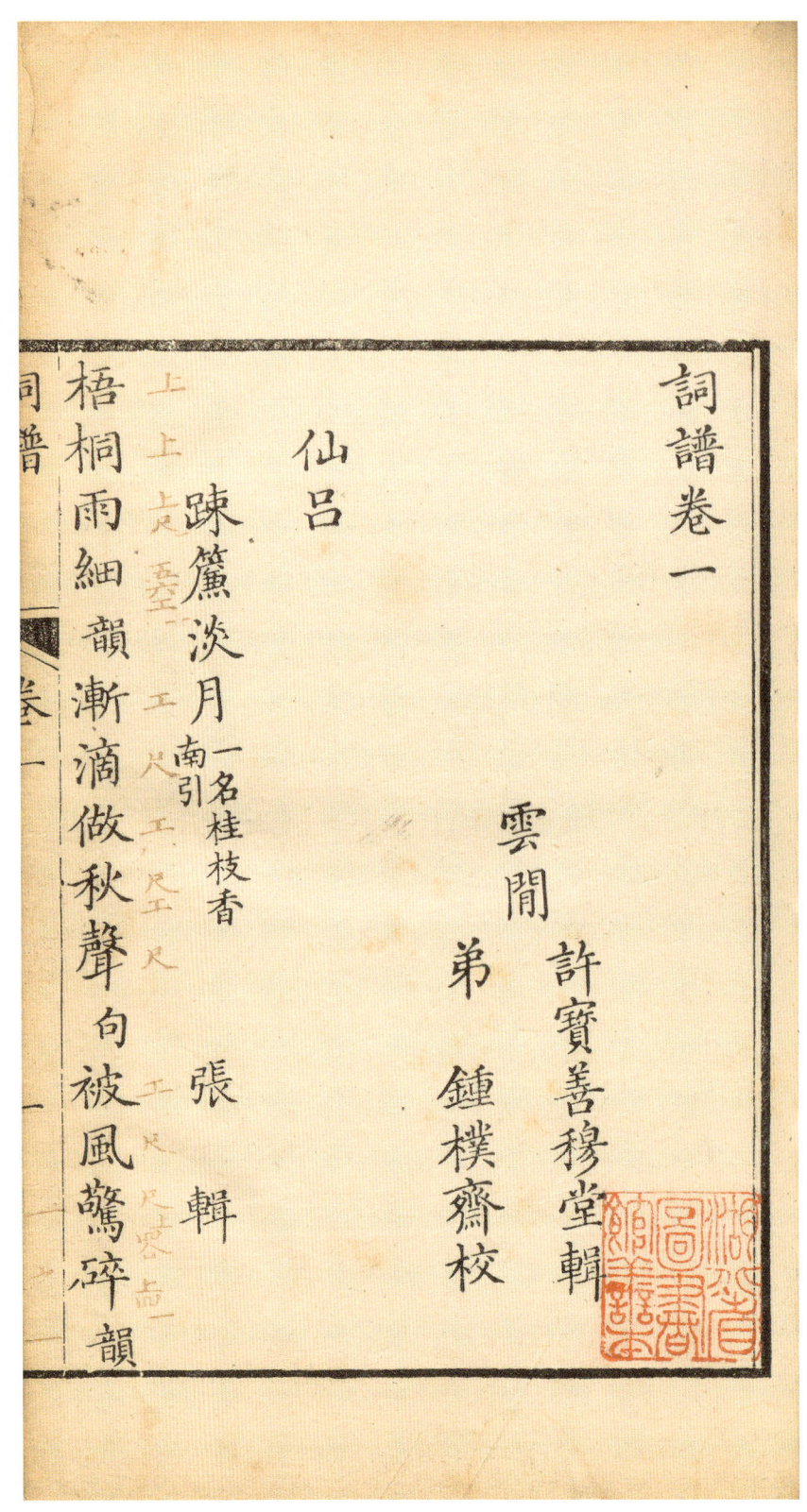

481 《詞譜》卷一卷端

481 詞譜六卷 〔清〕許寶善輯 清乾隆三十七年（1772）刻朱墨套印本

開本高 18.6 厘米，寬 11.5 厘米。框高 13.0 厘米，寬 9.7 厘米。半葉六行，行十六字，白口，左右雙邊。索書號：善 002499。

湖北省珍貴古籍名錄編號：00260。

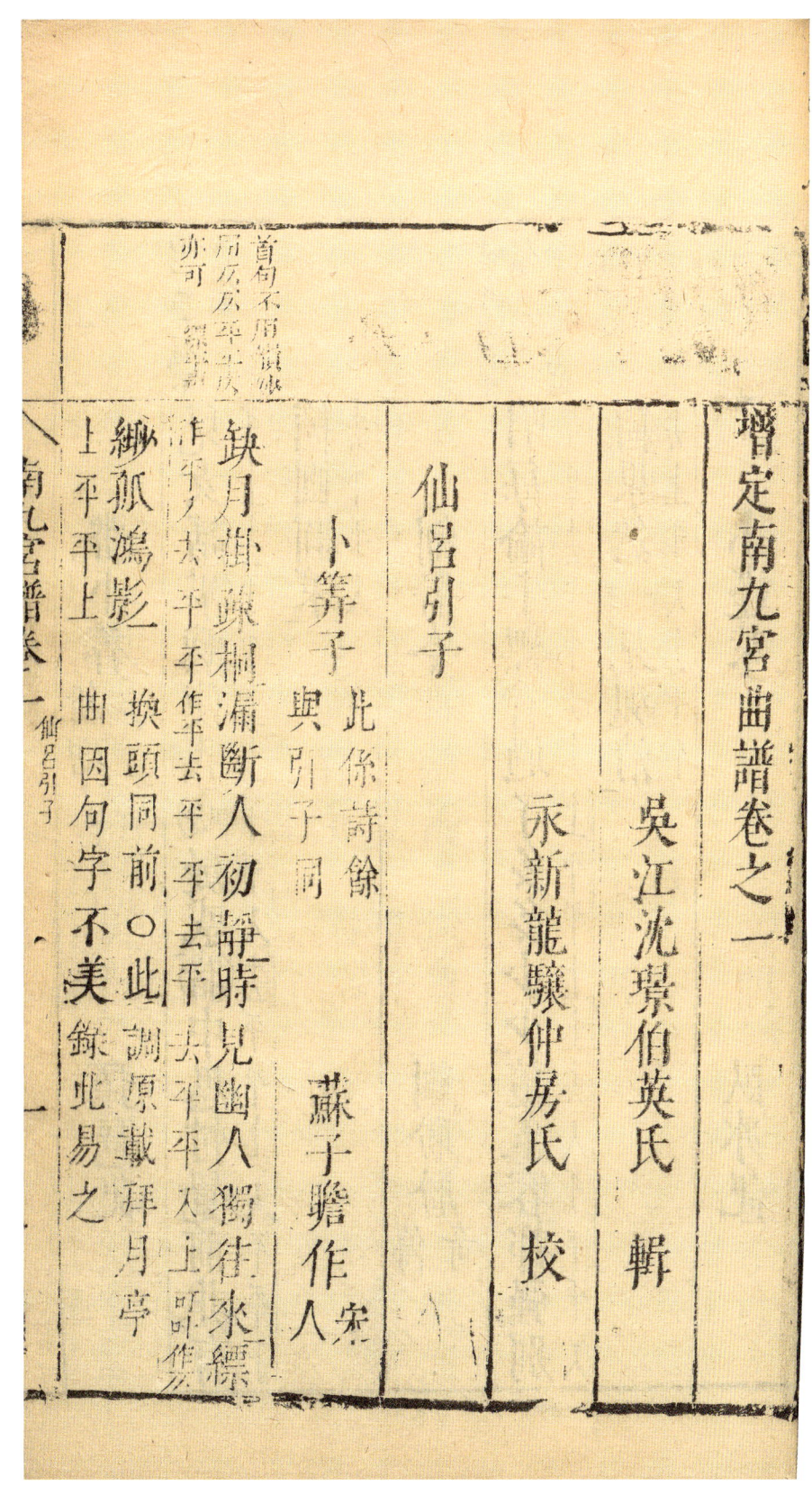

482 《增定南九宮曲譜》卷一卷端

482 增定南九宮曲譜二十一卷附錄一卷 〔明〕沈璟撰 明刻本

開本 26.0 厘米，寬 16.1 厘米。兩節版，框高 21.2 厘米，寬 14.5 厘米。上欄行數不等，行六字；下欄七行，行十八字，小字雙行同，白口，四周單邊。鈐"曾歸徐氏彊諉"印。索書號：善 003834。

擊筑餘音

明 熊開元蘖菴著

熊開元字魚山嘉興人天啟乙丑進士除崇明知縣後閩中唐王立累遷至東閣大學士薰行左右副都御史權理院事尋以錢邦芑事稱疾引去汀州破案家為僧師南嶽和尚其佳休寧仰山改號蘖菴年七十餘卒於花山塋徽州黃山之丞相原

譜得新詞歎古今悲歌擊筑動知音莫嫌變徵聲

擊筑餘音　　　　　　　　　　一

483　《擊筑餘音》卷端

483 擊筑餘音一卷 〔清〕熊開元撰 清抄本

開本高 23.8 厘米，寬 15.8 厘米。無框欄，半葉八行，行二十字。鈐"己亥""藝海樓收藏經籍書畫金石記"印。索書號：善 003921。

類叢部

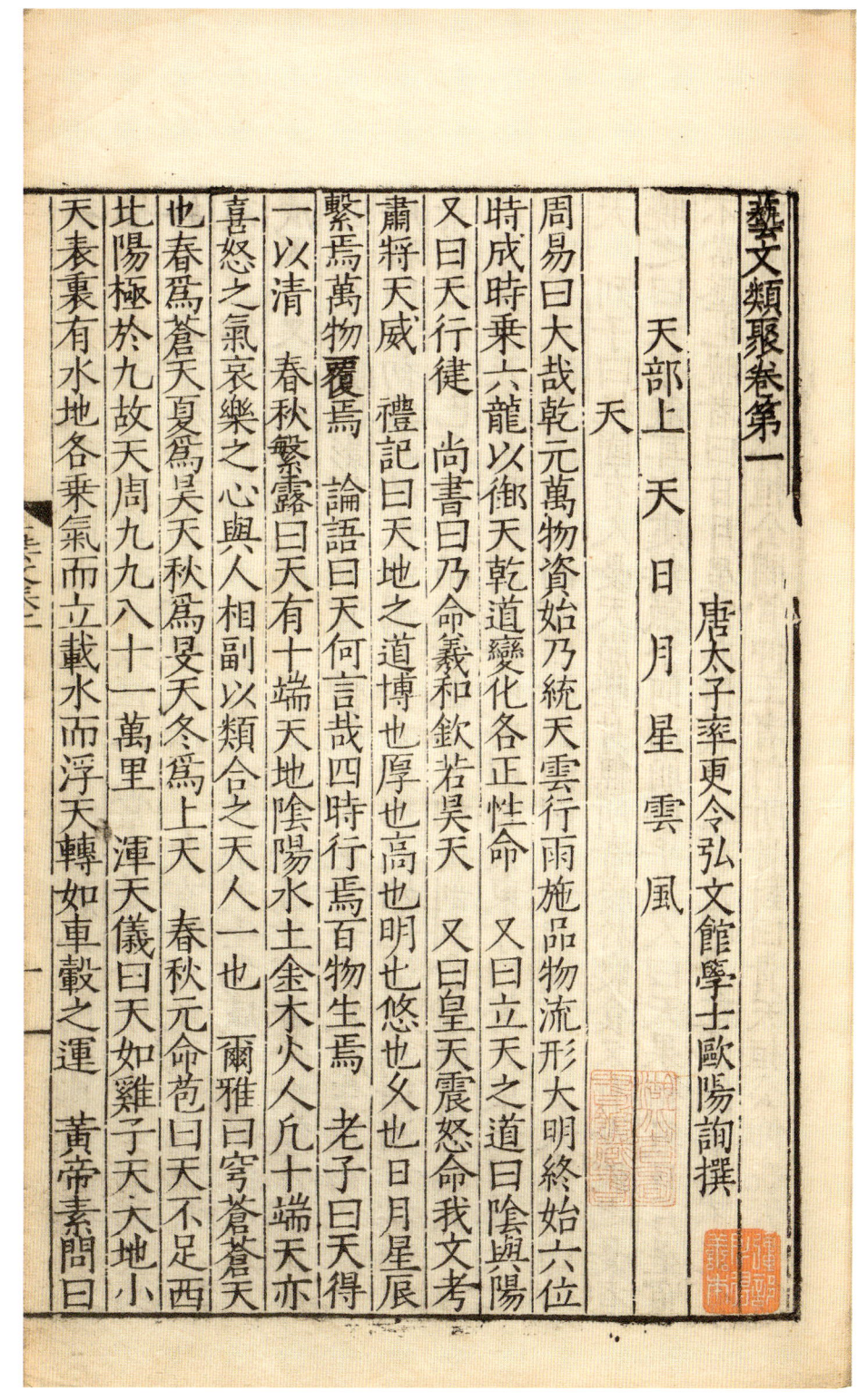

484-1 《藝文類聚》卷一卷端

484 藝文類聚一百卷 〔唐〕歐陽詢輯 明嘉靖六至七年（1527—1528）胡纘宗、陸采刻本 徐恕錄清馮舒校跋及清錢孫保、陳徵芝、周星詒跋 徐孝定錄沙元炳跋

開本高27.9厘米，寬19.0厘米。框高22.6厘米，寬16.1厘米。半葉十四行，行二十八字，白口，左右雙邊。鈐"彊誃所得善本""貞勝小筑""徐恕讀過""彊恕"印。索書號：善001689。

國家珍貴古籍名錄編號：12701。

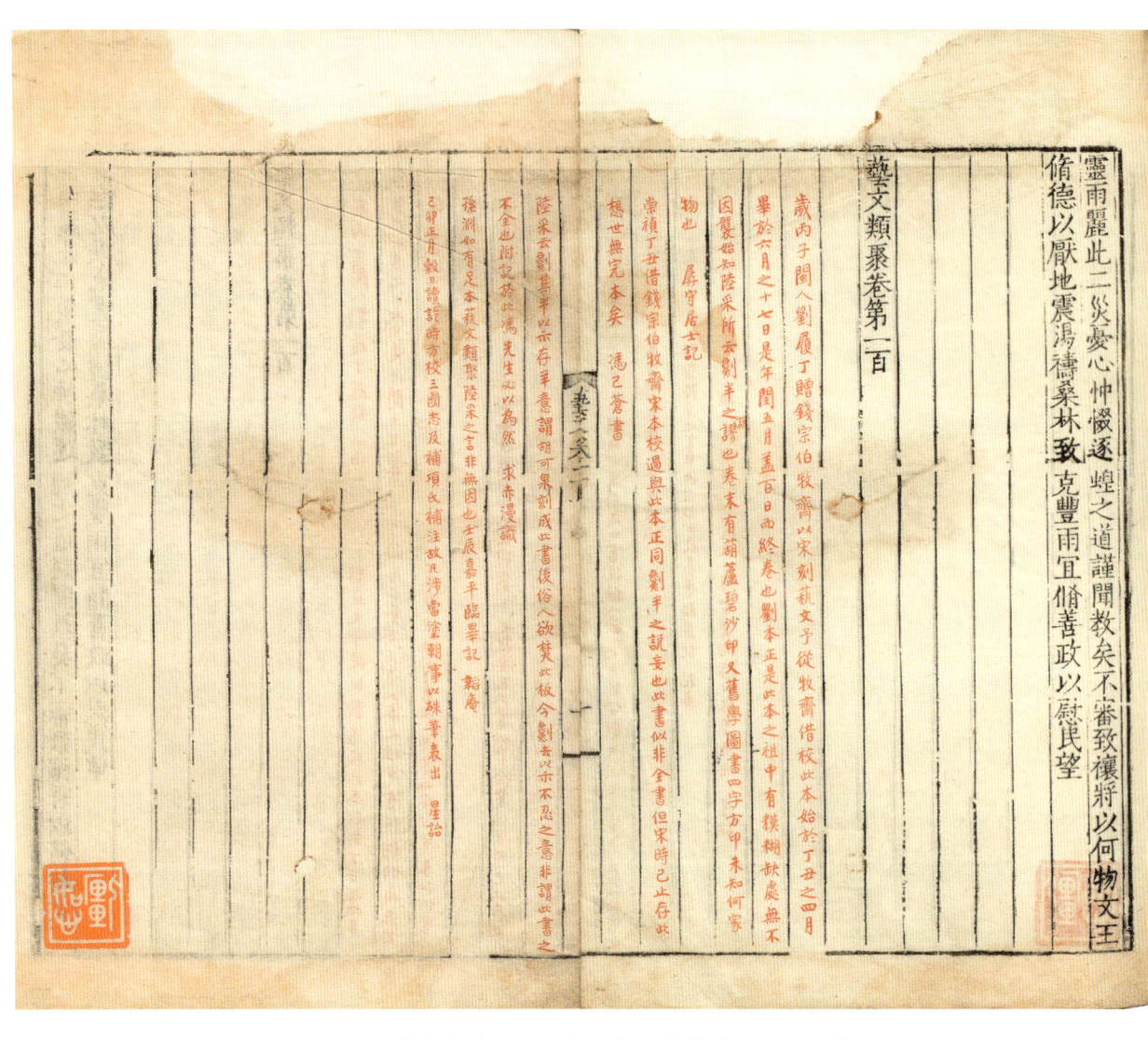

484-2 徐恕録清馮舒、錢孫保、陳徵芝、周星詒跋

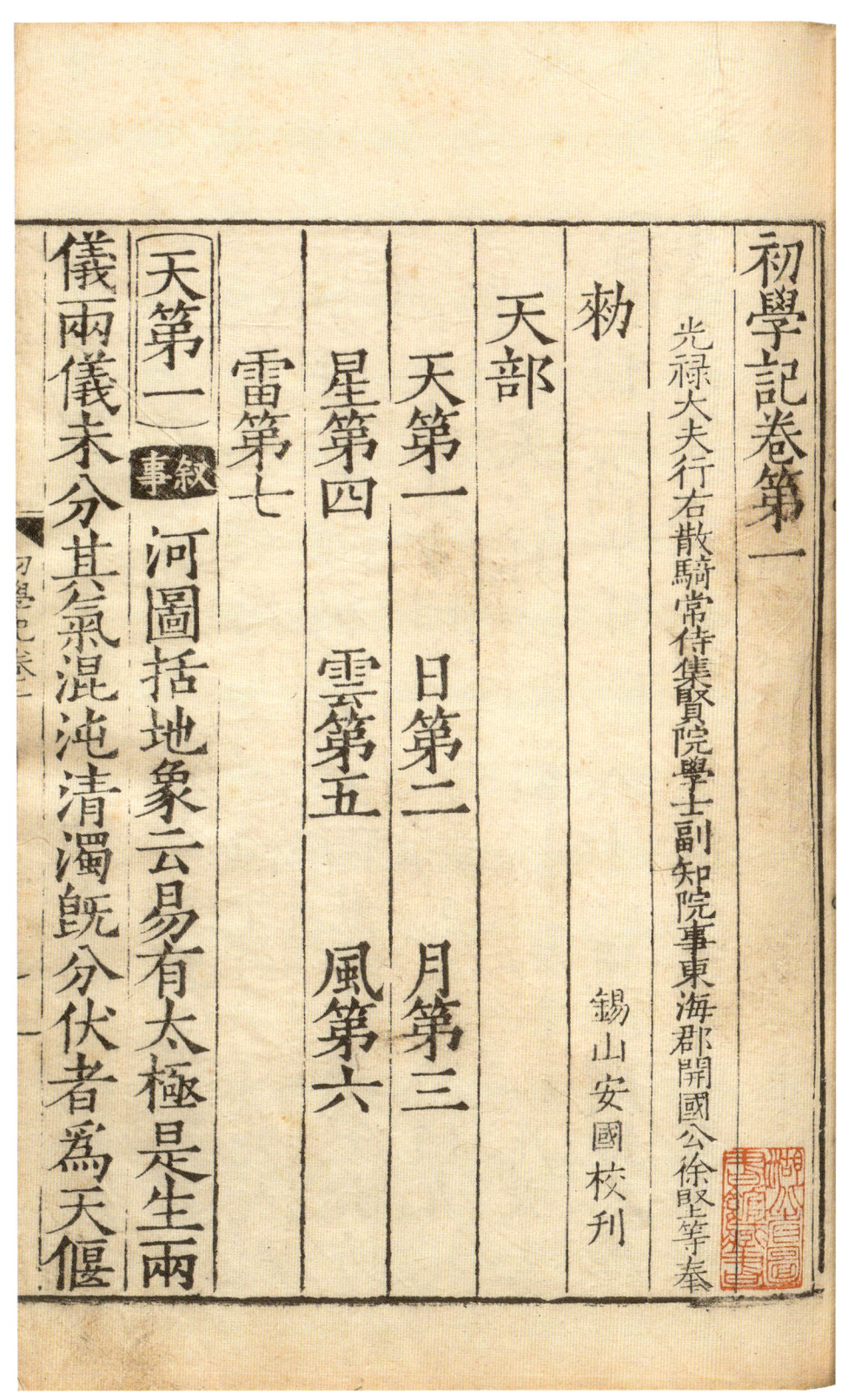

485-1 《初學記》卷一卷端

485 初學記三十卷 〔唐〕徐堅等撰 明嘉靖十年（1531）安國桂坡館刻本 蔦溪老人題識 佚名校

開本高26.5厘米，寬17.5厘米。框高20.8厘米，寬16.3厘米。半葉九行，行十八字，小字雙行同，白口，左右雙邊。鈐"弘道館圖書印""新宮城書藏""星吾海外訪得秘笈""激素飛清閣藏書印"印。索書號：善001679。

燕五王睛其順氏懵其玄東門豈或狀西河不能傳既林芭
以均性又佩衡以崇躅養雄神於綺文蓄容於佳蜀雙
之銳影戢追電之逸足方轡鎔於丹縞亦連規觀其駭雲
壁應範三封中圖玄骨滿燕室虛陽理竟替策紆汗飛瀦沫流
珠至於肆夏已升采藻既薦始徘徊而龍俛終沃若而鷟昕迎
調露於飛鍾起乎雲於驚箭寫泰堈之跙塵狀吳門之曳練窮
虞庭之蹋跡究　遺野之埋
鞍上側馬影溜中橫翻似天池裏騰波龍種生
逕奔流灑洛纓細紋連噴聚亂花行遠蹄縈水光

得邊馬有歸心詩　唐太宗文皇帝詠飲馬詩　駿骨飲長
　　　　　　　　　　　　　　　　　　　　陳沈烱賦
　　　　　窮秋邊馬肥向塞甚思歸連鑣渡蒲
　　　　　海束舌下金微巴卻魚麗陣將摧鶴
翼園弥憶長秋
道金薺背落暉　楊師道詠飲馬應詔詩　楊師道詠馬詩
趹蹟依春潤聯翻度碧尋苔流染絲絡
水潔寫彫簪一御瑤池駕詫憶長城喰　　清晨控龍馬
賓馬權奇出末央彫鞍照曜紫金裝春草初生馳上苑　秋風欲
動戲長楊鳴珂屢度章臺側細跡經向濯龍傷徒令漢將連年
弄影出花林

初學記　見欽定天祿琳琅書目

唐徐堅著三十卷前宋劉本序
劉本序作于紹興四年必遂刊刻始宋本上方有九海
書塔四字觀之題式字諱蓋此即人所刻據卯顓頊清朗
苦新南畫徐堅字元固州安長城人舉秀才及第累遷
秘書監左散騎常侍集賢院學士睿宗子少保諡曰文
劉本云考收藏二印未詳是人

初學記雖在坊肆尋常一掾刊本亦不多緒也如該畫者則琳琅
書目中紹興四年刊本而今此類著也故記以記之

蒦溪老人

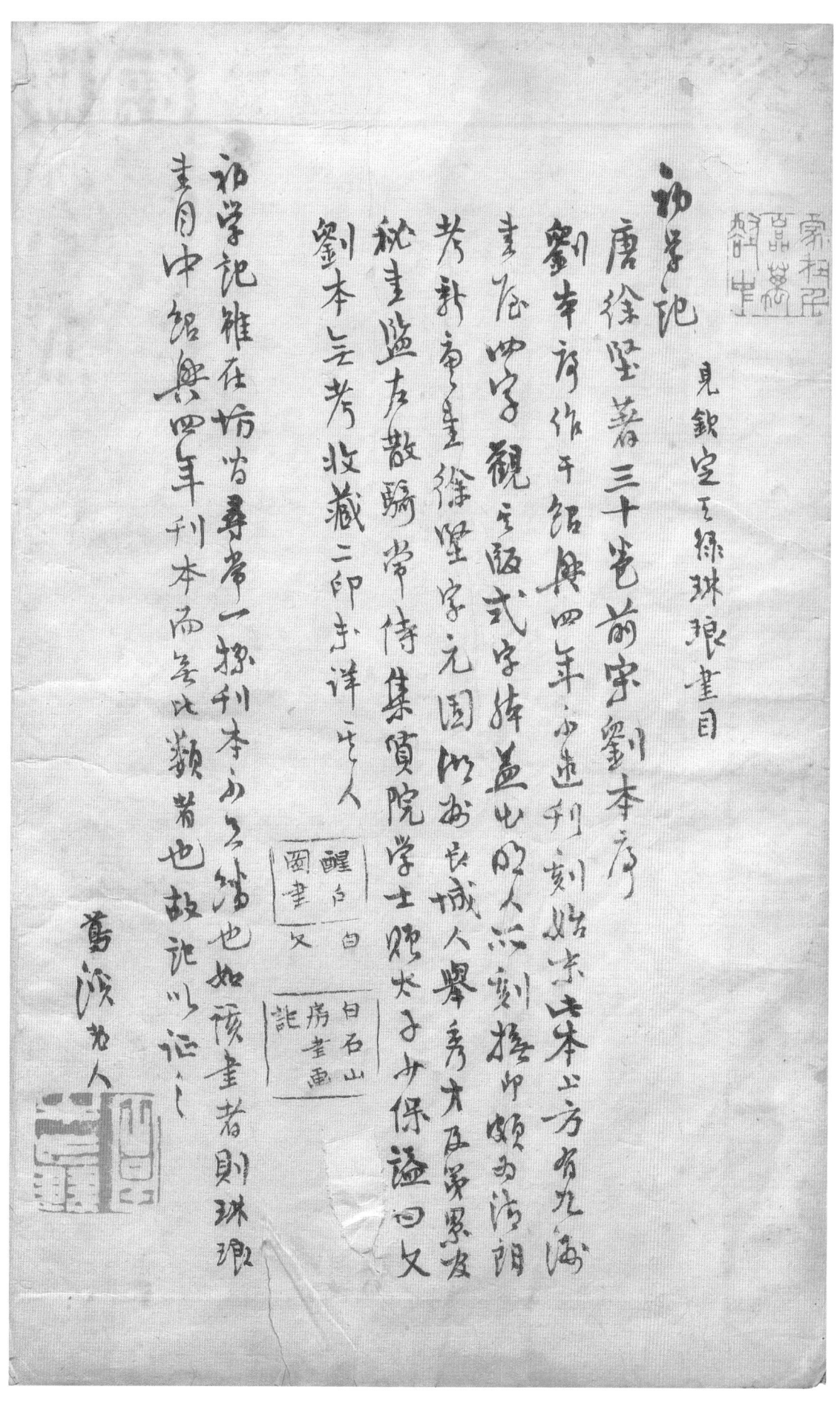

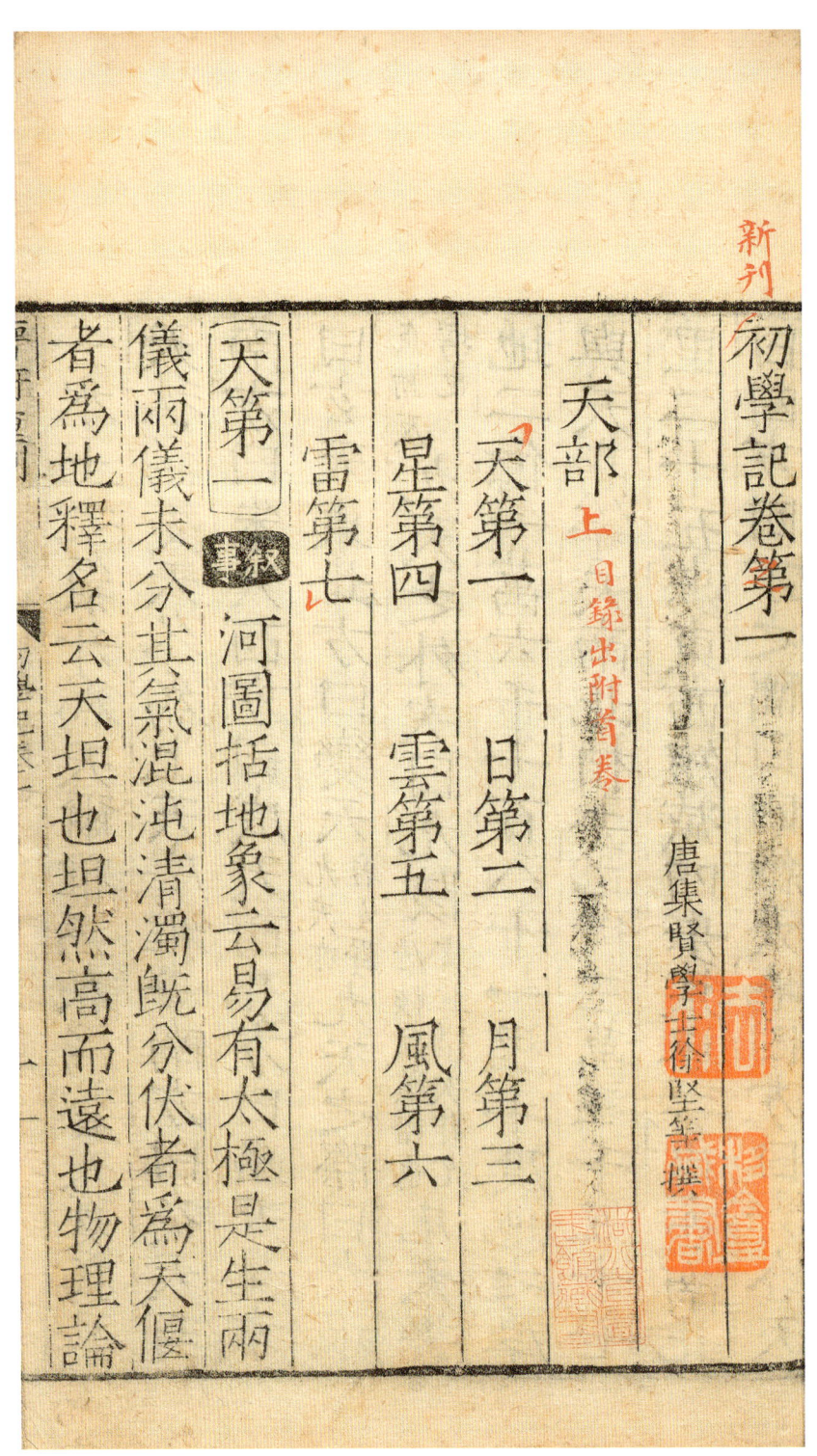

486-1 《初學記》卷一卷端

486 初學記三十卷 〔唐〕徐堅等撰 明嘉靖十三年（1534）晉府虛益堂刻本 劉家立校跋並錄清嚴可均、許旦復校跋

開本高28.0厘米，寬17.7厘米。框高21.0厘米，寬16.3厘米。半葉九行，行十八字，小字雙行二十四字，黑口，左右雙邊。鈐"北平劉氏""槱盦藏書""法古""恭則壽"等印。索書號：善001686。

國家珍貴古籍名錄編號：04864。湖北省珍貴古籍名錄編號：00117。

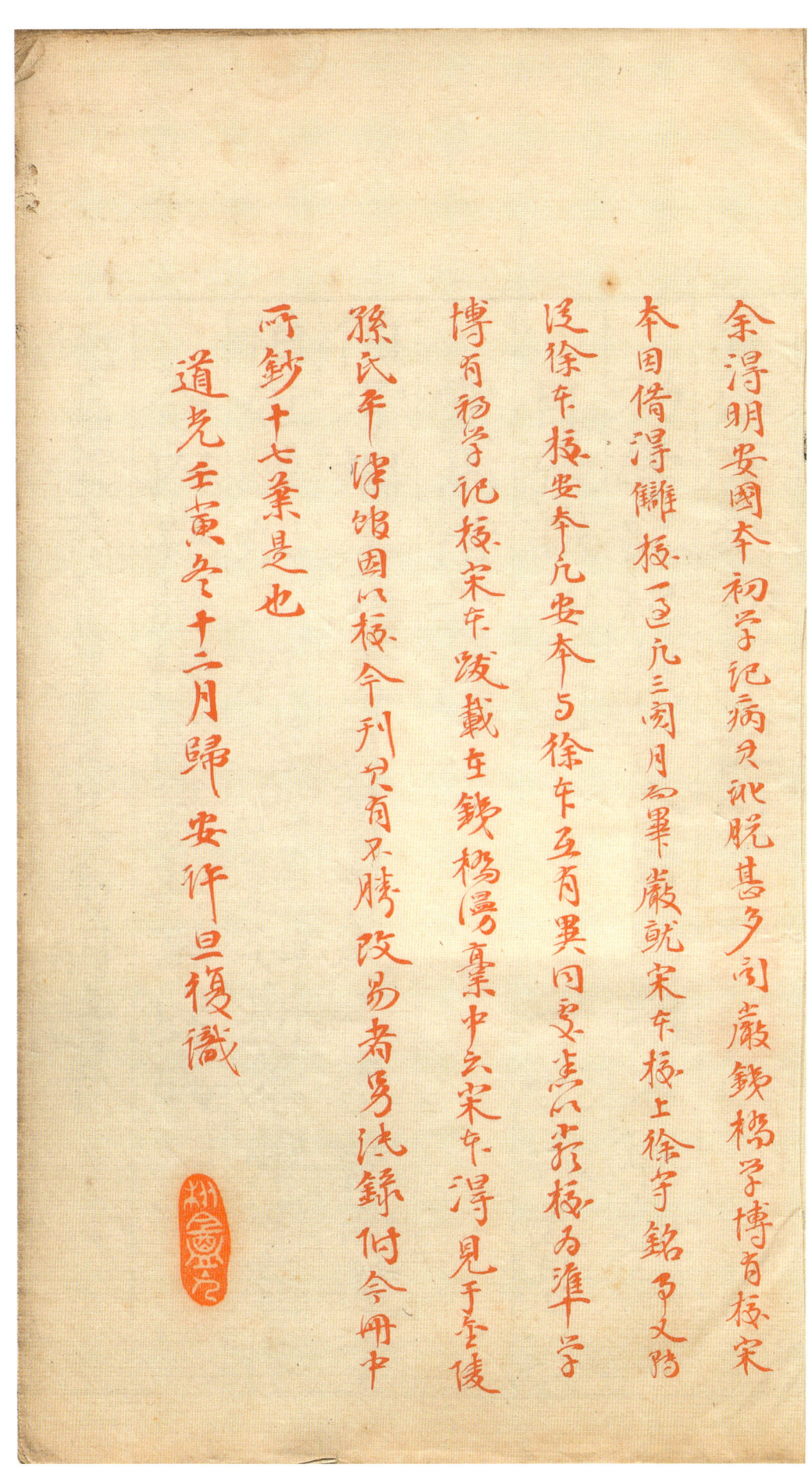

余得明安國本初學記病及訛脫甚多司嚴鏤楊子博古本宋本因倚得雒板一亘凡三閱月而畢嚴就宋本板上徐守銘多又阞從徐本板安本凡安本与徐本互有異同更甚於板為準字博古初學記板宋本發載本鏤楊浮臺中云宋本得見于金陵孫氏平津館因以板令刊只有不勝改易者另洗錄附今冊中所鈔十七葉是也

道光壬寅冬十二月歸安許旦復識

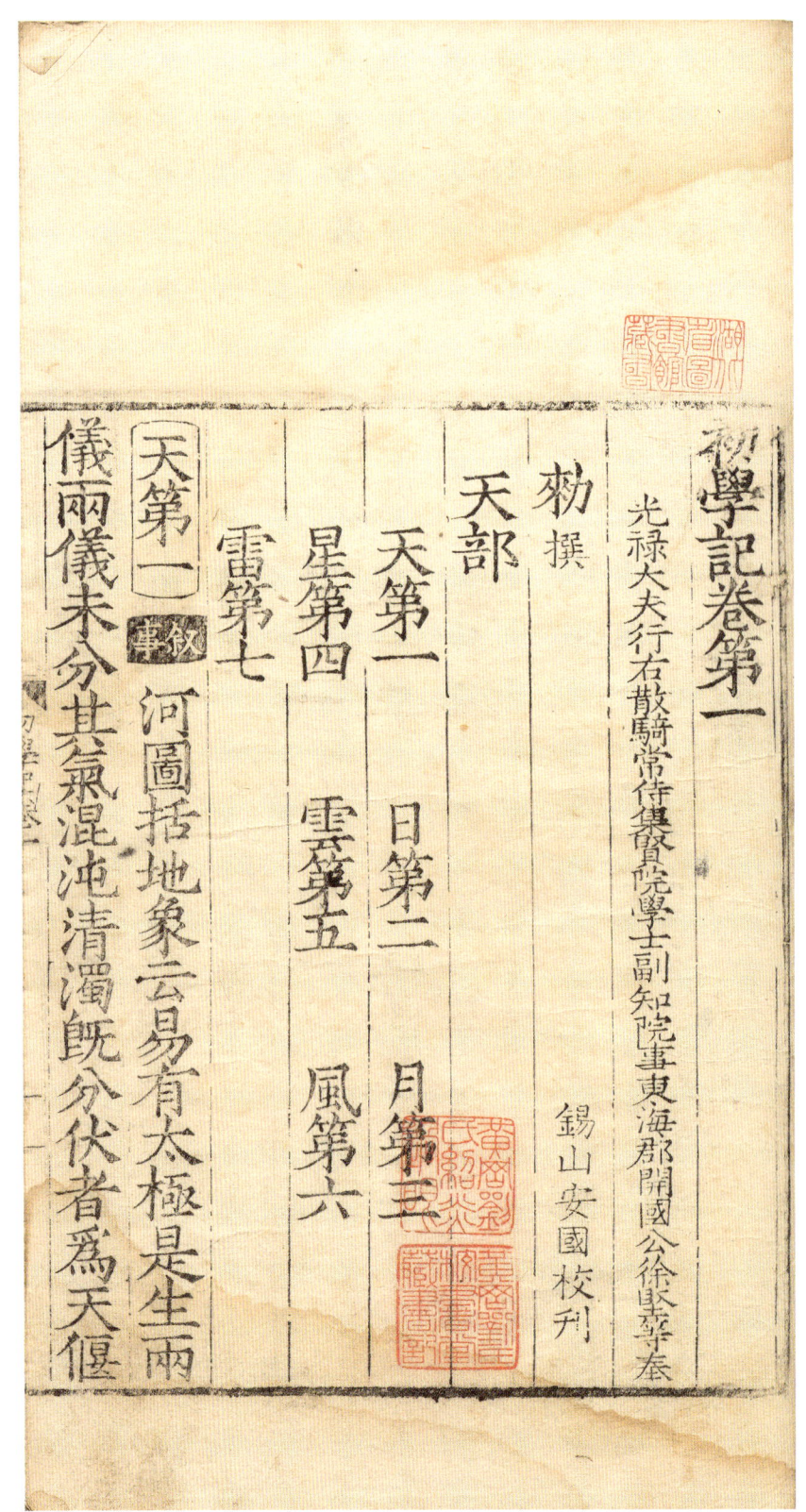

487 《初學記》卷一卷端

487 初學記三十卷 〔唐〕徐堅等撰 明嘉靖二十三年（1544）灊藩刻本

開本高 31.2 厘米，寬 19.2 厘米。框高 20.6 厘米，寬 16.4 厘米。半葉九行，行十八字，小字雙行二十四字，白口，左右雙邊。鈐"黃岡劉氏紹炎過眼""黃岡劉氏校書堂藏書記"等印。索書號：善001709。

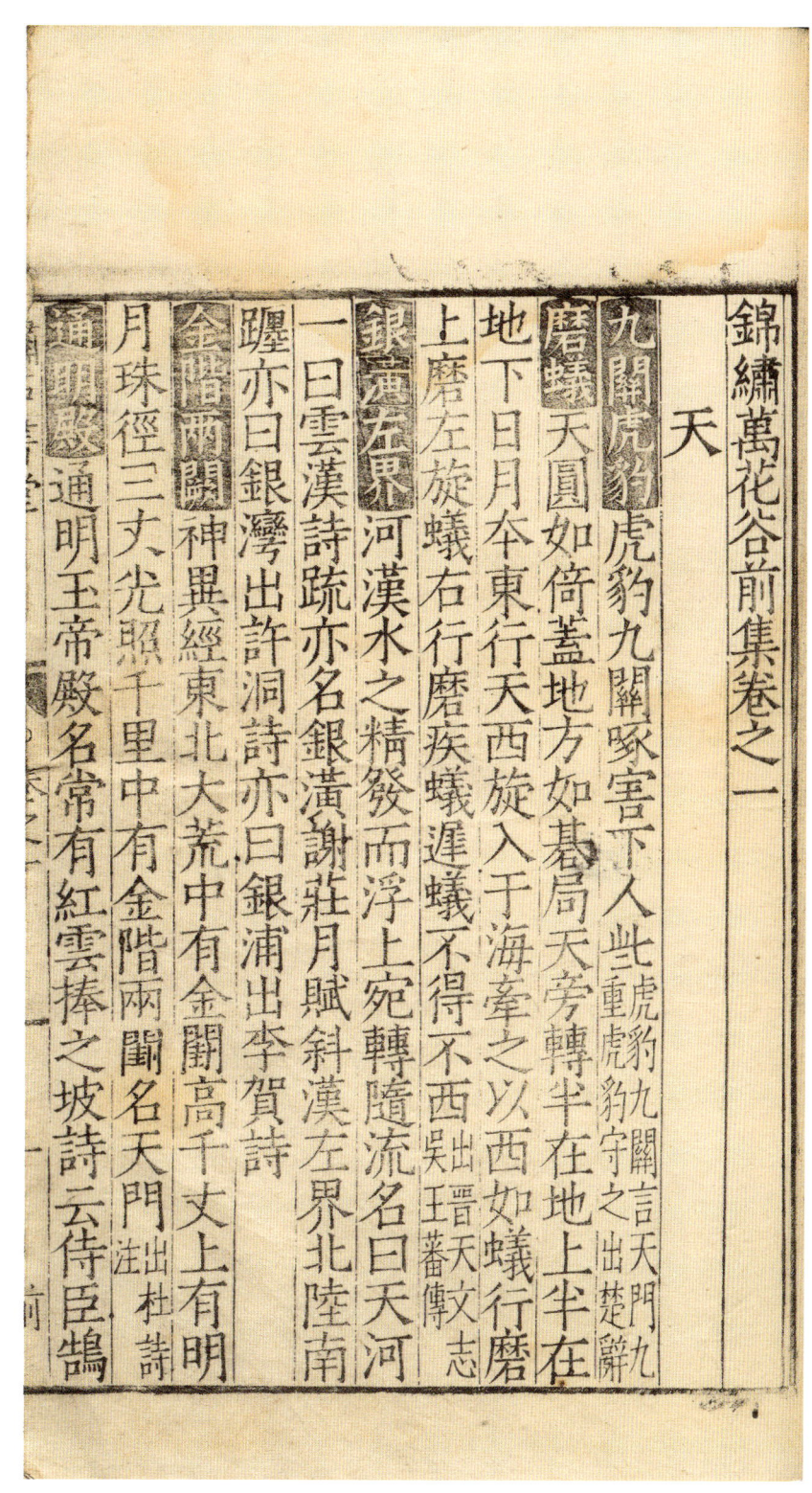

488　《錦繡萬花谷》前集卷一卷端

488　錦繡萬花谷前集四十卷後集四十卷續集四十卷　□□撰　明嘉靖十五年（1536）錫山秦汴繡石書堂刻本

開本高24.7厘米，寬15.8厘米。框高18.7厘米，寬13.6厘米。半葉十二行，行二十一字，小字雙行同，白口，左右雙邊。索書號：善001707。

湖北省珍貴古籍名錄編號：00127。

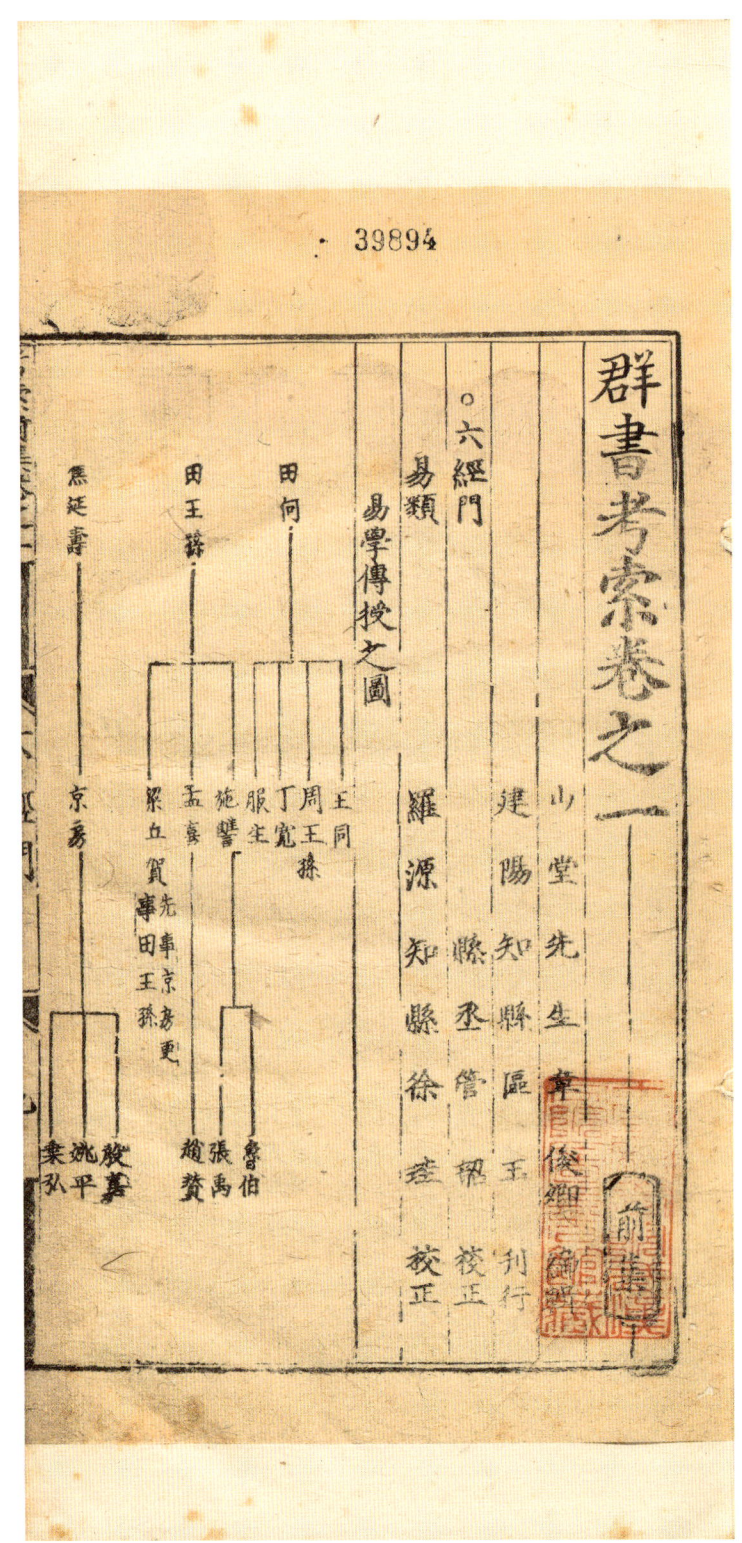

489-1 《群書考索》前集卷一卷端

489 群書考索前集六十六卷後集六十五卷續集五十六卷別集二十五卷 〔宋〕章如愚編輯 明正德三至十三年（1508—1518）劉洪慎獨書齋刻十六年（1521）重修本 （續集卷三十至四十六配抄本）

金鑲玉裝。開本高29.6厘米，寬17.0厘米。框高20.0厘米，寬13.2厘米。半葉十四行，行二十八字，黑口，四周雙邊。鈐"明善堂覽書畫印記""李氏家藏圖書"印。索書號：善001683。

湖北省珍貴古籍名錄編號：00119。

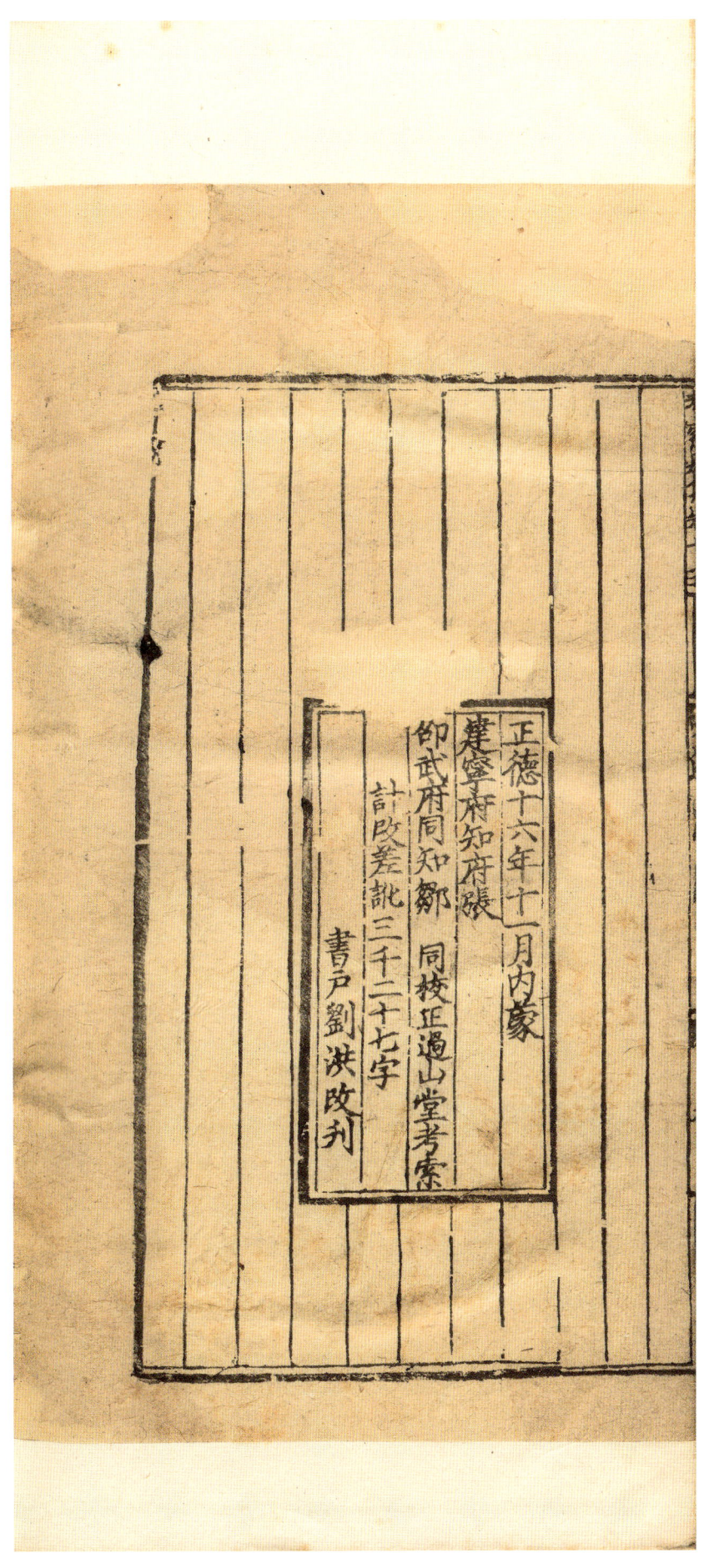

489-2 明正德十六年（1521）重修牌記

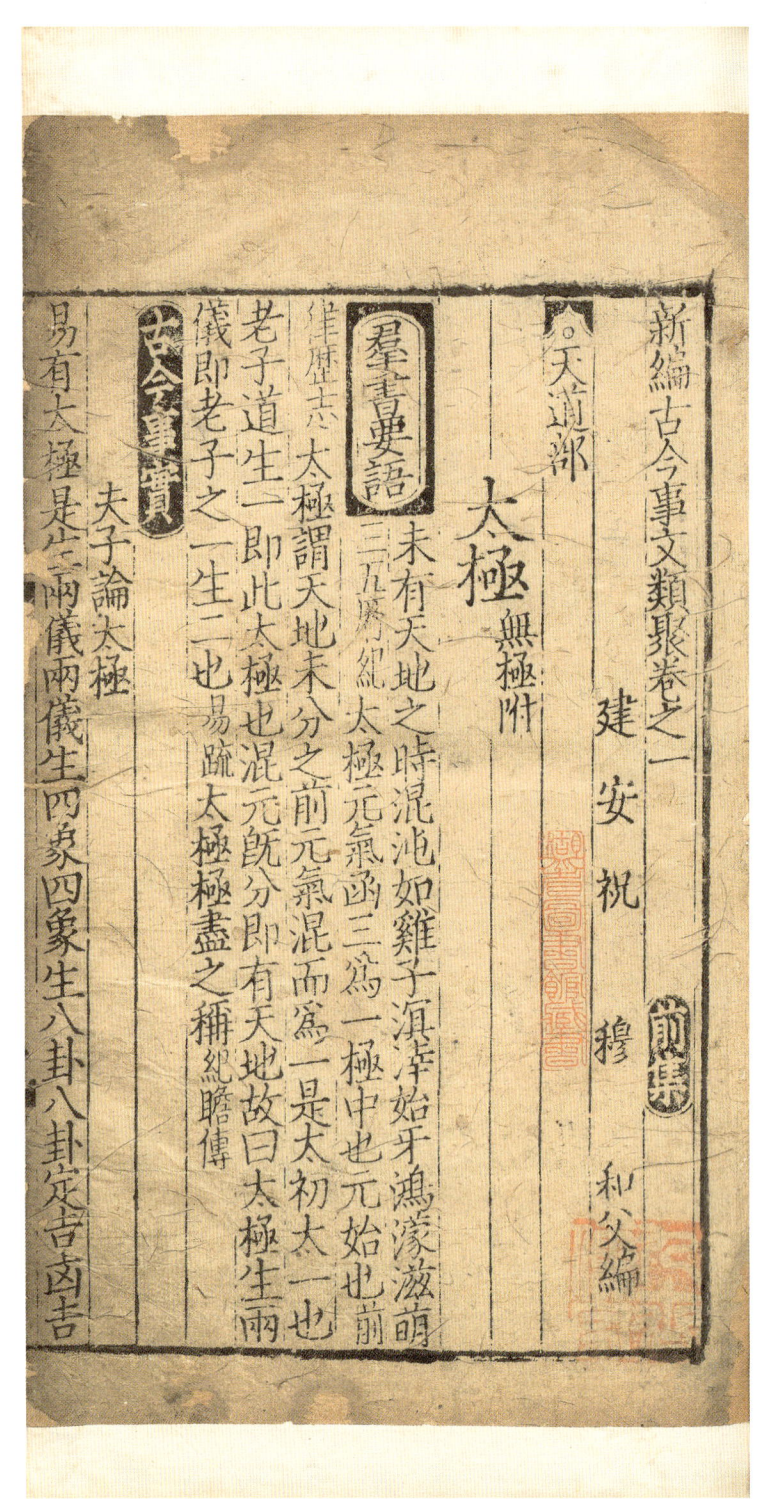

490-1　《新編古今事文類聚》前集卷一卷端

490　新編古今事文類聚前集六十卷後集五十卷續集二十八卷別集三十二卷〔宋〕祝穆輯　**新集三十六卷外集十五卷**〔元〕富大用輯　元泰定三年（1326）廬陵武溪書院刻明修本

金鑲玉裝。開本高25.3厘米，寬15.5厘米。框高18.0厘米，寬12.0厘米。半葉十三行，行二十四字，小字雙行同，黑口，左右雙邊。鈐"怡府世寶""安樂堂藏書記""囗囗覽書畫印記""荃孫""雲輪閣""藝風堂藏書""九世儒家"等印。索書號：善003019。

國家珍貴古籍名錄編號：00803。

泰定丙寅廬陵
武溪書院新刊

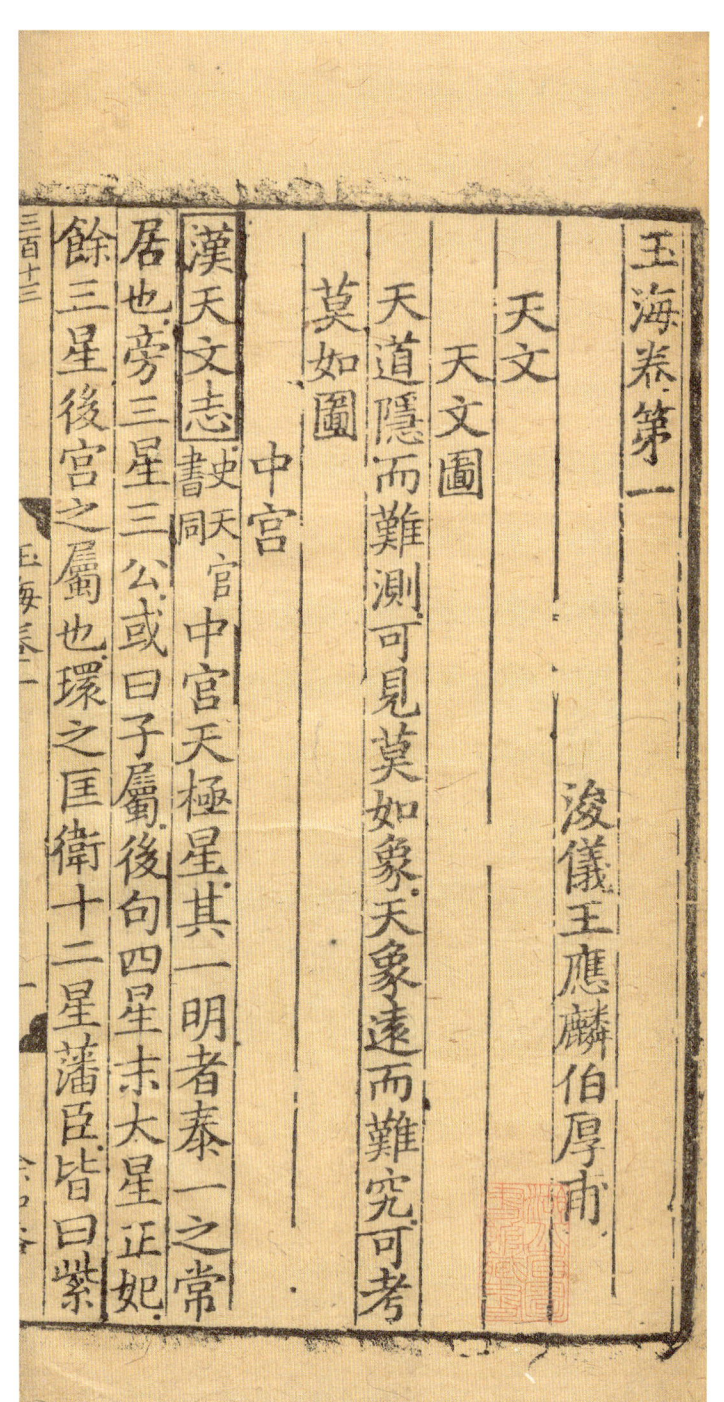

491 《玉海》卷一卷端

491 玉海二百卷辭學指南四卷詩考一卷詩地理考六卷漢藝文志考證十卷通鑒地理通釋十四卷周書王會補注一卷漢制考四卷踐阼篇集解一卷急就篇補注四卷小學紺珠十卷姓氏急就篇二卷六經天文篇二卷周易鄭康成注一卷通鑒答問五卷 〔宋〕王應麟撰 元至元六年（1340）慶元路儒學刻元明遞修本 缺九卷（卷一百二十一至一百二十九）

開本高27.3厘米，寬15.8厘米。框高22.3厘米，寬14.0厘米。半葉十行，行二十字，小字雙行同，白口，左右雙邊間四周雙邊。鈐"揚州阮元審定""江都焦循""能靜經眼"印。索書號：善003121。

湖北省珍貴古籍名錄編號：00009。

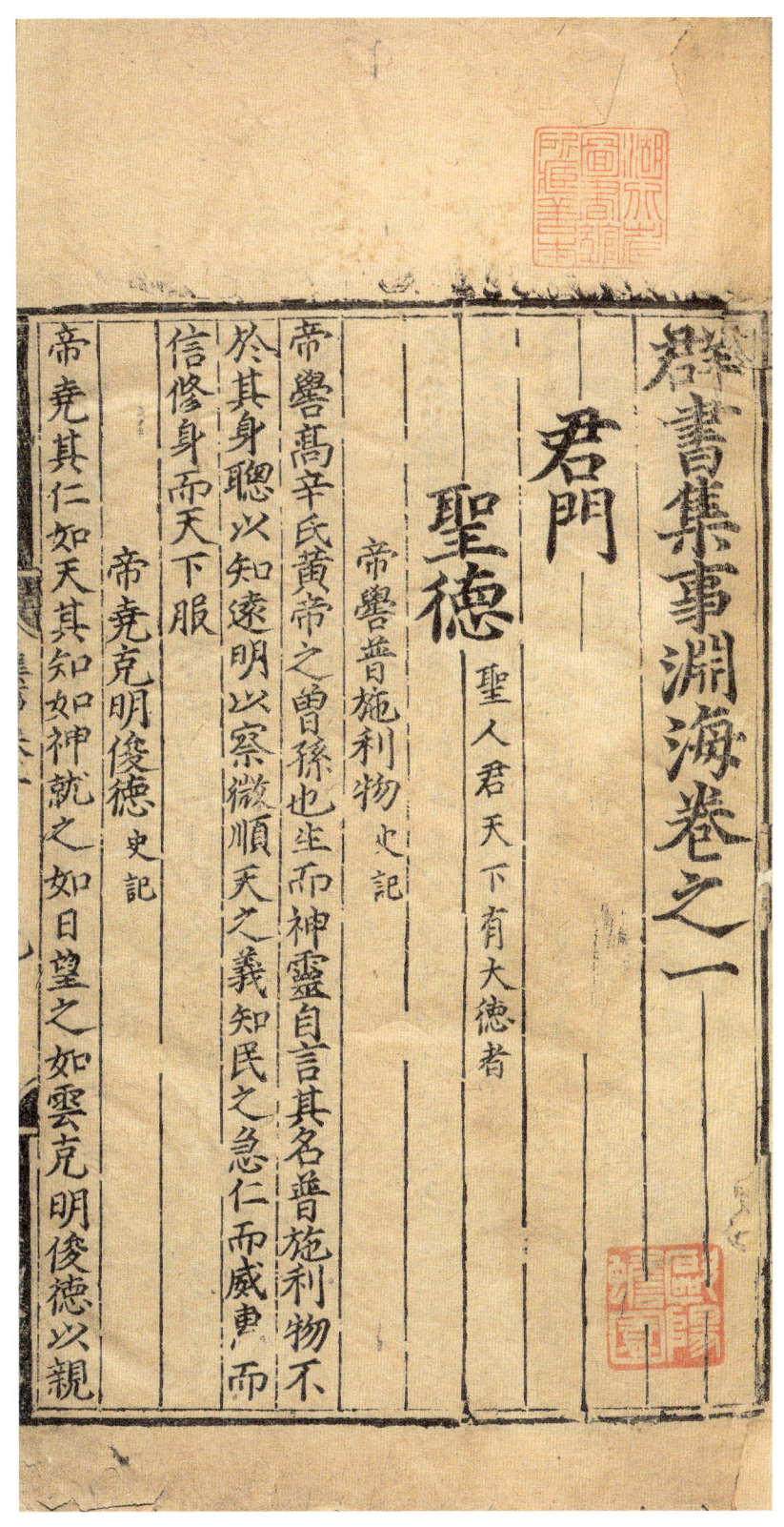

492 《群書集事淵海》卷一卷端

492 群書集事淵海四十七卷　□□撰　明弘治十八年（1505）貫性刻本

開本高26.0厘米，寬15.3厘米。框高19.3厘米，寬13.5厘米。半葉十二行，行二十四字，黑口，四周雙邊。鈐"歐陽蟾園"印。索書號：善001715。

湖北省珍貴古籍名錄編號：00122。

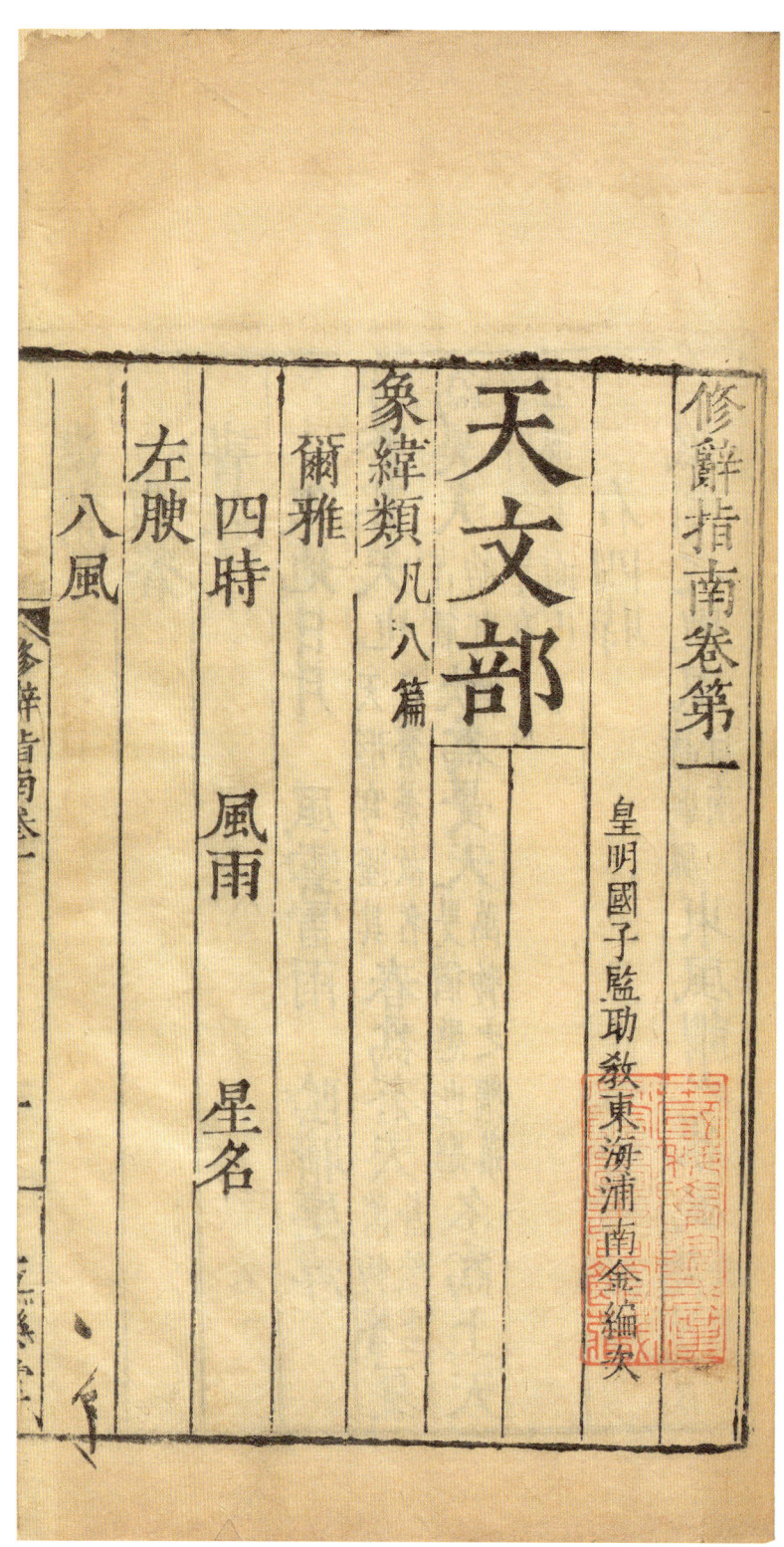

493 《修辭指南》卷一卷端

493 修辭指南二十卷 〔明〕浦南金編次 明嘉靖三十六年（1557）浦氏五樂堂刻本

開本高 26.2 厘米，寬 16.0 厘米。框高 18.7 厘米，寬 13.2 厘米。半葉九行，行十八字，小字雙行同，白口，左右雙邊。鈐"長沙陳繼訓字杏驄之藏書""光緒甲辰進士""淵默雷聲齋""曾歸徐氏彊諤""江夏徐氏文房"等印。索書號：善 001720。

湖北省珍貴古籍名錄編號：00130。

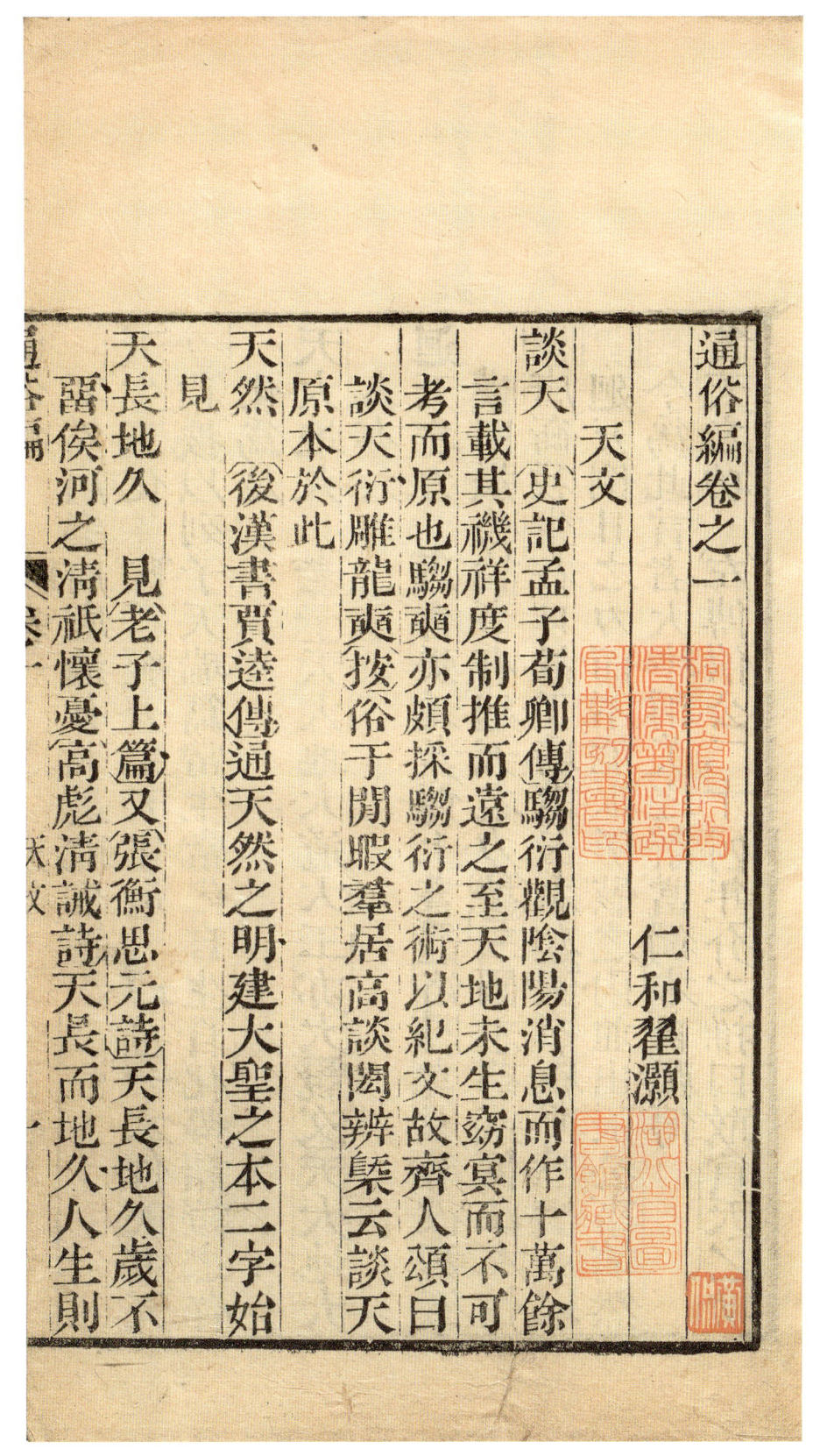

494-1 《通俗編》卷一卷端

494 通俗編三十八卷 〔清〕翟灝撰 清乾隆十六年（1751）無不宜齋刻本 黃侃批校並跋

開本高23.7厘米，寬14.9厘米。框高17.2厘米，寬12.5厘米。半葉十二行，行二十二字，白口，左右雙邊。鈐"桐風廎所收清儒箸注選戡斠刻書印"等印。索書號：善002812。

上欄（批注）：
吾卿謂兀曰恁此即恁字讀安胡切伊維廣讀長因悟即伊維廣之之維謂何事日麼事廣因悟即廣誰在吳之廣鞋也

恁乃如今之合音心乃云寧聲耐而寧耐聲之

恁所作什么作甚省就昌三韓麼如這麼甚麼卯廣省當作物早用廣省當作無卯作集說於拾後印物之本音地

青卿云這廣樣或曰這箇樣

下欄正文：

兀底 孋真子錄古所云阿堵乃今所云兀底也王衍曰不言錢因曰去阿堵物謂去卻兀底耳後人遂以錢為阿堵物眼為阿堵中皆非是

恁地 說文恁下齎也徐注曰心所齎也下也俗言如此如云恁地之恁乃如此之義朱子語錄鯀也是有才智只是狠拗所以弄得恁地义云

占占得恁地便吉恁地便凶

恁麼 廣雅恁思也曹憲注曰恁而審反疑之也〔按〕今云恁麼之恁乃疑之之義辛去疾詞此身已覺渾無事且教兒童莫恁麼

什麼 元典章凡詔旨畢處多用者麼道三字

者麼〔撫言韓愈問牛僧孺且道拍板為什麼蘇軾醉僧

通俗編 卷三十三 語辭

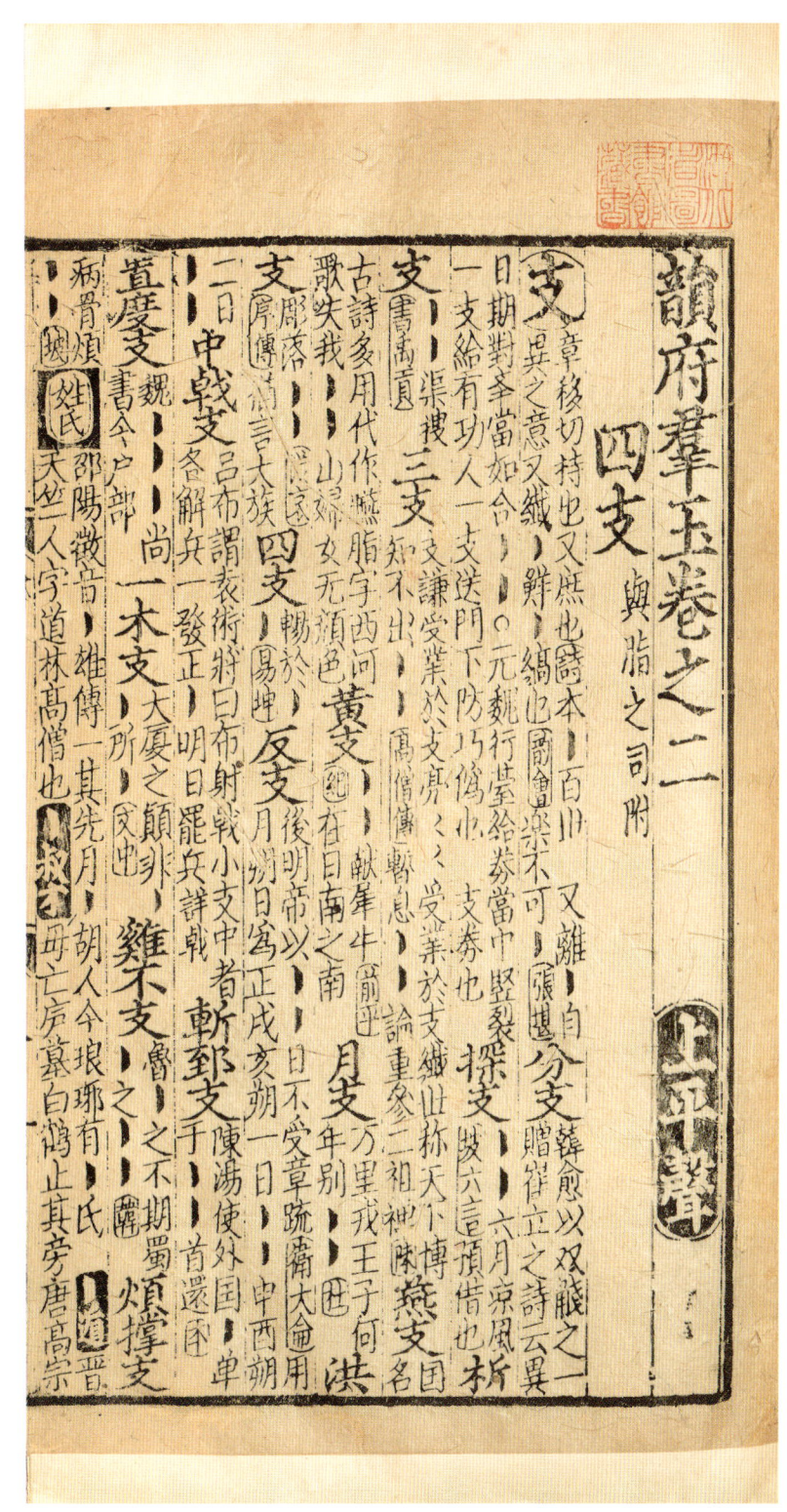

495 《韵府群玉》卷二卷端

495 韵府群玉二十卷 〔元〕陰時夫編輯 〔元〕陰中夫注 明初刻本

金鑲玉裝。開本高26.5厘米，寬15.8厘米。框高21.3厘米，寬13.2厘米。半葉十行，行二十九字，小字雙行同，黑口，左右雙邊間四周單邊。鈐"毛晉之印""元本""甲""黃岡劉氏紹炎過眼"等印。索書號：善001739。

湖北省珍貴古籍名錄編號：00010。

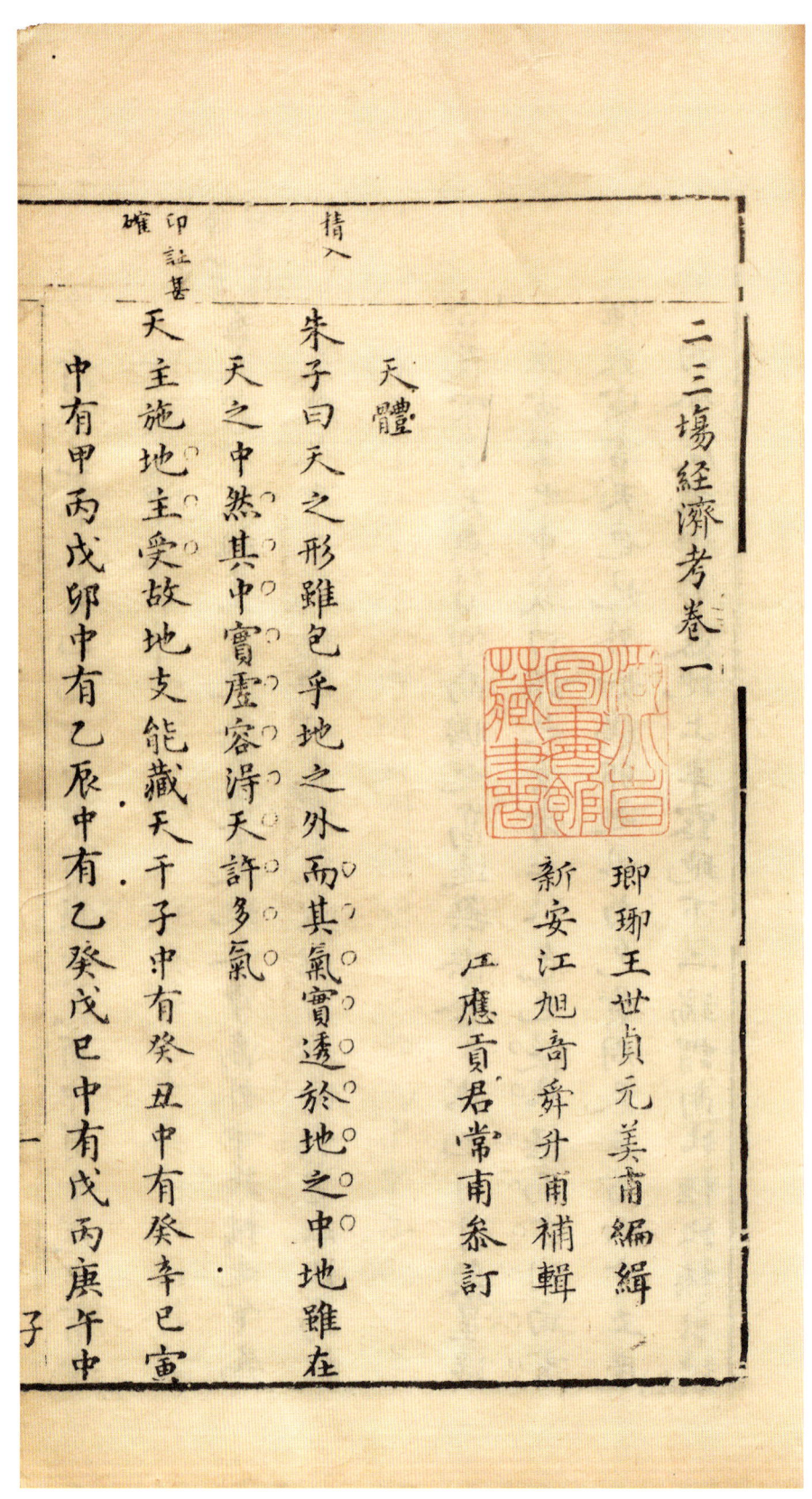

496 《二三場經濟考》卷一卷端

496 二三場經濟考六卷 〔明〕王世貞 〔明〕江旭奇輯 明崇禎刻本

開本高27.1厘米，寬16.2厘米。框高21.8厘米，寬13.7厘米。半葉九行，行二十三至二十五字，白口，四周單邊。索書號：善001673。

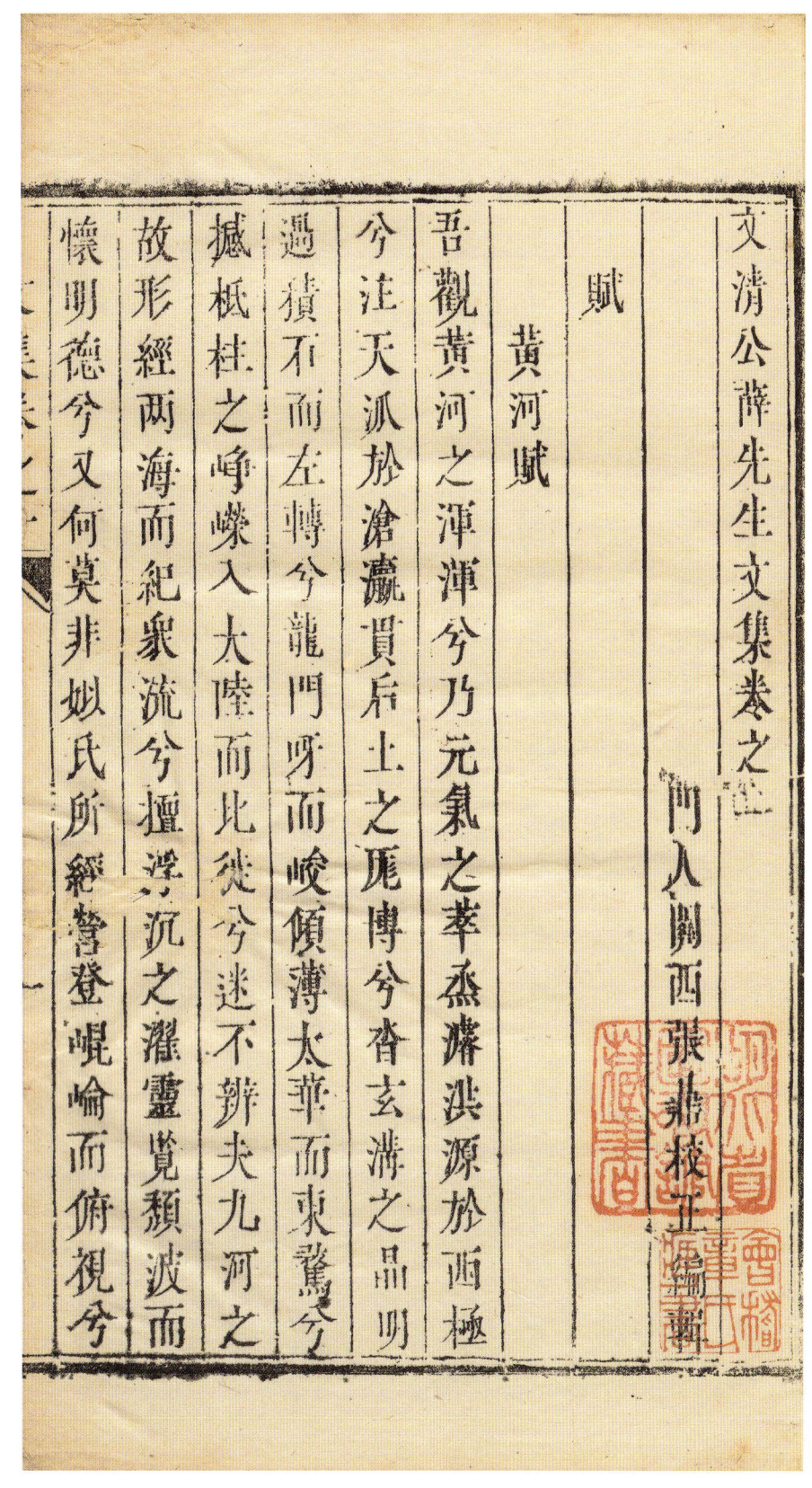

497　《文清公薛先生文集》卷一卷端

497　薛文清公集九種　〔明〕薛瑄撰　清雍正至乾隆刻本

開本高24.8厘米，寬14.7厘米。框高20.1厘米，寬13.7厘米。半葉十行，行二十字，白口，四周雙邊。鈐"會稽章氏藏書"印。索書號：善002530。

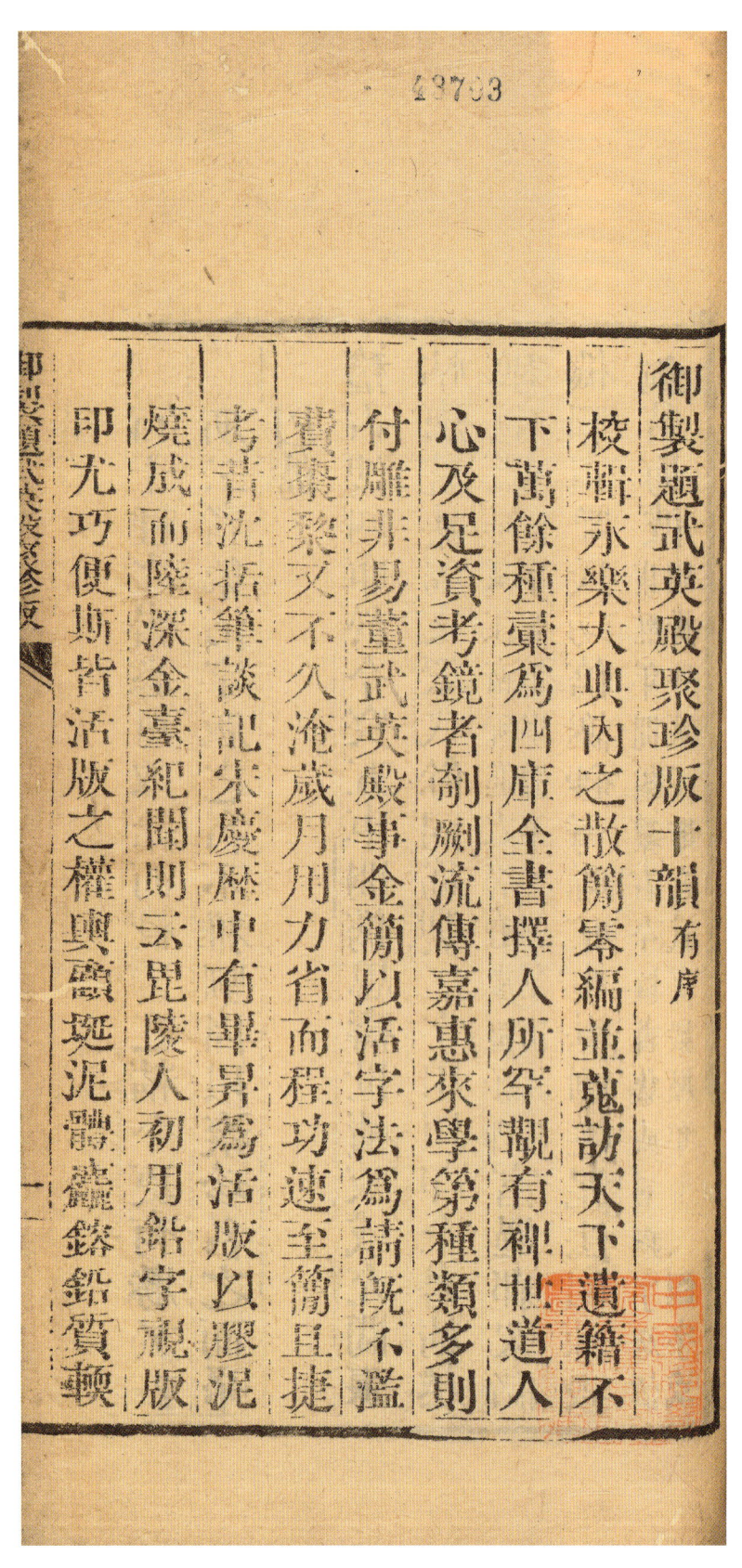

498-1 《御製題武英殿聚珍版十韻》

498 武英殿聚珍版書 清乾隆至嘉慶武英殿木活字印本［易緯、漢宮舊儀、魏鄭公諫續錄、帝範配清乾隆三十八年（1773）武英殿刻本；元朝名臣事略、毘陵集配清福建布政使署刻武英殿聚珍版書本，悅心集配清雍正四年（1726）內府刻本］ 山谷內集詩注外集詩注別集詩注有清龍啟瑞批點、跋并录清梅曾亮批點、跋 左楨跋，牧庵集有葉德輝跋 存一百三十一種，比《中國古籍善本書目》所列一百三十八種缺十種（春秋經解、三國志辨誤、東觀漢記、琉球國志略、蘇沈良方、小兒藥證真訣、周髀算經、彭城集、御製詩文十全集、詩倫），多三種（西巡盛典、欽定平苗紀略、畿輔安瀾志）

開本高 26.3 厘米，寬 16.0 厘米。框高 19.2 厘米，寬 12.6 厘米。半葉九行，行二十一字，白口，四周雙邊。鈐"孫星衍印""大雷經鋤堂藏書""倪模""預掄""岑振祖印""端書""何則賢一名積覽字道甫行五""則賢""慈溪馮氏醉經閣圖籍""五橋珍藏""馮氏三味齋藏書""翰臣手校""淮南大隱""莫友芝圖書印""莫繩孫印""莫彝孫印""莫棠字楚生印""獨山莫氏銅井文房藏書印""葉名澧印""宗室盛昱收藏圖書印""聖清宗室盛昱伯羲之印""會稽章氏藏書""光鑾自聘之書""會稽沈氏光烈字君度""樓山康氏收藏""臣錫麒印""臣顧錫麒""壬辰以後任舫鈐記""任舫載籍""南雲蔡氏仲子審定群籍金石書畫之章""葉德輝煥彬甫藏閱書""湘潭葉氏珍藏書記""觀古堂""葉啓發藏""葉啓發家藏書""葉啓發讀書記""葉啓勳""葉氏啓勳讀過""葉啓藩藏""昌平王氏北堂藏書""萱鈴""草莽之臣遇唐謹藏""北平謝氏藏書印""枝指生珍藏書畫圖石之印章""淦亭珍藏""長沙龍氏""龍紱祺印""真州吳氏有福讀書堂藏書"等印。索書號：善002523。

國家珍貴古籍名錄編號：10553。湖北省珍貴古籍名錄編號：00264。

言當圈點甚嚴真有未盡者以墨筆補之已圈點者則不復重出也
姚姬傳先生云山谷刻意少陵雖不能到然其兀傲磊落之氣与古今作俗詩者不侔藻濯胸胃導啟性靈

山谷內集詩注卷一

宋 黃庭堅 撰

任淵 注

古詩二首上蘇子瞻 前篇梅以屬東坡後篇松以
賢者免絲以自況東坡報山谷書云古風二首記
物引類得古詩人之風其推重如此故置諸篇首
云

江梅有佳實託根桃李場 文選古詩云冉冉孤生竹結
根太山阿此句傚其體老杜
有江梅詩又有詩云欲發照江梅吳淑事類梅賦云亦
果中之佳實文選劄景眞與嵇茂齊書曰北土之性難
以託根桃場謂場圃寒山子詩昨晚何悠悠場中可憐許
上爲桃李選下作蘭蓀諸此句並摘其字山谷詩律妙

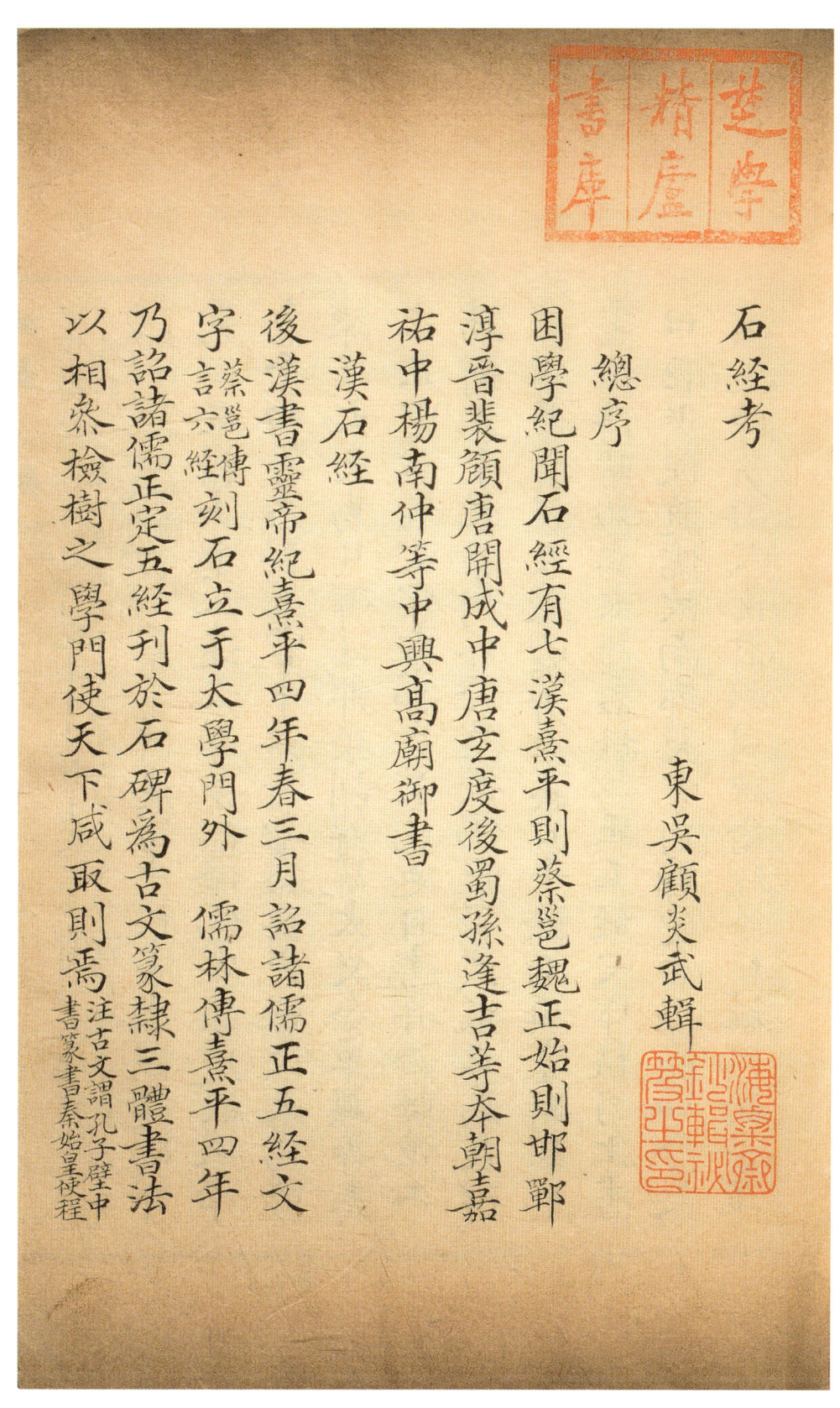

499-1 《石經考》卷端

499 藝苑叢鈔一百六十三種 〔清〕王梧輯 稿本 盧弼序 石榮暲題識

開本高25.1厘米,寬7.2厘米。無框欄,行字不等。鈐"臣梧私印""山筠""石壇王氏叔子梧字山筠之印""海粟齋鈔輯秘笈之印""楚學精廬書庫"等印。索書號:善004631。

先生一見歎為珍籍轉告傅治薌先生以其為鄉賢遺墨，忻喜過望盡一夜之力徧檢其題識欽服不已以為不可失之交臂原索價二千元往復磋商以九百元議諧亟商之同人以祠購藏於楚學精廬館中余為重次甲乙藉供閱覽至先生題跋十餘首擬為彙輯刊行胡稚威云古今人皆死惟能文者不死先生距今百有餘歲手寫鉅籍猶藏於楚學書府來云幸矣先生有知其來可以稍慰於九原乎讀其書如見其人檢點摩挲益令人臨風懷想而不置因記其崖略俾開卷者有所考焉民國三十年辛巳八月陽新石榮暲蓋年記於北京楚學精廬

毋青以篆刻無不精修吾材為之忻躍不使亦嘗
從事作者之林深愿甘著積稿盈尺等儕什襲千孤鐘
永夜權篝沈吟廿載芸窗頓忘寒燠每過冷攤見敝
家欽簡瓤復心酸不意計值論斤及身親復令山
人嚴訖完璧如故可謂遂天之福逖形自省一家莫
傳俯仰身世感喟無窮精廬篙雨回憶昔游
前廬夢幻天地悠悠嘗少覽斯文之幸不幸有命
存焉眺人力所能強也迷為序公元一九五二年三月
沔陽盧弼慎之序於天津窟齋小樓時年七十有七

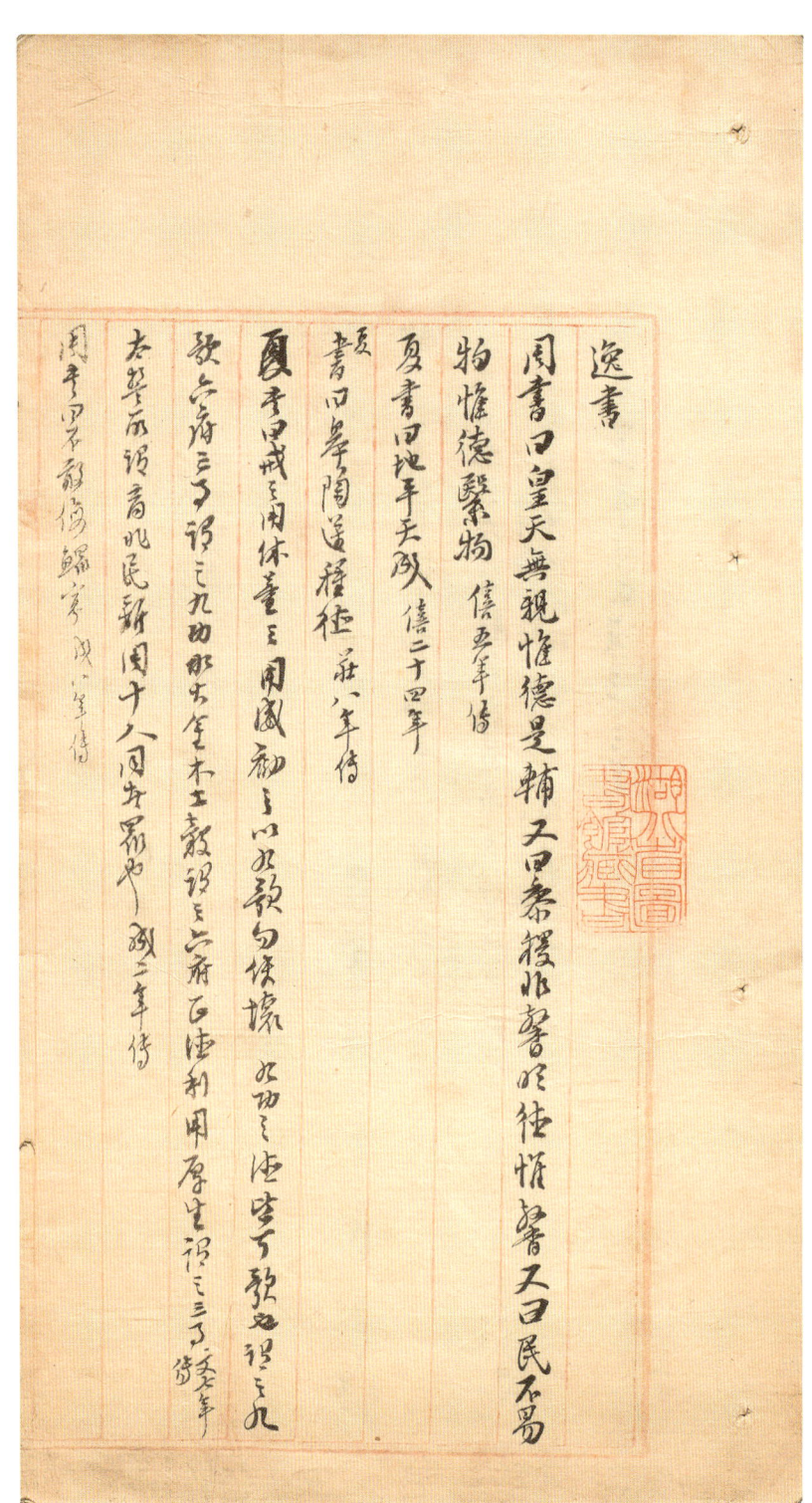

500-1 《逸書》

500 道希先生手稿十九種 〔清〕文廷式撰 稿本

子目：擷芳錄一卷 逸書一卷 律呂臆說校一卷 讀史隨筆一卷 補晉書藝文志四卷 元史西北地附錄考一卷 軒轅氏徵文不分卷 黃帝政教考一卷 伊尹事錄一卷 日記不分卷〔清光緒二年（1876）、光緒十二年（1886）〕 刑法通考一卷 畫墁雜錄一卷 遂盦隨筆一卷 讀書偶記不分卷 伐山取材一卷 芳荪室律賦一卷 純常子詩文稿不分卷 補過軒文稿一卷 寄言一卷

各册開本版式不一。鈐"廷式印章""萍鄉文三"印。索書號：善004566。

黄帝政教攷

萍鄉文廷式籑

太史公書黃帝者少典之子姓公孫諱軒轅周曰有熊國君
諡曰有熊是也今河南新鄭是也皇甫諡曰有熊國君少典之子姓公孫名曰軒轅生而神靈弱而能言幼而徇
齊長而敦敏成而聰明軒轅之時神農氏世衰諸侯相
侵伐暴虐百姓而神農氏弗能征於是軒轅乃習用干
戈以征不享諸侯咸來賓從而蚩尤最為暴莫能伐炎
帝欲侵陵諸侯諸侯咸歸軒轅軒轅乃修德振兵治五
气行之肅元曰五藝五種撫萬民度四方教熊羆貔貅貙虎
以與炎帝戰於阪泉之野皇甫諡曰在上谷三戰然後得其志
蚩尤作亂不用帝命於是黃帝乃徵師諸侯與蚩尤戰
於涿鹿之野服虔曰涿鹿山名在上谷遂禽殺蚩尤而諸

河圖曰黃帝廣顙龍顏御覽三百六十四黃帝
額頰龍顏靜氏別傳
兗願三百六十六
蓥邑招勁靖民則
法是若周羣靜民別傳
春秋內事曰軒轅氏以
土德王天下始有堂室
高棟深宇以避風雨
志書彥曰書經以張氏已復
卻覽七十九
戎曰賊始孫御覽七十九

漢書兒后傳王壽曰黃
帝堯舜垂衣其自卻立黃
帝姓挑氏與与周終要
既而不承
趾固四苗委年母曰附寶之祁野太見大電繞北斗樞星
感而有孕二十五月而生黃帝於壽丘

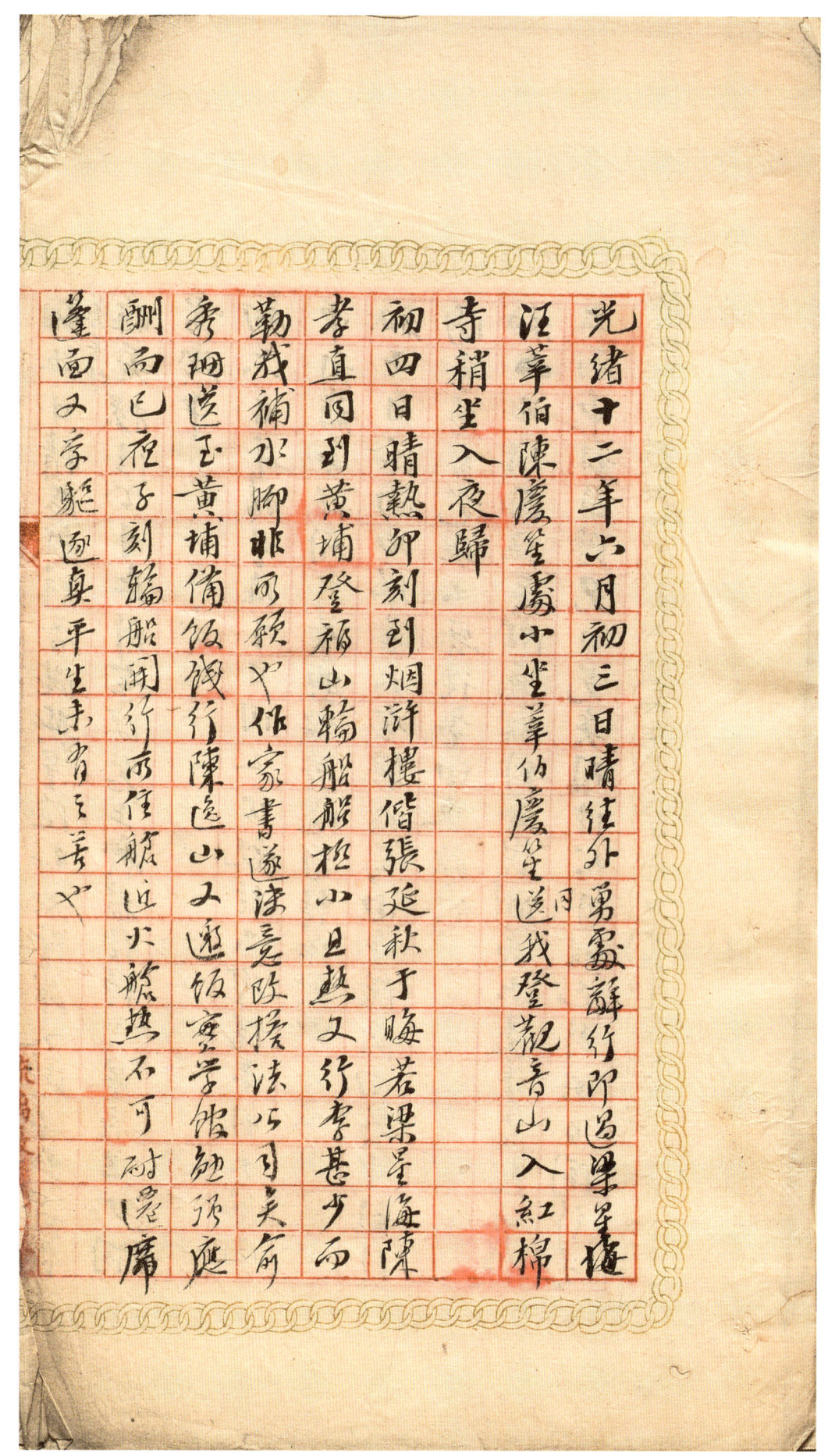

光緒十二年六月初三日晴往外勇霎辭行卯刻學筆硯汪華伯陳澄筌處小坐華伯處送我登觀音山入紅棉寺稍坐入夜歸

初四日晴熱卯刻到烟游樓偕張延秋于晦若梁星海陳孝直同到黄埔登福山輪船船抵山已熱又行李甚少而勒戎補水脚非可頼也倩家書遂遽欵授法少句吳俞秀珊送玉黄埔備飯後行陳逸山又邀飯寔學館勿發延酬高已夜子刻輪船開行而住艙近火艙熱不可耐還廚蓬面又字艉逐臾平坐未肯之善也